JN412197

韓國性理學史論

2

이상익(李相益)
成均館大學校 儒學大學 韓國哲學科 졸업
同 大學院 東洋哲學科 졸업(哲學博士)
육군사관학교 철학과, 영산대학교 학부대학 교수 역임
現 부산교육대학교 윤리교육과 교수
저서 : 『歷史哲學과 易學思想』(성균관대 출판부, 1996)
『서구의 충격과 근대 한국사상』(도서출판 한울, 1997)
『畿湖性理學 硏究』(도서출판 한울, 1998)
『儒家 社會哲學 硏究』(심산, 2001)
『儒敎傳統과 自由民主主義』(심산, 2004)
『畿湖性理學論考』(심산, 2005)
『朱子學의 길』(심산, 2007)
『사람의 길, 文明의 꿈』(심산, 2009)
『嶺南性理學硏究』(심산, 2011)
『인권과 인륜』(심산, 2015)
『본성과 본능 : 서양 人性論史의 재조명』(서강대출판부, 2016)
『본성과 본능 : 쌍개념들의 탐구』(심산, 2017)
『현대문명과 유교적 성찰』(심산, 2018)
『醒菴李喆榮評傳』(심산, 2019)
역서 : 『隱峰野史別錄』(安邦俊 原著, 崔英成 공역, 아세아문화사, 1996)
『譯註 四七新編』(李瀷 原著, 도서출판 다운샘, 1999)
『譯註 庸學辨疑』(趙彦儒 原著, 심산, 2006)
『譯註 己亥封事(外)』(李惟泰 原著, 李達雨 外 공역, 심산, 2007)

韓國性理學史論 2

초판 1쇄 발행 2020년 10월 30일

지은이 | 이상익
발행인 | 최원필
발행처 | 심산출판사
주 소 | 서울시 은평구 불광로 13가길 18, 101호
전 화 | 02-357-0633
팩시밀리 | 02-357-0631
E-mail | simsan21c@hanmail.net
등록번호 | 제1-2114호(1996년 11월 28일)

ISBN 978-89-94844-70-1 94150
978-89-94844-68-8 (세트)

* 책값은 뒤표지에 표시되어 있습니다.

* 이 저서는 2017년 정부(교육부)의 재원으로 한국연구재단의 지원을 받아 수행된 연구임(NRF-2017S1A4A01019909).

韓國性理學史論

2

이상익 지음

심산

제6장

조선 말기 性理學의 새로운 양상

조선 말기 성리학의 특징을 한마디로 요약한다면 '새로운 主理論의 등장'이라 할 수 있다. 물론 主理論은 기존에도 계속 존재하고 있었다. 그런데 조선 말기에는 새로운 유형의 主理論이 등장한 것이다.[1)]

기존의 主理論은 대체로 理主氣資論을 전제한 主理論으로서, 理의 능동성을 부정하고 氣의 능동적 역할을 충분히 인정하면서, 가치추구의 궁극적 목표로서 理를 중시한 것이었다.[2)] 그런데 조선 말기에 접어들면서 이와 궤를 달리하는 새로운 主理論이 등장한 것이다. 새로운 主理論의 특징은 우리의 마음을 理로 규정하는 心卽理說, 理를 능동적·자족적 존재로 규정하고 理의 주재를 '理가 氣를 부림(명령)'으로 해석하는

1) 華西 李恒老가 '以理斷心'을 통해 主理論으로 전향한 것은 57세(1848년) 때였고, 蘆沙 奇正鎭이 '氣奪理位'라는 비판의식을 정립한 것은 46세(1843년) 때였으며, 寒洲 李震相이 〈心字攷證後說〉을 지어 心卽理說을 정립한 것은 36세(1853년) 때였다. 論者는 이 무렵을 조선 말기 성리학의 起點으로 삼는다.

2) 물론 영남학파에서는 葛庵 李玄逸이나 淸臺 權相一처럼 理의 능동성을 전제한 主理論도 있었지만, 大山 李象靖 이후에는 理主氣資論에 입각한 主理論이 대세였던 것이다.

것, 理善氣惡論, 氣를 없애버려야 한다는 滅氣論 등으로 요약된다.

새로운 主理論의 등장은 당시의 시대적 상황과 밀접한 관련이 있다. 19세기에 접어들면서 시작된 勢道政治는 賣官賣職과 苛斂誅求를 일삼아 國政을 어지럽히고 民生을 도탄에 빠뜨렸다. 그 결과 전국 각지에서 民亂이 발생하고 異敎(西學과 東學)가 득세하는 등 조선 유교사회는 차츰 쇠락의 국면으로 접어들고 있었다. 이에 대해 몇몇 학자들은 이를 '잘못된 학술이 초래한 결과' 로 받아들이고, '학술을 바로잡아서 국가를 바로잡아야 한다' 는 생각을 갖게 되었다. 이들이 말하는 '잘못된 학술' 이란 바로 기존의 主氣論을 지칭하는 것이었다. 華西 李恒老, 蘆沙 奇正鎭, 寒洲 李震相 등은 각각 다음과 같이 말한다.

> 理가 주인이 되고 氣가 부림을 받는다면 理는 순수해지고 氣는 바르게 되어 萬事가 다스려지고 天下가 편안해진다. 그러나 氣가 주인이 되고 理가 부림을 받는다면 氣는 강해지고 理는 숨게 되어 萬事가 혼란해지고 天下가 위태로워진다. '털끝만 한 오차가 마침내 千里나 어긋나게 만든다' 는 말이 바로 이것이다.[3)]

> 지금 사람들은 '道理' 라는 두 글자를 아득하여 생각도 논의도 할 수 없는 데로 몰아내고, 조금만 발현하고 드러나는 것이 있으면 한결같이 氣에 소속시키니 (…) 그 실질은 氣가 理의 자리를 빼앗아(氣奪理位) 萬事의 本領이 되는 것이다. 이렇게 되면 세상에 다시는 詖淫邪遁이라 할 것이 없게 되어, 거꾸로 뒤집히고 창피한 온갖 일이 다 벌어지지 않겠는가?[4)]

---

3) 『華西集』 卷25 頁8, 〈理氣問答〉: 理爲主氣爲役 則理純氣正 萬事治而天下安矣 氣爲主理爲貳 則氣强理隱 萬事亂而天下危矣 差以毫釐 繆以千里者 正謂此也

4) 『蘆沙集』 卷16 頁28, 〈猥筆〉: 今人驅道理二字於冥漠不可思議之地 而纔有發見昭著 一

> 옛날부터 聖賢들은 모두 義理를 주로 삼아 心을 설명했다. 心을 氣로 여기는 학설이 유행하면 聖賢의 心法이 모두 공허해져서, 學問은 頭腦가 없게 되고, 世敎는 나날이 더욱 昏亂해질 것이다.[5]

위의 첫째 인용문에 보이듯이, 華西는 세상의 '治·亂'을 '主理냐, 主氣냐'의 문제로 파악했다. 현실 세계의 혼란은 氣가 理의 명령에 따르지 않고 '제멋대로 행동함(自用)'에서 비롯된다는 것이다. 둘째 인용문에서 蘆沙는 당시의 세상을 '氣가 理의 자리를 빼앗음(氣奪理位)'으로써 '온갖 거꾸로 뒤집히고 창피한 일'이 다 벌어지는 것으로 설명했다. 氣가 理의 자리를 빼앗은 다음에는 아내가 남편의 자리를 빼앗고, 신하가 임금의 자리를 빼앗고, 오랑캐가 中華의 자리를 빼앗는 등의 큰 變故가 차례로 일어나게 된다는 것이다.[6] 셋째 인용문에서 寒洲는 '聖賢의 心法은 義理를 주로 삼는 것'이라고 규정한 다음, 主氣論이 유행하면 學問은 頭腦가 없게 되고, 世敎는 나날이 더욱 昏亂해질 것이라고 주장했다. 이들의 주장은 요컨대 오랜 세월 동안 主氣論이 득세함으로써 학술이 타락하고 국가가 혼란에 빠졌으므로, 새롭게 主理論을 정립하여 학술을 바로잡고 국가를 바로 세워야 한다는 것이다.

華西와 寒洲 등이 주도한 새로운 主理論의 가장 중요한 특징은 心卽理論이었다. 전통 성리학에서 心은 '性·情의 주재자'요 '一身의 주재자'로 인식되고 있었거니와, 心을 氣로 규정하면 氣가 理(性)를 주재하는

屬之氣 (…) 其實則氣奪理位 爲萬事本領而已 若是則天下更無詖淫邪遁矣 顚倒昌披 何事不有

5) 『寒洲集』 卷32 頁5, 〈心卽理說〉: 從古聖賢 莫不主義理以言心 而以心爲氣之說行 則聖賢心法 一一落空 學無頭腦 世教日就於昏亂矣

6) 『蘆沙集』 附錄 卷1, 〈蘆沙年譜〉 46歲條: 妻奪夫位 臣奪君位 夷奪華位 三者 天下之大變也 而古亦有之 今也氣奪理位 氣奪理位 則彼三變者 是次第事

'氣奪理爲' 의 상황을 초래하게 된다는 것이 이들의 진단이었다. 그리하여 이들은 心卽理說을 제창함으로써, 주재자인 心을 理로 규정하고, 理의 주재적 위상을 강화하고자 했다. 이들의 또 다른 특징은 理善氣惡論을 견지하면서, 理를 자족적 존재로 규정하고, '氣를 없애버려야 한다'고 주장하는 것이다.[7)]

그러나 이들의 주장은 성리학의 전통적 이론과 어긋날 뿐만 아니라 인간 사회의 현실과도 동떨어진 것이었다. 그리하여 많은 反論과 批判에 직면했거니와, 여기에 앞장선 인물은 艮齋 田愚였다.[8)] 간재는 성리학의 본령을 主理論도 아니고 主氣論도 아닌 '理氣相互主宰論' 으로 파악했다. 간재에 의하면, 이 세계의 표준이 되는 것은 理요, 이 세계의 현실을 주도하는 것은 氣이다. 이러한 맥락에서 간재는 '理는 氣의 운동의 표준이 되고, 氣는 理를 실현하는 주체가 된다' 고 설명하고, 전자를 '理의 주재' 라 하고 후자를 '氣의 주재' 라 했다. 간재의 '性師心弟說' 은 바로 이러한 理氣相互主宰論을 표현한 것이다.

---

7) 華西와 寒洲는 心卽理를 제창했으나, 蘆沙는 心卽理를 제창하지는 않았다. 노사는 主理論을 역설하면서도 心說에 있어서는 心是氣論과 明德主氣論을 견지했다. 그런데 노사의 제자 老栢軒 鄭載圭는 화서학파의 心卽理論과 明德主理論을 옹호했다. 또 노사는 主理論을 역설하면서도 理의 능동성을 주장하지는 않았다. 그런데 노백헌은 理의 능동성을 주장했다. 요컨대 노사의 主理論은 화서·한주의 主理論과 궤를 달리하지만, 그 제자 노백헌의 主理論은 화서·한주의 主理論과 궤를 같이한 것이다.

8) 한형조는 '韓末의 主理論' 에 대해 "主理論은 보다 '주체적, 행동적' 지향을 갖게 된다. 心卽理는 인간 정신이 그 자체에 있어 규범을 형성하고 가치를 창조하는 주체라는 인식을 토대로 하고 있다. 그 인식은 유교적 질서가 안팎으로 심각한 도전에 처했을 때, '돌파력' 을 갖는다."고 평한 바 있다(한형조, 『조선 유학의 거장들』, 383쪽). 心卽理論이 '주체적 돌파력' 을 갖는 것은 물론이다. 그런데 그 돌파의 방향(내용)이 '올바른 것' 인지는 장담할 수 없는바, 朱子는 이에 대해 '猖狂自恣에 빠질 수 있다' 고 경계한 바 있다. 艮齋는 이러한 맥락에서 '性卽理, 心卽氣' 이론을 고수하고 '性師心弟說' 을 제창한 것이다.

1. 華西 李恒老의 主理論과 '以理斷心'

華西 李恒老(1792~1868)는 특별한 師承 없이 학문을 이룬 것으로 알려져 있다. 〈華西年譜〉에 따르면, 그도 初年에는 畿湖學派의 일반론에 따라 心是氣論을 추종하고 있었으나, 57세(1848년) 무렵에 心是氣論의 '未安한 점' 을 발견하고, 새로운 心說을 정립하게 되었다. '心是氣論의 未安한 점' 이란 성리학의 핵심명제 '心統性情' 의 해석과 관련된 문제로서, 性은 理인데, 또 心을 氣라 하면, '心統性' 이란 '氣統理' 가 된다는 것이었다. 화서는 '氣가 理를 통솔(명령)하면 名分에 어긋나고 혼란에 빠진다' 고 보고, '理가 氣를 통솔하는 것이 마땅하다' 고 보았다. 화서는 이러한 인식의 결과 "心은 진실로 氣로 말한 경우도 있고, 理로 말한 경우도 있는데, 理로 말한 것이 바로 心의 本體이다" 라는 결론을 얻고(以理斷心),[9] 기존의 성리설과는 완전히 다른 '尊理貶氣의 성리설' 을 정립했다.

〈理氣의 相須相害와 尊理貶氣〉

화서는 理와 氣의 관계를 항상 '相資(相須)와 相抗(相害)' 이라는 이중적 측면에서 규정한다. '相資' 란 '理와 氣가 서로 바탕이 되어 온전히 사물을 이룸' 을 말하고, '相抗' 이란 '理와 氣가 서로 대결하고 서로 해침' 을 말한다. 화서는 다음과 같이 말한다.

---

9) 省齋 柳重教는 스승 華西의 이러한 입장을 '以理斷心' 이라 하고, '以理斷心이 華西 心說의 眞面目' 이라 했다. 성재는 '以理斷心' 과 '心卽理' 를 구별하여, '心卽理' 는 '心을 완전히 理에 해당시키고 다시 揀別하지 않는다' 는 뜻이나, '以理斷心' 은 '心을 理로 말하기도 하고 氣로 말하기도 하면서, 다만 理로 말하는 것을 斷案으로 삼는다' 는 뜻이라 했다(『省齋集』 卷7 頁29, 〈上重庵先生〉).

理와 氣는 진실로 '서로 바탕이 될 때' 도 있으며, 또한 '서로 대항할 때' 도 있다. 서로 바탕이 될 때에는 '사람과 말' 또는 '장수와 병졸' 과 같지만, 서로 대항할 때에는 '곡식과 강아지풀' 또는 '자식과 도적' 과 같다.[10)]

화서는 理 · 氣가 相資할 때는 '사람과 말' 또는 '장수와 병졸' 과 같다고 하였는데, 여기서 理는 사람 또는 장수에 해당하고 氣는 말 또는 병졸에 해당함은 물론이다. 사람이 말을 타고 다님에 있어서는, 말은 사람을 태우고, 사람은 말을 제어하는 것이 정상적일 것이다. 또한 전투에 있어서는, 장수는 병졸을 통솔하고 병졸은 장수의 통솔에 따르는 것이 정상적일 것이다. 한편, 말 없이 사람만으로는 여행이 곤란하고, 병졸 없이 장수만으로는 전투가 곤란하다. 또한 사람의 제어가 없다면 말은 마음대로 날뛸 것이며, 장수의 통솔이 없다면 병졸은 烏合之卒에 불과할 것이다. 따라서 화서가 말하는 '理와 氣의 相資' 란 理와 氣가 서로 도움을 주는 것으로서, 구체적으로는 理가 氣를 통솔하고 氣는 理의 통솔에 따르는 것을 말한다. 이것을 화서는 '理 · 氣의 바람직한 관계' 라고 본 것이다.

화서는 理 · 氣가 相抗할 때는 '곡식과 강아지풀' 또는 '자식과 도적' 과 같다고 하였는데, 여기서 理는 곡식 또는 자식에 해당하고 氣는 강아지풀 또는 도적에 해당함 역시 물론일 것이다. 여기서 곡식 또는 자식은 '善' 을 상징하고, 강아지풀 또는 도적은 '惡' 을 상징한다. 氣가 理의 통솔에 따르지 않아 理와 氣가 相抗할 때, 理는 善으로 규정되고 氣는 惡으로 규정되는 것이다. 화서는 다음과 같이 말하기도 한다.

---

10) 『華西雅言』 卷1 頁14, 〈臨川〉 : 理與氣 固有相資時 亦有相抗時 相資時 如人馬帥卒 相抗時 如苗莠子賊

理·氣의 구분은 두 양상이 있다. 理의 本體로 말하자면, 理는 氣를 통솔하는 주재자이고, 氣는 理를 싣는 그릇이니, 이것은 '不可離'의 학설이다. 氣의 萬殊로 말하자면, 理는 至善至中의 準則이고, 氣는 偏倚와 過不及의 緣由이니, 이것은 '不可雜'의 학설이다. '不可離'에 있어서 上·下의 구분에 어두우면 君·臣이 질서가 없게 되고, '不可雜'에 있어서 彼·此의 구분에 어두우면 子·賊이 구별이 없게 된다.[11]

위에서 말하는 '不可離'란 앞에서 언급한 相資에 해당하고, '不可雜'이란 相抗에 해당한다. 성리학의 일반론에서 '理·氣의 不相離'란 현실의 세계에서는 양자가 항상 결합하여 同時共在함을 의미하는데, 화서는 이 경우에도 '上·下의 구분'을 적용시켜 理·氣를 上命下服의 위계 관계로 규정했다. 또한 성리학의 일반론에서 '理·氣의 不相雜'이란 양자가 形而上·形而下로 구분되어 서로 본질이 다름을 의미하는데, 화서는 '不相雜'에서는 오히려 '善·惡의 구별'을 강조했다. 理·氣의 '相資와 相抗' 또는 '不離와 不雜'의 두 측면을 종합해 말하자면, 理는 '氣를 명령하는 존재'인 동시에 '善의 표준'이고, 氣는 '理의 명령을 봉행하는 존재'인 동시에 '惡의 연원'이다. 氣는 理의 명령을 봉행할 때에는 '臣·말·병졸' 등으로 규정되어 그 존재의 의의를 부여받지만, 理의 명령을 따르지 않을 때에는 '강아지풀·도적' 등으로 규정되어 그 존재 의의를 부정당한다. 화서는 "理와 氣 사이에는 順·逆, 常·變, 强·弱, 勝·負의 차이가 없을 수 없다"[12]고 보았는데, 氣가 理의 명령을 따

11) 『華西雅言』 卷1 頁3, 〈形而〉: 理氣之分有兩樣 以理之本體言 則理爲統氣之主 而氣爲載理之器 此則不可離之說也 以氣之萬殊言 則理爲至善至中之準則 而氣爲偏倚過不及之緣由 此則不可雜之說也 於不可離者 昧上下之分 則君臣無序矣 於不可雜者 昧彼此之分 則子賊無別矣

르는 것은 順이고 常이며, 氣가 理의 명령을 따르지 않는 것은 逆이고 變이다. 이상의 내용이 화서가 理 · 氣를 인식하는 기본 입장이다.

화서는 理 · 氣에 대한 위와 같은 인식을 그대로 心性論에 적용시킨다. 화서는 다음과 같이 말한다.

> 心은 진실로 理이나, 타고 있는 것은 氣이다. 따라서 心을 理로 여기고 氣欲의 拘蔽를 문제 삼지 않는다면 그 害를 이루 말할 수 없을 것이요, 心을 氣로 여기고 天命의 主宰를 알지 못한다면 그 理가 밝혀지지 못할 것이다. 그러므로 千古 聖賢이 心을 말함에 있어서, 理를 말할 때에는 또 반드시 氣를 말하였고, 氣를 말할 때에는 또 반드시 理를 말하여, 일찍이 하나를 빠뜨린 적이 없었다. 그러나 일찍이 하나도 빠뜨리지 않은 가운데, 또한 반드시 하나는 위이고 하나는 아래며 하나는 높고 하나는 낮은 실상과 하나는 强하고 하나는 弱하여 서로 勝負를 겨루는 기틀을 밝히셨다.[13]

화서는 '心'을 '理와 氣의 妙合'으로 규정하면서도, 心 안에서의 理와 氣의 엄격한 구별을 강조한다. 즉 理는 존귀한 존재이고 氣는 비천한 존재로서, 氣는 마땅히 理의 명령에 따라야 한다는 것이다. 그러나 氣는 때때로 理의 명령을 거역하는바, 그리하여 心 안에서도 理와 氣는 서로 勝負를 겨루게 된다. 理가 이기면 善이 되고 氣가 이기면 惡이 됨은 물론이다. 이러한 맥락에서 화서는 모든 惡의 근원을 氣에 돌린다. 화서는

---

12) 『華西集』 卷21 頁11, 〈人心道心說〉 : 道理也 形氣也 旣有此二者 則只此二者之間 不能無順逆常變强弱勝負之差

13) 『華西集』 卷22 頁28~29, 〈讀退溪先生集〉 : 蓋心固理也 而所乘者氣也 認心爲理 而不問氣欲之拘蔽 則其害固不可勝言 指心爲氣 而不知天命之主宰 則其理亦有所不明矣 是故千古聖賢之說心也 說理則又必說氣 說氣則又必說理 未嘗闕一 未嘗闕一之中 又必明一上一下一尊一卑之實 與夫彼强此弱此勝彼負之機焉

다음과 같이 말한다.

明德의 본체가 온전하지 못한 것은 氣가 拘碍하기 때문이며, 明德의 작용이 두루 통달하지 못하는 것은 氣가 가리기 때문이다. 그렇다면, 民이 새로워지지 않는 것도 氣 때문이며, 善에 머무르지 못하는 것도 氣 때문이며, 事物을 궁구하지 못하는 것도 氣 때문이며, 知에 이르지 못하는 것도 氣 때문이며, 意가 참되지 못한 것도 氣 때문이며, 心이 바르지 못한 것과 身이 닦여지지 않는 것과 家·國·天下가 다스려지지 않는 것도 모두 氣 때문이다. 聖人은 그 病源의 所在를 깊이 탐구하여 능히 다스리셨다. 그러므로 氣稟과 物欲 가운데서 하나의 '理' 字를 뽑아내 標準으로 삼고, 本德의 體·用 밖에서 하나의 '氣' 字를 지적하여, 서로 대조하여 살핌으로써, 天下萬世의 사람들로 하여금 모두 善·惡과 眞·妄의 구분을 알고 得·失과 存·亡의 기미를 살펴 人欲의 사사로움을 이기고 天理의 바름을 회복하게 하셨다. 그러므로 『大學』의 모든 구절의 命脈과 모든 글자의 精神은 다만 理·氣 두 글자의 구분에 있는 것이다.[14]

화서는 '理·氣'를 '善·惡'과 '眞·妄'으로 구분하고, 理를 따르면 이롭고 보존할 수 있으나 氣를 따르면 해롭고 망하게 된다고 설명하였다. 따라서 理를 존중하고 氣를 폄하해야 하는 이유가 분명해지는 것이다. 성리학에서는 理를 純善한 것으로 규정하니, 온갖 惡의 근원을 氣로

14) 『華西雅言』 卷3 頁12, 〈心一〉: 明德之體 所以不全 氣之拘也 明德之用 所以不達 氣之蔽也 然則民之不新 氣也 善之不止 氣也 物不格 氣也 知不至 氣也 意不誠 氣也 心不正 身不修 家國天下之不治 皆氣也 聖人深究其病源之所在 而克治之 故挑出一理字於氣稟物欲之中 爲之標準 指摘一氣字於本德體用之外 相對磨勘 使天下萬世之人 皆得以睹其善惡眞妄之分 察其得失存亡之幾 有以克去人欲之私 而恢復天理之正 故一經十傳 三綱八條之中 句句命脈 字字精神 只在理氣二字之分

규정하는 것은 至當한 논법일 것이다. 문제는 氣를 마침내 '惡·妄'으로 규정하면, 氣는 '惡의 근원'일 뿐만 아니라 동시에 '善의 奉行者'이기도 하다는 점이 무시된다는 점이다.[15)]

위의 인용문은 '理·氣'를 '天理·人欲'의 맥락에서 설명하여, 理를 '善·眞'으로, 氣를 '惡·妄'으로 규정한 것이다. 화서가 '理·氣'를 '서로 대항하면서 서로 해치는 관계'로 설정한 것은 모두 '天理·人欲'의 맥락에서 입론한 것이다. '곡식과 강아지풀' 또는 '자식과 도적'의 비유는 여기에 해당한다. 반면에 '理·氣'를 '서로 바탕이 되는 관계'로 설정한 것 자체는 '本·具'의 맥락에서 입론한 것이다. '임금과 신하' 또는 '장수와 병졸'의 비유는 '本·具'의 맥락에다 '理는 命令者요 氣는 被命令者'라는 생각을 부가한 것이다.

〈理의 體用論과 理의 能動性〉

理가 '피동적 존재'로서, 理의 발현은 반드시 氣의 매개를 필요로 한다면, 理의 위상은 크게 약화된다. 또한 理가 피동적 존재에 불과하다면 '理가 氣를 主宰한다'고 할 때의 '主宰'의 의미 역시 크게 약화된다. 화서는 理에 '能動性'을 부여하여 이 두 문제를 동시에 타개하려 했다. 그 실마리가 되는 것은 이른바 '理의 體用論'이었다. 화서의 〈年譜〉 57歲條에서는 화서의 평생 宗旨를 다음과 같이 요약하고 있다.

> 先生께서는 理를 말할 때에는 반드시 하나의 '理'字 안에 원래 '體·用'과 '能·所'를 모두 포함시켜 (氣로부터) 빌려옴을 기다리지 않고서도 自足하게 하였고, 心을 말할 때에는 반드시 하나의 '心'字 위에서 '乘·載'와

15) 화서가 '理氣'를 '君臣'에 비유했을 때에는 氣를 동시에 '善의 봉행자'로 규정한 것이었다.

'帥 · 役' 을 엄격히 구분하여 잠시라도 소홀히 함을 용납하지 않으셨으니, 이것이 그 평생토록 강설하신 宗旨이다.[16]

위의 인용문에서 말하는 '體 · 用' 은 두 맥락으로 해석될 수 있다. 첫째는 '본체와 작용' 이라는 맥락이다. 화서는 '理의 본체와 작용' 을 구분해 말할 때에는, 본체는 理라 하였고 작용은 神이라 하였다.[17] 둘째는 '全體와 細目' 이라는 맥락이다. 화서는 '理의 전체와 세목' 을 구분해 말할 때에는, 전체는 明德(本心)이라 하였고, 세목은 性(仁 · 義 · 禮 · 智)이라 하였다. 理는 '전체로 보면 渾然' 하지만 '세목으로 보면 粲然' 한 것으로서, 이것을 理一分殊라 하는 것이다.

위의 인용문에서 말하는 '能 · 所' 란 각각 '능동성과 피동성' 을 뜻한다. 화서에 의하면, 理는 '피동적 존재' 로 그치는 것이 아니라 '능동적 존재' 이기도 하다. 위의 인용문에서는 또한 "하나의 '心' 字 위에서 '乘 · 載' 와 '帥 · 役' 을 엄격히 구분하였다" 고 했는데, 理는 '타고 있는 것' 이요 氣는 '싣고 있는 것' 이며, 理는 '명령하는 장수' 요 氣는 '명령을 받는 병졸' 임을 엄격히 구분했다는 말이다. 화서에 의하면 心은 '理 · 氣의 묘합' 이지만, 그 가운데 理는 '명령하는 존재' 요 氣는 '명령을 받는 존재' 라는 것이다.

'理一 · 分殊' 의 맥락에서 '理의 體 · 用' 을 논한 것은 주자나 율곡의 경우도 마찬가지였다. 따라서 화서의 특징적 입장은 다음의 두 가지에 있다.

---

16) 『華西集』 附錄 卷9 頁35~36, 〈華西年譜〉 57歲條 : 蓋先生於說理 則必曰一理字內面 元該體用 元包能所 不待假借而自足 於說心 則必曰一心字上面 必分乘載 必嚴帥役 不容斯須而有忽 此其平生講說之宗旨也

17) 『華西集』 卷24 頁43, 〈形氣神理說〉 : 形屬陰 氣屬陽 而陰陽分作兩儀 卽太極所乘之器也 理爲體 神爲用 而體用合爲太極 卽陰陽所載之道也

첫째는 '理의 體 · 用' 을 '본체와 작용' 으로 설명하여, '본체로서의 理는 無爲' 이지만 '작용으로서의 理는 有爲' 라고 본 점이다. 화서는 다음과 같이 말한다.

心은 形 · 氣 · 神 · 理를 모두 포함한다. 形은 陰이고 氣는 陽이니, 形而下의 器이다. 神은 用이고 理는 體니, 形而上의 道이다. 形은 心이 집으로 삼는 것이요, 氣는 心이 타는 것이며, 神은 心의 妙用이고, 理는 心의 本體이다.[18]

理가 쌓이면 神을 낳고, 神이 쌓이면 氣를 낳으며, 氣가 쌓이면 形을 낳는다. 理가 소진되면 神이 흩어지고, 神이 흩어지면 氣가 소멸하며, 氣가 소멸하면 形이 무너진다.[19]

위의 첫째 인용문에서는 '理의 體 · 用' 을 각각 '理와 神' 으로 표현하고 있음을 볼 수 있다. 神은 理의 작용으로서 '妙한 작용' 을 한다는 것이다. 둘째 인용문에서는 '神이 氣를 낳는다' 고, 즉 결국 '理가 氣를 낳는다' 고 주장하였다.[20]

둘째는 "理 안에 能 · 所를 모두 포함시켜, 理를 '自足的 존재' 로 만들었다" 는 점이다. 율곡은 理를 '수동적 존재' 로 규정하고, 따라서 理의 발현은 반드시 능동적 존재인 氣의 매개를 필요로 한다고 보았다. 그런

18) 『華西雅言』 卷3 頁6, 〈神明〉 : 心包形氣神理 形陰而氣陽 形而下之器也 神用而理體 形而上之道也 形乃心之所舍 氣乃心之所乘 神乃心之妙用 理乃心之本體

19) 『華西雅言』 卷1 頁5, 〈形而〉 : 理積生神 神積生氣 氣積生形 理盡則神散 神散則氣消 氣消則形毁

20) '理가 쌓인다' 거나 '理가 소진된다' 는 주장은 '理는 形而上者' 라는 주장과 양립될 수 없을 것이다. 화서는 또한 '理는 全知全能한 主宰者' 라고 보았는데, 왜 '결함이 많은 氣' 를 낳았는지도 의심할 수 있다. 그러나 이러한 문제들에 대한 論難은 접어두기로 하자.

데 화서는 理를 '능동적 존재'로 규정하고, 理는 氣로부터 빌림이 없이도 自足하다고 주장하는 것이다. 화서는 다음과 같이 말한다.

> 理는 '動·靜'과 '體·用'을 갖추고 '能·所'와 '大·小'를 포함하니, 그러므로 결함이 없어서 (氣로부터) 서로 빌리지 않고도 自足하다.[21)]

> '聖스러워 알 수 없는 것'을 神이라 하는데, 이는 또한 理의 本體를 지극하게 표현한 것이다. 理밖에 별도로 神이 있는 것은 아니다.[22)]

> 理는 '일정하여 바뀌지 않는 것'(一定不易底)이며, 神은 '不能한 바가 없는 것'(無所不能底)이다.[23)]

위의 세 인용문을 종합하면, 理는 '완전한 作爲能力'을 지닌 것이 된다. 다시 말해, 화서는 理에 단순히 '운동능력'만을 부여한 것이 아니라 '神的인 全能性'을 함께 부여한 것이다. 따라서 화서의 理는 "결함이 없어서 (氣로부터) 서로 빌리지 않고도 自足한 것"이다.

화서는 "理를 아는 사람의 말은 '理' 字가 살아 있고 '氣' 字가 죽어 있으나, 理를 모르는 사람의 말은 '氣' 字가 살아 있고 '理' 字가 죽어 있다"[24)]고 말한다. 이러한 맥락에서, 화서는 "太極은 動靜이 없다"고 주장한 吳澄(臨川吳氏)에 대해 다음과 같이 비판한다.

---

21) 『華西雅言』 卷1 頁5, 〈形而〉: 理也者 該動靜體用 包能所大小 故無虧欠 不相假借而足

22) 『華西雅言』 卷1 頁5, 〈形而〉: 聖而不可知之神 亦極其理之本體而言 理外更無神

23) 『華西雅言』 卷1 頁16, 〈九德〉: 理一定不易底 神無所不能底

24) 『華西雅言』 卷1 頁4, 〈形而〉: 識理之言 理字活而氣字死 不識理之言 氣字活而理字死

이제 "太極은 동정이 없고, 동정은 오로지 氣機를 우러른다"고 말한다면, 太極은 空寂에 빠져 氣機의 本源이 되기에 부족하며, 氣機는 제멋대로 裁斷할 수 있는 것으로 간주되어 도리어 太極의 主宰가 되려고 할 것이다. (…) "太極에 이미 동정이 없다"고 한다면 동정의 主宰者는 진실로 오로지 氣機에 귀착될 것이다. 그렇다면 天地間의 動·不動은 다만 하나의 氣機면 충분할 것이니, 오히려 어찌 太極을 기다리겠는가? (…) 百家의 '理를 해치고 氣를 숭상하는 학설'이 갖추어지지 않은 것이 없지만, 진실로 그 잘못된 근원을 찾는다면 臨川吳氏의 '太極은 動靜이 없다'는 학설이 필연코 그 조짐이 되었을 것이다.[25)]

화서는 '太極의 動靜'을 부정하는 것은 '太極이 氣의 主宰者임'을 부정하는 것이라고 규정하고, 이것이야말로 '理를 해치고 氣를 숭상하는 학설'이라고 단정하였다. 화서가 이처럼 말하는 근본 까닭은 그가 '理의 주재'를 '능동적 의미'로 해석하고 있기 때문이다. 주자나 율곡의 경우 '理의 주재'란 '理가 氣의 표준이 됨'으로 한정되는 것이었다. 그러나 화서는 '理의 주재'를 '理가 능동적으로 氣를 명령함'으로 이해했다. 따라서 화서는 '太極의 動靜'을 부정하는 것은 '太極의 주재'를 부정하는 것이요, 이는 결국 '氣가 제멋대로 재단할 수 있도록 조장하는 것'이라고 비판하는 것이다. 요컨대, '太極無動靜'을 주장하면 결국 '氣의 주재'를 주장하는 것인데, 이를 승인할 수 없다는 것이 화서의 문제의식이었다.

---

25)『華西雅言』卷1 頁7~8,〈臨川〉: 今曰 太極無動靜 而動靜專仰於氣機 然則太極淪於空寂 而不足爲氣機之本源矣 氣機疑於專擅 而反作太極之主宰矣 (…) 太極旣無動靜矣 則動靜之主宰者 專歸於氣機 固也 然則天地之間 動不動 只有一箇氣機 足矣 尙何待於太極也哉 (…) 百家害理尙氣之說 無所不備 苟求其所差之源 則臨川太極無動靜之說 未必不爲之兆

〈心統性情에 대한 해석 문제와 '以理斷心'〉

화서의 年譜에 의하면, 화서도 初年에는 心을 오로지 氣로 인식하고 있었다. 그런데 마침내 '心是氣論' 이 지니는 '未安한 점' 을 발견하고, 57세에 새로운 心說을 정립하게 되었다. 그가 발견한 '미안한 점' 이란 다음과 같은 것이었다.

> 心은 性을 다할 수 있는데 性은 心을 검속할 수 없으며, 心은 性·情을 통섭하는데 性·情은 心을 통섭할 수 없다는 것은 정해진 이치이다. 그런데 만약 '心은 다만 氣일 뿐' 이라면, 이것은 氣가 항상 理를 통섭하는 것이요, 理는 萬化의 樞紐가 되기에 부족한 것이다.[26]

화서는 心能盡性과 心統性情을 부정할 수 없는 명제로 인식했다. 그런데 心을 다만 氣로 간주한다면, '心統性' 이란 '氣統理' 가 되어, 理의 주재를 부정하는 결과가 되고 만다는 것이다. 이것이 화서가 발견한 '心是氣論의 미안한 점' 이었다. 그리하여 화서는 心을 단순히 氣로 규정하던 종래의 입장에서 벗어나, 心을 '理와 氣의 묘합' 으로 규정하고, 心統性情에서의 心은 理라고 규정함으로써(以理斷心) '心統性情' 과 '理의 주재' 를 모순 없이 양립시키고자 한 것이다. 〈華西年譜〉 57歲條에서는 화서 心說의 핵심을 다음과 같이 설명했다.

> 心은 理와 氣를 합쳐서 지은 이름인데, 理의 측면만 單指하면 '本心' 이라 한다. '道心, 主宰, 天君, 氣帥, 明德, 本原, 本體, 天地之心' 등은 모두 理의 측

26) 『華西集』 附錄 卷9 頁32, 〈華西年譜〉 57歲條: 先生初年 嘗以心專作氣看 (…) 旣而寢覺有未安者 蓋心能盡性 性不知檢其心 心統性情 性情不得統心 此定理也 若心只是氣而已 則是氣常統理 而理不足爲萬化之樞紐矣

면만을 지칭한 것이다. 선생은 또 "心은 形·氣·神·理를 모두 포함한다. 形은 陰이요, 氣는 陽이니, 形而下의 器이다. 神은 用이요, 理는 體이니, 形而上의 道이다. 形은 心이 집으로 삼는 것이요, 氣는 心이 타는 것이며, 神은 心의 妙用이요, 理는 心의 實體이다. 모든 사물이 그렇지만 心이 要處가 된다. 그러므로 形·氣·神·理에 대해 모두 心을 말할 수 있다. 다만 '理先氣後, 理通氣局, 理帥氣役'의 순서는 잠시라도 어지럽힐 수 없으니, 이는 다만 毫髮을 다투는 것이다."라고 하였다.[27)]

위에 보이듯이, 화서는 心을 일반적으로 '合理氣'로 규정하면서도, '道心, 主宰, 天君, 氣帥, 明德, 本原, 本體, 天地之心' 등 '心의 핵심'에 대해서는 '理'라고 주장하는 것이다. 요컨대 '心이 性·情을 주재한다'고 말할 때의 心, 즉 '性·情의 주재자로서의 心'은 '理'라는 것이 화서의 지론이었다. 화서에 의하면 "心은 一身의 주재자요 萬事의 강령인바, 理가 主가 되고 氣가 명령에 따르면 心이 올바름을 얻으나, 氣가 도리어 主가 되고 理가 도리어 부림을 당하면 그 心의 本然을 잃는다."[28)]는 것이다. 여기서 화서 心說의 지향점이 드러나는데, 그것은 바로 '理가 主가 되고 氣가 명령에 따르게 하여 心이 올바름을 얻게 하는 것'이었다.

'理가 主가 되고 氣가 명령에 따르게 하여 心이 올바름을 얻게 한다'는 목표에 대해서는 모든 유학자들이 동의할 수 있을 것 같다. 그런데

---

27) 『華西集』 附錄 卷9 頁34, 〈華西年譜〉 57歲條: 心者合理與氣而立名也 單指理一邊 則曰本心也 曰道心 曰主宰 曰天君 曰氣帥 曰明德 曰本原 曰本體 曰天地之心之類 皆指理一邊而言也 又曰 心包形氣神理四字 形陰而氣陽 形而下之器也 神用而理體 形而上之道也 形乃心之所舍 氣乃心之所乘 神乃心之妙用 理乃心之實體 物皆然 心爲要 是故 於形於氣於神於理 皆可以言心 但理先氣後 理通氣局 理帥氣役之序 造次不可亂 此則只爭毫髮

28) 『華西集』 卷22 頁29, 〈讀退陶先生集〉: 心爲一身之主 萬事之綱 而理爲主氣聽命 則心得其正 氣反爲主 而理反爲役 則失其心之本然

화서의 心說은 여러 反論에 봉착했다. 다른 學派의 비판은 차치하더라도, 華西學派 내부에서조차 비판이 제기된 것이다. 화서학파 내부에서 心說論爭이 야기된 단초는 화서의 "心은 形·氣·神·理를 모두 포함한다. 形은 陰이요, 氣는 陽이니, 形而下의 器이다. 神은 用이요, 理는 體이니, 形而上의 道이다."라는 주장에 숨어 있었다. 즉 화서는 神을 形而上者로 규정하고, 그 연장선상에서 心을 理로 규정했는데(以理斷心), 화서의 제자 省齋 柳重教는 '以理斷心'을 '부정확한 주장, 폐단을 야기할 수 있는 주장'으로 인식했던 것이다.

〈비판적 논의〉

화서의 성리설에는 '本·具'의 맥락과 '天理·人欲'의 맥락이 혼재하는데, 本具論의 맥락은 栗谷說과 궤를 같이하고, 天理人欲論의 맥락은 退溪說과 궤를 같이한다. 또 화서의 성리설 안에 두 맥락이 혼재하기 때문에 서로 矛盾되는 내용이 많으며, 어느 것이 화서의 眞面目인지 판단하기 어려운 점도 많다.

다만 論者가 보기에, 화서설은 결국 '天理·人欲'의 맥락을 대변한 것이다. 화서는 理·氣의 '相須·相害'를 말하나, 그 초점은 '相害'에 있었다. 다만 주자학에 있어서 '理氣不相離'는 무시할 수 없는 중요한 명제였으므로 한편으로는 형식적으로나마 '相須'를 말하지 않을 수 없었던 것이다. 화서에게 있어서 '相須'란 결국 '형식적 언급'에 불과했다는 점은 '理의 能動性'을 강조하는 것에서 더욱 분명해진다. 화서가 '理의 능동성'을 강조했던 취지는 '理의 自足性과 獨自性'을 확보하기 위한 것이었다. 理가 自足的이고 獨自的인 존재라면 氣의 도움은 필요 없을 것이요, 따라서 '理氣의 相須'란 '빈말'에 불과하게 되는 것이다.

화서의 心說과 明德說은 결국 커다란 논쟁의 端初가 되었거니와, 이는 화서의 성리설이 한편으로는 문제점이 많으면서도 한편으로는 중요한 의의를 지니고 있음을 뜻한다. 이에 대해서는 뒤에서 다시 살펴보기로 하고,[29] 이곳에서는 화서 主理論의 근본 문제를 하나만 지적해 두기로 한다.

화서는 그토록 理를 '神格化' 하고 理의 '능동적 주재성' 을 강조하면서도, 모든 惡은 '氣가 그렇게 시킨 것' 이라고 설명했다. 그런데 氣가 그렇게 시키는 것을 理가 제압하지 못한다면, 理의 주재란 취약하기만 한 것이다. 더군다나 화서는 현실에는 善은 적고 惡은 많다고 했으니, 이는 현실을 주도하는 것은 오히려 氣라는 것을 극명하게 인정하는 셈이다. 따라서 화서의 '철저한 主理論' 은 우리의 소망을 반영하는 '當爲論' 으로는 의미가 있겠으나, 우리의 현실을 설명하는 '事實論' 으로는 성립할 수 없는 논리인 것이다.

2. 蘆沙 奇正鎭의 主理論

율곡 이후 기호학파에서는 대체로 율곡의 氣發理乘論을 宗旨로 삼고 있었다. 그런데 조선 말기에 이르자 기호학파 내부에서도 율곡의 氣發理乘論에 대해 의문을 품고 비판하는 학자들이 등장하기 시작했다. 그 대표적 인물이 바로 蘆沙 奇正鎭(1798~1879)이다. 노사는 당시 세상의 온갖 폐단이 '氣가 理의 자리를 빼앗아 萬事의 本領이 됨' 으로부터 유래한다고 보고, 이러한 폐단이 생기게 된 까닭은 氣發理乘論 때문이라고

29) 華西의 心說에 대한 梅山學派의 비판에 대해서는 이 책의 제3부 제4장 〈華西學派-梅山學派의 明德論爭〉 참조. 또한 華西學派 내부의 心說論爭에 대해서는 이 책의 제3부 제5장 〈華西學派 내부의 心說論爭〉 참조.

보았다.

율곡의 氣發理乘論에 의하면, 理는 所發者(발현되는 내용)요, 氣는 能發者(발현하는 주체)이다. 그런데 氣에는 淸·濁이 있는바, 淸氣는 理를 온전히 발현시키고, 濁氣는 理를 온전히 발현시키지 못한다. 또한 율곡의 理一分殊論에 의하면, 本然之理는 본래 '하나'이지만, 氣의 參差不齊로 인해 理도 다양성을 노정하게 된다. 따라서 율곡설에 의하면 현실적 주도권은 氣에 있는 것이며, 이러한 사상을 계승한 洛論 계통의 渼湖 金元行이나 湛軒 洪大容의 경우에는 理의 主宰性을 명시적으로 否定하기에 이른다.[30] 그리하여 노사는 율곡설을 정면으로 비판하는 논설 〈猥筆〉을 지어, 율곡에게 그 책임을 물은 것이다.

그런데 노사의 성리설은 기호학파의 通論과 궤를 달리하는 것이다. 기호학파에서는 기본적으로 '理와 氣'를 '本과 具' 즉 '道와 器'라는 관점에서 설명해 왔는데, 이와 달리 노사는 '理와 氣'를 '所以然과 所然(其然)'으로 규정했다.[31] 本具論의 맥락에서는 具(氣)의 현실적 주도권이 강조되거니와, 이를 용납할 수 없었던 노사는 '所以然으로서의 理의 必然的主宰'를 부각시키려고 했던 것이다.

〈蘆沙의 근본입장 : 所以然으로서의 理〉

노사는 '理와 氣'를 기본적으로 '所以然과 所然'으로 규정한다. 현상

---

30) 『渼湖集』 卷14 頁1, 〈雜記〉; 『湛軒書』 內集 卷1 頁1, 〈心性問〉.

31) 蘆沙에 앞서 德村 梁得中(1665~1742)도 '理와 氣'를 '所以然과 所然'의 관점에서 설명한 바 있다(『德村集』 卷7 頁15, 〈上明齋別紙〉: 古人說理氣 其言雖多 而其要訣 不過曰其然者氣也 其所以然者理也一語而已 理氣機括 本自如此 陰陽造化 人心性情 蓋莫不然爾 一陰一陽之謂道 其陰陽氣也 而其所以陰陽者則理也 生之謂性 其生氣也 而其所以生者則理也 外物觸其形而動於中 其中動而七情出焉 其動而出之者氣也 而其所以動而出者則理也).

의 세계만 관찰한다면 先天地나 後天地 또는 크고 작은 것들이 모두 氣로서, 별도로 理라고 칭할 것이 없지만, 그러나 그것은 '현상(所然)' 에 불과하며, 그러한 현상에는 반드시 '그러한 바의 까닭(所以然)' 인 理가 있다는 것이다.[32] 노사는 理를 '所以然之故' 라고도 말하고, '不得不然之故' 라고도 말한다.[33] 모든 것들은 본래 그러한 까닭이 있으므로 그렇게 존재하는 것이요, 까닭이 그러하므로 그렇게 존재하지 않을 수 없다는 것이다. 그렇다면 모든 것들은 理가 그렇게 시킨 것(使之)이요, 理가 그렇게 主宰한 것이라 할 수 있다. 이 세계의 모든 일들(所然)은 理(所以然)가 그렇게 시킨 결과라 한다면, 所以然과 所然은 항상 一致되게 마련이다. 노사는 이러한 맥락에서 理와 氣는 '一體' 의 관계라고 주장한다. 노사는 다음과 같이 말한다.

> 요컨대 理 · 氣가 一體임을 알아야 하니, 氣가 고르지 못함(不齊)도 또한 理가 그렇게 시킨 것이다. 천하에 어찌 理 바깥의 氣가 있겠는가?[34]

> 만물의 造化에 있어서 理 · 氣는 胳然一體로서 원래 서로 떨어질 수 없다(不相離). 그런데 그 不相離 가운데에 나아가 만일 어찌하여 반드시 이와 같은가를 묻는다면, 그 까닭은 理에 있고 氣에 있지 않다. 그렇다면 主 · 僕의 형세와 先 · 後의 구분이 이로부터 이미 判然한 것이다.[35]

---

32) 『蘆沙集』 卷15 頁20, 〈答景道〉 : 今姑除却一理字 但看一氣字 先天地後天地 若大若小 都是氣也 何處有一塊物 別稱理耶 須知此不過其然 必有所以然 是之謂理

33) 『蘆沙集』 卷4 頁23, 〈擬與權信元〉 : 理者 何物也 卽二氣五行萬事庶物不得不然之故也 (…) 二氣五行 非此不生 品彙庶物 非此不生

34) 『蘆沙集』 卷15 頁21, 〈答景道〉 : 要知理氣一體 氣之不齊 亦理之使然 天下寧有理外之氣也

35) 『蘆沙集』 卷4 頁23, 〈擬與權信元〉 : 理氣之在萬化 胳然一體 元不相離 而就此不相離之中 若問其曷爲而必若此 則其故在於理而不在於氣也 然則主僕之勢 先後之分 卽此而已

위의 첫째 인용문은 理·氣가 一體이므로 理바깥에 별도로 氣가 없다고 설명한 것이다. 노사는 "氣와 떨어져서 독립한 理가 없다"는 것도 분명히 말했다.[36] 노사에 의하면 理·氣는 一體이지만, 理는 所以然이요 氣는 所然이기 때문에, 主·僕의 형세와 先·後의 구분이 없을 수 없다. 이러한 맥락에서 노사는 理主氣從과 理先氣後를 주장하는 것이다.

노사는 所以然으로서의 理의 역할을 '주재' 곧 '부림(使之)'으로 해석한다. 모든 것은 理가 그렇게 주재한 것이요, 따라서 理는 명령을 내리는 主人이고 氣는 명령을 받드는 從僕이다. 현상계의 운동변화는 분명 氣의 所爲이지만, 그것은 모두 理의 명령에 의한 것이므로 理의 所爲라고도 말할 수 있다. 이러한 맥락에서 노사는 '理發'을 인정하고, '太極有動靜'을 인정한다.[37] 그러나 이는 理가 스스로 발하고 太極이 스스로 동정한다는 뜻이 아니다. 노사는 理가 스스로 운동할 수 없다는 것을 분명히 밝혔다. 다만 氣의 운동변화는 理의 주재에 의한 것이므로, 氣發·氣行을 理發·理行이라 말할 수 있다는 것이다.

노사는 理가 모든 것의 주재자요 所以然이라는 맥락에서 理를 '萬有의 種子'라고도 말한다.[38] 萬有는 모두 理의 주재에 의한 것이므로, 萬有의 種子가 모두 理 속에 갖추어져 있다는 말이다. 율곡은 理는 본래 一이지만 氣의 다양성으로 인해 理도 다양성을 지니게 된다고 보았다. 그렇

判然矣

36) 『蘆沙集』 卷16 頁6, 〈納凉私議〉 : 天下無離氣獨立之理

37) 『蘆沙集』 卷15 頁13, 〈答景道〉 : 動靜 氣也 使之動靜者 太極也 知者雖曰太極有動靜 可矣 不知者 雖曰太極無動靜 何益矣

38) 『蘆沙集』 卷16 頁3~4, 〈答人問第二〉 : 若從源頭論 一理之初 萬有已足 如種着土 不得不生 故萬有之氣 由此而生 若就流行看 有一物方有一理 有萬象方有萬理 有若乘氣變化而旋旋生出 善觀者 知其爲流行邊說話 不執言迷旨 則可矣 若迷厥旨 以爲理本無準則 東西南北 惟氣之從 是理不爲氣之主 反聽命焉 不亦左乎 天下未有無種而生者 理乎理乎 其萬有之種子歟

다면 이는 '理가 氣로부터 영향을 받는 것' 인바, '理의 주도권' 을 강조하는 노사는 이를 수긍할 수 없었다. 그리하여 노사는 理一 속에 본래 分殊가 갖추어져 있기 때문에 현상계에서 分殊가 드러나는 것이라고 주장하는 것이다.[39]

理가 萬有의 種子라고 할 때, 그 萬有에는 물론 惡도 포함된다. 理는 惡의 種子이기도 하다면, 理의 純善은 일견 확보될 수 없는 것이다. 그럼에도 불구하고 노사는 理가 惡을 포함한 一切 萬有의 主宰者라는 것과 理의 純善을 동시에 관철시키려고 했다.[40]

〈栗谷說에 대한 비판〉

노사의 〈猥筆〉은 율곡의 '氣發理乘論' 을 비판하는 논설이거니와, 먼저 율곡의 氣發理乘論을 상기해보자. 주지하듯이 율곡은 '理는 作爲가 없고 氣는 作爲가 있으므로' 사단과 칠정이 모두 '氣가 발함에 理가 타는 것' 일 수밖에 없다고 규정했다. 율곡이 말하는 '氣發' 이란 결국 '陰靜陽動' 의 과정인바, 율곡은 '陰靜陽動' 을 "기틀이 저절로 그러한 것(機自爾)으로서, 그렇게 시키는 존재가 있는 것은 아니다(非有使之)" 라고 설명한 동시에 "그 陰靜陽動하는 까닭(所以)은 理" 라고 설명했으며, "陽이 動하면 理는 動을 타고, 陰이 靜하면 理는 靜을 탄다" 고 설명했다.[41]

율곡도 '理가 氣를 주재한다' 는 점을 분명히 인정한다. 율곡은 "理는 氣의 主宰者이고 氣는 理가 탈 바이다. 理가 아니면 氣는 根柢할 바가 없고, 氣가 아니면 理는 依着할 바가 없다."[42]고 했다. 여기서 알 수 있듯

39) 이것을 노사는 '理分相涵' 또는 '理分圓融' 이라 하고, 기존의 율곡설과 湖洛論에서의 理一分殊論을 '理分隔斷' 이라고 비판했다.

40) 『蘆沙集』 卷9 頁36, 〈答閔克中〉: 事有不善 而不害於理之本善也 氣有用事 而不害於理爲主宰也

41) 『栗谷全書』 卷10 頁26~27, 〈答成浩原〉.

이, 율곡은 '理의 주재'를 '理가 氣의 樞紐根柢'라는 뜻으로, '理乘'을 '理가 氣에 의착한다'는 뜻으로 보았다. 요컨대 氣는 스스로(自然而然, 機自爾) 動靜(發)하는바, 그 動靜을 통해서 구현되는 내용은 理라는 것이다. 율곡의 이러한 주장은 관점에 따라 '理의 주재성'을 약화시키고 '氣의 현실적 주도권'을 강화시킨 것으로 보일 수 있다. 그리하여 노사는 〈猥筆〉에서 율곡설에 대해 비판의 포문을 열게 된 것이다. 〈猥筆〉의 논점은 대략 세 가지로 요약된다.

첫째, '機自爾, 非有使之'에 대한 비판이다. 노사에 의하면, '陰靜陽動'은 겉으로 얼핏 보면 정말로 '스스로 가고, 스스로 멈추는 것'처럼 보이나, 그 실상을 깊이 추구해보면 한결같이 '天命이 그렇게 시키는 것'이다. '陰靜陽動'은 '天命이 그러하므로 부득불 그러한 것'인바, 노사는 이것을 '所以然'이라고도 했다. 요컨대 '天命이 곧 所以然'이라는 것이다. 이러한 전제 아래, 노사는 다음과 같이 말한다.

> 지금 "그 기틀이 스스로 그러하다(機自爾)"고 말하면, '스스로 그러함'은 비록 '힘써 노력함을 기다리지 않는다'는 말이지만, 이미 '자기로부터 말미암고, 다른 것에 말미암지 않는다'는 뜻을 포함한다. 또 거듭 말하기를, "시키는 것이 있지 않다(非有使之者)"고 하였으니, '스스로 그러하다'고 말할 때는 오히려 그냥 한 말 같았지만, "시키는 것이 있지 않다"는 말은 그 의미가 확고하여, 진실로 음양이 말미암는 것 없이 스스로 가고 스스로 멈춘다는 것 같다. (…) "시키는 것이 있지 않다"는 한 구절 안에서 天命이 이미 멈추었다. 天命이 멈추어도 陰陽이 진실로 여전하다는 말은 듣지 못했다. 天命은 萬事의 本領이 되니, 지금 스스로 가고 스스로 멈추어 天命과 관련이 없다고

42) 『栗谷全書』 卷10 頁2, 〈答成浩原〉: 理者 氣之主宰也 氣者 理之所乘也 非理則氣無所根柢 非氣則理無所依着

하면, 즉 天命의 밖에 또 하나의 本領이 있는 것이다. 두 개의 本領이 각각 스스로 지도리가 된다는 것은, 造化에는 결코 이런 일은 없을 것이다.[43]

요컨대 노사는 '음정양동' 을 '天命이 그렇게 시키는 것' 이라고 설명하고, 율곡의 '機自爾, 非有使之' 라는 설명에 대해서는 '天命이 이미 멈추었다' 는 것이요, '天命 밖에 또 하나의 本領이 있다' 는 것이라고 비판했다.

한편, 율곡이 '음정양동' 을 "기틀이 저절로 그러한 것(機自爾)" 으로 설명하는 동시에 또한 "그 음정양동하는 까닭(所以)은 理" 라고 설명한 것에 대해, 노사는 " '自爾' 두 글자와 '所以然' 세 글자는 서로 敵對하는 것으로, '스스로 그러하다(自爾)' 고 주장하면, '所以然' 은 물러나 움츠러들지 않을 수 없다."[44]고 보았다. 노사는 所以然을 '天命이 그러하므로 부득불 그러한 것' 이라고 설명한 바 있는데, 이러한 맥락에서 '機自爾' 와 '所以然' 은 서로 양립할 수 없는 용어라는 것이다. 또한 율곡이 "動者靜者 氣也, 動之靜之者 理也" 라고 한 것에 대해, 노사는 " '動之靜之' 가 '使之' 가 아니고 무엇인가?"[45]라고 반문했다. 요컨대 율곡이 이처럼 곳곳에서 자가당착을 범했다는 비판이다.

둘째, '理發 · 理行' 에 대한 옹호이다. 노사에 의하면, 貴人이 나가는데 수레 · 말과 종복이 따르지만, 그것을 보는 자는 다만 '貴人이 나간

43) 『蘆沙集』 卷16 頁24~25, 〈猥筆〉 : 今曰其機自爾 自爾雖不竢勉强之謂 而已含由己不他由之意 又申言之曰非有使之者 說自爾時 語猶虛到 非有使之 語意牢確 眞若陰陽無所關由而自行自止者 (…) 非有使之一句內 天命旣息矣 天命息而陰陽因舊 實所未聞 天命爲萬事本領 今有自行自止 不關由天命者 則天命之外 又一本領也 兩箇本領 各自樞紐 則造化必無此事

44) 『蘆沙集』 卷16 頁25, 〈猥筆〉 : 自爾二字與所以然三字 恰是對敵 自爾爲主張 則所以然不得不退縮

45) 『蘆沙集』 卷16 頁25, 〈猥筆〉 : 動之靜之 非使之然而何

다' 고 할 뿐 일찍이 '수레 · 말과 종복이 나간다' 고 말하지 않는다. 같은 맥락에서 '太極이 動靜한다' 는 것은 본래 평탄한 말이다. 그런데 "朱子가 후세를 위해 두루 생각하여, 배우는 사람들이 '太極이 動靜한다' 는 말을 보고 형이상 · 형이하의 구분에 어두워져, '太極이 氣機를 기다리지 않고 스스로 동정한다' 고 오인할까 두려워, 註解 가운데 '所乘之機' 네 글자를 붙여두었다." 는 것이다. 노사는 다음과 같이 말한다.

> 氣가 理에 순응하여 발한 것은 氣發이 곧 理發이며, 理를 좇아서 행한 것은 氣行이 곧 理行이다. 理는 造作이 없고 스스로 꿈틀거림도 없으니, 그 發하고 行하는 것은 분명 氣가 하는 일인데, 理發 · 理行이라고 말하는 것은 무슨 까닭인가? 氣의 發과 行은 실제로 理에게 명령을 받는 것이다. 명령하는 것은 주인이 되고 명령을 받는 것은 종이 되며, 종은 그 노고를 책임지지만 주인이 그 공을 거두는 것은 하늘의 經이고 땅의 義이다. 그러므로 '흘러가는 것이 이와 같다(逝者如斯)' 고 말할 때 곧바로 '흘러가는 것' 이라고 말하고 일찍이 '氣를 타는 것이 이와 같다' 고 말하지 않았으며, '乾道變化' 를 말할 때 곧바로 '乾道' 라고 말하고 일찍이 '氣를 타고 변화한다' 고 말하지 않았다.[46]

노사는 "理는 造作이 없고 스스로 꿈틀거림도 없으니, 그 發하고 行하는 것은 분명 氣가 하는 일" 이라 하였다. 그런데 "氣의 發과 行은 실제로 理에게 명령을 받는 것" 이므로 "理發 · 理行" 이라고 말한다는 것이다.

---

46) 『蘆沙集』 卷16 頁26, 〈猥筆〉 : 氣之順理而發者 氣發卽理發也 循理而行者 氣行卽理行也 理非有造作自蠢動 其發其行 明是氣爲 而謂之理發理行 何歟 氣之發與行 實受命於理 命者爲主而受命爲僕 僕任其勞而主居其功 天之經 地之義 是以 言逝者如斯時 直言逝者 未嘗言乘氣如斯 言乾道變化時 直言乾道 未嘗言乘氣變化

요컨대 노사는 '理의 능동성'을 부정하면서도, 氣의 운동은 理의 명령에 따른 것이라는 맥락에서 '氣發·氣行'이 곧 '理發·理行'이라고 주장한 것이다. 노사는 다음과 같이 말한다.

> '理發' 두 글자는 오늘날 학자들이 크게 금하여 피하는 말이 되었다. 단락이 있고 변화를 행하여 조리를 이루는 것을 보면 곧바로 氣라고 말하거니와, '무엇이 이것을 주장하느냐'고 물으면 '그 기틀이 스스로 그러하니, 시키는 것이 없다'고 말하며, '이른바 理는 어디에 존재하는가'를 물으면, '氣를 타고 있다'고 말한다. 애초에 이미 '그렇게 시키는 妙'가 없고, 결국엔 또 '操縱하는 능력'도 없으며, 다만 붙어있어 탈 뿐이라고 하면, 무슨 일을 할 수 있겠는가? 있어도 도움이 될 만한 바가 없고, 없어도 부족한 바가 없으니, 살에 붙어 있는 혹이나 천리마를 좇아다니는 파리에 불과하다. 가련하도다![47]

노사에 의하면, '당시의 학자들'은 '氣의 운동'을 '機自爾, 非有使之'라고 인식하여 '氣發'만 긍정하고 '理發'을 부정하는 것이었다. 노사는 이처럼 理는 다만 氣에 붙어있을 뿐 '그렇게 시키는 妙'도 없고 '操縱하는 힘'도 없다고 하면, 理는 '살에 붙어 있는 혹'이나 '천리마를 좇아다니는 파리'에 불과한 꼴이라고 규정하고, 이것은 "氣가 理의 자리를 빼앗아 萬事의 本領이 된 것"이라고 비판했다.

셋째, 理優位論이다. 노사는 "명령하는 것은 주인이 되고 명령을 받는 것은 종이 되며, 종은 그 노고를 책임지지만 주인이 그 공을 거두는 것

---

47)『蘆沙集』卷16 頁26~27,〈猥筆〉: 理發二字 爲今日學士家一大禁避語 而纔見有段落行變化成條理者 則曰氣也 問孰主張是 則曰其機自爾 非有使之者 問所謂理者落在何方 則曰乘之矣 初旣無使之然之妙 末又非有操縱之力 寄寓來乘 做得甚事 有之無所補 無之靡所闕 不過爲附肉之疣 隨驥之蠅 嗚呼可憐矣

은 하늘의 經이고 땅의 義이다."라고 주장하고, "孔子는 理를 말할 때에는 반드시 理로 氣를 거느리고, 氣를 말할 때에는 곧 그에 입각하여 理를 밝히셨다."고 주장했다. 이처럼 노사는 理優位論을 주장하면서, 理와 氣를 대등하게 병렬시키는 것을 비판했다.

> 氣와 理를 함께 거론하여 '理氣'라고 부르는 것이 언제부터 시작되었는가? 내 생각에, 이는 결코 聖人의 말씀이 아니다. 무슨 말인가? 理의 존귀함은 상대가 없으니, 氣가 어떻게 상대하여 짝이 될 수 있겠는가? 그 광활함은 상대가 없으니, 氣 역시 理 가운데의 사물로서, 理가 유행할 때의 손발이다. (氣는) 理에 본래 대적할 수 없는바, 짝도 아니고 敵도 아닌데 함께 거론하는 것은 무슨 까닭인가? (…) 지금 사람들은 '理' 자를 보면 곧 반드시 '氣' 자를 찾아 짝을 지으니, 이에 '理의 流行'이라는 하나의 큰일이 모두 '氣' 字와 함께 이루어지는 것이 되고 말았다. 남은 것은 다만 '混淪'과 '冲漠' 뿐이니, 이것이 두 개의 본령이 있게 된 조짐이었다. 슬프구나![48]

노사는 理를 '존귀하고 광활하여, 상대가 없는 존재'로 규정하고, 氣에 대해서는 '理 가운데의 사물로서, 理가 유행할 때의 손발'이라고 격하시켰다. 그리고 당시 사람들이 '理와 氣를 대등하게 병렬시키는 것'에 대해 '두 개의 본령이 있게 된 조짐'이라고 비판하였다.

이상에서 〈猥筆〉의 주요 내용을 살펴보았다. 노사의 문제의식은 요컨대 '율곡의 氣發理乘論'은 결국 '氣가 理의 자리를 빼앗아 萬事의 本

48) 『蘆沙集』 卷16 頁27~28, 〈猥筆〉: 把氣與理對擧 喚作理氣 始於何時 愚意此必非聖人之言 何以言之 理之尊無對 氣何可與之對偶 其闊無對 氣亦理中事 乃此理流行之手脚 其於理本非對敵 非偶非敵 而對擧之 何哉 (…) 今人纔見理字 必覓氣來作對偶 於是理之流行一大事 盡被氣字帶去作家計 所餘者 秖混淪也冲漠也 此雙本領之履霜也 悲夫

領이 되게 함' 으로써 '거꾸로 뒤집히고 창피한 온갖 폐단들' 을 초래했다는 것이다.

〈理分相涵論과 湖 · 洛 양론 비판〉

노사는 성리학의 주요 명제 '理一分殊' 에 대해서도 새로운 해석을 제시했다. 理一分殊에 대한 기존의 通論은 '理는 본래 하나인데(理一), 參差不齊한 氣를 타고 流行함에 다양하게 分化된다(因氣而有分)' 는 것이었으며, 湖 · 洛 양론도 기본적으로 이러한 관점에 입각하고 있었다. 그런데 노사는 이러한 해석에 대해 '理를 盈縮과 先後가 있는 것으로 오해하는 것이며, 理一과 分殊를 서로 단절시키는 것(理分相離, 理分隔斷)' 이라고 비판한다. 노사는 다음과 같이 말한다.

> 理는 先 · 後와 盈 · 縮이 없다. 一理라 하여 적은 것이 아니요, 萬理라 하여 많은 것이 아니니, 이를 '盈 · 縮이 없다' 고 한다. 이 사물이 있다고 하여 생기는 것이 아니요, 이 사물이 없다고 하여 없어지는 것이 아니니, 이를 '先 · 後가 없다' 고 한다. 이를 깨달으면 이른바 '一' 을 이해할 수 있다.[49)]

노사에 의하면 理는 先 · 後가 없기 때문에 理一과 分殊 모두 언제나 항상 존재하는 것이다. 그런데 만일 理는 본래 '一' 이요 氣를 타고 유행함에 비로소 萬理가 '生' 한다고 하면, 이는 없었던 것이 '生' 한 것이요 따라서 先 · 後가 있게 된다. 또한 理는 盈 · 縮이 없기 때문에, 一이었던 것이 萬이 되거나 萬이었던 것이 一이 되는 것이 아니다. 그런데 一이었던 理가 氣를 타고 유행함에 萬으로 된다고 하면, 이는 一이 萬으로 늘어

49) 『蘆沙集』 卷16 頁3, 〈答人問第一〉.

난 것이요 따라서 盈·縮이 있게 된다. 이처럼 理에 先·後와 盈·縮이 있다고 한다면, 理는 氣와 더불어 生滅變化하는 것으로 전락하는바, 따라서 '因氣而有分'의 논리는 용납할 수 없다는 것이다.[50] 노사는 '因氣而有分'을 용납할 수 없다는 맥락에서, 다음과 같이 湖·洛 양론을 함께 비판한다.[51]

첫째, 湖論(異論)의 경우 分이 없는 것을 一로 여겼기 때문에, 本然之性(南塘의 中層性을 말함) 위에 또 하나의 本然之性(南塘의 上層性을 말함)을 세웠는데, 이는 '理外有分'에 빠진 것이요, 결국 '性卽理'가 빈말이 되고 만다는 것이다.[52] 둘째, 洛論(同論)의 경우 分을 氣로 인해 생긴 것으로 여겼기 때문에, 人·物이 五常을 함께 하는 것을 本然之性이라고 했으면서도 偏全之性을 本然之性이 아니라고 말하게 되었는데, 이는 '分外有理'에 빠진 것이요, 결국 本然之性은 有體無用의 물건이 되고 만다는 것이다.[53] 노사는 이처럼 湖·洛 양론이 모두 '理分相離' 또는 '理分隔斷'에 빠졌다고 비판하고, 다음과 같이 '理分相涵' 또는 '理分圓融'을 주장한다.

---

50) 노사의 이러한 비판은 일견 매우 예리해 보이나, 栗谷說의 정곡을 찌른 것은 못 된다. 율곡이 '氣로 인해 理의 分殊가 생긴다'고 했을 때, '생기는 것'은 理가 아니라 分이기 때문이다. 盈·縮의 경우도 마찬가지로, '理가 盈縮한다'는 것이 아니라 '分殊多寡가 盈縮한다'는 것이다. 율곡은 乘氣流行 속에서도 '理의 本然은 변함이 없다(自若)'는 것을 누누이 강조했다.

51) 『蘆沙集』 卷16 頁8~9, 〈納凉私議〉.

52) 남당은 中層性을 人·物의 고유한 本然之性이요, 上層性은 理만을 지칭하는 것이라 하였는바, 즉 性(中層性) 위에 理(上層性)를 별도로 세움으로써 性卽理라는 말이 무의미하게 되었다는 것이다.

53) 외암은 本然之性은 理一이요 偏全之性은 分殊인바, 分殊는 氣로 인한 것이므로(因氣而有分) 本然之性이 아니라고 본 것이다. 이에 대해 노사는 理一은 體이고 分殊는 用인바, 偏全之性을 本然이 아니라고 한다면, 本然之性은 體만 있고 用은 없는 꼴이 된다고 비판하는 것이다.

내가 아는 바로는, 分은 理一 가운데의 細條理로서, 理와 分 사이에는 層節이 있을 수 없다. 分은 理의 짝이 아니요, 分殊가 바로 一의 짝이다. 理는 萬殊를 함축하고 있기 때문에 一이라고 하는바, 사실은 一物이라는 말과 같다. 殊는 眞殊가 아니기 때문에 分殊라 하는바, 다른 것은 다만 分限이라는 말이다. 理一과 分殊라는 말은 서로를 전제해야만 의미를 이루니, 하나라도 제거할 수 없다. 그러므로 理一을 말할 때에 分이 이미 함축되어 있음을 알 수 있으며, 分殊를 말할 때에 一이 自在함을 알 수 있다. 理를 따라 내려가 그 무엇을 덧붙여서 비로소 分을 이루고, 分으로부터 거슬러 올라가 一步를 뛰어넘어 비로소 理一을 이룬다는 말이 아니다.[54)]

노사에 의하면 同 가운데 異가 있고 異 가운데 同이 있기 때문에, 理分圓融을 인식하면 同·異를 따질 필요가 없다는 것이다. 이처럼 노사의 湖·洛 양론에 대한 비판은 '同論이 옳은가, 異論이 옳은가' 에 대한 비판이 아니라, '湖·洛 양론이 모두 理分相離의 폐단에 빠졌다' 는 비판이었다.

〈비판적 논의〉

〈猥筆〉의 핵심은 율곡이 陰靜陽動을 '機自爾, 非有使之' 로 설명한 것에 대해 '氣奪理位' 라고 비판하고, 음정양동은 근원적으로 所以然으로서의 理가 氣를 그렇게 부린 결과라고 주장한 것이다. 사실 율곡은 "陰靜陽動은 기틀이 저절로 그러한 것(機自爾)인바, 그 陰靜陽動하는 까닭(所以)은 理이다."라고 하여 '機自爾' 와 '所以然' 을 양립시키고 있었으며, 또 '未然의 근원' 과 '已然의 현상' 을 동시에 주목하고 있었다. 따라

54) 『蘆沙集』 卷16 頁5, 〈納凉私議〉.

서 율곡의 '機自爾' 에 대해 노사가 '所以然으로서의 理를 부정한 것' 이라고 비판한 것은 애초에 부당한 것이었다.

노사가 율곡을 비판하는 것과는 달리, 율곡은 분명 '理의 주재' 를 인정했다. 율곡은 다만 '理의 주재' 를 노사처럼 이해하지 않은 것이다. 율곡은 '理의 주재' 를 '理가 氣의 樞紐根柢가 됨' 또는 '理가 氣의 운동변화의 표준(本)이 됨' 으로 설명했으나, 노사는 '理의 주재' 를 '理가 氣를 명령하고 부림' 으로 설명했다. 그런데 '理의 주재' 를 노사처럼 설명하면, 다음과 같은 여러 문제점이 야기된다.

첫째, '理의 주재' 를 '使之' 로 설명하는 것은 주자의 '理는 情意와 造作이 없다' 는 설명과 양립하기 어렵다. 예컨대 노사는 "理는 造作이 없고 스스로 꿈틀거림도 없으니, 그 發하고 行하는 것은 분명 氣가 하는 일" 이라 하여 분명 理의 능동성을 부정하면서도, 다시 理가 氣를 '조종할 수 있는 능력(操縱之力)' 을 말하거니와, 그렇다면 노사의 理는 '능동적 존재' 로서 '情意와 造作을 지닌 존재' 인지 애매하게 된다.

둘째, '理의 주재' 를 '使之' 로 설명하면, 현실에 惡이 존재하는 까닭을 설명할 수 없다. 理는 순선한 존재로서 氣를 이러저러하게 명령하는 것이라면, 또 그리고 氣는 理의 명령에 따르는 존재라면, 현실의 세계에 惡이 존재할 까닭이 없는 것이다. 그런데 우리의 현실에는 항상 惡이 넘친다. 이에 대하여 노사는 다음과 같이 설명한다.

> 不善이란 善이 곧게 완수되지 못한 것이니, 不善이 또한 어찌 별도의 근원이 있겠는가? (…) 理는 種子로서, 다만 必然之妙만 있고 能然之力은 없다. 必然之妙가 있기 때문에 곧게 완수될 수 있는 것이요, 能然之力이 없기 때문에 간혹 곧게 완수되지 못하는 것이다.[55]

순선한 理가 氣를 주재함에도 불구하고 현실에 惡이 존재하는 것에 대해, 노사는 '理에는 必然之妙만 있고 能然之力은 없기 때문' 이라고 설명했다. 노사는 理에 操縱之力이 있다고 했거니와, 그렇다면 理는 操縱之力은 있지만 能然之力은 없는 것인가? 操縱之力과 能然之力은 어떻게 다른 것인가? 또한 "理에는 能然之力이 없기 때문에 간혹 곧게 완수되지 못하는 것" 이라는 말은 결과적으로 理의 必然的 主宰性을 손상시키는 것 아닌가? 노사의 이러한 설명들은 좌충우돌의 연속이 아닌가?

보다 근원적으로, 노사가 理의 본질을 '所以然' 으로 규정한 것도 부적절하다. 노사는 "氣가 고르지 못함(不齊)도 또한 理가 그렇게 시킨 것" 이라 했다. 같은 맥락에서, '惡도 所以然인 理가 그렇게 시킨 것' 이라 한다면, 이러한 理가 과연 純善하고 尊貴한 것인가? 성리학에서 理는 분명 所以然으로 설명되어 왔다. 그러나 그것은 부차적인 의미일 뿐, 일차적인 의미는 '本(표준)' 즉 '本然한 至善者' 또는 '純善의 形相' 이라는 것이었다. 예컨대 '理(표준)가 본래 그러한 까닭(所以)에 현상계가 이러저러하게 전개된다' 는 것이다. 일찍이 滄溪 林泳은 '所以然으로서의 理' 는 옛 성현이 서로 전수한 '純粹至善의 참된 理' 가 아니라고 설명한 바 있거니와,[56] 노사는 이 말을 깊이 음미해야 할 것이다.

한편, 노사는 湖 · 洛 양론이 모두 理分隔斷에 빠졌다고 비판했지만, 그것은 노사의 관점일 뿐이다. 율곡 또는 湖 · 洛 양론이 理分隔斷을 추구한 것도 아닌데 노사의 눈에는 理分隔斷으로 비친 것은 서로 '分' 의

55) 『蘆沙集』 卷16 頁4, 〈答人問第三〉 : 不善者 善之不直遂者也 不善亦安有別根乎 (…) 理者 種子也 但有必然之妙 非有能然之力 以其有必然也 故可直遂 以其非有能然也 故或不直遂 莫非理也 其本然則有在矣 惟聖人 主於必然 以致其能然 而後本然者得矣

56) 『滄溪集』 卷25 頁25~26, 〈日錄(甲寅)〉 : 若指淸氣之所以爲善 濁氣之所以爲惡者 皆謂之理 (…) 如此則所謂理者 却只是萬物所以然之總名 其中爲善爲惡 却無定向 所謂理者 若非空虛無主宰之物 卽是夾雜汨董之物矣 此非從上聖賢相傳相授純粹至善之理

개념을 달리 설정했기 때문이었다. 성리학에서는 종종 理를 "텅 비고 막연하여 아무런 조짐이 없는데, 萬象이 빽빽하게 이미 갖추어져 있다(沖漠無朕 萬象森然已具)"[57] 또는 "혼연한 전체 가운데 찬란하게 조목이 갖추어져 있다(渾然全體之中 粲然有條)"[58]는 말로 설명했다. 이에 대해 노사는 '沖漠無朕'과 '渾然全體'를 '理一'로, '萬象森然'과 '粲然한 條目'을 '分殊'로 해석하고, '已具'와 '…之中 … 有'를 '涵'으로 해석하여, 理一 가운데 分殊가 함축되어 있다고 해석했다. 반면에 율곡은 "沖漠無朕 萬象森然已具" 및 "渾然全體之中 粲然有條" 자체를 '理一'로 해석하고, 이 理一이 氣와 결합되어 萬象의 理로 구체화된 것을 '分殊'로 해석한 것이다.[59]

또한, 노사의 理分圓融論이 지당하다 하더라도, 이는 人物性同異論爭을 원점으로 돌려놓은 것이지, 論爭을 해결한 것은 아니다. 湖·洛 양론은 모두 관점에 따라 同·異가 모두 성립할 수 있음을 인정했다. 人物性同異論爭의 핵심은 '人·物의 고유한 本性'을 어떻게 정의하고, '人·物의 同·異'를 어떻게 설명하느냐에 있었다. 또한 노사는 '人性과 物性의 同·異 문제'에 집중했을 뿐, 未發時 心과 氣質의 관계 문제 등에 대해서는 별다른 견해를 제시하지 않았다.

---

57) 『二程全書』 卷15 頁13, 〈伊川語錄〉: 沖漠無朕 萬象森然已具 未應不是先 已應不是後

58) 『朱子大全』 卷58 頁28, 〈答陳器之〉: 渾然全體之中 而粲然有條

59) 요컨대 율곡은 '乘氣 이후에 氣에 의해 국한되어 각각 하나의 理가 된 것'을 分殊로 보는바, 따라서 율곡이 말하는 分殊란 '현실태'를 의미했다. 반면에 노사는 '乘氣 이전에 沖漠無朕한 가운데에 있는 萬象의 種子'를 分殊라 하는바, 따라서 노사가 말하는 分殊란 '잠재태'를 의미했다. 이에 대한 자세한 논의는 拙著, 『畿湖性理學研究』, 제8장 〈蘆沙 奇正鎭 性理學의 재검토〉 참조.

3. 寒洲 李震相의 主理論과 心卽理說

寒洲 李震相(1818~1886)은 영남성리학의 大尾를 장식한 인물이다. 한주는 퇴계를 극도로 尊信하면서도 퇴계의 후학들과는 크게 노선을 달리했다. 한주는 영남학파의 일원으로서 기호학파를 철저하게 비판했을 뿐만 아니라, 영남성리학에 대해서도 두루 비판했던 것이다. 한주는 大山 李象靖을 퇴계의 嫡傳으로 존신하면서, 대산의 理主氣資論을 자신의 이론적 토대로 삼았다. 그러나 한주의 理主氣資論은 대산의 理主氣資論과 많이 다르다. 더군다나 한주는 영남학파의 일반론이었던 心合理氣說을 극단화시켜 '心卽理說'을 제창했다. 이로써 한주의 성리학은 영남학파에서 독특한 위상을 차지하게 되었고, 동시에 영남학파의 주류로부터 심한 배척을 당하게 되었다.

한주는 기존의 영남성리학에 대해서는 理와 氣를 둘로 나누고 理를 事物로 전락시켰다고 비판했고, 기호성리학에 대해서는 理의 주재를 부정함으로써 理를 死物로 전락시켰다고 비판했다. 영남의 학자들은 理와 氣를 둘로 나눔으로써 결국 '二路說(分岐說)'에 빠지게 되었고, 기호의 학자들은 理의 주재를 부정함으로써 결국 '主氣說'에 빠지게 되었다는 것이다. 한주는 이 두 폐단을 극복하고자 '理主氣資'를 역설했다. 한주에 의하면 理는 주재자요 氣는 보조자이기 때문에, 二路說과 主氣說이 모두 잘못이다.

한주의 心卽理說도 '주재자는 理일 뿐'이라는 관념의 소산이다. 心은 '一身의 주재자'요 '性·情의 주재자'라는 것이 성리학의 기본 입장이었다. 그런데 心을 氣로 규정하면, '氣가 理(性)를 주재한다'는 말이 되니 용납할 수 없다는 것이 한주의 문제의식이었다. 한주는 사단·칠정도 '理發一路'로 설명하거니와, 이 역시 '주재자는 理일 뿐'이라는 관념의 소산이다. 요컨대 한주는 '주재자는 理일 뿐' 이라는 관념을 자신의 이론체계 전반에 관철시킨 것이다.

〈한주의 기본 입장 : 二路說 · 主氣說 비판〉

한주 성리학의 기본 입장은 둘로 요약된다. 첫째는 理와 氣는 각각 발용하는 것이 아니라는 것이요, 둘째는 理는 氣의 주재자라는 것이다. 이러한 입장에서 한주는 '理와 氣가 각각 발용한다' 고 주장하는 二路說과 '發揮하고 運用하는 主權이 모두 氣에서 나온다' 고 주장하는 主氣說을 배척했다. 한주의 이러한 입장은 24세 때의 글 〈上張新齋〉에 잘 나타나 있다.

무릇 理와 氣는 비록 뒤섞인 一物이 아니나, 또한 方寸에서 대치하는 것도 아니니, 결코 '두 갈래로 각각 발출하는' 형세는 없고, 스스로 '하나의 근본으로 서로 머금는' 뜻이 있다. 바야흐로 寂然不動한 때는 바로 陰이 陽을 머금는 때로서, 氣가 用事하지 않아 理가 보존되어 主가 된다. 생각과 느낌이 서로 인하고 事務를 처음 접하는 때에 미쳐서는 理가 움직이는 바에 따라 氣가 비로소 작용한다. 그 생각하는 바와 느끼는 바가 만약 道理에 있으면 理가 主가 되고 氣가 따르나, 만약 形氣에 있으면 氣가 (理의 자리에) 오르고 理는 그사이에 끼이게 된다. (…) 이러한 뜻은 진실로 이미 『退溪集』 곳곳에 보이니, 立齋(鄭宗魯)의 "(『聖學十圖』 第六心統性情圖) 中圖의 四端과 七情은 모두 理發을 지칭한 것" 이라는 말이 그것이다. 退溪先生은 일찍이 "옛날부터 學術의 어긋남은 모두 '理' 를 깨닫기 어렵기 때문" 이라고 말씀하셨다. 퇴계가 下圖에서 특별히 '互發論' 을 전개한 것은 '性을 논하고 氣를 논하지 않으면 갖추어지지 못함' 때문이었다. 내가 보건대, '東方의 한쪽에 치우친 학문' 에는 중대한 '主氣의 病' 이 있기에, 스스로 역량을 헤아리지 않고 따끔하게 물리치고자 했던 것이다. 이에 일찍이 오랜 생각 끝에 하나의 학설을 터득했으니, '發者는 理, 發之者는 氣' 라는 것이다. 이로써 主見을 세우고 前聖의 가르침을 일일이 살펴보니, 부합하지 않는 것이 적었다.[60]

위의 인용문의 논점은 다음 몇 가지로 요약된다. 첫째, 理와 氣는 '하나의 근본' 에서 나온 것으로, 서로 대치하면서 각각 발용하는 것이 아니라, 서로 머금으면서 함께 발용한다는 것이다. 위에서는 이를 "理가 움직이는 바에 따라 氣가 비로소 작용한다" 는 말로도 설명했고,[61] '發者는 理, 發之者는 氣' 라는 말로도 설명했는데, 이것이 뒤에서 살펴볼 '理發一路說' 의 핵심이다. 둘째, 理發一路說이 퇴계의 持論이요 주자의 宗旨라는 것이다. 한주에 의하면, 퇴계의 互發說 역시 理發一路說에 입각한 것으로서, 결코 '理와 氣가 각각 발용한다' 는 뜻이 아니다. 한주는 퇴계의 지론은 理發一路라는 논거로 『聖學十圖』 〈第六心統性情圖〉의 '中圖' 를 들었다. 한주는 〈第六心統性情圖〉의 '下圖' 에서 理氣互發論을 전개한 것에 대해서는 '性을 논하고 氣를 논하지 않으면 갖추어지지 못하기 때문' 에 부득이 그렇게 설명한 것일 뿐이라고 해명했다. 셋째, '東方의 한쪽에 치우친 학문' 에는 중대한 '主氣의 病' 이 있다는 것이다. 한주는 이 '主氣의 病' 을 바로잡고자 과감하게 투신하여 일생을 바친 것이다.

한주는 "학문은 理를 밝히기 위한 것이다. 理를 밝힘은 장차 理를 따르려는 것이다. 학문을 통해서 理를 따르게 되면, 賢人도 될 수 있고 聖

60) 『寒洲集』 卷5 頁22~23, 〈上張新齋(辛丑)〉.

61) 한주는 '動靜은 理에 속하고, 作用은 氣에 속한다' 고 규정하면서, 動靜과 作用을 명확히 구분한다. '動靜은 자연스럽게 이루어지는 것(動靜出於自然)' 이요, '作用은 安排와 造作을 포함하는 것(作用只是安排造作)' 이다. 한주가 '發者' 와 '發之者' 를 구분하는 것도 이와 같은 맥락이다.

人도 될 수 있다."는 말로 〈理學綜要序〉를 시작하고 있다. 『理學綜要』의 취지는 한마디로 '理'를 밝히는 것이었던바, 이는 무엇보다도 '理의 주재'를 밝히는 것이었다. 〈理學綜要序〉에서는 다음과 같이 말한다.

> 天·地 사이에 理가 있으면 곧 氣가 있다. 理는 無形하고 氣는 有形하며, 理는 無爲하고 氣는 有爲하다. 고요할 때에도 氣가 없으면 理는 掛搭할 곳이 없고, 움직일 때에도 氣가 없으면 理는 運行할 수 없다. 理는 본래 완전하나 氣가 치우치게 할 수 있고, 理는 본래 밝으나 氣가 어둡게 할 수 있으며, 理는 본래 順하나 氣가 거역할 수 있으니, 發揮하고 運用하는 主權이 모두 氣에서 나오는 것 같다. 그러므로 三代 이후에 세상에 '主氣之學'이 있게 된 것이다.[62]

위의 인용문의 취지 역시 二路說과 主氣說을 비판하는 것이다. "고요할 때에도 氣가 없으면 理는 掛搭할 곳이 없고, 움직일 때에도 氣가 없으면 理는 運行할 수 없다."는 말은 理와 氣의 相涵을 설명한 것으로, 따라서 理·氣는 결코 각각 발용할 수 없는 것이다. 한주에 의하면 理는 氣의 주재자요, 氣는 理의 보조자로서, 理와 氣가 결합하여 이 세계의 모든 운동변화가 이루어진다. 그런데 理는 氣의 주재자이므로, 한주는 모든 운동변화를 '理發一路'로 규정한 것이다. 이처럼 理가 氣의 주재자임에도 불구하고 '主氣의 학설'이 등장하는 것은 '發揮하고 運用하는 主權이 모두 氣에서 나오는 것' 같기 때문이다.

한주가 主氣之學으로 지목한 학설들은 매우 다양하다. 한주는 老·莊

---

62)『理學綜要』〈理學綜要序〉: 天地之間 有理斯有氣 理無形而氣有形 理無爲而氣有爲 靜而無氣 則理無所掛搭 動而無氣 則理不能運行 理本全而氣能偏之 理本明而氣能昏之 理本順而氣能逆之 發揮運用之權 疑若盡出於氣 故三代以後 世有主氣之學

이나 佛敎 · 禪學 등 기존에 異端으로 지목된 학설들은 물론, 더 나아가 王陽明이나 羅整菴의 학설까지도 모두 主氣之學으로 규정했다. 그런데 한주가 主氣之學으로 지목하는 핵심 부류는 '東方의 近世 儒賢' 즉 흔히 主氣派로 분류되는 栗谷學派였다.

〈理主氣資 : 理의 主宰와 氣의 作用〉

'理主氣資' 란 理는 氣의 주재자요, 氣는 理의 보조자라는 것이다. 한주에 의하면, '근세의 학자들' 은 '理主氣資' 를 제대로 알지 못하여 '理 · 氣의 動靜' 을 잘못 이해했다.

'近世의 학자들' 은 오히려 花潭의 '陰靜陽動은 그 기틀이 저절로 그러한 것(機自爾)' 이라는 학설을 답습하니, 太極은 (氣를) 빌려 타서 도리어 死物이 되고 말았다. 간혹 조금이라도 (理의) 主宰를 말하는 자들은 도리어 '動之靜之' 로 설명함으로써 理를 機巧에 빠뜨렸으며, (理 · 氣의) 辨別에 힘쓰는 자들은 또한 대부분 分開論에 치우쳐 도리어 '혼융한 本體' 를 해쳤다. 오직 湖上先生(大山 李象靖)만 "理는 '동정의 主가 되는 妙(所主以動靜之妙)' 요, 氣는 '동정의 資料가 되는 材具(所資以動靜之具)' 이다"라고 말씀했으니, 이 한 문단은 참으로 그 요령을 얻은 것이다.[63]

위에서는 근세의 학자들을 세 부류로 나누어 비판했다. 첫째는 陰靜陽動을 '機自爾' 로 설명하는 부류이다. 한주는 이들이 理의 주재를 부정함으로써 '理를 死物로 전락시켰다' 고 비판했는데, 이는 율곡학파를 지목한 것이다. 둘째는 理의 주재를 '動之靜之' 로 해석하는 부류이다. 여

63) 『理學綜要』 卷1 頁29.

기서의 '動之靜之' 란 '理가 氣를 動하게 하고 靜하게 한다' 는 뜻이거니와,[64] 이들에 대해서는 '理를 機巧에 빠뜨렸다' 고 비판했다. 이는 '理를 作用하는 존재로 규정했다' 는 뜻으로, '理를 事物로 오해했다' 는 것과 같은 맥락이다. 퇴계의 후학들은 理의 주재를 '理가 氣를 부림(使之)' 으로 해석하는 경우가 많았는데, '理를 機巧에 빠뜨렸다' 는 비판은 이들을 겨냥한 것이다. 셋째는 理와 氣를 변별하고자 分開論에 치우친 부류이다. 퇴계의 후학들은 분개에 치우쳐 '理와 氣가 각각 발한다' 고 주장한 경우도 많았는데, 한주는 이들을 '혼융한 本體를 해쳤다' 고 비판한 것이다. 한주는 이 세 부류의 오류를 시정하는 논리로서 大山의 理主氣資論을 적극 칭송했다.

理는 '동정의 主가 되는 妙(所主以動靜之妙)' 이고, 氣는 '동정의 資料가 되는 材具(所資以動靜之具)' 이다. 따라서 動은 太極의 動이요, 靜은 太極의 靜이니, 이는 '理의 동정' 이요, '陰陽의 동정' 이라고 말할 수 없음이 분명하다. 주자는 이미 太極을 '性情의 妙' 라 했으니, 性은 太極의 靜으로서 陰에서 세워지는 것이요, 情은 太極의 動으로서 陽에서 행해지는 것이다(竪看). 그런데 太極은 형체가 없고 陰陽은 자취가 있으니, 그러므로 그 볼 수 있는 곳에서

---

64) 『寒洲集』에 보이는 '動之 · 靜之 · 發之' 등은 두 맥락을 지닌다. 첫째는 기존 학자들이 쓴 '動之 · 靜之 · 發之' 라는 표현을 한주가 그대로 인용하는 말로서, 이때의 '動之 · 靜之 · 發之' 는 '動하게 함, 靜하게 함, 발하게 함' 이라는 뜻이다. 이는 '理의 주재' 를 '理가 氣를 부린다(명령한다)' 고 해석하는 관점에서 쓰는 표현으로서, 포괄적으로는 '使之(부리다)' 로 표현된다. 둘째는 한주 자신의 견해를 표현하는 말로서, 한주는 '動과 動之', '發과 發之' 등을 구분했다. 한주에 의하면, 理는 動者요 發者이며, 氣는 動之者요 發之者라는 것이다. 한주는 '動靜' 이나 '發' 은 '理가 주재한다' 는 관점에서 '理' 를 '動者 · 發者' 라고 한 것이며, 理의 '動靜' 이나 '發' 을 '氣가 보조한다' 는 관점에서 '氣' 를 '動之者 · 發之者' 라고 한 것이다. 그런데 한주는 氣가 '動之' 하고 '發之' 하는 과정을 '作用(運用)' 이라 하였고, 그 과정에는 氣의 사사로운 '安排 · 造作 · 計較' 등이 개입한다고 보았다.

말하면, 靜이 바로 陰이요 動이 바로 陽이며, 太極은 다만 그 위에 타고 있는 것이다(倒看). 이 理의 妙는 流行하여 밝게 드러나는 것이지만, 冲漠無朕의 실상은 動靜 사이에 간격이 없는 것이다. 氣는 왕성하게 열리고 닫히는데, 혹은 理를 따라서 돕기도 하고, 혹은 理를 거역하여 가리기도 하여, 허다한 勞攘과 安排가 없을 수 없다. 그러므로 先輩들은 "理는 無爲하고, 氣는 有爲하다"고 논했는데, '無爲'란 '발하는 바가 없다'는 말이 아니요 '作爲함이 없다'는 말이며, '有爲'란 '스스로 능히 발한다'는 말이 아니요 '作爲함이 있다'는 말이다.[65]

한주는 기본적으로 動靜을 '理·氣의 合縫處'로 설명했는데, 이를 理主氣資와 연결시켜 설명하면, 理는 동정을 主宰하고 氣는 동정의 資具가 된다는 것이다. 理는 동정을 주재하면서 끊임없이 流行하나, 형체가 없기 때문에 우리의 눈에는 보이지 않는다. 우리의 눈에는 형체가 있는 氣의 동정만 보이므로, 많은 사람들은 倒看에 얽매여서 동정을 단순히 '氣의 동정'이라고 설명한다.[66] 그러나 한주는 그 동정은 본래 理가 주재하는 것이라는 맥락에서 '理의 동정'이라고 규정했다. 한편, 氣는 왕성하게 열리고 닫히는 작용을 하는데, 氣는 이러한 작용을 통해 理를 따라서 돕기도 하고, 거역하여 가리기도 한다. 요컨대 資具로서의 氣는 勞攘과 安排를 통해서 理를 돕기도 하고, 방해하기도 한다는 것이다.

---

65) 『寒洲集』 卷7 頁44, 〈答沈穉文 別紙〉.

66) 한주는 理·氣를 논하는 看法에 대해 "理·氣의 妙는 서로 떠나지 않으면서도(不相離) 서로 섞이지 않는다(不相雜). 요점은 사람이 離看하고 合看하는 데 있으니, 그러므로 本原上에 나아가 豎看하는 경우도 있고, 流行處에 나아가 橫看하는 경우도 있으며, 形迹上에 나아가 倒看하는 경우도 있다. 처음 理를 궁구할 때엔 倒看해야 근거할 바가 있고, 정밀하게 理를 분석할 때엔 橫看해야 빠뜨림이 없으며, 극진하게 理를 밝힐 때엔 豎看해야 그 眞面을 얻는다."고 설명한 바 있다(『寒洲集』 卷7 頁41~42, 〈答沈穉文 別紙〉).

한주는 종래의 '理는 無爲하고, 氣는 有爲하다' 는 주장에 대해, '無爲' 란 '발하는 바가 없다' 는 말이 아니요 '作爲가 없다' 는 말이며, '有爲' 란 '스스로 능히 발한다' 는 말이 아니요 '作爲가 있다' 는 말이라고 풀이했다. '理는 作爲가 없다' 는 말은 作爲를 資具인 氣의 몫으로 돌리는 것이며, '氣는 스스로 능히 발할 수 없다' 는 말은 理의 주재를 상기시키는 말이다. 이러한 맥락에서 動靜은 理의 主宰와 氣의 作爲(作用)가 결합해서 이루어지는 것인바, 한주는 이를 '動靜은 理·氣의 合縫處' 라고 표현한 것이다.

> 理는 홀로 운행하지 않으니, 氣가 '탈 바(所乘)' 가 된다. 그러므로 氣는 '作用의 才' 로서 '주재의 道' 를 도와서 이루는 것이다. (…) 理는 知(智)가 있고 氣는 知가 없으므로, 理는 능히 주재할 수 있으나 氣는 주재할 수 없다. 氣는 有爲하나 理는 無爲(함이 없이도 함이 바로 '無爲' 이다)하므로, 氣는 능히 작용할 수 있으나 理는 작용할 수 없다. '주재' 란 저 天을 따라서 會動會靜하여 安排하는 바가 없는 것이요, '운용' 이란 人爲에서 나와 動之靜之하여 저 機栝을 부리는 것이다.[67]

위의 인용문은 理가 氣를 主宰하는 양상과 氣가 理의 資具가 되는 양상을 설명한 것으로서, 한주는 主宰를 理의 몫으로, 作用(運用)을 氣의 몫으로 설명했다. 한주는 '理의 無爲' 를 '함이 없이도 함(莫之爲而爲)' 으로 설명하고, '理의 主宰' 를 '會動會靜(能動能靜)' 으로 설명하면서도,

---

67)『理學綜要』卷6 頁21 : 理不獨運 而氣爲所乘 故氣以作用之才 助成主宰之道 理爲君而主宰乎國 則氣爲之臣焉 理爲父而主宰乎家 則氣爲之子焉 理爲夫而主宰乎內 則氣爲之配焉 理爲將而主宰乎外 則氣爲之卒焉 盖理有知(智)而氣無知 故理能主宰而氣不能主宰 氣有爲而理無爲(莫之爲而爲 便是無爲) 故氣能作用而理不能作用 主宰者 循他天而會動會靜 無所安排者也 運用者 出於人爲 而動之靜之 使它機栝者也

理를 '作用할 수 없다' 고 규정했다. 이러한 주장들을 이해하려면 먼저 한주가 '動靜' 과 '作用(運用)' 을 별개로 구분함을 주목해야 한다. 한주는 '動靜은 自然에서 나오는 것' 이요, '作用은 다만 安排 · 造作 · 運用일 뿐' 이라고 구분하고,[68] 動靜을 理에 소속시키고 作用을 氣에 소속시켰다.[69] 요컨대 理는 자연스럽게 動靜하는 존재요, 氣는 인위적으로 作用하는 존재라는 것이다. 한주에게 있어서 '理의 無爲' 란 '인위적으로 안배하지 않음' 을 뜻하고, '理의 能動能靜' 이란 '자연스럽게 동정함' 을 뜻하는바, 理는 無爲인 동시에 能動能靜하는 것이다.

한주는 '近世의 학자들' 이 動靜과 作用을 구분하지 못함으로써 '理의 無爲' 와 '理의 主宰' 를 오해했다고 보았다.

> 지금 理를 논하는 자들은 '無爲' 라는 설명을 오해하여 무릇 '動' 이나 '發' 과 관계된 것은 모두 氣에 소속시키고, '主宰' 라는 설명을 오해하여 도리어 '動之(動하게 함)' 와 '發之(發하게 함)' 를 理에 소속시킨다. 이는 '動者' 와 '發者' 는 참으로 自然스러운 것으로서 '無爲' 가 되기에 하자가 없으며, '動之(動하게 함)' 와 '發之(發하게 함)' 는 완전히 安排를 거치는 것으로서 바로 '有爲' 라는 것을 모르는 것이다. 그 결과 理는 空寂에 빠져 燦然한 用을 볼 수 없으며, 理는 睢盱[70]에 빠져 自然의 妙를 볼 수 없다. 나는 이를 病으로 여겨

68) 『寒洲集』 卷7 頁47~48, 〈答沈穉文 別紙〉 : 動靜字 元與作用異 動靜出於自然 而作用只是安排造作運用

69) 주자는 "(性 · 情을) 主宰하고 運用하는 것은 바로 心" 이라 하고(『朱子語類』 卷5(90쪽) : 蓋主宰運用底便是心), "(胡五峯의) '心妙性情之德' 이라는 말에서 '妙' 는 '主宰하고 運用한다' 는 뜻이다." 라고 하여(『朱子語類』 卷101(2582쪽) : 心妙性情之德 妙是主宰運用之意), 主宰와 運用을 같은 의미로 설명한 바 있다. 그런데 한주는 主宰와 運用을 구별하여 '氣의 運用을 理가 主宰한다' 고 설명하는 것이다. 한편, 大山 李象靖도 '主宰運用' 을 '運用을 主宰함' 으로 설명한 바 있다(이에 대한 자세한 논의는 拙著, 『嶺南性理學硏究』, 308~311쪽 참조).

감히 학설을 세웠으니, "太一이 장차 나뉨에 理가 氣를 낳고, 萬物이 서로 운행할 때엔 理가 氣를 탄다. 무릇 情의 발현은, 發者는 理요, 發之者는 氣이다. '發者'란 무엇인가? '발하는 바의 主體'를 말한다. '發之者'란 무엇인가? '발하는 바의 資具'라는 말이다."[71]

한주에 의하면, '理의 無爲'란 '動靜하지 않는다'는 뜻이 아니라 '安排함이 없이 自然스럽게 動靜한다'는 뜻이다. 그런데 근세의 학자들은 '理의 無爲'를 오해하여 '理는 動靜하지 않는다'고 보았고, 그 결과 理가 空寂에 빠져 燦然한 用을 볼 수 없게 되었다. 또 '理의 主宰'란 '理가 動靜의 主體가 된다'는 뜻인데, 근세의 학자들은 '氣로 하여금 動靜하게 한다'는 뜻으로 오해했고, 그 결과 理가 睢盱에 빠져 自然의 妙를 볼 수 없게 되었다는 것이다.

한주는 근세 학자들의 動靜에 대한 설명을 비판하고, 새로운 관점에서 '理와 氣'를 '動者(發者)와 動之者(發之者)'로 구분했다. '動靜·發은 理가 主宰한다'는 관점에서 理를 '動者·發者'라 했던 것이요, '動靜·發은 氣가 뒷받침한다'는 관점에서 氣를 '動之者·發之者'라 했던 것이다.

---

70) '睢盱(휴우)'는 '눈을 부릅뜨고 봄'을 말한다. '理의 主宰'를 '動하게 하고 靜하게 함(動之靜之)'으로 풀이하면, 理는 '氣를 動靜하도록 부리는(使之) 존재'가 되는바, 이런 맥락에서 理는 '눈을 부릅뜨고 氣를 부리는 존재'가 된다는 말이다.

71) 『寒洲集』 卷7 頁45, 〈答沈穉文 別紙〉: 今之論理者 誤看無爲之說 而凡繫動與發 皆屬之氣 誤看主宰之說 而反以動之與發之者 屬之理 殊不知動者發者 洵是自然 而不害其無爲也 動之發之 全涉安排 而乃所以有爲也 循是以往 則理淪於空寂 而無以見燦然之用 理陷於睢盱 而無以見自然之妙 愚竊病之 敢爲立說曰 太一將分 理生氣 衆萬交運 理乘氣 凡情之發 發者理也 發之者氣也 發者何 以其爲所發之主也 發之者何 以其爲所發之資也

〈心卽理說과 心統性情에 대한 해석〉

한주의 성리설 가운데 가장 논란을 일으킨 것은 心卽理說이었다. 성리학에서는 '性卽理'를 철칙으로 삼고 陸·王의 '心卽理'를 비판해 왔다. 그런데 한주가 다시 '心卽理'를 제창하니, 그 본의가 무엇이든 간에 파문이 클 수밖에 없었다.

퇴계의 후학들은 대개 心을 '理·氣의 결합'으로 규정하면서, 한편으로는 陸·王의 心卽理說을 비판하고, 한편으로는 畿湖의 心卽氣說을 비판해 왔다. 한주는 특히 畿湖의 心卽氣說을 비판하고자 心卽理說을 제창한 것인데, 이는 종래의 心合理氣說을 극단화시킨 것이다. 한주의 입장은 心은 '合理氣'로서, 心의 外面은 氣이고, 心의 眞體는 理라는 것이다. 한주는 이것을 '和氏之璧(卞和가 楚의 厲王에게 바친 玉)'에 비유했다.

'和氏之璧'은 '돌' 속에 '옥'이 들어 있는 것이었다. 마찬가지로, 한주는 心은 겉은 氣이나 속은 理라고 보았다. 즉 '心의 眞體는 理'라는 것이다. 한주에 의하면, '玉工'은 和氏之璧의 '겉의 돌'만 보고 그 '속의 玉'을 알지 못하여 '돌'이라 했는데, 마찬가지로 '근세의 儒賢'은 '겉의 氣'만을 보고 그 '속의 理'를 알지 못하여 心을 氣라 한다는 것이다.[72]

한주는 이처럼 '心卽理'를 주장하면서, 다른 한편으로는 '吾心의 合理氣處에서, 理를 확충하고 氣를 제어하라'고 주장한다. 요컨대 '理와 氣의 결합'에서 氣를 제어(제거)한 다음에야 心卽理를 주장할 수 있다는 것이다. 한주는 다음과 같이 말한다.

> 心이 氣稟에 구애되어 聖人의 光明純粹함과 같지 않다면, '本心의 동일함'

72) 『寒洲集』 卷32 頁1~3, 〈心卽理說〉.

을 믿고서 마음을 밝히려고 노력하지 않을 수 없다. 진실로 마땅히 吾心의 合理氣處에서, 理를 확충하고 氣를 제어한 다음에야 '天理에 순수한 眞心'을 볼 수 있다. 진실로 '聖人之心의 渾然한 天理'에 이르지 못했다면 '心卽理' 세 글자는 성급히 말할 수 없다. 돌 가운데 간직된 것은 진실로 眞玉이며, 氣 가운데의 理는 진실로 眞心이다. 그런데 한갓 그 '가운데'만 믿고 그 外面을 근심하지 않아서, 그 氣稟의 拘碍를 아울러 理라 말하고 딱딱한 돌덩어리로 가려진 것을 玉이라 말한다면, 누가 그 말을 믿겠는가? 그러므로 나는 "心을 논하는 것은 '心卽理'보다 더 훌륭한 것이 없으나, 또한 '心卽理'보다 더 밝히기 어려운 것이 없다"고 말하는 것이다.[73]

위의 인용문에서 주목할 것은 "진실로 마땅히 吾心의 合理氣處에서, 理를 확충하고 氣를 제어한 다음에야 '天理에 순수한 眞心'을 볼 수 있다"는 말로서, '氣를 제어한 다음'에야 心卽理를 주장할 수 있다는 뜻이다. 한주는 이러한 맥락에서 "진실로 '聖人之心의 渾然한 天理'에 이르지 못했다면 '心卽理' 세 글자는 성급히 말할 수 없다"고도 말했다. '氣를 제어(제거)하지 못한 상태'에서는 心卽理라고 주장할 수 없다는 뜻이다.[74]

한편, 한주가 '心卽氣'를 배척하는 핵심 이유는 氣를 '主宰者'로 규정할 수 없다는 것이었다. 성리학에서는 心을 '一身의 주재자'로 규정한

---

73) 『寒洲集』 卷32 頁5, 〈心卽理說〉 : 心爲氣稟所拘 而不若聖人之光明純粹 則不可恃本心之同 而不求所以明之也 固當於吾心合理氣處 擴其理而制其氣 然後眞心之純乎天理者可得以見之矣 苟不到聖人之心渾然天理處 則心卽理三字 未可以遽言之也 石中之蘊 固眞玉也 氣中之理 固眞心也 苟徒恃其中而不恤其外 幷其氣稟之拘者而謂之理 頑礦之蔽者而謂之玉 人孰信之哉 吾故曰 論心莫善於心卽理 而亦莫難明於心卽理

74) 여기서 문제가 되는 것은, 한주의 心卽理說이 事實論에 속하는 것이냐, 當爲論에 속하는 것이냐 하는 점이다. 이에 대해서는 뒤에서 다시 논의하기로 하자.

다. 그런데 心을 氣라 하면, '天理가 形氣의 명령을 따르게 된다' 는 것이다.[75] 성리학에서는 心을 '性 · 情의 주재자' 로도 규정한다(心統性情). 그런데 心을 氣라고 규정하면, '氣가 性을 통섭하게 된다' 는 것이다.[76] 요컨대 '一身의 주재자' 요 또한 '性 · 情의 주재자' 인 '心' 을 결코 '氣' 로 규정할 수 없다는 것이 한주의 근본 입장이었다. 그렇다면 한주는 '心統性情' 을 어떻게 해석하고 있는지 살펴보자.

'心統性情' 은 성리학의 핵심 명제로서, 여기서의 '統' 은 보통 '包含' 과 '主宰' 의 두 뜻을 겸하는 것으로 설명되어 왔다. 心은 性 · 情을 담고 있으면서 性 · 情을 주재한다는 것이다. 한주가 '心卽氣' 를 배척하고 '心卽理' 를 주창한 핵심 이유는 '性 · 情의 주재자' 인 心을 氣로 규정하면 '氣가 理를 주재한다' 는 논리가 된다는 것이었다. 그런데 心을 理로 규정하면 이제는 '理가 理를 주재한다' 는 논리가 되어, 역시 납득하기 어렵다. 한주는 이 문제를 理一分殊論으로 해명한다. 한주에 의하면, 心은 理一이요, 性은 分殊로서, '心이 性 · 情을 통섭한다' 는 것은 '理一이 分殊를 통섭한다' 는 뜻이다. 한주는 '統' 을 '兼包(包含)' 과 '管攝(主宰)' 의 두 뜻으로 설명하면서, 다음과 같이 말한다.

> 대개 體 · 用으로 말하면, 心의 本體는 곧 性이요, 心의 妙用은 곧 情이니, 性 · 情 외에 다시 별도의 心이 없다. 이것은 '統' 을 '兼包' 로 풀이한 것이다. 主宰로 말하면, 心이 主宰者가 되는 까닭은 知가 있기 때문이다. 知는 性 · 情의 德을 妙用할 수 있으니, 仁으로 愛하고, 禮로 讓하며, 義로 宜하고, 智로 別

75) 『寒洲集』 卷32 頁4, 〈心卽理說〉 : 夫謂心卽氣者之所以爲不善 何也 心爲一身之主宰 而以主宰屬之氣 則天理聽命於形氣 而許多麤惡 盤據於靈臺矣

76) 『理學綜要』 卷7 頁7 : 今爲性理心氣之說 則將氣統性 便是將陰陽而統太極也 以卒徒而統將帥也 逆理淩節 其此之甚矣

한다. (…) 대개 心은 主宰가 항상 일정한 것으로서 理一이요, 性은 發出이 다른 것으로서 分殊이다. 兼包의 실상이 있기 때문에 主宰의 묘용이 있는 것이다. 理는 하나일 뿐이니, 어찌 '두 모양의 理가 있다' 고 의심하겠는가?[77)]

한주는 '統' 을 '兼包' 와 '主宰' 의 두 뜻으로 풀이하면서도, "兼包의 실상이 있기 때문에 主宰의 묘용이 있는 것" 이라 하여, 양자는 본래 하나의 사실이라고 설명했다. 이러한 설명은 종래의 설명과 궤를 같이하는 것이다. 한주는 또 주재자인 心은 '理一' 이요, 주재를 받는 性은 '分殊' 라고 설명했거니와, 따라서 '心統性' 이란 '理一이 分殊를 통섭함' 이라는 것이다. 한주는 다음과 같이 말하기도 한다.

心의 主宰는 진실로 理요, 心의 理는 진실로 性이다. 그러나 性은 主宰로 말할 수 없다. 대개 性이란 五行의 各一之理요, 主宰者는 太極의 本體之妙이다. 太極은 流行하면서 性命의 理를 妙用하고, 人心은 寂感하면서 性·情의 德을 妙用한다. 心은 사람의 太極이다. 그 體는 性인데 性은 본래 無爲하고, 그 用은 情인데 情은 곧게 완수된다. 그 主宰의 妙를 말하자면 仁으로 사랑하고 義로 미워하며 禮로 사양하고 智로 아는 것인데, 仁·義·禮·智는 性이고, 愛·惡·讓·知는 情이며, 그 주체(以之者)는 心이다. 性은 未發의 理요, 情은 已發의 理이며, 心은 動·靜을 관통하여 性·情의 理를 管攝하는 것이다. (…) 그러므로 '主宰의 妙' 란 '一理로 衆理를 妙用하는 것' 이다. '理로 理를 妙用함' 이란 곧 '心으로 心을 부리는 것(以心使心)' 이다. 心은 主宰의 理가 되고,

77)『理學綜要』卷7 頁7 : 盖以體用言 則心之本體卽性也 心之妙用卽情也 性情之外 更別無心 此所以訓統爲兼也 以主宰言 則心之所以爲主宰者 以其有知也 知能妙性情之德 以仁愛 以禮讓 以義宜 以智別 (…) 盖心是主宰常定底 理之一者也 性是發出不同底 分之殊者也 以其有兼包之實 故所以有主宰之妙 理一而已 豈有兩樣理之疑乎

性은 發出의 理가 되나, 理는 하나일 뿐이니, 이것은 渾然으로 말한 것이요, 저것은 粲然으로 말한 것이다.[78]

위에서도 역시 心을 理一로, 性을 分殊로 규정하고, '心의 주재' 란 '一理가 衆理를 妙用하는 것' 이라고 설명했다. 또 한주는 '心의 妙用' 을 '太極의 流行' 에 견주어, 太極이 流行하면서 性命의 理를 妙用하듯이 人心은 寂感하면서 性 · 情의 德을 妙用한다고 설명했다. '人心이 寂感하면서 性 · 情의 德을 妙用한다' 는 것에 대해서는 모든 성리학자들이 동의할 것이다. 문제는 心을 理(理一)로 규정함에 있다. 心이 理라면, 理가 과연 妙用할 수 있는가? 또한 心統性情이란 결국 '理가 理를 妙用하는 것' 이라면, 도대체 惡은 왜 생기는 것인가? 또한 많은 학자들은 '敬으로 心을 다스린다' 고 하는데, 도대체 敬으로 心을 다스릴 이유가 무엇인가?

이상에서 한주의 心卽理說과 心統性情論을 살폈거니와, 心을 理로 규정하면 '心統性情' 을 제대로 해명하기가 매우 곤란한 것이었다.

〈理發一路說과 理發氣發說〉

한주는 모든 情을 '理發一路' 로 규정함과 동시에, 다시 '理發과 氣發' 로 구분한다. 요컨대 四端 · 七情이 모두 性이 발한 것이라는 점에서 '理發一路' 라는 것이요, 그런데 理에서 유래한 것도 있고 氣에서 유래한 것도 있으므로 '理發과 氣發' 로 구분된다는 것이다.

사람의 한 마음은 진실로 理 · 氣를 겸하는데, 理는 '發의 主宰者(所發之主)' 요, 氣는 '發의 資具(所發之資)' 이다. 性 · 情의 교제는 바로 太極이 動靜

78) 『理學綜要』 卷6 頁20~21.

하는 妙인데, '太極의 動'을 '氣動'이라고 말할 수는 없다. 喜怒哀樂은 情인데, 性에서 발하지 않았으면 情이라고 말하지 않는다. 性은 理이니, 性이 발한 것을 '氣發'이라고 하면 大本이 어긋난다.[79]

四端 · 七情의 실상은 모두 理發이라면, 理는 과연 氣 없이 스스로 발하는 것인가? 理 · 氣는 원래 서로 떠날 수 없으니, 비록 '理'라 해도 理는 실제로는 氣를 타고 발한다. 다만 理는 本이 되고 氣는 末이 되며, 理는 主가 되고 氣는 資가 되니, 그러므로 섞어서 '氣發'이라고 말할 수 없다.[80]

한주는 '마음은 理 · 氣를 겸하고 있다'는 점과 '理 · 氣는 원래 서로 떠날 수 없다'는 점에서 四端 · 七情이 모두 理 · 氣가 함께 발한 것이라고 설명했다. 그런데 '發의 주재자'는 理요, 氣는 다만 '發의 資具'일 뿐이니, 따라서 이는 당연히 '理發'이라고 말해야 한다는 것이다.

대개 理란 仁義禮智가 粲然하여 條理가 있음을 말하니, 이 마음이 발하는 바의 主宰者이다. 氣란 木火金水가 浩然하여 끝이 없음을 말하니, 이 마음이 발하는 바의 資具이다. 먼저 '發者'로서의 주재자가 있어야 바야흐로 '發之者'로서의 資具가 있는 것이다. (…) 무릇 所以發者는 理의 體인데 理는 반드시 氣를 기다려서 體가 되고, 所能發者는 理의 用인데 理는 반드시 氣를 기다려서 用이 된다. 원래 각자 體 · 用이 있어서 대립하여 雙行하는 것이 아니요, 또한 각자 體 · 用을 점유해서 이것은 靜하고 저것은 動하는 것도 아니다.[81]

---

79) 『寒洲集』 卷32 頁8, 〈達道說〉.

80) 『寒洲集』 卷32 頁21, 〈四七原委說〉.

81) 『寒洲集』 卷33 頁26~27, 〈四七辨後說〉: 蓋理者 仁義禮智粲然有條之名 此心所發之主也 氣者 木火金水浩然不窮之名 此心所發之資也 先有發者之主 而方有此發之之資 發之於所發 以其貯之於未發也 夫所以發者 理之體 理必須氣而爲體 所能發者 理之用 理必待

위의 인용문에서는 '發의 주재자는 理, 發의 資具는 氣' 라는 것을 '發者는 理, 發之者는 氣' 라는 말로 표현했다. 위에서 주목할 것은 '所以發者와 所能發者' 를 '理의 體·用' 으로 규정하고, 氣는 理의 體·用을 보조하는 존재로 설명했다는 점이다. 理主氣資論은 理體氣用論으로 풀이할 수도 있다. 그런데 한주는 理體氣用論을 배격하고, '體에 있어서도 理·氣가 함께 하고, 用에 있어서도 理·氣가 함께 한다' 고 주장했다. 한편 '각자 體·用이 있어서 대립하여 雙行한다' 는 것은 '理와 氣가 각각 발한다' 는 주장이며, '각자 體·用을 점유해서 이것은 靜하고 저것은 動한다' 는 것은 '理는 所發(발현되는 내용), 氣는 能發(발현하는 주체)' 이라는 주장이다. 한주는 '發者는 理, 發之者는 氣' 라는 입장에서 이 두 주장을 모두 배격했다. 한주는 이처럼 모든 情을 '理發一路' 로 규정하면서도, 다시 情을 '理發과 氣發' 로 구분한다.

> 豎看하여 말하면, 太一이 장차 나뉨에 理가 氣를 낳고, 만물이 서로 운행함에 理가 氣를 타니, 主宰는 理에 있고 作用은 氣에 있다. 무릇 情의 발현은, 發者는 理요, 發之者는 氣이다. 橫看하여 말하면, 性·情의 妙는 心에 통합되어 있는바, 心이 知覺하는 바가 같지 않기에, 그 발현 또한 혹은 理를 따르고 혹은 氣를 따라서, 理發과 氣發의 구분이 있게 된다. 결국 '互發' 이라고 설명했던 것은 사실 '각각 발한다(各發)' 는 것이 아니요, 다만 그 發處를 보고 立論한 것이다. 그 發하는 端緖는 다만 '性發爲情' 一路일 뿐이니, 어찌 氣를 섞어서 말할 수 있겠는가?[82]

氣而爲用 元非各有體用 對立雙行也 亦非各占體用 此靜彼動也

82) 『寒洲集』 卷33 頁26, 〈四七辨後說〉 : 其豎說曰 太一將分 理生氣 衆萬交運 理乘氣 主宰在理 作用在氣 凡情之發 發者理 發之者氣也 其橫說曰 性情之妙 統會於心 心之所覺不同 其發或從理或從氣 所以有理發氣發之分言也 其究說則曰 互發者 實未嘗各發 只見其發處而立論 若其纔發之端 則性發爲情一路而已 烏可以雜氣說乎

한주에 의하면, 발하는 곳에서 竪看하면 모든 情이 理發일 뿐이나, 발한 다음에 橫看하면 다시 理發과 氣發로 구분된다. '모든 情이 理發'이라는 것은 四端·七情이 모두 '하나의 本性'에서 발했다는 뜻이다. 그런데 性이 발하는 과정에서는 다시 理가 主가 될 수도 있고 氣가 主가 될 수도 있으므로, '理發과 氣發'이 나뉜다는 것이다.

한주는 理發과 氣發을 구분했으나, '理發과 氣發'을 각각 '四端과 七情'으로 구분하지는 않는다. 四端은 理發이지만, 七情에는 理發도 있고 氣發도 있다는 것이다. 한주는 '四端·七情이 모두 氣發이다'라고 규정하면 '氣가 大本이 되고 理는 死物이 된다'고 비판했으며, '四端은 本然之性에서 발하고, 七情은 氣質之性에서 발한다'고 규정하면 '理와 氣가 대립하여 각각 발하는 것이 되고, 性이 두 개가 있는 것이 된다'고 비판했다.[83] 요컨대 四端과 七情이 모두 '하나의 本性'에서 발한 것이라는 점에서 '理發一路'라는 것이요, 그런데 감촉하는 바가 다르니 다시 理發과 氣發로 나뉜다는 것이다.

〈비판적 논의〉

한주의 지론은 理는 氣의 주재자요, 氣는 理의 보조자라는 것이었다. 퇴계의 후학으로서는 大山이 理主氣資論을 적극 표방한 바 있지만, 理主氣資論은 본래 율곡의 지론이었다. 율곡과 대산은 理主氣資論에 입각하여 理의 주재를 긍정하면서도, 理의 能動性은 결코 인정하지 않았다. 그러나 한주는 理의 能動性을 부정하면 理는 死物로 전락하고, 理의 主宰도 무의미하게 된다고 생각했다. 그리하여 한주는 理主氣資를 역설하면

83) 『寒洲集』 卷5 頁21, 〈上柳定齋先生〉: 以四七之皆氣發者爲合說 如此則氣爲大本 而理爲死物矣 其分說者則曰 四端發於本然之性 七情發於氣質之性 如此則理氣相對各出 而性有兩項矣

서, '理의 주재' 에 실질적 의미를 부여하기 위해 '理의 능동성' 을 강조한 것이다. 그러나 理의 능동성을 강조하면 할수록 氣의 존재의의는 더욱 퇴색된다. 그 자체로 능동적인 理를 굳이 氣가 보조해야만 하는 이유가 없기 때문이다.

'理의 주재' 에 대해, 대체로 기호학파에서는 '理가 氣의 운동의 표준이 된다' 는 뜻으로 설명했고, 영남학파에서는 '理가 氣를 부린다(使之, 命令)' 는 뜻으로 해석했다. 한주는 '理의 주재' 를 '理가 氣의 운동의 표준이 된다' 는 맥락에서 풀이하면서, '理가 氣를 부린다(使之)' 는 해석에 대해서는 두 가지 이유로 비판했다. '理가 氣를 부린다' 고 하면 理가 作用과 機巧에 빠져 事物로 전락한다는 점과, '理가 氣를 부린다' 고 하면 현실의 惡을 설명할 수 없다는 점이 그것이다. 한주는 이처럼 '理가 氣를 부린다' 는 해석을 분명히 비판했으면서도, 그 자신 또한 종종 '理가 氣를 부린다' 고 주장했다.

한주의 心卽理說은 그것이 '事實論인지, 當爲論인지' 애매하다는 근본적 문제점을 지니고 있다. 한주는 한편으로는 '心은 곧 理' 라고 주장하면서, 다른 한편으로는 '理와 氣가 결합된 心에서 氣를 제어(제거)함으로써 순수한 理가 되게 하라' 고 주장했다. 전자는 事實論이고, 후자는 當爲論인바, 논리적으로 양자는 兩立할 수 없는 것이다.[84] 그런데 한주는 〈心卽理說〉에서 이 두 논법을 혼용하고 있다.[85] 따라서 우리는 어느

84) '心이 곧 理' 라면 '心에서 氣를 제어(제거)함으로써 순수한 理가 되게 하는 일' 이 불필요하다. 또 '心에서 氣를 제어(제거)함으로써 순수한 理가 되게 하는 일' 이 필요하다면 '心이 곧 理' 라고 말할 수 없는 것이다.

85) 윤사순은 한주가 이른바 '竪看, 橫看, 倒看, 順推, 逆推' 등의 방법론을 구사한 것을 두고, 이러한 사실은 "이진상의 사려가 '논리' 에 매우 밝았음을 드러냄" 과 아울러 "높은 수준의 사변철학을 구상하는 데 그가 능란했을 가능성을 짐작케 하는 요소" 라고 평가한 바 있다(윤사순, 「寒洲 李震相의 性理學的 '心卽理說'」, 9쪽). 그러나 한주가 〈心卽理說〉에서 事實論과 當爲論을 혼용한 것을 보면, 한주의 사변철학은 '중

것이 한주의 眞意인지 알기 어려운 것이다.

한주의 心卽理說은 '主宰' 에 대한 해석과 밀접하게 관련된 것이다. 한주는 '主宰' 를 '命令' 으로 해석했기 때문에 心卽氣說을 용납할 수 없었다. 心은 '一身의 주재자' 요 '性·情의 주재자' 이거니와, 心을 氣로 규정하면 '天理가 形氣로부터 명령을 받는 꼴' 이 된다는 것이었다. 그러나 心을 理로 규정하고 主宰를 命令으로 해석하면, 한주 자신의 지적대로 현실의 惡을 설명하기 어렵게 된다. 또한 心卽理說을 따르면 心統性情을 제대로 해석하기 어렵게 되거니와, 그리하여 한주의 心統性情에 대한 해석은 좌충우돌을 거듭하게 된 것이다.

四端七情論에 있어서, 한주는 '주재자는 理일 뿐' 이라는 관점에서 모든 情을 理發로 규정하고(理發一路), '所從來는 다르다' 는 관점에서 情을 다시 理發과 氣發로 구분했다. 한주는 이처럼 互發을 긍정하면서도, '理와 氣가 각각 발한다' 는 주장은 용납하지 않았다. 요컨대 한주가 말하는 互發이란 所從來에 따라 主理와 主氣가 구분된다는 뜻이었다. 한주의 이러한 복잡한 설명은 '理主氣資' 라는 맥락에서 도출되는 '理發一路說' 과 '人心과 道心이 구분된다' 는 맥락에서 도출되는 '互發論' 을 동시에 충족시키려는 고심의 산물이었다.[86]

한주는 退溪說과 栗谷說의 차이를 '看法의 차이' 로 규정하고, 看法에 따라 두 학설이 모두 성립할 수 있다고 보았다. 요컨대 竪看하면 一路說이 성립하고 橫看하면 互發說이 성립한다는 것이다. 한주는 竪看과 橫看을 종합하여 모든 情을 理發一路로 규정하면서도 다시 理發과 氣發로 나

대한 瑕疵' 를 지니고 있음도 분명할 것이다.

86) 星湖 李瀷도 四端과 七情을 '理發氣隨一路' 로 설명하면서도 다시 理發과 氣發로 구분한 바 있다(『星湖全集』 卷17 頁23, 〈答李汝謙〉). 성호는 또한 '公正한 七情은 氣發로 규정할 수 없다' 는 입장을 취하기도 했다. 성호와 한주의 四七論은 물론 세부적인 논리에 있어서는 차이가 많지만, 大綱에 있어서는 같은 점이 많다.

눈 것이다. 그러나 퇴계와 율곡은 看法만 달리한 것이 아니라, 理와 氣에 대한 인식 자체를 달리했다.[87] 퇴계의 理氣互發論은 '理와 氣'를 '性命(天理)과 形氣(人欲)'로 인식하는 관점에서 성립한 것인바, 그러므로 퇴계는 '理와 氣가 勝負를 겨룬다'고 생각했다. 반면에 율곡의 氣發理乘一途論은 理와 氣를 '道(本)와 器(具)'로 인식하는 관점에서 성립한 것인바, 그러므로 율곡은 '理無爲 氣有爲'를 宗旨로 삼은 것이다. 이러한 점을 충분히 반영하지 않은 한, 한주의 退·栗 會通論은 성공한 체계라고 볼 수 없을 것이다.

4. 艮齋 田愚의 理氣相互主宰論과 性師心弟說

艮齋 田愚(1841~1922)는 華西 李恒老, 蘆沙 奇正鎭, 寒洲 李震相 등의 '새로운 主理論'이 풍미하던 韓末 儒學界에서 기호학파의 宗旨인 '心卽氣'를 고수한 인물이다. 간재는 기호학파 낙론계의 梅山 洪直弼(1776~1851)과 鼓山(全齋) 任憲晦(1811~1876)의 학맥을 계승했다. 1849년 梅山이 華西의 門人 崔鴻錫에게 明德主理論을 비판하는 장문의 편지를 보냄으로써 '明德主理主氣論爭'이 시작되었는데,[88] 간재는 32세 때(1872년) 華西의 門人 省齋 柳重敎에게 '理·氣의 主宰 문제'를 논하는 편지를 보

87) 이 점은 茶山이 명확히 지적한 바 있다. 茶山에 의하면, 退溪의 '理와 氣'는 '天理와 人欲' 또는 '道心과 人心'을 뜻하나, 栗谷의 '理와 氣'는 '道와 器'를 뜻하는 것이다(『與猶堂全書』 第1集 卷12 頁17, 〈理發氣發辨一〉 참조). 요컨대 茶山은 退溪의 理氣論과 栗谷의 理氣論은 서로 함의와 맥락을 달리한다는 점을 해명함으로써, 退溪說과 栗谷說을 兩立시키고자 한 것이다. 그러나 寒洲는 퇴계설과 율곡설의 차이를 看法의 차이로 규정하고, 兩者를 하나로 止揚시키고자 한 것이다.

88) 권오영, 『조선후기 유림의 사상과 활동』, 100쪽.

냄으로써 明德論爭에 뛰어들었다. 간재는 성재와의 논변 과정에서 '心은 본래 氣이나(心是氣), 性을 표준으로 삼아야 한다(心本性)' 는 입장을 정립했다.[89] 간재는 '心卽理' 야말로 '자신의 마음을 표준으로 삼음' 으로써 '心의 自用' 과 '猖狂自恣' 를 초래한다고 보았다. 간재는 62세 때(1902년)에는 〈蘆沙說記疑〉와 〈猥筆辨〉·〈納凉私議疑目〉을 지어 蘆沙學派와 논쟁했고, 71세 때(1911년)에는 〈李氏心卽理說條辨〉을 지어 寒洲學派와 논쟁했다. 간재는 당시 유학계에서 새로운 主理論을 주창한 이들 세 학파와 전방위적으로 논쟁을 전개하면서, 明德 문제, 理와 氣의 相互主宰 문제, 心統性情의 해석 문제 등에 관한 자신의 견해를 정립했다.

간재는 儒學(朱子學)의 근본정신은 '理와 氣는 서로 主宰한다' 는 것이라고 보았다. 그런데 '理가 氣를 주재한다' 고 할 때의 주재와 '氣가 理를 주재한다' 고 할 때의 주재는 서로 의미가 다르다는 것이다. 즉 '理의 주재' 란 '理가 氣의 운동의 표준이 됨' 을 뜻하고, '氣의 주재' 란 '氣가 理를 발현시키는 주체임' 을 뜻한다는 것이다. 간재는 이러한 입장을 心性論에 그대로 적용시켜 '性師心弟說' 을 정립했다. 간재의 '性師心弟' 는 곧 '性은 높고 心은 낮다(性尊心卑)' 는 뜻이기도 하다. 간재는 '性을 스승으로 받든다' 는 맥락에서 자신의 학문을 '主理論' 으로 규정했다. 그런데 화서·노사·한주의 후학들은 간재가 '性·情의 주재자인 心을 氣로 규정함' 을 이유로 간재의 학문을 '主氣論' 으로 규정하고 비판했다. 이에, 간재는 이들이야말로 '主理' 를 표방하지만 실제로는 '主氣' 에 해당한다고 비판했다.

---

89) 『艮齋集』 前編 卷13 頁39, 〈体言〉: 愚所謂心本性一句 原因柳稺程 極力說心字太尊 性字差卑而出

〈理氣相互主宰論〉

朱子는 '理와 氣'를 '所以然과 所然'으로 규정하기도 했고, '本과 具'로 규정하기도 했으며, '天理와 人欲'으로 규정하기도 했다. '所以然·所然'의 맥락에서는 氣에 대한 理의 '必然的 주재'가 부각되고, '天理·人欲'의 맥락에서는 氣에 대한 理의 '當爲的 주재'가 부각된다. 그러나 '本·具'의 맥락에서는 氣에 대한 理의 '이념적 주재'와 理에 대한 氣의 '현실적 주도권'이 동시에 강조된다. 본고에서 말하는 '理와 氣의 相互主宰'란 바로 理·氣를 '本·具'로 규정하는 맥락에서 성립하는 것이다.

간재는 理는 순선한 '本'이요 氣는 선·악이 섞인 '具'라는 맥락에서는 '理의 이념적 주재'를 강조하고, 理는 無爲하고 氣는 有爲하다는 맥락에서는 '氣의 현실적 주도권'을 강조한다. 요컨대 간재는 理와 氣를 相互主宰의 관계로 본다. 다만 각각의 경우 '주재의 의미가 다르다'는 것이다. 간재는 주재에 대한 논의는 본래 '두 맥락'에서 전개되는 것이라고 보아, 다음과 같이 말한다.

> 主宰는 '自然'으로 말하는 경우도 있고, '運用'으로 말하는 경우도 있다. '運用'하는 것은 氣이고, '自然'한 것은 理이다. '自然'이란 朱子의 '太極者本然之妙'라는 말이 이것이요, '運用'이란 胡五峯의 '心也者 妙性情之德'이라는 말이 이것이다.[90]

> '主宰' 두 글자는, 글자는 같지만 쓰임새는 다르다. '心이 性의 주재자가 된다'는 말은 流行處에서 '心이 능히 이 理를 運用함'을 말하고, '性이 心의

90) 『艮齋集』 前編 卷2 頁62, 〈答柳穉程別紙〉: 主宰 有以自然言者 有以運用言者 運用者氣也 自然者 理也 自然者 朱子所謂太極者本然之妙者 是也 運用者 胡氏所謂心也者妙性情之德者 是也

주재자가 된다' 는 말은 源頭處에서 '性이 氣가 표준으로 삼을 바가 됨' 을 말한다.[91)]

靜할 때에는 大本이 치우침이 없고 動할 때에는 達道가 어긋남이 없는 것은 모두 이 心의 妙用이다. 그러므로 '心은 性·情의 주재자' 라고 말하니, '人能弘道' 라는 말이 그것이다. 心의 功用은 參天地 贊化育에 이르나, 그 參贊하는 까닭의 理는 性에서 나온 것이요 心에서 나온 것이 아니다. 그러므로 '性은 心의 주재자' 라고 말하니, '性은 太極의 혼연한 本體' 라는 말이 그것이다.[92)]

'靜할 때의 大本' 이란 '未發의 中' 으로서 性을 말하고, '動할 때의 達道' 란 '已發의 和' 로서 情을 말한다. 未發時에 性을 치우치지 않게 하고, 已發時에 情을 어긋나지 않게 함은 모두 '心의 妙用' 이니, 이는 '心이 性·情을 운용함' 즉 '心統性情' 을 설명한 것이다. '心의 功用은 參天地 贊化育에까지 이른다' 는 것은 '參贊하는 작용의 주체는 心' 이라는 것인바, 간재는 이를 '心(氣)의 주재' 라 했다. '參贊하는 까닭의 理는 性에서 나온다' 는 것은 心이 작용할 때 '표준이 되는 것은 性' 이라는 것인바, 간재는 이를 '性(理)의 주재' 라 했다. 이렇듯 간재는 心과 性의 관계를 '상호주재' 의 관계로 본다. '性이 心을 주재함' 은 '自然으로서의 理의 주재' 에 해당하고, '心이 性·情을 주재함' 은 '能然으로서의 氣의 주재' 에 해당한다.

---

91) 『艮齋集』 前編 卷5 頁26, 〈答金致容〉: 主宰二字 字同而用異 謂心爲性之主宰者 從流行處 指其能運用此理而言也 謂性爲心之主宰者 就源頭處 指其爲氣之所本而言也

92) 『艮齋集』 前編 卷14 頁2, 〈主宰說〉: 靜而大本之無所偏倚 動而達道之無所乖戾 皆是此心之妙用 故曰心爲性情之主宰 此卽所謂人能弘道也 心之功用 至於參天地贊化育 然其所以參贊之理 則出於性而不出於心 故曰性爲心之主宰 此卽所謂性是太極渾然之體也

예나 지금이나 많은 학자들은 '理가 氣를 주재함'을 '理가 氣를 명령함' 또는 '理가 氣를 부림(使之)'으로 해석하고, 心統性情의 '統' 역시 '명령'이나 '使之'로 해석한다. 그러나 간재는 이러한 해석을 모두 비판하는바, 그 이유는 두 가지였다. 첫째는 命令이나 使之는 분명 作爲에 해당하는바, 理는 作爲力이 없기 때문에 氣를 명령하거나 부릴 수 없다는 것이다. 둘째는 그들의 주장처럼 理가 全知全能하여 氣를 명령한다면 어찌하여 현실에 惡 또는 不完全이 존재하느냐 하는 점이었다. 간재의 〈理氣有爲無爲辨〉은 전적으로 이 문제를 거론한 것인바, 그 全文을 살펴보자.

> 太極은 동정의 理가 있으나 동정이 없고, 陰陽은 동정의 理를 싣고서 능히 동정하니, 人性은 寂感의 理가 있으나 寂感이 없고, 人心은 寂感의 理를 지니고 능히 寂感하는 것과 같다. 先賢이 '太極에 동정이 있다'고 한 것은 다만 '氣를 타고 동정하는 理가 있음'을 말한 것이요, '동정의 능력이 있다'는 말이 아니니, 이를 보고 '太極이 참으로 동정할 수 있다'고 여긴다면 그 실제를 그르친 것이다. 先賢이 '太極에 동정이 없다'고 한 것은 다만 '太極이 자체로는 동정의 능력이 없음'을 말한 것이요, '동정의 理가 없다'는 말이 아니니, 이를 보고 '太極이 空寂에 빠진다'고 배척한다면 그 말을 해친 것이다. 先賢이 '동정은 氣機가 저절로 그런 것'이라 한 것은 다만 그 能然處에 나아가 말한 것이요, '氣가 홀로 작용한다'는 말이 아니니, 이를 보고 '氣가 理의 지위를 빼앗아 理가 氣機를 우러른다'고 의심한다면 그 취지를 잃은 것이다. 先賢이 '陰陽은 太極에서 생긴다'고 한 것은 다만 그 말미암은 근본을 미루어 말한 것이요, '理가 실제로 造作한다'는 말이 아니니, 이를 보고 '理는 適莫[93]이 있고, 理는 知能이 있다'고 여긴다면 어찌 그런 이치가 있겠는가?
>
> 무릇 吾儒가 太極과 陰陽의 학설을 강명하는 까닭은, 心·性의 妙를 알아

言行과 事業에 베풀고, 先聖의 道를 전하여 後學의 標準을 세우며, 百王의 法을 이루어 萬世의 太平을 열기 위함이니, 그 뜻과 그 일이 어찌 작은 것이겠는가? 가령 至善한 性이 능히 寂感하여 心氣와 身形으로 하여금 잠시라도 조금도 어긋나지 않게 한다면, 이 어찌 古今天下가 함께 원하는 바가 아니겠는가? 다만 太極은 비록 완전하더라도 陰陽은 혹 치우치며, 天命은 비록 善하더라도 氣質은 혹 惡하며, 게다가 性은 은미하고 心은 거칠며, 理는 弱하고 氣는 强하다. 그러므로 天地의 위대함에 있어서도 사람이 오히려 유감으로 여기는 것이 있으며, 천 년이나 오랜 세월 동안 治日은 항상 적었고 亂日은 항상 많았다. 顔淵 · 閔子騫은 아름다운 자질과 큰 뜻을 품고 聖人께 수십 년이나 배웠으니, 마땅히 粹然하여 허물이 없고 渾然하여 間斷이 없어야 할 것인데, 어찌하여 때때로 不善을 범했을까? 또한 겨우 하루에 한 번 또는 한 달에 한 번 仁에 이른 제자들도 종종 있었으니, 이것을 어찌 헛말로 꾸밀 수 있겠는가?

청컨대, 세상의 君子들은 이곳에 나아가 그 所以然의 까닭을 정밀히 밝혀 보시라. 한결같이 心氣를 다스리고 깨끗이 하여, 우리 性 가운데 本體의 自然한 理를 따라서, 날로 聖人의 門牆에 가까워지기를 바랄 것이요, 삼가 老 · 佛처럼 氣를 主로 삼으면서도 '氣를 외면한 다음에야 道를 위하는 가르침이 된다' 고 말하지 말라.[94]

위의 첫째 문단은 '理 · 氣의 동정' 문제를 종합적으로 해명한 것이다. 간재는 氣만이 능동적 존재라고 말하면서도, 氣의 운동은 氣가 홀로

93) 孔子는 "君子는 천하의 일에 대해, '適' 도 없고 '莫' 도 없어서, 義를 따를 뿐이다(君子之於天下也 無適也 無莫也 義之與比)" (『論語』 里仁 10)라고 했는데, 朱子는 '適' 이란 '제 마음대로 주장함(專主)' 이요 '莫' 이란 '즐겨하지 않음(不肯)' 이라고 주석했다.

94) 『艮齋集』 前編 卷13 頁49~51, 〈理氣有爲無爲辨〉.

작용하는 것이 아니라 理가 주재하는 것이라고 했으며, 理는 동정의 능력은 없지만 氣의 동정을 주재한다고 보았다. 이것은 '理와 氣의 상호주재' 를 주장하는 말이기도 하다. 즉 理는 氣의 動靜과 寂感에 있어서 標準이 되는데 이는 '理가 氣를 주재함' 에 해당하고, 氣는 그 標準을 싣고서 직접 動靜하고 寂感하는데 이는 '氣가 理를 주재함' 에 해당한다. 간재에 의하면, 理는 직접적으로 동정할 수도 없고 適莫과 知能도 없으므로, 氣를 명령하거나 부릴 수 없다.

둘째 문단은 純粹至善한 理가 완전하게 氣를 통제(命令)한다고 주장할 때 야기되는 이론적 문제점들을 제기한 것이다. 華西學派 등 많은 학자들은 理를 '全知全能한 命令者' 로 神格化했다. 이들의 주장대로 理가 '순수지선하고 전지전능한 命令者' 라면 현실의 세계에 불완전성이나 惡이 일절 없어야 한다. 그런데 현실에는 불완전성과 惡이 넘친다. 그리하여 간재는 '순수지선한 理의 전지전능한 命令' 은 '고금천하의 소망' 일 수는 있어도 '사실' 은 아니라고 보았다. 간재에 의하면, 參差不齊한 氣가 현실을 주도하기 때문에, 순선한 理가 氣의 標準이 됨에도 불구하고 현실의 세계는 불완전할 수밖에 없는 것이다.

셋째 문단은 '氣를 외면해야만 道를 위하는 가르침이 된다' 는 생각을 버리라는 것이다. 이는 理를 실현하는 주체인 氣에 대해 그 '정당한 位相' 을 인정하라는 요구이다. 다만 氣에는 清濁粹駁이 혼재하므로, 濁駁을 제거하려는 노력이 필요하다. 氣를 清粹하게 하여 性理가 제시하는 標準을 올바로 따르는 것, 즉 氣(心)의 自用을 막는 것이 聖門에 도달하는 관건이라는 것이다.

당시의 많은 학자들은 心統性情의 '統' 역시 '命令' 이나 '使之' 로 해석하고, 性·情의 명령자인 心을 氣로 규정하면 氣가 理(性)를 명령하는 꼴이니 그것은 '氣奪理位' 로서 납득할 수 없다고 보았다. 이에 대해 간재는 心統性情의 '統'은 '包含과 主宰'의 의미요, 여기서의 '主宰'란 '명령'이나 '使之'의 뜻이 아니라 '맡아서 運用(管理)함'의 뜻이라고 해석했다. 이에 대해서는 다음의 性師心弟說과 함께 살펴보기로 하자.

〈心本善不可恃論과 性師心弟說〉

程朱學의 전통에 따라, 老洲는 '心은 본래 善하나 믿을 수 없다(心本善不可恃)'고 규정했다.[95] 心은 '氣의 精爽'이기 때문에 본래 善하지만, 또한 탁박한 氣質의 영향을 받기 때문에 믿을 수 없다는 것이었다. 이는 心의 本善과 타락 가능성을 동시에 인식하는 것인데, 간재 역시 이러한 '心의 양면성'을 누누이 강조했다. 心性論에 있어서 간재의 기본 입장은 性은 理이고 心은 氣(氣의 精爽)라는 것이다. 간재는 心·性 관계의 여러 측면들을 다음과 같이 설명한다.

> 心과 性은 參贊化育의 근본이다. 서로 없을 수 없는 것으로서 혼융무간하니, 또한 사람들이 능히 버리거나 취할 수 없는 것이다. 그러나 性은 理이고 心은 氣이니, 그 형세에는 强·弱의 구분이 있다. 그러므로 聖賢이 학문을 논할 때, '서로 없을 수 없다'는 맥락에서는 '體·用'과 '能·所' 등으로 밝히어 하나를 폐지하지 않으셨고, '道·器'와 '强·弱'을 구분하는 맥락에서는 일찍이 '氣의 精爽'으로서 '極尊無對한 理'와 짝하도록 의도하셨다. 대개 그것은 '天理를 本으로 삼고, 감히 心을 本으로 삼을 수 없다'는 까닭이었으니, 그 취지가 깊은 것이다.[96]

心은 궁극적으로 氣여서 그 운용하는 바가 때때로 邪僻에 흐름을 면할 수

95)『老洲集』卷24 頁27,〈雜識〉.
96)『艮齋集』前編 卷12 頁55,〈体言〉.

없으니, 性이 始終本末 한결같이 善하여 순수한 것과는 다르다. 그러므로 程子는 '釋氏本心'이라고 비판했고, 尤菴先生 또한 '心을 스승으로 삼으면 어긋나기 쉽다'고 했던 것이다.[97]

위의 첫째 인용문에서는 心과 性이 '體·用'의 관계요 '能·所'의 관계이기 때문에 서로 없을 수 없다는 점을 밝혔다. 둘째 인용문에서는 心은 '氣의 精爽'이라 하더라도 그것이 '氣'인 한 '때때로 惡하게 됨'에 반하여 性은 '한결같이 善함'을 지적했다. 따라서 心을 스승으로 삼으면 어긋나기 쉬운바, 한결같이 善한 性을 스승으로 삼아야 한다. 이것이 心·性을 논하는 간재의 기본입장이다. 간재는 이러한 생각을 '性師心弟'라는 말로 표현했다.

'性師心弟'란 "心이 운용할 즈음에 性善의 발현을 模範으로 삼아 하나하나 본받는다"[98]는 말이다. 요컨대 性은 純善하나 無爲하며 心은 때때로 氣欲에 빠지나 능동적 주체이므로, 心은 性을 스승으로 삼아 가르침을 받들어 실천해야 한다는 것이다. 즉 간재는 '理의 주재'(理가 氣의 표준이 됨)를 '性師'로 표현하고, '氣의 주재'(理가 제시하는 표준을 氣가 실현함)를 '心弟'로 표현한 것이다. 간재는 "性이 높은 자리에 있고 心이 그것을 따라서 높인다면 儒者의 학문이 되고, 心이 性을 높이지 않고 스스로를 높인다면 異端의 학문이 된다."[99]고 단언했다.

性師心弟說은 일견 心統性情論과 서로 부합하지 않는 것처럼 보인다. 性師心弟說에서는 性이 주재자로 보이는 반면에 心統性情論에서는 心이

97) 『艮齋集』 前編 卷4 頁36, 〈答楊禹玄〉.

98) 『艮齋集』 後編 卷12 頁42, 〈性師心弟辨辨〉: 性師心弟 大概言爲心者 運用之際 以性善之發見者爲模範 而一一效法也

99) 『艮齋集』 前編 卷12 頁1, 〈体言〉: 性居尊位 而心從而尊之 則爲儒者之學也 心不尊性而自尊 則爲異端之學矣

주재자로 보이기 때문이다. 이에 대해 간재는 다음과 같이 설명한다.

스승이 三綱八條와 五道九經의 가르침을 베풀면 제자는 종합하여 그것을 운용하니, 性이 五常 · 四端 · 六禮 · 九經의 道를 보여주면 心이 일일이 統會하여 본받는 것과 같다. 그렇다면 心統性情說이 性師心弟說과 무슨 모순이 있겠는가?[100]

'心統性情' 은 본래 張橫渠의 주장이었다. 그런데 장횡거는 '心統性情' 을 주장함과 동시에 "心은 능히 性을 모두 발휘할 수 있으니 사람이 道를 넓힐 수 있는 것이요, 性은 心을 검속할 수 없으니 道가 사람을 넓힐 수 있는 것은 아니다"[101]라고도 했다. '性은 心을 검속할 수 없다' 면, '性은 心의 주재자' 라고 할 때의 주재란 지휘통솔이나 명령의 뜻이 아님은 분명할 것이다. 이런 맥락에서 간재는 '性의 주재' 는 '心의 표준이 됨' 으로 그치는 것이라고 본다. '心은 능히 性을 모두 발휘할 수 있다' 는 말은 性을 발휘하는 주체는 心이라는 것인데, 이를 간재는 '心의 주재' 라고 말한다. 이렇게 본다면 장횡거의 心統性情과 간재의 性師心弟는 궤를 같이하는 것이다.

간재는 心을 표준으로 삼는 心卽理學은 異端이라고 본다. 유학의 본령은 性을 표준으로 삼는 데 있다는 것이다.

孔門의 教學은 모두 '性을 높임(尊性)' 에 있고, 外家의 教學은 모두 '心을 주로 함(主心)' 에 있다. 만약 性으로 표준(極)을 삼는다면 源頭가 이미 바름에 末流도 항상 바르게 되니, 心도 善한 것이라서 '心이 仁을 어기지 않는다'

100) 『艮齋集』 後編 卷12 頁43, 〈性師心弟辨辨〉.

101) 『正蒙』 誠明篇第六 : 心能盡性 人能弘道也 性不知檢其心 非道弘人也

> 고 하며, 情도 善한 것이라서 '發하여 모두 中節한 것을 和라 한다'고 하고, 氣도 善한 것이라서 '그 氣는 義와 道에 짝한다'고 하는 것이다. 그러나 心으로 표준을 삼는다면 源頭가 한 번 어긋남에 末流도 모두 어긋나게 된다. (…) 이제 공부의 源頭處에 나아가 변별하지 않고, 혹은 "心은 좋은 것이니, 반드시 心에 근본한 다음에 道가 된다"고 말하고, 혹은 "氣는 조잡한 것이니, 반드시 氣를 제외한 다음에 道가 된다"고 말하니, 이는 모두 末流의 論이다.[102)]

간재에 의하면, 心은 氣의 精爽으로 본래 善하나, 때때로 氣欲의 영향을 받아 惡으로 흐른다. 따라서 心을 源頭로 삼으면 末流도 모두 어긋나게 되므로, 반드시 한결같이 순수지선한 性을 源頭로 삼아야 한다. 그러면서도 간재는 "氣는 조잡한 것이니, 반드시 氣를 제외한 다음에 道가 된다"는 주장에 대해서도 용납하지 않았다. 氣는 道를 실현하는 주체라는 점을 외면할 수 없다는 것이다. 氣에는 淸濁粹駁이 섞여 있는바, 濁駁한 氣를 淸粹하게 변화시켜 道가 제시하는 표준을 올바로 실현하는 것이 '학문의 관건'이라는 것이다. 간재는 이러한 입장에서 華西學派·蘆沙學派·寒洲學派 등의 異說에 대해 비판했다.[103)]

〈華西學派 비판〉

간재의 화서학파에 대한 비판은 '理의 능동성' 문제, '理의 주재'에 대한 해석 문제 및 '理와 氣의 상호주재' 문제, '心(明德)이 理인가 氣인가' 하는 문제 등에 초점이 있다.

우선 理에 대한 인식 문제부터 살펴보자. 화서는 '理의 능동성'을 부

---

102) 『艮齋集』 前編 卷12 頁1~2, 〈体言〉.

103) 간재의 他學派에 대한 비판의 구체적 論點들에 대해서는 유지웅, 「艮齋의 心論과 明德說 硏究」, 10~12쪽 참조.

정하고 '氣의 동정'을 '機自爾'로 설명하는 것은 '理를 해치고 氣를 숭상하는 학설'이라고 비판한 바 있다. 화서는 또한 理·氣의 관계에 대해서 '理의 주재'만을 인정하고, '理의 주재'를 '理가 氣를 명령함'으로 해석했으며, 理를 '全知全能'한 자족적 존재로 神格化했다. 요컨대 전지전능한 理가 氣를 명령한다는 것이다. 이에 대하여 간재는 다음과 같이 반론한다.

> 理는 氣의 作爲를 따르고(氣가 理보다 貴하다는 말이 아니다. 理는 無爲하고 氣는 有爲하니, 이렇게 말할 수밖에 없는 것이다) 氣는 理의 主宰를 받는 것(理가 氣보다 强하다는 말이 아니다. 氣는 用이 되고 理는 標準이 되니, 이렇게 말할 수밖에 없는 것이다)은 道體의 本然이다. '從心所欲不踰矩'는 聖人이 道를 체득한 妙用이다. 從心所欲不踰矩에 능하지 못하여 從心所欲不踰矩에 이르려고 하는 것은 學者가 道를 추구하는 노력이다. 理를 빼놓고 心을 밝히며 從心所欲하여 倫常의 바깥으로 달려 나가는 것은 佛氏의 誖道이다. 心을 理로 인식하고 從心所欲하여 氣稟과 物欲의 私를 살피지 않는 것은 陸·王의 畔道이다. 만약 이른바 理가 氣에 의해 빼앗기지 않고 능히 스스로를 완수할 수 있다면, 天下의 惡은 무엇으로부터 생기겠는가? 天下에 惡이 없다면, '修道의 敎'와 '由敎의 學'은 또한 무슨 소용이 있겠는가?[104)]

104) 『艮齋集』 前編 卷2 頁49~50, 〈答柳稚程別紙〉: 理隨氣之所爲(非以氣貴於理 理無爲而氣有爲 則其言不得不如此) 氣爲理之所宰(非謂理强於氣 氣爲用而理爲本 則其言不得不如此) 此道體之本然也 從心所欲不踰矩 聖人體道之妙也 未能從心所欲不踰矩 而欲其從心所欲不踰矩 學者求道之事也 遺理而明心 從心所欲 而馳騖乎倫常之外者 佛氏之誖道也 認心以爲理 從其心之所欲 而不察乎氣稟物欲之私者 陸王之畔道也 使所謂理者不爲氣所奪而能自遂也 天下之惡 何從而生乎 天下無惡 則修道之敎 由敎之學 又何所用乎

간재는 '理는 無爲하다' 는 것을 대전제로 삼고 '현실의 세계에는 엄연히 惡이 존재함' 을 직시하면서, '理의 주재' 를 '理가 氣를 명령함' 으로 해석하는 것도 반대하고, '理의 주재만을 인정하는 것' 도 반대하며, '理에 全知全能을 부여함' 도 반대하고, '理가 능히 스스로를 완수할 수 있다' 고 보는 것도 반대했다.

화서는 '心統性情' 을 바탕으로 "만약 心을 氣라고 인식한다면, 氣가 도리어 理를 통섭하는 것이니, 이른바 上下之分을 과연 어디에 베풀 것인가?" 라는 문제를 제기했었다. '心統性情' 은 주자학의 지론인데, 心을 氣라 하면 '心統性' 은 '氣統理' 가 되고, 이는 '理 · 氣의 位相을 顚倒시키는 것' 이라는 문제 제기였다. 이에 대해 간재는 다음과 같이 비판한다.

> 대개 '心은 知覺이 있으나 理는 無爲함' 을 말할 때에는 '心統性情' 이라 하고, '性은 本이 되고 心은 用이 됨' 을 말할 때에는 '理爲氣主' 라 한다. 말이 각각 해당됨이 있어서 애초에 서로 방해되지 않는다. 만약 반드시 上下之分을 心統性情說에 적용시키려고 집착한다면, 오직 有知有爲者가 形而上이라는 이름을 빌려 쓰고 純善無惡한 것이 形而下로 강등되는 것은 생각하지 않는가?[105]

'心統性情' 에서 근본적으로 문제가 되는 것은 '統' 의 의미였다. 화서는 '統' 을 '명령' 으로 해석하고, 心을 氣라 하면 '心統性' 은 '氣가 理를 명령함' 이 되므로 용납할 수 없다고 보았다. 그러나 간재는 '統' 을 '맡아서(받들어) 운용함' 으로 해석하고, '心統性情' 과 '理爲氣主' 는 전혀 별개의 맥락이라고 보았다. 간재 역시 上下之分으로서의 '理爲氣主' 를

105) 『艮齋集』 前編 卷14 頁85, 〈華西雅言疑義〉.

인정하여, 그것을 '性師心弟' 로 설명한 것이다. 또한 '心統性情' 의 '統' 은 '上統下' 의 뜻이 아니라는 것이다. 화서처럼 上下之分을 心統性情에 적용시키고자 心을 理로 규정한다면, 이는 형이하자인 心을 형이상자인 理 위에 두는 것으로서, 이야말로 上下之分을 전도시키는 꼴이라는 것이다.

화서는 '心卽理' 를 주장하면서도 '氣欲의 拘蔽' 를 문제 삼아 "心은 진실로 理이나, 타고 있는 것은 氣이다. 따라서 心을 理로 여기고 氣欲의 拘蔽를 문제 삼지 않는다면 그 害를 이루 말할 수 없을 것이요, 心을 氣로 여기고 天命의 주재를 알지 못한다면 그 理가 밝혀지지 못할 것이다."[106]라고 말한 바 있다. 화서의 지론은 '心은 理이되 氣欲에 拘蔽될 수 있음' 을 유의해야 한다는 것이었다. 이에 대해 간재는 다음과 같이 비판한다.

> '心을 理로 인식하는 사람' 은 반드시 모두 氣欲의 가림을 살피지 않으니, 무엇 때문인가? 所見이 이미 저러하니, 곧 자연스럽게 心으로 極則을 삼기 때문이다. 이는 陸 · 王의 지난 일에서 살필 수 있다. '心을 氣로 인식하는 사람' 은 性命의 理를 主로 삼지 않음이 없으니, 무엇 때문인가? 所見이 이미 이러하니, 감히 心으로 準的을 삼지 않기 때문이다. 이는 朱子와 尤菴의 宗旨에서 살필 수 있다.[107]

간재의 입장은 '心卽理를 인정하면 결국 氣欲에 빠짐' 을 면할 수 없다는 것이다. 화서의 心卽理는 왕양명의 心卽理와 입론의 계기가 다른 것이었다. 왕양명이야말로 '簡易直截한 학문을 위해 心을 표준으로 삼

106) 『華西雅言』 卷3 頁7, 〈神明第七〉.

107) 『艮齋集』 前編 卷14 頁84, 〈華西雅言疑義〉.

는다' 는 맥락에서 心卽理를 주장한 것이었다. 반면에 화서는 '性·情의 주재자로서의 心' 을 '氣' 로 볼 수 없다는 입장에서 心卽理를 말하면서도 '氣欲의 가림' 을 유의한 것이다. 그러나 간재는 心卽理를 인정하면 결국 心을 표준(極則, 準的)으로 여기게 되어, 결국 '心의 自用' 을 막을 수 없다고 본 것이다.[108]

〈蘆沙學派 비판〉

노사는 〈猥筆〉에서는 '理의 주재' 를 '理가 氣를 명령함(부림)' 으로 해석하여 율곡의 '機自爾 非有使之' 를 비판하고, 〈納凉私議〉에서는 理一分殊를 독자적으로 해석하여 人物性同異에 관한 湖·洛 양론을 모두 비판한 바 있다. 간재의 노사에 대한 비판도 〈猥筆〉과 〈納凉私議〉에 초점이 맞추어져 있는바, 본고에서는 '理의 주재' 문제에 국한해서 살피기로 한다.

율곡의 '機自爾 非有使之' 에 대해, 노사는 '天命의 流行을 부정하고, 天命 외에 또 하나의 本領을 인정하는 것' 으로서 '氣奪理位' 라고 비판했다. 이에 대해 간재는 다음과 같이 비판한다.

> 朱子는 "一動一靜은 모두 陰陽의 所爲로서, '그렇게 하는 자(爲之者)' 가 있는 것은 아니다" 라고 하였고, 栗谷은 "陰靜陽動은 기틀이 저절로 그러한 것(機自爾)으로서, '그렇게 시키는 자(使之者)' 가 있는 것은 아니다" 라고 했으

108) 간재는 省齋 柳重敎에게 보내는 편지에서 "이른바 '학문은 마땅히 理를 主로 해야 한다' 는 말은 '반드시 性을 心의 本源으로 삼을 것이요, 감히 心을 가리켜 理라 하고 마침내 極本窮源의 主宰者로 삼을 수 없다' 는 말이다. 이렇게 한다면, 겉으로는 '主理' 를 표방하지만, 안으로는 사실 (佛氏의) 本心之學에 빠지는 것이다" 라고 지적한 바 있다(『艮齋集』 前編 卷2 頁77). 즉 화서학파는 말로는 '主理' 를 표방하지만, 사실은 '主氣' 에 빠져있다는 비판이다.

니, 두 先生의 말씀이 如合符節하다. 그런데 근래에 노사는 "動靜하는 것은 氣이고, 動之靜之하는 것은 理이다. '動之靜之'가 '使之'가 아니고 무엇인가?"라고 했으니, 이것이 과연 주자·율곡의 말씀과 같은 것인가? 율곡과 다른 것에 대해서는 노사가 꺼리지 않았다. 그러나 주자와 다른 학설을 세움에 있어서는 아마도 노사 또한 편안하지 못할 것이다. 그런데 주자의 最晩年說이 이러하니, 이것은 마땅히 어떻게 처리할 것인가? 청컨대 노사 門下의 여러 제자들은 명백하게 설파해 주기 바란다. 王介甫는 "天이 나로 하여금 이것을 지니게 한 것을 命이라 한다"고 했는데 (…) 이에 대해 朱子는 "'天이 나로 하여금 이것을 지니게 한다'는 것은 '上帝가 참된 것을 내려주셨다(上帝降衷)'는 것과 같은 말인데, 어찌 참으로 '그렇게 시키는 존재(使之者)'가 있다고 할 수 있겠는가?"라고 했다.[109]

위에서 간재는 율곡의 '非有使之'는 주자설과 정확히 일치하는 것이라고 옹호했다. 간재는 율곡의 '機自爾'를 공자의 '人能弘道'에, 율곡의 '非有使之'를 공자의 '非道弘人'에 견주어 다음과 같이 말한다.

공자의 '人能弘道'는 '機自爾'와 같은 맥락이며, '非道弘人'은 '非有使之'와 같은 맥락이다. 대개 '人心有覺'은 '陰靜陽動의 기틀'이며, '道體無爲'는 '太極自然의 妙'이다. 朱子는 『論語集註』에서 張橫渠의 말을 수록했는데, 後賢들이 '性은 心을 검속할 수 없다(性不知檢其心)'는 말을 '天命이 이미 끊긴 것'으로 여기고 '心은 性을 다 발휘할 수 있다(心能盡性)'는 말을 '天命의 바깥에 또 하나의 본령이 있다'는 것으로 여겨 격분한 필치로 방자하게 꾸짖었다는 말을 듣지 못했다. 만약 '理爲氣主 性爲心本'을 논한다면, 율곡 또한

109) 『艮齋集』 後編 卷13 頁63~64, 〈觀蘆沙神道碑〉.

> 일찍이 "氣의 所爲는 반드시 理가 있어서 主宰한다"고 하였고, 또 "作爲가 없으면서 作爲가 있는 것의 主宰者가 되는 것은 理이다"라고 하였고, 또한 "누가 그 기틀을 주재하는가? 아! 太極일진저"라고 했다. 이러한 말들은 非一非再하여, 얼마든지 있다. 사람들이 진실로 이에 대해 깨닫는 바가 있다면, 비록 '機自爾'라 말했어도 그 '自爾의 所以然'은 여전히 理인 것이며, 비록 '非有使之'라 말했어도 그 '부리지 않으면서 부리는 존재(不使之使)'는 여전히 理인 것이다.[110)]

간재는 율곡의 '機自爾, 非有使之'는 공자의 '人能弘道 非道弘人'과 같은 맥락으로서, '理의 주재'를 부정하는 것이 아니라고 주장했다. 따라서 이에 대해 노사가 '天命이 이미 끊긴 것'이라거나 '天命의 바깥에 또 하나의 본령이 있다'는 식으로 비판함은 부당하다는 것이다.

노사가 '理는 適莫과 主張이 없다'는 주장을 비판하고, '理의 주재'를 '理가 氣를 명령함(부림)'으로 해석한 것에 대해, 간재는 다음과 같이 비판한다.

> 노사의 말처럼, 만약 太極에는 操縱도 있고 適莫도 있어서 능히 氣機로 하여금 감히 동쪽으로 가거나 서쪽으로 가지 못 하게 함이 '主人이 從僕을 명령함'과 같다면, 어찌 天地間의 크게 기쁜 일이 아니겠는가? 그러나 반드시 千古萬古로 하여금 治만 있고 亂은 없게 하고, 千人萬人으로 하여금 모두 善하고 惡은 없게 한 다음에야 그 학설이 바야흐로 著落할 곳이 있을 것이다. 그런데 어찌하여 1천년 동안의 역사는 혼란한 때가 많았으며, 千百年 동안이나 텅 비어 顔子와 같은 사람이 하나도 없었던 것인가? 이제 實事는 없는데

110) 『艮齋集』 前編 卷13 頁59~60, 〈猥筆辨〉.

다만 空言을 세운다면, 누가 그 말을 믿겠는가? 내가 듣자하니, 聖人이 憂勤惕厲하여 사람들로 하여금 깊은 연못에 임하거나 얇은 얼음을 밟은 듯 戰戰兢兢하도록 가르친 것은 다만 '作爲가 있는 氣機가 혹 自然無爲한 理를 따르지 않을까' 두려워 苦心한 것이었다. 이것이 (이제까지) 사람의 마음이 없어지지 않고, 天理가 늘 보존될 수 있었던 까닭이었다. 어찌하여 도리어 "理가 실로 氣를 操縱하고, 氣는 스스로 理로부터 명령을 받는다"는 학설을 주장하여 사람들에게 곡진하게 타이르는가? 나는 그 폐단이 장차 사람들로 하여금 다시는 '氣를 제어하여 理를 따르고 心을 다스려 性을 근본으로 삼음'이 없게 하고, '각자의 自由에 一任하도록' 하고 말 것임이 두렵다.[111)]

간재의 근본적 의문은, 노사의 주장처럼 과연 理가 適莫과 主張이 있어서 氣를 자신의 의지대로 명령하거나 부릴 수 있다면 '현실에는 어찌하여 惡이 존재하느냐?' 하는 것이다. 따라서 '理가 氣를 자신의 의지대로 명령함'은 모든 사람들이 크게 기뻐할 '소망사항'일 수는 있겠지만, 인간과 세계의 현실을 적확하게 설명하는 '사실적 설명'일 수는 없다는 것이다. 간재는 '氣의 운동은 모두 理가 그렇게 명령한 것'이라는 노사의 주장은 '善·惡이 뒤섞인 현실을 모두 理의 실현으로 간주하게 함'으로써 오히려 '猖狂自恣'를 초래할 수 있다고 보았다. '理가 氣를 명령한다'는 생각을 접고 '氣는 본래 자율적으로 운동하는 것임'을 인정할 때, 오히려 '氣를 檢束하여 理(標準)를 따르게' 할 수 있다는 것이다. 간재는 '聖人의 戰戰兢兢의 가르침'을 이런 맥락에서 이해했다.

111) 『艮齋集』 前編 卷12 頁84~85, 〈体言〉.

〈寒洲學派 비판〉

한주는 〈心卽理說〉의 첫머리에서 “古今의 心에 대한 논의는 心卽理說보다 더 훌륭한 것이 없고, 心卽氣說보다 더 잘못된 것이 없다”고 단언했다. 한주의 입장은 心은 ‘合理氣’로서, 心의 外面은 氣이고, 心의 眞體는 理라는 것이다. 한주가 心卽氣說을 배격하는 이유는 “心은 一身의 주재자인데, 주재자인 心을 氣라고 한다면, 天理가 形氣의 명령을 따르게 된다”는 것이었다. 이에 대해 간재는 다음과 같이 비판한다.

> 만약 ‘主宰’라는 명목 때문에 곧장 心을 理라 한다면, 朱子는 일찍이 鬼神과 浩然之氣에 대해서도 主宰者라고 설명한 바 있는데, 이 또한 모두 理라고 간주해야 하겠는가? 무릇 心·鬼神·浩然之氣 등이 主宰함은, 혹은 仁義를 흠모하여 받들음(欽承仁義)으로써, 혹은 實理에 의착함(靠著實理)으로써, 혹은 義와 道에 짝함(配義與道)으로써 作用함을 말하는 것이다. 어찌 감히 天理를 굴복시켜 자기에게 聽命하도록 시키는 것이겠는가? 또한 ‘主宰를 氣에 소속시킨 것’이 어찌 일찍이 ‘形氣’에 해당시킨 것이겠는가? 寒洲는 바로 “天理가 形氣에게 聽命한다”고 말했는데, 어찌 ‘大家의 거칠고 경솔함’이 아니겠는가? 대개 이미 氣의 靈覺을 理로 오인했기 때문에, 남들이 ‘氣’를 말하는 것을 보기만 하면 바로 지목하여 ‘거친 자취’라고 여긴다.[112]

위에서 간재는 ‘氣의 주재’란 ‘氣가 理를 명령한다’는 뜻이 아니라 ‘氣가 理를 받들어 실천한다’는 뜻이며, 또 이때의 氣는 ‘形氣’가 아니라 ‘虛靈知覺의 주체로서 氣의 精爽’이라고 설명했다.

한주는 “心卽氣說은 近世儒賢들로부터 나왔다”고 주장했다. 한주가

112) 『艮齋集』 前編 卷13 頁89, 〈李氏心卽理說條辨〉.

말하는 '근세유현' 이란 율곡과 그 후학들을 지칭한다. 이에 대해 간재는 心卽氣說은 孔·孟 이래 유학의 定論임을 논증했다.[113] 한주가 "근세의 儒賢들이 心을 氣로 여긴 것은 玉工이 和氏之璧을 돌로 여긴 것과 같다"고 한 것에 대해서는, 간재는 다음과 같이 비판한다.

> 만약 近世의 儒賢이 氣質과 精神을 가리켜 心이라 했다면 마땅히 '돌을 玉으로 여겼다' 고 말해야 할 것이다. 이제 虛靈神明하여 理를 갖추고 道를 체현하는 것을 가리켜 곧바로 理라고 말할 수 없으니, 어찌 그 아래 氣分에 소속시키지 않을 수 있겠는가? 여기서 말하는 氣란 추악하고 뒤섞인 물건이 아니요, 바로 氣의 一原으로서 理와 간격이 없는 것이다. 그렇다면 어찌 精·粗를 구분하지 않고 대충 돌이라고 말할 수 있겠는가? 다만 돌은 한가지일 뿐이나, 氣에는 몇 가지 樣相이 있는 것이다.[114]

氣에는 '氣質' 도 있고 '氣之精爽' 도 있는바, 근세 유현들은 '氣之精爽' 을 心이라 했다는 것이다. 간재는 '氣質' 과 '氣之精爽' 을 구분하지 않고 대충 '돌' 이라고 일반화시킬 수는 없다고 주장했다.

한주는 "孔子의 '從心所欲不踰矩' 는 바로 '心卽理' 이다. 진실로 心이 氣라면 어찌 능히 心을 따랐는데 法度에 어긋나지 않겠는가?" 라고도 했는데, 이에 대해 간재는 다음과 같이 비판한다.

> 心이 과연 理라면, '心을 따름(從心)' 이 이미 '理를 따름(循理)' 인 것이다. 理를 따랐는데 다시 '법도에 넘지 않음(不踰矩)' 이 있다면, 理 밖에 다시 理가 있고 머리 위에 다시 머리가 있다는 것인가? 우리 聖門에는 이러한 議論

113) 『艮齋集』 前編 卷13 頁78~79, 〈李氏心卽理說條辨〉.

114) 『艮齋集』 前編 卷13 頁79, 〈李氏心卽理說條辨〉.

이 없고, 이러한 法門도 없다. 무릇 心은 비록 神妙하여 활발히 운동하나, 결국 氣에 속하는 것이다. 그러므로 비록 孔子라도 감히 문득 '心을 따른다' 고 말하지 못하고, 반드시 이 心을 잡고 보존하기를 지극히 정밀하게 한 다음에야 바야흐로 감히 '心을 따른다' 고 말한 것이요, 또한 반드시 법도를 지목하여 歸宿處로 삼은 것이다.[115)]

心이 본래 理라면 '從心所欲不踰矩' 는 그 자체로 항상 당연한 것이니, 70세가 되어서야 '從心所欲不踰矩' 에 이르렀다고 말할 이유가 없었을 것이다. 간재에 의하면, 心은 본래 氣이므로, 오랫동안 心을 검속하는 노력을 쌓음으로써 마침내 '從心所欲不踰矩' 에 이르는 것이다.

〈主理와 主氣의 문제〉

오늘날 많은 학자들은 華西 · 蘆沙 · 寒洲의 성리학을 '主理論' 이라 말하고, 간재의 경우는 '主氣論' 으로 분류한다. 그런데 중요한 점은, 간재는 '主氣' 를 극력 배척하고, 자신이야말로 '主理의 守護者' 라고 생각했다는 사실이다. 노사는 權信元에게 "兄은 비록 主理를 말하나 사실은 主氣에 해당한다" 고 비판한 바 있다.[116)] 간재는 이러한 비판을 노사 등 당시의 主理論者들에게 그대로 적용시켜, 다음과 같이 말한다.

유학과 불교의 차이는 바로 유학은 心과 理를 合一시키려 하는데('心卽理' 라는 것이 아니다. 다만 心을 理에 부합하게 하여 하나가 되게 한다는 뜻이다), 불교에서는 心과 理를 둘로 여기는(倫理를 마음의 장애로 여겨 제거하는 것은 心과 理를 둘로 여기는 것이다) 것이다. 그런데 陸象山과 王陽明은

115) 『艮齋集』 前編 卷13 頁80, 〈李氏心卽理說條辨〉.

116) 『蘆沙集』 卷5 頁17, 〈擬與權信元〉.

비록 항상 心과 理를 合一시킨다고 하면서도(이것은 心을 理로 인식해서 그런 것이다) 그 運用이 理에 부합되지 않음을 살피지 않으니, 도리어 불교와 서로 크게 멀지 않은 것이다. 陸·王이 '心과 理는 구분이 없다' 고 말하는 것이 어찌 또한 主理論이 아니겠는가? 그런데 마침내 우리 유학(朱子學)과 다른 것은 또한 그 '主로 삼는 것' 이 다만 '心' 일 뿐이요 원래의 '道理' 가 아니기 때문이다. 이것을 어찌 마땅히 살피지 않고 泛然히 '主理' 라고 자처할 수 있겠는가? 近世에 '理가 主이다' 라고 말하는 사람들도 종종 操縱하고 適莫하는 心神知能 등을 理에 해당시키니, 이것이 과연 '無爲한 道體' 를 주로 삼아 '有爲한 心氣' 를 다스리는 것인지 모르겠다.[117)]

위의 인용문에서는 불교와 육왕학 그리고 당시의 主理論을 같은 맥락에서 비판했다. 이들은 모두 主理를 주장하나, 지각작용이 있는 心을 理라 하여, 결국엔 '心의 自用' 을 조장하는 폐단을 낳으니, 이야말로 '氣를 주로 하여 理를 해침' 에 해당한다는 것이다.

화서·한주는 '性·情의 주재자인 心을 氣로 규정하는 主氣論' 은 '理·氣의 관계를 顚倒시키는 것' 이라 보았고, 화서·노사는 '理가 氣를 명령함을 부정하고 機自爾를 주장하는 것' 은 '氣가 理의 지위를 빼앗는 것' 이라고 보았다. 이들은 자신들이 主理요 正學이라고 자처하고, 간재와 같은 입장을 主氣요 異端이라고 비판한 것이다. 그런데 간재는 다음과 같이 말한다.

---

117) 『艮齋集』 前編 卷13 頁40, 〈体言〉: 儒釋之異 正爲吾以心與理爲一(非謂心卽理也 但要心合理而爲一) 而彼以爲二耳(認倫理爲心障而去之 是心與理爲二也) 然象山陽明 雖未嘗不以心與理爲一(此卽認心爲理而然耳) 而不察其運用之不合於理 卻與釋氏不大相遠也 夫陸王之謂心理無分 豈不亦主理之論 而究與吾儒不同者 亦以其所主者 只是箇心而非元來道理也 此豈宜不加審核 而泛然以主理自居乎 近世之言理主 往往以操縱適莫心神知能之屬當之 未知此果爲主無爲之道體 而治有爲之心氣者耶

> 理·氣가 帥·役이 되는 문제와 學問의 主理·主氣의 실질을 선비들이 반드시 알아야 한다. 尤菴先生은 일찍이 "太極은 陰陽의 主가 되나, 도리어 陰陽이 運用하는 바가 된다. 무릇 太極·陰陽에서 생겨난 것들은 그렇지 않은 것이 없다"고 했다. 삼가 생각건대, '太極이 陰陽의 主가 된다'는 것은 곧 朱子의 '性이 氣의 主가 된다(性爲氣主)'는 학설이요, '陰陽이 太極을 運用한다'는 것은 곧 橫渠의 '心統性情'의 학설이다. 性과 太極은 無爲한 理이며, 心과 陰陽은 有爲한 氣이다. 무릇 氣를 통섭하여 軌道를 따르게 하고 性을 높여서 心을 다스리는 것은 '主理本天의 전통'이며, 心을 形而上者(理)로 삼고 性을 깎아내려 그 아래에 있게 하는 것은 '主氣本心의 견해'이다.[118]

위의 인용문에서 主理·主氣에 대한 간재의 입장이 명확히 드러난다. '太極이 陰陽의 主가 된다'거나 '性이 氣의 主가 된다'는 것은 '理의 自然한 주재'를 말하는 것으로서, 간재는 이를 '性師' 즉 '主理本天'으로 설명했다. 이와 동시에 간재는 '陰陽이 太極을 운용함'과 '心統性情'을 긍정했다. '心(氣)의 有爲한 주재'는 여기에 해당하는 것으로서, 간재는 이를 '心弟'로 설명했다. 누차 언급했듯이, 간재는 '心統性情'의 '統'을 '명령(부림)'으로 해석하지 않고 '운용'으로 해석했다. 즉 간재의 '心弟'는 '心이 性·情을 운용하는 주체'라는 말로서, 이는 '陰陽이 太極을 운용함'과 같은 맥락이었다. 요컨대 '心弟'는 '氣의 현실적 주도권'을 설명하는 것이니, 이러한 맥락에서는 '主氣'에 해당하는 것이다.

간재는 당시의 心卽理를 주장하는 사람들에 대해 "心을 形而上者(理)로 삼고 性을 깎아내려 그 아래에 있게 하는 것은 '主氣本心의 견해'이다"라고 비판했다. 여기서의 '本心'이란 '心을 표준(근본)으로 삼는다'

118)『艮齋集』前編續 卷4 頁22, 〈理學之要〉.

는 뜻이다. 心卽理를 주장하는 화서학파는 '心統性情'을 해석하면서 '心은 綱, 性은 目'이라고도 했고, '心은 聖君, 性은 兆民'이라고도 했다. 心을 氣로 규정하는 간재는 이처럼 '心을 높이고 性을 깎아내리는 것'을 용납할 수 없었던바, 그리하여 당시의 心卽理論에 대해 '主氣'요 '異端'이라고 비판한 것이다. 간재의 '性師心弟'는 '性은 높고 心은 낮다(性尊心卑)'는 것을 뼈대로 삼는 것이니,[119] 이 점에서는 간재는 분명 '主理論者'였다.

〈艮齋 性理學의 의의〉

性卽理學은 心을 氣로 규정하고, 性을 心의 표준으로 삼아, 修養과 檢束을 통해 '心을 性에 부합하게 하려는 것'이다. 따라서 性卽理學에서 主가 되는 것은 理(性)이다. 반면에 心卽理學은 心을 바로 理로 규정하고, 자신의 마음을 진리의 표준으로 간주하는 것이니, 이는 분명 心을 主로 삼는 것이다. 자신의 마음을 진리의 표준으로 삼을 경우 '心의 自用'을 조장하게 되고, 결국 '猖狂自恣'로 흐르게 됨은 부정하기 어려운 사실이다. 그러므로 간재는 心卽理學을 경계하고, 性(理)을 표준으로 삼아 자신의 마음을 다스려야 한다고 주장한 것이다. 이제 이러한 관점에서 간재 성리학의 의의를 정리해 보자.

첫째, 간재는 '主宰' 문제를 명확히 해명했다. 성리학에서는 '理는 氣의 주재자'라고 함과 동시에 '心은 氣의 精爽으로서, 性·情을 주재한다'고 설명해 왔다. 이 두 명제는 일견 서로 모순된다. 그리하여 화서나 한주는 心卽理를 주창하고, 性·情의 주재자인 心은 氣가 아니라 理라고 주장했던 것이다. 화서나 한주가 心卽理를 주장한 보다 근본적인 까닭

---

119) 『艮齋集』 後篇 卷14 頁7, 〈性尊心卑的據〉.

은, '心이 性·情을 주재한다(心統性情)' 고 할 때의 '주재(統)' 를 '명령(부림, 통솔)' 의 의미로 해석했기 때문이다. 이들은 또 '理가 氣를 주재한다' 고 할 때의 '주재' 와 '心이 性·情을 주재한다' 고 할 때의 '주재' 를 같은 뜻으로 보았다. 그리하여 이들은 '心統性情' 의 '心' 을 '氣' 로 규정하면 '心이 性을 명령한다' 는 뜻이 되니, 용납할 수 없다고 본 것이다. 그러나 간재는 '主宰' 란 결코 '명령' 의 뜻이 아니라고 보았다. 간재는 성리학에서의 '主宰' 는 본래 두 맥락에서 논의되는 것임을 해명하고, '理가 氣를 주재한다' 는 것은 '理가 氣의 標準이 된다' 는 뜻이요, '心이 性·情을 주재한다' 는 것은 '心이 性·情을 맡아서 運用한다' 는 뜻이라고 설명했다. 論者가 보기에, 이는 朱子學의 취지를 가장 정확히 이해한 것이다.

둘째, 간재는 '主理·主氣' 문제를 명확히 해명했다. 朱子學은 기본적으로 主理論이다. 많은 사람들은 '퇴계와 율곡' 을 '主理와 主氣' 로 분류한다. 율곡이 퇴계보다 '主氣的' 임은 분명하나, 이것이 '理보다 氣를 더 높인다' 는 뜻일 수는 없다. 퇴계는 '主理' 를 성리학의 대전제로 이해하고, '氣에 의존하지 않는 理만의 독자적 세계' 를 구축하고자 마침내 '理의 能動性' 을 강조했다. 반면에 율곡은 '理無爲, 氣有爲' 라는 전제에 따라 현실에서 理만의 독자적 세계란 구축될 수 없다고 보았다. 율곡이 퇴계를 비판한 핵심은 '理의 能動性' 을 인정할 수 없다는 것이었다. 율곡의 입장은 '理는 이 세계의 표준이나, 氣를 통해서만 실현될 수 있다' 는 것이다. 理를 이 세계의 표준으로 삼는다는 점에 있어서 율곡설은 근원적으로 '主理論' 이다. 간재는 이를 '性師' 로 표현했는바, 따라서 간재설도 근원적으로 '主理論' 인 것이다. 율곡설은 다만 理를 실현하는 주체를 氣로 설정한다는 점에서 主氣的 색채를 띤다. 간재는 이를 '心弟' 로 표현했는바, 간재설도 이 점에 있어서는 '主氣論' 인 것이다.

셋째, 간재는 理 · 氣 어느 일변에 치우치지 않는 균형 잡힌 사유를 보여주었다. 간재는 화서 · 노사 · 한주 등이 氣를 폄하하면서 일방적인 主理論을 전개하는 것에 대해, 그것은 '氣의 精爽'을 외면하고 '氣를 濁駁한 존재'로만 인식하기 때문이라고 평했다. 간재는 氣의 양면성을 유의하면서도, 氣를 매개로 하지 않고는 理가 실현될 수 없다고 보았다. 따라서 단순히 氣를 부정할 것이 아니요, 그 양면적 특성을 잘 밝혀야 한다.[120] 理를 올바로 실현하기 위해서는 濁駁한 氣를 淸粹한 氣로 변화시켜야 한다. 공자의 '從心所欲不踰矩'는 '淸粹한 氣가 理를 왜곡없이 실현한 상태'요, '心(제자)이 性(스승)의 가르침을 잘 받들어 실현한 상태'로서, 이것이 간재의 학문적 목표였다(心與理合一之學).[121]

넷째, 간재는 '理想과 現實'에 대한 가장 정합적인 이론체계를 구축했다. 화서 · 노사 · 한주처럼 '理의 주재'를 '명령'으로 해석할 경우 '현실의 惡'을 제대로 설명할 수 없다. 더군다나 화서학파처럼 理를 全知全能한 존재로 神格化할 경우, 惡에 대한 설명은 더욱 난관에 봉착한다. '완전한 善의 세계'를 추구하는 그들의 절실한 문제의식은 십분 이해할 수 있으나, '현실과의 조응도'가 부족다면 철학체계로서의 의의는 퇴색될 수밖에 없다. 간재의 性師心弟說은 性(理)이 표준이라는 '理想性'과 현실의 善 · 惡은 心(氣)의 주체적 역량에 달려있다는 '現實性'

---

120) 노사학파에서 간재에 대해 '明氣의 異學'이라고 비판하자, 간재는 "氣에 밝은 것을 異學이라 한다면, 氣에 어두운 것이 正學일 것이다. 나는 '明氣의 異學'을 추구할지언정 '昏氣의 正學'을 추구하지는 않겠다. 무슨 말인가? 聖人의 가르침은 사람들로 하여금 그 氣의 어두움을 밝혀서 善한 本性을 회복하도록 한 것뿐이다. 이제 그 性을 회복하겠다고 하면서 그 氣에 어둡다면 성공할 수 없을 것이다"(『艮齋集』 前編 卷15 頁11, 〈明氣問答〉)라고 반론한 바 있다.

121) '心卽理學'과 '心與理合一之學'은 그 본령이 다른 것이다. 心卽理學은 心을 그 자체 표준(理)으로 삼는 것이나, 心與理合一之學은 心과 표준(理)을 본래 별개로 규정하고, 心을 다스림으로써 표준에 부합하게 만든다는 것이다.

을 동시에 충족한다. 간재는 주자 · 율곡과 마찬가지로 공자의 '人能弘道 非道弘人'을 이러한 맥락에서 이해했다.

마지막으로, 간재는 인간은 '자신의 마음'에 입각해 살 것이 아니라 '天理'에 입각해 살아야 한다는 것을 재확인했다. 간재가 心卽理를 극력 비판한 이유 가운데 하나는 '心卽理는 心의 自用을 조장하여 猖狂自恣로 흐를 가능성이 크다'는 데 있었다. 心卽理가 猖狂自恣로 흐른 것에 대해서는 陽明學 左派의 경우를 통해 역사적으로 확인된 바 있다. 간재의 性師心弟說은 주자학에 대한 면밀한 탐색의 결과이기도 하지만, 역사와 현실에 대한 반성의 결과이기도 하다. 간재의 理氣相互主宰論은 '조선시대 性理學의 大尾를 장식한 記念碑的 業績'이라 하겠다.

제3부

한국 성리학의 주요 論爭들

제1장

退溪-高峰의 四端七情 논변

퇴계는 秋巒 鄭之雲(1509~1561)의 〈天命圖〉를 수정하는 과정에서, 추만이 “사단은 理에서 발하고(發於理), 칠정은 氣에서 발한다(發於氣)” 고 표기했던 것을 “사단은 理가 발한 것(理之發), 칠정은 氣가 발한 것(氣之發)” [1]이라고 수정한 바 있다. 그런데 고봉이 이에 대해 異意를 제기하자, 퇴계는 또 “사단이 발함은 순수한 理이므로(四端之發純理) 不善이 없고, 칠정이 발함은 氣를 兼하므로(七情之發兼氣) 善·惡이 모두 있다.” [2] 고 설명을 바꾸면서 고봉의 의견을 물었다. 이를 계기로 두 사람 사이에 사단·칠정에 관한 논변이 본격적으로 시작된 것이다. 이제 먼저 퇴계-

---

1) 『退溪集』 卷41 頁10~11의 〈天命舊圖〉와 〈天命新圖〉 참조. 주지하듯이, 추만의 原圖를 〈天命舊圖〉라 하고, 추만과 퇴계가 함께 수정한 것을 〈天命新圖〉라 한다. 〈天命新圖〉는 1553년에 일단 완성되었으나, 그 후에도 많은 수정을 가했다(『退溪續集』 卷8 頁20, 〈天命圖說〉, 趙士敬註 참조).

2) 『兩先生四七理氣往復書』 上篇 頁1, 〈退溪與高峰書〉. 본고에서 ‘퇴계와 고봉의 四端七情에 관한 왕복논변’ 을 소개할 때엔 『兩先生四七理氣往復書』(高峰學術院 1991년 影印 간행, 이하 『兩先生往復書』로 표기)를 底本으로 활용할 것이다.

고봉의 往復書를 개관한 다음, 사칠논변의 근본 문제들을 정리해 보기로 하자.

1. 퇴계-고봉 논변의 개관

〈제1차 왕복서〉

* 고봉의 제1서 : 〈高峰上退溪四端七情說〉[3]

퇴계의 요청을 받고, 고봉은 1559년(己未) 3월 四端 · 七情에 관한 자신의 의견을 본격적으로 제시했는데, 그 全文을 다섯 문단으로 나누어 소개하면 다음과 같다.

① 子思는 "喜怒哀樂이 아직 발하지 않은 것을 中이라 하고, 발하여 모두 中節한 것을 和라 한다"고 했고, 孟子는 "惻隱之心은 仁의 단서, 羞惡之心은 義의 단서, 辭讓之心은 禮의 단서, 是非之心은 智의 단서"라고 했다. 이것이 性 · 情에 관한 설명으로서, 先儒들이 충분히 밝혀놓은 것이다. 그런데 그윽이 상고해보니, 子思는 그 전체를 말한 것이요, 孟子는 그 일부를 발라내어 말한 것이다. 대개 사람의 마음이 아직 발하지 않았으면 性이라 하고, 이미 발했으면 情이라 하거니와, 性에는 不善이 없고 情에는 善 · 惡이 있음은 이치가 진실로 그러하다. 다만 子思와 孟子는 '나아가 말하는바' 가 같지 않았다. 그러므로 사단과 칠정이 구별되나, 칠정 바깥에 다시 사단이 있는 것은 아니다.

② 이제 만약 "사단은 理에서 발하여 純善하고, 칠정은 氣에서 발하여

---

3) 『兩先生往復書』 上篇 頁1~2.

善 · 惡이 모두 있다." 고 말한다면, 이는 '理와 氣가 갈라져서 두 물건이 되는 것' 이요, '칠정은 性에서 나오지 않고, 사단은 氣를 타지 않는 것' 이 되니, 이는 語意에 병폐가 없을 수 없어, 後學이 의심하지 않을 수 없다. 만약 또 "사단은 순수한 理가 발한 것이므로 不善이 없고, 칠정은 氣를 겸하여 발한 것이므로 善 · 惡이 함께 있다" 고 고친다면, 비록 前說보다는 약간 낫지만, 내 생각에는 역시 未安하다.

③ 대개 性이 갑자기 발할 때 氣가 用事하지 않아 本然의 善이 곧게 완수된 것이 바로 孟子가 말하는 사단이다. 이는 진실로 순수한 天理가 발한 것이나, 칠정 바깥으로 벗어날 수 있는 것이 아니요, 바로 '칠정 가운데 中節하게 발한 것' 의 苗脈이다. 그렇다면 사단과 칠정을 對擧互言하여 '純理니, 兼氣니' 말하는 것이 옳겠는가? 人心과 道心을 논할 때엔 혹시 이처럼 말할 수 있겠으나, 四端과 七情에 대해서는 이처럼 말할 수 없을 것이니, 七情은 오로지 人心으로 볼 수 없기 때문이다.

④ 무릇 理는 氣의 主宰者요, 氣는 理의 材料이다. 理와 氣는 진실로 분별이 있으나, 그 사물에 있어서는 진실로 混淪하여 分開할 수 없다. 다만 理는 약하고 氣는 강하며(理弱氣强), 理는 조짐이 없고 氣는 자취가 있으니, 그러므로 그 流行發見하는 즈음에 過 · 不及의 차이가 없을 수 없다. 이것이 칠정이 발할 때 혹은 善하고 혹은 惡하며, 性의 本體가 간혹 완전할 수 없는 까닭이다. 그러나 그 善은 바로 天命의 本然이요, 惡은 氣稟의 過 · 不及이니, 이른바 사단과 칠정이 애초에 두 뜻이 있는 것이 아니다.

⑤ 근래의 學者들은 孟子가 善一邊에 나아가 발라내어 지시한 뜻을 살피지 않고, 관례에 따라 사단과 칠정을 구별하여 논하거니와, 나는 이것을 그윽이 병통으로 여겼다. 朱子는 "喜怒哀樂은 情이요, 그것이 아직 발하지 않은 것은 性이다." 라고 했으며, 性 · 情을 논할 때엔 항상 四德과 四端으로 말씀했으니, 대개 사람들이 깨닫지 못하고 氣로 性을 논할까 두려웠기 때문이다.

그렇다면 學者들이 모름지기 '理는 氣에서 벗어나지 않고, 氣가 過·不及이 없이 자연스럽게 발하는 것은 바로 理의 本體가 그런 것' 임을 알고서 노력한다면, 거의 잘못이 없을 것이다.

위의 인용문에 대해 그 요점을 정리해 보자. 첫째 문단에서 우선 주목할 것은, 고봉이 『中庸』의 "喜怒哀樂이 아직 발하지 않은 것을 中이라 하고, 발하여 모두 中節한 것을 和라 한다"는 내용을 중심으로 칠정을 인식하고 있다는 점이다. 『中庸』에서는 앞의 내용에 이어 "中은 천하의 大本이며, 和는 천하의 達道이다. 中和를 이루면 天地가 자리를 잡고 萬物이 자라난다"고 했다. 이렇게 본다면 칠정은 '천하의 大本·達道' 와 직결되는 것인바, 이러한 맥락에서 고봉은 칠정을 매우 긍정적으로 인식한 것이다.[4] 다만 칠정에는 '中節하지 못한 것' 도 포함되는바, 이 점에서 칠정은 '善一邊만 말한 사단' 과 구별된다. 그리하여 고봉은 "子思의 말씀은 그 전체를 말한 것이요, 孟子의 논의는 그 일부를 발라내어 말한 것"이라 했다. 요컨대 고봉은 사단과 칠정에 대해 '나아가 말하는 바가 다르다' 는 관점에서 '개념적으로 구별' 하면서도, '칠정은 사단을 포함한다' 는 관점에서 '사실적으로는 하나' 라고 여긴 것이다.

둘째 문단에서는 퇴계의 "사단은 理에서 발하여 純善하고, 칠정은 氣에서 발하여 善·惡이 모두 있다"는 설명이나 "사단은 순수한 理가 발한 것이므로 不善이 없고, 칠정은 氣를 겸하여 발한 것이므로 善·惡이 함께 있다"는 설명에 대해 "理와 氣가 갈라져서 두 물건이 되고, 칠정은 性에서 나오지 않고 사단은 氣를 타지 않는 것이 된다"고 비판했다. 요

---

4) 앞에서도 언급했듯이, 『禮記』〈禮運〉에서는 '喜怒哀懼愛惡欲' 을 언급하고, 이 七情 중에서도 '飮食男女에 대한 欲' 과 '死亡貧苦에 대한 惡' 가 핵심이라고 설명한 바 있는데, 퇴계는 이러한 내용을 바탕으로 七情을 인식했다.

컨대 고봉에 의하면, '理와 氣를 별개로 간주할 수 없다' 는 것이요, '칠정도 性에서 나오며, 사단도 氣를 탄다' 는 것이다. 다시 말해, 理와 氣는 별개가 아니므로, 칠정에 있어서나 사단에 있어서나 항상 理와 氣가 함께 한다는 것이다.

셋째 문단에서는 사단을 '七情 가운데의 善一邊' 으로 규정하고, 따라서 '사단과 칠정을 對擧互言할 수 없다' 고 주장했다. 과연 사단은 칠정 가운데의 善一邊으로서, 칠정이 사단을 포함한다면, 사단과 칠정을 대립시켜 설명하는 것은 옳지 못할 것이다.

넷째 문단에서는 理主氣資, 理 · 氣의 不雜과 不離, 理弱氣强 등 성리학의 일반론에 입각하여 '性 · 情의 善 · 惡' 을 설명한 다음, "사단과 칠정이 애초에 두 뜻이 있는 것이 아니다" 라고 강조하였다. "理는 氣의 主宰者, 氣는 理의 材料" 라는 것은 理主氣資論의 핵심 내용이거니와, 고봉은 기본적으로 理主氣資論에 입각하고 있다는 점 역시 우리가 주목해야 할 내용이다.

다섯째 문단은 이상의 내용을 종합하는 결론이다. '理는 氣에서 벗어나지 않는다' 는 것은 '理 · 氣의 不相離' 를 말한 것이요, '氣가 過 · 不及이 없이 자연스럽게 발하는 것은 바로 理의 本體가 그런 것' 이란 '氣는 본래 理를 발현시키는 작용을 한다' 는 뜻이다. 고봉은 이 점에 있어서는 '사단과 칠정이 마찬가지' 라고 보고, 그리하여 다시 한 번 '사단과 칠정은 별개가 아니다' 라고 역설했다.

요컨대 '사단은 칠정에 포함되므로' 사단과 칠정을 理와 氣로 구분할 수 없으며, '理와 氣는 혼륜하여 분개할 수 없으므로' 사단과 칠정을 理와 氣로 구분할 수 없다는 것이다. 그런데 '칠정은 사단을 포함한다' 는 주장의 저변에는 '『中庸』 首章에 입각한 칠정 이해' 가 있고, '理와 氣는 혼륜하여 분개할 수 없다' 는 주장의 저변에는 '理主氣資論' 이 있는 것이다.

* 퇴계의 제1서 : 〈退溪答高峰四端七情分理氣辯〉[5)]

고봉의 제1서를 받고, 퇴계는 해를 넘기며 숙고를 거듭하다가, 1560년(庚申) 11월에야 答書를 보내게 되었다. 이른바 〈答奇明彦論四端七情第一書〉가 그것으로서, 그 全文을 아홉 문단으로 나누어 소개하면 다음과 같다.

① 性·情에 관한 설명은 先儒들이 자세히 밝혀놓았다. 오직 사단·칠정에 대해서는 다만 '모두 情이다' 라고만 했을 뿐, '理와 氣로 나누어 설명한 것' 을 보지 못했었다. 往年에 鄭生이 〈天命圖〉를 그리면서 "四端發於理 七情發於氣"라고 설명했거니와, 내 생각에 '그 分別이 너무 심하여 혹시 爭端을 일으킬까' 두려웠다. 그러므로 '純善, 兼氣' 등의 말로 고친 것인바, 이는 '서로 힘입어 講明하자' 는 의도였을 뿐, '그 말에 흠이 없다' 는 뜻은 아니었다. 이제 그대의 辯說을 받아보니, 나의 오류를 지적하고 깨우쳐줌이 매우 정성스러워, 깊이 경계가 되고 이로운 바 있었다. 그런데 오히려 의문스러운 점이 없을 수 없거니와, 청컨대 시험 삼아 말하여 바로잡고자 한다.

② 무릇 사단은 情이요, 칠정 또한 情이다. 똑같은 情인데, 사단과 칠정이라고 명칭을 달리한 까닭은 무엇인가? 그대의 편지에서 말한 '나아가 말하는 바가 같지 않다' 는 말이 그것이다. 대개 理와 氣는 본래 서로 기다려(相須) 體가 되고, 서로 기다려(相待) 用이 되니, 진실로 理 없는 氣도 없고 또한 氣 없는 理도 없다. 그런데 나아가 말하는 바가 같지 않으면 또한 분별이 없을 수 없으니, 옛날부터 聖賢께서 사단과 칠정을 언급할 때 어찌 일찍이 반

5) 『兩先生往復書』 上篇 頁3~6. 이 편지의 제목을 『退溪集』(卷16 頁8~12)에서는 〈答奇明彦論四端七情第一書〉라고 했다.

드시 하나로 합쳐서 분별하지 않고 말씀했었던가?

③ 또 '性' 이라는 한 글자로 말하면, 子思가 말씀한 天命之性과 孟子가 말씀한 性善之性이 지칭하는 바가 어디에 있겠는가? 理·氣가 부여된 가운데 나아가 이 理의 原頭本然處를 지칭한 것이 아니겠는가? 오직 그 지칭하는 바가 理에 있고 氣에 있지 않기 때문에 그러므로 '純善無惡' 하다고 말할 수 있다. 만약 '理氣不相離' 라는 까닭으로 氣를 겸하여 말하고자 한다면, 이미 性의 本然이 아니다. 무릇 子思와 孟子께서 道體를 완전히 洞見하시고 이처럼 말씀하신 것은 그 하나만 알고 둘은 몰랐던 것이 아니요, 진실로 氣를 섞어서 性을 말하면 性의 本善을 볼 수 없었기 때문이다. 後世에 程子와 張子 등에 이른 다음에야 부득이 氣質之性 이론이 등장하게 되었는데, 또한 많은 것을 추구하여 이상한 학설을 세우려는 것이 아니었다. 지칭하는 바가 '타고난 다음' 에 있었거니와, 또한 순전히 本然之性으로 混稱할 수 없었기 때문이다. 그러므로 나는 일찍이 망령스럽게 '情에 四端과 七情의 구분이 있는 것은 性에 本然之性과 氣質之性의 차이가 있는 것과 같다' 고 여겼다. 그렇다면 性에 있어서는 이미 理와 氣로 구분하여 말할 수 있으면서 情에 있어서는 홀로 理와 氣로 구분하여 말할 수 없는 것인가?

④ 惻隱·羞惡·辭讓·是非는 무엇을 따라 발하는가? 仁·義·禮·智의 性에서 발한다. 喜·怒·哀·懼·愛·惡·欲은 무엇을 따라 발하는가? 바깥 사물이 그 形氣(몸)와 접촉함에 안(마음)에서 움직이니(外物觸其形而動於中), 대상으로 인해 발출하는 것(緣境而出)이다. 사단이 발하는 것을 孟子가 이미 '心' 이라 했거니와, 心은 진실로 '理와 氣가 합쳐진 것' 이다. 그런데 지칭하는 바가 '理를 주로 함' 은 무슨 까닭인가? 仁·義·禮·智의 性이 순수하게 안에 있는데, 사단은 그 단서이다. 칠정이 발하는 것에도 朱子는 '본래 當然之則이 있다' 고 했으니, 理가 없는 것이 아니다. 그런데 지칭하는 바가 '氣에 있음' 은 무슨 까닭인가? 바깥 사물이 다가옴에 쉽게 감각하여 먼저 움직이

는 것은 形氣만한 것이 없으니, 七情은 그 苗脈이다. 어찌 안에 있을 때엔 순수한 理였다가 발함에 미쳐서는 氣와 섞이고, 밖에서 감촉한 것은 形氣인데 그 발한 것은 理의 本體가 되는 경우가 있겠는가?

⑤ 사단은 모두 善하니, 그러므로 "사단의 마음이 없으면 사람이 아니다" 라고 말하고, "그 實情을 말하면 善이 될 수 있다" 고 말하는 것이다. 칠정은 善·惡이 정해지지 않았으니, 그러므로 하나라도 두고서 살피지 않는다면 心이 그 바름을 얻지 못하는 것이요, 반드시 발하여 中節한 다음에야 '和' 라 하는 것이다. 이것으로 본다면, 사단과 칠정이 비록 '모두 理·氣에서 벗어나지 않는다' 고 하더라도, 그 所從來에 따라 각각 그 所主와 所重을 지칭하여 말한다면, '사단은 理가 되고, 칠정은 氣가 된다' 고 말하는 것이 무슨 잘못이겠는가?

⑥ 그윽이 그대의 편지를 음미해보니, '理·氣의 相循不離' 에 대해 깊이 깨달은 바가 있어서 힘써 그 학설을 주장했거니와, 그러므로 '理 없는 氣도 없고, 氣 없는 理도 없다' 고 여기고 '사단과 칠정은 서로 다른 의미가 있는 것이 아니다' 라고 했던 것이다. 이러한 주장은 비록 옳은 것 같지만, 聖賢의 가르침에 비추어보면 아마도 어긋나는 점이 있을 것이다. 무릇 義理之學은 지극히 精微한 것이니, 반드시 心胸을 크게 열고 眼目을 높이 하여, 결코 먼저 하나의 학설로 主를 삼지 말고, 마음을 비우고 기운을 平靜하게 하여 천천히 그 義趣를 살펴, 같은 가운데 나아가 그 다른 점을 알고 다른 가운데 나아가 그 같은 점이 있음을 알며, 둘로 분석해도 그것이 일찍이 분리되지 않고 하나로 합쳐도 사실은 서로 협잡하지 않음을 알아야만, 비로소 두루 타당하여 치우침이 없는 것이다. 청컨대 다시 聖賢의 학설로 그러한 점들을 밝혀 보고자 한다.

⑦ 옛날에 孔子가 말씀한 '繼善成性' 과 周子가 말씀한 '無極太極' 은 모두 理·氣가 서로 따르는 가운데 나아가 '理만 발라내어 말한 것' 이요, 孔子가

말씀한 '相近相遠의 性'과 孟子가 말씀한 '耳目口鼻의 性'은 모두 理·氣가 서로 이루어주는 가운데 나아가 '氣만 가리켜 말한 것'이니, 이 넷은 어찌 '같은 가운데 나아가 그 다름이 있음을 안 것'이 아니겠는가? 子思가 中和를 논함에 喜怒哀樂만 말하고 사단은 언급하지 않은 것과 程子가 好學을 논함에 喜怒哀懼愛惡欲을 말하고 또한 사단을 언급하지 않은 것은 理·氣가 서로 필요로 하는 가운데 나아가 '渾淪하게 말한 것'이니, 이 둘은 어찌 '다른 가운데 나아가 그 같음이 있음을 본 것'이 아니겠는가?

⑧ 지금 변론한 것은 이와 다르니, 같음을 기뻐하고 分離를 싫어하며 渾全을 좋아하고 분석을 싫어하여, 사단·칠정의 所從來를 궁구하지 않고 대략 '理·氣를 겸하고 善·惡을 포함한다'고 말하면서, '分別하여 말하는 것'을 매우 잘못이라고 여긴다. 중간에 비록 '理는 약하고 氣는 강하며, 理는 조짐이 없고 氣는 자취가 있다'는 말이 있으나, 끝에 가서는 바로 '氣가 자연스럽게 발하는 것은 바로 理의 本體가 그런 것'이라 했으니, 이는 마침내 理·氣를 一物로 여겨서 구별하지 않은 것이다. 근세에 羅整菴이 '理·氣는 서로 다른 물건이 아니다'라는 학설을 제창하고 마침내 朱子說을 잘못이라고 비판했거니와, 나는 평소에 그 뜻을 이해하지 못하고 있었는데, 그대의 주장 또한 이와 유사한 것이 아닌가 생각된다. 또한 그대의 편지에서는 "子思와 孟子는 나아가 말한 바가 같지 않다"고도 했고, 또 '사단은 발라내어 말한 것'이라 했으면서, 도리어 '사단과 칠정은 다른 취지가 없다'고 했으니, 서로 矛盾되는 것 아니겠는가?

⑨ 무릇 講學하면서 分析을 싫어하고 합쳐서 하나의 학설로 만들고자 힘쓰는 것을 古人은 '鶻圇呑棗'라 했으니, 그 병폐가 적지 않다. 그런데도 계속 이렇게 한다면, 자신도 모르는 사이에 점점 '氣로 性을 논하는 폐단'과 '人欲을 天理로 여기는 폐단'에 빠지게 되니, 어찌 옳겠는가? 그대의 편지를 받고 나서 곧바로 답장을 보내려 했으나, 오히려 감히 '나의 所見이 반드시 옳

다' 고 자신할 수 없었기 때문에 오래도록 답변하지 못했다. 그런데 근래에 『朱子語類』의 '孟子의 四端을 논한 곳' 끝부분 한 조목에서 바로 이에 대해 논하면서 "四端是理之發 七情是氣之發"이라 한 것을 보았다. 古人이 '감히 자신을 믿지 말고, 그 스승을 믿으라' 고 말씀하지 않았던가? 朱子는 내가 스승으로 삼는 분이요, 또한 天下古今이 宗師로 삼는 분이다. 이 한 구절을 얻은 뒤에 비로소 나의 견해가 큰 오류를 범하지는 않았음을 알게 되었거니와, 애초에 鄭生의 학설도 병폐가 없는 것이어서 반드시 고칠 필요는 없었던 것 같다. 이에 감히 그 구구한 내용을 대략 서술하여 가르침을 청하는 바이니, 그대의 뜻에 어떨지 모르겠다. 만약 '이치는 비록 이러하나 말로 설명함에 있어서는 조금이라도 오차가 있을 것이니, 先儒의 舊說을 그대로 수용하는 것이 낫겠다' 고 여긴다면, 청컨대 朱子의 本說로 대체하고 우리들의 주장은 버리는 것이 온당할 것 같다. 어떻겠는가?

위의 인용문에 대해 그 요점을 정리해 보자. 첫째 문단에서는 퇴계 자신이 '사단과 칠정' 에 대해 '理와 氣' 로 구분하게 된 계기를 설명하고, 고봉의 辯說에 대해 감사의 뜻을 표했다. 둘째 문단에서는 '理 · 氣의 相須相待' 를 통해 발현된다는 점에서는 '사단과 칠정이 마찬가지' 임에도 불구하고 '사단과 칠정' 을 구분하는 까닭은 고봉이 말한 것처럼 '서로 나아가 말하는 바가 같지 않기 때문' 이라고 설명했다. 셋째 문단에서는 '하나의 性' 을 本然之性과 氣質之性으로 구분하여 논하는 취지를 설명한 다음, '情에 四端과 七情의 구분이 있는 것은 性에 本然之性과 氣質之性의 차이가 있는 것과 같다' 고 설명했다. 요컨대 '하나의 性' 을 理와 氣로 구분해 말할 수 있듯이, '하나의 情' 도 理와 氣로 구분해 말할 수 있다는 것이다.

넷째 문단에서는 '사단과 칠정' 을 '主理와 主氣' 로 구분하는 까닭을 설명했다. 여기서 주목할 것은 퇴계의 칠정에 대한 설명은 程子의 〈顔子所好何學論〉을 바탕으로 삼고 있다는 점이다. 정자는 〈顔子所好何學論〉에서 "바깥 사물이 그 形氣(몸)와 접촉함에 안(마음)에서 움직이니, 그 안이 움직여서 칠정이 나온다"고 설명하고, "칠정이 이미 뜨거워져서 더욱 방탕하게 되면 본성이 뚫리게 되니, 그러므로 깨달은 사람은 칠정을 제약하여 中庸에 부합하게 한다."고 주장한 바 있거니와,[6] 퇴계 역시 이러한 관점에서 칠정을 인식하고 있었다.[7]

다섯째 문단에서는 사단을 純善으로 설명하고 맹자의 "사단이 없으면 사람이 아니다"라는 말을 인용하여 사단을 '확충의 대상' 으로 규정한 반면, 칠정에 대해서는 "善·惡이 정해지지 않았으니, 그러므로 하나라도 두고서 살피지 않는다면 心이 그 바름을 얻지 못한다"고 하여 '절제의 대상' 으로 규정했다. 퇴계는 이처럼 사단과 칠정은 서로 성격이 다르다고 설명한 다음, 따라서 '四端은 理가 되고, 七情은 氣가 된다'는 설명은 결코 오류가 아니라고 주장했다.

여섯째 문단에서는 고봉의 '理 없는 氣도 없고, 氣 없는 理도 없다' 는 주장과 '사단과 칠정은 서로 다른 의미가 있는 것이 아니다' 라는 주장에 대해 "비록 옳은 것 같지만, 聖賢의 가르침에 비추어보면 어긋나는 점이 있다"고 비판했다. 일곱째 문단에서는 '聖賢의 가르침' 에는 理·氣가 서로 따르는 가운데 나아가 '理만 발라내어 말한 것' 도 있고, 理·氣가 서로 이루어주는 가운데 나아가 '氣만 가리켜 말한 것' 도 있으며,

---

6)『二程全書』卷43 頁4, 〈顔子所好何學論〉: 天地儲精 得五行之秀者爲人 其本也 眞而靜 其未發也 五性具焉 曰仁義禮智信 形旣生矣 外物觸其形而動於中矣 其中動而七情出焉 曰喜怒哀樂愛惡欲 情旣熾而益蕩 其性鑿矣 是故 覺者 約其情 使合於中 正其心養其性 故曰性其情 愚者則不知制之 縱其情而至於邪僻 梏其性而亡之 故曰情其性

7) 주자는 程子의 〈顔子所好何學論〉이 "『禮記』〈樂記〉의 주장과 취지를 같이한다"고 설명한 바 있다(『朱子大全』卷42 頁6, 〈答胡廣仲〉).

理·氣가 서로 필요로 하는 가운데 나아가 '渾淪하게 말한 것' 도 있음을 例證하고, 따라서 '같은 가운데 나아가 그 다름이 있음을 알며, 다른 가운데 나아가 그 같음이 있음을 보는 것' 이 올바른 학문의 자세라고 강조했다.

여덟째 문단에서는 고봉에 대해 '같음을 기뻐하고 分離를 싫어하며 渾全을 좋아하고 분석을 싫어한다' 고 비판했다. 특히 고봉의 "氣가 자연스럽게 발하는 것은 바로 理의 本體가 그런 것" 이라는 주장에 대해서는 '羅整菴의 理氣一物說에 빠진 것' 이라고, 고봉의 "子思와 孟子는 나아가 말한 바가 같지 않다" 는 주장과 "四端과 七情은 다른 취지가 없다" 는 주장에 대해서는 '서로 矛盾된다' 고 비판했다.

아홉째 문단에서는 講學하면서 分析을 싫어하고 합쳐서 하나의 학설로 만들고자 하면 결국 '氣로 性을 논하는 폐단' 과 '人欲을 天理로 여기는 폐단' 에 빠지게 된다고 경계했다. 그리고는 『朱子語類』의 "四端是理之發 七情是氣之發" 이라는 말을 소개하고, 이를 근거로 한편으로는 퇴계 자신의 주장이 '큰 오류를 범하지는 않았음' 을 주장하고, 다른 한편으로는 '朱子의 本說로 대체하고 우리들의 주장은 버리는 것도 좋겠다' 고 제안했다.

요컨대 퇴계에 의하면, 같은 情이라 하더라도 사단과 칠정은 '나아가 말하는바' 가 같지 않으므로 구별하지 않을 수 없다. 퇴계는 사단은 본성(理)이 발한 것으로서 '확충의 대상' 이요, 칠정은 形氣(氣)가 감응한 것으로서 '절제의 대상' 이라고 보았다. 그런데 여기서 주목할 것은, 퇴계는 〈顔子所好何學論〉의 맥락에서 七情을 이해했고, 天理人欲論의 관점에서 理와 氣를 이해했다는 점, 그리고 이 편지를 작성할 당시까지 퇴계는 '사단과 칠정' 을 '理와 氣' 로 구분하는 것에만 관심이 있었을 뿐 이른바 '理와 氣의 能·所 관계' 즉 '能發과 所發의 문제' 에는 별 관심이 없었다는 점이다.

〈제2차 왕복서〉

＊고봉의 제2서 : 〈高峰答退溪論四端七情書〉[8)]

고봉은 퇴계의 答書를 받고 대략 8천 글자에 달하는 長文의 편지로 반론하였다. 이 편지에서는 먼저 퇴계의 답서를 12節로 나누어 조목조목 비판한 다음, 결론부에서는 종합적으로 고봉 자신의 의견을 서술했다. 그 주요 내용들을 요약하면 다음과 같다.

첫째, 고봉은 '사단과 칠정은 모두 仁義禮智의 本性에서 발한 것' 이라고 규정하고, '사단과 칠정' 을 '主理와 主氣' 로 구분하는 것을 반대했다. 고봉에 의하면 七情은 四端을 포함하고, 四端은 中節한 七情과 '同實異名' 이다.

둘째, 고봉은 '사단과 칠정' 을 '理와 氣' 로 對擧互言하는 것은 '분석이 너무 심하여, 두 개의 情이 있는 듯 의심하게 한다' 고 비판했다. 고봉에 의하면 사단과 마찬가지로 칠정도 '仁義禮智의 本性에서 발한 것' 이며, 칠정과 마찬가지로 사단도 '바깥 사물이 그 形氣(몸)와 접촉함에 안(마음)에서 움직여서 나온 것' 이다.

셋째, 고봉은 '칠정에는 公正한 것들도 많이 있음' 을 들어 '칠정 역시 理의 本體가 발한 것' 이라고 주장하고, '사단 역시 氣를 타고 발하는 것임' 을 들어 '사단에도 不中節이 있다' 고 주장했다.

넷째, 고봉은 『朱子語類』의 '四端理之發, 七情氣之發' 라는 기록에 대해서는 '前後의 所論을 비교해보면, 주자의 雅言이 아니므로, 논거로 삼지 말아야 한다' 고 주장했다.

---

8) 『兩先生往復書』 上篇 頁6~28.

위의 첫째 조목은 고봉이 '사단과 칠정은 主理와 主氣로 구분할 수 없다' 는 기존 입장을 다시 확인한 것이다. 둘째와 셋째 조목은 첫째 조목을 뒷받침하는 논거로서, 고봉은 이 두 논거를 보강함으로써 자신의 주장을 강화한 것이다. 넷째 조목은 퇴계가 자신의 주장을 뒷받침하기 위해 새롭게 제시한 핵심 논거에 대해 '주자의 雅言이 아니므로, 논거로 삼기에 부적절하다' 고 비판한 것이다.

＊퇴계의 제2서 : 〈退溪答高峰非四端七情分理氣辯第二書〉[9]

고봉의 제2서를 받고, 퇴계는 일명 〈答奇明彦論四端七情第二書〉라고 불리는 제2서를 작성하여 답변했다. 이 편지에서는 먼저 고봉의 비판을 일정 부분 수용하여, 먼저 보냈던 제1서를 부분적으로 수정한 改本[10]을 제시한 다음, 고봉이 제기한 비판들에 대해 '다섯 가지 유형' 으로 분류하여 조목조목 검토하고 답변했다. 그 주요 내용을 요약하면 다음과 같다.

첫째, 고봉의 '互發論은 理와 氣를 분리시킨다' 는 비판에 대해, 퇴계는 互發論과 相須論을 병행시킴으로써 '理・氣의 渾淪과 分開' 를 동시에 설명할 수 있다고 보았다.

둘째, 고봉의 '사단과 칠정이 모두 外物과 감응하여 仁義禮智의 본성이 발한 것' 이라는 주장에 대해, 퇴계는 원론적으로 이러한 주장을 수용하면서 "다만 사단은 '理가 발함에 氣가 따르는 것(理發而氣隨之)' 이요, 칠정은 '氣가 발함에 理가 타는 것(氣發而理乘之)' 이다" 라고 설명했다.

셋째, 고봉의 '사단 역시 氣를 타고 발한 것' 이라는 주장에 대해, 퇴

9) 『兩先生往復書』 上篇 頁28~52. 이 편지의 제목을 『退溪集』(卷16 頁19~45)에서는 〈答奇明彦論四端七情第二書〉라고 했다.

10) 퇴계의 '제1서 改本' 은 본래의 '제1서' 가운데 문제가 되는 '일곱 군데의 언어적 표현을 가다듬은 것' 일뿐이므로, 本考에서는 이에 대해 별도로 거론하지 않겠다.

계는 "사단은 비록 '氣를 탄 것' 이라 해도, 孟子가 말씀한 바는 '氣를 탄다' 는 것에 있지 않고 다만 '순수한 理가 발했다' 는 것에 있다." 고 반론하고, "만약 반드시 氣를 겸하여 말한다면, 이는 이미 '맑은 물과 진흙을 함께 섞는 것(和泥帶水)' 이 된다" 고 비판했다.

넷째, 고봉이 말한 '公正한 칠정' 또는 '中節한 칠정' 에 대해 퇴계는 '氣가 理를 따라 발한 것' 이라 하여 결국 氣發로 규정했고, 고봉의 '사단에도 不中節에 있다' 는 주장에 대해 퇴계는 '孟子의 本旨가 아니다' 라고 일축했다.

위의 첫째와 셋째 조목은 제1서의 지론을 반복한 것이다. 둘째 조목은 고봉의 '사단과 칠정이 모두 外物과 감응하여 仁義禮智의 본성이 발한 것' 이라는 주장을 원론적으로 수용하면서 동시에 互發과 相須를 모두 고려하여 사단 · 칠정에 대한 설명을 가다듬은 것이다. 四端은 '理가 발함에 氣가 따르는 것(理發而氣隨之)' 이요, 七情은 '氣가 발함에 理가 타는 것(氣發而理乘之)' 이라는 설명은 퇴계의 최후 定論이 되었다. 넷째 조목은 고봉이 제2서에서 제기한 논점에 대해 반론한 것이다.

〈제3차 왕복서〉

* 고봉의 제3서 : 〈高峰答退溪再論四端七情書〉[11]

고봉의 제3서 역시 제2서에 못지않은 長文의 변론이다. 고봉은 논변에 임하는 각자의 입장에 대해 "나는 그대의 논변이 너무 分開에 치우친 것을 근심하는데, 그대는 나의 주장이 鶻突한 데로 돌아갈까 근심하여 지나치게 구속한다."[12]고 평하여, 각자의 관점이 相反됨을 지적하였다. 제3서의 주요 내용을 요약하면 다음과 같다.

---

11) 『兩先生往復書』 下篇 頁1~22, 〈高峰答退溪再論四端七情書〉.

12) 『兩先生往復書』 下篇 頁2, 〈高峰答退溪再論四端七情書〉.

퇴계가 本然之性(天地之性)과 氣質之性을 '理와 氣'로 구분한 것에 대해, 고봉은 朱子의 "天地之性은 太極의 本然之妙이니 萬殊의 一本이며, 氣質之性은 二氣가 交運하여 생기니 一本이면서 萬殊이다. 氣質之性은 곧 이 理가 氣質 가운데 墮在하는 것으로서, 별도로 하나의 性이 있는 것이 아니다."라는 말을 인용하여 반론했다.[13)]

고봉은 朱子의 '四端是理之發, 七情是氣之發'에 대해서 이는 '對說'이 아니요 '因說'이라고 주장하고, "對說이란 左·右를 말하는 것과 같으니 對待하는 것이요, 因說이란 上·下를 말하는 것과 같으니 因仍하는 것이다."라고 부연했다.[14)] 朱子의 '四端是理之發, 七情是氣之發'은 일견 '사단과 칠정'을 '理와 氣로 대립시켜 설명한 것(對說)'으로서 퇴계설의 논거가 되는 것으로 볼 수 있다. 그런데 고봉은 주자의 이 말이 對說이 아니라 因說이라고 보았다. 여기서 因說이란 요컨대 '性發爲情'을 말하는 것으로서, 사단과 칠정이 모두 性(理)에서 발하는 것인데, 四端은 氣의 영향을 거의 받지 않아 理가 온전히 실현되었으므로 '理發'이라 하고, 七情은 氣의 영향을 많이 받아 理가 제대로 실현되지 못하고 惡으로 흐르게 되므로 '氣發'이라 한다는 것이다.[15)]

고봉은 퇴계의 제2서에 대해 조목별로 변론한 다음, 퇴계설은 전반적으로 '한쪽으로 치우친 폐단이 있다'고 지적하고, 그 원인은 '지나치게 理·氣를 分說하기 때문'이라고 설명했다. 고봉은 예컨대 퇴계의 "사람의 一身은 理와 氣가 결합하여 생긴 것이다. 그러므로 理와 氣는 서로 발용하는데(互有發用), 그 발용은 또 서로를 필요로 한다(其發又相須). '互

13) 『兩先生往復書』 下篇 頁7, 〈高峰答退溪再論四端七情書〉.

14) 『兩先生四七理氣往復書』 下篇 頁8, 〈高峰答退溪再論四端七情書〉.

15) 對說과 因說에 대한 자세한 논의로는 李相殷, 「四七論辨과 對說·因說의 意義」, 『李相殷先生全集』 제2권, 예문서원, 1998, 202~204쪽 ; 홍정근, 「고봉 기대승의 四端七情論」, 고봉학술원 편, 『고봉의 철학사상 연구』, 이화, 2011, 197~201쪽 참조.

發' 하므로 각각 所主가 있음을 알 수 있고, '相須' 하므로 서로 그 가운데 있음을 알 수 있다. 서로 그 가운데 있으므로 渾淪하여 말하는 경우도 있으나, 각각 所主가 있으므로 分別하여 말해도 된다."라는 말을 '모든 오류의 근원' 이라고 비판했다.[16] 이어서 고봉은 '理와 氣' 의 관계를 '해와 구름' 에 비유하고, 다음과 같이 말한다.

> 理가 氣 속에 존재하는 것도 이와 같다. 喜怒哀樂과 惻隱 · 羞惡 · 辭讓 · 是非의 理가 渾然하게 (마음, 氣) 속에 있는 것은 바로 그 本體의 참된 것이다. 그런데 간혹 氣稟에 구애되고 物欲에 가리면, 理의 本體는 비록 변함이 없으나, 그 발현하는 것에는 문득 昏明眞妄의 구분이 생긴다. 만약 氣稟과 物欲의 累를 완전히 제거한다면, 그 本體의 流行이 어찌 '해가 땅을 두루 비치는 것' 과 같지 않겠는가? 朱子의 "氣는 능히 凝結하고 造作하나, 理는 도리어 情意도 없고 計度도 없으며 造作도 없다. 다만 이 氣가 凝聚하는 곳에 理가 문득 그 속에 존재한다."는 말이 바로 이것이다. 지금 "理와 氣는 서로 발용하는데, 그 발용은 또 서로를 필요로 한다"고 말한다면, 理는 도리어 '情意도 있고 計度도 있고 造作도 있는 것' 이 되며, 또한 理와 氣는 '두 사람이 一心 속에서 한쪽씩 나누어 점거하여 번갈아 가며 用事하고 서로 두목과 종이 되는 것' 처럼 된다. 이 대목은 도리의 핵심으로서 조금도 어긋남이 있어서는 안 된다.[17]

위의 인용문은 理主氣資論의 관점에서 퇴계의 互發相須論을 비판한 것으로서, 그 핵심은 셋으로 요약된다. 첫째, 四端과 七情은 모두 '理의 본체' 즉 '仁義禮智의 本性' 이 발한 것이다. 둘째, 理는 情意와 計度과 造

16)『兩先生往復書』下篇 頁21, 〈高峰答退溪再論四端七情書〉.

17)『兩先生往復書』下篇 頁21~22, 〈高峰答退溪再論四端七情書〉.

作이 없는 수동적 존재로서 반드시 능동적인 氣를 통해서만 발현된다. 셋째, 氣가 理를 발현시킴에 있어서 氣의 재질에 따라 理의 발현에 昏明眞妄의 차이가 생기게 된다.

위의 인용문은 제3서를 관통하는 '고봉의 기본 입장'이라고 할 수 있다. 위의 첫째 사항에 따르면 四端과 七情의 所從來를 理와 氣로 구분할 수 없고, 둘째 사항에 따르면 理(性)는 반드시 氣를 통해서만 발현될 수 있으므로 互發論이 성립할 수 없으며, 셋째 사항에 따르면 四端에도 不中節이 있을 수 있는 것이다.

* 퇴계의 제3서 : 〈退溪與高峰書〉[18]와 〈答奇明彦論四端七情第三書〉[19]

퇴계는 고봉의 제3서를 받고 한동안 답변을 미루다가, 壬戌年(1562) 10월 고봉에게 간단한 답서를 보냈다. 그런데 그 내용은 고봉의 제3서에 대한 구체적 비판이나 반론이 아니라, 논변 자체에 대한 懷疑를 표명한 것이었다. 요컨대 그동안의 논변이 "爲己之學에는 하나도 보탬이 되지 않았고, 다만 한가하게 競爭을 일삼아 聖門의 大禁을 범하게 되었다"[20]는 것이다. 퇴계는 고봉에게 이러한 의견을 밝히고, 논변을 중지한 것이다.

---

18) 『兩先生往復書』 下篇 頁22~23. 이 편지는 『退溪集』(卷17 頁2~3)에 보이는 〈與奇明彦(壬戌)〉을 節略한 것이다.

19) 『退溪集』 卷17 頁3~6, 〈答奇明彦論四端七情第三書〉. 이 편지는 壬戌年(1562)에 작성된 것이다. 『退溪集』 卷17 頁3에서는 〈答奇明彦論四端七情第三書〉라는 題下에 "先生이 이미 第二書로 회답했는데, 奇明彦이 또 편지로 辯論을 보내왔다. 先生이 다시 답변하지 않고, 다만 편지에 몇 단락만 批評을 기록해두었다. 이제 보내온 편지는 간략하게 줄이고, 그 批評한 말을 수록한다."는 해설을 붙여놓았다. 이 편지는 고봉에게 전달된 것이 아니기 때문에 『兩先生往復書』에 수록되지 않았거니와, 그리하여 본고에서도 論外로 한다.

20) 『兩先生往復書』 下篇 頁22, 〈退溪與高峰書〉.

〈제4차 왕복서〉

* 고봉의 제4서 : 〈高峰答退溪書〉(〈四端七情後說〉과 〈四端七情總論〉)[21]

논변의 중지를 요청한 퇴계의 第三書를 받고, 고봉 역시 논변에 대한 의욕을 상실했다. 다만 약 4년 동안 틈틈이 思索을 거듭한 결과, 고봉은 '지난날 자신이 미처 생각하지 못했던 점'을 깨닫게 되었고, 그리하여 丙寅年(1566)에 〈四端七情後說〉과 〈四端七情總論〉을 지어 퇴계에게 올리면서 질정을 구했다.[22] 〈四端七情後說〉의 논지는 둘로 요약된다.

첫째, 예전에는 '七情 가운데 中節한 것은 四端과 다름이 없다'고 여겼기 때문에 '四端과 七情을 理와 氣로 분속시키는 것'에 의문을 품었으나, 주자의 '四端은 理發, 七情은 氣發'이라는 말씀을 거듭 음미한 결과 마침내 자신의 주장이 미흡했음을 깨닫게 되었다는 것이다. 고봉은 다음과 같이 말한다.

> 孟子는 四端을 논하면서 "나에게 있는 四端을 모두 확충시킬 줄 안다면(…)"이라 했거니와, 무릇 이 四端이 있고 그것을 확충시키고자 한다면, 四端은 理發임이 분명할 것이다. 程子는 七情을 논하면서 "情이 이미 뜨거워져 더욱 방탕하게 되면 그 性이 뚫린다. 그러므로 覺者는 그 情을 節制하여 中庸에 부합하게 한다."고 했거니와, 무릇 七情이 뜨거워지면 더욱 방탕하게 되므로 절제하여 중용에 부합하게 하고자 한다면, 七情은 또한 氣發이 아니겠는가? 이것으로 본다면 四端과 七情을 理와 氣에 분속시킴은 의심스러운 점이 없으며, 四端·七情의 名義에도 진실로 각각 所以然이 있음을 살피지 않을 수 없다.[23]

---

21) 『兩先生往復書』 下篇 頁23~27.

22) 『兩先生往復書』 下篇 頁23, 〈高峰答退溪書〉.

23) 『兩先生往復書』 下篇 頁23~24, 〈四端七情後說〉.

요컨대 고봉은 맹자가 四端을 말한 취지는 '擴充'에 있고, 정자가 七情을 논한 취지는 '節制'에 있다는 점을 깨달음으로써, 마침내 '四端理發, 七情氣發'의 논법을 수용한 것이다. 위에서 주목할 것은 "四端·七情의 名義에도 진실로 각각 所以然이 있다"는 내용이다. 퇴계의 '四端과 七情은 각각 所從來가 있다'는 말은 '四端과 七情은 근원적으로(사실적으로) 다르다'는 뜻을 함축한다. 그런데 고봉은 "四端·七情의 名義에도 진실로 각각 所以然이 있다"고 설명함으로써, 四端과 七情을 '사실적으로는 분리되지 않고 명의상으로만 분리되는 것'으로 규정한 것이다.

둘째, 그럼에도 불구하고 '七情 가운데 中節한 것은 애초에 四端과 다르지 않다'는 것이다. 고봉은 다음과 같이 말한다.

> 七情은 비록 氣에 속하나 그 속에는 진실로 理가 自在하며, 그 발하여 中節한 것은 바로 天命之性의 本然之體이니, 어찌 '이는 氣가 발한 것으로서 四端과 다르다'고 말할 수 있겠는가? (그대의 편지에서 "孟子의 喜, 舜의 怒, 孔子의 哀와 樂은 氣가 理를 따라 발한 것으로 조금도 장애가 없는 것"이라는 말과 "각각 所從來가 있다"는 말 등은 모두 未安하다. 무릇 發하여 모두 中節한 것을 '和'라 하는바 '和'는 곧 '達道'이다. 만약 그대의 설명과 같다면, 達道 또한 '氣發'이라 할 수 있겠는가?) 이 또한 살피지 않을 수 없다. 朱子는 일찍이 "天地之性은 오로지 理를 지칭하여 말하고, 氣質之性은 理와 氣를 섞어서 말한다"고 했는데, 이는 바로 理發·氣發의 논법이다. 나는 일찍이 이 말씀을 인용하여 '理發이란 오로지 理를 지칭하여 말하고, 氣發이란 理와 氣를 섞어서 말하는 것'이라고 생각했다. (…) 이른바 '氣質之性은 理와 氣를 섞어서 말한다'는 것은 대개 本然之性이 氣質 가운데 墮在한 것이기 때문에 '섞어서 말한다'고 한 것이다. 그러나 氣質之性의 善한 것은 바로 本然之性으로서, 별도로 하나의 性이 있는 것이 아니다. 그렇다면 나의 '七情 가운데 발하

여 中節한 것은 四端과 실제는 같으나 이름이 다른 것' 이라는 말도 아마 이치에 해롭지 않을 것이다.[24]

퇴계는 '孟子의 喜, 舜의 怒, 孔子의 哀와 樂' 등 '公正한 칠정' 또는 '中節한 칠정' 을 '氣發(氣가 理를 따라 발한 것)' 로 규정하고 있었는데, 고봉은 이를 '未安하다' 고 비판하고, '公正한 칠정' 또는 '中節한 칠정' 은 '理發로서 사단과 다르지 않다' 고 주장했다. 고봉은 퇴계의 '사단과 칠정은 각각 所從來가 있다' 는 말에 대해서도 '未安하다' 고 비판하고, '사단과 칠정은 다만 名義의 所以然이 다를 뿐' 이라고 보았다. 고봉은 퇴계가 '사단과 칠정을 理發과 氣發로 구분하는 것' 을 수긍하면서도 동시에 '칠정 가운데 中節한 것은 사단과 다름이 없다' 는 자신의 지론을 굽히지 않았다. 요컨대 고봉은 '명의상으로는 사단과 칠정이 理發과 氣發로 구분된다' 고 수긍하면서도, '사실적으로는 사단과 칠정이 둘로 구분되지 않는다' 고 본 것이다.

고봉의 〈四端七情後說〉에서 주목할 점은 고봉이 程子의 〈顔子所好何學論〉을 바탕으로 칠정을 인식하게 되었다는 점이다. 고봉은 제3서에서 "子思의 칠정은 '혼륜하게 理·氣를 겸하여 말한 것' 인바, 이것도 主氣라 할 수 있겠는가?"라고 했거니와,[25] 이때까지도 고봉은 『中庸』을 중심으로 칠정을 이해한 것이다. 그런데 〈四端七情後說〉에서 비로소 〈顔子所好何學論〉을 중심으로 칠정을 이해하는 퇴계의 관점을 이해하고, 맹자가 사단을 말한 취지는 '擴充' 에 있고 정자가 칠정을 논한 취지는 '節制' 에 있다는 점을 깨달음으로써, 마침내 '四端理發, 七情氣發' 의 논법을 명의상으로나마 수용하게 된 것이다.

---

24) 『兩先生往復書』 下篇 頁24~25, 〈四端七情後說〉.

25) 『兩先生往復書』 下篇 頁6, 〈高峰答退溪再論四端七情書〉.

이제 〈四端七情總論〉에 대해 살펴보자. 이 글은 제목 그대로 고봉이 사단 · 칠정에 관한 자신의 견해를 총정리한 것인바, 그 全文을 다섯 문단으로 나누어 소개한다.

① 朱子는 (〈樂記動靜說〉에서) "사람은 天地의 中을 받아 태어났다. 아직 (사물과) 감응하기 전에는 純粹至善하여 萬理를 갖추고 있으니, 이른바 性이다. 그러나 사람에게 이 性이 있으면 곧 이 形體가 있고, 이 形體가 있으면 곧 이 心이 있어서, 사물에 감응하지 않을 수 없는바, 사물에 감응하여 움직이면 性의 欲이 발하여 이에 善 · 惡이 나뉘게 된다. 性의 欲이 곧 情이다."라고 말했다. 이 말씀은 사실 〈樂記〉에 보이는 '動 · 靜'의 뜻을 풀이한 것으로서, 말은 비록 간략하지만 이치는 해박하여, 性 · 情에 대한 설명으로서 극진하여 남김이 없다. 그런데 여기서 말한 情은 喜 · 怒 · 哀 · 懼 · 愛 · 惡 · 欲의 情으로서, 『中庸』에서 말한 喜 · 怒 · 哀 · 樂과 같은 情이다.

② 무릇 이미 이 心이 있어서 사물에 감응하지 않을 수 없다면 情이 理 · 氣를 겸한다는 것을 알 수 있고, 사물에 감응함에 善 · 惡이 나뉜다면 情에 善 · 惡이 있음도 알 수 있다. 그런데 喜怒哀樂이 발하여 모두 中節한 것은 곧 이른바 理요 善이며, 발하여 不中節한 것은 바로 氣稟의 치우침으로 인해 不善이 생긴 것이다. 孟子가 말한 사단은 理 · 氣를 겸하고 善 · 惡이 함께 있는 情에 나아가 그 理에서 발하여 不善이 없는 것만 발라내어 말한 것이다. 대개 孟子는 性善의 理를 밝히고자 사단으로 말씀한 것이니, 그것이 理에서 발하여 不善이 없는 것임을 또 알 수 있다.

③ 朱子는 또 "四端은 理發, 七情은 氣發"이라 했다. 무릇 사단은 理에서 발하여 不善이 없으니, 理發이라고 말하는 것이 당연하다. 칠정은 理 · 氣를 겸하고 善 · 惡이 함께 있는 것인바, 그 발한 것이 비록 오로지 氣인 것은 아니지만 또한 氣質의 섞임이 있으니, 그러므로 이를 氣發이라 하는 것이다. 이

는 바로 氣質之性에 관한 설명과 같다. 대개 性은 비록 本善이지만, 氣質에 墮在하면 치우침이 없을 수 없으니, 그러므로 氣質之性이라 한다. 칠정은 비록 理·氣를 겸하지만, 理는 약하고 氣는 강하여 理가 氣를 管攝할 수 없어서 쉽게 惡으로 흐르니, 그러므로 氣發이라 하는 것이다. 그러나 그 발하여 中節한 것은 바로 理에서 발하여 不善이 없는 것이니, 애초에 사단과 다르지 않다.

④ 다만 사단은 理發로서, 孟子의 뜻은 사람들로 하여금 擴充하게 하려는 것이었으니, 學者들은 이를 體認하여 擴充하지 않을 수 있겠는가? 칠정은 理發과 氣發을 겸한 것인데, 理가 발한 것이 간혹 氣를 주재하지 못하고, 氣가 흐른 것이 도리어 理를 가리니, 學者들은 칠정이 발할 때 이를 省察하여 克治하지 않을 수 있겠는가? 이것이 또 사단과 칠정의 名義가 각각 所以然이 있는 것인바, 學者들이 진실로 이를 말미암아 탐구한다면 또한 생각이 거의 다다를 것이다.

⑤ 또한 『或問』을 보면, "喜·怒·愛·惡·欲이 仁義에 가까운가?"라는 질문에 朱子는 "진실로 서로 비슷한 점이 있다"고 답했다. 주자는 "진실로 서로 비슷한 곳이 있다"고만 말하고 그 '서로 비슷한 점'을 정확히 말하지 않았으니, 여기에는 진실로 뜻이 있을 것이다. 지금의 論者들은 喜·怒·哀·樂을 仁·義·禮·智에 배당하는 사람들이 많은데, 朱子의 뜻에 과연 어떠할지 모르겠다. 대개 七情과 四端에 대한 설명은 각각 하나의 뜻을 밝히는 것이니, 아마도 섞어서 하나의 학설로 만들 수 없는 것이다. 이 또한 반드시 알아두어야 한다.

위의 첫째 문단에서는 心統性情의 맥락에서 心·性·情의 개념을 설명하고, 〈樂記〉에서 말한 喜·怒·哀·懼·愛·惡·欲의 情과 『中庸』에서 말한 喜·怒·哀·樂의 情은 다르지 않다고 규정했다. 둘째 문단에서는 '모든 情은 理·氣를 겸하고, 善·惡을 함께 지닌다'고 전제한 다음, 다시 '中節한 情'과 '不中節한 情'을 理發과 氣發로 구분하는 논법을 제시했다. 고봉의 이러한 논법에 따르면 四端은 理發이요, 七情은 理發과 氣發을 겸하는 것이다.

셋째 문단에서는 기존에는 '朱子의 雅言이 아니다'라고 치부했던 "사단은 理發, 칠정은 氣發"을 '朱子의 定論'으로 수용하고, '칠정은 氣發'이라는 주자의 설명과 '칠정은 理發과 氣發을 겸한다'는 자신의 주장을 회통시키는 논법을 제시했다. 요컨대 "칠정은 비록 理·氣를 겸하지만, 理는 약하고 氣는 강하여 쉽게 惡으로 흐르니, 그러므로 氣發이라 한다"는 것이다. 고봉은 이처럼 '칠정은 氣發'이라는 주장을 수용하면서도, 또한 '中節한 七情은 理發로서, 애초에 四端과 다르지 않다'고 주장했다.

넷째 문단에서는 '사단은 擴充의 대상, 칠정은 克治의 대상'이라는 점에서 "사단과 칠정의 名義가 각각 所以然이 있는 것"이라 설명하고, 같은 맥락에서 다섯째 문단에서는 喜·怒·哀·樂을 仁·義·禮·智에 배당하는 논법은 적절하지 못하다고 비판했다. 요컨대 '사단과 칠정은 서로 다른 취지를 지니는 개념이니, 둘을 섞어서 하나의 학설로 만들 수 없다'는 것이다.

* 퇴계의 제4서 : 〈退溪答高峰書〉[26]와 〈退溪與高峰書〉[27]

고봉의 〈四端七情後說〉과 〈四端七情總論〉을 받고, 퇴계는 크게 만족하면서 두 차례의 答書를 보냈다. 먼저 보낸 答書에서 퇴계는 다음과 같

26) 『兩先生往復書』 下篇 頁27. 이 편지는 『退溪集』 卷17 頁21~23에 보이는 〈答奇明彥〉을 節略한 것이다.

27) 『兩先生往復書』 下篇 頁27~28. 이 편지는 『退溪集』 卷17 頁23~24에 보이는 〈重答奇明彥〉을 節略한 것이다.

이 말한다.

〈四端七情總說〉과 〈四端七情後說〉 두 편은 논의가 매우 명쾌하고, 트집 잡아 어지럽게 공격하는 병통이 없으며, 眼目이 매우 정당하고, 홀로 밝고 광대한 근원을 보았으며, 또한 지난날의 잘못된 견해를 조그만 것까지도 모두 고치고 새로운 뜻을 따랐으니, 이는 더욱 사람들이 하기 어려운 일로서, 매우 훌륭하다. 그대가 말한 것처럼, 나의 견해 가운데 '聖賢의 喜怒哀樂' 및 '각각 所從來가 있다' 는 등의 주장은 과연 未安한 점이 있는 것 같다. 몇 번이고 다시 생각해보도록 하겠다.[28)]

위에 보이는 것처럼, 퇴계는 고봉의 주장에 대해 전반적으로 '만족스러운 뜻' 을 표하면서 크게 칭찬했다. 그리고 고봉이 '聖賢의 喜怒哀樂' 및 '각각 所從來가 있다' 는 주장에 대해서는 동의하지 않고 문제를 제기한 것에 대해, 퇴계는 "과연 미안한 점이 있는 것 같다. 몇 번이고 다시 생각해보도록 하겠다." 고 답변했거니와, 얼마 후 퇴계는 고봉에게 다시 答書를 보내 다음과 같이 말했다.

이미 지난번 편지에서 대략 말했지만, 오랫동안 생각하여 터득한 것을 말한 것이 아니었으므로, 그 未盡한 바를 지금 말하는 바이다. 그대는 '喜怒哀樂을 仁義禮智에 배속시키는 것은 진실로 서로 비슷한 점이 있으나 모두 그런 것은 아니다' 라고 했다. 내가 예전에 〈天命圖〉를 그릴 때에도 역시 그 '비슷함' 으로 인해 시험 삼아 分屬한 바 있는데, 마치 四德과 仁義禮智처럼 참으로 정해진 몫이 있어 배합된다는 것은 아니었다. 그리고 '理發이란 오

---

28) 『兩先生往復書』 下篇 頁27, 〈退溪答高峰書〉.

로지 理를 지칭하여 말하고, 氣發이란 理와 氣를 섞어서 말하는 것' 이라고 말했는데, 나도 일찍이 이 말을 '근본은 같으나 말단은 다르다' 고 여겼다. 나의 견해도 진실로 이 설명에 찬동하니 이른바 '근본이 같은 것' 이요, 그대는 이로 인해 마침내 '四端 · 七情은 반드시 理 · 氣에 分屬시킬 수 없다' 고 했으니 이른바 '말단이 다른 것' 이다. 진실로 예전의 견해와 논의가 지금 보내온 〈後說〉과 〈總論〉처럼 通透脫洒하다면, 또 어찌 '말단의 다름' 이 있겠는가?[29]

퇴계는 앞의 答書에서 미진했던 내용으로 두 가지 문제를 거론했다. 첫째, '喜怒哀樂을 仁義禮智에 배속시키는 문제' 에 대해서, 퇴계는 고봉의 '진실로 서로 비슷한 점이 있으나 모두 그런 것은 아니다' 라는 주장에 동의했다.[30] 둘째, 고봉의 '理發이란 오로지 理를 지칭하여 말하고, 氣發이란 理와 氣를 섞어서 말하는 것' 이라는 주장에 대해서, 퇴계는 자신과 '근본은 같으나 말단은 다르다' 고 답변했다. 여기서 주목할 것은 퇴계가 고봉설을 '四端 · 七情은 반드시 理 · 氣에 分屬시킬 수 없다' 는 뜻으로 해석하고 있다는 점이다.[31] 고봉은 퇴계의 '四端과 七情은 각각 所從來가 있다' 는 주장에 대해서는 동의하지 않고, 대신 '四端 · 七情의 名義에는 각각 所以然이 있다' 는 논법을 제시했다. 이는 앞에서 말했듯이 四端과 七情을 '사실적으로는 분리되지 않고 명의상으로만 분리되

29) 『兩先生往復書』 下篇 頁27~28, 〈退溪與高峰書〉.

30) 퇴계는 두 번째 答書에서 '聖賢의 喜怒哀樂이 理發이냐, 氣發이냐' 의 문제에 대해서는 구체적인 답변을 하지 않았다. 그러나 '喜怒哀樂을 仁義禮智에 배속시키는 것은 곤란하다' 는 주장을 미루어 나가면, '中節한 七情은 四端과 같다' 는 주장, 또는 '聖人의 公正한 七情은 理發에 속한다' 라는 주장은 성립하기 어렵게 된다.

31) 고봉은 〈四端七情後說〉에서 분명 "四端과 七情을 理와 氣에 분속시킴은 의심스러운 점이 없다" 고 말했다. 그런데 퇴계는 고봉설을 '四端 · 七情은 반드시 理 · 氣에 분속시킬 수 없다' 는 뜻으로 해석한 것이다.

는 것' 으로 규정한 것이다.[32)]

퇴계는 이러한 異見에 대해 '通透脫洒하다면 곧 해소될 수 있는 異見' 이라고 여겼다.[33)] 요컨대 퇴계는 末端의 異見을 남겨둔 채 '만족스러운 뜻' 을 표하면서 논변을 매듭지은 것이다.

2. 퇴계와 고봉의 근본 입장

사단칠정논변은 퇴계가 '四端과 七情' 을 '理와 氣' 로 분개한 것에 대해 고봉이 비판을 제기한 것으로부터 시작되었다. 퇴계와 고봉은 네 차례에 걸쳐 왕복 논변을 전개했지만, 그 핵심 내용은 제1차 왕복서와 제4차 왕복서에 모두 담겨 있다. 이제 이를 중심으로 각자의 근본 입장을 정리해 보기로 하자.

1) 고봉 : 理와 氣의 渾淪

먼저 고봉의 제1서를 정리해 보자. 고봉이 '사단과 칠정' 을 '理와 氣' 로 분개하는 퇴계의 논법을 반대하는 까닭은 다음과 같다.

첫째, 칠정은 인간의 모든 감정 '全體' 를 말하고, 사단은 칠정 가운데 '善一邊' 만 발라낸 것이다. 따라서 사단과 칠정은 理와 氣로 구분할 수 없다.

---

32) 따라서 퇴계가 고봉설을 '四端 · 七情은 반드시 理 · 氣에 분속시킬 수 없다' 는 뜻으로 해석한 것은 정확한 해석이다.

33) '聖賢의 喜怒哀樂이 理發이냐, 氣發이냐' 의 문제는 퇴계의 後學들에게 지속적인 논의의 대상이 되었다. 그리고 '四端과 七情은 각각 所從來가 있다' 는 주장은 훗날 퇴계학파의 宗旨가 되었다.

둘째, 사단과 칠정을 理와 氣로 구분하면, 理와 氣가 갈라져서 두 물건이 되고, 칠정은 性에서 나오지 않고 사단은 氣를 타지 않는 것이 되니, 수긍할 수 없다.

셋째, 理는 氣의 主宰者요, 氣는 理의 材料로서, 理와 氣는 진실로 분별이 있으나, 사물에 있어서는 진실로 혼륜하여 분개할 수 없다. 따라서 사단과 칠정을 理와 氣로 구분하는 논법은 성립할 수 없다.

넷째, 氣는 본래 理를 발현시키는 작용을 하는바, 이 점에 있어서는 '사단과 칠정이 마찬가지' 이므로, 사단과 칠정은 모두 '理(性)가 氣를 타고 발현된 것' 이다.

고봉의 위와 같은 입장은 제2서와 제3서에서도 기본적으로 변함이 없었다. 다만 제2서에서는 '칠정에는 公正한 것들도 많이 있으므로 칠정 역시 理의 本體가 발한 것' 이며, '사단 역시 氣를 타고 발하는 것이므로 사단에도 不中節이 있다' 는 주장을 추가하고, 제3서에서는 사단과 칠정은 모두 '理의 본체' 즉 '仁義禮智의 本性' 이 발한 것이요, 理는 情意와 計度과 造作이 없는 수동적 존재로서 반드시 능동적인 氣를 통해서만 발현되며, 氣가 理를 발현시킴에 있어서 氣의 재질에 따라 理의 발현에 昏明眞妄의 차이가 생기게 된다는 주장을 추가하여, 자신의 논지를 보다 분명하게 만들고 강화시킨 것이다. 요컨대 고봉은 제1서에서 제3서까지 일관된 논지를 견지하면서 퇴계의 分開論을 반대했다. 그런데 고봉은 제4서(〈四端七情後說〉과 〈四端七情總論〉)에서 기존의 입장을 크게 바꾸어 퇴계의 分開論을 부분적으로 수용하는 모습을 보여주었다.

〈四端七情後說〉에서 고봉은 맹자가 사단을 말한 취지는 '확충' 에 있고, 정자가 칠정을 논한 취지는 '절제' 에 있다는 맥락에서 퇴계의 '四端理發, 七情氣發' 이라는 논법을 수용했다. 그런데 주목할 것은, 퇴계가 '사단과 칠정은 각각 所從來가 있다' 고 하여 '사단과 칠정은 근원적으로(사실적으로) 다르다' 고 구분한 것과 달리, 고봉은 "사단 · 칠정의 名義에도 진실로 각각 所以然이 있다" 고 설명함으로써 사단과 칠정을 '사실적으로는 분리되지 않고 명의상으로만 분리되는 것' 으로 규정한 것이다.

〈四端七情總論〉에서 고봉은 한편으로는 '四端은 理發이요, 七情은 理發과 氣發을 겸하는바, 中節한 七情은 理發로서 四端과 다르지 않다' 는 기존의 지론을 견지하면서, 다른 한편으로는 '사단과 칠정은 서로 다른 취지를 지니는 개념이니, 둘을 섞어서 하나의 학설로 만들 수 없다' 는 입장을 견지했다. 그런데 후자는 '사단과 칠정' 은 '理發과 氣發' 로 구분된다는 퇴계의 지론과 일정 부분 맥락을 같이한다.

이상에서 알 수 있듯이, 고봉의 지론은 '사단과 칠정을 理와 氣로 분개할 수 없다' 는 것이었다. 고봉이 결국에는 '사단과 칠정' 을 '理發과 氣發' 로 구분하는 퇴계의 논법을 일정 부분 수용했지만, 그것은 '사단과 칠정은 서로 名義가 다르다' 는 뜻이었을 뿐 결코 '사단과 칠정은 서로 所從來가 다르다' 는 뜻은 아니었다.

2) 퇴계 : 理와 氣의 分開

퇴계는 제1서에서 '사단과 칠정은 똑같은 情' 이라 하고, 또 "理와 氣는 본래 서로 기다려[相須] 體가 되고, 서로 기다려[相待] 用이 되니, 진실로 理 없는 氣도 없고 또 氣 없는 理도 없다." 고 하여, '사단과 칠정' 및 '理와 氣' 에 관한 고봉의 기본 논지를 일단 시인하는 태도를 보여준 다음, 자신의 견해를 본격적으로 전개했다. 퇴계의 제1서를 정리하면 다음과 같다.

첫째, '聖賢의 가르침' 은 理 · 氣의 相須相待를 전제로 '理만 발라내어 말한 것' 도 있고, '氣만 가리켜 말한 것' 도 있으며, '혼륜하게 말한 것' 도 있다. 따라서 '같은 가운데 나아가 그 다름을 알며, 다른 가운데 나아가 그 같음을 보는 것' 이 올바른 학문의 자세이다.

둘째, '하나의 性' 을 理(本然之性)와 氣(氣質之性)로 구분하여 말할 수 있듯이, '하나의 情' 도 理와 氣로 구분하여 말할 수 있다. 사단은 '仁義禮智의 순수한 本性이 발한 것' 이요, 칠정은 '外物이 다가옴에 形氣가 감응한 것' 이다. 안에 있을 때엔 순수한 理였다가 발함에 미쳐서는 氣와 섞이고, 밖에서 감촉한 것은 形氣인데 그 발한 것은 理의 本體가 되는 경우는 없다. 따라서 '사단은 理가 되고, 칠정은 氣가 된다' 고 말할 수 있다.

셋째, 사단은 '확충의 대상' 이요, 칠정은 '절제의 대상' 이다. 이처럼 사단과 칠정은 입언의 취지가 다른바, 따라서 둘을 반드시 구분해야 한다. '사단과 칠정' 또는 '理와 氣' 의 구분을 소홀히 하면 결국 '氣로 性을 논하는 폐단' 과 '人欲을 天理로 여기는 폐단' 에 빠진다.

넷째, 『朱子語類』에서는 "四端은 理發, 七情은 氣發" 이라 했거니와, 이로써 나의 견해가 타당함을 알게 되었다.

퇴계의 위와 같은 입장은 제2서와 제3서에서도 기본적으로 변함이 없었다. 다만 제2서에서는 고봉의 '互發論은 理와 氣를 분리시킨다' 는 비판에 대해, 퇴계는 互發論과 相須論을 병행시킴으로써 '理 · 氣의 혼륜과 분개' 를 동시에 설명할 수 있다고 주장하고, 이러한 맥락에서 "四端은 理가 발함에 氣가 따르는 것(理發而氣隨之), 七情은 氣가 발함에 理가 타는 것(氣發而理乘之)" 이라고 설명하게 되었다. 제2서에서는 또 고봉이 말한 '公正한 칠정' 또는 '中節한 칠정' 에 대해 '氣가 理를 따라 발한 것' 이라 하여 결국 氣發로 규정했고, 고봉의 '사단에도 不中節에 있다' 는 주장에 대해 '孟子의 本旨가 아니다' 라고 일축했다. 퇴계는 제2

서에서 특히 고봉의 '사단 역시 氣를 타고 운행하는 것' 이라는 주장에 대해 "사단을 만일 약간의 氣가 섞인 것으로 본다면 '순수한 天理의 本然' 이 아니다. 만약 반드시 氣를 겸하여 말한다면, 이는 이미 和泥帶水가 된다." 고 하여 강력한 거부감을 표하였다.

이상에서 알 수 있듯이, 퇴계의 지론은 '四端과 七情을 理와 氣로 分開할 수 있다' 는 것이었다. 이러한 입장을 견지하고 있던 퇴계는 고봉이 마침내 〈四端七情後說〉과 〈四端七情總論〉을 통해 '사단과 칠정' 을 '理發과 氣發' 로 구분하는 논법을 일정 부분 수용하자 "지난날의 잘못된 견해를 조그만 것까지도 모두 고치고 새로운 뜻을 따랐으니, 매우 훌륭하다." 고 칭찬하면서 논변을 매듭지었다.

3. 퇴계 고봉 논변의 근본 문제

퇴계-고봉 논변의 핵심 쟁점은 '四端과 七情을 理發과 氣發로 분개할 수 있느냐, 없느냐' 하는 점이었다. 퇴계는 사단은 '仁義禮智의 순수한 本性이 발한 것' 이므로 理發이요, 칠정은 '外物이 다가옴에 形氣가 감응한 것' 이므로 氣發이라고 규정했다. 그러나 고봉은 사단과 칠정은 모두 '仁義禮智의 本性' 이 발한 것인바, 칠정은 인간의 모든 감정 '全體' 를 말하고, 사단은 칠정 가운데 '善一邊' 만 발라낸 것이라고 설명하고, 따라서 사단과 칠정은 理發과 氣發로 구분할 수 없다고 주장했다.

고봉에 의하면, 사단과 칠정은 대립 관계가 아니라 '칠정이 사단을 포함하는 관계' 이며, 理와 氣도 분리될 수 있는 관계가 아니라 '밀접하게 서로 의존하는 관계' 이다. 퇴계는 고봉의 이러한 비판을 일부 수용하여 四端은 理가 발함에 氣가 따르는 것(理發而氣隨之), 七情은 氣가 발함에 理가 타는 것(氣發而理乘之)이라고 설명했다. 요컨대 퇴계는 고봉의 비판을 무마하려 '理發과 氣發' 에 각각 '氣隨와 理乘' 을 덧붙였을 뿐, '사단과 칠정' 은 '理와 氣' 로 구분된다는 생각은 전혀 포기하지 않았다.

그렇다면 퇴계는 왜 '사단과 칠정은 理發과 氣發로 분개할 수 있다' 고 주장했으며, 고봉은 왜 '사단과 칠정은 理發과 氣發로 분개할 수 없다' 고 주장한 것인가? 論者가 보기에, 그 까닭은 이들이 '七情의 내용, 發의 의미, 理와 氣의 개념, 마음의 구조' 등에 대해 서로 견해를 달리했기 때문이다. 지금부터 이 문제를 살펴보기로 하자.

1) 七情의 내용 문제 : 『禮記』의 七情과 『中庸』의 喜怒哀樂

'四端이 理發' 이라는 것에 대해서는 퇴계와 고봉이 모두 동의했다. 따라서 두 사람의 쟁점은 '七情에 대한 이해' 에 있었다. 퇴계와 고봉은 '칠정' 에 대해 두 측면에서 견해를 달리했다. 첫째는 사단과 칠정은 '一元的 관계냐, 二元的 관계냐' 의 문제로서, 퇴계의 '사단은 理發, 칠정은 氣發' 이라는 주장(分開論)은 사단과 칠정을 '二元的 관계' 로 본 것인데, 고봉의 '칠정은 사단을 포함한다' 는 주장(渾淪論)은 사단과 칠정을 '一元的 관계' 로 본 것이다. 둘째는 '칠정의 실질적 의미는 무엇이냐' 의 문제로서, 퇴계는 본래 飮食男女에 대한 욕망과 死亡貧苦에 대한 혐오 등 '육체적(본능적) 욕구' 라는 관점에서 칠정을 이해한 반면, 고봉은 본래 '천하의 大本과 達道' 라는 관점에서 칠정을 이해했다.[34] 이 두

34) 河濱 愼後聃은 "『中庸』에서 喜怒哀樂을 논한 것은 〈禮運〉에서 食色과 死亡으로 欲과 惡를 논한 것과는 다르다" 고 하여, 양자의 차이를 분명하게 지적한 바 있다(『河濱先生全集』 內篇 II, 247쪽, 『四七同異辨』, 〈四七說同〉).

문제는 서로 밀접하게 연관된 것인바, 이에 대해 구체적으로 살펴보자.

맹자는 '인간은 누구나 仁義禮智의 본성을 지니고 있다' 고 주장하면서 그 증거로서 '四端' 을 거론했다. 따라서 '사단은 仁義禮智의 본성이 발한 것' 이라는 점에 대해서는 모든 성리학자들이 동의하는 바였다. 문제는 '칠정' 의 경우였다. 퇴계는 칠정을 '육체적(본능적) 욕구' 라는 관점에서 이해하여 '氣發' 로 규정하고, '사단과 칠정' 을 '理發과 氣發' 로 구분한 것이다. 반면에 고봉은 칠정 역시 仁義禮智의 본성이 발한 것이라고 보고, '칠정은 사단을 포함한다' 고 주장한 것이다. 그런데 퇴계와 고봉은 서로 다른 典據(text)에 입각하여 칠정을 이해했기 때문에, 이처럼 서로 견해를 달리하게 된 것이다.

앞에서도 언급했듯이, 퇴계는 程子의 〈顔子所好何學論〉에 입각하여 칠정을 이해했는데, 〈顔子所好何學論〉은 또『禮記』〈禮運〉과 〈樂記〉 등에 입각한 것이다. 그렇다면 먼저 〈禮運〉과 〈樂記〉의 내용을 살펴보자. 〈禮運〉에서는 다음과 같이 말한다.

> 무엇을 '사람의 감정' 이라 하는가? 喜·怒·哀·懼·愛·惡·欲으로서, 이 일곱 가지 감정은 배우지 않고도 능하다. (…) 飮食과 男女는 사람들이 크게 욕구하는 바요, 死亡과 貧苦는 사람들이 크게 혐오하는 바이다. 그러므로 欲과 惡는 '마음의 큰 端緖' 이다.[35]

위의 인용문에서는 칠정을 '배우지 않고도 능한 것' 으로 규정했다. 요컨대 칠정은 '인간의 본능' 이라는 것이다. 또한 칠정 가운데 핵심은 欲과 惡로서, 구체적으로는 '飮食男女에 대한 욕구' 와 '死亡貧苦에 대한

---

35)『禮記』〈禮運〉: 何謂人情 喜怒哀懼愛惡欲 七者弗學而能 (…) 飮食男女 人之大欲存焉 死亡貧苦 人之大惡存焉 故欲惡者 心之大端也

혐오' 가 본능적 감정의 핵심이라는 것이다. 한편, 〈樂記〉에서는 다음과 같이 말한다.

사람이 태어나면서 고요한 것은 타고난 性이요, 사물에 감응하여 움직이는 것은 性의 욕망이다. 사물이 이름에 知覺이 알게 되니, 그런 다음에 好·惡가 형성된다. 안으로는 好·惡가 절제되지 않고 밖으로는 지각이 유혹하여, 자신을 반성하지 못하면, 天理가 소멸된다. 무릇 사물이 사람을 감동시키는 것은 끝이 없는데, 사람의 好·惡가 절제됨이 없다면, 이것은 사물이 이름에 사람이 사물로 변화하는 것이다. 사람이 사물로 변화한다는 것은 天理를 소멸하고 人欲을 끝없이 추구하는 것이다. 이에 悖逆·속임·거짓의 마음이 있게 되고, 음란하고 혼란스러운 일들이 있게 된다.[36)]

〈樂記〉에서 말하는 好·惡는 〈禮運〉에서 말하는 欲·惡와 맥락을 같이하거니와, 〈樂記〉에서는 '好·惡를 절제하지 않으면 人欲이 되어 혼란을 초래한다' 고 설명했다. 퇴계는 이러한 맥락에서 칠정을 이해했기 때문에, 칠정을 '形氣의 욕망이 발한 것' 으로서 '氣發' 이라 규정하고, 칠정은 '省察의 대상' 이요 '節制의 대상' 이라고 설명했던 것이다. 퇴계의 제1서에 보이는 다음과 같은 내용이 그 증거이다.

喜·怒·哀·懼·愛·惡·欲은 무엇을 따라 발하는가? 바깥 사물이 그 形氣(몸)와 접촉함에 안(마음)에서 움직이니, 대상으로 인해 발출하는 것이다. (…) 七情이 발하는 것에도 朱子는 '본래 當然之則이 있다' 고 했으니, 理가

36) 『禮記』〈樂記〉: 人生而靜 天之性也 感於物而動 性之欲也 物至知知 然後好惡形焉 好惡無節於內 知誘於外 不能反躬 天理滅矣 夫物之感人無窮 而人之好惡無節 則是物至而人化物也 人化物也者 滅天理而窮人欲者也 於是有悖逆詐僞之心 有淫泆作亂之事

없는 것이 아니다. 그런데 지칭하는 바가 '氣에 있음' 은 무슨 까닭인가? 바깥 사물이 다가옴에 쉽게 감각하여 먼저 움직이는 것은 形氣만한 것이 없으니, 七情은 그 苗脈이다. 어찌 안에 있을 때엔 순수한 理였다가 발함에 미쳐서는 氣와 섞이고, 밖에서 감촉한 것은 形氣인데 그 발한 것은 理의 本體가 되는 경우가 있겠는가?

四端은 모두 善하니, 그러므로 "四端의 마음이 없으면 사람이 아니다."라고 말하고, "그 實情을 말하면 善이 될 수 있다."고 말하는 것이다. 七情은 善·惡이 정해지지 않았으니, 그러므로 하나라도 두고서 살피지 않는다면 心이 그 바름을 얻지 못하는 것이요, 반드시 발하여 中節한 다음에야 '和'라 하는 것이다.

위의 첫째 문단에서는 칠정을 '形氣의 욕망이 발한 것' 으로 규정했거니와, 퇴계는 이러한 맥락에서 칠정은 仁義禮智의 본성이 발한 사단과 '서로 所從來가 다르다' 고 주장한 것이다. 둘째 문단에서는 칠정을 '성찰의 대상, 절제의 대상' 으로 설명했거니와, 퇴계는 이러한 맥락에서 고봉의 渾淪說에 대해 "氣로 性을 논하는 폐단과 人欲을 天理로 여기는 폐단에 빠지게 된다" 고 비판한 것이다.

그러나 고봉은 『中庸』의 大本達道論의 맥락에서 七情을 이해했다. 예컨대 고봉의 제1서에서는 다음과 같이 말한다.

子思는 "喜怒哀樂이 아직 발하지 않은 것을 中이라 하고, 발하여 모두 中節한 것을 和라 한다."고 했고, 孟子는 "惻隱之心은 仁의 단서, 羞惡之心은 義의 단서, 辭讓之心은 禮의 단서, 是非之心은 智의 단서"라고 했으니, 이것이 性·情에 관한 설명으로서, 先儒들이 충분히 밝혀놓은 것이다. 그런데 그윽이 상고해보니, 子思의 말씀은 그 전체를 말한 것이요, 孟子의 논의는 그 일부를 발라내어 말한 것이다. (…) 그러므로 四端과 七情이 구별되나, 七情 바깥에 다시 四端이 있는 것은 아니다.

또한 고봉의 제2서에서는 다음과 같이 말한다.

『中庸』에서는 "喜怒哀樂이 아직 발하지 않은 것을 '中' 이라 하고, 발하여 모두 節度에 맞는 것을 '和' 라 한다. 中은 천하의 大本이요, 和는 천하의 達道이다."라고 했고, 章句에서는 "(…) 大本이란 天命之性으로서, 천하의 理가 모두 여기로부터 나오니, 道의 體이다. 達道란 본성을 따르는 것으로서 천하 고금이 함께 말미암는 바이니, 道의 用이다."라고 했다. (…) 이것으로 본다면 七情은 '氣만 지칭한 것이 아님' 이 분명하다. (…) 七情 또한 仁義禮智의 본성에서 발한 것이다. 그렇지 않으면 朱子는 왜 "喜怒哀樂은 情이요, 그것이 아직 발하지 않은 것은 性이다."라고 말씀했겠는가?[37]

위의 두 인용문에 보이듯이, 고봉은 『中庸』의 大本達道論에 입각하여 칠정을 이해했거니와, 그리하여 칠정 역시 '仁義禮智의 본성이 발한 것' 이라고 규정하고, 따라서 '사단과 칠정은 理와 氣로 分屬할 수 없다' 고 주장한 것이다.

고봉은 제3서에서도 "감히 묻건대, 喜怒哀樂이 발하여 中節한 것은 理에서 발한 것인가, 氣에서 발한 것인가? 그리고 '中節하게 발하여 純善한 것' 은 四端의 善과 같은 것인가, 다른 것인가? 만약 '中節하게 발한 것은 理에서 발한 것으로서, 그 善은 四端의 善과 같다' 고 한다면, (四端과 七情은 理發과 氣發로 分開할 수 있다는) 다섯 조목의 말들은 모두 的

37) 『兩先生往復書』 上篇 頁14~15, 〈高峯答退溪論四端七情書〉.

確之論이라 할 수 없을 것이다."[38]라고 주장했다. 그런데 고봉은 제4서에 이르러 정자의 〈顏子所好何學論〉의 논지를 수용하여 '七情에 대한 관점'을 변화(심화)시키고, 마침내 퇴계의 分開說을 일정 부분이나마 수긍하게 된 것이다.

2) '發'의 의미 문제 : 能發과 所發

퇴계와 고봉의 논변은 사단과 칠정을 두고 '理發이냐, 氣發이냐'를 따진 논변이다. 그런데 주목해야 할 것은 퇴계와 고봉이 전혀 다른 맥락에서 理發과 氣發을 논하고 있다는 점이다. 이제 理發과 氣發에 대한 이들의 주장을 다시 살펴보면서 이 문제를 정리해 보기로 하자.

먼저 퇴계의 경우로서, '理發과 氣發' 문제에 대한 퇴계설의 변천 과정을 정리하면 다음과 같다.

* 〈天命新圖〉: 사단은 '理가 발한 것(理之發)'이요, 칠정은 '氣가 발한 것(氣之發)'이다.[39]

* 〈退溪與高峰書〉: 사단이 발함은 순수한 理이므로(四端之發純理) 不善이 없고, 칠정이 발함은 氣를 兼하므로(七情之發兼氣) 善·惡이 모두 있다.[40] (이 말을 高峰의 제1서에서는 "四端發於理而無不善 七情發於氣而有善惡"으로 인용하고 있음)

---

38) 『兩先生往復書』 下篇 頁9~10, 〈高峰答退溪再論四端七情書〉.

39) 『退溪集』 卷41 頁11, 〈天命新圖〉.

40) 『兩先生往復書』 上篇 頁1, 〈退溪與高峰書〉.

* 퇴계의 제1서 : 사단은 무엇을 따라 발하는가? 仁義禮智의 本性에서 발한다(發於仁義禮智之性). 칠정은 무엇을 따라 발하는가? 바깥 사물이 그 形氣(몸)와 접촉함에 안(마음)에서 움직이니(外物觸其形而動於中), 대상으로 인해 발출하는 것(緣境而出)이다.[41]

* 퇴계의 제2서 : 사단은 理가 발함에 氣가 따르는 것(理發而氣隨之)이요, 칠정은 氣가 발함에 理가 타는 것(氣發而理乘之)이다.[42]

위에 보이듯이, 퇴계는 사단에 대해서는 '理之發, 純理, 發於理, 理發' 등의 표현을 썼고, 칠정에 대해서는 '氣之發, 兼氣, 發於氣, 氣發' 등의 표현을 썼다.[43] 그런데 문제는 '理之發과 理發' 및 '氣之發과 氣發' 은 能發(발하는 작용의 주체)의 뜻으로도 해석할 수 있고 所發(발현된 내용)의 뜻으로도 해석할 수 있다는 점이다.[44] 게다가 能發과 所發을 문제 삼지 않는다고 하더라도, '理가 발한 것(理發)' 과 '理에서 발한 것(發於理)' 또는 '氣가 발한 것(氣發)' 과 '氣에서 발한 것(發於氣)' 은 의미상 크게 다르다. 그런데 퇴계가 이러한 표현들을 두루 혼용한 것으로 볼 때, 퇴계는 '사단과 칠정' 을 '理와 氣' 로 분개하는 것에만 관심을 기울였을 뿐이다.

---

41) 『兩先生往復書』 上篇 頁4. 〈退溪答高峰四端七情分理氣辯〉.

42) 『兩先生往復書』 上篇 頁40, 〈退溪答高峰非四端七情分理氣辯第二書〉.

43) 퇴계의 제1서에서는 '主於理, 在乎氣' 라는 표현도 쓰고, 제2서에서는 '主理, 主氣' 라는 표현도 썼다.

44) 율곡은 "氣가 아니면 발할 수가 없고, 理가 아니면 발할 바가 없다(非氣則不能發 非理則無所發)" 고 하여(『栗谷全書』 卷14 頁4, 〈人心道心圖說〉), 能發과 所發을 분명히 구별한 바 있다. 율곡은 四端과 七情이 모두 '氣發理乘' 이라고 설명했는데, 이는 '氣(마음)의 지각 작용을 통해 仁義禮智의 本性이 실현된다' 는 뜻이다. 율곡에 의하면 四端과 七情이 모두 '能發은 氣, 所發은 理' 이다.

퇴계는 고봉과의 논변 과정에서 자신이 말하는 '理發과 氣發' 등의 정확한 의미에 대해 별다른 설명을 하지 않았지만, 당시의 주변적 자료에서 퇴계의 생각을 파악할 수 있다. 乙卯年(1555)에 완성된 〈天命圖說〉은 사칠논변의 출발점이 된 것인데, 퇴계는 〈天命圖說〉에서 "性을 갖추고 情을 運用하는 것은 모두 이 心의 妙用"[45]이라고 설명한 바 있다. 또한 퇴계는 고봉과의 논변이 진행 중이던 甲子年(1564)에 쓴 편지 〈答金而精〉에서 다음과 같이 말한다.

> 대개 心은 이 理를 갖추고 능히 動靜하는 것이니, 그러므로 性·情이라는 이름이 있는 것이다. 性·情은 心과 서로 대립하여 二物이 되는 것이 아니다. 이미 '二物이 아니다'라고 했으니, 心의 發動은 곧 性이 그 所以然이 되는 것이요, 性의 發動은 곧 心이 그 所能然이 되는 것이다. (…) 張子는 '心統性情'이라 했고, 朱先生 또한 "動處는 心이요, 動底는 性이다"라고 했다. 이른바 '動底'란 곧 '心이 動하는 까닭'이라는 말로서, 心 밖에 별도로 性의 發動이 있는 것이 아니다. '理發氣隨·氣發理乘'은 心 가운데 나아가 理·氣를 나누어 말한 것이다. 하나의 '心'字를 거론함에 '理·氣' 二者가 그 속에 모두 들어 있는 것이다.[46]

> '心은 理와 氣가 합쳐진 것'이라는 주장은 내 주장이 아니요, 先儒가 이미 말씀한 것이다. 이른바 '氣之精爽'은 朱子가 '理와 氣를 겸한 것' 가운데 나

---

45) 『退溪續集』 卷8 頁17, 〈天命圖說〉: 至於曰性曰情之所以該具運用者 莫非此心之妙

46) 『退溪集』 卷29 頁5, 〈答金而精〉: 蓋心具此理而能動靜 故有性情之名 性情非與心相對而爲二物也 旣曰非二物 則心之動卽性之所以然也 性之動卽心之所能然也 (…) 張子云心統性情 朱先生亦云動處是心動底是性 所謂動底者 卽心之所以動之故 非外心而別有性之動也 至如理發氣隨氣發理乘之說 是就心中而分理氣言 擧一心字而理氣二者 兼包在這裏

아가 '知覺運用의 妙'를 가리켜 말씀한 것이니, 그러므로 오직 '氣之精爽'이라 한 것이다.[47]

위의 첫째 인용문에서는 '心의 發動'이라는 말과 '性의 發動'이라는 말을 함께 쓰면서도, 心은 '發動의 所能然'이요 性은 '發動의 所以然'이라고 구분하고 있다. 이는 결국 心은 能發者요 性은 所發者라는 말이다. 또한 "理發氣隨·氣發理乘은 心 가운데 나아가 理·氣를 나누어 말한 것"이라는 설명도 주목되는바, 이에 따르면 퇴계는 能發者를 心으로 전제한 다음 所發의 맥락에서 '理發'과 '氣發'을 구분한 것이다. 둘째 인용문에서는 心 자체는 '理와 氣가 합쳐진 것'이지만, 그 가운데 대상 사물을 知覺하고 性·情을 運用하는 주체는 '氣之精爽'이라고 설명했다.

위에서 소개한 〈天命圖說〉과 〈答金而精〉으로 본다면, 고봉과의 논변에서 퇴계가 말한 '理之發과 理發' 및 '氣之發과 氣發'은 모두 '所發'의 뜻으로 풀이하는 것이 타당할 것이다. 그렇다면 '理發'은 '마음의 지각작용에 의해 理가 발현된 것'이라는 뜻이요, '氣發'은 '마음의 지각작용에 의해 氣가 발현된 것'이라는 뜻이 된다.[48]

그러나 고봉은 퇴계와의 논변 과정에서 비교적 일관되게 '能發은 氣, 所發은 理'라는 입장을 견지했다. 고봉의 다음과 같은 말들을 다시 살펴보자.

* 고봉의 제1서 : 이제 만약 "사단은 理에서 발한 것으로 純善하고, 칠정은 氣

47) 『退溪集』 卷29 頁7, 〈答金而精〉: 心者理氣之合 此非淣說 先儒已言之 所謂氣之精爽 先生就兼包中而指出知覺運用之妙言 故獨以爲氣之精爽耳

48) 이에 대한 자세한 논의는 문석윤, 「퇴계의 理發과 理動, 理到의 의미에 대하여」; 이승환, 「退溪 理發說에 대한 몇 가지 오해」 참조.

에서 발한 것으로 善·惡이 모두 있다"고 말한다면, 이는 '理와 氣가 갈라져서 두 물건이 되는 것'이요, '칠정은 性에서 나오지 않고, 사단은 氣를 타지 않는 것'이 되니, 이는 語意에 병폐가 없을 수 없어, 後學이 의심하지 않을 수 없다. (…) 무릇 理는 氣의 主宰者요, 氣는 理의 材料이다. 理와 氣는 진실로 분별이 있으나, 그 사물에 있어서는 진실로 混淪하여 分開할 수 없다.

* 고봉의 제2서 : 사람의 情은 하나로서, 그 情이 되는 까닭은 모두 진실로 理·氣를 겸하고, 善·惡을 함께 지니는 것이다. (…) 사단과 마찬가지로 칠정도 '仁義禮智의 本性에서 발한 것'이며, (…) 칠정과 마찬가지로 사단도 '바깥 사물이 그 形氣와 접촉함에 안에서 움직여서 나온 것'이다. (…) 대개 未發時에는 오로지 理이지만, 이미 발하면 문득 '氣를 타고 운행하는 것'이다.

* 고봉의 제3서 : 喜怒哀樂과 惻隱·羞惡·辭讓·是非의 理가 渾然하게 (마음, 氣) 속에 있는 것은 바로 그 本體의 참된 것이다. 그런데 간혹 氣稟에 구애되고 物欲에 가리면, 理의 本體는 비록 변함이 없으나, 그 발현하는 것에는 문득 昏明眞妄의 구분이 생긴다. 만약 氣稟과 物欲의 累를 완전히 제거한다면, 그 本體의 流行이 어찌 '해가 땅을 두루 비치는 것'과 같지 않겠는가? 朱子의 "氣는 능히 凝結하고 造作하나, 理는 도리어 情意도 없고 計度도 없으며 造作도 없다. 다만 이 氣가 凝聚하는 곳에 理가 문득 그 속에 존재한다."는 말이 바로 이것이다. 지금 "理와 氣는 서로 발용하는데, 그 발용은 또 서로를 필요로 한다"고 말한다면, 理는 도리어 '情意도 있고 計度도 있고 造作도 있는 것'이 되며, 또한 理와 氣는 '두 사람이 一心 속에서 한쪽씩 나누어 점거하여 번갈아 가며 用事하고 서로 두목과 종이 되는 것'처럼 된다.

위의 제1서에서는 사단과 칠정이 모두 '本性(理)에서 발하는 것' 이며, 사단과 칠정이 모두 '氣를 타고 발하는 것' 이라고 주장하고, 이를 理主氣資論으로 뒷받침했다. 이러한 논법은 제2서에서도 그대로 관철되었다. 제3서에서는 朱子說을 인용하여 '理와 氣' 를 '所發과 能發' 로 구분하고, 퇴계의 互發說은 '理와 氣' 를 모두 能發者로 규정하는 것이라고 비판했다. 요컨대 고봉에 의하면 사단과 칠정은 모두 '仁義禮智의 本性(理)' 이 발한 것이요, 理는 수동적 존재로서 반드시 능동적인 氣를 통해서만 발현되는 것이다. 그런데 氣가 理를 발현시킴에 있어서 氣의 재질에 따라 理의 발현에 昏明眞妄의 차이가 생기게 된다. 이러한 맥락에서 고봉은 "모든 情은 진실로 理·氣를 겸하고, 善·惡을 함께 지닌다" 고 설명하고, 다만 그 가운데 선한 것만 발라낸 것이 '사단' 이라고 주장한 것이다. 문제는 고봉이 '或理動而氣俱 或氣感而理乘'[49]이라 하여 '理動' 을 말하고 있다는 점이다. 고봉의 이러한 설명은 '理主氣資' 라는 그의 지론과 분명 어긋나는 것이다.[50]

3) 理·氣의 개념 문제 : '본성－본능' 과 '본성－마음'

먼저 유념할 것은, 주자의 心性論에서 '理와 氣' 는 두 맥락으로 쓰인다는 점이다. 예컨대 주자는 '理와 氣' 를 종종 '道와 器' 또는 '本과 具' 로 설명했는데, 이를 心性論에 적용하면 '본성과 마음' 이 된다. 주자는 한편으로는 '理와 氣' 를 '性命之正과 形氣之私' 또는 '天理와 人欲' 으로 설명했는데, 이를 心性論에 적용하면 '도덕적 본성과 육체적 본능' 이

49) 『兩先生往復書』 下篇 頁9, 〈高峯答退溪再論四端七情書〉.

50) 황의동은 고봉의 '理動而氣俱' 에 대해 '고봉이 理 자체의 발용을 주장한 것은 아니다' 라고 설명한 바 있다(황의동, 『고봉 기대승의 철학 연구』, 52~57쪽).

된다.[51)]

앞에서 퇴계가 말한 '理發과 氣發' 은 모두 '所發' 의 뜻으로 보는 것이 타당하며, 그렇다면 '理發' 은 '마음의 지각작용에 의해 理가 발현된 것' 이라는 뜻이요, '氣發' 은 '마음의 지각작용에 의해 氣가 발현된 것' 이라는 뜻이 된다고 했다. 그런데 여기서의 '理와 氣' 는 '도덕적 본성과 육체적 본능' 을 뜻하는 것이다. 퇴계 제1서의 다음과 같은 내용을 보자.

> 惻隱 · 羞惡 · 辭讓 · 是非는 무엇을 따라 발하는가? 仁 · 義 · 禮 · 智의 性에서 발한다. 喜 · 怒 · 哀 · 懼 · 愛 · 惡 · 欲은 무엇을 따라 발하는가? 바깥 사물이 그 形氣(몸)와 접촉함에 안(마음)에서 움직이니(外物觸其形而動於中), 대상으로 인해 발출하는 것(緣境而出)이다. 사단이 발하는 것을 孟子가 이미 '心' 이라 했거니와, 心은 진실로 '理와 氣가 합쳐진 것' 이다. 그런데 지칭하는 바가 '理를 주로 함' 은 무슨 까닭인가? 仁 · 義 · 禮 · 智의 性이 순수하게 안에 있는데, 사단은 그 단서이다. 칠정이 발하는 것에도 朱子는 '본래 當然之則이 있다' 고 했으니, 理가 없는 것이 아니다. 그런데 지칭하는 바가 '氣에 있음' 은 무슨 까닭인가? 바깥 사물이 다가옴에 쉽게 감각하여 먼저 움직이는 것은 形氣만한 것이 없으니, 칠정은 그 苗脈이다. 어찌 안에 있을 때엔 순수한 理였다가 발함에 미쳐서는 氣와 섞이고, 밖에서 감촉한 것은 形氣인데 그 발한 것은 理의 本體가 되는 경우가 있겠는가?

위에 보이듯이, 퇴계는 '사단은 仁 · 義 · 禮 · 智의 본성에서 발한다' 는 것을 '사단은 理發' 이라는 말로 표현했다. 여기서 '理發' 에서의 '理' 는 '도덕적 본성' 을 뜻한다는 것을 쉽게 알 수 있다. 퇴계는 또 '칠정은

---

51) 이상익, 『畿湖性理學硏究』, 제1장 〈朱子 理氣論의 三重構造〉 참조.

形氣가 바깥 사물과 감응한 것이다'를 '칠정은 氣發'이라는 말로 표현했는데, 문제는 여기서 '形氣'가 과연 무엇을 뜻하는가 하는 점이다. 그런데 퇴계는 "대개 사람의 마음이 形氣에서 발하는 것은 배우지 않아도 저절로 알고 힘쓰지 않아도 저절로 능하여, 좋아하고 싫어함에 있어서 表裏가 한결같다. 따라서 아름다운 女人을 보면 곧 아름답다는 것을 알아서 마음이 진실로 좋아하고, 惡臭를 맡으면 곧 나쁘다는 것을 알아서 마음이 진실로 싫어한다."[52]고 설파한 바 있다. 여기서 단적으로 알 수 있듯이, 퇴계는 바로 '食色의 본능적 욕망'을 '形氣'라 했던 것이다.

'形氣'란 일반적으로 '육체' 또는 '육체와 관련된 본능적 욕망'을 지칭한다는 것은 성리학의 通論이기도 하다. 주자는 〈中庸章句序〉에서 다음과 같이 말했다.

> 마음의 虛靈한 知覺은 하나일 뿐인데 人心과 道心의 다름이 있는 것은, 人心은 '形氣의 사사로움'에서 생기고 道心은 '性命의 바름'에 근원하여, 그 지각하는 바가 같지 않기 때문이다. 그러므로 人心은 위태하여 불안하고, 道心은 미묘하여 드러나기 어렵다. 그러나 인간은 누구나 形氣를 지니고 있기 때문에 비록 上智라도 人心이 없을 수 없고, 또한 누구나 本性을 지니고 있기 때문에 비록 下愚라도 道心이 없을 수 없다. 人心과 道心이 마음속에 섞여 있어 다스릴 줄을 모른다면, 人心은 더욱 위태로워지고 道心은 더욱 미묘해져서, '天理의 공정함'이 마침내 '人欲의 사사로움'을 이길 수 없게 된다.

주자는 '人心은 形氣의 사사로움에서 생기고, 道心은 性命의 바름에 근원한다'고 했다. '形氣'란 인간의 '육체'를 말하는바, 人心이란 육체

---

52)『退溪集』卷41 頁27,〈傳習錄論辯〉: 蓋人之心發於形氣者 則不學而自知 不勉而自能 好惡所在 表裏如一 故才見好色 卽知其好而心誠好之 才聞惡臭 卽知其惡而心實惡之

적 본능에서 유래하는 마음으로, 배가 고프면 음식을 원하고, 추우면 옷을 원하며, 정욕이 일면 異性을 그리워함 등을 말한다. '性命' 이란 인간의 '도덕적 본성' 을 뜻하는바, 道心이란 仁義禮智의 본성에서 유래하는 마음으로, 惻隱 · 羞惡 · 辭讓 · 是非의 마음을 말한다.

이상에서 주자의 人心道心論을 간단히 소개했거니와, 퇴계는 바로 人心道心論의 맥락에서 四端七情論을 전개했다.[53] 퇴계는 〈天命圖說〉에서 다음과 같이 말한다.

> 사람이 태어날 때 하늘로부터 氣를 받는데, 하늘의 氣에는 淸과 濁이 있으며, 땅으로부터 質을 받는데 땅의 質에는 粹와 駁이 있다. 그러므로 淸粹한 氣質을 받은 사람은 上智가 되는데, 上智는 天理를 밝게 알고 완전히 실천하여, 스스로 하늘과 합일된다. (…) 濁駁한 氣質을 받은 사람은 下愚가 되는데, 下愚는 天理를 잘 알지 못하고 또 잘못 실천하여, 하늘과 크게 어긋난다. (…) 그러나 理와 氣는 相須하여 서로 없을 수 없으니, 비록 上智의 마음이라도 '形氣가 발한 것(形氣之所發)' 이 없을 수 없고, 理는 上智에게는 더 많이 존재하고 下愚에게는 더 적게 존재하는 것이 아니니, 비록 下愚의 마음이라도 '天理의 本然' 이 없을 수 없다. 그러므로 上智는 감히 스스로 氣質의 아름다움을 믿어서는 안 되고, 下愚는 마땅히 스스로 天理의 本然을 완전히 발휘해야 한다.[54]

일반적으로 성리학에서는 氣를 淸 · 濁으로 구분하여 '앎의 능력' 과 연관시키고, 質을 粹 · 駁으로 구분하여 '실천 능력' 과 연관시키는바,

53) 『退溪集』 卷37 頁27, 〈答李平叔〉 : 人心爲七情 道心爲四端 以中庸序朱子說及許東陽說之類觀之 二者之爲七情四端 固無不可

54) 『退溪續集』 卷8 頁, 〈天命圖說〉.

위의 인용문도 이러한 논법에 입각한 것이다. 요컨대 성리학에서 말하는 氣質이란 '마음의 재질'을 지칭하는바, 그에 따라 智·愚·賢·不肖가 나뉘게 된다는 것이다. 그런데 퇴계는 "비록 上智의 마음이라도 '形氣가 발한 것'이 없을 수 없으므로, 上智는 감히 스스로 氣質의 아름다움을 믿어서는 안 된다"고 했다. 여기서 우리는 퇴계가 氣質과 形氣를 별개로 인식했음을 알 수 있다.[55]

한편, "비록 上智의 마음이라도 '形氣가 발한 것'이 없을 수 없고, 비록 下愚의 마음이라도 '天理의 本然'이 없을 수 없다"는 말은 인심도심론의 맥락에서 이해할 수도 있고, 사단칠정론의 맥락에서 이해할 수도 있는데, 퇴계는 人心·七情은 '形氣가 발한 것'이라고 보아 '氣發'이라 하고, 道心·四端은 '天理가 발한 것'이라고 보아 '理發'이라 한 것이다. 그렇다면 퇴계의 '七情은 氣發'이라는 말은 주자의 '人心은 形氣의 사사로움에서 생긴다'는 말과 궤를 같이하며, 여기서의 氣(形氣)는 '육체' 또는 '육체적 본능'을 뜻한다는 것을 알 수 있다. 이제 퇴계의 제1서를 다시 보자.

> 무릇 講學하면서 분석을 싫어하고 합쳐서 하나의 학설로 만들고자 힘쓰는 것을 古人은 '鶻圇呑棗'라 했으니, 그 병폐가 적지 않다. 그런데도 계속 이렇게 한다면, 자신도 모르는 사이에 점점 '氣로 性을 논하는 폐단'과 '人欲을 天理로 여기는 폐단'에 빠지게 되니, 어찌 옳겠는가?

퇴계는 '理·氣의 혼륜'을 강조하는 고봉에게 "氣로 性을 논하는 폐단과 人欲을 天理로 여기는 폐단에 빠지게 된다"고 경계했는데, 여기서

55) 퇴계는 '氣質之性'을 논할 때에는 '形氣의 욕망을 추구하는 食色之性'으로 규정했거니와, 이 대목에서는 氣質과 形氣를 동일시한 셈이다.

우리는 퇴계가 '理와 氣'를 '도덕적 본성과 육체적 본능' 또는 '天理와 人欲'으로 인식하고 있었음을 다시 확인할 수 있다.

이제 고봉의 경우를 살펴보자. 앞에서 밝혔듯이, 고봉은 비교적 일관되게 '能發은 氣, 所發은 理'라는 입장을 견지했다. 그런데 '理와 氣'를 '所發과 能發'로 규정하는 것은 '理와 氣'를 '道와 器' 또는 '本과 具'라는 관점에서 이해하는 것으로서, 이를 心性論에 적용하면 '본성과 마음'이 된다. 고봉의 제1서를 다시 보자.

사람의 마음이 아직 발하지 않았으면 性이라 하고, 이미 발했으면 情이라 하거니와, 性에는 不善이 없고 情에는 善·惡이 있는 것은 이치가 진실로 그러하다. (…) 이제 만약 "사단은 理에서 발하여 純善하고, 칠정은 氣에서 발하여 善·惡이 모두 있다."고 말한다면, 이는 '理와 氣가 갈라져서 두 물건이 되는 것'이요, '칠정은 性에서 나오지 않고, 사단은 氣를 타지 않는 것'이 되니, 이는 語意에 병폐가 없을 수 없어, 後學이 의심하지 않을 수 없다. (…) 무릇 理는 氣의 主宰者요, 氣는 理의 材料이다. 理와 氣는 진실로 분별이 있으나, 그 사물에 있어서는 진실로 混淪하여 分開할 수 없다. 다만 理는 약하고 氣는 강하며(理弱氣强), 理는 조짐이 없고 氣는 자취가 있으니, 그러므로 그 流行發見하는 즈음에 過·不及의 차이가 없을 수 없다. 이것이 칠정이 발할 때 혹은 善하고 혹은 惡하며, 性의 本體가 간혹 완전할 수 없는 까닭이다. 그러나 그 善은 바로 天命의 本然이요, 惡은 氣稟의 過·不及이니, 이른바 사단과 칠정이 애초에 두 뜻이 있는 것이 아니다.

위의 인용문을 관통하는 고봉의 지론은 '사단과 칠정이 모두 本性(理)에서 발하고, 사단과 칠정이 모두 氣를 타고 발한다'는 것이요, "理는 氣의 주재자요, 氣는 理의 재료"라는 것으로서, 이 두 주장은 서로 표리를 이룬다.

"理는 氣의 주재자요, 氣는 理의 재료"라는 것은 理主氣資論을 표현한 것으로서, 이는 '理와 氣'를 '本과 具'로 이해하는 것이다. 本具論(道器論)의 관점에서 보면 理와 氣는 항상 함께 존재하면서 밀접하게 서로 의존한다. 이러한 맥락에서 고봉은 "理와 氣는 진실로 혼륜하여 분개할 수 없다"고 주장한 것이요, 그리하여 '사단과 칠정이 모두 本性(理)에서 발하고, 사단과 칠정이 모두 氣를 타고 발한다'고 주장한 것이다.

고봉의 '사단과 칠정이 모두 理(性)가 氣를 타고 발한 것'이라는 주장에서, '理' 또는 '性'이 인간의 '도덕적 본성'을 뜻한다는 점은 재론할 필요가 없을 것이다. 그렇다면 이 주장에서 '氣'는 지각과 반응의 주체인 '마음'을 뜻한다는 점만 확인해 보자.

고봉은 "사람의 마음이 아직 발하지 않았으면 性이라 하고, 이미 발했으면 情이라 한다"고 했는데, 이는 能發者를 '마음'으로 규정하고, 所發者를 '未發이냐, 已發이냐'에 따라 '性과 情'으로 구분한 것이다. 또 고봉은 '사단과 칠정이 모두 氣를 타고 발한다'고 했는데, 여기서 '氣'는 곧 앞에서 말한 能發者로서의 '마음'을 지칭하는 것이다. 또 고봉은 '情에는 善·惡이 있다'고도 하고 '惡은 氣稟의 過·不及'이라고도 했는데, 이는 '氣質(마음의 재질)의 淸·濁·粹·駁에 따라 본성을 발현시키는데 過·不及이 생긴다'는 뜻이다. 이렇게 본다면, '사단과 칠정이 모두 理(性)가 氣를 타고 발한 것'이라는 주장에서, '理(性)'는 所發者인 '도덕적 본성'을 뜻하고, '氣'는 能發者인 '마음'을 뜻한다는 것이 분명할 것이다.[56)]

---

56) 만약 여기서의 '氣'를 '육체적 본능'이라고 본다면, '四端과 七情이 모두 理(性)가 氣를 타고 발한 것'이라는 주장은 '四端과 七情이 모두 본성이 본능을 타고 발한 것'이라는 뜻이 되는바, 이는 전혀 납득할 수 없는 것이다. 또한 고봉은 "理와 氣는

위의 인용문에서 고봉은 퇴계가 '사단과 칠정'을 '理發과 氣發'로 구분한 것을 비판했다. 그런데 주의할 것은, 퇴계는 '理와 氣'를 '본성과 본능'으로 이해하여 '사단은 理發, 칠정은 氣發'이라 한 것인데, 고봉은 '理와 氣'를 '본성과 마음'으로 이해하여 '사단과 칠정이 모두 理(性)가 氣를 타고 발한 것'이라고 보았다는 점이다.[57]

4) 마음의 구조 문제 : 一性一情論과 二性二情論

성리학에서 마음은 '본성을 담고 있는 그릇(집)'인 동시에 '지각·반응의 주체'라고 설명된다. 퇴계와 고봉은 이러한 내용을 공유하면서도, '마음의 구조'에 대해서는 서로 다르게 생각하고 있었다. 퇴계는 '마음속에는 도덕적 본성(理)과 육체적 본능(氣)이 함께 존재한다'고 보아 '四端은 理發, 七情은 氣發'이라고 주장한 것이요(二性二情論), 고봉은 '마음속에는 도덕적 본성(理)이 존재할 뿐'이라고 보아 '四端과 七情이 모두 도덕적 본성이 발한 것'이라고 주장한 것이다(一性一情論). 먼저 퇴계의 경우를 살펴보자. 퇴계는 〈天命圖說〉에서 다음과 같이 말한다.

> 하늘이 사람에게 命을 내릴 때, 이 氣가 아니면 이 理를 깃들일 수 없고, 이 心이 아니면 이 理·氣를 깃들일 수 없다. 그러므로 우리의 心은 虛(理)하고

혼륜하여 분개할 수 없다"고 했는데, '혼륜하여 분개할 수 없음'은 '본성과 마음'의 관계에 적용되는 것이요, '본성과 본능'에는 적용될 수 없는 것이다.

57) 고봉은 제3서에서 '朱子說은 본래 因說이었다'고 주장하고, 退溪說을 對說로 규정하여 비판했다. 그런데 '理와 氣'를 '본성과 본능'으로 이해하면 자연스럽게 對說로 연결되고, '理와 氣'를 '본성과 마음'으로 이해하면 자연스럽게 因說로 연결되는 것이다.

> 또 靈(氣)하여, '理 · 氣의 집'이 된다. 그러므로 그 理는 곧 四德의 理로서 五常이 되고, 그 氣는 곧 二五의 氣로서 氣質이 된다. 이것이 사람의 心에 갖추어진 것으로서, 모두 하늘에 근본한 것이다. 그런데 이른바 五常이란 純善無惡하니, 그러므로 그것이 발한 四端 또한 不善함이 없다. 이른바 氣質이란 本然之性이 아니니, 그러므로 그것이 발한 七情은 邪惡으로 흐르기 쉽다. 그렇다면 性 · 情의 이름은 비록 하나이나, 性 · 情의 쓰임은 다르지 않을 수 없다.[58]

위의 인용문에서 퇴계는 '마음' 자체를 '理(虛)와 氣(靈)의 결합'으로 설명한 다음, 다시 그 '마음속에는 理(本然之性)와 氣(氣質之性)가 함께 들어있다'고 설명했다.[59] 퇴계는 甲子年(1564)의 편지 〈答金而精〉에서는 "理發氣隨 · 氣發理乘이라는 말은 心 가운데 나아가 理 · 氣를 나누어 말한 것이다. 하나의 '心' 字를 거론함에 '理 · 氣' 二者가 그 속에 모두 들어 있는 것이다."[60]라고도 했다. 여기서의 '理와 氣'는 물론 앞에서 살핀 것처럼 '도덕적 본성과 육체적 본능'을 말한다.

위에서 주목할 것은 "性 · 情의 이름은 비록 하나이나, 性 · 情의 쓰임은 다르지 않을 수 없다"는 말이다. 사람들은 흔히 '本然之性과 氣質之性은 동일한 본성이요, 四端과 七情도 동일한 감정'이라고 말하는데, 이에 대해 퇴계는 '本然之性과 氣質之性, 四端과 七情을 반드시 구별해 보아야 한다'고 강조한 것이다.[61] 요컨대 우리의 마음속에는 도덕적 본성

58)『退溪續集』卷8 頁17, 〈天命圖說〉.

59) 퇴계의 心合理氣說에는 이처럼 두 맥락이 존재하는 것이다.

60)『退溪集』卷29 頁5, 〈答金而精 別紙〉: 至如理發氣隨氣發理乘之說 是就心中而分理氣言 擧一心字而理氣二者 兼包在這裏

61) 요컨대 本然之性은 四德(五常)을 뜻하는 반면, 氣質之性은 食色에 대한 욕망 등 육체적 본능을 뜻한다는 것이다. 퇴계는 '氣質之性이 발한 七情은 邪惡으로 흐르기

과 육체적 본능이 함께 존재하는바, 도덕적 본성(本然之性)이 발한 것이 四端이요, 육체적 본능(氣質之性)이 발한 것이 七情이라는 것이다.[62]

이제 고봉의 경우를 살펴보자. 고봉은 퇴계가 마음의 '虛靈'을 '理와 氣의 결합'으로 설명하는 것도 반대했고,[63] '마음속에는 理와 氣가 함께 존재한다'고 설명하는 것도 반대했다. 고봉에 의하면 마음은 '氣'요, 마음속에는 '仁義禮智의 본성(理)'이 존재할 뿐이다.[64] 이러한 맥락에서 고봉은 四端과 七情이 모두 '마음의 지각작용을 통해서 발한 것'이요, 모두 '仁義禮智의 본성에서 발한 것'이라고 보았다. 고봉의 제2서에서는 다음과 같이 말한다.

> 대개 사람의 情은 하나로서, 진실로 '理와 氣를 겸하고, 善과 惡이 함께 있는 것'이다. 다만 孟子는 理·氣가 妙合한 가운데에 나아가 오로지 그 理에서 발하여 純善한 것을 가리켜 말했으니, 이것이 四端이다. 子思는 理·氣가 妙合한 가운데에 나아가 渾淪하게 말했으니, 情은 진실로 理와 氣를 겸하고 善

쉽다'고 했는데, 여기서 퇴계의 氣質之性은 形氣之私로서 '육체적 본능'을 뜻한다는 것을 알 수 있다. 또한 퇴계의 제1서에서는 "孔子가 말씀한 '繼善成性'과 周子가 말씀한 '無極太極'은 모두 理·氣가 서로 따르는 가운데 나아가 '理만 발라내어 말한 것'이요, 孔子가 말씀한 '相近相遠의 性'과 孟子가 말씀한 '耳目口鼻의 性'은 모두 理·氣가 서로 이루어주는 가운데 나아가 '氣만 가리켜 말한 것'이다"라고 했다. 퇴계는 이러한 맥락에서 '本然之性과 氣質之性'을 '理와 氣'로 구분한 것인데, 여기서 퇴계가 말하는 氣質之性은 '耳目口鼻의 욕망을 따르는 性'(食色之性)임을 다시 확인할 수 있다.

62) 주자가 말하는 '본연지성과 기질지성'은 대부분 '理一과 分殊'의 맥락이었지만 때때로 '仁義之性과 食色之性'을 뜻하기도 했다. 퇴계 역시 '본연지성과 기질지성'을 때로는 '理一과 分殊'로 설명하기도 하고, 때때로 '仁義之性과 食色之性'으로 설명하기도 했다(拙稿, 「朱子 氣質之性論의 양면성과 退·栗 性理學」 참조).

63) 『兩先生往復書』 上篇 頁26, 〈高峯答退溪論四端七情書〉.

64) 마음의 구조에 대한 퇴계와 고봉의 견해 차이에 대해서는 李相殷의 〈退高의 四七理氣圖의 比較〉(『李相殷先生全集』 제2권, 200쪽) 참조.

과 惡이 함께 있는바, 이것이 七情이다. 이것이 바로 '나아가 말하는 바가 같지 않다' 는 것이다. 그런데 七情은 비록 氣와 관계된 것 같지만 理 또한 그 가운데 있으며, 그 발하여 中節한 것은 바로 天命之性의 本然之體로서, 孟子가 말한 四端과 '同實而異名' 이다. 不中節하게 발한 것은 바로 氣稟과 物欲이 그렇게 한 것으로서, 결코 性의 本然이 아니다. 그러므로 나는 지난번에 '七情 바깥에 다시 四端이 있는 것이 아니다' 라고 했던 것이다.[65]

위의 인용문에서는 사단과 칠정이 모두 '理와 氣의 妙合으로서, 理와 氣를 겸한다' 고 했는데, 이는 사단과 칠정이 모두 '마음의 지각작용을 통해서 仁義禮智의 본성이 발한 것' 이라는 뜻이다. 위에서 "不中節하게 발한 것은 바로 氣稟과 物欲이 그렇게 한 것으로서, 결코 性의 本然이 아니다"라고 말한 것도 주목해야 하는데, 이에 대해서는 잠시 뒤에 논하기로 하자.

앞에서 살폈듯이, 퇴계는 '본연지성과 기질지성' 을 '도덕적 본성(仁義之性)과 육체적 본능(食色之性)' 으로 인식하여 '理와 氣' 로 구분했다. 본연지성과 기질지성을 仁義之性과 食色之性으로 규정하면 이는 二元論으로 연결되게 마련인바, 이러한 맥락에서 퇴계는 理氣互發論을 주장한 것이다. 이에 대해 고봉은 "두 사람이 一心 속에서 한쪽씩 나누어 점거하여 번갈아가며 用事하고 서로 두목과 종처럼 된다"고 비판하고, '본연지성과 기질지성' 을 '理一과 分殊' 로 설명했다.[66] 理一分殊論은 理를

65) 『兩先生往復書』 上篇 頁9~10, 〈高峯答退溪論四端七情書〉.

66) 『兩先生往復書』 下篇 頁7, 〈高峰答退溪再論四端七情書〉(고봉의 제3서)의 "天地之性은 太極의 本然之妙이니 萬殊의 一本이며, 氣質之性은 二氣가 交運하여 생기니 一本이면서 萬殊이다. 氣質之性은 곧 이 理가 氣質 가운데 墮在하는 것으로서, 별도로 하나의 性이 있는 것이 아니다."라는 내용이 그것이다. 고봉은 퇴계와의 논변을 마무리하면서 쓴 〈四端七情後說〉과 〈四端七情總論〉에서도 이러한 입장을 견지했다.

'理 자체만으로' 파악하느냐 '氣와의 관계 속에서' 파악하느냐에 따라 理의 성격이 달라진다고 설명하는 것인바, 이는 理一과 分殊가 '사실은 하나'라고 전제하는 것이다. 요컨대 고봉에 의하면 우리의 마음속에는 인의예지의 본성만 존재하는 것이다. 그렇다면 惡은 어떻게 생기는 것인가? 고봉은 惡을 '氣(마음)와의 관계에서' 즉 分殊의 차원에서 생기는 것으로 보았다. 고봉은 제3서에서 다음과 같이 말한다.

> 喜怒哀樂과 惻隱 · 羞惡 · 辭讓 · 是非의 理가 渾然하게 (마음, 氣) 속에 있는 것은 바로 그 本體의 참된 것이다. 그런데 간혹 氣稟에 구애되고 物欲에 가리면, 理의 本體는 비록 변함이 없으나, 그 발현하는 것에는 문득 昏明眞妄의 구분이 생긴다. 만약 氣稟과 物欲의 累를 완전히 제거한다면, 그 本體의 流行이 어찌 '해가 땅을 두루 비치는 것'과 같지 않겠는가?

위에 보이듯이, 고봉은 四端과 七情이 모두 理의 本體 즉 本然之性이 발한 것이라고 규정했다. 그런데 본연지성을 담고 있는 마음이 작용하는 과정에 氣稟의 구애와 物欲의 가림이 개입하여 昏明眞妄의 구분 또는 不中節이 생기게 된다는 것이다.

氣稟이란 '氣質의 淸濁粹駁'으로서 '마음의 재질'을 뜻하고, 物欲이란 사물에 대해 마음이 일으키는 욕망을 뜻한다. 마음의 지각작용을 통해 본성이 발하는데, 마음의 재질(淸濁粹駁)에 따라 다양한 양상이 펼쳐진다는 것은 성리학의 일반론으로서, 고봉뿐만 아니라 퇴계도 동의하는 내용이다. 문제는 物欲이다. 퇴계는 物欲의 근원을 '形氣之私' 즉 '육체적 본능'으로 보아, 物欲을 '氣發(본능이 발한 것)'로 설명했다. 다시 말해 퇴계는 마음속에 '四端의 근원인 本然之性'과 별개로 '物欲의 근원인 氣質之性(食色之性)'이 존재한다고 보았다. 그러나 고봉은 物欲을 본성의 차원이 아닌 '마음 자체의 속성' 으로 이해하여, '본성이 발하는 과정에 物欲이 개입하여 不中節을 낳는다' 고 보았던 것이다.

4. 小結

사칠논변은 퇴계가 四端과 七情을 理와 氣로 분개한 것에 대해 고봉이 반론을 제기함으로써 시작되었다. 퇴계가 '사단과 칠정을 理와 氣로 분개한 것' 은 '사단은 도덕적 본성이 발한 것이요, 칠정은 육체적 본능이 발한 것' 이라는 취지였다. 퇴계는 고봉과의 논변 과정에서 '發' 의 의미나 주체에 대해서 명확히 설명하지 않았다. 그러나 당시의 자료를 종합적으로 살펴보면, 퇴계설의 취지는 '사단은 마음의 지각작용을 통해 도덕적 본성이 발현된 것이요, 칠정은 마음의 지각작용을 통해 육체적 본능이 발현된 것' 이라는 뜻이었다. 요컨대 퇴계는 '發의 주체는 마음' 이라는 것을 암묵적으로 전제하고 논변을 진행한 것이다.

퇴계가 '사단과 칠정을 理와 氣로 분개한 것' 에 대해 고봉은 "이는 '理와 氣가 갈라져서 두 물건이 되는 것' 이요, '칠정은 性에서 나오지 않고, 사단은 氣를 타지 않는 것' 이 되니, 이는 語意에 병폐가 없을 수 없어, 後學이 의심하지 않을 수 없다." 고 비판했다. 고봉설의 취지는 '사단과 칠정이 모두 마음의 지각작용을 통해 도덕적 본성이 발한 것' 이라는 뜻이었다. 고봉은 '마음의 지각작용을 매개로 하지 않고는 도덕적 본성이 발현될 수 없다' 는 관점에서 '理와 氣의 밀접한 상호관계' 를 강조한 것인바, 여기서 알 수 있듯이 고봉은 '理와 氣' 를 '본성과 마음' 으로 이해하고 있었다.

사실 '四端과 七情이 모두 마음의 지각작용을 통해 발현된 것' 이라는 점에서는 퇴계와 고봉이 견해를 같이한 셈이다.[67] 남는 것은 '七情의 所從來' 에 관한 문제인데, 퇴계는 七情의 근원을 '육체적 본능(食色之性)' 으로 규정했고, 고봉은 七情의 근원을 '도덕적 본성(仁義之性)' 으로 규정했다. 이처럼 이들이 七情의 근원에 대해 견해를 달리하게 된 까닭은 둘로 요약할 수 있다.

첫째, 퇴계와 고봉은 七情에 대한 이해 자체가 달랐기 때문이다. 퇴계는 『禮記』의 天理人欲論의 맥락에서 七情을 이해했고, 고봉은 『中庸』의 大本達道論의 맥락에서 七情을 이해했다. '飮食男女에 대한 욕망과 死亡貧苦에 대한 혐오' 라는 관점에서 칠정을 이해하면, 칠정을 사단과 같은 차원으로 인정하기 어렵게 된다. 그러나 '中節하게 발한 천하의 達道' 라는 관점에서 칠정을 이해하면, 칠정을 사단과 차별할 이유가 별로 없는 것이다.

둘째, 퇴계와 고봉은 '마음의 구조' 에 대해서도 달리 이해했기 때문이다. 퇴계는 '인간의 마음에는 도덕적 본성과 육체적 본능이 함께 담겨 있다' 고 보았다. 그러므로 퇴계는 사단과 칠정을 理와 氣로 분개하게 된 것이다(二性二情論). 그러나 고봉은 '인간의 마음에는 도덕적 본성이 담겨 있을 뿐' 이라고 보았으므로, 고봉은 사단과 칠정이 모두 도덕적 본성에서 발한 것이라고 주장했던 것이다(一性一情論).

퇴계-고봉의 사칠논변은 기본적으로 위와 같은 구도 속에서 전개되었고, 따라서 두 사람은 쉽사리 접점을 찾기 어려웠다. 그런데 막판에 고봉이 퇴계의 七情觀을 일정 부분 수용함으로써 명목상으로나마 '사

67) 고봉은 퇴계의 分開說에 대해 '七情은 性에서 나오지 않고, 四端은 氣를 타지 않는 것' 이라고 비판했는데, '七情은 性에서 나오지 않고' 는 타당한 비판이나, '四端은 氣를 타지 않는 것' 은 부당한 비판으로 보인다. 퇴계 역시 암묵적으로 '四端은 마음의 지각작용을 통해 도덕적 본성이 발한 것' 이라고 보았기 때문이다.

단과 칠정의 分開'를 승인하게 된 것이요, 퇴계 역시 이를 받아들임으로써 논변이 매듭지어진 것이다. 그러나 퇴계와 고봉 사이에는 앞에서 살핀 '네 가지 근본 문제'에 대한 異見이 그대로 잠복하고 있었거니와, 따라서 사칠논변은 '歸一'된 것이 아니라 '彌縫'된 것일 뿐이다.

'네 가지 근본 문제' 가운데 '七情의 내용, 發의 의미, 理와 氣의 개념' 등은 퇴계와 고봉이 서로 상대방의 주장을 곡진하게 이해했더라면 어렵지 않게 접점을 찾을 수 있는 문제였다. 그러나 '마음의 구조' 문제는 퇴계와 고봉이 근본적으로 견해를 달리한 것으로서, 이것이야말로 진정 철학적인 문제였다. 우리의 마음속에는 '도덕적 본성'만 들어있는 것인가, 아니면 '동물적 본능'도 함께 들어있는 것인가? 이 문제는 그 성격상 '두 주장 가운데 어느 하나를 선택해야 하는 문제'요, '두 주장을 서로 절충할 수 있는 문제'가 아니다.[68]

마지막으로 두 가지만 더 언급하고자 한다. 첫째, 퇴계의 理發說이 '理가 스스로 능동적으로 발한다'는 能發說인가 하는 점이다. 퇴계의 理發說은 후학들 사이에 다양한 해석을 낳았던 매우 논쟁적인 주제이다. 율곡은 퇴계의 理發說을 '理의 能發說'로 해석하고, 이는 理氣論의 대전제에 어긋나는 잘못된 주장이라고 비판했다. 이에 대항하여 葛庵 李玄逸이나 淸臺 權相一 등은 퇴계의 理發說을 '理의 能發說'로 해석하고, '理의 能發說이야말로 理의 位相을 올바로 천명한 것'이라고 적극 옹호했다. 그러나 大山 李象靖 등은 퇴계의 理發說을 '理의 所發說'로 해석했는데, 이는 율곡학파의 비판을 의식하면서 퇴계설을 주자설의 테

68) 論者는 우리의 마음속에는 '도덕적 본성'과 '동물적 본능'이 함께 존재한다고 보며, 이러한 맥락에서 퇴계의 互發論을 지지한다. 고봉의 주장처럼 '마음속에는 도덕적 본성만 들어있으며, 七情 역시 도덕적 본성이 발한 것'이라 한다면, 도대체 어떻게 仁義禮智의 본성이 발하여 飮食男女에 대한 욕구와 死亡貧苦에 대한 혐오가 된다는 것인가?

두리 안으로 환원시킨 것이다. 이러한 양상은 오늘날의 학자들 사이에서도 그대로 재현되고 있다.

그러나 유념할 것은, 퇴계가 '理의 能發'을 분명히 주장한 것은 最晩年의 일이라는 점이다. 퇴계는 庚子年(1570)에 '理의 能發·能生·能到'를 분명히 주장하면서 "지난날에는 다만 (理의) 本體가 無爲함만을 알고 妙用이 능히 顯行함을 알지 못하여, 거의 理를 死物로 誤認하였으니, 그것은 또한 道에서 크게 어긋난 것이 아니겠는가?"라고 술회한 바 있다.[69] 퇴계의 이 말을 글자 그대로 받아들인다면, 퇴계는 고봉과의 논변 당시에는 결코 理를 能發者로 인식하지 않았던 것이다. 따라서 사칠논변 당시 퇴계의 입장을 理能發說로 해석하는 것은 여러모로 재고를 요하는 것이다.

둘째, 사칠논변은 결코 歸一될 수 없는 논변이라는 점이다. 퇴계-고봉 논변 이후 사칠논변은 율곡-우계 논변으로 이어지고, 마침내 모든 성리학자들의 관심사가 되어, 오늘날까지도 지속적인 논변의 대상이 되고 있다. 그런데 사칠논변은 결코 歸一될 수 없는 논변이다. 그 까닭은 바로 '七情 개념의 이중성' 때문이다. 고봉처럼 『中庸』의 大本達道論의 관점에서 七情을 이해하면 사단과 칠정을 分開할 이유가 없으나, 퇴계처럼 『禮記』의 天理人欲論의 관점에서 七情을 이해하면 사단과 칠정을 分開하지 않을 수 없다. 그런데 유교의 경전에 이 두 맥락의 설명이 함께 존재하기 때문에, 따라서 分開와 渾淪의 문제는 영원히 해결될 수 없을 것이다.

사단의 개념은 명확하나 칠정의 개념은 이중적인 것과 달리, 인심과 도심은 모두 개념상의 애매모호함이 없다. 또한 퇴계는 '사단·칠정'

---

69) 『退溪集』 卷18 頁31, 〈答奇明彦 別紙〉: 向也 但有見於本體之無爲 而不知妙用之能顯行 殆若認理爲死物 其去道不亦遠甚矣乎

은 '도심 · 인심'과 상응하는 개념이라고 인정한 바 있다. 또한 율곡과 우계는 四七論辨의 연장선상에서 '人心道心論辨'을 전개한 바 있다. 그리하여 論者는 四端七情論 대신에 人心道心論의 맥락에서 退溪說(牛溪說)과 栗谷說(高峰說)의 지양을 모색하는 것이 바람직하다고 생각한다.

제2장

栗谷-牛溪의 人心道心 논변

1566년(丙寅) 퇴계와 고봉의 사단칠정논변이 일단락된 다음, 이 논변은 1572년(壬申) 율곡과 우계의 인심도심논변으로 다시 점화되었다. 주지하듯이, 주자는 〈中庸章句序〉에서 人心을 '形氣의 사사로움에서 생긴 것(生於形氣之私)'으로, 道心을 '性命의 올바름에 근원한 것(原於性命之正)'으로 설명한 바 있다. 우계는 주자의 '人心道心 或生或原論'에 입각해 퇴계의 '理氣互發論'을 수긍하는 자세를 견지하면서 율곡에게 그 타당성을 질문했는데, 율곡은 '氣發理乘一途論'을 주장하면서 우계의 견해를 비판했다. 그리하여 사단칠정논변은 자연스럽게 인심도심논변으로 연결되어, 새로운 국면을 맞이하게 된 것이다. 이제 율곡과 우계의 왕복서를 개관하고, 인심도심논변의 근본 문제를 살펴보기로 하자.

1. 栗谷-牛溪 논변의 개관

〈제1차 왕복서〉[1)]

우계의 질문은 〈中庸章句序〉의 人心道心說로부터 비롯된다. 朱子는 〈中庸章句序〉에서 "人心은 形氣의 사사로움에서 생기고(或生於形氣之私), 道心은 性命의 올바름에서 근원한다(或原於性命之正)"고 했는데, 우계는 이를 각각 '氣發과 理發'로 이해하고, 퇴계의 理氣互發論을 긍정적으로 생각하게 된 것이다. 그러나 우계가 퇴계설을 완전히 수긍한 것은 아니다. 우계는 다음과 같이 말한다.

> 내 생각에, 사단과 칠정을 對擧하여 말할 때엔 '사단은 發於理, 칠정은 發於氣'라고 하는 것이 옳을 것이다. 그러나 性情圖를 그릴 때엔 分開하면 안 되니, 다만 사단과 칠정을 情圈에 함께 두고, "사단은 칠정 가운데 理一邊이 발한 것을 지칭하고, 칠정의 不中節한 것은 氣의 過·不及으로 인해 惡으로 흐른 것"이라고 설명한다면, 理發과 氣發을 혼동하지 않고 또한 두 갈래로 나누는 근심이 없을 것이다.

위에 보이듯이, 우계는 사단과 칠정을 근원적으로 하나라고 보아, 分開를 반대했다. 그러나 그 내용상 '四端은 主理, 七情은 主氣'라고 對擧할 수 있다는 것이다. 요컨대 우계의 기본 취지는 四端과 七情을 두 갈래로 나누지 않으면서도, 理發과 氣發을 혼동하지 말자는 것이다.

---

1) 『栗谷全書』 卷9 頁34~38에 보이는 〈答成浩原〉과 〈附問書〉를 말한다. 本考의 제2절에서는 '우계와 율곡의 다섯 차례 往復書'와 율곡의 〈人心道心圖說〉을 요약하여 소개할 것인데, 이는 學者들이 모두 주지하는 바이므로 자세한 出處와 原文의 소개를 생략하기로 한다.

이에 대해 율곡은 다음과 같은 취지로 답변했다. 첫째, '사단과 칠정'은 칠정이 사단을 포함하는 관계이나, '인심과 도심'은 서로 대립하는 관계이므로(人心道心相對說), 인심도심론을 사단칠정론의 준거로 삼을 수 없다.

둘째, 인심과 도심은 서로 終始가 되는 관계이다(人心道心相爲終始說). "지금 사람의 마음이 性命의 올바름에서 곧바로 나왔는데, 간혹 이를 순조롭게 완수하지 못하고 私意를 개입시킨다면, 이는 道心으로 시작하여 人心으로 끝난 것이다. 사람의 마음이 形氣에서 나왔더라도 올바른 理를 어기지 않는다면 진실로 道心에 어긋나지 않는 것이요, 간혹 올바른 理를 어겼더라도 잘못됨을 알아 제압하여 굴복시켜서 그 욕망을 따르지 않는다면, 이는 人心으로 시작하여 道心으로 끝난 것이다."

셋째, 발하는 주체는 氣이고, 발하는 까닭은 理이다. '사단과 칠정' 또는 '인심과 도심'이 모두 性에서 발한 것인데, 발하는 과정에서 '氣에 가려진 것' 또는 '氣가 用事한 것'이 '인심' 또는 '칠정의 善·惡을 합친 것'이고, '氣에 가려지지 않은 것' 또는 '氣가 用事하지 않은 것'이 '도심' 또는 '칠정의 善一邊'이다. 율곡은 다음과 같이 말한다.

> 지금 만약 "사단은 理發而氣隨之, 칠정은 氣發而理乘之"라고 말한다면, 이는 理와 氣 두 물건이 앞서거니 뒤서거니 서로 대립하며 두 갈래가 되어 각자 나오는 것이니, 사람의 마음에 어찌 두 근본이 있는 것 아니겠는가? 情은 비록 萬般이지만 어느 것인들 理에서 발한 것이 아니겠는가? 오직 그 氣가 간혹 가리고 用事하며, 간혹 가리지 않고 理의 명령에 따르니, 그러므로 善·惡의 차이가 생기는 것이다.

율곡은 퇴계의 互發論에 대해 '사람의 마음에 두 근본이 있다'는 것으로 규정하여 비판하고, '모든 情은 理(性)에서 발하는 것' 이라고 단언했다. 율곡에 의하면, 모든 情은 理(性)에서 발하는데, 그 발하는 작용의 주체는 氣(마음)이다. 또 발하는 과정에 '氣가 用事하느냐, 않느냐' 에 따라 그 情의 善·惡이 결정된다. 율곡은 우계와의 논변과정에서 시종일관 이러한 입장을 견지했거니와, 이 셋째 논점은 사실 우계도 동의하는 내용이었다.

〈제2차 왕복서〉[2)]

우계의 제2서는 제1서와 유사한 論旨이다. 우계는 율곡의 설명을 수용하여 人心·道心과 四端·七情은 그 입언의 맥락이 다르다는 점을 인정했다. 그럼에도 불구하고 우계는 주자의 '或生或原論' 은 퇴계의 '理氣互發論' 과 궤를 같이하는 것이라고 보면서, 다음의 두 질문을 제기하였다. 첫째, '인심과 도심' 을 主理와 主氣로 구분할 수 있다면 '사단과 칠정' 또한 主理와 主氣로 구분할 수 있는 것 아닌가? 둘째, 性에 主理와 主氣의 구분이 있다면, 情에도 主理와 主氣의 구분이 있는 것 아닌가?

이에 대해 율곡은 다음과 같이 답변한다. 율곡은 퇴계의 理氣互發說을 '理氣二物論' 으로 규정하여 비판하는 입장이었거니와, 우계가 互發說을 수긍하는 것에 대해서도 그 근본 까닭은 '理·氣에 대해 투철하게 깨닫지 못했기 때문' 이라고 지적하고, 다음과 같이 말한다.

> 무릇 理는 氣를 主宰하는 존재이며, 氣는 理가 타는 존재이니, 理가 아니면 氣는 根柢할 바가 없고, 氣가 아니면 理는 依着할 바가 없다. 이미 二物도 아니요, 또한 一物도 아니다. (…) 무릇 發하는 것은 氣요, 발하는 까닭은 理이

2) 『栗谷全書』 卷10 頁2~11에 보이는 〈答成浩原〉과 〈附問書〉를 말한다.

니, 氣가 아니면 발할 수가 없고(非氣則不能發), 理가 아니면 발할 것이 없다(非理則無所發).

위의 내용은 전형적인 理主氣資論의 논법이다. 理主氣資論에 따르면, 理가 아니면 氣는 根柢할 바가 없고, 氣가 아니면 理는 依着할 바가 없으며, 氣가 아니면 발할 수가 없고, 理가 아니면 발할 것이 없으니, '理와 氣가 서로 발한다' 는 논법은 애초에 성립할 수 없는 것이다.[3] 율곡은 자신의 이러한 주장에 대해 "聖人이 다시 나오셔도 이 말을 바꾸지 않을 것" 이라고 확신했다. 이러한 생각을 전제로, 율곡은 우계의 질문에 대해 다음과 같이 답변한다.

첫째, '인심과 도심' 은 본래 서로 대립시켜 말한 것이므로 主理와 主氣로 구분할 수 있지만, '사단과 칠정' 은 칠정이 사단을 포함하는 관계이므로 主理와 主氣로 구분할 수 없다. 사단은 主理이지만, 칠정은 理와 氣를 겸하는 것이다. '本然之性과 氣質之性' 은 '사단과 칠정' 의 관계와 마찬가지이다.

둘째, '인심과 도심' 을 '主理와 主氣' 로 말할 수는 있어도, '理發과 氣發' 로 말할 수는 없다. "아직 발하지 않았을 때에 이미 人心과 道心의 묘맥이 있어서, 理가 發하면 道心이 되고 氣가 發하면 人心이 되는 것이라면, 우리 마음에 두 근본이 있는 것이니, 어찌 큰 잘못이 아니겠는가?"

'인심과 도심' 에 대해, 율곡이 '主理와 主氣' 의 논법은 인정하면서도 '理發과 氣發' 의 논법은 거부한 까닭은, 主理主氣論은 '大本을 하나로

---

3) 퇴계의 理氣互發說은 '理와 氣' 를 '도덕적 본성과 육체적 본능' 으로 이해하는 관점에서, 율곡의 氣發理乘論은 '理와 氣' 를 '도덕적(수동적) 본성과 능동적 마음' 으로 이해하는 관점에서 성립하는 것이다.

삼는 것' 인 반면, 理氣互發論은 '大本을 둘로 삼는 것' 이라고 보았기 때문이다. 율곡은 "氣가 아니면 발할 수가 없고, 理가 아니면 발할 것이 없다" 고 확언하고, 따라서 '사단과 칠정' 또는 '인심과 도심' 이 모두 '氣發理乘일 뿐' 이라고 규정했다.[4] 다만 도심은 道義를 위한 것이므로 '主理' 라 하고, 인심은 形氣를 위한 것이므로 '主氣' 라 한다는 것이다.[5] 요컨대 인심과 도심은 '根源은 하나이나 支流는 둘' 이라는 것이 율곡의 일관된 주장이었다.

〈제3차 왕복서〉[6]

우계는 제3서의 첫머리에서 "나는 退溪 先生을 몹시 信奉했으므로, 늘 理氣互發說에 대해 수긍하지 않으면서도 오히려 여기에 집착하여 버리지 못하고 있었다. 그런데 주자의 人心道心說을 읽으면서 이른바 '或生或原論' 을 접하고 보니, 퇴계의 말씀과 은연중 부합하였다. 그러므로 선뜻 방향을 바꾸어, 舊見을 버리고 退溪說을 따르려 한 것인바, 이것이 생각을 바꾸게 된 단서이다." 라고 하였다. 이처럼 우계는 여전히 주자의 或生或原論이 퇴계의 理氣互發論과 부합한다고 보고 있었다. 그런데 율곡으로부터 '理 · 氣를 둘로 여기는 病에 빠진다' 는 비판을 받자, 자신의 생각을 '人乘馬의 비유' 를 들어 다음과 같이 설명하였다.

---

4) 요컨대 율곡의 氣發理乘論은 '理와 氣' 를 '所發(발현되는 내용)과 能發(발하는 작용의 주체)' 로 이해하는 것으로서, '마음의 지각작용을 통해 도덕적 본성이 실현된다' 는 뜻이다.

5) 여기서 주의할 것은, 주자의 或生或原論(人心은 …에서 생기고, 道心은 …에서 생긴다)을 율곡이 或爲或爲論(人心은 …를 위한 것이요, 道心은 …를 위한 것이다)으로 변형시키고 있다는 점이다.

6) 『栗谷全書』 卷10 頁11~21에 보이는 〈答成浩原〉과 〈附問書〉를 말한다.

古人은 '사람이 말을 타고 출입하는 것'을 '理가 氣를 타고 가는 것'에 비유했는데, 매우 좋다. 사람은 말이 아니면 출입할 수 없고, 말은 사람이 아니면 궤도를 잃는다. 사람과 말은 서로를 필요로 하여 서로 떠날 수 없다. 따라서 사람과 말이 門을 나서는 것은 반드시 사람이 가고자 함에 말이 싣고 가는 것이니, 바로 理가 氣의 主宰로서 氣가 그 理를 태우는 것과 같다. 門을 나설 즈음에 사람과 말이 궤도를 말미암는 것은 氣가 理를 따라서 발하는 것이요, 사람이 비록 말을 타고 있더라도 말이 옆으로 달려 나가 그 궤도를 말미암지 않는 것은 氣가 날뛰고 갑자기 내달아 혹은 지나치고 혹은 모자라는 것이다. 이로써 理·氣의 流行과 誠幾·惡幾가 나뉘는 까닭을 탐구한다면 어찌 明白直截하지 않겠는가?

우계는 '氣가 理에 순종하여 발하는 것'을 '主理'로, '氣가 함부로 날뛰어 지나치거나 모자란 것'을 '主氣'로 설명하고, "이것으로 음미해 보면 다만 막 움직일 때 主理와 主氣의 다름이 있을 뿐, 원래 互發하여 각각 用事하는 것은 아니다."라고 주장했다. 요컨대 우계는 율곡의 '理·氣를 둘로 여기는 病에 빠진다'는 비판을 면하고자 '人乘馬의 비유'를 들어 主理·主氣의 논법으로 해명한 것이다.

그러면서도 우계는 또 주자의 或生或原論뿐만 아니라 陳北溪의 "마음의 知覺에는 理를 따라서 발하는 것도 있고, 氣를 따라서 발하는 것도 있다"는 주장을 소개하면서, 퇴계의 互發說이 충분한 논거가 있는 것 아닌가 질문했다. 요컨대 우계는 퇴계의 互發說을 그대로 추종한 것은 아니지만, 퇴계의 互發說도 충분한 논거가 있다고 보았던 것이다.

이에 대해 율곡은 "理氣論과 人心道心論은 一貫하는 것인바, 人心道心論에 투철하지 못한 점이 있다면 이는 理氣論에 투철하지 못한 것"이라고 진단하고, '理와 氣는 서로 떠날 수 없으므로, 理와 氣는 互發할 수 없다' 는 논지를 전개했다. 인심과 도심은 근원이 같으며 그 하나의 근원은 바로 인의예지의 본성이라는 것, 인심은 다만 그 발하는 과정에 形氣가 개입한 것이며, 따라서 인심과 도심은 '根源은 하나이나 支流는 둘' 인 관계라는 것이다. 율곡은 다음과 같이 말한다.

> 人心과 道心은 어느 것인들 理에 근원하지 않겠는가? 未發時에 또한 人心의 苗脈이 있어서 方寸 가운데서 理와 서로 대립하는 것이 아니다. '根源은 하나이나 支流는 둘' 이라는 것을 朱子께서 어찌 몰랐겠는가? 다만 立言하여 사람들을 깨우침에 각각 主로 삼은 바가 있는 것이다. 程子는 "善과 惡이 性가운데 두 물건으로 서로 대립하여 있으면서 각자 발출하여 나오는 것이 아니다"라고 했다. 무릇 善과 惡은 判然한 二物인데도 오히려 '서로 대립하여 있으면서 각자 발출하여 나오는 이치' 가 없다면, 하물며 理와 氣처럼 혼륜하여 떨어질 수 없는 것이 '서로 대립하여 互發하는 이치' 가 있겠는가? 만약 朱子가 참으로 '理와 氣가 서로 發用하여 서로 대립하면서 각자 발출하여 나온다' 고 여겼다면, 이는 朱子도 오류를 범한 것이니, 어찌 朱子가 될 수 있겠는가? (…) 退溪의 病은 오로지 '互發' 두 글자에 있다. (…) 陳北溪의 학설에 대해서는, 朱子의 뜻을 제대로 이해한 것인지, 아니면 참으로 退溪의 견해처럼 互發說을 주장한 것인지, 알지 못하겠다.

주자의 或生或原論은 분명 '인심과 도심의 근원을 구분한 것' 인데, 율곡은 '인심과 도심이 모두 理에 근원한 것' 이라고 주장하고, "만약 주자가 참으로 '理와 氣가 서로 發用하여 서로 대립하면서 각자 발출하여 나온다' 고 여겼다면, 이는 주자도 오류를 범한 것" 이라고 단언했다. 율곡의 지론인 理主氣資論에 입각하면 理氣互發論은 전혀 성립할 수 없는 주장이거니와, 이러한 맥락에서 율곡은 氣發理乘一途論을 고수한 것이다.

〈제4차 왕복서〉[7)]

우계의 질문은 세 가지로 요약된다. 첫째, 그대의 "性·情에는 본래 理와 氣가 互發하는 이치가 없다. 무릇 性이 발하여 情이 됨에는 다만 氣發理乘의 한 길만 있다"는 주장이 과연 확실한 것인가? "만약 그대의 주장과 같다면, 朱子는 어찌하여 '或生·或原'이라 하고, 北溪는 어찌하여 '마음의 知覺에는 理를 따라서 발하는 것도 있고, 氣를 따라서 발하는 것도 있다'고 했으며, 옛날부터 학자들은 어찌하여 仁義는 모두 理發에 귀속시키고 知覺運動과 食色形氣는 모두 氣에 귀속시켰는가?"

둘째, 그대는 "人心과 道心은 비록 主理와 主氣의 차이가 있지만, 그 근원은 모두 理요, 발하는 것은 모두 氣이다. 이른바 '或生·或原'이란 이미 발한 다음에 그 중요한 바를 취하여 이름 붙인 것이다."라고 했는데, 이렇게 말하면 간편하고 알기 쉬울 것이다. 그런데 朱子의 뜻이 과연 이와 같다면, 〈誠幾圖〉의 경우처럼 마땅히 글을 고쳐서 분명하게 밝혔을 것이요, '或生·或原'이라고는 말하지 않았을 것이다.

셋째, 주자의 '或生·或原'과 北溪의 '마음의 知覺에는 理를 따라서 발하는 것도 있고, 氣를 따라서 발하는 것도 있다'는 말을 과연 그대처럼 해석해도 되는지 모르겠다. '或生·或原'이나 '理를 따르고, 氣를 따른다'는 등의 말은 '理와 氣 두 물건이 먼저 여기에 있는데, 人心은 여기에서 생기고 道心은 저기에서 근원한다'는 말인 것 같다.

요컨대 우계는 주자의 或生或原論을 '인심과 도심은 서로 근원이 다르다'는 말로 해석하면서 율곡의 '根源은 하나이나 支流는 둘'이라는

7) 『栗谷全書』 卷10 頁21~24에 보이는 〈答成浩原〉과 〈附問書〉를 말한다.

해석에 이의를 제기한 것이요, 이러한 맥락에서 여전히 주자의 或生或原論에 입각하여 퇴계의 理氣互發論을 수긍하면서 율곡의 氣發理乘一途論에 의문을 제기한 것이다.

위의 첫째 논점에 대해, 율곡은 "道心을 발하는 것은 氣인데, 性命이 아니면 道心이 發하지 못한다. 人心의 근원은 性인데, 形氣가 아니면 人心이 발하지 못한다. 따라서 '道心은 性命에서 근원하고, 人心은 形氣에서 생긴다' 고 말하는 것이 어찌 순조롭지 않겠는가?" 라고 설명했다. 이는 자신의 氣發理乘一途論과 주자의 或生或原論을 양립시키기 위한 설명 방식이라 하겠다. 둘째와 셋째 논점에 대해, 율곡은 다음과 같이 답변한다.

> 性은 理와 氣가 결합한 것이다. 理가 氣 가운데 있어야만 性이 되니, 만약 形質 가운데 있지 않다면 理라고 해야지, 性이라 할 수 없다. 다만 形質 가운데 나아가 그 理를 單指하면 本然之性이다. 本然之性은 氣와 섞어서 말할 수 없다. 子思와 孟子는 本然之性을 말하고, 程子와 張子는 氣質之性을 말한 것이다. 사실은 하나의 性인데, 主로 삼아서 말하는 바가 다른 것이다. 이제 主로 삼은 뜻을 알지 못하고 마침내 '두 개의 性' 이라 한다면, 이치를 안다고 말할 수 있겠는가? 性이 이미 하나인데, '情에는 理發과 氣發의 다름이 있다' 고 한다면, 性을 안다고 말할 수 있겠는가?

율곡은 먼저 本然之性과 氣質之性이 사실은 하나의 性이라 하였다.[8)] 본연지성과 기질지성이 하나의 性이고, 性이 발한 것이 情이라 한다면,

---

8) 퇴계가 本然之性이 발한 것을 理發-四端-道心, 氣質之性이 발한 것을 氣發-七情-人心이라고 설명한 바 있기 때문에(『退溪集』 卷16 頁20~23, 〈答奇明彦論四端七情第二書〉), 율곡은 '本然之性과 氣質之性이 하나' 라고 주장하는 것이다.

人心과 道心도 情이므로 '하나의 性에서 발한 것' 이라고 볼 수밖에 없다는 것이다. 여기서 알 수 있듯이, 율곡의 氣發理乘一途論의 저변에는 '인간에게는 하나의 본성과 하나의 감정이 있을 뿐' 이라는 一性一情論이 놓여 있었다.

〈제5차 왕복서〉[9)]

우계의 질문을 요약하면 다음과 같다. 첫째, 퇴계의 互發說에 대한 율곡의 이해가 미흡하다. 퇴계의 '互發' 은 '理와 氣가 각각 다른 곳에 있다가 서로 발용한다' 는 말이 아니라 '다만 한 곳에 있는데, 主理 · 主氣와 內出 · 外感처럼 이미 두 개의 意思가 있다' 는 말이다. 나의(牛溪) '性 · 情 사이에 원래 理와 氣 두 물건이 있어서 각자 발하여 나온다' 는 말도 이러한 맥락이다. 氣發理乘一途說은 간단명료하지만, 聖賢의 가르침은 모두 兩邊說이므로, 그대의 주장을 따를 수 없는 것이다.

둘째, 나는 "아직 발하지 않았을 때엔 비록 理와 氣가 각각 발용하는 苗脈이 없지만, 발하는 즈음 意欲의 움직임에는 당연히 主理와 主氣를 말할 수 있다. 이는 '각각 나온다' 는 말이 아니요, 한 길에 나아가 그 중요한 것을 취하여 말하는 것이다." 라고 주장하는데, 이는 退溪 互發說의 취지이기도 하다. 그대의 '性命이 아니면 道心이 발하지 못하고, 形氣가 아니면 人心이 발하지 못한다' 는 주장도 이와 맥락을 같이한다고 보는데, 어떻게 생각하는가?

셋째, 요컨대 나의 주장은 '아직 발하지 않았을 때 이미 두 개의 意思가 있다' 는 말이 아니요, 다만 '발하는 즈음에 理에서 근원한 것과 氣에서 생긴 것이 있다' 는 말이며, '理가 발한 다음에 氣가 그 뒤를 따르고,

9) 『栗谷全書』 卷10 頁24~33에 보이는 〈答成浩原〉과 〈附問書〉를 말한다.

氣가 발한 다음에 理가 그 위에 탄다' 는 말이 아니요, '理와 氣가 함께 발하는데, 사람들이 그 중요한 곳에 나아가 主理 · 主氣라고 말한다' 는 것이다.

우계는 특히 율곡의 答書 가운데 몇몇 구절들을 '兩邊說(互發說)의 취지와 부합하는 것' 으로 읽고, 환영하였다. 예컨대 율곡이 '人乘馬의 비유' 에서 "門을 나설 때에, 말이 사람의 뜻을 따라 나가는 경우도 있고, 사람이 말이 가는 대로 맡기고서 나가는 경우도 있다. 말이 사람의 뜻을 따라 나가는 것은 '사람' 에 속하니 곧 道心이요, 사람이 말이 가는 대로 맡기고서 나가는 것은 '말' 에 속하니 곧 人心이다."라고 한 것, 그리고 "聖人도 인심이 없을 수 없으니, 비유하면 말이 지극히 양순하더라도 어찌 간혹 사람이 말이 가는 대로 맡겨 두고 門을 나설 때가 없겠는가?" 라고 한 것, 그리고 "道心을 발하는 것은 氣이나 性命이 아니면 道心이 발하지 못하고, 人心의 근원은 性이나 形氣가 아니면 人心이 발하지 못하니, '道心은 性命에 근원하고, 人心은 形氣에서 생겨난다' 는 말이 어찌 순하지 않겠는가?"라고 말한 것 등은 모두 兩邊說에 속하는 것으로서, 우계 자신은 이러한 설명에 기꺼이 동의한다는 것이다. 그러면서도 우계는 자신과 율곡의 차이를 다음과 같이 설명한다.

> 그대는 반드시 "氣가 발함에 理가 타는 것 외에 다른 길은 없다" 고 주장하는데, 나는 반드시 "未發時에는 비록 理 · 氣가 각각 발용하는 苗脈이 없다 하더라도, 막 발할 즈음 意欲이 발동하는 것은 마땅히 主理 · 主氣로 말할 수 있으니, 이는 각각 나온다는 것이 아니요, 한 가지 길[一途]에서 그 중요한 쪽을 취하여 말한 것이다."라고 주장한다. 이것이 곧 退溪 互發說의 뜻이요, 그대의 '말이 사람의 뜻을 따르고, 사람이 말이 가는 대로 맡긴다' 는 설명이며, 또 그대의 '性命이 아니면 道心이 발하지 못하고, 形氣가 아니면 人心이

발하지 못한다'는 설명이다.

위의 인용문으로 보면 우계는 퇴계설에 거의 동조하는 것으로 보인다. 그런데 우계는 또 "퇴계의 互發說은 道를 아는 자가 보아도 잘못 이해할까 우려되는데, 모르는 자가 읽으면 사람을 誤導함이 적지 않을 것이다. 더욱이 四端·七情과 理·氣의 자리를 나누고 理發氣隨·氣發理乘으로 단락을 나눈 것은 말뜻이 순조롭지 못하고 名理가 온당치 못하니, 이것이 내가 퇴계설을 좋아하지 않는 까닭이다."라고 부연하였다. 요컨대 우계는 兩邊說을 지지하면서도, 理와 氣를 근원적으로 二元化하는 것은 반대한 것이다.

우계의 이러한 질문에 대해, 율곡은 다음과 같이 답하였다. 첫째, 氣發理乘一途說과 或生或原論은 일관성이 있는 것이다. 다만 氣發理乘一途說은 '근본을 미루어 설명한 것(推本之論)'이며, 或生或原論은 '지류를 따라 설명한 것(沿流之論)'이다. 율곡은 다음과 같이 말한다.

> 朱子는 '마음의 虛靈知覺은 하나일 뿐'이라 했다. 道心은 性命의 올바름에서 근원하고 人心은 形氣의 사사로움에서 생기는데, 먼저 그 앞에 하나의 '心'字를 두었으니, 心은 氣이다. 或原·或生이 모두 心이 발한 것이라면, 어찌 '氣發'이 아니겠는가? 마음속에 지니고 있는 理가 바로 性이다. 마음은 발했는데 性은 발하지 않는 이치는 없으니, 어찌 '理乘'이 아니겠는가? '或原'은 理에 중점이 있음을 말한 것이요, '或生'은 氣에 중점이 있음을 말한 것으로서, 애초에 '理와 氣 두 苗脈이 있다'는 말이 아니다. (…) 이렇게 본다면, 氣發理乘一途論과 或生或原論이 과연 서로 어긋나는 것인가?

율곡은 推本之論으로서 氣發理乘一途說을 고수하여 理氣互發說을 거부하면서, 沿流之論으로 或生或原論을 해석하여 主理・主氣라는 논법은 수용한 것이다. 이에 따르면, 인심과 도심이 모두 근원적으로 氣發理乘인데, 그중에서 인심은 主氣요 도심은 主理이다.

둘째, 율곡은 자신의 주장과 퇴계의 주장은 맥락이 전혀 다르며, 자신의 주장이야말로 程・朱의 학설을 계승 발전시킨 것이라고 설명했다. 율곡은 다음과 같이 말한다.

> 退溪의 주장은 '안에서 나온 것(內出)' 은 道心, '밖에서 감응한 것(外感)' 은 人心이라는 것인데, 나의 주장은 人心과 道心이 모두 '안에서 나온 것(內出)' 이나 그 발하는 것은 모두 '밖의 감응(外感)' 에서 말미암는다는 것이다. 이것이 과연 서로 부합하는 것으로서 끌어다가 합칠 수 있는 것인가? (…) 性과 情에는 본래 理・氣가 互發하는 이치가 없다. 무릇 '性이 발하여 情이 됨(性發爲情)' 은 다만 '氣가 발함에 理가 타는 것(氣發而理乘)' 이라는 등의 말은 내가 억지로 꾸며낸 것이 아니다. 이는 바로 先儒의 뜻인데, 다만 자세히 말씀하지 않았을 뿐이다. (…) 性이 이미 하나라면, 情에 어찌 두 근원이 있겠는가? 오직 두 性이 있고난 다음에야 바야흐로 두 情이 있는 것이다. 만약 退溪의 설명과 같다면 本然之性은 동쪽에 있고 氣質之性은 서쪽에 있는 바, 동쪽에서 나온 것은 道心이라 하고 서쪽에서 나온 것은 人心이라 하는 것이니, 이것이 어찌 이치에 맞는 말인가?

위에 보이듯이, 율곡은 퇴계의 理氣互發論을 二性二情論으로 규정하여 비판하고, 一性一情論의 입장에서 자신의 氣發理乘一途論을 옹호한 것이다.

지금까지 살핀 것처럼, 〈答成浩原〉에 보이는 율곡 인심도심론의 핵심 논지는 '인간에게는 하나의 본성과 하나의 감정이 있을 뿐' 으로서,

'性이 발한 것이 情인데, 性은 氣發理乘이라는 방식으로 발한다' 는 것이다. 이는 모든 情이 마찬가지이므로, 인심이나 도심이 모두 氣發理乘이다. 다만 그 과정에 形氣가 개입했느냐의 여부에 따라 인심과 도심이 구별되는데, 인심은 形氣가 개입했으므로 主氣라 하고, 도심은 形氣가 개입하지 않았으므로(形氣가 性命의 명령에 따랐으므로) 主理라 한다.

〈율곡의 人心道心圖說〉[10)]

이제 율곡이 1582년(壬午) 御命을 받아 제진한 〈人心道心圖說〉을 살펴보자. 율곡은 먼저 情을 둘로 나누어, 부모께 孝道하려 하고, 임금께 忠誠하려 하며, 어린아이가 우물에 빠지는 것을 보면 惻隱하게 여기고, 宗廟를 지날 때엔 恭敬하는 마음이 생기는 등 道義를 위해 발한 情은 道心이요, 배고프면 먹고자 하고, 추우면 입고자 하며, 피곤하면 쉬고자 하고, 정력이 왕성해지면 아내를 생각하는 등 口體를 위해 발한 情은 人心이라고 설명했다. 그런 다음, 율곡은 인심과 도심이 발하는 과정과 경로를 다음과 같이 설명한다.

理와 氣는 혼융하여 원래 서로 떨어지지 않는다. 마음이 움직여 情이 될 때, 발하는 것은 氣요, 발하는 까닭은 理이다. 氣가 아니면 발할 수 없고, 理가 아니면 발현될 것이 없으니, 어찌 理發과 氣發의 다름이 있겠는가? 다만 道心은 비록 氣와 떨어지지 않더라도 道義를 위해 발한 것이기 때문에 性命에 소속시키고, 人心은 비록 또한 理에 근본한 것이라도 口體를 위해 발한 것이기 때문에 形氣에 소속시킨다. 方寸 가운데 애초에 두 마음이 없으니, 다만 발하는 곳에 이 두 단서가 있는 것이다. 그러므로 道心을 발하는 것은 氣인

10) 『栗谷全書』 卷14 頁4~6의 〈人心道心圖說〉을 말한다.

> 데 性命이 아니면 道心이 생기지 않고, 人心의 근원은 理인데 形氣가 아니면 人心이 생기지 않는다. 이것이 或原或生과 公·私의 차이가 생기는 까닭이다. (…) 마음을 다스리는 자가 한 생각이 발했을 때, 그것이 道心임을 알았으면 확충시키고, 그것이 人心임을 알았으면 정밀하게 살펴 반드시 道心으로 節制하여 人心이 항상 道心의 명령에 따르게 한다면 人心이 또한 道心이 된다.

위에서 말하는 '性命에 소속시킴'과 '形氣에 소속시킴'은 〈答成浩原〉의 '主理·主氣'와 궤를 같이하고, "方寸 가운데 애초에 두 마음이 없으니, 다만 발하는 곳에 이 두 단서가 있다"는 말은 〈答成浩原〉의 '根源은 하나이나 支流는 둘'이라는 말과 궤를 같이한다. 요컨대 위의 인용문은 〈答成浩原〉과 같은 맥락에서 性發爲情의 氣發理乘一途論과 或原或生의 主理主氣論을 양립시킨 것이다. 한편, "人心을 道心으로 節制하여, 人心이 항상 道心의 명령에 따르게 한다면, 人心이 또한 道心이 된다"는 주장은 역시 〈答成浩原〉의 人心道心相爲終始說과 궤를 같이한다. 〈人心道心圖說〉의 결론부에서는 다음과 같이 말한다.

> 性은 마음속에 갖추어져 있는데, 발하여 情이 된다. 性이 이미 본래 善하다면 情 또한 마땅히 不善이 없어야 하는데, 情에 간혹 不善이 있는 것은 무슨 까닭인가? 理는 본래 純善하지만, 氣에는 清濁이 있다. 氣는 理를 담는 그릇이다. 아직 발하지 않았을 때엔 氣가 아직 用事하지 않으니, 그러므로 中의 본체가 純善하나, 發하게 되면 善·惡이 비로소 나뉜다. 善은 清氣가 발한 것이요, 惡은 濁氣가 발한 것으로서, 그 근본은 다만 天理일 뿐이다. (…) 지금의 학자들은 善·惡이 氣의 清·濁에서 말미암는다는 것을 모르고 그 학설을 추구하다가 되지 않으니, 그러므로 '理가 발하면 善이 되고, 氣가 발하면

惡이 된다' 고 하여, 理 · 氣가 서로 분리되게 하는 잘못을 범했다.

위의 인용문에서 율곡은 '情의 善 · 惡' 은 '氣의 淸 · 濁' 과 관련된 것이라고 설명하고, 이를 '理發 · 氣發' 로 설명하는 것은 잘못이라고 규정했다. 위에서 말한 '理 · 氣가 서로 분리되게 하는 잘못' 이란 역시 〈答成浩原〉에서 말한 '우리 마음에 두 근본이 있다는 잘못' 이나 '大本이 하나가 아니라는 잘못' 과 같은 맥락이다.

이상의 내용으로 본다면, 壬午年(1582)에 작성된 〈人心道心圖說〉은 壬申年(1572)에 작성된 〈答成浩原〉의 내용과 궤를 같이하는 것으로서, 둘 사이에 특별한 차이는 없다고 하겠다.[11)]

2. 율곡과 우계의 근본 입장

인심도심논변은 우계가 주자의 '人心道心 或生或原論' 에 입각해 퇴계의 '四端七情 理氣互發論' 을 수긍하는 자세를 견지한 것에 대해, 율곡이

11) 巍巖 李柬은 율곡의 〈答成浩原〉 가운데 '形氣에 가려진 것이 人心이다, 人心과 道心이 서로 終始가 된다, 道心도 形氣가 感動한 것이다' 라는 세 주장에 대해 비판을 제기하고, 율곡의 〈人心道心圖說〉에 대해서는 "그 말이 지극히 정밀하고 지극히 순수하여, 이 세 가지 의심스러운 점이 조금도 남아 있지 않다" 고 설명한 바 있다(『巍巖遺稿』 卷7 頁35, 〈與玄彦明〉). 艮齋 田愚도 율곡이 〈答成浩原〉에서 人心을 '私意가 개입하여 正理에 어긋나게 된 것, 氣에 가려지게 된 것, 변화된 氣를 탄 것' 등으로 설명한 것에 대해 비판을 제기한 바 있다. 간재는 율곡의 〈人心道心圖說〉에는 이러한 표현들이 보이지 않고, 대신 道心과 人心을 '道義를 위해 발한 것' 과 '口體를 위해 발한 것' 으로 구분했다는 점을 주목하고, 이를 율곡의 最後定論으로 삼아야 한다고 주장한 바 있다(『艮齋集』 前編 卷6 頁69, 〈答林奭榮〉). 그러나 論者가 보기에, 壬午年의 〈人心道心圖說〉에서는 壬申年의 〈答成浩原〉의 표현상의 문제점들을 일부 개선한 점은 있으나, 양자는 그 기본 論旨가 별로 다르지 않은 것이다.

'氣發理乘一途論' 을 주장하면서 우계의 견해를 비판함으로써 시작되었다. 우계와 율곡은 다섯 차례에 걸쳐 왕복논변을 전개했거니와, 이제 그 핵심 내용을 정리해 보자.

1) 우계 : 人心道心二本論

우계의 근본 입장은 제1서에 잘 나타나 있다. 우계는 제1서에서 다음과 같이 말한 바 있다.

> 人心과 道心이 발할 때 그 근원(所從來)은 진실로 主氣와 主理의 다름이 있다. 허다한 理論이 없었던 堯·舜 시절에 이미 이러한 學說이 있었으니, 聖賢의 宗旨는 모두 '두 갈래로 나누는 것(兩下說)' 이라 하겠다. 그렇다면 지금 四端·七情에 관한 그림을 그리면서 '發於理, 發於氣' 라고 설명하는 것이 무슨 잘못이겠는가? '理와 氣의 互發' 이 곧 天下의 定理라면, 퇴계의 견해도 스스로 정당한 것인가?

위에 보이는 것처럼, 우계는 주자의 或生或原論에 입각하여 퇴계의 理氣互發說에 대해 우호적으로 생각했으면서도, 퇴계설을 완전히 수긍한 것은 아니었다. 우계의 기본 취지는 '四端과 七情을 두 갈래로 나누지 않으면서도, 理發과 氣發을 혼동하지 말자' 는 것이다. 이러한 주장은 이해하기가 쉽지 않거니와, 우계는 제5서에서 다음과 같이 말한다.

> 퇴계의 '互發' 이 어찌 그대가 말하는 것처럼 '理와 氣가 각각 다른 곳에 있으면서 서로 발용한다' 는 뜻이겠는가? 다만 한 곳에 있는데, 主理·主氣와 內出·外感처럼 이미 두 意思가 있다' 는 말이다. 나의 '性·情 사이에 원래

理와 氣 두 물건이 있어서 각자 발하여 나온다' 는 말도 이러한 맥락이다. 어찌 '사람과 말(馬)이 각각 서 있다가, 門을 나선 다음에 서로 따라서 좇아간다' 는 말이겠는가? (…) 아직 발하지 않았을 때엔 비록 理와 氣가 각각 발용하는 苗脈이 없지만, 발하는 즈음 意欲의 움직임에는 당연히 主理와 主氣를 말할 수 있다. 이는 '각각 나온다' 는 말이 아니요, 한 길에 나아가 그 중요한 것을 취하여 말하는 것이다. (…) 요컨대 '아직 발하지 않았을 때 이미 두 개의 意思가 있다' 는 말이 아니요, 다만 '발하는 즈음에 理에서 근원한 것과 氣에서 생긴 것이 있다' 는 말이며, '理가 발한 다음에 氣가 그 뒤를 따르고, 氣가 발한 다음에 理가 그 위에 탄다' 는 말이 아니요, '理와 氣가 함께 발하는데, 사람들이 그 중요한 곳에 나아가 主理·主氣라고 말한다' 는 것이다.

율곡은 퇴계의 互發說에 대해 "이는 理·氣 두 물건이 앞서거니 뒤서거니 서로 대립하며 두 갈래가 되어 각자 나오는 것이니, 사람의 마음에 어찌 두 근본이 있는 것 아니겠는가?"[12]라고 비판한 바 있거니와, 위의 인용문은 율곡의 이러한 비판을 피하면서 互發說의 취지를 설명하고자 한 것이다. 우계는 '理·氣를 二物로 여기고, 사람의 마음에 두 근본이 있게 된다' 는 비판을 피하고자 '理와 氣가 각각 다른 곳에 있는 것이 아니라 다만 한 곳에 있는 것' 이라고도 설명하고, '아직 발하지 않았을 때 이미 두 意思가 있다' 는 말이 아니요 다만 '발하는 즈음에 理에서 근원한 것과 氣에서 생긴 것이 있다' 는 말이라고도 설명하며, '理와 氣가 함께 발하는데, 사람들이 그 중요한 곳에 나아가 主理·主氣라고 말한다' 고도 설명했다.

그러나 아무리 理와 氣를 '한 곳에 있으면서 함께 발하는 것' 으로 규

12) 『栗谷全書』 卷9 頁36, 〈答成浩原〉: 是理氣二物 或先或後 相對爲兩岐 各自出來矣 人心豈非二本乎

정해도, '발하는 즈음에 理에서 근원한 것과 氣에서 생긴 것이 있다'고 주장하는 한, 이는 理氣二物論과 人心道心二本論에 해당하는 것이다. 더군다나 우계는 율곡의 氣發理乘一途說에 대해 "이 학설은 간단명료하여 受用하고 싶기도 하지만, 聖賢의 가르침은 모두 兩邊說이므로, 그대의 주장을 따를 수 없는 것"이라고까지 말했다. 이렇게 본다면 우계의 근본 입장은 人心道心二本論 또는 理發과 氣發의 兩邊說이었던 것이다.

2) 율곡 : 人心道心一本論

율곡은 性發爲情論과 氣發理乘論에 입각하여 인심도심론을 전개했다. '性發爲情'은 감정의 근원을 설명하는 명제이다. 모든 情은 性이 발한 것인바, 인심도 情이고 도심도 情이므로, 인심이나 도심이 모두 仁義禮智의 本性에서 발한다는 것이다. '氣發理乘'은 性이 발하여 情이 되는 과정을 설명하는 명제이다. 性(理) 자체는 無爲이므로 반드시 마음의 지각작용을 통해서 발하는데 이것을 '氣發'이라 한 것이요, 마음의 지각작용을 통해 性이 실현되는데 이것을 '理乘'이라 한 것이다. 이상의 내용은 인심과 도심에 모두 공통되는 것인바, 다만 인심은 마음의 지각작용 과정에 形氣가 개입한 것이다. 율곡은 이를 '근원은 하나이나 지류는 둘(原一而流二)'이라는 말로 설명했다.

율곡이 퇴계의 互發說에 대해 "이는 理·氣 두 물건이 앞서거니 뒤서거니 서로 대립하며 두 갈래가 되어 각자 나오는 것이니, 사람의 마음에 어찌 두 근본이 있는 것 아니겠는가?"라고 비판한 것에서 알 수 있듯이, 율곡의 지론은 '理·氣는 두 물건이 아니며, 사람의 마음에는 두 근본이 없다'는 것이었다.

율곡이 '理·氣는 두 물건이 아니다'라고 단정한 논거는 理主氣資論

에 있었다. 理主氣資論에 따르면, 理는 氣를 주재하는 존재요, 氣는 理가 타는 존재로서, 理가 아니면 氣는 根柢할 바가 없고, 氣가 아니면 理는 依着할 바가 없으며, 氣가 아니면 발할 수가 없고(非氣則不能發), 理가 아니면 발할 것이 없으니(非理則無所發), '理와 氣가 서로 발한다' 는 논법은 애초에 성립할 수 없는 것이다.

한편, 율곡이 '사람의 마음에는 두 근본이 없다' 고 단정한 논거는 '우리 마음의 發用은 天地의 造化와 궤를 같이한다' 는 것이었다. 율곡은 "무릇 사람은 天地의 理를 품수하여 性으로 삼고, 天地의 氣를 나누어 받아 형체로 삼으니, 그러므로 吾心의 發用은 곧 天地의 造化인 것이다. 그런데 天地의 造化에 두 근본이 없으니, 그러므로 吾心의 發用에도 두 근원이 없는 것이다."라고 설명했다.

율곡은 위의 두 맥락에서 氣發理乘一途論을 주장하고, 자신의 氣發理乘一途論과 주자의 或生或原論은 얼마든지 양립할 수 있는 것이라고 설명했다. 요컨대 氣發理乘一途說은 '근본을 미루어 설명한 것(推本之論)' 이며, 或生或原論은 '지류를 따라 설명한 것(沿流之論)' 으로서, 양자는 결코 모순되지 않는다는 것이다. 율곡은 다음과 같이 말한다.

> 朱子는 '마음의 虛靈知覺은 하나일 뿐' 이라 했다. 道心은 性命의 올바름에서 근원하고 人心은 形氣의 사사로움에서 생기는데, 먼저 그 앞에 하나의 '心' 字를 두었으니, 心은 氣이다. 或原 · 或生이 모두 心이 발한 것이라면, 어찌 '氣發' 이 아니겠는가? 마음속에 지니고 있는 理가 바로 性이다. 마음은 발했는데 性은 발하지 않는 이치는 없으니, 어찌 '理乘' 이 아니겠는가? '或原' 은 理에 중점이 있음을 말한 것이요, '或生' 은 氣에 중점이 있음을 말한 것으로서, 애초에 '理와 氣 두 苗脈이 있다' 는 말이 아니다. (…) 이렇게 본다면, 氣發理乘一途論과 或生或原論이 과연 서로 어긋나는 것인가?

율곡은 推本之論으로서 氣發理乘一途說을 고수하여 理氣互發說을 거부하면서, 沿流之論으로 或生或原論을 해석하여 主理·主氣라는 논법은 수용한 것이다. 이에 따르면, 인심과 도심이 모두 근원적으로 氣發理乘인데, 그중에서 인심은 主氣요 도심은 主理이다.

위에서 율곡이 말하는 '氣發'은 '마음의 지각작용'을 뜻한다는 것을 알 수 있다. 다시 말해, 퇴계와 우계는 道心에 대해 '인의예지의 본성이 발한 것'이라는 맥락에서 '理發'이라 하고, 人心에 대해 '形氣의 욕망이 발한 것'이라는 맥락에서 '氣發'이라 한 것인데, 율곡은 人心·道心이 모두 '마음의 지각작용을 통해 발한다'는 맥락에서 '氣發'이라 하고, 人心·道心이 모두 '인의예지의 본성이 마음의 지각작용을 타고서 발한 것'이라는 맥락에서 '理乘'이라 한 것이다.

이렇게 본다면, 율곡과 우계(퇴계) 사이의 異見은 둘로 압축된다. 첫째는 그들이 말하는 '氣' 또는 '氣發'이 무엇을 뜻하는가 하는 점이다. 성리학에서는 우리의 '몸과 마음'을 모두 氣로 설명한다. '心氣와 形氣' 또는 '氣機·氣質과 形氣'가 그것이다. 그런데 단순히 '氣'라고만 표기하고, 각자의 선입견에 따라 제각각 해석하는 경우가 많아, 여러 불필요한 논쟁을 야기한 것이다.[13] 둘째는 人心과 道心은 근원이 같은 것인가, 다른 것인가 하는 점이다. 율곡은 人心道心一本論을 주장했고, 우계는 人心道心二本論을 주장했다.[14] 그런데 論者의 생각에, 율곡의 '人心道心

13) 요컨대 율곡이 '人心·道心이 모두 氣發理乘'이라 할 때의 氣는 '心氣'를 뜻한다. 그런데 율곡이 또 人心에 대해 '발하는 과정에 形氣가 개입했으므로 主氣라 한다'고 할 때의 主氣, 즉 '人心은 主氣'라고 할 때의 氣는 '形氣'를 뜻하는 것이다.

14) 율곡 人心道心說에 대한 여러 後學들의 비판도 둘로 요약된다. 첫째는 율곡이 인심과 도심은 근원적으로 '하나'라고 본 것에 대해, 많은 후학들이 인심과 도심은 근원적으로 '둘'이라고 비판한 것이다. 둘째는 氣에 대한 분석적 논의가 필요하다는

一本論'과 '氣質과 形氣의 동일시'는 여러모로 부당한 것이다. 이제 그 까닭을 살펴보기로 하자.

3. 율곡 人心道心說의 근본 문제

1) 人心과 道心은 一本인가, 二本인가?

율곡 인심도심론의 첫째 지론은 '인심과 도심은 하나의 근본에서 나온다'는 것이다. 율곡은 이를 "天地의 造化에는 두 근본이 없으니, 그러므로 우리 마음이 발하는 데도 두 근원이 없다"는 말로 뒷받침했다. 또 율곡이 理氣互發說을 거부한 핵심 이유도 互發說을 따르면 '우리 마음에 두 근본이 있는 것'이 된다는 데 있었다. 그런데 인심과 도심을 '一本'으로 규정하면 다음과 같은 두 가지 또는 세 가지 매우 곤란한 문제가 야기된다.

첫째, 葛庵 李玄逸이 지적한 것처럼 '和泥帶水'에 빠진다는 점이다. 율곡이 '인심과 도심은 하나의 근본에서 나온다'고 했을 때 그 하나의 근본은 '仁義禮智의 本性'이었다. 人心이란 무엇보다도 '食色의 욕망'을 뜻하는바, 율곡의 주장처럼 '인심도 인의예지의 본성에서 나온다'고 한다면, 이는 '인의예지의 본성 속에 본래 식색의 욕망이 들어있다'는 말이 된다. 그리하여 갈암은 "율곡이 말하는 '大本'이란 장차 '맑은 물과 진흙을 함께 섞음(和泥帶水)'을 면치 못하여, 하나의 '잡탕 같은

것이다. 율곡은 '心氣, 形氣, 氣質' 등을 엄밀하게 구분하지 않고 논의를 전개하여 인심도심에 대한 정확한 설명에 실패했다는 것이다(이에 대한 자세한 논의는 拙稿, 「栗谷의 人心道心說에 대한 재검토」, 286~292쪽 참조).

물건' 이 될 것이니, 어찌 큰 오류가 아니겠는가?" 라고 비판했던 것이다.[15)]

사실 율곡은 本性과 人心(食色의 욕망)의 관계에 대해 애매한 입장을 취했다. 한편으로는 人心은 '仁義禮智의 본성이 발할 때 形氣가 개입한 것' 이라 하였고, 한편으로는 '食色의 욕망 자체가 본성에 포함된다'[16)] 고 한 것이다. 전자를 따르면 '인심을 인심이게 하는 요소' 는 '本性' 이 아니라 '形氣' 인바, 그렇다면 이는 주자의 或生或原論처럼 '本性과 形氣의 이원론' 이 되고, 후자를 따르면 갈암이 말하는 '和泥帶水' 가 되는 것이다.

둘째, 인심과 도심의 원래 의미를 살리기 어렵다는 점이다. 율곡은 '인심과 도심이 모두 仁義禮智의 本性에서 나온 것' 이라 전제한 다음, 인심과 도심의 차이를 다음과 같은 식으로 설명했다.

* 氣가 '用事한 것 / 用事하지 않은 것'[17)]

---

15)『葛庵集』卷18 頁12~13, 〈栗谷李氏論四端七情書辨〉. 고봉의 '四端 역시 氣를 타고 발한다' 는 주장에 대해, 퇴계가 '和泥帶水' 라고 비판한 바 있다.

16)『栗谷全書』卷10 頁13, 〈答成浩原〉: 夫形色 天性也 人心 亦豈不善乎 由其有過有不及而流於惡耳

맹자는 "形色은 天性이다. 오직 聖人만이 形色을 실천할 수 있다" 고 했는데(『孟子』盡心上38), 율곡의 "夫形色 天性也 人心 亦豈不善乎" 라는 말로 보면, 율곡은 '形色의 性' 을 '食色의 性' 으로 간주한 셈이다. 그런데 尤菴 宋時烈은 "告子가 말한 '食色' 은 '입으로 맛있는 음식을 원하고, 눈으로 아름다운 色을 원함' 을 뜻하는 것으로서, 〈中庸章句序〉에서 말한 '人心' 이다. 孟子가 말한 '形色' 은 '머리의 理는 마땅히 곧고, 안색의 理는 마땅히 장엄한 것' 처럼 '天賦의 自然' 으로 말한 것이다. 이 둘은 전혀 다르니, 함께 논의할 수 없다." 고 하여(『宋子大全』卷102 頁24, 〈答洪虞卿 別紙〉), 食色과 形色은 별개라고 설명한 바 있다. 이와 반대로, 明齋 尹拯은 "'비록 上知라 하여도 人心이 없을 수 없다' 는 것이 곧 '形色은 天性' 이니, 人心이 어찌 善하지 않다고 하겠는가? 栗翁이 어찌 모르고 말씀했겠는가?" 라고 하여(『明齋遺稿』卷26 頁9~10, 〈答或人〉), 율곡의 논지를 수긍했다.

* 氣가 '가린 것 / 가리지 않은 것'[18]
* 理가 '所變之氣를 탄 것 / 本然之氣를 탄 것'[19]

위와 같은 구분은 두 가지 문제를 야기한다. 하나는 '人心(食色의 욕망)과 仁義禮智의 本性이 도대체 무슨 상관이 있는가?' 하는 점이다. 주자는 "人心은 形氣의 사사로움에서 나오고, 道心은 性命의 공정함에 근원한다"고 했다. 이는 인심과 도심이 서로 '성격도 다르고, 근원도 다르다' 는 뜻이다. 사람들이 각자 사사로운 육체적 욕망을 추구하는 것이 인심이며, 남들과 함께 할 수 있도록 공정성을 추구하는 것이 도심이다. 그렇다면 '公正性을 추구하는 도심' 과 '私益을 추구하는 인심' 이 무슨 상관이 있기에, 율곡은 '인심도 性命(仁義禮智의 本性)에서 근원한다' 고 보는 것인가?

다른 하나는 위와 같은 방식으로 인심과 도심을 구분하면, 인심은 항상 惡으로 규정될 수밖에 없다는 점이다. 율곡은 "情은 비록 수만 가지라도, 어느 것인들 理에서 발한 것이 아니겠는가? 오직 혹은 氣가 가려서 用事하고, 혹은 氣가 가리지 않아 理의 명령을 따르니, 그러므로 善·惡의 차이가 있게 된다."[20]고 했다. 여기서 알 수 있듯이 '氣가 가린다' 는 것과 '氣가 用事한다' 는 것은 같은 의미로서, '理의 명령을 거역함' 으로써 '惡의 원인' 이 되는 것이다. '所變之氣' 로 설명한 경우도 마찬가

---

17) 『栗谷全書』 卷9 頁36, 〈答成浩原〉 : 其發直出於正理 而氣不用事則道心也 (…) 發之之際 氣已用事則人心也

18) 『栗谷全書』 卷9 頁36, 〈答成浩原〉 : 人心道心 皆發於性 而爲氣所揜者爲人心 不爲氣所揜者爲道心

19) 『栗谷全書』 卷10 頁28, 〈答成浩原〉 : 理乘其本然之氣而爲道心焉 (…) 理亦乘其所變之氣而爲人心

20) 『栗谷全書』 卷9 頁36, 〈答成浩原〉 : 情雖萬般 夫孰非發於理乎 惟其氣或揜而用事 或不揜而聽命於理 故有善惡之異

지이다. 율곡은 “理가 또 그 所變之氣를 타서 人心이 되는데, 혹은 지나치게 되고 혹은 모자라게 된다”[21]고 했다. 주지하듯이 율곡의 이론체계에서 '지나침과 모자람' 은 곧 '惡' 과 같은 뜻이다. 그렇다면 '聖人도 인심이 없을 수 없다' 고 했거니와, 聖人도 이러한 惡을 늘 범하고 있다는 말인가?

셋째, 인심과 도심이 갈라지는 원인을 설명하기 어렵다는 점이다. 율곡은 '인심과 도심이 모두 仁義禮智의 本性에서 발한 것' 이라고 전제한 다음, 인심과 도심의 차이를 다음과 같은 식으로 설명하기도 했다.

* 그 발함이 '食色을 위한 것 / 理義를 위한 것' [22]
* 그 발함이 '形氣를 위한 것 / 道義를 위한 것' [23]
* 그 발함이 '口體를 위한 것 / 道義를 위한 것' [24]

위와 같이 설명하면 인심과 도심의 본래 의미를 잘 살릴 수 있다. 그런데 이러한 설명에는 보다 근원적인 질문이 제기될 수 있다. 우리의 마음이 왜 食色(形氣, 口體)을 위해 발하기도 하며, 왜 道義를 위해 발하기도 하는가? 이러한 질문에 대해 적절한 설명을 추가해야만 '인심 · 도심에 대한 합당한 설명' 이라 할 수 있을 것이다. 그런데 율곡은 주자의 或

---

21) 『栗谷全書』 卷10 頁28, 〈答成浩原〉 : 理乘其本然之氣而爲道心焉 (…) 理亦乘其所變之氣而爲人心 而或過或不及焉

22) 『栗谷全書』 卷10 頁4, 〈答成浩原〉 : 人心道心 雖二名 而其原則只是一心 其發也 或爲理義 或爲食色 故隨其發而異其名

23) 『栗谷全書』 卷10 頁5, 〈答成浩原〉 : 人心道心 則或爲形氣 或爲道義 其原雖一 而其流旣岐

24) 『栗谷全書』 卷14 頁4, 〈人心道心圖說〉 : 情之發也 有爲道義而發者 (…) 此則謂之道心 有爲口體而發者 (…) 此則謂之人心 (…) 道心雖不離乎氣 而其發也爲道義 故屬之性命 人心雖亦本乎理 而其發也爲口體 故屬之形氣

生或原論에 대해 다음과 같이 설명한 바 있다.

> 주자의 '或原 · 或生'도 이미 발한 것을 보고서 立論한 것이다. 그 발한 것이 理義를 위한 것이면 '무엇을 따라 이 理義의 마음이 있게 되었는지' 그 까닭을 밝혀내어, '이는 性命이 마음속에 있는 데서 연유하니, 그러므로 이 道心이 있는 것'이라고 말한 것이며, 그 발한 것이 食色을 위한 것이면 '무엇을 따라 이 食色의 생각이 있게 되었는지' 그 까닭을 밝혀내어, '이는 血氣가 形體를 이룬 데서 연유하니, 그러므로 이 人心이 있는 것'이라고 말한 것이다.[25]

위의 인용문에서는 '왜 道義를 위한 마음이 생겼는가, 왜 食色을 위한 마음이 생겼는가'에 대해 각각 '性命이 마음속에 있는 데서 연유하고, 血氣가 形體를 이룬 데서 연유한다'고 설명했다. 요컨대 우리의 마음속에 性命이 자리 잡고 있기 때문에 우리는 도심을 지니게 되고, 血氣로 이루어진 肉體를 지니고 있기 때문에 인심도 지니게 된다는 것이다. 이렇게 설명해주면 인심 · 도심에 대한 궁금증을 대부분 해소할 수 있을 것이다.

문제는 위의 설명이 이미 인심과 도심의 근원을 둘로 나누는 데까지 접근했다는 점이다. 도심은 性命에서 연유하고, 인심은 形氣에서 연유한다면, 인심과 도심은 서로 근원이 다른 것 아닌가?[26] 그럼에도 불구

25) 『栗谷全書』 卷10 頁4~5, 〈答成浩原〉: 其所謂或原或生者 見其旣發而立論矣 其發也爲理義 則推究其故 何從而有此理義之心乎 此由於性命在心 故有此道心也 其發也爲食色 則推究其故 何從而有此食色之念乎 此由於血氣成形 故有此人心也云爾

26) 河濱 愼後聃도 "율곡의 이러한 설명은 오히려 理發 · 氣發의 뜻을 밝히는 데 충분한 것"이라고 지적한 바 있다(『四七同異辨』, 〈四七說異〉: 其所推說 適足以發明理發氣發之義).

하고, 율곡이 '인심과 도심의 근원은 하나'라고 고집하는 까닭은 무엇인가?[27] 우계는 '도심은 性命에서 연유하고, 인심은 形氣에서 연유한다'는 말을 '도심은 理發, 인심은 氣發'이라는 취지로 해석하여, 퇴계의 互發論을 수긍한 것이다. 이러한 우계의 설명은 지극히 자연스러운 것 아닌가?

2) 氣質과 形氣는 하나인가, 둘인가?

율곡의 인심도심설에 대해 제기할 수 있는 또 하나의 중대한 문제는 氣質과 形氣가 과연 '같은 것인가, 다른 것인가' 하는 점이다. 율곡은 인심·도심을 논하면서 氣質과 形氣를 엄밀하게 구분하지 않고 혼용하는 경우가 많았다. 그렇다면 氣質과 形氣는 과연 혼용할 수 있는 개념인가?

성리학에서 氣質과 形氣는 모두 氣에 속하지만 서로 범주가 다른 개념이다. 요컨대 '形氣'는 '육체'로서 '飮食男女의 욕구' 또는 '耳目口鼻와 四肢의 욕구'를 설명할 때 거론되는 개념인 반면, '氣質'은 '마음의 재질'로서 氣質의 淸·濁·粹·駁에 따른 '智·愚·賢·不肖' 또는 '知와 行의 中節·不中節(過不及)'을 설명할 때 거론되는 개념이다. 이렇게 본다면, 人心의 근원을 설명할 때엔 形氣를 거론하고, 人心이 지나쳐서 人欲으로 흐르게 됨을 설명할 때엔 氣質을 거론해야 할 것이다. 그런데 율곡의 논설에서는 종종 形氣와 氣質이 맥락에 맞지 않게 혼용되고 있다.[28] 예컨대 율곡은 다음과 같이 말한다.

---

27) 율곡은 性發爲情論을 오해했기 때문에 '인심과 도심의 근원은 하나'라고 고집한 것이다. 이에 대해서는 뒤에서 다시 논하기로 하자.

28) 유교의 경전과 관련지어 말하면, 『論語』 顔淵篇 제1장의 '克己復禮論'은 形氣의 욕망을 극복하는 방법을 논한 것이며, 『中庸章句』 제20장의 '氣質變化論(學問思辨論)'은 濁駁한 氣를 淸粹한 氣로 변화시키는 방법을 논한 것이다. 그런데 율곡은

'사람이 말을 타는 것'으로 비유하자면, '사람'은 '本性'에 해당하고, '말'은 '氣質'에 해당하며, '말의 성품이 순하거나 억센 것'은 '氣稟의 淸濁粹駁이 다른 것'이다. 대문을 나설 때, 말이 사람의 뜻을 따라서 나서기도 하고, 사람이 말의 발을 믿고서 나서기도 하는데, '말이 사람의 뜻을 따라서 나선 경우'는 '사람'에 속하니 바로 '道心'이요, '사람이 말의 발을 믿고서 나선 경우'는 '말'에 속하니 바로 '人心'이다.[29)]

위의 인용문에서는 말(馬)을 '氣質'이라 하고, '人心'과 결부시켰다. 그렇다면 '氣質의 淸濁粹駁'이 '飮食男女의 人心'과 도대체 무슨 관계가 있는 것인가? 또 다음의 두 인용문을 보자.

情의 善·惡은 어느 것인들 性에서 발한 것이 아니겠는가? 그 惡은 본래 惡한 것이 아니요, 다만 形氣에 가려 過·不及이 생김으로써 惡하게 된 것이다. 그러므로 程子는 '善·惡이 모두 天理'라 하고, 朱子는 '天理로 인하여 人欲이 있다'고 한 것이다.[30)]

天理와 人欲은 애초에 두 근본이 아니다. 性에는 다만 仁義禮智만 있을 뿐이니, 어찌 일찍이 人欲이 性 가운데 뿌리박고 있겠는가? 오직 氣에는 淸·濁이 있어서 (사람마다) 다스림과 혼란에 빠짐이 다르니, 그러므로 性이 발하

『聖學輯要』 修己篇 矯氣質章(『栗谷全書』 卷21 頁6~14)에서 이 둘을 함께 수록하고 있는바, 여기서도 율곡이 形氣와 氣質을 같은 범주로 다루고 있음을 엿볼 수 있다.

29) 『栗谷全書』 卷10 頁15, 〈答成浩原〉: 且以人乘馬喩之 則人則性也 馬則氣質也 馬之性或馴良或不順者 氣稟淸濁粹駁之殊也 出門之時 或有馬從人意而出者 或有人信馬足而出者 馬從人意而出者 屬之人 乃道心也 人信馬足而出者 屬之馬 乃人心也

30) 『栗谷全書』 卷20 頁56, 「聖學輯要」: 情之善惡 夫孰非發於性乎 其惡者 本非惡 只是掩於形氣 有過有不及而爲惡 故程子曰 善惡皆天理 朱子曰 因天理而有人欲

여 情이 될 때 過·不及이 생기는 것이다. 仁이 어긋나면 사랑이 흘러 탐욕이 되고, 義가 어긋나면 과단성이 흘러 잔인함이 되며, 禮가 어긋나면 공손함이 흘러 아첨이 되고, 智가 어긋나면 지혜가 흘러 속임수가 된다.[31]

위의 첫째 인용문에서는 過·不及의 원인을 '形氣의 가림'으로 설명했고, 둘째 인용문에서는 過·不及의 원인을 '氣質의 淸·濁'으로 설명했다. 그러면 '形氣의 가림'과 '氣質의 청탁'은 본래 서로 같은 것인가?

다시 말하지만, 성리학의 개념체계에서 '形氣의 가림'과 '氣質의 淸濁'은 서로 범주가 다른 것이다. 形氣의 가림은 食色 등 '육체적 욕망'을 설명하는 개념이며, 氣質의 淸·濁은 '知와 行의 過·不及'을 설명하는 개념이다. 이렇게 본다면, 위의 둘째 인용문은 기존의 논법과 부합하는 설명인 반면, 첫째 인용문은 기존의 논법과 어긋나는 설명이다. 그런데 율곡은 '形氣의 가림'과 '氣質의 淸·濁'을 혼용하고, 그 결과 '인심·도심'을 '中節과 不中節의 문제'로 치환하는 논법을 구사하고 있다. 요컨대 人心은 形氣에서 생기는 것인데, '形氣의 가림'과 '氣質의 淸·濁'을 등치시킴으로써, 마침내 '中節한 것은 도심, 不中節한 것은 인심'이라는 논리를 구사하게 된 것이다.[32] 예컨대 율곡은 〈人心道心圖說〉에서 다음과 같이 말한다.

---

31) 『栗谷全書』 卷20 頁58, 「聖學輯要」: 天理人欲 初非二本 性中只有仁義禮智四者而已 人欲何嘗有所根脈於性中哉 惟其氣有淸濁 而修治汨亂之不同 故性發爲情也 有過有不及 仁之差也則愛流而爲貪 義之差也則斷流而爲忍 禮之差也則恭流而爲諂 智之差也則慧流而爲詐

32) 朱子는 〈答蔡季通〉(『朱子大全』 卷44 頁2)에서 '人心과 道心'은 '본래 근본으로부터 구별되는 것'이요, '中節과 不中節'로 인해 구별되는 것이 아니라고 설명한 바 있다.

理는 본래 純善하지만, 氣에는 清 · 濁이 있다. (…) 善은 清氣가 발한 것이요, 惡은 濁氣가 발한 것으로서, 그 근본은 다만 天理일 뿐이다. 情 중에 善한 것은 맑은 氣를 타고 天理를 따라 곧게 나와 中節하게 되었으니, 그것이 仁義禮智의 단서가 됨을 볼 수 있다. 그러므로 四端이라 이름 붙인 것이다. 情 중에 不善한 것은 비록 또한 理에 근본한 것이나 이미 더러운 氣에 가려 그 本體를 잃고 橫生하여 過 · 不及이 있게 된 것이다. 그리하여 仁에 근본했으나 도리어 仁을 해치고, 義에 근본했으나 도리어 義를 해치며, 禮에 근본했으나 도리어 禮를 해치고, 智에 근본했으나 도리어 智를 해치니, 그러므로 四端이라 말할 수 없는 것이다.[33]

위의 인용문은 '氣의 清 · 濁'으로 '情의 善 · 惡'을 설명한 것이다. 清氣는 天理(선한 본성)를 그대로 中節하게 발현시키는데 이것이 善이요, 濁氣는 天理를 왜곡시켜 不中節하게 발현시키는데 이것이 惡이라는 것이다. 이러한 설명은 그 자체로는 지당한 것이라 할 수 있다. 문제는 율곡이 '濁氣가 天理를 왜곡시켜 不中節하게 발현시킨 것'을 '人心'과 등치시키고 있다는 점이다. 이는 〈人心道心圖說〉의 '그림'에서 명확하게 확인할 수 있다.[34] 그런데 '仁에 근본했으나 도리어 仁을 해치고, 義에

33) 『栗谷全書』 卷14 頁5~6, 〈人心道心圖說〉.

34) 위의 인용문에서는 '仁에 근본했으나 도리어 仁을 해치고, 義에 근본했으나 도리어 義를 해침' 등을 '四端이라 말할 수 없다'고만 했을 뿐 명확히 '人心'이라고 규정하지는 않았다. 그러나 〈人心道心圖說〉의 '그림'에서는 이를 명확히 '人心'에 배속시켰다. 한편 위의 인용문은 〈答成浩原〉(『栗谷全書』 卷10 頁12~13)의 "以情之直遂其性命之本然者 目之以道心 使人存養而充廣之 情之揜乎形氣而不能直遂其性命之本然者 目之以人心 使人審其過不及而節制之 節制之者 道心之所爲也"라는 내용과 비교해보면 그 함의가 더욱 분명하게 드러난다. 요컨대 이 글에서는 '道心'과 '人心'으로 표현했던 것을 〈人心道心圖說〉에서는 '四端'과 '四端 아닌 것'으로 표현한 것이다.

근본했으나 도리어 義를 해침' 등은 '人欲'에 해당하는 것으로서, 이를 '人心'이라 함은 부당한 것이다.

요컨대 율곡은 '形氣와 氣質'을 명확히 구별하지 않음으로써, '인심·도심의 문제'를 '中節·不中節의 문제'로 치환할 수 있었다. 또 인심·도심을 중절·부중절 문제로 규정하면, 人心道心一本論이나 人心道心相爲終始論을 견지하기에 편리하다. 그러나 形氣와 氣質은 서로 범주가 다른 것이므로, 바로 여기서 율곡의 오류를 간파할 수 있다.

4. 율곡 人心道心說의 수정 방향

이제까지 '人心과 道心은 一本인가, 二本인가?'와 '氣質과 形氣는 하나인가, 둘인가?'를 중심으로 율곡 인심도심설의 근본적인 문제점들을 살펴보았다. 율곡은 '인심과 도심은 하나의 근본에서 나온 것'이요, '氣質과 形氣의 범주가 같다'고 보아, '인심과 도심이 모두 本性이 발한 것인데, 中節과 不中節에 따라 나뉠 뿐'이라는 입장을 견지했다. 그런데 율곡의 이러한 입장은 이론적으로 여러 중대한 결점이 있는 것이다. 앞에서 거론한 것처럼, 人心道心一本論을 고집하면 오히려 '和泥帶水'가 되어 大本의 순수함을 해치게 되고, 인심과 도심의 원래 의미를 살리기 어려우며, 인심이 항상 惡(不中節)으로 규정되는 것 등이 그것이다.

그렇다면 우리는 먼저 人心道心一本論을 포기해야 마땅하다. 이는 '인심·도심이 모두 仁義禮智의 본성에서 발한 것'이라는 생각을 포기하는 것이다. 주자는 분명 '인심은 形氣의 사사로움에서 생기고, 도심은 性命의 올바름에 근원한다'고 하여 인심과 도심의 근원을 구분했다. 한편, 율곡도 주자의 或生或原論에 대해 다음과 같이 해설한 바 있다.

주자의 '或原·或生' 도 이미 발한 것을 보고서 立論한 것이다. 그 발한 것이 理義를 위한 것이면 '무엇을 따라 이 理義의 마음이 있게 되었는지' 그 까닭을 밝혀내어, '이는 性命이 마음속에 있는 데서 연유하니, 그러므로 이 道心이 있는 것' 이라고 말한 것이며, 그 발한 것이 食色을 위한 것이면 '무엇을 따라 이 食色의 생각이 있게 되었는지' 그 까닭을 밝혀내어, '이는 血氣가 形體를 이룬 데서 연유하니, 그러므로 이 人心이 있는 것' 이라고 말한 것이다. (…)

무릇 發하는 것은 氣요, 發하는 까닭은 理다. 氣가 아니면 발할 수 없고, 理가 아니면 발현될 것이 없다. 先·後도 없고, 離·合도 없으니, '互發' 이라 말할 수 없다. 다만 人心과 道心은 어떤 것은 形氣를 위한 것이고, 어떤 것은 道義를 위한 것으로서, 그 근원은 비록 하나이지만 그 支流는 이미 나뉘어졌으니, 진실로 兩邊으로 나누어 말하지 않을 수 없는 것이다.[35)]

위의 첫째 문단에서는 '도심은 性命이 마음속에 있는 데서 연유하고, 인심은 血氣가 形體를 이룬 데서 연유한다' 고 했는데, 이것이 '人心道心二本論' 이 아니고 무엇인가? 그런데 둘째 문단에서는 '인심은 形氣를 위한 것이고, 도심은 道義를 위한 것으로서, 그 根源은 비록 하나이지만 그 支流는 이미 나뉘어졌다' 고 했다. 요컨대 주자의 '或生於形氣, 或原於性命' 을 율곡은 '或爲形氣, 或爲道義' 로 표현을 바꾸고 '根源은 하나인데 支流가 둘로 나뉜 것' 이라고 설명한 것이다. 율곡이 이처럼 或生或

35) 『栗谷全書』 卷10 頁4~5, 〈答成浩原〉 : 其所謂或原或生者 見其旣發而立論矣 其發也爲理義 則推究其故 何從而有此理義之心乎 此由於性命在心 故有此道心也 其發也爲食色 則推究其故 何從而有此食色之念乎 此由於血氣成形 故有此人心也云爾 (…) 大抵發之者 氣也 所以發者 理也 非氣則不能發 非理則無所發(發之以下二十三字 聖人復起 不易斯言) 無先後 無離合 不可謂互發也 但人心道心 則或爲形氣 或爲道義 其原雖一 而其流旣岐 固不可不分兩邊說下矣

原論을 或爲或爲論으로 바꾸어 一本論을 고집하는 근저에는 "무릇 發하는 것은 氣요, 發하는 까닭은 理다. 氣가 아니면 발할 수 없고, 理가 아니면 발현될 것이 없다"는 확신이 깔려 있었다.[36] 그렇다면 바로 이 확신이 '문제의 근원'이라 하겠다.

"무릇 發하는 것은 氣요, 發하는 까닭은 理다. 氣가 아니면 발할 수 없고, 理가 아니면 발현될 것이 없다"는 말은 두 측면에서 분석될 수 있다. 첫째는 '발하는(발현시키는) 주체와 발현되는 내용'이라는 맥락, 즉 '能發者과 所發者'의 맥락이다. 둘째는 能發者는 氣뿐이고, 所發者는 理뿐이라는 맥락이다.

성리학의 일반론에 따르면 理는 作爲가 없고(無爲), 氣는 作爲가 있다(有爲). 이러한 일반론에 따른다면, 發의 주체는 氣일 수밖에 없고, 理는 발현되는 내용일 수밖에 없다. 이와 함께 분명히 해 둘 것은, '發의 주체는 氣'라고 할 때의 氣란 '마음(心, 心氣)'을 말한다는 점이다.[37] 여기서 '發'이란 '知覺' 또는 '感應' 작용을 뜻하는바, 성리학에서는 '마음'이 지각 또는 감응의 주체라고 설명하므로,[38] '能發者는 氣(마음)일 뿐'이라 할 수 있겠다.

이제 所發者에 대해 살펴보자. 율곡은 "理가 아니면 발현될 것이 없다"고 하여, 所發者는 理뿐이라 했다. 그렇다면 과연 所發者는 理일 뿐인가? 우선 주자의 다음과 같은 말들을 보자.

> 知覺이 배고파 먹고 목말라 마시는 데서 나온 것이 人心이요, 知覺이 君

36) 율곡은 "聖人이 다시 나오셔도 이 말을 바꾸지 않을 것"이라고 확신한 바 있다.

37) 다시 말하자면, 성리학에서의 氣는 '마음(心, 心氣)'을 뜻하기도 하고 '몸(形氣, 血氣)'을 뜻하기도 한다. 한편, '氣質'이란 '마음의 재질'을 말한다.

38) 『朱子大全』 卷32 頁32, 〈答張欽夫〉: 人之一身 知覺運用 莫非心之所爲

臣·父子로부터 나온 것이 道心이다. (…) 육체에서 생긴 見識이 바로 人心이요, 義理에서 생긴 見識이 바로 道心이다.[39]

知覺이 道理를 얻은 것이 道心이요, 知覺이 聲色臭味를 얻은 것이 人心이다. (…) 道心과 人心은 본래 하나일 뿐인데, 다만 '지각되는 것(所知覺)' 이 다르다.[40]

사람이 태어남은 性과 氣가 합쳐진 것일 뿐이다. 그러나 그 이미 합쳐진 것에 나아가 분석하여 말한다면, 性은 理를 주로 한 것으로서 형체가 없으며, 氣는 형체를 주로 한 것으로서 質料가 있다. 性은 理를 주로 하여 형체가 없기 때문에 公正하며 不善함이 없다. 그러나 氣는 형체를 주로 하여 질료가 있기 때문에 사사롭고 간혹 不善하다. 性은 공정하며 善하기 때문에 그 발하는 것은 모두 天理의 所行이지만, 氣는 사사롭고 간혹 不善하기 때문에 그 발하는 것은 모두 人欲이 지은 바이다. 이것이 舜이 禹에게 警戒함에 人心과 道心의 구별이 있게 된 까닭이다.[41]

위의 첫째 인용문에서는 '지각의 연원' 에 따라 인심과 도심을 구분하고, 둘째 인용문에서는 '지각의 결과' 에 따라 인심과 도심을 구분했다. 이렇게 본다면 인심과 도심은 '지각의 연원' 에 따라 구분할 수도 있

39) 『朱子語類』 卷78(2010쪽) : 知覺從饑食渴飮 便是人心 知覺從君臣父子處 便是道心 (…) 形骸上起底見識 便是人心 義理上起底見識 便是道心

40) 『朱子語類』 卷78(2010쪽) : 知覺得道理底是道心 知覺得聲色臭味底是人心 (…) 道心人心 本只是一箇物事 但所知覺不同

41) 『朱子大全』 卷44 頁2, 〈答蔡季通〉 : 人之有生 性與氣 合而已 然卽其已合而析言之 性主於理而無形 氣主於形而有質 以其主理而無形 故公而無不善 以其主形而有質 故私而或不善 以其公而善也 故其發皆天理之所行 以其私而或不善也 故其發皆人欲之所作 此舜之戒禹 所以有人心道心之別

고 '지각의 결과'에 따라 구분할 수도 있다. 그런데 주목할 것은 둘째 인용문 마지막의 '지각되는 것(所知覺)'이라는 표현이다. 요컨대 '지각의 연원'이든 '지각의 결과'이든 이는 모두 '지각되는 것'으로 포섭될 수 있다. 그런데 여기서 말하는 '지각되는 것'이 바로 위에서 말한 '所發者'인 것이다.

위의 둘째 인용문에서는 '인심과 도심은 서로 지각되는 것(所知覺)이 다르다'고 했다. 인심의 所知覺은 飮食男女나 聲色臭味 등 '形氣의 욕망'이요, 도심의 所知覺은 君臣父子의 義理 등 '性命의 道理'라는 것이다. 특히 위의 셋째 인용문에서는 '인심과 도심'을 '形氣가 발한 것과 性理가 발한 것'으로 구별했다. 그렇다면 주자가 말하는 所發者에는 理와 氣(形氣)가 모두 포함되는 것이다. 그런데 율곡은 '왜, 무슨 근거'로 '所發者는 理뿐'이라는 一本論을 주장하는 것인가?

율곡이 一本論을 고집하는 논거는 둘로 요약된다. 첫째는 "우리 마음의 發用은 곧 천지의 造化인데, 천지의 造化에 두 근본이 없으므로 우리 마음의 發用에도 두 근원이 없다"는 것이요, 둘째는 이른바 '性發爲情論'이다.

먼저 첫째 논거에 대해 살펴보자. 율곡은 우계에게 "天地의 造化는 곧 吾心의 發用이다. 만약 天地의 造化에 理化와 氣化가 있다면, 吾心에도 또한 당연히 理發과 氣發이 있을 것이다. 그런데 天地에 이미 理化와 氣化의 다름이 없는데, 吾心에 어찌 理發과 氣發의 차이가 있겠는가? 만약 우리 마음의 發用이 천지의 造化와 다르다고 한다면, 이는 내가 알 바 아니다."라고 설명하고, "이는 가장 확실하게 깨달아야 할 것이니, 이에 대해 서로 견해가 다르다면 장차 歸一을 기약할 수 없을 것"이라고까지 확언했다.[42] 그렇다면 과연 '天地의 造化'와 '吾心의 發用'은 궤를 같이하는 것인가? 흔히 말하듯이, 天地와 달리 人間은 自意識을 지닌 존재요,

그리하여 自·他를 구분하는 존재가 아닌가? 한편, 율곡의 〈語錄〉에는 다음과 같은 내용이 보인다.

或 問: 天과 人은 하나의 이치이다. 그런데 天은 血氣가 없고 사람은 血氣가 있는 것은 무슨 까닭인가?

振綱 答: 天地의 기운이 무성한 가운데 萬物이 化生하여 각각 그 형체를 이룬 것이다. 무릇 血肉을 지닌 사물은 각각 하나의 氣를 지니니, 그러므로 소(牛)는 소를 낳고, 말(馬)은 말을 낳는 것이다. 天地가 만약 血肉을 지닌 하나의 사물이라면 萬物이 생겨나지 못했을 것이요, 造化의 功用도 끊어졌을 것이다.

或 問: 그렇다면 天은 知覺之心이 없는가?

振綱 答: 血氣之身이 있고 난 다음에야 知覺之心이 있는 것이다.

栗 谷: 天地는 하나의 큰 그릇으로서 수많은 萬物을 감싸고 있는데, 血氣와 知覺이 없기 때문에 그러므로 능히 만물을 公平하게 덮어주고 실어주는 것이다. 그렇지 않으면 天地 또한 하나의 사물일 것이니, 어찌 萬物을 감쌀 수 있겠는가?[43)]

위의 문답에서는 '血氣와 知覺이 없는 天地'와 '血氣와 知覺을 지닌 萬物'을 구별하고, '天地는 혈기와 지각이 없기 때문에 公平하게 만물을 덮어주고 실어주는 것'이라 했다. 이는 '萬物은 혈기와 지각이 있기 때문에 사사롭다'는 뜻이기도 하다. 그렇다면 이는 '天地의 造化'와 '吾心의 發用'은 서로 궤를 달리한다고 구분하는 것 아닌가? 또 유교에서는 늘 '인간의 私心'을 비판하면서 '天地의 공평함'을 본받으라고 요구하

42)『栗谷全書』卷10 頁5, 〈答成浩原〉.

43)『栗谷全書』卷31 頁26~27, 〈語錄〉.

지 않는가?[44] 그렇다면 이는 '天地의 造化는 理化만 있지만, 吾心의 發用에는 理發과 氣發이 함께 있다' 는 주장 아닌가?[45] 이렇게 본다면, "천지의 造化에 두 근본이 없으므로 우리 마음의 發用에도 두 근원이 없다" 는 율곡의 주장은 기각되어야 마땅할 것이다.

이제 '性發爲情論' 에 대해 살펴보자. '性發爲情' 이란 글자 그대로 '본성이 발하여 감정이 된다' 는 뜻이다. 이는 성리학의 기본논리로서, 이 명제 자체는 아무런 문제가 없다. 문제는 이 명제를 해석함에 있어서 종종 '논리적 오류' 를 범한다는 점이다. 율곡은 시종일관 '본성이 발해서 감정이 되는 것' 인바, 인심이든 도심이든 모두 '감정' 이므로, 인심이든 도심이든 모두 '본성이 발한 것' 이라는 논법을 구사했다. 율곡은 바로 이러한 맥락에서 '人心도 仁義禮智의 本性이 발한 것' 이라고 거듭 주장한 것이다.

그러나 이러한 논법은 잘못된 것이다. '性發爲情' 은 '본성이 발하여 감정이 된다' 는 뜻을 함축할 뿐, '모든 감정은 본성이 발한 것' 이라는 뜻을 함축하는 것은 아니다. 요컨대 '도덕적 본성' 이 발하여 감정이 될 수도 있고, '육체적 본능' 이 발하여 감정이 될 수도 있다. 이를 주자의 말로 표현하면 '性命의 공정함' 이 발한 감정은 道心이며, '形氣의 사사로움' 이 발한 감정은 人心인 것이다.

그런데 율곡은 性發爲情論을 논거로 시종일관 '人心도 仁義禮智의 本性이 발한 것' 이라고 주장하고, 다만 인심은 인의예지의 본성이 발하는 과정에 '形氣가 개입한 것' 이라고 설명한 것이다. 그러나 이는 '인심의

44) 『朱子大全』 卷12 頁5, 〈己酉擬上封事〉 : 天無私覆 地無私載 日月無私照 故王者奉三無私 以勞於天下 則兼臨博愛 廓然大公 而天下之人 莫不心悅而誠服 ('三無私' 는 본래 『禮記』의 〈孔子閒居〉에 보이는 내용이다)

45) 위의 問答은 辛巳年(1581)의 일이다. 한편, 이 〈語錄〉에 대해 『栗谷全書』 卷31 頁2에서는 "門人 金振綱이 기록한 것인데, 모두 先生이 손수 校閱한 것" 이라고 설명했다.

원래 의미'를 설명하기 어렵고, 인심을 늘 '不中節(惡)' 한 것으로 전락시키는 등 여러모로 부적합한 것이었다.

지금까지 율곡의 人心道心一本論을 지탱하는 두 논거에 대해 살펴보았다. 이제 우리는 '天地의 造化와 吾心의 發用은 궤를 같이한다'는 주장도 수긍할 수 없게 되었고, '性發爲情이므로 人心도 인의예지의 本性이 발한 것'이라는 주장도 수긍할 수 없게 되었다. 따라서 우리는 人心道心一本論을 폐기하고, 人心道心二本論을 수용해야 할 것이다. 이는 곧 율곡의 氣發理乘一途論을 수정해야 한다는 뜻이기도 하다.

그렇다면 인심과 도심은 어떻게 설명되어야 하는가? 지금까지의 논의를 종합하면서, 인심도심에 관한 온건 타당한 이론을 정립해 보자.

> 첫째, 知覺의 '근원' 문제로서, 인심의 근원은 (인의예지의 본성이 아니라) '사사로운 形氣'이며, 도심의 근원은 '공정한 性命'이다. (人心道心二本論)
>
> 둘째, 知覺의 '주체' 문제로서, 인심과 도심은 모두 마음의 지각작용을 통해서 발한다. (人心道心一物論)
>
> 셋째, 知覺의 '지향' 또는 '결과' 문제로서, 인심은 사사로운 육체적 욕망을 지향하는(지각한) 것이며, 도심은 공정한 인의예지의 도덕을 지향하는(지각한) 것이다. (人心道心二物論)

위의 첫째 명제는 인심과 도심의 '근원'에 대해, 인심과 도심은 서로 근원이 다르다는 人心道心二本論을 피력한 것이다. 율곡은 人心道心一本論을 고집하느라 수많은 이론적 難點을 야기했다. 따라서 율곡설의 수많은 난점들은 人心道心二本論을 수용하면 모두 깨끗하게 사라진다. 첫째 명제는 또한 퇴계의 理氣互發論과 大綱을 같이하는 것으로서, 이에 입각할 때 '人心은 氣發(形氣發), 道心은 理發' 인 것이다.

둘째 명제는 인심과 도심을 발현시키는 '주체' 문제로서, 인심과 도심은 서로 근원이 다르지만, 그러나 인심과 도심은 모두 마음의 지각작용을 통해서 발한다는 말이다. 또한 인심과 도심이 모두 마음의 지각작용을 통해서 발한다는 점에서, 인심과 도심은 '一物' 이라 할 수 있다(人心道心一物論). 이는 또 우리 마음에는 서로 다른 인심과 도심이 있어도, 우리의 '自我는 하나일 뿐' 이라는 말이기도 하다. 둘째 명제는 율곡의 氣發一途論[46]과 大綱을 같이하는 것으로서, 이에 입각할 때 '인심과 도심이 모두 氣發(心氣發)' 인 것이다.

셋째 명제는 인심과 도심의 '지향성'[47] 문제로서, 인심과 도심은 모두 한 마음의 지각작용을 통해서 발하지만, 서로 근원이 다르기에 서로 지향도 다르다는 말이다. 인심은 사사로운 육체적 욕망을 지향하고, 도심은 공정한 인의예지의 도덕을 지향한다는 점에 대해서는 退·栗을 막론하고 누구나 동의할 것이다. 또 인심은 사사로운 육체적 욕망을 추구하고, 도심은 공정한 인의예지의 도덕을 추구하는 것이기 때문에, '도심이 인심을 주재해야 한다' 거나 '인심은 도심의 명령에 따라야 한다' 는 주장이 성립하는 것이다. 그런데 이러한 당위론은 인심과 도심이 별개라는 전제 아래 성립하는 것이다(人心道心二物論).

마지막으로, 위의 내용을 '理發과 氣發' 이라는 전통적 용어로 설명해 보자. '근원' 의 맥락에서는 '인심은 形氣에서 나오고, 도심은 性命에서 나온다' 는 점에서 '인심은 氣發(形氣發), 도심은 理發' 이라 할 수 있고,

46) 이는 '氣發理乘一途論' 자체가 아니라 '理乘' 을 제거한 채 '氣發一途論' 만 수용한다는 의미이다.

47) 여기서 '지향성' 은 율곡이 말한 '食色을 위함, 道義를 위함' 등을 뜻한다. 또한 '지각의 지향성' 은 과거형으로 말하면 '지각의 결과' 인 것이다.

'주체' 의 맥락에서는 '인심과 도심이 모두 마음의 지각작용을 통해서 발한다' 는 점에서 '인심과 도심이 모두 氣發(心氣發)' 이라 할 수 있으며, '결과' 의 맥락에서는 '인심은 形氣의 욕망이 발현된 것이며, 도심은 性命의 道理가 발현된 것' 이라는 점에서 '인심은 氣發(形氣發), 도심은 理發' 이라 할 수 있다. 이를 또 '能發과 所發' 로 설명하면, '지각의 주체' 는 '能發' 에 해당하고 '지각의 근원과 결과' 는 '所發' 에 해당하니, 인심은 마음의 지각작용을 통해 形氣의 욕망이 발현된 것이라는 점에서 '能發은 心氣, 所發은 形氣' 인 반면, 도심은 마음의 지각작용을 통해 도덕적 본성이 발현된 것이라는 점에서 '能發은 心氣, 所發은 本性' 인 것이다.

5. 小結

인심·도심에 대한 율곡의 지론은 '인심과 도심은 모두 仁義禮智의 본성에서 발한 것' 이라는 人心道心一本論이었다. 율곡은 人心과 道心을 一本으로 규정한 다음, 形氣의 개입 여부에 따른 中節과 不中節 문제로 인심과 도심을 구분하는 입장을 시종일관 견지했다. 그러나 율곡의 이러한 주장은 수많은 난점을 야기하며, 율곡설에 대한 後學들의 비판도 대부분 여기에 초점이 있었다.

따라서 율곡의 人心道心一本論 및 이를 지탱하는 주요 논거였던 '天地之化와 吾心之發의 동일성 명제' 와 '性發爲情論' 을 다시 검토해 볼 필요가 있었다. 본고에서는 이들 명제에 대한 재검토를 통하여 율곡의 人心道心一本論을 기각시키고, 퇴계와 우계의 지론이었던 人心道心二本論을 수용했다. 다만 '마음의 虛靈知覺은 하나일 뿐' 이라는 점에서 율곡의 氣發一途論은 여전히 유효한 것임도 재확인했다. 논자는 人心道心二本論과 氣發一途論을 종합하여 인심과 도심을 온건타당하게 설명할 수 있는 이론을 세 개의 명제로 제시했다.

논자가 제시한 세 명제는 율곡 인심도심설의 문제점을 해결하기 위한 것이었는데, 이는 동시에 退溪說과 栗谷說을 정당하게 절충할 수 있는 방안이기도 하다. 그런데 여기서 강조하고 싶은 것은, 이 세 명제는 또한 朱子說을 글자 그대로 평범하게 해석한 것이기도 하다는 점이다. 주자 인심도심론의 핵심 내용은 〈中庸章句序〉의 "마음의 虛靈知覺은 하나일 뿐"이라는 말과 "人心은 形氣의 사사로움에서 생기고, 道心은 性命의 공정함에 근원한다"는 말일 것이다. 그런데 "마음의 虛靈知覺은 하나일 뿐"이라 했으니 '인심과 도심은 一物'인 것이요, "人心은 形氣에서 생기고, 道心은 性命에 근원한다"고 했으니 '인심과 도심은 二本'인 것이다.[48] 한편, 퇴계가 晩年에 제시한 '理의 能發論'은 '지각작용의 주체

48) 或生或原論을 글자 그대로 해석하면 人心道心二本論이 된다. 그런데 율곡은 人心道心一本論을 고수하고자 或生或原論을 或爲或爲論으로 변형시킨 것이다. 한편, 오늘날 두뇌과학자들에 의하면, 인간의 두뇌는 크게 네 단계를 거쳐 진화했다. 먼저 두뇌의 중심에는 가장 오래된 부위인 '腦幹'이 있는데, 뇌간은 반사작용, 심장 박동, 대장 활동, 호흡 등 생명의 가장 기본적인 기능을 관장한다. 뇌간의 상단부를 모자처럼 뒤덮고 있는 부위를 'R-영역'이라 부르는데, R-영역은 공격적 행위, 정형화된 의식 행위, 자기 세력권의 방어, 계층적 위계질서의 유지 등을 관장한다. R-영역은 수억 년 전 인간이 아직 파충류였던 시기에 발달했다. R-영역을 둘러싸고 있는 것이 '邊緣系'로서, 변연계는 인간의 기분과 감정 등 정서적 반응과 행동 그리고 자녀 보호 본능을 지시하고 제어한다. 변연계는 수천만 년 전 인간이 포유류였던 시기에 발달했다. 뇌의 가장 바깥 부위는 지금으로부터 수백만 년 전 인간이 영장류였던 시기에 생긴 '大腦皮質'이다. 대뇌피질은 두뇌 전체 질량의 3분의 2 이상을 차지하며, 읽기와 쓰기, 수학적 추론, 직관과 비판 등 인간의 의식적 삶을 뒷받침하는바, '인간의 인간다움'이나 '인간의 문명'은 대뇌피질의 산물이다. 대뇌피질은 자기 밑에 아직도 버티고 있는 원시 두뇌와 늘 편치 않는 휴전 관계를 유지하며 지낸다(세이건, 『코스모스』, 549~550쪽). 오늘날 두뇌과학자들의 이러한 설명에

는 마음일 뿐' 이라는 주자의 지론에 어긋나는 것이다. 이러한 맥락에서, 각자 선입견을 버리고 주자설을 글자 그대로 이해한다면, 우리는 보다 쉽게 '言順理正한 평범한 진리' 에 접근하게 될 것이다.

우리의 日常語에는 '도덕적 감정' 이라는 말도 있고 '본능적 감정' 이라는 말도 있다. '도덕적 감정은 마음의 지각작용을 통해 도덕적 본성이 발현된 것' 이며, '본능적 감정은 마음의 지각작용을 통해 육체적 본능이 발현된 것' 이라고 설명하면, 言順理正할 것이다. 本考의 이제까지의 장황한 논의는 결국 기존의 '난해하고 수긍하기 어려운 주장들' 을 물리치고,[49] 누구나 쉽게 수긍할 수 있는 이 '평범한 명제' 를 정립하려는 것이었다.

입각하면, 人心道心一本論보다 人心道心二本論이 훨씬 타당할 것이다.

49) 율곡의 "그 근원은 비록 仁義禮智의 本性에 근본하나, 耳目四肢의 사사로움을 말미암아 발하여서, 天理의 本然이 아니기 때문에, 氣를 主로 하여 人心이라고 이름 붙였다"(『栗谷全書』 卷10 頁4, 〈答成浩原〉)는 말은 얼마나 난해한가? 또 '仁義禮智信의 本性' 이 발해서 '食色의 욕망' 이 된다는 말을 어떻게 수긍할 수 있는가?

제3장

湖洛論爭

호락논쟁은 遂庵 權尙夏(1641~1721)의 두 제자였던 南塘 韓元震(字는 德昭, 1682~1751)과 巍巖 李柬(字는 公擧, 1677~1727) 사이의 心性 논쟁에서 발단했다.[1] 1708년(戊子) 8월, 남당은 스승 수암께 편지를 올려 자신의 性三層說과 未發氣質有善惡論을 개진하고, 질정을 구했다.[2] 이 무렵 남당은 〈崔徵厚에게 답하는 편지(答崔成仲)〉에서도 유사한 주장을 펼쳤는데, 이 편지를 외암이 얻어보게 되었다. 1709년(己丑) 외암은 마침내 〈崔徵厚에게 보내는 편지(與崔成仲)〉에서 남당의 人物性異論을 다음과 같이 비판했다.

---

1) 외암과 남당의 心性論爭 이전에도 洛論 계열(農巖 金昌協 계열)과 湖論 계열(遂庵 權尙夏 계열)에서는 그와 유사한 心性論爭이 지속되고 있었다(이에 대한 자세한 논의는 문석윤, 「朝鮮 後期 湖洛論辨의 成立史 硏究」 참조). 외암과 남당의 논쟁에 대해, 農巖 계열의 학자들은 대부분 외암의 성리설을 지지하고, 遂庵 계열의 학자들은 대부분 남당의 성리설을 지지함으로써, 외암과 남당의 논쟁은 '湖論과 洛論의 논쟁'으로 발전한 것이다.

2) 『南塘集』 卷7 頁2~4, 〈上師門(戊子八月)〉 참조.

사람과 동물은 모두 모두 五行의 氣를 고르게 받았으나, 偏·全에는 크게 分數가 있다. 지금 그 分數의 多少와 發用의 與否를 논하는 것은 옳지만, 다섯 가지 중에 '하나는 있고, 하나는 없다' 고 말하는 것은 옳지 못하다. 무릇 一草一木이 어느 것인들 음양오행으로 만들어진 것이 아닌가? 하물며 동물은 草木보다 뛰어난데, 어찌 五行의 理를 완전하게 얻지 못하는 경우가 있겠는가?[3)]

외암은 남당의 未發氣質有善惡論에 대해서는 "이른바 未發이란 바로 氣가 用事하지 않는 때이다. 이른바 淸濁粹駁도 이때엔 情意와 造作이 없어서 湛然純一하니, 또한 善할 뿐이다."[4)]라고 비판했다. 외암의 이러한 비판을 접하고서 남당도 反論을 가하게 되었거니와, 이로써 湖洛論爭이 시작된 것이다.

호락논쟁은 조선 후기 性理學史를 풍미했던 논쟁으로서, 논쟁의 규모나 논의된 내용의 풍부함은 오히려 四七論辨을 능가하는 면이 있다. 호락논쟁은 기존의 性理學이 이론적으로 미진했던 부분을 문제 삼아 세련시킨 것으로서, 이 논쟁을 통하여 事物의 고유한 本性을 概念化할 수 있었고, 未發의 本旨를 심화시킬 수 있었으며, 未發時 마음의 구조를 보다 정밀하게 논할 수 있었다.

주로 學術論辨의 성격을 지녔던 四七論辨과 달리, 湖洛論爭은 學術論辨인 동시에 名分論爭의 성격도 강하게 지녔다. 人性과 物性이 '같다' 는 주장이나 '다르다' 는 주장은, 그 이론적 타당성 여부와 별개로, 윤리·

3) 『巍巖遺稿』 卷七 頁3, 〈與崔成仲(己丑)〉 : 盖人物均受五行之氣 而偏全煞有分數 今論其分數多少發用與否則可 於其五者之中 謂一有而一無則不可 凡一草一木 何莫非二五所造 而况較靈於草木者 寧有不盡稟五者之理哉

4) 『巍巖遺稿』 卷七 頁1, 〈與崔成仲(己丑)〉 : 所謂未發 正是氣不用事時也 夫所謂淸濁粹駁者 此時無情意無造作 澹然純一 亦善而已矣

도덕적 차원에서 매우 큰 의미(명분)를 함축한다. 예컨대 人性과 物性의 同・異 문제는 존재론적 차원에서 인간과 동물의 위상을 규정짓는 문제일 뿐만 아니라 가치론적 차원에서 인간의 존엄성을 해명하는 문제이기도 하다.[5] 聖人과 凡人의 마음의 同・異 문제는 인격의 平等・不等을 존재론적으로 해명하는 문제인데, 이는 사회적 차원에서 평등이나 차별을 정당화하는 문제와 직결되기도 한다. 未發의 善・惡 문제도 마찬가지이다. 성리학에서 未發이란 '天下의 大本'과 연결되는 개념이기 때문에, '天下의 大本과 惡을 연결시킬 수는 없다'는 맥락에서, 남당의 未發氣質有善惡論은 이론적 타당성 여부와 별개로 일정한 거부감을 일으키는 것이다.[6]

그런데 명분론적 접근은 상대방의 주장에 대해 그 本旨를 糊塗하는 경우가 많다. 예컨대 호론에서는 낙론에 대해 '人獸無別論'이라고 비판하는데,[7] 이는 낙론의 本旨와 크게 어긋나는 것이다. 그리하여 본고에서는 가급적 명분론적 차원은 배제하고, 주로 이론적 차원에서 호락논

---

5) 다윈(Charles R. Darwin)의 進化論 이래, '동물에게도 사회성과 도덕성이 있는가?'의 문제는 학자들의 중요한 관심사항이었다(다윈, 『인간의 유래와 성선택』, 69~73쪽 참조). 특히 크로포트킨(P. A. Kropotkin)은 여러 동물들도 인간에 못지않은 사회성과 도덕성을 지니고 있다고 보았다(크로포트킨, 『만물은 서로 돕는다』, 87~90쪽 참조). 문제는 동물의 사회성과 도덕성이 인간의 그것과 대등한 수준인가 하는 점인바, 이는 오늘날에도 여전히 뜨거운 쟁점일 것이다.

6) 명분론적으로 보면, 人性과 物性의 同・異 문제에서는 외암의 人物性同論보다는 남당의 人物性異論이 더 타당해 보이고, 未發의 善・惡 문제에서는 남당의 未發氣質有善惡論보다는 외암의 未發純善論이 더 타당해 보인다. 호락논쟁에 참여한 많은 학자들은 먼저 명분론적 차원에서 자신의 입장을 정립한 다음 이론적으로 그것을 정당화하려고 시도한 경우가 많았다.

7) 『南塘集』 卷20 頁18, 〈答權亨叔〉: 自古異端之說 皆是無分之說也 老莊齊物 告子生之謂性 皆是也 今之學者 以人物之性 謂同具五常 是人獸無分也 釋氏曰心善 而儒者亦曰心善 是儒釋無分也 推尊許衡 以爲聖門眞儒 旣以爲眞儒 則當學其人 是華夷無分也 此三說者 將爲吾道無窮之害

쟁을 조명하고자 한다.[8)]

1. 巍巖과 南塘의 근본 입장

1) 巍巖의 근본 입장

① 人物同具五常論

성리학에서는 理를 논의의 맥락에 따라 '天命·五常·太極·本然之性' 등 여러 명칭으로 부르는데, 외암은 이것들을 모두 같은 것으로 본다. 이는 남당이 '天命은 形氣를 초월한 것(超形氣)'이며 '五常은 氣質을 인한 것(因氣質)'이라 하여, 天命과 五常을 구별하는 것과는 다른 입장이다. 외암이 天命과 五常을 동일시하는 것은 人物性同論의 기반이 된다. 외암은 다음과 같이 말한다.

> 天命·五常·太極·本然은 名目이 비록 많지만, 모두 이 理를 경우에 따라 다른 이름으로 지칭하는 것에 불과하니, 애초에 彼此·本末·偏全·大小의 차이가 있는 것은 아니다. 요약해서 말하면 命과 性으로서 모두 渾然하며, 자세하게 분류하면 四德과 五常으로서 한가지로 粲然하다. 그런데 그것이 참으로 지극한 것을 말하여 太極이라 하고, 그 根柢를 밝혀 本然이라 하는바, 本然과 太極 바깥에 五常과 天命이 있거나, 性과 命 사이에 또한 同·異가 있는 것은 아니다. 이들은 원래 한 곳에 있기 때문에 彼·此와 本·末이 없고,

---

8) 湖洛論爭의 사회정치적 의미에 대해서는 全仁植, 「李柬과 韓元震의 未發·五常 論辨 研究」, 198~199쪽 참조. 그리고 湖洛論爭의 환경윤리적 의미에 대해서는 장승구, 『조선을 움직인 철학자들』, 262~269쪽 참조.

원래 하나이기 때문에 偏·全과 大·小가 없다. 처음부터 억지로 끌어다 합쳐서 一原이라 한 것이 아니라, 다만 하나이기 때문에 一原이라 한 것이다.[9]

외암에 의하면 天命·五常·太極·本然은 理를 여러 각도에서 이름 붙인 것으로서, 사실은 모두 하나이기 때문에 一原이라 한다. 太極과 五常이 一原이고, 天地萬物이 이 一原을 공유한다면, 人物性同論은 자연스러운 귀결이 된다. 여기서 유의할 것은, 외암의 人物性同論은 결코 '人性과 物性은 완전히 같다'는 주장이 아니라는 점이다.

외암의 人物性同論은 정확히 말하면 '人·物이 모두 五常의 전부를 갖추었다'는 人物同具五常論으로서, 인간만 五常을 전부 갖춘 것이 아니요, 동물도 인간처럼 五常을 전부 갖추고 있다는 것이다. 陰陽五行이 모두 갖추어진 뒤에 造化가 이루어지고 萬物이 생긴다는 것은 성리학의 定論이다. 따라서 외암은 人·物이 모두 태어날 때 이미 陰陽五行을 전부 얻었으면 또한 陰陽五行의 理인 健順五常도 전부 얻은 것이 분명하다고 본 것이다.

이른바 '健順五常의 德'이란 곧 '陰陽五行의 理'이다. 陰陽五行이 갖추어진 다음에 造化가 이루어지고 萬物이 생겨난다. (…) 사람과 동물이 태어날 때 이미 고르게 이 氣를 얻었으니, 또한 고르게 이 理를 얻었음이 어찌 분명하지 않은가? (…) 理는 비록 一原이라 하더라도, 氣는 고르지 못하다. 陰陽五行의 正하고 通한 것을 얻으면 사람이 되고, 偏하고 塞한 것을 얻으면 동물이

9) 『巍巖遺稿』 卷4 頁43~44, 〈上遂菴先生〉: 天命五常太極本然 名目雖多 不過此理之隨指異名 而初非有彼此本末偏全大小之異也 約以言之 命之與性 均是渾然 詳以目之 四德五常同一粲然 而語其眞至而謂之太極 明其根柢而謂之本然 非本然太極之外 有五常天命 而性命之間 又有同異也 元在一處 故無彼此本末 元只一物 故無偏全大小也 而亦初非牽聯比屬而謂之一原也 只一物故謂之一原也

> 됨은 자연스러운 추세이다. 사람은 사람의 理를 얻고 동물은 동물의 理를 얻은 것이니, 이것이 이른바 '各得' 이다. 各得 가운데 正·通·偏·塞의 不同이 있다고 할 수는 있지만, 사람만이 홀로 五常의 全部를 얻고 동물은 半은 얻고 半은 얻지 못했다고 한다면 잘못이다. (…) 내 생각에, 正한 것도 五常이요 偏한 것도 五常이며, 通한 것도 五常이요 塞한 것도 五常이다. 正·通·偏·塞이 모두 마찬가지로 五常이나, 사람의 五常은 正·通하기 때문에 능히 發用할 수 있고, 동물의 五常은 偏·塞하기 때문에 發用할 수 없는 것이다. 이제 그 發用 與否를 보고 사람은 五常이 있고 동물은 五常이 없다고 한다면 未盡한 것 아니겠는가? (…) 朱子는 또 "사람의 仁義禮智의 粹然함이 동물에게는 없다"고 했는데, 이 또한 매우 분명하다. (사람은) 正·通하기 때문에 (사람의 五常은) 粹然하고, (동물은) 偏·塞하기 때문에 (동물의 五常은) 粹然할 수 없다. '(동물의 五常은) 粹然하지 못하다' 고 말하는 것은 옳지만, '동물은 五常이 없다' 고까지 말하는 것이 어찌 옳겠는가?[10]

위에서 우선 주목할 것은 외암이 五常을 '五行之理' 로 정의한 것으로서, 이는 남당이 五常을 '五行秀氣之理' 로 정의한 것과 대조되는 것이다.[11] 외암의 지론은 사람과 동물이 모두 五常을 전부 지니고 있는데, 사

10) 『巍巖遺稿』 卷4 頁32~33, 〈上遂菴先生〉: 盖所謂健順五常之德者 卽陰陽五行之理也 二五具而後 造化成而萬物生 (…) 人物之生 旣均得是氣 則亦均有是理 何待辨說而明乎 (…) 盖理雖一原 而氣則不齊 得二五之正且通者爲人 偏且塞者爲物 亦自然之勢 而人得人理 物得物理 是所謂各得也 各得之中 謂有正偏通塞之不同則可 謂有人獨盡得 而物則半得半不得之說 則其理得失 姑未暇論 (…) 愚意則恐正亦五常也 偏亦五常也 通亦五常也 塞亦五常也 同是五常 而正且通 故能發用 偏且塞 故不能發用 今見其發用與否 而謂之一有 而一無 無迺爲未盡耶 (…) 又曰 人之仁義禮智之粹然者 物則無也 此又大煞較然 正且通 故粹然 偏且塞 故不能粹然 謂之未粹然則可 並謂無五常則惡可也

11) 요컨대 남당이 質(quality)을 고려하여 五常을 정의하고 人·物의 차이를 偏·全으로 설명한 것과 달리, 외암은 質을 고려하지 않고 五常을 정의한 다음 人·物의 차이를 質(quality)의 粹·不粹로 설명한 것이다.

람의 五常은 粹然하고 동물의 五常은 不粹하다는 것이다. 외암은 이를 '사람은 사람의 理를 얻고, 동물은 동물의 理를 얻는다' 고 설명하고, 이것이 바로 '各得' 이라고 주장했다. 이것으로 보면, 엄밀히 말해 호락논쟁에서는 '人性과 物性이 같은가, 다른가?' 가 문제 된 것이 아니라 '人性과 物性의 같은 점과 다른 점을 어떻게 설명하느냐?' 가 문제 된 것이다.

위의 인용문에서 주목할 것은 '發用' 이라는 말이다. 외암은 '사람과 동물이 모두 五常의 全部를 지니고 있다' 고 하여 '稟受' 의 차원에서는 人物性同論을 주장하면서도, '發用' 의 차원에서는 "사람의 五常은 正通하기 때문에 능히 發用할 수 있고, 동물의 五常은 偏塞하기 때문에 發用할 수 없다" 고 하여 사람과 동물의 차이를 인정하는 것이다. 요컨대 외암의 人物性同論은 '人·物이 모두 五常을 전부 갖추었다' 는 의미일 뿐, 결코 '人·物의 五常에 차이(正通·偏塞, 粹·不粹)가 없다' 는 의미가 아니었다. 다시 말해, 외암은 人物同具五常論을 주장하면서도 人性과 物性의 '質的 차이' 를 분명히 인정했다. 그리고 人性과 物性의 이러한 '質的 차이' 는 물론 人·物이 품수한 '氣의 質的 차이' 에서 유래한다는 것이다.[12)]

② 未發純善論

외암에 의하면 '未發' 에는 淺·深이 있는 것으로, 깊은 뜻과 얕은 뜻을 모두 알아야만 子思가 말한 未發의 本旨를 제대로 이해할 수 있다. 외암은 子思가 말하는 未發은 '血氣가 물러난 中底未發' 을 지칭하나, 남당이 말하는 未發은 '血氣가 작용하는 不中底未發' 을 지칭한다고 구분하고, 未發의 참뜻에 대해 다음과 같이 설명한다.

---

12) 『巍巖遺稿』 卷4 頁33, 〈上遂菴先生〉: 五常之有粹駁 氣稟然也

朱子는 "未發時에는 堯舜으로부터 塗人에 이르기까지 마찬가지"라고 했고, 율곡은 "衆人이 다행히 한순간이라도 未發時가 있다면 곧 이 온전한 本體가 湛然하여 聖人과 다름이 없다"고 했다. 이 두 말로 未發의 本旨를 추구해 보면, 聖·凡을 막론하고 반드시 이 마음의 全體가 寂然不動하며 方寸이 고요한 물과 같고 밝은 거울과 같아서, 이른바 淸濁粹駁의 고르지 못함이 여기에 이르러 純淸至粹로 고르게 되고(이것이 氣之本然이다) 不偏不倚하게 되어 四亭八當하는 中體가 이에 세워지게 된다면, 이것이 곧 天下의 大本이다. 저 간혹 濁駁하여 고르지 못한 것이 진실로 조금이라도 純淸至粹에 이르지 못한 채 남아있다면 이른바 '고요한 물과 밝은 거울의 본체'는 갑자기 말할 수 없으니, 氣가 本然之氣가 아닌 것이다. 천하에 氣가 本然에 純一하지 않은데 理가 홀로 本然에 純一한 경우는 없으니, 이른바 '不偏不倚의 大本' 또한 어찌 여기에서 갑자기 말할 수 있겠는가? 子思가 말한 '大本'은 '七情이 아직 감응하지 않아서 中體가 우뚝한 것'을 지칭하니, 그 心이 四亭八當하여 그 性이 不偏不倚한 것이다. 四亭八當에 이르지 못했는데도 未發이라고 함은 옳지 못하다.[13)]

위의 인용문으로 볼 때, 남당은 未發을 寂然不動의 의미만으로 이해했다면, 외암은 未發을 寂然不動과 湛然虛明을 겸한 의미로 이해한 것이다.[14)] 이는 분명 외암이 未發의 本旨를 심화시킨 것이라 할 수 있다. 이

---

13) 『巍巖遺稿』 卷4 頁39~40, 〈上遂庵先生〉: 朱子曰 未發之時 自堯舜至於塗人一也 栗谷先生曰 衆人幸於一瞬之間 有未發之時 則卽此全體湛然 與聖人不異矣 以是二說而求於未發之旨 則無論聖凡 必此心全體 寂然不動 方寸之間 如水之止 如鏡之明 則夫所謂淸濁粹駁之有萬不齊者 至是一齊於純淸至粹 (此氣之本然也) 而不偏不倚 四亭八當之中體亦於是乎立 則所謂天下之大本也 彼或濁或駁 參差不齊者 苟有一分未齊於純淸至粹 則所謂水鏡之體 猝未可語 而氣非本然之氣矣 天下未有氣未純於本然而理獨純於本然者 則所謂不偏不倚之大本 亦安可驟語於是哉 子思所謂大本者 是指七情未感 中體卓然者而言 則其心也四亭八當 而其性也不偏不倚矣 未至於四亭八當而謂之未發 未可也

러한 입장에 선 외암에게는 '未發純善'이 당연한 결론이었다.

외암은 '깊은 의미의 未發'을 '大本底未發(中底未發)'이라 하고, '얕은 의미의 未發'을 '不中底未發'이라 했다. 외암은 다음과 같이 말한다.

주자는 "喜怒哀樂이 發하지 않았을 때에 不中한 것은 氣質이 딱딱한 돌처럼 덩어리져 있기 때문"이라 했고, 또 "衆人은 未發時에 이미 저절로 혼란에 빠지니 어떻게 聖人의 中節함을 얻을 수 있겠는가?"라고 했다. 이 말들은 다만 '衆人이 事物과 接하지 않은 것'으로써 '未發의 얕은 뜻'을 말한 것이다. 事物과 접하지 않았기 때문에 대강 未發이라 하며, 情에 속하지 않기 때문에 또한 性이라 하지만, 사실 이 性은 거친 것으로서 의지할 만한 것이 못 되므로, 君子는 性으로 여기지 않는다. 孔子의 '相近之性'부터 退·栗의 '善惡이 있는 性'에 이르기까지 모두 이를 지칭한 것이다. 그러므로 주자는 "惡한 것은 진실로 바르지 못한 것이나, 善한 것도 또한 반드시 中節한 것은 아니다"라고 말했다. 이것이 '不中底未發'이 하나의 界分을 이루는 것이다.

또 주자는 "사람의 마음은 湛然虛明하여 거울이 텅 빈 것과 같고 저울이 균형을 이룬 것과 같다. 그리하여 一身의 主宰가 되는 것은 진실로 그 참된 本體의 本然한 것이다. 그렇기 때문에 아직 感應하지 않았을 때에는 지극히 虛靜하니, 이른바 鑑空衡平의 本體는 비록 귀신이라도 그 틈을 엿보지 못한다."고 말하고, 또 "喜怒哀樂이 發하지 않은 상태의 中은 衆人과 聖人이 동일하다."고 말했다. 이 말들은 모두 聖·凡을 일관하여 그 본래 밝은 本體를 가리켜 未發의 깊은 뜻을 말한 것이다. 그 본래 밝은 本體에 의거했기 때문에 聖·凡이 다르지 않으며, 理·氣의 근원인 것이므로 心과 性에 두 근본이 없

---

14) 주자는 未發의 의미를 '思慮未萌而知覺不昧'로 설명한 바 있는데(『朱子大全』 卷32 頁32, 〈答張欽夫〉), '寂然不動'은 '思慮未萌'과 상응하고, '湛然虛明'은 '知覺不昧'와 상응한다.

는 것이다. 사실 그 心이 四亭八當하기 때문에 그 性도 不偏不倚한 것이니, 이것이 子思의 未發 한마디가 진실로 千聖이 말하지 않은 것을 말한 것으로서, 그 이치가 지극히 정밀하다. 그러므로 朱子는 "이 마음으로 萬物의 변화에 응한다면 어디든지 알맞지 않음이 없을 것"이라고 하였다. 이것이 '大本底未發'이 있는 곳이다.[15)]

외암은 未發을 大本底未發(中底未發)과 不中底未發로 나누고, 不中底未發에 의거한 性은 情이 아니기 때문에 性이라고는 하지만 性의 참된 면이 아니므로 君子는 性으로 여기지 않는다고 했다. 요컨대 不中底未發은 참된 未發이라 할 수 없고, 中底未發만이 참된 未發이라는 것이다. 『大學』의 '明德'과 결부시켜 설명하면, 明德의 本體는 聖人과 凡人이 다르지 않으나, 氣稟에 가려진 明德은 昏明이 고르지 못한바, 그렇다면 未發의 本體는 '本體의 밝음이 일찍이 끊임이 없는 것'에서 논해야지, '氣稟의 가림 때문에 때에 따라 어두운 것'에서 논할 수는 없다는 것이다.

이상의 논의를 종합하면, 寂然不動과 湛然虛明 가운데 前者만 충족시키면 不中底未發이요, 兩者를 동시에 충족시키면 中底未發인 것이다. 외암은 남당이 말하는 未發이란 寂然不動만을 의미하는 것으로서, 이는

---

15) 『巍巖遺稿』 卷12 頁27~28, 〈未發辨〉: 朱子曰 喜怒哀樂未發而不中者 是氣質塊然 如頑石相似 又曰 衆人未發已自汨亂 至感發處 如何會如聖人中節 此數說者 則盖只以衆人之不接事物而淺言之 據其不接事物故粗謂之未發 不屬情用 故亦謂之性 而實則其性𪉩 在靠不得 故君子有不性焉 自孔子相近之性以下 至退栗性亦有善惡者 皆指此也 故朱子曰 惡者 固爲非正 而善者 亦未必中也 此不中底未發 自是一界分也 又朱子曰 人之一心 湛然虛明 如鑑之空 如衡之平 以爲一身之主者 固其眞體之本然 故其未感之時 至虛至靜 所謂鑑空衡平之體 雖鬼神 有不得窺其際者 又曰 喜怒哀樂未發之中 衆人與聖人 都一般 此數說者 則盖通聖凡 指其本明之體而深言之 據其本明之體 故聖凡無異致 理氣之原 故心性無二本 而實則其心四亭八當 故其性不偏不倚 此子思未發一言 實發千聖所未發 而其理盖極精矣 故朱子曰 以此心而應萬物之變 無往而非中矣 此大本底未發 眞箇是築底處也

참된 未發의 本旨라 할 수 없다고 비판하면서, 湛然虛明을 아울러 논의할 것을 주장한 것이다.[16)]

③ 理氣同實과 心性一致

외암은 性을 本然之性과 氣質之性으로 분석하여 논하는 것과 마찬가지로, 心에 대한 논의도 本然之心과 氣質之心으로 분석하여 논해야만 한다고 주장한다. 或者의 "古人들이 本然과 氣質로 對待해서 性을 논한 적은 있어도, 對待해서 心을 논한 적은 없다. 이제 그대가 氣質之心을 말하는 것은 創新한 것이 아닌가? 또 本然之性을 논할 때 單指理 하나만으로 다 해당하는 것인데, 그대는 반드시 本心에 나아가 單指해야 한다고 하니, 이는 理를 살핌이 未熟하기 때문에 簡要하지 못하여 그런 것인가?" 라는 질문에, 외암은 다음과 같이 답변한다.

> 心은 하나이되 위에 '道' 字를 붙이면 本心이 되고 '人' 字를 붙이면 氣質之心이 된다. 말은 創新한 것 같지만 이치는 실상 의심할 바가 없으니, 무슨 혐의가 있겠는가? 또 性이 中인가, 아니면 性이 확립된 것이 中인가? 性이 확립되고 확립되지 못함은 이 本心의 存·亡을 기다리지 않고 저절로 말미암는 것인가? 이제 心體의 善·惡을 헤아리지 않고 오직 單指理로 中이라 한다면, 또한 마땅히 心用의 善·惡을 따지지 않고 單指理로서 和라고 해야 한다. 子思의 未發說이 과연 본래부터 허공에 떠서 理를 말하여 本心에 나아가지 않고서 말한 것이겠는가?[17)]

---

16) 외암은 中底未發時에 理를 單指한 것이 本然之性이요, 不中底未發時에 理·氣를 兼指한 것이 氣質之性이라고 보았다. 그런데 외암은 '不中底未發은 참된 의미의 未發이라고 할 수 없다' 고 주장하기 때문에, 남당이 "氣質之性이 未發時에 있지 않으면 어디에 있는가?" 라고 비판하게 된 것이다.

외암은 기존의 道心을 本心(本然之心)으로, 人心을 氣質之心으로 규정하고, 本然之性을 논할 때는 반드시 本然之心에 나아가 理를 單指해야 하며, 氣質之心에 나아가 理를 單指한 것은 本然之性이라 할 수 없다고 주장했다. 이것은 기존의 本然之性 · 氣質之性에 대한 논의가 '미발시 單指理 · 兼指氣'로 굳어진 것에 대한 비판이며 보충이라 할 수 있다. 여기서 本然之心이란 中底未發을 말하며, 氣質之心이란 不中底未發을 말한다. 氣가 本然의 상태에 있어야만 理도 本然의 상태로 있을 수 있다는 것이 외암의 지론으로서, 외암은 이를 '理氣同實 心性一致'라 했다. 이에 대한 외암의 설명을 더 인용해 보기로 하자.

> 性理의 善이 비록 心氣에 근본하는 것은 아니라 해도 性理之善의 存亡은 사실 心氣之善의 與否에 달려있다. 天下에 과연 本心은 없어졌는데 天理는 보존되는 수가 있겠는가? 또한 動物의 心으로 人極을 세울 수 있겠는가? 그렇다면 '氣가 純해야만 理도 純하다'는 말을 어찌 갑작스럽게 버릴 수 있겠는가?[18]

> 大本을 論할 때는 반드시 本心之體에 나아가 單指해야만 하며, 達道를 논할 때는 반드시 本心之用에 나아가 單指해야 한다. 性理의 善이 비록 心氣에 근본하는 것은 아니지만 性理之善의 存亡은 사실 心氣之善의 與否에 달려있다.

---

17) 『巍巖遺稿』 卷13 頁4, 〈未發辨後說〉: 心一也 上面着箇道字 則是本心也 着箇人字 則是氣質之心也 言似刱新而理實無疑 夫何嫌乎 且性爲中乎 性之立爲中乎 其立與不立 又不待此本心之存亡而能自由乎 今不計心體之善惡 而惟單指爲中 則亦當不計心用之善惡而單指爲和矣 子思未發之說 果本懸空說理 不就本心而言乎哉

18) 『巍巖遺稿』 卷12 頁24, 〈未發有善惡辨〉: 性理之善 雖則不本於心氣 而其善之存亡 實繫於心氣之善否 本心亡而天理存者 天下有是乎 以物之心而立人之極 天下有是乎 然則氣純而後理純之論 又安可猝然廢之哉

天下에 과연 心은 바르지 못한데 性은 홀로 中할 수 있고, 氣는 順하지 못한데 理는 스스로 和할 수 있겠는가? 그러므로 理를 單指한 (大本之性의) 善은 그 器와 관계가 없다고 해도, 사람에게 있어서는 반드시 '理氣同實 心性一致' 의 관점에서 말하는 것은 혹시 '理는 그런데 氣는 그렇지 않으며, 性은 그런데 心은 그렇지 않다' 고 하면 끝내 大本 · 達道가 될 수 없고, 中和의 德이 될 수 없기 때문이다.[19)]

외암에 의하면 性理의 善이 心氣의 善에 근본한 것은 아니지만, 사실 兩者가 '관계있다' 는 것이다.[20)] 이상의 논의를 종합하면, 외암은 心과 性을 각각 本然과 氣質로 나누고, 本然之性은 本然之心에 나아가 理를 單指한 것이며, 氣質之性은 氣質之心에 나아가 氣를 兼指한 것이라고 보았다. 그런데 외암의 本然之心이란 明德本體를 말하는 것으로서, 이는 聖 · 凡이 같다는 것이며, 心 · 道心 · 本心 · 天君이라고 표현되기도 한다. 이에 비하여 氣質之心은 血氣의 淸 · 濁이 百體에 가득 찬 것으로서, 단순히 氣質 · 人心으로 표현되기도 하며, 이는 聖 · 凡이 다르다는 것이다. 이러한 기반 위에서 외암은 本然之性을 理通과 관련시켜 人物性同을 설명하고, 氣質之性을 氣局과 관련시켜 人物性異를 설명하였다.

---

19) 『巍巖遺稿』 卷12 頁29~30, 〈未發辨〉 : 論大本則必就夫本心之體而單指焉 論達道則又必就本心之用而單指焉 盖性理之善 雖則不本於心氣 而其善之存亡 實係於心氣之善否 心之不正而性能自中 氣之不順而理能自和 天下有是乎 故單指之善 自不干涉於其器 而在人則必待夫理氣同實 心性一致處言之者 或慮理然而氣不然 性然而心不然 則畢竟不成爲大本達道 不成爲中和之德故也

20) 외암의 '理氣同實 心性一致' 는 남당의 "未發時 氣質의 善惡이 性의 本善을 害하지 않는다"는 주장에 대한 비판이었다. 한편, 외암의 '理氣同實 心性一致' 는 理氣不相離에 입각한 것이다.

④ 心體와 氣質의 관계 : 異位異時

'心과 氣質의 異位異時論' 이란 '心과 氣質은 본래 별개로서(異位), 서로 번갈아 가며 작용한다(異時)' 는 말이다. 외암이 말하는 '心' 이란 '湛然虛明한 마음의 本體' 로서 이는 '虛靈, 明德本體, 天君, 道心, 本然之心' 등으로 표현되기도 한다. 외암이 '心' 을 '湛然虛明한 마음의 本體' 로 규정한 것은 남당과 궤를 같이하나, '湛然虛明한 마음의 本體' 를 또 '道心' 이라 규정한 것은 남당과 궤를 달리한다. 외암은 '氣質' 에 대해서는 남당과 더욱 설명을 달리했다. 남당은 氣質을 '마음의 材質' 로 이해했으나, 외암은 氣質을 '血氣' 또는 '形氣' 와 동일시하고, 이를 '人心' 과 연결시켰다. 人心과 道心은 異位異時로 규정할 수 있는 소지가 다분하거니와, 외암은 '心과 氣質' 의 관계를 '道心과 人心' 의 관계로 파악함으로써 마침내 異位異時論을 전개하게 된 것이다. 우선 외암의 다음과 같은 말을 보자.

明德의 本體는 聖 · 凡이 함께 얻은 것이니, 이것이 곧 '心' 이요, '天君' 이다. 血氣의 淸濁은 聖 · 凡이 서로 다르게 稟受한 것이니, 이것은 '百體에 가득 찬 것' 으로, 이른바 '氣質' 이다.[21]

위의 인용문은 외암의 '心과 氣質' 에 대한 근본적인 구별을 잘 보여준다. 이제 외암의 다음과 같은 말을 보자.

무릇 하늘이 만물을 命할 때, 오직 인간만이 陰陽五行의 正通한 氣를 얻어 寂感의 妙와 中和의 德을 갖추고 만물보다 신령하고 고귀하게 되었으니, 이

---

21) 『巍巖遺稿』 卷9 頁20, 〈答尹瑞膺〉 : 明德本體 則聖凡同得 此卽心也 天君也 血氣淸濁 則聖凡異稟 此卽充於百體者 所謂氣質也

> 것이 明德의 本體로서 聖·凡이 함께 얻은 바이다. 孔子가 말한 '操存舍亡의 마음', 孟子가 말한 '仁義禮智의 마음', 朱子가 말한 '원래 不善이 없는 마음' 등은 모두 다만 이 마음일 뿐이니, 聖·凡을 막론하고 이 마음 밖에 다른 마음은 없다. 다만 그 正通이라는 큰 테두리 안에서도 또 淸濁粹駁의 차이가 있으니, 이는 곧 '百體에 가득 찬 血氣'로서, 이른바 '氣稟'이 이것이다. 聖人과 凡人은 그 拘碍된 바의 淺·深에 따라 이 마음이 어둡게 되기도 하고 밝게 되기도 하며, 선하게 되기도 하고 악하게 되기도 한다. 그러나 그 賓·主와 本·末 사이에, 心은 스스로 心이고, 氣稟은 스스로 氣稟이어서, 界分과 部伍가 또한 매우 분명하다.[22]

'明德의 本體'를 '心'으로 규정하는 것, 이 명덕의 본체는 聖人과 凡人 사이에 차이가 없다는 것은 성리학의 일반론이다. 또 氣稟(氣質)에는 淸濁粹駁의 차이가 있는바, 여기에서 聖人과 凡人의 차이가 생긴다는 것 역시 성리학의 일반론이다. 위의 인용문에서 주목할 것은 '氣稟'을 '百體에 가득 찬 血氣'로 규정한 것과 '心은 스스로 心이고, 氣稟은 스스로 氣稟이어서, 界分과 部伍가 또한 매우 분명하다'고 한 것이다. 요컨대 외암은 氣質을 '마음의 材質'로 이해하지 않고 '百體에 가득 찬 血氣'로 이해함으로써, 心과 氣質을 별개로 규정하게 된 것이다.

한편, 외암은 기존에 本性을 本然之性과 氣質之性으로 나누어 논의한 것을 연장시켜, 마음도 本然之心과 氣質之心으로 나누어 논의하는 것이

---

22) 『巍巖遺稿』 卷12 頁25~26, 〈未發辨〉: 夫天之命物也 惟人得二五正通之氣 具寂感之妙 中和之德 而靈貴於萬物 此明德本體 而卽聖凡之所同得者也 孔子所謂操存舍亡之心 孟子所謂仁義禮智之心 朱子所謂元無不善之心者 都只此心 則不論聖凡 此心之外 無他心矣 但於其正通大分者 又不無淸濁粹駁之異焉 此卽血氣之充於百體者 所謂氣稟 是也 聖凡之間 隨其所拘之淺深 而此心爲之昏明焉 爲之善惡焉 而然其賓主本末之間 心自心而氣稟自氣稟 界分部伍 亦甚井井矣

마땅하다고 보았다. 本然之性과 氣質之性으로 구분해서 이해한 뒤에야 性理의 實相이 남김없이 밝혀지듯이, 마음에 대해서도 本然之心과 氣質之心으로 구분해서 이해해야만 心體의 實相이 남김없이 밝혀진다는 것이다. 이러한 맥락에서 외암은 기존의 道心을 本心(本然之心)으로, 人心을 氣質之心으로 규정하고, 本然之性을 논할 때는 반드시 本然之心에 나아가 理를 單指해야 한다고 주장했다. 氣質之心에 나아가 理를 單指한 것은 本然之性이라 할 수 없다는 것이다. 외암은 다음과 같이 말한다.

> 『大學章句』의 明德에 대한 설명과 관련시켜 논한다면, '虛靈不昧하여 衆理를 갖추고 萬事에 應하는 것'은 本然之心이며, '氣稟에 의하여 拘碍된 것'은 氣質之心이다. 두 개의 마음이 있는 것은 아니지만, 拘碍된 것과 拘碍되지 않은 것 때문에 두 이름이 있는 것이다. '大本之性'이란 당연히 本然之心에 나아가 理를 單指한 것이며, '氣質之性'이란 당연히 氣質之心에 나아가 理·氣를 兼指한 것이다. 비록 동일한 方寸이라도 구애된 것과 구애되지 않은 것 사이에는 스스로 界分이 존재하니, 또 어찌 전혀 분별하지 않고 '單指와 兼指'만으로 한 곳에서 섞어서 말할 수 있겠는가?[23]

위의 인용문으로 보면, 외암이 말하는 本然之心은 앞에서 말한 '心, 明德本體, 道心'과 상응하며, 氣質之心은 앞에서 말한 '氣稟, 血氣, 人心'과 상응하는바, 외암은 本然之心과 氣質之心 사이에는 '스스로 界分이 존재한다'고 했다.

---

23) 『巍巖遺稿』 卷12 頁30, 〈未發辨〉: 以大學章句言之 其曰虛靈不昧 以具衆理應萬事者 此本然之心也 其曰爲氣稟所拘者 此氣質之心也 心非有二也 以其有拘與不拘而有是二指 則所謂大本之性者 當就其本然之心而單指 所謂氣質之性者 當就其氣質之心而兼指矣 雖同一方寸 而拘與不拘之間 其界分自在 則又安可都無分別 而單指兼指滾說一處乎

이상에서 외암이 '心과 氣質'을 별개로 구분하는 내용을 살펴보았거니와, 이것이 바로 '心과 氣質의 異位論'이다. 앞의 여러 인용문에 보이듯이, 외암은 물론 '心은 하나'라고 말한 적도 있고, '두 개의 마음이 있는 것은 아니다'라고 말한 적도 있다. 그런데 외암은 "心은 스스로 心이고, 氣稟은 스스로 氣稟이어서, 界分과 部伍가 또한 매우 분명하다"고 하여, 心과 氣質을 전혀 별개의 것으로 규정한 것이다.

외암이 '未發'을 中底未發과 不中底未發로 구분하는 것도 '마음'을 '心과 氣稟' 또는 '本然之心과 氣質之心'으로 구분하는 것과 궤를 같이 한다. 외암은 다음과 같이 말한다.

> 明德은 곧 天君이요, 血氣는 곧 氣質이다. 天君이 主宰하면 血氣가 百體로 물러나 方寸이 虛明해지는데, 이는 '大本이 존재하는 곳'으로서, '子思가 말하는 未發'이다. 天君이 주재하지 않으면 血氣가 方寸에서 用事하여 淸·濁이 고르지 못하게 되는데, 이는 '善·惡이 뒤섞인 것'으로서, '南塘이 말하는 未發'이다.[24]

> 未發의 참된 경지는 本心이 湛一하여 血氣가 물러난 때를 두고 논해야 마땅한가, 아니면 血氣가 侵汨하여 本心이 昏蔽해진 때를 두고 논해야 마땅한가?[25]

위의 두 인용문에 보이는 내용, 즉 "天君이 主宰하면 血氣가 百體로 물

24) 『巍巖遺稿』 卷12 頁26, 〈未發辨〉: 明德卽天君也 血氣卽氣質也 天君主宰 則血氣退聽於百體而方寸虛明 此大本所在 而子思所謂未發也 天君不宰 則血氣用事於方寸 而淸濁不齊 此善惡所混 而德昭所謂未發也

25) 『巍巖遺稿』 卷10 頁25, 〈答兪子恭〉: 未發眞境 當論於本心湛一血氣退聽之時乎 抑當論於血氣侵汨本心昏蔽之時乎

러나 方寸이 虛明해지고, 天君이 주재하지 않으면 血氣가 方寸에서 用事하여 淸 · 濁이 고르지 못하게 된다"거나 "本心이 湛一하여 血氣가 물러난 때, 血氣가 侵汨하여 本心이 昏蔽해진 때"라는 말은 외암이 '心과 氣質'을 '서로 번갈아 가며 작용하는 관계' 또는 '서로 勝負를 겨루는 관계'로 이해하고 있음을 보여주는바, 이러한 말들은 心과 氣質의 異位論과 異時論을 동시에 함축하는 것이다.

이상에서 외암의 '心과 氣質의 異位異時論'을 살펴보았거니와, 이제 그 문제점을 간단히 지적해 보기로 하자. 異位異時論의 가장 큰 문제점은 '二心二性論'에 빠진다는 점이다. 인간에게는 '하나의 마음, 하나의 본성'만이 있다는 것은 성리학의 대전제이다. 그런데 心(本然之心)과 氣質(氣質之心)을 별개로 규정하고, 本然之性은 本然之心에 나아가 理를 單指한 것이요, 氣質之性은 氣質之心에 나아가 理 · 氣를 兼指한 것이라고 규정한다면, 이는 인간에게 '두 개의 마음, 두 개의 본성'이 있다는 논리가 되는 것이다. 이러한 맥락에서, 남당은 외암의 異位異時論에 대해 다음과 같이 비판한 바 있다.

> (외암은) "心에는 本然과 氣質이라는 두 본체가 있어서, 本然之心은 本然之性을 갖추고 있고 氣質之心은 氣質之性을 갖추고 있으며, 未發에는 中底未發과 不中底未發의 두 경계가 있어서, 大本之性은 中底未發에 있고 氣質之性은 不中底未發에 있다."고 말했거니와, 그리하여 '二心二性'이라는 비난이 제기되는 것이다.[26]

---

26) 『南塘集』 卷11 頁47, 〈未發氣質辨圖說〉 : 以爲心有本然氣質之二體 而本然之心 具本然之性 氣質之心 具氣質之性 未發有中與不中之兩界 而大本之性 在中底未發 氣質之性 在不中底未發云云 而二心二性之難又起矣

위의 인용문은 외암의 異位論에 대해 남당이 同位論의 입장에서 제기한 비판이다. 한편, 외암의 주장대로 '氣質之心'은 '氣稟에 의하여 拘碍된 것'이요, '氣質之性'이란 '氣質之心에 나아가 理·氣를 兼指한 것'이라 한다면, 이는 또 두 가지 문제를 야기한다. 첫째는 氣質之性은 늘 악한 것으로 규정될 수밖에 없다는 것이요, 둘째는 순선한 인격으로 전제되는 聖人의 경우에는 氣質之性이 없는 것으로 간주되어야 한다는 점이다. 이러한 맥락에서 남당은 외암에게 다음과 같이 비판한 바 있다.

> (외암은) "湛然虛明과 昏昧雜擾는 결코 하나의 境界가 아니다"라고 했다. (…) 聖人의 마음은 잠시도 昏昧한 때가 없으니, 그러면 聖人은 원래 氣質之性이 없는 것이다. 그렇다면 聖人은 다만 하나의 性만 있고, 衆人은 도리어 두 개의 性이 있다는 것이니, 이는 일찍이 들어보지 못한 말이다. (…) 만약 (외암처럼) "心이 昏昧散亂한 것은 바로 氣質이 用事한 것으로서, 여기에 氣質之性이 존재한다"고 한다면, 이는 氣質之性은 순전히 不善한 것이 되고, 이러한 昏昧散亂이 없는 聖人의 마음은 홀로 氣質之性이 없다는 말이 된다.[27]

외암처럼 心(本然之心)과 氣質(氣質之心)을 별개로 규정하면 '二心二性論'이라는 비판을 야기하고,[28] 또 氣質之心을 '氣稟에 의해 구애된 마

27) 『南塘集』 卷11 頁45~46, 〈未發氣質辨圖說〉: 湛然虛明昏昧雜擾 決非一境界也 (…) 且聖人之心 無一刻昏昧之時 則是聖人元無氣質之性 而聖人只有一性 衆人却有兩性也 此亦未之前聞矣 (…) 若曰心之昏昧散亂者 正是氣質之用事 而氣質之性 乃在於此 則是氣質之性 純乎不善 而聖人之心 無此昏亂者 獨無有氣質之性矣

28) 사실 우리의 心과 性이 '하나이냐, 둘이냐'의 문제는 맥락에 따라 다양하게 설명할 수 있다. 남당이 외암설에 대해 '二心二性論'이라고 비판한 것은 '인간에게는 하나의 마음, 하나의 본성이 있을 뿐'이라고 전제했기 때문이다. 그런데 이 문제는 맥락에 따라 '하나이냐, 둘이냐'를 달리 설명할 수 있는 것이다. 예컨대 '지각과 반응의 주체로서의 마음'은 '하나'일 뿐이지만, 지각의 근원도 다르고 지향도 다

음' 으로 규정한다면 聖人의 氣質之性에 대해서는 제대로 설명하기 곤란하다는 문제점을 야기하는 것이다.

2) 南塘의 근본 입장

① 人物性異論과 性三層說

남당은 理는 '보편적인 道理' 를 말하나 性은 '人·物이 얻은 것' 에 나아가 말하는 것이라 하고,[29] 또 理는 '아직 사물이 있기 전에 갖추어진 것' 이나 性은 '사물이 생긴 뒤에 있는 것' 이라 하여,[30] 理와 性을 구분한다. 요컨대 "性의 實體는 理에서 벗어나지 않지만, 性이라는 名義는 氣가운데 있음에서 비롯된다"[31]는 것이다. 남당은 주자의 "일반적으로 性은 모두 氣質을 因하여 말한 것"[32]이라는 말을 소개하고, 다음과 같이 설명한다.

> 理가 氣 가운데 부여된 뒤에 性이 된다. 그러므로 性은 氣質을 因하여 말하는 것이다. 氣質을 因하지 않는다면 性이라 할 수 없다. 性이 비록 氣質을 因하여 이름 지은 것이나, 性이란 氣質 가운데 부여된 理를 지칭하는 것으로서

르다는 점에서 人心과 道心은 '둘' 인 것이다. '本然之性과 氣質之性' 도 '理一과 分殊' 의 맥락에서 보면 '하나' 이지만(남당설), '仁義之性과 食色之性' 의 맥락에서 보면 '둘' 인 것이다(외암설). 따라서 외암설의 진정한 문제점은 '淸濁粹駁이 존재하는 氣質' 과 '耳目口鼻의 形氣(血氣)' 를 동일시하고 있다는 점이다.

29) 『南塘集』 卷28 頁25, 〈李公舉上師門書辨〉 : 理卽公共說道理也 性則就人物所得者而言也

30) 『南塘集』 卷13 頁4, 〈答尹瑞膺〉 : 理則具於無物之前 而性則立乎有物之後

31) 『南塘集』 卷28 頁25, 〈李公擧上師門書辨〉 : 性之實體 不外乎理 而性之名義 由其在氣

32) 『朱子大全』 卷61 頁13, 〈答林德久〉 : 非氣無形 無形則性善無所賦 故凡言性者 皆因氣質而言

氣質과 섞어서 말하는 것이 아니다. (…) 性이란 氣質을 因하여 말하는 것이기 때문에 五常이라는 名目의 다름과 人·物의 稟受한 바의 차이가 있으며, 또 그 가운데 부여된 理를 지칭하기 때문에 五常의 德과 人·物의 性이 모두 그 善을 잃지 않는 것이다.[33)]

위에 보이듯이, 남당은 '因氣質' 이라는 말로 人性과 物性의 '다름' 과 '純善' 을 동시에 설명했다. 性은 氣質을 인한 것이기 때문에 人性과 物性이 다르고, 하지만 理를 지칭하는 것이기 때문에 모두 善하다는 것이다. 남당은 '因氣質' 을 '氣局之理' 로 설명하기도 한다. 氣局之理란, 理가 陽에 국한되면 健이 되는데 이것이 陽의 性이고, 陰에 국한되면 順이 되는데 이것이 陰의 性으로서, 여기서 健順을 氣局之理라 한다는 것이다.[34)] 남당은 또한 五常은 단순한 '五行之理' 가 아닌 '五行秀氣之理' 라 하여, 다음과 같이 말한다.

五常은 五行秀氣之理이다. 반드시 '뛰어난 氣(秀氣)' 를 얻은 다음에야 그 理가 五常이 된다. 만일 秀氣를 얻지 못했다면, 비록 그 理가 없는 것은 아니지만 그것을 五常이라 할 수는 없다. 사람은 五行의 秀氣를 모두 얻었으므로 五常의 德을 모두 갖추었으나, 동물은 혹 一氣의 秀를 얻었다 하더라도 五行의 秀氣를 모두 얻은 것은 아니다. 그러므로 虎狼의 仁이나 蜂蟻의 義 등은 五德 가운데 겨우 하나의 德을 얻은 것으로서, 그 나머지의 德은 얻지 못한 것

33) 『朱子言論同異攷』 卷2 頁1 : 蓋理賦於氣中然後方爲性 故曰因氣質而言 不因乎氣質 則不名爲性矣 性雖因氣質而名 然其所指爲性之物 則實指其中所賦之理 非雜乎氣質而言也 (…) 因氣質而言 故有五常名目之殊 人物所稟之異矣 指其中所賦之理 故其爲五常之德 人物之性 又皆不失其爲善矣

34) 『南塘集』 卷28 頁38, 〈李公擧上師門書辨〉 : 何謂氣局之理 理局於陽則爲健而爲陽之性 局於陰則爲順而爲陰之性 推之於五行萬物 莫不然矣

이다.[35)]

사람은 五行의 秀氣를 모두 얻었으므로 五常을 모두 갖추었으나(全), 동물은 五行의 秀氣를 일부만 얻었기 때문에 五常도 일부만 얻었다(偏)는 것이다. 이상의 내용을 종합하면, 남당은 性의 실체는 理이지만 性은 '氣質을 因한 것'으로서 '氣局之理'이며, 五常은 단순한 五行之理가 아니라 '五行秀氣之理'로서 사람만이 五行秀氣之理를 모두 얻었다는 맥락에서 人物性異論을 주장한 것이다.

한편, 기존의 性에 대한 二分法으로는 人性과 物性의 同·異 문제를 온당하게 해명할 수 없다. 本性에 대한 논의는 천하 만물이 보편적으로 공유하는 본성, 만물이 種이나 類에 따라 서로 구별되는 본성(예컨대 사람과 호랑이가 서로 구별되는 사람의 본성과 호랑이의 본성), 각각의 개체들마다 서로 다른 본성(예컨대 사람이면서도 사람마다 다른 본성, 호랑이이면서도 호랑이마다 다른 본성) 등 세 차원을 상정할 수 있거니와, 그리하여 남당은 性三層說을 제시하면서 다음과 같이 말한다.

> 理는 본래 하나인데, 形氣를 초월해서(超形氣) 말하는 것이 있고, 氣質을 인해서(因氣質) 말하는 것이 있으며, 氣質과 섞어서(雜氣質) 말하는 것이 있다. 形氣를 초월해서 말하면 太極으로서 만물의 理가 모두 같고, 氣質을 인해서 말하면 健順五常으로서 사람과 동물의 性이 다르며, 氣質을 섞어서 말하면 善惡之性으로서 사람과 사람, 동물과 동물의 性이 모두 다르다.[36)]

35) 『南塘集』 卷8 頁18~19, 〈與崔成仲別紙〉 : 五常者 五行秀氣之理也 必得秀氣 然後其理方謂之五常 如不得秀氣 則未嘗無其理 亦不可謂之五常也 人則盡得五行之秀 故五常之德無不備 物則或得一氣之秀 而不能盡得其秀 故虎狼之仁 蜂蟻之義之類 僅存其一德之明 而其餘德則不能有也

남당의 人物性異論은 바로 中層性, 즉 '因氣質한 性'의 不同을 말하는 것이다. 다시 말해, 五常은 因氣質한 中層性에 속하기 때문에 '人·物이 서로 다르다'는 것이다. 太極이란 이 中層性을 氣質로부터 초월시켜 말하는 것이고, 善惡之性은 이 中層性을 氣質과 섞어서 말하는 것이다. 그런데 남당은 이 中層性(五常)을 맥락에 따라 本然之性이라고도 부르고, 氣質之性이라고도 부른다. 요컨대 中層性은 '分殊'라는 맥락에서는 氣質之性이지만, '善하다'는 맥락에서는 本然之性이라는 것이다.[37] 남당의 三層說을 알기 쉽게 정리하면 다음과 같다.

上層性: 本然之性		超形氣	理通	理一	太極
中層性: 氣質之性 - 本然之性		因氣質	氣局之理	分殊	五常
下層性:	氣質之性	雜氣質	氣局	分殊之分殊	氣質善惡

남당의 性三層說을 통해 우리는 비로소 人·物의 고유한 本性을 개념화할 수 있고, 人과 物의 本性의 차이를 정확히 논할 수 있다. 이것이 남당의 공헌이자 본래 의도라 하겠다. 그런데 超形氣·因氣質·雜氣質의 논리적 구분이 힘들고, 또 單指·兼指로 명쾌하게 설명할 수 없기 때문에, 논리적 혼란이 야기되는 것이다.

---

36) 『南塘集』 卷11 頁9, 〈擬答李公擧〉: 理本一也 而有以超形氣而言者 有以因氣質而名者 有以雜氣質而言者 超形氣而言 則太極之稱是也 而萬物之理皆同矣 因氣質而名 則健順五常之名是也 而人物之性不同矣 雜氣質而言 則善惡之性是也 而人人物物又不同矣

37) 『南塘集』 卷15 頁5, 〈答沈信夫三淵集箚辨〉: 五常之性 對太極言 則太極爲一原 五常爲分殊 故太極爲本然之性 而五常爲氣質之性 五常對善惡之性言之 則性善爲一原 善惡爲分殊 故五常爲本然之性 而善惡爲氣質之性

② 未發氣質有善惡論

남당에 의하면, 湛然虛明은 未發의 氣像이요 淸濁粹駁은 氣稟의 本色으로서, 미발의 기상은 사람마다 모두 같아도 기품의 본색은 사람마다 다른 것이다. 남당은 다음과 같이 말한다.

> 미발시에 心善이라 함은 그 湛然虛明한 本體를 가리키는 것으로서, 氣稟本色의 濁駁함이 또한 미발시에 이르렀다고 하여 모두 善하다는 것은 아니다. 心有善惡이라 함은 氣稟本色의 不齊를 가리키는 것으로서, 그 湛然虛明한 本體도 또한 私邪의 雜이 있다는 것은 아니다.[38]

남당에 의하면, 心의 本體는 純善하며 聖·凡이 같고, 心의 氣稟은 善·惡이 섞여 있으며 聖·凡이 다르다. 이것이 바로 남당의 未發氣質有善惡論이다. 남당에 의하면, 性은 '氣質을 인한 것(因氣質)' 인바, 그렇다면 氣質이 惡할 경우 본성도 그 영향을 받게 될 것이다. 이러한 우려에 대해, 남당은 '미발시에는 氣가 用事하지 않는다' 는 논리를 내세워 방어한다.

> 未發時에는 氣가 用事하지 않기 때문에 性의 本體는 渾然自若하다. 氣는 비록 偏하더라도 理는 스스로 正하며, 質은 비록 駁하더라도 理는 스스로 純하다. 이때에 그 바르고 순한 理를 單指하여 性善이라 한다.[39]

---

38) 『南塘集』 卷7 頁18, 〈上師門〉 : 未發之際 謂之心善者 指其湛然虛明之體 而非謂其氣稟本色之濁駁者 亦至此而皆善也 謂其心有善惡者 指其氣稟本色之不齊者 而非謂其湛然虛明之體 亦有所私邪之雜也

39) 『南塘集』 卷9 頁12~13, 〈答崔成仲〉 : 未發之際 氣不用事 故性之本體 渾然自若 氣雖偏而理自正 質雖駁而理自純 於是單指其理之正且純者而謂之性善

위에 보이듯이, 남당은 미발시 '氣質의 有善惡'과 '性의 純善'을 양립시킬 수 있는 논리를 '미발시에는 氣가 작용하지 않는다'는 말에서 찾았다.

남당이 未發氣質有善惡論을 주장한 데는 두 가지 이유가 있었다. 하나는 현실에 존재하는 '惡'의 근원을 설명하기 위함이었다. 유학은 性善說을 전제하는바, 따라서 惡의 근원을 性으로 설명할 수는 없거니와, 惡이란 탁박한 기질이 선한 본성을 왜곡한 결과라고 설명하는 것이다.

> 心이 이미 발했을 때에 善·惡의 다름이 존재하는데, 善·惡의 다름은 氣稟의 다름에 말미암는다. 그런데 氣稟의 다름은 본래 未發時에 스스로 갖추어져 있다가 발하여 不善이 되는 것이다. (…) 氣稟이 고르지 못함은 淸·濁·粹·駁 네 글자를 벗어나지 않는다. 未發時에 氣의 偏·全·强·弱이 일찍이 自在하는바, 다만 用事하지 않을 뿐이니, 이것이 이른바 '粹·駁이 고르지 못함'이다.[40]

위에 보이듯이 남당은 '已發의 情에는 善·惡이 혼재한다'는 것을 주목하고, 그 까닭을 '미발시 氣質에 淸·濁·粹·駁이 혼재하기 때문'이라고 설명했다. 다른 하나는 이른바 '心純善論'을 비판하기 위함이었다. 남당은 외암의 未發心體純善論을 心純善論으로 규정하고, 다음과 같이 비판한다.

> 心純善說은 禪家의 宗旨로서, 이런 학설이 유행하면 吾道에 크게 해롭다.

40) 『南塘集』 卷18 頁19, 〈答金子靜〉: 心之旣發 有善惡之不同 而善惡之不同 由於氣稟之不同 然氣稟之不同 本自具於未發之前 而發而爲不善者 (…) 氣稟之不齊 不外乎淸濁粹駁四字 而未發之時 氣之偏全强弱 未嘗不自在 但不用事耳 此卽所謂粹駁之不齊也

(…) 우리 儒家가 心을 설명한 것은 오래되었다. 帝舜이 처음 心을 말하면서 "人心은 오직 위태롭고, 道心은 오직 은미하다"고 했으며, 이어서 孔子는 "70에는 마음이 원하는 대로 행동해도 법도를 넘지 않았다"고 하고, "顔回는 그 마음이 석 달 동안 仁을 어기지 않았다"고 했으며, "나가고 들어오는 것이 일정한 때가 없어 그 있는 곳을 알 수 없다"고 했으니, 이것이 어찌 일찍이 心을 오로지 善하다고 여긴 것이겠는가? 孟子에 이르러서는 "心이 남들과 같지 않으면서도 미워할 줄 모른다"고 했고, 朱子는 "사람이 학문을 하는 까닭은 내 마음이 聖人의 마음과 같지 않기 때문이다. 내 마음이 곧 天地·聖人의 마음과 같다면 어찌 학문을 할 필요가 있겠는가?"라고 했다. (…) 저 禪家는 이 心의 昭昭靈靈한 본체를 보고는 문득 至善하다고 여기면서, 이 昭昭靈靈한 것이 곧 氣質에 속한다는 것을 알지 못한다. 氣는 고르지 못하니, 그러므로 그 가운데 淸·濁·美·惡이 섞여 있다. 따라서 그것이 流出하는 대로 맡겨두면 모두가 善할 수는 없거니와, 하나라도 이로써 근본을 삼으면 반드시 猖狂妄行에 이르게 된다. 그러므로 朱子는 "釋氏가 어찌 이 心을 보지 못했겠으며, 어찌 이 心을 몰랐겠는가? 그런데 끝내 함께 堯·舜의 道에 들어갈 수 없는 것은 바로 天理를 보지 못하고 오로지 이 心만 인식하여 主宰者로 삼기 때문이니, 그러므로 自私에 빠지지 않을 수 없다."고 말한 것이다.[41]

위의 인용문을 요약하면, 心純善論은 유학의 가르침과 어긋나고, 마

41) 『南塘集』 卷13 頁19~20, 〈與尹瑞膺〉: 心純善之說 卽禪家之宗旨 此說之行 大爲吾道之害 (…) 夫吾家之說心尙矣 自帝舜始言心而曰 人心惟危 道心惟微 孔子承之而曰 七十而從心所欲 不踰矩 曰回也 其心三月不違仁 曰出入無時 莫知其鄕 此何嘗專以心爲善耶 至於孟子則曰 心不若人則不知惡 朱子則曰 人之所以爲學者 以吾之心不若聖人之心故也 吾之心 卽與天地聖人之心無異 則尙何學之爲哉 (…) 彼見得此心昭昭靈靈之體 便認以爲至善 而不知此昭昭靈靈者 卽屬氣質而氣便不齊 故其中煞有淸濁美惡之雜 任其流出者 不能皆善 而一以是爲本者 必至於猖狂妄行矣 故朱子曰 釋氏豈不見此心 豈不識此心 而卒不可與入堯舜之道者 正爲不見天理 而專認此心以爲主宰 故不免流於自私耳

음공부의 필요성을 부정하여 결국 猖狂自恣 또는 自私를 초래한다는 것이다.[42] 남당은 '心의 本體는 湛然虛明하다(善하다)'는 것을 인정하면서도, 그러나 '心의 氣質은 미발시에도 淸·濁·粹·駁의 不齊를 면할 수 없다'고 하여, 心純善論을 비판하면서 마음공부의 필요성을 제기한 것이다.

③ 本然之性과 氣質之性

외암과 달리, 남당이 1712년(壬辰, 31세) 당시 理·氣와 心·性을 논하는 데 쓰는 용어는 '單指·兼指, 未發·已發' 뿐이었다.[43] 이는 당시에 외암이 未發을 中底未發과 不中底未發로, 心을 本然之心과 氣質之心으로 구분하여 논의한 것에 반대한 것이기도 하다. 남당의 기본 입장은 미발시에 理를 單指하면 本然之性이고, 氣를 兼指하면 氣質之性이라는 것이다. 그런데 여기서 單指·兼指로 논할 수 있는 근거는 理와 氣의 관계, 즉 性과 氣質의 관계가 不離·不雜이기 때문이다. 남당은 1709년(己丑, 28세)의 글에서 다음과 같이 말한 바 있다.

> 性과 氣質은 不雜·不離의 관계이다. 不雜이기 때문에 理를 單指하면 本然之性이고, 不離이기 때문에 氣를 兼指하면 氣質之性이다. 비록 두 이름이 있

42) 남당의 이러한 비판은 禪家에 대한 비판으로는 타당하겠지만, 외암에 대한 비판으로는 적절하지 못하다. 외암의 주장은 '미발시 心體가 善하다'는 것이었다. 외암도 '미발시 氣質에는 淸濁粹駁이 뒤섞여 있다'는 점을 인정하고, 이를 '不中底未發'이라 했다. 사실 '미발시의 善·惡 문제' 자체에 대해서는 외암과 남당의 견해가 다르지 않았다.

43) 『南塘集』 卷10 頁3, 〈答李公擧(壬辰8月)〉: 盖聞之 理氣心性之說 不過單指兼指未發已發四者而已 抑此之外 別有居間可指之名理 而愚未之聞耶 今姑以愚所聞言之 則理之單指者 爲本然之性 氣之兼指者 爲氣質之性 心之未發者爲性 心之已發者爲情 單指兼指 只在一處 未發已發 各有境界 從古所論 如斯而已矣

지만, 처음부터 兩體가 있는 것은 아니어서, 先後와 等差가 없다.[44]

위의 인용문은 心(氣質)이 '湛然虛明한가, 濁駁한가'를 불문하고, '理를 單指하면 本然之性'이라는 뜻을 함축하고 있다. 그런데 이러한 주장은 과연 얼마나 타당한 것인가?

먼저 想起해야 할 것은, 不雜은 '원리적 차원'의 논법이요, 不離는 '실제적 차원'의 논법이라는 점이다. 요컨대 '理와 氣는 서로 본질이 다르기 때문에 서로 협잡할 수 없다'는 것은 원리적으로만 그런 것이요, 실제적으로는 '氣가 濁駁하면 그로 인해 理도 濁駁하게 되는 것'이다.[45] 그렇다면 남당이 不雜의 관점에서 理를 單指한 本然之性은 원리적 의의만 있을 뿐 실제적 의의는 없는 셈이다. 외암은 이를 '懸空說理'라고 비판했거니와, 그리하여 남당은 1715년(乙未, 34세)의 글에서 다음과 같이 말할 수밖에 없었다.

거울의 밝음이나 물의 고요함과 鐵·潭은 결코 二物이 아니어서, 界分과 部伍를 각각 찾을 수 없다. 心의 虛明과 氣稟도 이와 마찬가지로 하나이다. 未發의 虛明에 나아가 理를 單指하면 大本之性이 되고, 氣稟不齊에 나아가 理·氣를 兼指하면 氣質之性이 된다.[46]

---

44) 『南塘集』 卷9 頁12, 〈答崔成仲(己丑3月)〉 : 盖性與氣質 不雜不離 不雜也 故單指其理而謂之本然之性 不離也 故兼指其氣而謂之氣質之性 雖有二名 初無兩體 而非有先後等差之物也

45) 율곡은 〈理氣詠呈牛溪道兄〉(『栗谷全書』 卷10 頁22)에서 "水逐方圓器 空隨小大甁"이라 하고, "理가 氣를 타고 流行할 때 參差不齊함이 이와 같다"고 해설한 바 있다.

46) 『南塘集』 卷11 頁21~22, 〈未發五常辨(乙未)〉 : 鏡水之明止與鐵潭 決非二物 無界分部伍之可以各尋者 則心之虛明與氣稟 亦猶是耳 卽其未發虛明而單指理 爲大本之性 以其氣稟不齊而兼理氣 爲氣質之性

위에 보이는 것처럼, 남당도 결국 大本之性(本然之性)을 논할 때 '虛明'을 전제하게 된 것이다. 외암이 말하는 '中底未發(本然之心)·不中底未發(氣質之心)'은 남당이 말하는 '未發虛明(心之本然)·氣稟不齊(心之氣稟)'와 같은 뜻이다. 또한 남당의 "未發의 虛明에 나아가 理를 單指하면 大本之性이 된다"는 말은 외암의 '本然之性은 本然之心에 나아가 理를 單指한 것'이라는 말과 같은 뜻이며, 남당의 "氣稟不齊에 나아가 理·氣를 兼指하면 氣質之性이 된다"는 말은 외암의 '氣質之性은 氣質之心에 나아가 理·氣를 兼指한 것'이라는 말과 같은 뜻이다. 다만 외암은 本然之心과 氣質之心은 "界分과 部伍가 또한 매우 정연하다"고 하여 '두 개의 것(異位)'으로 보았음에 반하여, 남당은 心之本然과 心之氣稟은 별개가 아니므로 "界分과 部伍를 각각 찾을 수 없다"고 하여 '하나의 것(同位)'으로 본 차이가 있는 것이다.[47]

④ 心體와 氣質의 관계 : 同位同時

'心과 氣質의 동위동시론'이란 '心과 氣質은 본래 하나로서(同位), 항상 同時에 존재한다'는 말이다. 여기서 '心'이란 '湛然虛明한 마음의 本體'로서 이는 '虛靈, 心之本體, 心之本然' 등으로도 표현하며, '氣質'이란 '淸濁美惡이 고르지 못한 마음의 材質'로서 '氣稟, 心之氣稟, 心之氣質' 등으로도 표현한다. 남당은 다음과 같이 말한다.

> 未發時의 氣質은 비록 (사람마다) 다르지만 그 虛明함은 같으며, 心의 氣稟은 비록 (사람마다) 다르지만 그 虛靈함은 같다. 미발시의 氣質은 곧 心의 氣稟이며, 미발시의 虛明함은 곧 心의 虛靈함이다. 그러므로 心의 氣稟이 다름

47) 이렇게 볼 때, 남당이 외암의 異位論을 비판한 것은 타당할 수 있지만, 외암의 '理氣同實 心性一致'를 '認氣爲大本'이라고 비판한 것은 부당한 것이다.

을 미루어 미발시의 氣質이 다름을 알 수 있고, 미발시의 虛明함이 모두 같음을 미루어 心의 虛靈함이 모두 같음을 알 수 있다.[48]

未發時 心善이라 함은 그 湛然虛明한 本體를 가리키는 것으로서, 氣稟本色의 濁駁이 또한 미발시에 이르렀다고 하여 모두 善하다는 것은 아니다. 心有善惡이라 함은 氣稟本色의 不齊를 가리키는 것으로서, 그 湛然虛明한 本體에도 私邪가 섞여 있다는 것은 아니다.[49]

위의 두 인용문을 통해서 우선 남당이 心之本體(心之本然)와 心之氣稟(心之氣質)을 어떻게 구분하고 있는지를 알 수 있다. 주자는 마음을 '氣의 精爽' 으로 규정했다. 마음은 氣의 '精爽' 이므로 마음의 본체는 '湛然虛明' 하나, 마음의 재질이 '氣' 인 한 본래 청탁수박이 고르지 못한 측면을 아울러 지니고 있다는 것이 남당의 기본 입장이었다. 이는 곧 '미발시 心體는 純善하나, 氣質에는 善 · 惡이 혼재한다' 는 뜻이기도 하다.[50]

또 위의 두 인용문을 통해서 남당이 '心之本體와 心之氣質' , 즉 '湛然虛明(虛靈)과 氣稟本色(氣稟不齊)' 을 同位同時로 이해함도 알 수 있다. 남당에 의하면 湛然虛明과 氣稟不齊는 하나의 心을 서로 다른 측면에서 설명하는 것으로서, 하나의 心은 이 두 측면을 항상 함께 지니고 있다는 것이다. 남당의 이러한 입장은 다음의 인용문에 더욱 분명히 나타난다.

虛靈은 곧 氣稟의 虛靈이고, 氣稟은 곧 虛靈의 氣稟으로서, 虛靈과 氣稟은

48) 『南塘集』 卷13 頁29, 〈答尹瑞膺〉.

49) 『南塘集』 卷7 頁18, 〈上師門〉.

50) 기존의 연구자들은 흔히 남당이 未發心體有善惡論을 주장했다고 보았으나, 이는 남당의 본지를 잘못 파악한 것이다. 남당의 본지는 未發氣質有善惡論이었다.

> 두 개가 아니다. 그러나 虛靈과 氣稟은 서로 지칭하는 바가 다르다. 虛靈은 사람마다 모두 같은 것이고, 氣稟은 사람마다 모두 다른 것이다. (…) 虛靈과 氣稟은 원래 하나이다.[51)]

남당은 "허령은 곧 기품의 허령이고, 기품은 곧 허령의 기품으로서, 허령과 기품은 원래 하나"라고 했다. 이것이 이른바 '허령과 기품의 同位論'이다. 그런데 남당은 허령과 기품을 同時에 존재하는 것으로 본다. 즉 비록 湛然虛明한 가운데라도 청탁수박이 고르지 못한 氣稟의 本色이 自在한다는 것이다.

> 氣는 비록 淸濁美惡의 고르지 못함이 있지만 未發時에는 氣가 用事하지 않으므로 善·惡이 드러나지 않고 湛然虛明할 따름이다. 비록 湛然虛明하다 할지라도 그 氣稟本色의 淸濁美惡은 일찍이 없는 적이 없다. 그러므로 그 湛然虛明하여 天理를 가리지 않은 것에 나아가 理를 單指하면 本然之性이고, 氣稟本色의 淸濁美惡이 고르지 못한 것을 인하여 理와 氣를 兼指하면 氣質之性이다.[52)]

남당에 의하면, 미발시에도 氣稟의 淸濁美惡이 자재하나, 다만 미발시에는 氣가 用事하지 않으므로 淸濁美惡이 겉으로 드러나지 않을 뿐이

51) 『南塘集』 卷15 頁19, 〈與沈信夫〉: 虛靈則氣稟之虛靈 氣稟則虛靈之氣稟 非有二物也 而虛靈體段 氣稟本色 名言之際 所指不同 故從虛靈而言 則人人皆同 從氣稟而言 則人人不同 (…) 虛靈氣稟 元只一物

52) 『南塘集』 卷11 頁45~46, 〈未發氣質辨圖說〉: 氣雖有淸濁美惡之不齊 而未發之際 氣不用事 故善惡未形 湛然虛明而已矣 雖則湛然虛明 其氣稟本色之淸濁美惡 則亦未嘗無也 故卽其湛然虛明 無所掩蔽於天理者 而單指其理 則爲本然之性 因其氣稟本色淸濁美惡之不齊者 而兼指理氣 則爲氣質之性

다. 이것으로 보면, 남당이 湛然虛明과 氣稟不齊를 同時로 보고 있음이 명백하다. 남당은 "湛然虛明하여 天理를 가리지 않은 것에 나아가 理를 單指하면 本然之性이고, 氣稟本色의 淸濁美惡이 고르지 못한 것을 인하여 理와 氣를 兼指하면 氣質之性이다"라고 했거니와, 담연허명과 기품본색의 관계는 그대로 본연지성과 기질지성의 관계에도 적용되는 것이다. 즉 남당은 담연허명과 기품본색이 同位同時라는 입장에서 "本然之性과 氣質之性은 두 개의 것이 아니므로, 시간의 先·後나 지위의 彼·此로 나누어 말할 수 없다"[53]고 보았던 것이다.[54]

이상에서 남당의 '虛靈과 氣稟本色의 同位同時論'을 살펴보았거니와, 이제 그 문제점을 간단히 지적해 보기로 하자. 同位同時論의 가장 큰 문제점은 인간의 心·性에 있어서 '純善의 가능근거'를 확보하기 어렵다는 점이다. 외암이 남당에게 '荀子·揚雄의 학설에 빠졌다'고 비판함은 이를 두고 말하는 것이다. 이에 대해 남당은 다음과 같이 반론한 바 있다.

> 未發時에 性은 不善함이 없지만 氣는 不齊가 있다. 氣는 비록 不齊하더라도 性의 本善을 害하지 않는다(未發時에는 氣가 用事하지 않으므로 性의 本善을 害하지 않는다).[55]

53) 『朱子言論同異攷』 卷2 頁2 : 本然氣質 非有二性 而不可以時之先後 地之彼此言

54) '시간적인 先後로 말할 수 없다'는 것은 '同時'를 뜻하고 '지위의 彼此로 말할 수 없다'는 것은 '同位'를 뜻하니, 이는 本然之性과 氣質之性이 '同位同時'라는 뜻이다. 참고로 말하면, 외암은 '本然之心·氣質之心'이란 용어를 쓰고, 남당은 '心之本體·心之氣稟'이란 용어를 쓰는데, 여기서도 異位와 同位의 입장이 드러난다. 외암은 두 개의 것으로 생각했기 때문에 '本然之心·氣質之心'이라 한 것이며, 남당은 하나의 心의 두 측면으로 생각했기 때문에 '心之本體·心之氣稟'이라 한 것이다.

55) 『南塘集』 卷7 頁29, 〈上師門〉.

위에 보이듯이, 남당은 결코 荀子나 揚雄처럼 性善說을 부정하는 것은 아니다. 남당은 다만 性善說과 未發氣質有善惡論을 양립시키는 논법으로 "未發時에는 氣가 用事하지 않으므로 氣質의 탁박함이 본래 善한 性을 해치지 않는다"고 주장하는 것이다. 남당의 이러한 주장에 대해, 외암은 '氣를 무시하고 理를 말한 것' 이며, '心을 무시하고 性을 말한 것' 으로서, '理·氣의 不離' 를 모르는 것이라고 비판한다. 외암의 지론은 "氣가 正通하면 理도 正通하고, 氣가 偏塞하면 理도 偏塞하며, 本心이 보존되면 天理가 밝아지고, 本心이 없어지면 天理도 소멸한다"는 것인바,[56] 이를 외암은 '理氣同實 心性一致' 라는 명제로 표현했다.

'理氣不雜' 의 관점에서 보면 남당의 "未發時 氣質의 탁박함이 본래 善한 性을 해치지 않는다"는 주장은 얼마든지 성립할 수 있다. 그런데 주지하듯이 '理氣不雜' 은 理·氣를 논리적(관념적)으로 구분하는 명제요, '理氣不離' 는 理·氣를 사실적으로 연결시키는 명제이다. 그렇다면 남당의 "未發時 氣質의 탁박함이 본래 善한 性을 해치지 않는다"는 주장은 관념적 차원에서만 성립하는 것이요, 외암의 주장대로 사실적 차원에서는 '理氣同實 心性一致' 라 하지 않을 수 없는 것이다.

2. 湖洛論爭의 전개 양상

1) 湖論의 전개 양상

외암과 남당의 논쟁에서 남당의 주장을 지지한 학자들을 '湖論' 이라

56) 『巍巖遺稿』 卷12 頁21~22, 〈未發有善惡辨〉.

하는바, 그 대표적 인물로는 屛溪 尹鳳九, 鳳巖 蔡之洪, 淵齋 宋秉璿 등을 들 수 있다. 이제 이들의 주장을 간단히 살펴보기로 하자.

屛溪 尹鳳九(1681~1767)는 人物性異論과 聖凡心異論, 心과 氣質의 同位論 등에 대해 기본적으로 남당과 입장을 같이하면서도, 세세한 논점에서는 남당과 다른 견해를 제시하기도 했다. 예컨대 人性과 物性의 同·異 문제에 대해, 병계는 남당과 보조를 같이하여 人物性異論을 주장하면서도, 남당의 性三層說에 대해서는 '불필요한 시도' 라고 보아 비판적 입장을 견지했다. 병계는 남당의 未發氣質有善惡論에 대해서도 반대하는 입장이었다. 병계에 의하면, "未發時라고 하면 '惡' 字를 말할 수 없는 것"이며 '濁氣로는 결코 虛明을 이룰 수 없다' 는 것이다. 병계는 남당처럼 '濁氣로도 未發의 虛明을 이룰 수 있다' 고 보지 않고, 오히려 "衆人의 氣質이라도 未發時에는 그 氣가 純粹해질 수 있다" 고 주장한다.[57)]

병계는 '心體와 氣質의 관계' 에 대해서도 남당과 같은 입장에서 同位同時論을 주장했다. 병계는 다음과 같이 말한다.

> 朱子는 "心이란 氣의 精爽"이라 했다. 대개 사람은 五行의 正通한 氣를 얻어 四肢와 百骸의 몸이 된 것인바, 그 精英한 氣가 方寸에 저장되어 變化를 헤아릴 수 없으니, 이것이 이른바 '氣의 精爽' 으로서 心이 되는 것이다. (…) 무릇 사람의 心은 虛靈하여, 衆理를 갖추고 萬事에 응하지 않음이 없다. 그런데 그 虛靈은 진실로 心의 氣의 光明活化에서 말미암은 것인바, 心의 氣는 본래 淸濁粹駁의 차이가 없지 않다. 聖人의 至淸至粹한 心은 애초에 구애됨이 없어 天理를 곧바로 완수하나, 衆人의 淸濁粹駁이 뒤섞인 心은 濁駁에 구애되어 이에 人欲이 생기어 天理가 끊이지 않을 수 없다. 學者의 治心工夫는 또한 이 淸

57) 이에 대해서는 이 책의 제2부 제5장 8절 〈屛溪 尹鳳九의 心卽氣論과 聖凡心異論〉에서 자세히 살핀 바 있다.

濁粹駁이 고르지 못한 心에 나아가 涵泳하여 그 本原을 기르고, 省察하여 그 端倪를 검속하여, 반드시 흐리고 더러운 氣가 날로 소멸되고 淸明한 氣가 날로 자라나게 하여 人欲이 깨끗이 사라지고 天理가 순수하게 만드는 것이다. 이것은 千古相傳의 要訣로서, 이른바 '氣質을 변화시킴' 도 이를 말하는 것이다. 이로써 虛靈은 곧 이 心의 氣의 所爲임을 알 수 있으니, 이 氣 밖에 다시 이른바 虛靈이란 것이 있어서 별도로 하나의 心이 되는 것이 아니다.[58]

위의 인용문은 虛靈과 氣稟本色이 본래 同位임을 밝힌 것이다. 병계에 의하면, 虛靈은 氣稟의 所産으로서, 聖人은 기품이 지극히 청수하기 때문에 마음이 항상 허령하나, 衆人은 기품에 청탁수박이 혼재하기 때문에 마음이 허령하다 하더라도 그 질은 聖人에 미치지 못하는 것이다(聖凡心異論). 병계의 이러한 입장은 다음의 인용문에서 더욱 분명하게 드러난다.

비록 衆人이라 하더라도 이미 未發의 때가 없는 것은 아니다. 그 未發의 때에는 이 氣의 淸明湛一함이 聖人과 무슨 차이가 있겠는가? 그러나 이는 간혹 夜氣를 보존함과 같은 것이다. 그러므로 聖人의 본래 스스로 淸明하여 動靜이 때에 맞는 것과 비교하여 말한다면, 그 오래 보존함과 빨리 사라짐, 성글음과 빽빽함은 각각 저절로 다르니, 진실로 一時的인 未發의 湛一한 氣像으

58)『屛溪集』卷35 頁16~17,〈心說後篇〉: 朱子曰 心者氣之精爽 蓋人稟五行正通之氣 爲四肢百骸之身 而顧此所稟之精英 該貯於方寸而變化不測 是所謂氣之精爽而爲心者也 (…) 凡人之心 莫不虛靈而具理應事 然其虛靈 實由心之氣之光明活化 而心之氣本不無淸濁粹駁之異 聖人至淸至粹之心 初無所拘 天理直遂 衆人淸濁粹駁相雜之心 濁駁之爲拘 人欲之斯生 天理不能不間斷 學者治心工夫 亦不過就此淸濁粹駁不齊之心 涵泳以養其本原 省察以檢其端倪 必使濁穢日消 淸明日升 人欲之淨盡 天理之純然矣 此千古相傳之訣 而所謂變化氣質 亦此也 是知虛靈 卽此心之氣之爲 非此氣之外 復有所謂虛靈者別爲一心也

로 인해 '衆人의 心도 본래 스스로 純善하다' 고 말할 수는 없다.[59)]

聖人이나 衆人이나 모두 미발시에는 淸明湛一한 氣像이 있는 것은 사실이나, 聖人의 청명담일은 오래 보존되고 빽빽한 반면 衆人의 청명담일은 빨리 사라지고 성글다는 것이다. 요컨대 병계는 未發의 湛然虛明과 氣稟의 淸濁粹駁을 同位로 보고, 氣稟의 질적 차이에 의해 未發의 湛然虛明에도 질적 차이가 생긴다고 보았다. 병계는 더 나아가 未發의 湛然虛明과 氣稟의 淸濁粹駁은 항상 同時에 존재한다고 보았다. 기품이 청수할 때엔 마음이 허명하고 기품이 탁박할 때엔 마음이 허명하지 못한 것이 아니라, 마음이 허명할 때에도 기품의 탁박은 여전히 존재한다는 것이다. 병계는 다음과 같이 말한다.

> 예전에 스승께 들으니 "未發時에 美·惡의 氣가 서로 대립하여 존재한다고 말할 수는 없으나, 그 이면의 形狀하기 어려운 가운데 惡의 苗脈이 전혀 없는 것은 아니다."라고 하셨다. 이는 충분히 생각하고 말씀한 것으로서 지극히 정밀한 가르침이니, 後學들은 또한 沈潛玩味해야 할 것이다.[60)]

위에서 말하는 '未發時' 란 마음이 淸明湛一한 상태 즉 '虛明' 한 때를 말하고, '惡의 苗脈' 이란 '탁박한 氣稟' 을 말한다. 요컨대 병계는 남당과 마찬가지로 未發의 虛明한 때에도 氣稟의 탁박은 여전히 존재한다고 본 것이다.[61)]

---

59) 『屛溪集』 卷35 頁20, 〈心說後篇〉 : 雖衆人 旣不無未發之時 其未發之時 則此氣之淸明湛一 與聖人奚異 然此如夜氣之或値而有之也 故比聖人之本自淸明動靜隨時者言之 其久速疎數 各自有異 誠不可以一時未發之湛一氣像 因謂衆人之心本自純善也

60) 『屛溪集』 卷35 頁15, 〈未發時氣質美惡辨〉.

鳳巖 蔡之洪(1683~1741)은 人物性同異論에 있어서는 남당설을 전적으로 지지했으나, 未發善惡論에 있어서는 남당설을 지지하면서도 약간의 비판을 가했다. 봉암은 人性과 物性의 同·異 문제에 대해 다음과 같이 말한다.

> 理는 同一하나, 하늘에 있으면 元亨利貞이라 하고, 사람에 있으면 仁義禮智라 한다. 元亨利貞의 理는 天地萬物이 함께 얻은 것이나, 仁義禮智의 性을 어찌 동물이 전부 얻었겠는가? 외암은 仁義禮智를 곧바로 元亨利貞으로 간주하여 分看과 合看을 하지 않았거니와, 그러므로 항상 여기에 병폐가 있는 것이다. (…) 朱子도 일찍이 "氣의 全을 품수하면 性 또한 全하고, 氣의 偏을 품수하면 性 또한 偏하다"고 했는데, '氣全, 性全'의 '全' 字는 어찌 五氣와 五性을 말하는 것이 아니겠는가? 이것이 바로 人性과 物性이 분명히 구분되는 지점이다.[62]

봉암은 '元亨利貞과 仁義禮智'를 '理와 性'으로 구분하고, '元亨利貞의 理는 天地萬物이 함께 전부 얻은 것이나, 仁義禮智의 性은 사람만이 전부 얻었다'고 보아 人物性異論을 지지한 것이다. 봉암은 未發의 善·惡 문제에 대해서는 다음과 같이 말한다.

---

61) 병계의 이러한 주장은 남당의 未發氣質有善惡論과 궤를 같이한다. 따라서 병계가 한편으로는 남당의 未發氣質有善惡論을 비판한 것은 납득하기 곤란한 것이다.

62) 『鳳巖集』 卷9 頁2, 〈物物各具五常辨〉: 理則一也 而在天曰元亨利貞 在人曰仁義禮智 元亨利貞之理 天地萬物所同得者也 至若仁義禮智之性 豈物之所得而全哉 公擧方以仁義禮智 直作元亨利貞字 畧不分合看 故語病常在於此矣 (…) 朱子亦嘗曰 禀氣之全者性亦全 禀氣之偏者性亦偏 所論氣全性全之全字 亦豈非五氣五性而言者耶 此乃人物之性大可分曉處

甲(외암)은 다만 '性이 善함' 만 알고 未發時에는 氣質의 善 · 惡을 말하지 않고자 했고, 乙(남당)은 이미 未發時에 氣質을 말하고 다만 '氣質을 말하면 未發時의 性에도 善 · 惡이 있다' 고 보았다. 대체로 남당설이 비교적 정밀하나, 또한 병폐가 없지 않다. (…) 未發時 氣質에는 과연 美 · 惡이 없지 않다. 그러나 '氣質을 말하면 性에도 善 · 惡이 있다' 고 한다면, 이는 '未發時에 理에도 善 · 惡이 있다' 는 말이다. 예로부터 聖賢이 이렇게 말씀한 적은 없으니, 자세히 살펴야만 한다.[63)]

봉암은 未發善惡論에 있어서는 '남당설이 비교적 정밀하나, 또한 병폐가 없지 않다' 고 했다. 그런데 봉암의 위와 같은 주장은 사실 외암설과 남당설을 모두 부정확하게 이해한 것이다. 앞에서 이미 고찰했듯이, 외암은 단순히 '未發時에는 氣質의 善 · 惡을 말할 수 없다' 고 주장한 것이 아니다. 氣質의 善 · 惡이 존재하는 것은 不中底未發이요, 中底未發時에는 氣質의 善 · 惡을 말할 수 없다는 것이 외암설의 본지였다. 또한 남당도 결코 '氣質을 말하면 性에도 善 · 惡이 있다' 고 주장하지 않았다. 남당설의 본지는 '미발시에도 氣質의 善 · 惡이 존재하지만, 미발시에는 氣質이 작용하지 않으므로 善한 本性을 해치지 않는다' 는 것이었다.

이상에서 병계와 봉암의 주장을 살펴보았다. 이들은 湖論의 주역으로 일컬어지나, 남당설을 한 단계 더 발전시킨 면모를 찾아보기는 어렵다. 湖論의 大尾를 장식한 인물은 淵齋 宋秉璿(1836~1905)이다. 연재는 人物性同異論에 대해 두 차원에서 접근했다. 연재는 다음과 같이 말한다.

---

63) 『鳳巖集』 卷9 頁2, 〈本然氣質辨〉 : 甲說只知其性善 而不欲言氣質之善惡於未發之前 乙說則旣言氣質於未發 而纔言氣質 則未發之時 性亦有善惡 槩而論之 乙說較密 而亦不無語病之可議 (…) 未發時氣質 果不無美惡之可言者 而纔說氣質 性亦有善惡云爾 則是未發時 理亦有善惡也 終古聖賢 未有如此說 此不可不審也

三尺童子에게 '너의 본성과 禽獸의 본성이 같은가, 다른가?'를 물으면, 그는 반드시 '어찌하여 나를 금수와 비교하는가? 금수가 어찌 사람처럼 善한 본성을 지녔겠는가?'라고 답할 것이다. 또 '너의 마음과 聖人의 마음이 같은가, 다른가?'를 물으면, 그는 당연히 '聖人을 어찌 감당하겠는가? 聖人은 본래 저절로 성스럽고 밝으나, 凡人은 본래 저절로 평범하고 어리석다'고 답할 것이다. 이 세상에 누구인들 이처럼 말하지 않겠는가? 그러나 이는 진실로 氣質의 거친 자취가 드러난 것으로 말한 것으로서, 心·性의 本體를 아는 것이 아니다.[64)]

연재는 위의 문답을 '氣質의 거친 자취'에 입각한 피상적인 접근이라고 했는데, 이는 또한 '명분론적 접근'이기도 하다.[65)] 다시 말하면 명분론적 접근은 대부분 이처럼 피상적 차원에서 전개되는 것이다. 연재는 '心·性의 本體'를 문제 삼는 심층적 차원에서 다음과 같이 말한다.

하늘은 陰陽五行으로 萬物을 化生할 뿐이니, 陰陽五行 가운데 하나라도 빠지면 사물을 化生할 수 없다. 이미 음양오행의 氣를 전부 얻었다면, 음양오행의 理 또한 스스로 존재하는 것이다. 음양오행의 理란 무엇인가? 健順과 仁義禮智信이다. 만약 사물의 형체는 애초에 음양오행의 氣로 이루어진 것이 아니라면 '(사물은) 음양오행의 理가 없다'고 말할 수 있겠다. 그런데 과

---

64) 『淵齋集』 卷6 頁3, 〈上金白溪〉: 夫問諸三尺之童曰 爾之本性與禽獸同乎否乎 彼必曰是何比余於禽獸 禽獸何嘗有人性之善云云 又問曰 爾之心與聖人同乎否乎 彼應曰 聖人何可當也 聖人本自聖明 凡人本自凡愚 擧一世孰不曰如是 然而此亶就氣質粗迹發見處言之 非知心性之本體者也

65) 연재는 "이 세상에 누구인들 이처럼 말하지 않겠는가?"라고 했는데, 이는 명분론적 차원에서 보면 이처럼 '人物性異論과 聖凡心異論이 더 설득력이 있다'는 뜻이기도 하다.

> 연 음양오행의 氣가 모아진 것이라고 한다면, 어찌 홀로 '음양오행의 理가 없다' 고 말할 수 있겠는가? 이에 사람의 본성은 비록 온전하나 본래 五常보다 남는 것이 아니며, 사물의 본성은 비록 치우쳤으나 본래 五常보다 모자라는 것이 아님을 알 수 있다. 그런데 사람의 본성은 五常을 모두 발용할 수 있으나, 동물은 한쪽으로만 치우치게 발용할 수 있는 까닭은 무엇인가? 理는 진실로 차이와 다름이 없으나 氣에는 본래 淸·濁이 있다. 사람은 맑은 氣를 얻어 마음이 통하고 밝으나, 동물은 흐린 氣를 얻어 마음이 가려지고 어둡다. 통하고 밝기 때문에 사람은 五常을 전부 발용할 수 있으나, 가려지고 어둡기 때문에 禽獸는 五常의 한쪽만 발용하는 것이다. 그렇다면 그 대체로 같은 것이 本然之性인가, 다른 것이 本然之性인가? 발용하는 데서는 비록 다르지만, 발용으로 본체를 가릴 수는 없다. 또한 본체는 비록 '대체로 같다' 고 해도, 본체로 발용을 논할 수도 없다.[66]

연재는 본체와 발용을 구분하여, 본체의 차원에서는 동물도 오상의 전부를 지니고 있으나 발용의 차원에서는 동물은 오상의 일부만 발용할 수 있다고 보면서, 그 까닭을 氣의 淸·濁으로 설명하였다. 그런데 '동물도 五常의 전부를 지니고 있다' 고 규정하고 발용의 차원에서 人·物의 차이를 논한 것은 본래 외암의 주장이었다. 남당의 주장은 '사람은 五常의 전부를 지니고 있으나, 동물은 五常의 일부만 지닌다' 는 것이

---

66) 『淵齋集』 卷6 頁3~4, 〈上金白溪〉: 天之所以化生萬物者 二氣五行而已 而二五之中闕一氣 不得生物 旣以二五氣全賦 二五之理 亦隨而自在 二五之理云何 曰健順也 仁義禮智信也 若謂物之形 初非二五氣所成 則方可謂無是理 而果是二五之聚氣 則奚獨謂無是理乎 乃知人之性雖全 而本非有餘於五常也 物之性雖偏 而本非不足於五常也 然而人之性能盡用五常 禽獸之用 或偏於一路者 何 理固無差殊 而氣自有淸濁 人得氣之淸而心竅通明 物得氣之濁而心竅蔽昏 通明故人得以全用 蔽昏故禽獸之所用者 只一偏矣 然則其大同者本然乎 不同者本然乎 用處雖曰不同 而不可以用而蔽體也 本體雖云大同 而不可以體而論用也

었다. 이렇게 본다면, 연재는 기본적으로 人物性異論을 견지했지만, 연재의 異論은 사실 同論의 주장을 대폭 수용한 셈이다.[67]

2) 洛論의 전개 양상

외암과 남당의 논쟁에서 외암의 주장을 지지한 학자들을 '洛論'이라 하는바, 그 대표적 인물로는 陶菴 李縡, 冠峯 玄尙璧, 艮齋 田愚 등을 들 수 있다. 이제 이들의 주장을 간단히 살펴보기로 하자.

陶菴 李縡(1680~1746)는 人物性同論 또는 人物同具五常論, 聖凡心同論, 明德無分數多寡論, 明德本心論, 未發無氣質說 등을 주장하여, 여러 측면에서 외암과 보조를 같이했다. 먼저 도암의 人物性同論을 살펴보자. 도암은 다음과 같이 말한다.

> 仁義禮智의 명목은 진실로 사람에게 속하는 것이지만, 동물 역시 이 理를 함께 하고 있다. 人·物이 태어날 때 그 氣質에 따라 비록 偏·全의 다름이 있지만, 그 理는 같은 것이니, 동물에게는 이 性이 없다고 하면 옳겠는가? 과연 혹자의 말과 같다면, 朱子는 어찌하여 虎狼의 仁, 蜂蟻의 義, 豺獺의 禮, 雎鳩의 智를 말씀했겠는가?[68]

> 내 생각에, 理는 다만 하나의 理이니, 어찌 (하늘이 人·物에 본성을) 부여할 즈음에 네 조각으로 나누어 각각 한 사물의 理로 부여했겠는가? 동물이

67) 연재는 외암과 남당이 서로 '五常'을 다르게 정의한 점을 주목하지는 않은 것 같다.

68) 『陶菴集』 卷20 頁23, 〈答朴季昭〉: 仁義禮智之名 固屬於人 而物亦同是理也 人物之生 隨其氣質 雖有偏全之殊 而其理則一 謂物無是性可乎 果如或人之言 則朱子何以曰虎狼之仁蜂蟻之義豺獺之禮雎鳩之智耶

仁義禮智의 본성을 온전히 발휘하지 못하는 까닭은 다만 그 氣質이 昏塞하기 때문이다. 동물은 온전히 발휘할 수 없기 때문에, 그러므로 '粹然' 이 人과 物의 차이인 것이다.[69]

洛論의 일반론처럼 도암도 '人 · 物이 모두 五常의 전부를 지닌다' 고 규정했다. 人 · 物의 차이는 다만 氣의 正 · 通 · 偏 · 塞에 의한 것인바, 바르고 통한 氣를 타고난 인간은 五常을 모두 발휘할 수 있고, 치우치고 막힌 氣를 타고난 동물은 五常의 일부만 발휘할 수 있다는 것이다. 人物性同論을 주장하는 도암은 또한 사람에게 있어서도 '聖人의 마음과 凡人의 마음이 같다' 는 聖凡心同論을 주장했다. 도암은 聖凡心異論에 대해서는 '凡人은 아무리 노력해도 聖人이 될 수 없다' 는 주장이라고 비판했다.[70] 도암은 또한 '未發時에는 氣質을 말할 수 없다' 는 未發無氣質說을 주장하였다.

未發에 氣質을 갖다 붙이는 것은 어찌 理에 크게 해로운 것이 아니겠는가? 未發은 性이요, 氣質에는 善 · 惡이 섞여 있다. 만약 저들의 주장과 같다면 문득 '(揚雄의) 善 · 惡이 섞여 있다' 는 주장에 가깝게 되니, 비록 '明德에 分數가 있다' 고 말하지 않고자 한들 明德은 저절로 明德이 될 수가 없다.[71]

---

69) 『陶菴集』 卷17 頁3, 〈答愼可象問目〉 : 鄙見則理只是一箇理 賦與之際 豈有碎作四片 各付一物之理 物之所以不能全者 特坐其氣質之昏塞耳 惟其不能全也 故粹然者 物與人異也

70) 이에 대해서는 이 책의 제2부 제5장 7절 〈陶菴 李縡의 心合理氣說과 聖凡心同論〉에서 자세히 살핀 바 있다.

71) 『陶菴集』 卷20 頁9~10, 〈答李道三 別紙〉 : 至謂未發上着氣質者 豈不大害於理耶 未發則性也 氣質則有善有惡 若如其說則便近於一混字 雖不欲以明德謂有分數 而明德自不成明德矣

요컨대 '未發時에도 氣質의 善 · 惡이 존재한다' 고 주장하면 결국 '性에 善 · 惡이 섞여 있다' 는 주장이나 '明德에 分數가 있다' 는 주장이 되고 만다는 것이다. 도암의 未發無氣質說은 사실 두 가지를 전제로 성립한 명제이다. 하나는 외암처럼 未發을 '中底未發과 不中底未發' 로 나누어, '中底未發' 만 참된 未發이라고 보는 것이다. 이러한 맥락에서, 도암의 '未發無氣質說' 에서의 '未發' 은 외암의 '中底未發' 을 뜻하는 것이다.[72] 다른 하나는 도암이 말하는 '氣質' 은 단순히 '心의 재질' 을 뜻하는 것이 아니라 '形氣의 욕망' 을 뜻한다는 점이다. 도암의 이러한 관점 역시 외암과 궤를 같이하는 것이다. 도암은 다음과 같이 말한다.

> 道心은 聖 · 凡이 함께 지닌 本心을 말하니, 性命에서 근원한 것이다. 人心은 聖 · 凡이 서로 다른 마음이니, 形氣에서 생긴 것이다. 性命에서 근원한 心은 心의 本體로서, 程子가 '心은 본래 善하다' 고 할 때의 心이다. 形氣에서 생긴 것은 氣質을 겸하는 心으로서, 朱子가 '氣質의 가림이 있다' 고 할 때의 心이다. 진실로 본래 善한 心은 天命之性과 유사하여, 유행하여 善이 된다. 不善한 心은 氣質之性과 유사하니, 氣質之性은 君子가 性으로 여기지 않는바, 氣에 가려 不善하게 된 心 역시 君子는 또한 마땅히 心으로 여기지 않아야 한다.[73]

---

72) 『陶菴集』 卷16 頁47, 〈答閔士元〉: 若論未發境界 則豈有彼此之殊 惟聖人則湛然虛靜光明洞澈 所以喚做得未發 衆人之無未發時節 正坐此昏昧耳 今乃以昏昧爲未發者 何也

73) 『陶菴集』 卷21 頁2, 〈答或人問目〉: 道心是聖凡所同之本心 原於性命者也 人心是聖凡不同之心 生於形氣者也 原於性命之心 是心之本體 而程子所謂心本善之心 生於形氣者則是兼氣質之心 而朱子所謂氣質有蔽之心 心固本善者 有似天命之性而流而爲善 不善者 有似於氣質之性 氣質之性 君子有不性者焉 則心之掩蔽於氣而爲不善者 君子亦當不謂之心也

위의 인용문에 보이듯이, 도암은 本心(本然之心)을 '性命에서 근원한 道心'으로서 本然之性(天命之性)과 궤를 같이하는 것으로 규정하고, 氣質之心을 '形氣에서 생겨난 人心'으로서 氣質之性과 궤를 같이하는 것으로 규정했다. 그런데 도심을 본연지심으로, 인심을 기질지심으로 규정하는 것 또한 외암설을 그대로 따른 것이다.

이상에서 살핀 것처럼 도암설은 여러모로 외암설과 궤를 같이한다. 그러나 외암이 '理氣同實 心性一致'를 주장하면서 '氣의 현실적 주도권'을 강조한 것과 달리, 도암은 '理爲氣主'라는 입장에서 主理論을 표방했다.

冠峯 玄尙璧(1673~1731)은 人物性同論을 "사람과 동물이 모두 五常의 德을 전부 갖추고 있다. 偏·全의 차이가 있는 것은 氣質之性이다"라고 요약하고, 人物性異論을 "사람만이 홀로 五常의 德을 전부 얻었다. 동물은 五常을 일부만 얻었다"라고 요약한 다음,[74] "하늘이 萬物을 化生할 때 五行 가운데 하나를 빠뜨리지 않았음이 분명하다. 만약 사람과 동물이 균등하게 五行의 氣를 얻었는데 五常의 德은 균등하게 얻지 못했다고 한다면, 이는 天地 사이에 간혹 '理 없는 氣'와 '법칙 없는 사물'이 있는 것이니, 또한 이상하지 않은가?"[75]라고 하여, 人物性同論을 지지하였다. 관봉은 '心과 氣質의 관계'에 대해서는 다음과 같이 말한다.

> 心을 곧바로 氣質로 간주한다면, 性의 純粹함은 또 장차 어떻게 볼 수 있겠는가? 나는 視聽言動은 모두 形氣인데, 形氣가 바로 氣質이라고 생각한다. 禮

---

74) 『冠峯遺稿』 卷7 頁1, 〈五常辨〉: 甲者曰 吾人獨得五常之德 而物則所得之理不全 乙者曰 人物皆得五常之德 而其有全有偏者 乃氣質之性也

75) 『冠峯遺稿』 卷2 頁1, 〈上遂菴先生〉: 天之生萬物也 五行之不容闕一 明矣 若曰 人物均得五行之氣 而不能均得五常之德 是天地之間 或有無理之氣 無則之物 不亦異乎

에 어긋나는데 보고 듣고 말하고 행동하는 것은 形氣가 用事하여 心이 形氣의 부림을 당하는 것이다. 그것이 禮가 아님을 알아서 보고 듣고 말하고 행동하지 못 하게 하는 것은 心이 능히 主宰하여 形氣가 心의 명령에 따르는 것이다. 形氣가 用事하여 心이 形氣의 부림을 당하면 禽獸가 되고, 心이 능히 主宰하여 形氣가 명령에 따르면 聖賢이 된다. 心과 氣質은 이처럼 判然하게 구별되는바, 섞어서 一物로 간주할 수 있겠는가?(…) 오직 남당이 '未發有氣質善惡'을 주장하는데, 이는 대개 心을 氣質로 인식했기 때문이다. 과연 그의 말과 같다면 진실로 未發時에 善·惡이 自在할 것이다. 그러나 이는 孔·孟·程·張·朱가 말하지 않은 바요, 남당이 처음 말한 것이니, 비록 의혹을 품지 않으려 한들 그럴 수 있겠는가?[76)]

朱子는 일찍이 〈與張南軒書〉에서 "내 생각에, 사물을 느끼는 것은 心이요, 그 움직임은 情이다. 情은 性에 근원하나, 心의 主宰를 받는다. 心이 주재하면 情의 움직임에 中節하지 않음이 없으니, 무슨 人欲이 있겠는가? 오직 心이 주재하지 않으면 情이 스스로 움직이는바, 그리하여 人欲으로 흘러 항상 그 바름을 얻지 못하는 것이다."라고 했다. 무릇 情이란 血肉이 理를 실행하는 것인바, 血肉이 곧 氣質이다. 주자는 血肉이 心의 명령에 따르면 中節하지 않음이 없고, 血肉이 스스로 움직여서 心의 명령에 따르지 않으면 人欲으로 흘러 惡이 된다고 말한 것이다. 그러므로 淸粹한 氣質이 心의 명령에 따르면 聖賢이 되고, 濁駁한 氣質이 心의 주재를 받지 않으면 愚와 不肖가 된다. 이것이

76)『冠峯遺稿』卷7 頁11~12, 〈心與氣質辨〉: 以心直做氣質 則性之純粹者 又將如何看耶 愚以爲視聽言動 皆形氣也 形氣卽所謂氣質也 非禮而視聽言動者 形氣用事 心爲形役也 知其非禮而使之勿視聽言動者 心能主宰 而形氣聽命也 形氣用事 心爲形役 則乃禽乃獸 心能主宰 形氣聽命 則爲聖爲賢 心氣之卞 判然如是 而可以滾做一物乎 (…) 惟德昭倡之曰 未發有氣質善惡 蓋以認心爲氣質故也 果如其言 則未發善惡自在固也 然孔孟程張朱所不言 而始聞於南塘 則雖欲不惑 得乎

옛 聖賢이 사람들을 가르칠 때 반드시 氣質을 변화시켜 그 明德을 밝히게 한 것이다.[77]

관봉은 心과 氣質을 확연히 구분하여, 氣質은 '形氣' 또는 '血肉'을 지칭한다고 보았다. 관봉은 또한 남당의 未發氣質有善惡論은 心을 氣質로 인식한 데서 비롯된 오류라고 보고, 이는 孔·孟·程·張·朱의 학설과 어긋난다고 단정했다. 요컨대 관봉 역시 외암과 같은 맥락에서 '心과 氣質의 異位論'을 견지한 것이다. 한편, "形氣가 用事하여 心이 形氣의 부림을 당하면 禽獸가 되고, 心이 능히 主宰하여 形氣가 명령에 따르면 聖賢이 된다"는 말이나 "血肉이 心의 명령에 따르면 中節하지 않음이 없고, 血肉이 스스로 움직여서 心의 명령에 따르지 않으면 人欲으로 흘러 惡이 된다"는 말은 '人心과 道心'처럼 '心과 氣質'도 서로 번갈아 가면서 작용하는 것으로 설명한 것인바, 이 역시 외암과 같은 맥락에서 '心과 氣質의 異時論'을 견지한 것이다.

艮齋 田愚(1841~1922)는 洛論의 大尾를 장식한 인물로서, 人物性同論, 未發無氣質說, 明德無分數多寡論 등을 주장했다. 간재는 다음과 같이 말한다.

근래에 鄭濟卿은 '氣' 字를 주장하면서 "품수한 理가 애초에 다르다"고 하고, 그리하여 "聖人의 未發時에도 또한 氣質之性이 있다"고 했다. 이러한 주

---

77) 『冠峯遺稿』 卷7 頁15, 〈心與氣質同異問答〉: 朱子嘗與張南軒書曰 某謂感於物者 心也 其動者 情也 情根於性 而宰於心 心爲之宰 則其動也無不中節矣 何人欲之有 惟心不宰而情自動 是以流於人欲 而每不得其正也 夫情者 血肉行理之名 血肉 卽氣質也 蓋謂血肉聽命於心 則無不中節矣 血肉自動 而不聽命於心 則流於人欲而爲惡也 是故 淸粹之氣質 聽命於心 爲聖爲賢 濁駁之氣質 不宰於心 爲愚爲不肖 此古之聖賢敎人 必使變化氣質 以明其明德也

장은 자신의 見識이 모자라고 잘못되었음을 보여줄 뿐만 아니라 '聖人本天'과 '君子尊性'의 正學 및 '天下大本'과 '人性至善'의 宗旨에 또한 끝없는 禍患을 야기하여, 仁義를 가로막는 부류가 됨을 면치 못한다. 여기에 또 "聖人과 凡人은 明德을 품수함에 偏全이 있다"는 주장을 그사이에 끼워 넣었으니, 옛날부터 聖賢이 苦心하여 '性은 純善하다'고 천명한 것과 '性同氣異 四字는 無限한 道理를 포함하고 있다'(朱子의 〈答徐元聘書〉에 보인다)는 주장 및 '明德은 사람마다 함께 얻은 것이다'(『大學或問』에 보인다)라는 주장을 부득불 울타리 밖으로 버려서 우리들은 다시는 그런 말을 들을 수 없게 될 것이다. 오호라! 위태롭구나.[78]

위의 인용문에서 간재의 人物性同論, 未發無氣質說, 明德無分數多寡論 등을 종합적으로 엿볼 수 있다. 간재는 "품수한 理가 애초에 다르다"거나 "聖人의 未發時에도 또한 氣質之性이 있다"는 등 湖論의 持論에 대해 '끝없는 禍患을 야기하여, 仁義를 가로막는 것'이라고 혹독하게 비판했는데, 이는 학술적 비판이라기보다는 명분론적 비판일 것이다.

한편, 湖論에서 人物性異論의 핵심 논거로 여기는 『孟子』 生之謂性章 朱子註 "仁義禮智之稟 豈物之所得而全哉"에 대해, 간재는 다음과 같이 해석한다.

이 두 구절의 뜻은 '동물은 (仁義禮智를) 완전하게 稟受하지 못했다'는 말

78) 『艮齋集』 後編 卷4 頁39, 〈答吳震泳 別紙〉: 比日鄭濟卿主張氣字 而謂稟受之理 元初不同 因謂聖人未發之時 亦有氣質之性 此等議論 非惟自家見識之醜差而已 其於聖人本天君子尊性之正學 天下大本人性至善之宗旨 亦有無窮禍患 而未免爲充塞仁義之類矣 此際又以聖凡明德稟有偏全之論 錯行於其間 則從上聖賢苦心闡明性純善 與只此性同氣異四字 包含無限道理(見朱子答徐元聘書) 與明德人人所同得(大學或問)之說 不得不棄諸笆籬之外 而不復聞於吾黨之耳矣 嗚呼殆哉

이 아니요, '동물은 (仁義禮智를) 완전하게 발휘하지 못한다' 는 말이다. '得' 과 '全' 사이에 '而' 字를 둔 것을 보면 알 수 있다. 湖論의 여러 학자들은 (이 구절을) 모두 "동물은 완전하게 稟受하지 못했다"는 뜻으로 간주한다. 그렇다면 그 위 문장에서 "사람과 동물은 이 性을 지니지 않음이 없다(人物莫不有是性)"고 하여 稟受로 말한 것과 사실 서로 중첩되며, 또한 對句에서 "지각과 운동은 사람과 동물이 다르지 않은 것 같다(知覺運動 人與物若不異)"고 하여 發用으로 말한 것과는 서로 일관되지 않으니, 아마도 文義가 이와 같지는 않을 것이다. 하물며『朱子語類』枏錄에서는 '全' 아래에 또한 '之' 字를 붙여놓았으니,[79] 더욱 분명하게 알 수 있다.[80]

요컨대 간재는 稟受와 發用을 구분하여 "仁義禮智之稟 豈物之所得而全哉"를 "仁義禮智를 稟受한 것을 어찌 동물이 완전하게 發用할 수 있겠는가?"라는 뜻으로 해석하는 것이다. 외암은 '동물도 사람과 마찬가지로 五常의 全部를 지녔는데, 다만 동물은 氣가 偏塞하여 五常을 제대로 발휘할 수 없는 것' 이라고 설명한 바 있다.[81] 간재 역시 같은 맥락에서 稟受와 發用을 명확히 구분하여, '사람과 동물이 모두 五常의 全部를 稟受했다' 고 하여 人物性同論을 주장하면서도, 그런데 '동물은 氣가 偏塞하여 五常을 제대로 발휘하지 못한다' 고 하여 發用의 차원에서 '사람과 동물의 차이' 를 설명한 것이다.

---

79)『朱子語類』卷4(59쪽) : 知覺運動 人能之 物亦能之 而仁義禮智 則物固有之 而豈能全之乎

80)『艮齋集』前編 卷10 頁95~96,〈與金澤述〉: 仁義禮智之稟 豈物之所得而全哉 此兩句指意 非物不稟全之謂 乃物不得全之之謂也 觀得全之間下一而字 可見矣 湖論諸先生 皆認做物不全稟之義 然則旣與上文人物莫不有是性之以稟受言者 實相架疊 又與對句知覺運動人與物若不異之以發用言者 不相貫串 竊恐文義不如此 況語類枏錄 全下又著之字 更覺分曉

81)『巍巖遺稿』卷4 頁32~33,〈上遂菴先生〉참조.

간재는 또한 외암이나 도암 등 洛論의 일반론에 따라 氣質 또는 氣質之性을 人心(육체적 욕망) 또는 食色之性으로 해석했다. 간재는 다음과 같이 말한다.

> 만약 '理가 氣 속에 있는 것'을 氣質之性이라 한다면, 天地之性 또한 어찌 일찍이 '氣로써 형체를 이루어 人·物이 이미 생긴 다음'에 존재하는 것이 아니겠는가? (…) 무릇 氣質之性은 氣에 국한된 性(氣局之性), 理를 가리는 性(蔽理之性), 고르지 못한 性(不齊之性), 마땅히 돌이켜야 하는 性(當反之性), 性으로 여기지 않는 性(弗性之性), 공격하고 빼앗는 性(攻取之性), 마땅히 참아야 하는 性(宜忍之性)이다. 그런데 聖人도 태어날 때부터 이러한 氣質之性이 있다고 한다면, 저들(湖論)의 마음에 무슨 통쾌한 점이 있기에 죽도록 이렇게 떠드는 것인가? 呂抱獨의 말에 "聖人은 氣質에 떨어지지 않는다"고 했고, 또 "聖人은 氣質을 따르지 않는다"고 했으니, 學者들은 마땅히 이 말을 생각하고 스스로 경계해야 한다. 聖人은 날 때부터 죽을 때까지 모두 '天理의 流行'이니, '氣質의 作用' 같은 것은 터럭만큼도 흔적이 없는 것이다.[82]

'본연지성과 기질지성'에 대한 전통적 설명에는 두 맥락이 혼재하는 바, '理一과 分殊'의 맥락과 '道義之性과 食色之性'의 맥락이 그것이다. 위에서 말하는 '氣에 국한된 性과 '고르지 못한 性' 등은 氣質之性을 '分殊(各一其性)'로 규정한 것이며, '공격하고 빼앗는 性'과 '마땅히 참아야 하는 性' 등은 氣質之性을 食色之性으로 규정한 것이다. 이렇게 본

82)『艮齋集』後編 卷4 頁49~50, 〈答吳震泳 別紙〉: 如以理之在氣而謂之氣質性 則天地之性 亦何嘗不在氣以成形人物已生之後乎 (…) 大抵氣質之性 是氣局之性 蔽理之性 不齊之性 當反之性 弗性之性 攻取之性 宜忍之性也 謂聖人生下來 亦便有此箇物事 則於渠心何所快愜而苦死喧聒也 呂抱獨之言曰 聖人不落氣質 又曰 聖人不隨氣質運 此語學者宜思而自警也 聖人從生至死 都是天理流行 若乃氣質作用 毫無痕迹

다면 간재의 氣質之性에 대한 설명에도 역시 두 맥락이 혼재한다. 그런데 위의 인용문의 마지막 부분은 氣質(氣質之性)을 人欲(食色之性)으로 보는 맥락에서 성립한 것이다. 요컨대 간재는 氣質之性을 '分殊'로도 이해했지만, 간재의 중심적 논지는 氣質之性은 '食色之性'이라는 것에 있었다.

3) 會通論 · 折衷論의 등장

외암과 남당의 논쟁 이래 수많은 학자들이 이 논쟁에 가담하여 是 · 非를 다투었다. 그 양상을 요약하면, 논쟁이 시작된 초기에는 기호학파의 학자들이 湖論과 洛論으로 나뉘어 공방을 벌이던 양상이었음에 반하여, 오랜 세월이 흐르면서는 湖論과 洛論을 會通 또는 止揚시키려는 학자들이 등장했다. 鹿門 任聖周(1711~1788)와 蘆沙 奇正鎭(1798~1879)의 경우가 대표적인 예인바, 이들의 주장을 간단히 살펴보기로 하자.

녹문 성리설의 핵심은 '理一과 氣一이 짝하고, 理分殊와 氣分殊가 짝한다'는 理氣一體觀이다. 녹문은 율곡의 理通氣局論에 대해 '理와 氣를 둘로 갈라놓은 것'이라고 비판하고, "通 · 局 두 글자는 반드시 理 · 氣로 分屬시킬 필요가 없다. 一原處에서 말하면 理가 一일 뿐만 아니라 氣도 一이니, 一이면 通인 것이다. 萬殊處에서 말하면 氣가 萬일 뿐만 아니라 理도 萬이니, 萬이면 局인 것이다."[83]라고 설파했다. 理 자체가 '同一하면서 萬殊'라면, 관점에 따라 人物性同論과 人物性異論이 모두 성립할 수 있다. 그리하여 녹문은 다음과 같이 말한다.

---

83) 『鹿門集』 卷19 頁7, 〈鹿盧雜識〉: 通局二字 不必分屬理氣 盖自其一原處言之 則不但理之一 氣亦一也 一則通矣 自其萬殊處言之 則不但氣之萬 理亦萬也 萬則局矣

이른바 '性卽理'는 어찌 오직 人物性同論의 증거만 되고, 人物性異論의 증거는 될 수 없겠는가? 理는 '하나이면서 萬(一而萬)'이다. 하나이면 같고(一則同), 萬이면 다르다(萬則異). 하나이면서 萬이고, 萬이면서 하나이며, 같으면서도 다르지 않을 수 없고, 다르면서도 같지 않을 수 없는 것이 바로 理의 全體이다. 지금 사람들은 다만 '하나이면서 같은 것'이 理라는 것만 알고, '萬이면서 다른 것'은 氣요 理가 아니라고 한다. 무릇 氣 바깥에 理가 없고, 性 바깥에는 物이 없다. 氣를 主로 삼아 말하면 萬인 것은 진실로 氣이지만, 하나인 것은 홀로 氣가 아니겠는가? 理를 主로 삼아 말하면 하나인 것은 진실로 理이지만, 萬인 것은 홀로 理가 아니겠는가? 슬프다. 理와 氣가 둘로 갈라진 것이 오래되었도다. 俗見의 어둠 속에서 더듬고 말에 집착하여 뜻을 잃은 것이 어찌 이토록 괴상한가?[84)]

요컨대 녹문은 기존의 湖·洛 양론에 대해 모두 '한쪽으로 치우친 논리'였다고 비판하고, 전체적 관점에서 '人性과 物性의 같은 측면과 다른 측면을 동시에 조망하라'고 역설한 것이다.

녹문이 '理氣一體'의 입장에서 同論과 異論을 회통시키려고 했다면, 노사는 '理一과 分殊가 사실은 하나'라는 입장에서 同論과 異論을 회통시키려 했다. 노사는 다음과 같이 말한다.

一은 萬의 總和이며, 萬은 一의 實際이다. 萬을 제외하고 一을 말하거나, 一을 제외하고 萬을 말하는 것은 모두 理를 모르는 것이다. 하나라도 빠뜨림이

---

84) 『鹿門集』 卷19 頁25, 〈鹿廬雜識〉: 所謂性卽理者 何獨爲同之證 而不可爲異之證也 盖理者一而萬者也 一則同矣 萬則異矣 一而萬萬而一 同而不能不異 異而未嘗不同者 乃理之全體也 今但知一而同者之爲理 而其萬而異者則曰氣也 非理也 夫氣外無理 性外無物 主氣而言則萬者固氣也 一者獨非氣乎 主理而言則一者固理也 萬者獨非理乎 噫 理氣之判而爲二也久矣 俗見之暗中模象 執言迷旨者 庸何怪乎

없는 것을 '萬理森然'이라 말하고, 처음부터 꿰매어 합친 것이 아님을 '一理渾然'이라 말하는바, 사실은 별개가 아니다.[85)]

노사는 '理一과 分殊가 사실은 하나'라는 것을 '理分相涵' 또는 '理分圓融'이라는 말로 표현하고, 湖·洛 양론에 대해 '理分相離' 또는 '理分隔斷'이라고 비판했다. 요컨대 "舊論(湖·洛 양론)을 따르면 理와 分이 隔斷되어, 體·用이 二本으로 되고 顯·微가 有間하게 된다. 同은 스스로 同일 뿐이고, 異는 스스로 異일 뿐이라서 끝내 회통할 기약이 없다."는 것이다. 그런데 노사 자신의 주장을 따르면 "理와 分이 圓融하여 이른바 體用一原 顯微無間과 부합한다. 同 가운데 異가 있고, 異 가운데 同이 있으니, 同·異를 논할 필요가 없다."는 것이다.[86)]

한편, 호락논쟁이 오랜 세월 지속되면서 영남학파에서도 관심을 가지게 되었거니와, 이제 마지막으로 寒洲 李震相(1818~1886)의 견해를 살펴보자. 우선 한주는 남당의 性三層說에 대해 다음과 같이 비판한다.

湖論의 三層說은 아마도 그렇지 않은 것 같다. 그 이른바 '太極一原은 萬物이 모두 같다'는 것은 하늘에 있는 理를 지칭한 것으로서 애초에 사람에게 있는 性이 아니다. 이른바 '健順五常은 人·物이 다르다'는 것은 비록 偏·全의 當體를 지칭한 것이나, '太極을 각각 구비하고 있는 妙'를 반영하지 못했다. 이른바 '善惡分殊는 사람마다 다르고 동물마다 다르다'는 것은 氣를

85) 『蘆沙集』 卷4 頁25, 〈擬與權信元〉: 一者 萬之總也 萬者 一之實也 外萬而言一 外一而言萬 皆不知理者也 言其無所空闕 則謂之萬理森然 言其初無縫合 則謂之一理渾然 其實非有兩事也

86) 『蘆沙集』 卷16 頁14, 〈納涼私議〉: 如吾之說 則理分圓融 所謂體用一原顯微無間者 同中有異 異中有同 同異不須論也 如舊論之意 則理分隔斷 乃是體用二本 顯微有間 同者自同 異者自異 終無會通之期矣

섞어서 말한 性인바, 氣質이 작용한 것으로서 애초에 性體의 本然이 아니니, 性善의 宗旨에 어긋난다.[87]

한주의 이러한 비판에 따르면, 남당의 性三層說은 수긍의 여지가 전혀 없는 것이다. 한주는 人物性異論에 대해서는 "말은 비록 자세하지만 지나치게 분석한 병폐가 있다"고 비판하고, 人物性同論에 대해서는 "뜻은 비록 높고 간결하나 지나치게 통합한 병폐가 있다"고 비판한 다음, '양쪽을 折衷해야 한다'는 입장을 표명했다.[88] 한주는 다음과 같이 말한다.

人性과 物性에 대해 혹자는 '같다'고 여기고 혹자는 '다르다'고 여기는데, 각자 근거하는 바가 있다. 朱子는 『孟子集註』에서 "仁義禮智의 粹然함을 어찌 동물이 전부 얻었겠는가?"라고 했는데, 이는 '다름'을 말한 것이다. 『中庸章句』에서는 "性과 道는 비록 같으나 氣稟은 간혹 다르다"고 했는데, 이는 '같음'을 말한 것이다. 대개 '性의 本體'는 원래 氣와 섞이지 않으니, 氣로 인해 다르게 된 性은 '性의 本然'이라 할 수 없으나, 그 '理의 같음'은 진실로 自若하다. 그러나 '性의 當體'는 또한 氣를 떠나지 않으니, 氣가 치우치면 性도 치우치며, 氣가 온전하면 性도 온전하다. 동물의 막힌 것을 두고 仁·義를 실천한다고 할 수는 없는데, 사람은 五性을 순조롭게 완수할 수 있으니, 이것이 이른바 "氣는 오히려 서로 가까우나 理는 절대로 다르다"는 말

87) 『寒洲集』 卷5 頁4, 〈上柳定齋先生〉: 湖中三層之說 則竊恐不然 其所謂太極一原 萬物皆同者 乃指在天之理 初非在人之性 其所謂健順五常 人物不同者 雖指偏全之當體 而其於太極各具之妙 有所未該也 其所謂善惡分殊 人人不同 物物不同者 乃是雜氣以言性者 氣質之用 初非性體之本然 有乖於性善之宗旨矣

88) 『寒洲集』 卷5 頁4, 〈上柳定齋先生〉: 湖中三層之說 (…) 言雖詳備 而病在破碎 其只執其同者 意雖高簡 而病在鶻侖 將何以折衷

> 이다. 요컨대 같은 곳에서 그 다름을 알고, 다른 곳에서 그 같음을 알아야 한다. 그러므로 나는 사람과 동물은 '性이 있음은 같으나 性이 됨은 다르다(有性則同 爲性則異)' 고 본다. 사람들은 스스로 동물과 다른 까닭을 생각하면 된다.[89]

한주는 同論과 異論이 모두 典據가 있으며, 不離·不雜의 관점에 따라 同論과 異論이 모두 성립할 수 있음을 설명한 다음, 따라서 "같은 곳에서 그 다름을 알고, 다른 곳에서 그 같음을 알아야 한다" 고 주장했다. 한주는 결론적으로 "사람과 동물은 性이 있음은 같으나, 性이 됨은 다르다" 고 설명했는데, 이것이 한주의 절충론이라 하겠다.

이상에서 湖·洛 양론에 대한 鹿門·蘆沙·寒洲의 견해를 간단히 살펴보았다. 그런데 이들의 주장이 至當하다 하더라도, 그것은 논쟁을 원점으로 돌려놓은 것일 뿐 논쟁을 해결한 것은 아니다. 湖論과 洛論은 모두 관점에 따라 同論과 異論이 모두 성립할 수 있음을 인정했다. 人物性同異論爭의 핵심은 '人·物의 고유한 本性' 을 어떻게 정의하고, '人·物의 同·異' 를 어떻게 설명하느냐에 있었다. 그런데 녹문·노사·한주의 주장은 이러한 문제들에 대해 별로 기여한 바가 없다. 특히 '人·物의 고유한 本性' 을 설명하려면 '性에 대한 三分法' 이 긴요하거니와, 이러한 맥락에서 이들의 性三層說에 대한 비판은 더욱 부당하다. 또한 이들은 '人性과 物性의 同·異 문제' 에 집중했을 뿐, '未發의 善·惡 문제'

89) 『寒洲集』 卷5 頁3~4, 〈上柳定齋先生〉: 人物之性 或以爲同 或以爲異 各有所本 朱子於孟子集註曰仁義禮智之粹然者 豈物之所得以全哉 此言其異也 中庸章句曰性道雖同 氣稟或異 此言其同也 蓋性之本體 元不雜氣 則性之因氣而異者 不可謂性之本然 而其理之同 固自若也 然性之當體 亦不離氣 則氣偏而性亦偏 氣全而性亦全 物之塞者仁作義不得而人則能推五性順遂 此所謂氣猶相近 而理絶不同者也 要之同處知其異 異處知其同 故竊以爲人與物 有性則同 爲性則異 在人則當思所以自異於物而已

와 '心과 氣質의 관계 문제' 등에 대해서는 별다른 견해를 제시하지 않았다. 이들과 달리, 韓末의 학자 醒菴 李喆榮(1867~1919)은 호락논쟁을 전체적으로 조망하면서 논쟁을 진정으로 지양시킬 수 있는 이론을 모색했다.

3. 湖洛論爭의 근본 문제

1) 五常의 개념 문제

'人性과 物性의 同·異 문제'는 性(五常)을 이해하는 '관점의 차이' 및 五常에 대한 '개념 정의의 차이'로 인해 야기된 문제였다.

우선 '관점의 차이'를 살펴보자. 성리학에서는 『中庸』의 '天命之謂性'을 '天理(자연의 理法)가 각각의 사물에 내재하는데, 이를 사물의 本性이라 한다'고 해석하고, 그러므로 '사물의 本性은 곧 天理(性卽理)'라고 주장한다. 그런데 여기서 性은 곧 '理'라는 점을 주목하느냐, 性은 '사물에 내재한다(墮在於氣)'는 점을 주목하느냐에 따라서 人物性同異論爭은 결론을 달리하게 된다. 이를 율곡의 '理通氣局'으로 설명하면, 性을 '理가 사물(氣)에 내재하는 것'이라고 정의할 때, 性의 실체는 '理'임을 주목하면 '通'이 부각되고, 性은 '사물(氣)에 내재함'을 주목하면 '局'이 부각된다. 남당은 性의 실체는 理라 하더라도 性이라는 명칭은 '사물에 내재함'에서 비롯된 것이라 하여, 氣局에 초점을 두어 人物性異論을 주장했다. 그러나 외암은 性의 명칭은 '사물에 내재함'에서 비롯된 것이라 하더라도 그 실체는 理라 하여, 理通에 초점을 두어 人物性同論을 주장한 것이다.

이처럼 性에 대한 두 관점이 모두 성립할 수 있는 것은 물론 理·氣가 不相離의 관계인 동시에 不相雜의 관계이기 때문이다. 요컨대 不相離의 맥락에서는 '性은 사물에 내재하는 것' 임을 주목하여 異論을 주장하게 되고, 不相雜의 맥락에서는 '性은 氣의 영향을 받지 않음' 을 주목하여 同論을 주장하게 된다. 그런데 유의할 것은, 湖論이나 洛論이 모두 이러한 점을 인정하고 있었다는 점이다. 따라서 '性에 대한 관점의 차이' 가 호락논쟁에서 그렇게 중요한 관건이었던 것은 아니다.

다음, '五常의 개념' 문제를 살펴보자. 외암은 人物同具五常을 주장했으나 또한 '人性은 粹하고 物性은 不粹하다' 고 하여 인성과 물성의 차이를 인정했으며, 남당도 性三層說을 제시하여 관점에 따라 人物性同論과 人物性異論이 모두 성립할 수 있음을 인정했다. 그러므로 人物性同異論爭은 '人性과 物性의 同·異' 자체가 아니라, '어떻게 人性과 物性의 차이를 설명하느냐' 에 초점이 있었던 것이다. 그런데 이 문제는 근본적으로 '五常의 개념' 을 어떻게 정의하느냐에 관계된 것이다. 湖論과 洛論에서 정의하는 '性(五常)의 개념 차이' 를 정확히 이해하고 보면, 이들의 주장은 본질적으로 같은 내용이었다.

즉 낙론에서는 '五常' 을 '五行之理' 라고 정의하여 人物同具五常論을 주장하고, 그다음에 인성과 물성의 차이를 '粹·不粹' 의 차원에서 논했다. 이에 반하여 호론에서는 五常을 '五行秀氣之理' 라고 정의하여 人物性異論을 주장했는데, 이들은 인성과 물성의 차이를 '偏·全' 의 차원에서 논한 것이다. 외암과 남당의 주장을 직접 비교해 보자. 외암은 다음과 같이 말한다.

이른바 '健順五常의 德' 이란 곧 '陰陽五行의 理' 이다. 陰陽五行이 갖추어진 다음에 造化가 이루어지고 萬物이 생겨난다. (…) 사람과 동물이 태어날 때 이미 고르게 이 氣를 얻었으니, 또한 고르게 이 理를 얻었음이 어찌 분명하지 않은가?(…) 理는 비록 一原이라 하더라도, 氣는 고르지 못하다. 陰陽五行의 正하고 通한 것을 얻으면 사람이 되고, 偏하고 塞한 것을 얻으면 동물이 됨은 자연스러운 추세이다. (…) 내 생각에, 正한 것도 五常이요 偏한 것도 五常이며, 通한 것도 五常이요 塞한 것도 五常이다. 正 · 通 · 偏 · 塞이 모두 마찬가지로 五常이나, 사람의 五常은 正通하기 때문에 능히 發用할 수 있고, 동물의 五常은 偏塞하기 때문에 發用할 수 없는 것이다. 이제 그 發用 與否를 보고 人은 五常이 있고 物은 五常이 없다고 한다면 未盡한 것 아니겠는가? (…) 朱子는 또 "사람의 仁義禮智의 粹然함이 동물에게는 없다"고 했는데, 이 또한 매우 분명하다. (사람은) 正 · 通하기 때문에 (사람의 五常은) 粹然하고, (동물은) 偏 · 塞하기 때문에 (동물의 五常은) 粹然할 수 없다. '(동물의 五常은) 粹然하지 못하다' 고 말하는 것은 옳지만, '동물은 五常이 없다' 고까지 말하는 것이 어찌 옳겠는가?[90]

위에 보이듯이, 외암은 단순히 '五行之理' 를 五常이라 정의한 다음 '人 · 物이 모두 五常을 고르게 얻었다' 고 설명하고, 그러나 사람의 五常은 粹하지만 동물의 五常은 不粹하다고 했으며, 그 까닭은 사람의 氣는 正通하지만 동물의 氣는 偏塞하기 때문이라 했다. 그런데 남당은 다음과 같이 말한다.

90) 『巍巖遺稿』 卷4 頁32~33, 〈上遂菴先生(辛卯)〉 : 盖所謂健順五常之德者 卽陰陽五行之理也 二五具而後 造化成而萬物生 (…) 人物之生 旣均得是氣 則亦均有是理 何待辨說而明乎 (…) 盖理雖一原 而氣則不齊 得二五之正且通者爲人 偏且塞者爲物 亦自然之勢 (…) 愚意則恐正亦五常也 偏亦五常也 通亦五常也 塞亦五常也 同是五常 而正且通 故能發用 偏且塞 故不能發用 今見其發用與否 而謂之一有 而一無 無迺爲未盡耶 (…) 又曰 人之仁義禮智之粹然者 物則無也 此又大煞較然 正且通 故粹然 偏且塞 故不能粹然 謂之未粹然則可 並謂無五常則惡可也

'五行의 氣를 얻었으면 또한 五行의 理를 얻었다' 는 것은 진실로 그렇다. 그러나 五常은 '五行秀氣之理' 이니, 반드시 '秀氣' 를 얻은 다음에야 그 理가 五常이 된다. 만일 秀氣를 얻지 못했다면, 비록 그 理가 없는 것은 아니지만 그것을 五常이라 할 수는 없다. 사람은 五行의 秀氣를 모두 얻었으므로 五常의 德을 모두 갖추었으나, 동물은 혹 一氣의 秀를 얻었다 하더라도 五行의 秀氣를 모두 얻은 것은 아니다. 그러므로 虎狼의 仁이나 蜂蟻의 義 등은 五德 가운데 겨우 하나의 德을 얻은 것으로서, 그 나머지의 德은 얻지 못한 것이다. 만약 함께 五行의 氣를 얻었다는 이유로 모두 '五常을 갖추었다' 고 말한다면, 저 猛獸들이 달려들어 물고, 모기와 전갈이 毒을 쏘고, 禽獸가 분별이 없고, 올빼미가 어미를 잡아먹는 것은 그들의 본성이 그런 것인바, 또한 모두 五行 안에서 벌어진 일들이니, 이것들도 '五常' 이라고 말할 수 있는가? 만약 이것들도 모두 五常이라 말할 수 있다면, 聖人은 왜 五常의 德을 귀하게 여겨 사람들이 五常을 잃지 않기를 바라셨겠는가?[91]

위에 보이듯이, 남당은 五常을 단순한 '五行之理' 가 아닌 '五行秀氣之理' 라고 정의하고, 사람은 五行의 秀氣를 전부 갖추었으므로 그 五常이 全하지만 동물은 五行의 秀氣를 일부만 갖추었으므로 그 五常이 偏하다고 했다.

'五行의 氣를 전부 갖추어야만 사물을 이룰 수 있다' 는 것은 성리학

91) 『南塘集』 卷8 頁18~19, 〈與崔成仲別紙(辛卯四月)〉 : 得五行之氣 則亦得五行之理者 此固然矣 然五常者 五行秀氣之理也 必得其秀氣然後 其理方謂之五常 如不得秀氣 則雖未嘗無其理 亦不可謂五常也 人則盡得五行之秀 故五常之德無不備 物則或得一氣之秀 而不能盡得其秀 故虎狼之仁 蜂蟻之義之類 僅存其一德之明 而其餘德則不能有也 若以其同得五行之氣 而皆謂之具五常 則彼猛獸之搏噬 蚊蝎之毒螫 禽犢之無別 梟獍之食母 其性然也 而亦莫非自五行中來矣 此亦可以五常目之耶 若此而皆可謂之五常 則聖人何貴乎五常之德 而欲其人之無失耶

의 대전제이다. 그리하여 외암은 '사람과 동물이 모두 五常을 전부 갖추었다' 고 보았지만, 또한 '人性은 粹하고, 物性은 不粹하다' 고 본 것이다. 이는 人性과 物性의 차이를 분명하게 인정한 것이다. 남당은 '동물도 五行之理를 모두 갖춘 것은 사실이지만, 동물의 氣는 偏塞하기 때문에 五行秀氣之理인 五常을 동물이 모두 갖추었다고는 볼 수 없다' 고 주장했다. 요컨대 외암은 五行之理를 五常으로 정의하고 人性과 物性의 차이를 粹·不粹로 설명했으며, 남당은 五行秀氣之理를 五常으로 정의하고 人性과 物性의 차이를 全·偏으로 설명했는데, 그렇다면 두 사람의 생각은 실질적으로는 同一한 것이었다. 또한 외암과 남당의 대립되는 듯이 보이는 주장의 근저에는 '사람의 氣는 正通하고 동물의 氣는 偏塞하다' 는 공통된 인식이 있었다.[92)]

그러므로 이들이 五常의 개념을 서로 달리 정의하고 있음을 간파한다면, 人性과 物性의 同·異 자체는 중요한 쟁점이라고 볼 수 없는 것이다. 외암이 '物性이 人性과 마찬가지로 粹然하다' 고 주장한 것이 아님과 남당이 '동물이 五行之理를 모두 갖추지 못한 것' 이라고 주장한 것이 아님을 고려할 때, 또한 남당이 '사람의 五常은 全하다' 고 하고 외암이 '사람의 五常은 粹하다' 고 하여 두 사람이 모두 동물에 대한 인간의 우월성과 존엄성을 분명히 한 것을 고려할 때, 외암과 남당이 각각 관점과 개념만을 달리했을 뿐 본래의 취지는 동일한 것임을 확인할 수 있다. 다

92) 『禮記』 〈禮運〉에서는 "人者 其天地之德 陰陽之交 鬼神之會 五行之秀氣也"라고 했고, 程子는 "人乃五行之秀氣 此是天地淸明純粹氣所生也"라고 했는데(『二程全書』 卷18 頁13), 남당은 이에 근거하여 '五常은 五行秀氣之理' 라고 주장했을 것이다. 그런데 朱子는 "蓋人之性 皆出於天 而天之氣化 必以五行爲用 故仁義禮智信之性 卽水火金木土之理也"라고 했거니와(『朱子大全』 卷56 頁17, 〈答方賓王〉), 이에 근거하면 외암의 주장처럼 '五常은 五行之理' 일 뿐이다. 이처럼 외암설과 남당설은 각자 典據가 있는 것이다.

만 남당의 性三層說은 人·物의 고유한 본성을 개념화했다는 데에 그 의의가 있다고 하겠다.

2) 未發의 개념 문제

외암은 未發純善論을 주장했고 남당은 未發氣質有善惡論을 주장했다. 외암은 寂然不動한 동시에 湛然虛明해야만 未發이라고, 즉 未發의 참뜻은 이 둘을 모두 포함하는 것이라고 설명하면서 未發純善論을 주장했다. 이에 반하여 남당은 未發은 진실로 純善한 것이나 그 가운데는 淸濁粹駁이라는 氣稟의 不齊가 自在한다고 설명하면서 未發氣質有善惡論을 주장했다. 즉 남당은 未發의 요건을 寂然不動으로 한정한 것이다. 외암과 남당의 주장을 직접 비교해 보자. 외암은 다음과 같이 말한다.

> 子思의 뜻은 心에 喜怒哀樂이 있으면 性이 喜怒哀樂에 치우치지 않을 수 없으므로, 반드시 이러한 喜怒哀樂을 다 물리치고 寂然한 가운데서 中을 말한 것이다. 나도 또한 心에 昏昧와 惡濁이 있으면 性이 昏昧惡濁에 치우치지 않을 수 없으므로, 昏昧惡濁을 물리치고 湛然한 가운데서 中을 말하는 것이니, 그 말이 서로 다른 것이겠는가? 하물며 未發의 참된 뜻은 본래 寂然不動과 湛然虛明의 두 뜻을 겸하는 것이니, 진실로 하나라도 버린다면 未感時의 本體라고 할 수 없다. 그러므로 朱子는 虛靈光明의 본체인 이 心을 보존한다면 寂然不動할 때에는 모두 未發의 中을 얻게 되고 感通할 때에는 中節의 和를 얻게 되지만, 이 心을 보존하지 못하면 寂然할 때에는 木石과 같을 뿐이고 感通할 때에는 달아날 뿐이라고 말한 것이다.[93]

93) 『巍巖遺稿』 卷12 頁32~33, 〈未發辨〉: 大家子思之意 心有喜怒哀樂 則性不能不偏於喜怒哀樂 故必去討寂然無喜怒哀樂處說中 愚亦意心有昏昧濁惡 則性不能不偏於昏昧濁惡

위에 보이듯이, 외암은 "未發의 참된 뜻은 본래 寂然不動과 湛然虛明의 두 뜻을 겸하는 것이니, 진실로 하나라도 버린다면 未感時의 本體라고 할 수 없다."고 했다. 외암은 '寂然不動인 동시에 湛然虛明한 것'을 '中底未發'이라 하고, '寂然不動하나 湛然虛明하지 않은 것'을 '不中底未發'이라 한 다음, 中底未發만이 참된 의미의 未發이라고 본 것이다. 그런데 남당은 1742년(壬戌, 61세)의 글에서 다음과 같이 말한다.

> 湛然虛明은 未發의 氣像이요, 淸濁粹駁은 氣稟의 本色이다. 미발의 기상은 비록 같아도, 기품의 본색은 저절로 다르다. (…) 무릇 미발에 대한 설명은 '大本'이 하나요, '湛然虛明'이 하나며, '氣稟不齊'가 하나이다. 大本은 오로지 理로 말하는 것인바, 다만 湛然虛明할 때에 그 본체를 볼 수 있으므로, 반드시 미발시에 말하는 것이다. 湛然虛明과 氣稟不齊는 모두 氣로 말하는 것이다. 湛然虛明은 미발의 기상을 말하는 것으로, 朱子가 말한 '心之本體'는 이를 지칭한 것이다(『朱子語類』에서는 '虛靈은 다만 心의 本體'라고 말했다). 氣稟不齊는 기품의 본색을 말하는 것으로, 朱子가 말한 '心有善惡'은 이를 지칭한 것이다(『朱子語類』에서는 "性에는 不善이 없으나, 心에는 善·惡이 있다. 氣質之性에도 不善이 있다"고 했다).[94]

故必去討湛然無昏昧濁惡處說中 其說有二指乎 況未發之實 本兼寂湛兩意 苟廢一則不成人心未感之體也 故朱子曰 此心(虛靈光明之體)存 則寂然時皆未發之中 感通時皆中節之和 心有不存 則寂然木石而已 感通馳騖而已

94)『南塘集』卷18 頁20, 〈答金子靜(壬戌11月)〉: 盖湛然虛明 未發氣像也 淸濁粹駁 氣稟本色也 未發氣像雖同 氣稟本色自異 (…) 大抵未發時 大本一說也 湛然虛明一說也 氣稟不齊一說也 大本專以理言 但於虛明時其體可見 故必於未發而言之也 湛然虛明 氣稟不齊 皆以氣言 而湛然虛明 是言未發氣像 朱子所謂心之本體(朱子曰 虛靈只是心之本體 見語類) 指此而言也 氣稟不齊 是言氣稟本色 朱子所謂心有善惡(朱子曰 性無不善 心有善惡 若言氣質之性 則亦有不善 見語類) 亦以此而言也

위에 보이듯이, 남당은 '미발시에는 湛然虛明과 氣稟不齊가 함께 존재한다' 고 보았다. 이는 未發의 요건을 寂然不動으로 한정한 다음, '寂然不動하면서도 湛然虛明한 상태' 와 '寂然不動하면서도 氣稟不齊한 상태' 가 함께 존재한다고 보는 것이다. 외암은 未發을 大本底未發(本然之心)과 不中底未發(氣質之心)로 구분하고, 不中底未發은 未發이라 할 수 없다고 주장했다. 그런데 不中底未發이란 寂然不動과 湛然虛明 가운데 寂然不動만을 충족하는 것이므로, 외암의 '不中底未發' 은 바로 남당의 '未發' 과 상응하는 개념이다. 외암의 不中底未發도 未發의 범주에 들어간다고 보면, 외암도 未發有善惡을 주장한 셈이다.

또한 남당의 '大本은 湛然虛明할 때에만 그 本體를 볼 수 있다'[95]는 말은 바로 외암의 '大本底未發時에만 本然之性의 純善이 확보될 수 있다' 는 것과 같은 내용이고, 외암의 '不中底未發은 血氣가 用事한 것으로서 有善惡하다' 는 주장은 남당의 '未發時에도 氣稟不齊가 있다(未發氣質有善惡)' 는 주장과 상응하는 내용이다. 이처럼 외암 · 남당이 서로 주장하고자 했던 본래 취지는 동일했지만 문자적으로는 서로 다르게 표현한 것은 未發의 정의에서 內包를 달리했기 때문이다. 즉 외암이 보통 未發이라고 한 것은 大本底未發(中底未發)로서 寂然不動과 湛然虛明을 모두 포함한 것이었고, 남당이 보통 未發이라고 한 것은 寂然不動만 포함한 것이었기 때문이다. 따라서 未發을 둘러싼 대립은 五常의 개념을 서로 다르게 정의한 데서 초래된 대립과도 흡사하다.

95) 남당의 이 말은 1715년(乙未, 34세)의 글 〈未發五常辨〉에서 "未發의 虛明에 나아가 理를 單指하면 大本之性이 된다"고 말한 것과 궤를 같이하는 것이다.

3) 心體와 氣質의 관계 문제

외암과 남당은 '미발시 心體와 氣質의 관계'를 다르게 설명했다.[96] 외암의 本然之心(大本底未發)은 남당의 心之本體에 해당하고, 외암의 氣質之心(不中底未發)은 남당의 心之氣稟에 해당한다. 그런데 외암과 남당은 양자의 관계를 서로 다르게 보았다. 中底未發(心之本然)과 不中底未發(心之氣質)의 관계에 대해, 외암은 '異位異時'를 주장했고 남당은 '同位同時'를 주장했다. 외암은 '心과 氣質은 별개로서(異位) 서로 번갈아 가며 작용한다(異時)'고 보았으나, 남당은 '心과 氣質은 본래 하나로서(同位), 늘 동시에 작용한다(同時)'고 본 것이다. 외암과 남당의 주장을 직접 비교해 보자. 외암은 다음과 같이 말한다.

> 心은 스스로 心이고, 氣稟은 스스로 氣稟이어서, 界分과 部伍가 또한 매우 분명하다.[97]

> 明德의 本體는 聖·凡이 같으나 血氣의 淸濁은 聖·凡이 다르다. 明德은 本心이며 天君이고, 血氣는 百體에 가득 찬 것으로 곧 氣質이다. 天君이 主宰하면 血氣가 百體로 물러나 方寸이 虛明해지니, 여기가 大本이 있는 곳으로, 子思가 말한 未發이다. 天君이 主宰하지 못하면 血氣가 方寸에서 用事하여 淸濁이 고르지 못하니, 이것은 善·惡이 섞인 것으로서 南塘이 말하는 未發이다.[98]

---

96) 여기서 말하는 '心體'란 '虛靈不昧한 心의 本體' 또는 '湛然虛明한 未發의 本體'로서, 단순히 '心'이라고도 표기한다. 외암은 이 心體를 '本然之心'이라 한 것이다.

97) 『巍巖遺稿』 卷12 頁26, 〈未發辨〉: 心自心而氣稟自氣稟 界分部伍 亦甚井井矣

98) 『巍巖遺稿』 卷8 頁8, 〈與成子長〉: 明德本體則聖凡同得 而血氣淸濁則聖凡異稟 明德卽本心也天君也 血氣卽充於百體者 所謂氣質也 天君主宰 則血氣退聽於百體 而方寸虛明

위의 첫째 인용문에서 외암은 心과 氣質은 별개라는 점을 분명히 했다. 둘째 인용문에서는 心(明德의 본체)과 氣質을 서로 번갈아 가면서 작용하는 것으로 규정했는데, 이는 곧 心과 氣質은 '異位異時'의 관계라는 뜻이다. 또한 둘째 인용문에 보이듯이, 외암은 氣質을 '血氣'와 동일시한다는 점을 유념하기로 하자. 한편, 남당은 다음과 같이 말한다.

> 氣의 精爽이 사람에게 모여 虛靈이 되니, 虛靈이 곧 心의 本體로서, 이는 사람마다 같은 것이다. 聖人의 心은 淸氣가 모여 虛靈하니 그러므로 항상 天理에 깨닫고, 衆人의 心은 濁氣가 모여 虛靈하니 그러므로 항상 人欲에 깨닫는데, 이는 虛靈이 품수한 氣가 사람마다 달라서 虛靈한 心이 모두 善할 수는 없는 것이다. 未發은 已發의 근원으로서, 本領이 존재하는 곳이다. 그러므로 虛靈한 本體와 氣稟의 本色은 모두 未發處에서 볼 수 있다. 未發時에는 이 心이 湛然虛明하나, 본래 그 氣稟本色의 淸濁美惡과 强弱贏乏의 차이가 있으니, 이것이 未發의 氣稟이 고르지 못한 까닭이다. (…) 대개 虛靈은 곧 氣稟의 虛靈이요, 氣稟은 곧 虛靈의 氣稟이니, 본래 二物이 아니다. 그런데 虛靈의 體段과 氣稟의 本色은 이름을 붙일 때 지칭하는 바가 다르다. 그러므로 虛靈을 말하면 사람마다 모두 같고, 氣稟을 말하면 사람마다 모두 다르다.[99]

此大本所在 而子思所謂未發也 天君不宰 則血氣用事於方寸 而淸濁不齊 此善惡所混 而德昭所謂未發也

99) 『南塘集』 卷15 頁19~20, 〈與沈信夫〉 : 夫氣之精爽 聚於人而爲虛靈 虛靈卽此心之本體也 此則人人所同也 聖人之心 淸氣聚而虛靈 故常覺於理 衆人之心 濁氣聚而虛靈 故常覺於欲 此虛靈所稟之氣 人人不同 而虛靈之心 不能皆善者也 未發卽已發之源 而本領所在處也 故虛靈本體氣稟本色 皆可於未發處見之 未發之時 此心湛然虛明 而其氣稟本色 淸濁美惡 强弱贏乏之不同者 未嘗不在 此未發氣稟之所以有不齊也 (…) 盖虛靈卽氣稟之虛靈 氣稟卽虛靈之氣稟 非有二物也 而虛靈體段 氣稟本色 名言之際 所指不同 故從虛靈而言 則人人皆同 從氣稟而言 則人人不同

위에서 남당은 '虛靈이 곧 心의 本體' 라고 한 다음, '聖人의 心은 淸氣가 모여 虛靈하나 衆人의 心은 濁氣가 모여 虛靈하다' 고 했다. 따라서 虛靈은 곧 氣稟의 虛靈이요, 氣稟은 곧 虛靈의 氣稟이라는 것이다. 요컨대 心은 氣가 모여서 虛靈한 것인바, 心이 아무리 虛靈하다고 하더라도 그 재질은 어디까지나 氣라는 것이다. 이러한 맥락에서 남당은 '虛靈과 氣稟이 본래 하나' 라고 했거니와, 이는 心과 氣質이 '同位' 라는 뜻이다. 남당은 또한 "未發時에는 이 心이 湛然虛明하나, 본래 그 氣稟本色의 淸濁美惡과 强弱贏乏의 차이가 있다"고 했는데, 이는 心과 氣質이 '同時' 라는 뜻이다. 또한 위에 보이듯이, 남당은 氣質을 '마음의 材質' 로 인식하고 있다는 점을 유념하기로 하자.

이상에서 외암의 異位異時論과 남당의 同位同時論을 살펴보았다. 湖論에서는 心과 氣質은 본래 하나라는 관점에서 未發氣質有善惡論과 聖凡心異論을 전개한 것이며, 洛論에서는 心과 氣質은 별개라는 관점에서 未發心體純善論과 聖凡心同論을 전개한 것이다. 그런데 이들이 '心과 氣質의 관계' 를 서로 다르게 규정한 까닭은 이들이 서로 '氣質의 본질' 을 다르게 이해했기 때문이다. 요컨대 호론에서는 氣質을 '마음의 재질' 로 이해했기 때문에 同位同時論을 전개한 것이며, 낙론에서는 氣質을 血氣(욕망의 근원인 形氣)로 이해했기 때문에 異位異時論을 전개한 것이다. 이제 마지막으로 이 문제를 살펴보기로 하자.

4) 氣質의 본질 문제 : 마음의 材質인가, 形氣인가?

湖論에서는 주자가 心을 '氣의 精爽' 으로 규정한 것을 논거로 하여 '心과 氣質은 본래 하나' 라고 보았다. '精爽' 은 '虛靈不昧 · 湛然虛明' 과 궤를 같이하는 말인바, 그 '精爽' 은 어디까지나 '淸濁粹駁이 自在한 氣

質의 精爽' 일 뿐이라는 것이 호론의 지론이었다. 요컨대 호론에서는 氣質을 마음의 재질로 보아 '心과 氣質은 본래 하나' 라고 보았다. 남당의 同位同時論은 위에서 충분히 소개했거니와, 이제 병계의 경우를 살펴보자. 병계는 다음과 같이 말한다.

『中庸或問』에서는 知 · 愚 · 賢 · 不肖의 구별을 논하면서 "오직 聖人의 心은 淸明하고 純粹하다(惟聖人之心 淸明純粹)" 고 했으니, 이른바 知 · 愚 · 賢 · 不肖의 구별은 진실로 心과 관계가 있음을 알 수 있다. 또한 그 아래 註에서는 "淸明은 氣로 말하는 것이요, 純粹는 質로 말하는 것이다" 라고 했거니와, 心에서 氣質을 말하는 것은 이미 오래된 것이다. 이 '淸明하고 純粹한 心' 이 곧 聖人의 '虛靈한 本稟' 이요, '精爽한 氣' 이다. 知 · 愚 · 賢 · 不肖가 각각 等差가 있는 것은 다만 그 心의 氣가 淸明純粹하지 못하기 때문이다. (…) 聖人의 心은 스스로 虛靈한바, 衆人의 心도 또한 스스로 虛靈한 것이다. 그러나 聖人은 虛靈이 발할 때 天理가 流行하여 어긋나지 않고, 衆人은 虛靈이 발할 때 人欲이 많은 부분을 차지하는 것은 무슨 까닭인가? 이는 오직 그 虛靈한 氣에 본래 淸濁이 존재하기 때문이다. 施 · 都와 같은 아름다운 여자가 앞에 지나갈 때 聖 · 凡이 함께 눈으로 보는데, 聖人은 눈에 스치는 것으로 그치나 衆人은 그것을 보고 마음에 욕망을 일으키며, 鄭 · 衛의 음란한 음악을 옆에서 연주할 때 聖 · 凡이 함께 귀로 듣는데, 聖人은 귀에 스치는 것으로 그치나 衆人은 그것을 듣고 마음이 방탕하게 된다. 聖人은 보고 듣는 것으로 그쳐서 心이 움직이지 않는 것은 그 心의 氣가 본래 스스로 淸明하기 때문에 虛靈의 반응이 그에 끌려가지 않는 것이며, 衆人은 보고 들으면 욕망을 일으키고 방탕하게 되는 것은 그 心의 氣가 淸 · 濁이 뒤섞였기 때문에 虛靈이 감동할 때 문득 그에 끌려가는 것이다. 그 욕망이 생기는 것은 보고 듣는 데서 말미암는 것으로서 '耳目이 욕망을 일으키는 것이요, 心의 虛靈과는 아무런 관계가 없다' 고 말한다면, 이는 '耳目 또한 知覺이 있다' 는 말이니, 그것이 말이 되는 것인가?100)

병계는 '心과 氣質은 본래 하나' 라는 핵심적인 논거를 『中庸或問』의 "오직 聖人의 心은 淸明하고 純粹하다"는 말과 그 註의 "淸明은 氣로 말하는 것이요, 純粹는 質로 말하는 것"이라는 말에서 찾았다. 이 두 논거에 입각하면, 氣質이란 '마음의 재질' 을 뜻한다는 것을 분명히 알 수 있다. 따라서 心은 곧 氣質인바, 聖人의 氣質은 淸粹하기 때문에 聖人의 虛靈은 순수할 뿐이요, 凡人의 氣質은 淸粹하지 못하기 때문에 凡人의 虛靈은 순수하지 못하다는 것이다.

병계는 또 聖人의 마음은 天理를 예민하게 지각하고 凡人의 마음은 욕망의 대상을 예민하게 지각하는 것은 그 마음의 재질이 다르기 때문이라고 설명했다. 병계는 또 洛論처럼 氣質을 形氣(血氣)로 규정하여 心과 별개로 구분하고, 人欲은 形氣의 소산으로서 心과는 무관하다고 규정하면, 결국 '耳目 또한 知覺이 있다' 는 논리가 되는바, 이는 語不成說이라고 비판했다. 병계는 洛論의 異位論에 대해 다음과 같이 비판하기도 한다.

---

100) 『屛溪集』 卷35 頁17~18, 〈心說後篇〉: 中庸或問 論知愚賢不肖之別而曰 惟聖人之心淸明純粹 所謂知愚賢不肖之別 實係於心者可知 而其下註曰 淸明以氣言 純粹以質言 於心言氣質 則已久矣 此淸明純粹之心 卽聖人虛靈底本稟精爽之氣也 知愚賢不肖之各有等差者 只是其心之氣之不能淸明純粹故也(…) 聖人心上 也自虛靈 衆人心上 亦也自虛靈 然聖人虛靈之發 天理流行不忒 衆人虛靈之發 人欲多占分數 此曷故哉 惟其虛靈底氣 本自有淸濁故也 今有施都之色過於前 聖凡之目視之同 而聖人過眼而已 衆人見之而心欲焉 鄭衛之聲作於傍 聖凡之耳聽之同 而聖人過耳而已 衆人聽之而心蕩焉 聖人之視聽而已 心不動焉者 其心之氣 本自淸明 故虛靈之應 不爲其引去也 衆人之視聽而欲焉蕩焉者 其心之氣淸濁相雜 故虛靈之動也 輒被其引去 以其欲之生 由於視聽而謂耳目之能生欲也 不復干於心之虛靈 則此耳目亦有知覺也 其可謂成說乎

或者는 다만 聖·凡이 함께 이 虛靈을 지니고 있음을 보고서 '心이 본래 품수한 體段은 聖·凡이 원래 구별이 없다'고 하며, 마침내는 '心은 氣라고 말할 수 없다'고 하여 그 淸濁粹駁과 昏明强柔를 모두 肉體의 血氣로 몰아내어 '聖·凡은 性이 같을 뿐만 아니라 心 또한 함께 善하다'고 여긴다. 과연 이들의 주장과 같다면, 孟子의 性善論이 '前聖이 말하지 않은 것을 확충시켰다'고 함은 다만 반쪽만 확충시킨 셈이요, 오늘을 기다린 다음에야 완전히 확충되었다는 말인가?[101)]

낙론에서는 氣質을 心과 별개인 形氣(血氣)라고 규정하고 心에서 배제함으로써 心體純善論과 聖凡心同論을 정립한 것인데, 병계는 이러한 논법은 모두 孔·孟·程·朱의 지론과 어긋난다고 본 것이다.

호론에서 氣質을 '마음의 재질'로 규정하여 '心과 氣質의 同位論'을 주장하는 것과 달리, 낙론에서는 氣質을 '욕망의 근원인 形氣(血氣)'로 규정하여 '心과 氣質의 異位論'을 주장한다. 외암은 "心은 스스로 心이고, 氣稟은 스스로 氣稟이어서, 界分과 部伍가 또한 매우 분명하다."고 했는데, 이러한 주장의 저변에는 '心과 氣質'을 '道心과 人心'으로 이해하는 관점이 놓여 있었다. 외암의 異位異時論은 위에서 충분히 소개했거니와, 이제 冠峯의 경우를 살펴보자.

관봉은 〈心與氣質辨〉에서 先儒들의 많은 논설을 인용하여 소개하면서 心과 氣質은 별개라고, 즉 氣質은 '마음의 재질'이 아니라 '욕망의 근원인 形氣'를 말한다고 주장했다. 그 가운데 일부를 소개하면 다음과 같다.

---

101) 『屛溪集』 卷35 頁18~19, 〈心說後篇〉.

范氏의 〈心箴〉에서는 "사람이 天·地와 더불어 三才가 됨은 오직 心에 있다. 예로부터 지금까지 누구인들 이 心이 없겠는가? 心이 形氣의 부림을 당하면 바로 禽獸가 되니, 오직 耳目口鼻와 手足의 動靜이 그 틈을 비집고 들어와 心의 病이 되는 것이다"라고 했다.[102]

『大學』의 '明德' 註에서는 "明德이란 사람이 하늘로부터 얻은 것으로서 虛靈不昧하여 衆理를 갖추고 萬事에 응하는 것이다. 다만 氣稟에 구애되고 物欲에 가리면 때때로 어둡게 되나, 그 本體의 밝음은 일찍이 끊임이 없다"고 했다.[103]

관봉은 위의 두 인용문을 소개한 다음, 다음과 같이 말한다.

내 생각에, '사람이 天·地와 더불어 三才가 됨은 오직 心에 있다'는 말에서의 '心'은 곧 '明德'이요, '明德'이란 玉溪盧氏가 말하는 '本心'이 그것이다. '사람이 하늘로부터 얻은 것'에서의 '사람'은 '衆人'을 두루 지칭하니, 곧 '예로부터 지금까지 누구인들 이 心이 없겠는가?'와 같은 말이다. '오직 耳目口鼻와 手足의 形氣'는 곧 '氣稟'이요, '心이 形氣의 부림을 당함'은 곧 '氣稟에 구애되고 物欲에 가림'이다. '氣稟'이란 '淸濁粹駁의 稟受'요, '物欲'이란 '聲色臭味의 욕망'이다. 대개 이 心은 애초부터 上智와 下愚의 구별이 없는바, 오직 그 氣稟이 參差不齊하여, 혹자는 氣가 淸하고 質이 粹하며, 혹자는 氣는 淸하나 質이 不粹하며, 혹자는 質은 粹하나 氣가 不淸하고, 혹자는 氣가 濁하고 質도 駁한 것이다. (…) 氣質의 參差不齊가 이와 같으니, 이것이 과연 荀子가 말하는 '神明之主', 孟子가 말하는 '操存捨亡', 朱子가 말하는

102) 『冠峯遺稿』 卷7 頁7, 〈心與氣質辨〉.
103) 『冠峯遺稿』 卷7 頁7, 〈心與氣質辨〉.

'虛靈不昧', 勉齋가 말하는 '淸明純一之心'과 만분의 일이라도 비슷하겠는가? 이 心이 어둡게 되고 병드는 것은 바로 氣稟과 物欲이 틈을 비집고 들어왔기 때문이다.[104]

范氏의 〈心箴〉과 『大學』의 '明德' 註를 바탕으로 한 관봉의 위와 같은 논설은 대체로 수긍할 수 있겠다. 다만 문제는 관봉이 '耳目口鼻와 手足의 形氣'를 곧 '淸濁粹駁이 제각각인 氣稟'이라고 규정한 점이다. 관봉이 소개한 范氏의 〈心箴〉과 『大學』의 '明德' 註에는 '耳目口鼻와 手足의 形氣'를 곧 '氣稟'이라고 규정할 수 있는 아무런 단서가 보이지 않는다. 요컨대 관봉은 '氣稟은 形氣를 지칭한다'는 일방적 전제 아래 위와 같은 논설을 전개한 것이다. 〈心與氣質辨〉의 논법은 대부분 이러한 방식이어서, 心과 氣質은 별개라는 결정적 논거를 제시하지 않고 있다. 그럼에도 불구하고, 관봉은 〈心與氣質辨〉의 결론부에서 다음과 같이 말한다.

나는 일찍이 '心과 氣質을 分別해서 보아야 한다'는 논설을 지은 바 있다. 그런데 南塘은 心을 氣質로 인식하여 나의 견해를 배척하는 데 餘力을 남기지 않았다. 玉溪 尹友(尹鳳九)는 南塘의 말에 동조하면서 『中庸或問』의 '聖人之心 淸明純粹'라는 말을 인용하여 증거로 삼았는데, 대개 그 註에서 "淸明

104) 『冠峯遺稿』 卷7 頁7~8, 〈心與氣質辨〉: 愚謂參爲三才之心 卽所謂明德也 明德者 玉溪所謂本心 是也 人之所得此人字 泛指衆人而言 卽往古來今孰無此心之謂也 惟口耳目手足之形 卽氣稟也 心爲形役者 卽氣稟所拘 物欲所蔽也 氣稟者 淸濁粹駁之稟也 物欲者 聲色臭味之欲也 蓋此心初無上智下愚之別 而惟其氣稟 參差不齊 或有氣淸質粹者焉 或有氣淸而質不粹者焉 或有質粹而氣不淸者焉 亦有氣濁質駁者焉 (…) 氣質之不齊 有如是者矣 是果於荀子所謂神明之主 孟子所謂操存捨亡 朱子所謂虛靈不昧 勉齋所謂淸明純一之心 彷彿其萬一乎 此心所以昏且病者 乃其拘蔽投抵者之罪耳

은 氣로 말하는 것이요, 純粹는 質로 말하는 것이다"라고 했기 때문이다. 내 생각에, 『中庸或問』의 이 말은 실로 '脩道之謂敎'를 풀이한 말로서, 天命과 率性은 氣稟과 섞이지 않은 것이요, '脩道之謂敎'에 이른 다음에야 바야흐로 氣에 나아가 말한 것이다. 그러므로 품수한 氣의 不齊를 일일이 거론하여 '모두가 그 性을 온전히 발휘하지는 못하는 사유'를 밝힌 다음, 오직 聖人의 心에 대해 그 지극한 아름다움을 찬송함으로써 天下에 立敎한 뜻을 밝힌 것이다. 이는 바로 『通書』의 "誠은 聖人의 근본이니, 純粹至善한 것이다" 및 『孟子』 '生之謂性章' 註의 "사람의 性은 不善이 없어서 萬物의 靈長이 된다"와 같은 의미이니, 모두 氣를 띠고서 말한 것이다. 무릇 性은 곧 理요, 心은 곧 明德이다. 理로 말하면 사람이라고 해서 남는 것이 아니요, 사물이라고 해서 모자라는 것이 아니며, 心으로 말하면 聖人이라고 해서 남는 것이 아니요, 衆人이라고 해서 모자라는 것이 아니다. 聖·凡과 人·物의 차이가 생기는 까닭은 다만 품수한 氣가 人·物에 있어서는 正偏通塞의 구분이 있고, 聖·凡에 있어서는 淸濁粹駁의 차이가 있기 때문이다. 正通한 氣를 받은 자는 능히 本性의 善을 온전히 발휘할 수 있으니, 그러므로 萬物을 들어서 말하면 오직 사람의 性만이 純粹至善한 것이다. 淸粹한 氣를 받은 자는 능히 本心의 밝음을 보존할 수 있으니, 그러므로 모든 사람을 들어서 말하면 오직 聖人의 心만이 淸明純粹한 것이다. 만약 氣를 띠지 않고 말한다면, 性에 어찌 偏·全의 구분이 있겠으며, 心에 어찌 昏·明의 차이가 있겠는가? 『書經』에서는 "聰明한 사람을 元后로 삼는다"고 했다. 사람은 萬物의 靈長이니, 대개 萬物 가운데 가장 靈特한 존재는 오직 사람이요, 사람 가운데 가장 賢明한 존재를 元后로 삼는 것이다. '가장(最)'이라는 말은 마땅히 氣質이 不齊한 데 나아가 살펴야 하니, 心·性의 같음 가운데서 논해서는 안 된다. 朱子가 『書經』의 말을 '古人이 氣質을 말한 곳'[105]이라고 풀이한 것은 이러한 이유 때문이다. 學者가 이에 대해서 『中庸或問』의 말을 자세히 살피지 않고 心을 곧

바로 氣質로 간주한다면, 性의 純粹함은 또 장차 어떻게 볼 수 있겠는가?[106]

위의 인용문의 논지도 대부분 충분히 수긍할 수 있는 것이다. 문제는 관봉이 여전히 '心을 곧바로 氣質로 간주할 수 없는' 논거를 전혀 제시하지 않고 있다는 점이다.[107] 관봉은 〈心與氣質同異問答〉에서도 '心과 氣質은 별개' 라고 역설하고 있거니와, 그 가운데 일부를 소개하면 다음과 같다.

客이 묻기를, "南塘은 心은 바로 氣質이라고 여겼다. 대개 心은 또한 五臟 가운데 하나이니, 氣質이 아니고 무엇인가? 氣質의 淸濁粹駁은 心을 말하는 것이 아닌가?" 관봉이 답하기를, "氣質이란 바로 血氣와 形質을 지칭하는 것이다. 心은 虛靈不昧하고 神妙不測하여, 잡으면 보존되고 놓아두면 사라지며, 나가고 들어옴이 일정한 때가 없으며, 안으로는 衆理를 갖추고 밖으로는 萬事에 응하여, 한 곳에 붙어 있어 막히는 것도 아니요, 遠近의 제한을 받는 것도 아니니, 일정하여 옮길 수 없는 血氣·形質이 어찌 이럴 수 있겠는가?

---

105) 이는 『書經』의 '亶聰明 作元后' 라는 말에 대해 朱子가 '이는 古人이 氣質을 말한 곳이다(此是古人言氣質處)' 라고 풀이한 것을 지칭한다. 관봉은 『書經』의 '亶聰明 作元后' 와 이에 대한 주자의 '此是古人言氣質處' 라는 풀이를 소개한 다음, "내 생각에, 무릇 '聰明' 이란 모두 눈으로 보고 귀로 들음을 가리켜 말하는 것이니, 곧 이른바 '氣質' 이다." 라고 주장한 바 있다(『冠峯遺稿』 卷7 頁9, 〈心與氣質辨〉 참조).

106) 『冠峯遺稿』 卷7 頁10~12, 〈心與氣質辨〉.

107) 위의 인용문에서 "聖·凡과 人·物의 차이가 생기는 까닭은 다만 품수한 氣가 人·物에 있어서는 正偏通塞의 구분이 있고, 聖·凡에 있어서는 淸濁粹駁의 차이가 있기 때문이다. (…) 淸粹한 氣를 받은 자는 능히 本心의 밝음을 보존할 수 있으니, 그러므로 모든 사람을 들어서 말하면 오직 聖人의 心만이 淸明純粹한 것이다. 만약 氣를 띠지 않고 말한다면, 性에 어찌 偏·全의 구분이 있겠으며, 心에 어찌 昏·明의 차이가 있겠는가?" 라고 한 것은 오히려 '氣質은 곧 마음의 재질을 뜻한다' 는 논거가 되는 것이다.

或者가 朱子에게 '人心의 形而上·形而下 여부'를 묻자, 주자는 '肺·肝 등 五臟 가운데 하나인 心은 도리어 참으로 하나의 사물이나, 지금 學者들이 논하는 操存舍亡의 心은 神明不測한 것이다. 그러므로 五臟의 心은 病이 들면 藥으로 치료할 수 있으나, 저 心은 菖蒲나 茯苓으로 치료할 수 없는 것이다' 라고 답한 바 있다. 이 하나의 말만으로도 心과 氣質 사이의 간격을 분변할 수 있다."[108]

관봉은 '氣質이란 바로 血氣와 形質을 지칭하는 것'이라고 규정하고, '神明不測한 操存舍亡의 心'과 '五臟의 하나로서의 心'은 별개라는 朱子의 논설을 근거로 '心과 氣質은 별개'라고 주장하였다. '操存舍亡의 心'과 '五臟의 하나로서의 心'이 별개라는 점에 대해서는 누구나 인정할 것이다. 문제는 氣質이 '操存舍亡의 心'과 '五臟의 하나로서의 心' 가운데 어디에 속하느냐 하는 점인바, 관봉은 역시 아무런 논거 없이 氣質을 '五臟의 하나로서의 心'으로 간주한 것이다.[109]

이상에서 湖論에서는 氣質을 '마음의 材質'로 보는 반면 洛論에서는 氣質을 '욕망의 근원인 形氣'로 본다는 점을 확인해 보았다. 그렇다면 이 두 주장 가운데 어느 것이 더 타당한가? 論者의 생각에, 성리학의 일반론에서 氣質은 '淸濁粹駁이 고르지 못한 마음의 材質'을 뜻하고, 形氣는 '物欲을 일으키는 근원인 몸'을 뜻하는바, 양자는 별개이다. 氣質이 '마음의 재질'을 뜻한다는 점은 이제까지 소개한 남당과 병계의 주장에서 충분히 밝혀졌다. 그렇다면 이제 氣質을 形氣로 규정하는 洛論의

108) 『冠峯遺稿』 卷7 頁14, 〈心與氣質同異問答〉.

109) 보다 근원적으로, 위의 問答에서 "대개 心은 또한 五臟 가운데 하나이니, 氣質이 아니고 무엇인가?"라는 設問 자체가 湖論의 입장과는 무관하게 설정된 것이다. 남당이 '心은 곧 氣質'이라 할 때의 '心'은 결코 '五臟의 하나로서의 心'을 지칭하는 것이 아니요, 반대로 '操存舍亡의 心'을 지칭하는 것이기 때문이다.

주장이 왜 오류인지를 살펴보기로 하자. 관봉은 다음과 같이 말한다.

『正蒙』에서는 "湛一은 氣의 本이요, 攻取는 氣의 欲이다. 口腹이 飮食을 원하고 鼻舌이 臭味를 원하는 것은 모두 攻取之性이다."라고 했는데, 이에 대해 朱子는 "'湛一'은 아직 사물과 감응하지 않았을 때의 湛然純一함이니, 이것이 氣의 本이다. '攻取'는 예컨대 눈이 色을 원하고 귀가 聲을 원하는 것과 같으니, 氣의 欲으로서 바로 攻取之性이다."라고 풀이했다. 그렇다면 湛一과 攻取는 다만 한 곳에 있는 것이겠는가, 아니면 각각 境界가 있는 것이겠는가?(…) 朱子는 "孟子도 또한 氣質之性을 말했으니, 예컨대 입이 맛있는 것을 원하는 것 등이 그것이다."라고 했다. 무릇 입은 맛에 대해 함께 즐기는 것이 있고, 눈은 소리에 대해 함께 듣는 것이 있으며, 눈은 色에 대해 함께 아름답게 여기는 것이 있으니, 이러한 것들이 바로 孟子가 말한 氣質之性이다. 그렇다면 氣質之性과 大本之性이 未發時에 한 곳에 존재하는 것이겠는가?[110)]

위의 인용문은 외암의 異位異時論을 옹호하면서 남당의 同位同時論을 비판한 것인데, 여기서 주목할 것은 두 가지이다. 첫째는 관봉이 氣質之性을 攻取之性으로 해석하고 있다는 점이며, 둘째는 朱子의 "孟子도 또한 氣質之性을 말했으니, 예컨대 입이 맛있는 것을 원하는 것 등이 그것이다"라는 말이다.

우선 첫째 문제를 살펴보자. 주자는 장횡거의 攻取之性을 '耳目口鼻

---

110) 『冠峯遺稿』卷7 頁16~17, 〈心與氣質同異問答〉: 正蒙曰 湛一氣之本 攻取氣之欲 口腹於飮食 鼻舌於臭味 皆攻取之性 朱子釋之曰 湛一 是未感物之時 湛然純一 此氣之本 攻取如目之欲色 耳之欲聲 便是氣之欲 乃攻取之性 是則湛一與攻取 只在一處乎 抑各有境界乎 (…) 朱子曰 孟子亦言氣質之性 如口之於味之類是也 夫口之於味也 有同嗜焉 耳之於聲也 有同聽焉 目之於色也 有同美焉 此數者乃皆孟子所言氣質之性也 此亦與大本之性 同在未發之地乎

의 욕망' 즉 '食色之性'으로 풀이했는데, 관봉은 攻取之性이 바로 氣質之性이라고 규정했다. 이는 巍巖이 氣質之心을 形氣의 사사로움에서 생기는 '人心'으로 규정한 것, 農巖 金昌協이 氣質之性을 食色之性으로 풀이한 것 등과 궤를 같이한다.[111] 그러나 이러한 주장은 주자의 일반론과는 거리가 멀다. 주자의 氣質之性論은 食色之性보다는 사물의 個性(개별적 특수성, 各一其性)을 해명하는 논리였기 때문이다. 주자의 일반론에 의하면, 만물은 공통의 본성을 공유하면서도(理一), 각각 다양한 특징을 드러내는데(分殊), 그 다양성은 參差不齊한 氣質의 영향 때문이며, 이를 氣質之性이라 하는 것이다.[112]

다음, 둘째 문제를 살펴보자. 관봉은 朱子의 "孟子도 또한 氣質之性을 말했으니, 예컨대 입이 맛있는 것을 원하는 것 등이 그것이다."[113]라는 말을 인용했다. 주자의 이 말은 氣質을 血氣 또는 形氣로 해석할 수 있는 강력한 논거가 될 수 있다. 그러나 논자의 생각에, 이 말을 주자의 雅言으로 보기는 어렵다. 주자의 다음과 같은 말을 보자.

> 孟子는 일찍이 氣質之性을 말한 바 없다. 程子의 人性論이 儒學에 功이 있는 까닭은 氣質之性을 밝혔기 때문이다. 氣質로 논하면 무릇 '性이 다르다'는 주장들은 모두 봄날의 얼음처럼 녹아 없어질 것이다.[114]

---

111) 農巖은 〈性惡論辨〉(『農巖集』 卷25 頁17~21)에서 荀子 性惡說의 '性'을 '氣質之性'으로 풀이한 바 있다. 荀子가 惡하다고 규정한 性은 '耳目口鼻의 욕망' 즉 '食色之性'을 뜻하는 것이었다.

112) 주자의 氣質之性을 食色之性으로 풀이할 수 있는 논거가 전혀 없는 것은 아니다. 그러나 주자의 전반적인 논설로 볼 때, 氣質之性은 食色之性보다는 各一其性을 뜻하는 것이었다(이에 대한 자세한 논의는 拙稿, 「朱子 氣質之性論의 양면성과 退·栗 性理學」 참조).

113) 주자의 이 말은 『孟子』 〈盡心下〉의 '口之於味也章'을 논한 것으로, 『朱子語類』 卷61(1461쪽)에 보인다.

孟子가 비록 氣質之性을 말하지는 않았지만, 그러나 告子와 '生之謂性' 문제를 논변하면서 또한 은미하게나마 그 실마리를 제시한 바 있다. 다만 告子가 말이 궁해져서 다시 問辨하지 않았기 때문에, 그러므로 氣質之性에 관한 말을 다할 수 없었던 것이다.[115)]

위의 첫째 인용문에서는 "맹자는 일찍이 氣質之性을 말한 바 없다."고 하였고, 둘째 인용문에서는 '맹자는 氣質之性論의 실마리를 제시했을 뿐' 이라고 하였다. 이렇게 본다면 "맹자도 또한 氣質之性을 말했으니, 예컨대 입이 맛있는 것을 원하는 것 등이 그것이다."라는 말은 주자의 雅言은 아닌 것으로 보인다.

요컨대 주자의 氣質之性을 食色之性으로 해석할 수 있는 소지가 전혀 없는 것은 아니나, 주자의 氣質之性은 食色之性보다는 各一其性을 해명하는 논리였다. 이제 논자의 관점에서 氣質을 形氣나 血氣로 규정할 수 없는 이유를 몇 가지 더 제시하겠다.

첫째, 공자는 70세가 되어서야 '從心所欲不踰矩' 의 경지에 도달했다고 했다. 만약 洛論의 주장대로 心은 湛然할 뿐이고, 淸濁粹駁이 뒤섞인 氣質은 心과 별개인 形氣라고 한다면, 그리하여 聖人의 心과 凡人의 心이 동일하다면, 누구나 항상 '從心所欲不踰矩' 의 경지를 보여주어야 할 것이다.

둘째, 주자의 학문적 목표는 修養을 통해 '心과 理를 合一시키는 것' 이었다. 만약 洛論의 주장대로 心은 湛然할 뿐이고, 淸濁粹駁이 뒤섞인

114) 『朱子語類』 卷4(70쪽) : 孟子未嘗說氣質之性 程子論性所以有功於名教者 以其發明氣質之性也 以氣質論 則凡言性不同者 皆氷釋矣

115) 『孟子集註大全』 〈告子上〉 제6장 小註 : 孟子雖不言氣質之性 然於告子生之謂性之辨 亦旣微發其端矣 但告子辭窮 無復問辨 故亦不得而盡其辭焉

氣質은 心과 별개인 形氣라고 한다면, 心과 理는 항상 저절로 합일되는 것이니, 굳이 학문적 노력을 필요로 하지 않을 것이다.[116]

셋째, 氣質을 心과 분리시켜 形氣로 규정하면 '氣質變化論'을 제대로 설명하기 어렵다. 『中庸』에서는 '博學·審問·愼思·明辨·篤行'에 능통하면 "비록 어리석은 사람도 반드시 현명하게 되고, 비록 나약한 사람도 반드시 강건하게 된다"고 했는데, 주자는 이에 대한 주석에서 呂大臨의 다음과 같은 말을 인용하여 소개한 바 있다.

> 君子가 학문을 하는 이유는 능히 氣質을 變化시키려는 것뿐이다. (…) 무릇 아름답지 못한 氣質을 지니고서 변화시켜 아름답게 하려면 백배의 노력을 기울이지 않고서는 이룰 수 없는 것이다. 이제 鹵莽滅裂한 학문으로, 혹은 노력하기도 하고 혹은 그만두기도 하면서, 그 아름답지 못한 氣質을 변화시키려고 하다가, 변화시킬 수 없음에 이르러서는 "타고난 氣質이 아름답지 못하니, 학문을 통해 변화시킬 수 있는 것이 아니다"라고 말한다. 이는 자포자기에 과감한 것으로서, 매우 어질지 못한 것이다.[117]

위의 인용문으로 본다면, '博學·審問·愼思·明辨·篤行'이 바로 '氣質을 변화시키는 방법론'이다. 그렇다면 '博學·審問·愼思·明辨'은 形氣(血氣)를 대상으로 하는 공부인가, 心을 대상으로 하는 공부인가? 또한 氣質이 '耳目口鼻의 形氣'를 지칭하는 것이라면, '博學·審問·愼思·明辨'을 통해서 耳目口鼻의 形氣를 변화시킬 수 있는 것인가?

---

116) 주자의 '心與理合一之學'에 대한 자세한 논의는 拙著, 『朱子學의 길』, 130~138쪽 참조.

117) 『中庸章句』 제20장, 朱子註: 呂氏曰 君子所以學者 爲能變化氣質而已 (…) 夫以不美之質 求變而美 非百倍其功 不足以致之 今以鹵莽滅裂之學 或作或輟 以變其不美之質 及不能變 則曰天質不美 非學所能變 是果於自棄 其爲不仁 甚矣

이상의 세 가지 논점에서 밝혀졌듯이, 氣質을 心과 분리시켜 形氣로 규정하면 각종 난관에 봉착하게 된다. 그러므로 論者는 氣質을 '마음의 재질'로 보며, 이러한 맥락에서 洛論의 '心과 氣質의 異位論'[118]보다는 湖論의 '心과 氣質의 同位論'이 성리학의 일반론과 더욱 잘 부합하는 것이라고 본다.

湖論의 문제점은 '心과 氣質의 同位論'에서 한 걸음 더 나아가 '心(湛然虛明)과 氣質(淸濁粹駁)의 同時論'까지 주장했다는 점이다. 담연허명한 心과 청탁수박이 뒤섞인 氣質을 同位요 또 同時라고 규정하면, 인간의 心·性에서 '純善의 가능근거'를 확보하기 어려운바, 그리하여 "荀子의 性惡說이나 揚雄의 性善惡混說과 같다"는 비판을 초래하게 되는 것이다. 이러한 문제점을 피하려면, 우리는 담연허명한 心과 청탁수박이 뒤섞인 氣質의 관계를 '同位異時'로 규정해야 할 것이다.[119]

4. 醒菴 李喆榮의 性三樣說

1) 五常의 帶氣와 不帶氣

醒菴 李喆榮(1867~1919)은 '人性과 物性의 同·異' 문제는 本性(五常)

118) 외암은 '心과 氣質'을 '道心과 人心'으로 설명했는데, '道心과 人心'은 異位異時의 관계로 설명할 수 있다. 외암의 문제점은 '心과 氣質'을 '道心과 人心'으로 설명한 것 자체가 부당하다는 점이다.

119) "담연허명한 心과 청탁수박이 뒤섞인 氣質의 관계를 '同位異時'로 규정해야 한다"는 것을 보다 정확히 표현하면 '담연허명한 마음과 혼탁한 마음의 관계' 또는 '청수한 氣質과 탁박한 氣質의 관계'를 '同位異時'로 규정해야 한다는 말이다. 요컨대 '氣質'을 '마음의 材質'이라 한다면, 氣質이 淸粹할 때 마음이 담연허명한 것이며, 氣質이 濁駁할 때 마음이 혼탁한 것이다.

을 정의하는 방식에 따라 다르게 설명될 수 있다고 본다. 성암은 湖論에서 말하는 性은 '形氣를 초월하지 않은 것' 임에 반하여, 洛論에서 말하는 性은 '形氣를 초월한 것' 이라고 본다. 즉 同論에서 말하는 五常은 '氣를 띠지 않은 것(不帶氣)' 이나, 異論에서 말하는 五常은 '氣를 띤 것(帶氣)' 이라는 말이다. 성암은 이처럼 同論과 異論에서 말하는 性의 개념이 서로 다르다는 것을 지적한다.

> 만일 氣를 띠지 않은 것으로 말하면 太極은 곧 五常이고 五常은 곧 太極이다. 氣를 띤 것으로 말하면 한갓 性과 五常이 氣質 가운데 떨어져 있는 것이 아니라 天命과 太極도 또한 氣에서 떠날 수 없다. 옛날부터 性을 論하는 것이 혹 形氣를 초월하기도 하고 혹 形氣를 떠나지 않기도 하는 것은 理와 氣가 원래 서로 떨어질 수도 없고, 섞일 수도 없기 때문이다.[120]

이처럼 理·氣가 원래 不離·不雜의 관계이므로, 不離의 관점에서는 '氣를 띠고서' 五常을 말할 수 있고, 不雜의 관점에서는 '氣를 띠지 않고서' 五常을 말할 수 있다. 이러한 맥락에서 성암은 관점에 따라서 人物性同論과 異論이 모두 성립할 수 있다고 보았다. 氣를 띠지 않고서 말하면 太極이 곧 五常이고 五常이 곧 太極이며, 氣를 띠고서 말하면 性과 五常만 氣質에 내재하는 것이 아니라 天命과 太極도 氣에서 떠날 수 없다.

하지만 일반적으로 '性' 은 '人·物의 氣를 띠고서 말하는 것' 이므로 사람마다 모두 다르고 物마다 모두 다른 것이요, 반드시 '性은 理' 라고 말한 뒤에 人性과 物性이 같을 수 있다는 것이다. 또한 일반적으로 '五

---

120) 『醒菴集』 卷5 頁43, 〈泗上講說〉: 若以不帶氣者言之 太極卽五常 五常卽太極也 以帶氣者言之 則非徒性與五常 墮在氣質中 天命與太極 亦不離於氣也 然則自古論性 或超形器 或不超形器者 以其理氣元不相離元不相雜故也

常' 은 이미 '사람의 本然之氣를 띠고서 말하는 것' 이므로, 人·物이 다르지만 사람은 모두 같은 것이다. 하지만 '五常은 곧 理' 라는 입장에서 보면 人·物이 같을 수 있다.[121] 이처럼 人性과 物性의 同·異를 판단하는 척도는 帶氣와 不帶氣에 있으며, 氣를 띠고 말할 때에는 異論이 성립하고 氣를 띠지 않고 말할 때에는 同論이 성립한다는 것이다.[122]

2) 中底未發(心之本然)과 不中底未發(心之氣質)의 同位異時

中底未發이란 喜怒哀樂이 아직 발하지 않았을 때에 氣도 純하고 理도 純한 것 즉 '心·性의 本然' 을 말하고, 不中底未發이란 미발은 미발이되 純粹하지 못한 것 즉 '氣質에 의해서 拘碍된 것' 을 말한다. 성암은 中底未發과 不中底未發이 하나의 미발이지만(同位) 때에 따라 中의 상태에 있기도 하고 不中의 상태에 있기도 하다(異時)고 주장한다. 성암의 性三樣說을 이해하기 위해서는 먼저 이를 이해할 필요가 있다.

성암은 性은 비록 동일하지만 氣質은 淸濁粹駁의 차이가 있다고 본다. 聖人의 氣質은 지극히 淸粹하므로 그 明德의 本體가 밝지 않은 때가 없으며, 未發時에는 항상 中으로 一貫하여 大本을 세울 수 있다. 그러나 衆人의 氣質은 淸濁粹駁이 고르지 못하기 때문에 明德의 本體가 밝은 때도 있고 밝지 못한 때도 있으며, 未發時에는 中한 때도 있고 不中한 때도 있으며, 大本이 세워진 때도 있고 세워지지 못한 때도 있으므로, 氣質之性

121) 『醒菴集』 卷5 頁39, 〈泗上講說〉 : 泛言性 已帶人物之氣質 故人人物物各不同 必曰性卽理也然後 人物始爲皆同 泛言五常 已帶人本然之氣 故人與物不同而人則皆同(物之本然氣 與人不同 故五常不全具 而其類類相同) 必曰五常卽理也然後 人物始爲皆同

122) 성암은 이처럼 관점에 따라 同論과 異論이 모두 성립할 수 있음을 인정했으나, 湖論과 洛論이 서로 五常의 개념을 다르게 정의하고 있다는 점을 주목하지는 못한 것 같다.

이 氣之本然之性과 氣之氣質之性의 두 가지로 나뉘게 된다.[123] 성암은 다음과 같이 설명한다.

未發은 하나이되 어찌 中底未發과 不中底未發 두 가지가 있는가? 비록 衆人의 氣稟에 拘碍된 것이라도 그 마음의 本體의 밝음은 일찍이 끊인 적이 없다. 그러므로 中底未發이 있는 것이다. 그러나 비록 心體의 밝음이 일찍이 끊인 적이 없다고 하여도 修養을 하기 전에는 그 氣稟에 拘碍되는 것을 어찌할 수가 없다. 그러므로 또한 不中底未發이 있는 것이다. 그러므로 朱子가 어떤 사람이 '聖人과 衆人의 같고 다름' 을 물은 것에 답하기를 "未發은 다만 未發일 뿐이니, 그렇지 않으면 大本의 道理가 끊어지고 만다" 고 했고, 율곡이 우계의 '未發之體에 善 · 惡이 있는가?' 라는 질문에 답하기를 "衆人이 다행히 한 순간이라도 未發時가 있다면, 이때는 全體가 湛然하여 聖人과 다르지 않다" 고 했으니, 이는 모두 衆人의 中底未發을 지적한 것이다. 朱子는 또 "衆人은 未發時에 이미 스스로 혼란에 빠지게 된다" 고 하였고, 율곡은 우계의 질문에 "오직 그 잠깐 사이에 다시 그 本體를 잃어버려서 昏亂해지므로 中을 얻지 못한다" 고 답했으니, 이는 모두 衆人의 不中底未發을 지적한 것이다. 그런데 율곡은 또 "昏昧와 散亂은 未發이라 할 수 없다" 고 했으니, 이 말을 朱子의 "未發은 단지 未發일 뿐" 이라는 가르침에 비추어 본다면, 未發은 비록 두 가지의 形態가 있으나 사실은 하나일 뿐이다. 그렇다면 中底未發과 不中底未發은 서로 兩立하면서 각각 그 部伍를 이루어 侵陵할 수 없는 것이 아니고, 다만 位는 같으나 時가 다른 것이다.[124]

---

123) 『醒菴集』 卷5 頁18, 〈泗上講說〉: 衆人氣質 淸濁粹駁 有萬不齊 其明德本體 有明不明之時 而未發有中不中之時 大本有立不立之時 故氣質之性 每拘於氣稟 有此氣本氣質兩般也

124) 『醒菴集』 卷5 頁18~19, 〈泗上講說〉: 未發一也 而何以有中不中之兩未發也 雖以衆人

성암은 中底未發과 不中底未發을 거울에 비유한다. 거울 속의 밝음을 中底未發이라 한다면, 거울 표면에 티끌이 붙어서 어두운 것은 不中底未發이라는 것이다. 비록 티끌이 거울의 표면을 가려도 거울 속의 밝음은 진실로 변함이 없거니와, 그러므로 티끌이 없어지면 밝아지고 티끌이 끼면 어두워진다. 이와 마찬가지로, 未發時에도 氣稟이 拘碍하지 않으면 中하게 되고, 氣稟이 拘碍하면 不中하게 된다는 것이다. 성암은 凡人에게 中底未發과 不中底未發이 혼재하는 현실을 다음과 같이 설명한다.

> 만일 한순간이라도 中底未發이 없다면, 이는 衆人은 영원히 大本이 없고, 虛靈이 없고, 明德이 없는 것이니, 『大學』의 '明德을 밝힌다' 는 가르침을 어디에서 베풀 것이며, 『中庸』의 '中和를 이룬다' 는 노력을 어떻게 할 것이며, 孟子의 '養氣論' 이 어디에 의거할 것인가? 만일 그렇다면 '性이 善하다' 는 말은 장차 공허한 高談이 되어서, 사람들은 堯舜이 될 수 없을 것이다. 또한 만일 이미 스스로 혼란에 빠지는 不中底未發이 없다면, 衆人이 已發時에 千階萬級의 淑慝이 있게 되는 것은 무엇에서 유래하겠는가? 그러므로 한순간에 드러나는 虛靈한 本體를 인하여 확충시키고 계속시킨다면 곧 浩然之氣가 자라나서, 方寸의 大本이 항상 세워지고 明德이 항상 밝아진다. 그리하여 예전의 不中底未發이 없어지면 온갖 변화에 대응하는 것이 모두 中節하게 되는 바, 이것이 바로 孟子의 養氣論이 聖門에 功을 세운 까닭이다.[125)]

之拘於氣稟 其心體之明 有未嘗息者 故有中底未發 雖以心體之明未嘗息者 而未修爲之前 其氣稟所拘 亦無奈何 故又有不中底未發 是故 朱子答或者聖衆同異之問 曰未發只做得未發 不然大本道理絶了 栗谷答牛溪未發體有善惡之問 曰衆人幸於一瞬之間或有未發之時 全體湛然 與聖人不異 此皆指衆人之中底未發也 朱子又曰衆人未發 已自汨亂 栗谷答牛溪之問 曰惟其瞥然之際 還失其體 昏亂隨之 故不得其中 此皆指衆人不中底未發也 然而栗谷又曰 其或昏昧或散亂者 不可謂之未發也 又以栗谷此言 參於朱子未發只做得未發之訓 未發雖有兩樣 其實體則一而已矣 然則其中底未發與不中底未發 非是有兩立而各成部伍 不相侵陵也 只是位同而時不同者也

요컨대 보통 사람에게는 中底未發이 있기 때문에 부지런히 修養에 힘써 '聖人이 될 수 있는 가능성' 이 있는 것이요, 不中底未發이 있기 때문에 혼란에 빠진 채 방탕하여 '下愚로 전락할 가능성' 도 있다는 것이다. 성암은 이러한 맥락에서 유학에서 말하는 修養이란 결국 '不中底未發을 中底未發로 변화시키는 것' 이라고 보았다. 성암의 이러한 생각은 中底未發과 不中底未發은 '同位異時' 의 관계라는 인식에 기초한다. 성암은 中底未發과 不中底未發, 즉 心 · 性의 本然과 氣質이 '同位異時' 인 까닭을 다음과 같이 말한다.

> 心 · 性의 本然과 氣質이 그 位가 같은 이유는 무엇인가? 하나의 心이고 하나의 性이기 때문이다. 그 時가 다른 이유는 무엇인가? 虛靈이 혹 드러날 때도 있고 氣稟이 혹 拘碍할 때도 있기 때문이다.[126]

성암에 의하면, 우리에게는 하나의 마음과 하나의 본성만 있기 때문에 '本然之心과 氣質之心' 또는 '本然之性과 氣質之性' 이 '同位' 인 것이요, 하지만 虛靈한 때도 있고 氣稟에 拘碍된 때도 있기 때문에, 즉 未發時이지만 中한 때도 있고 不中한 때도 있기 때문에 '異時' 라는 것이다. 성암은 이러한 관점에서 性三樣說을 전개한다.

---

125) 『醒菴集』 卷5 頁19, 〈泗上講說〉 : 若無一瞬間中底未發 是衆人永無大本也 永無虛靈也 永無明德也 大學明明德之訓 何所施乎 中庸致中和之工 何爲用乎 孟子養氣之論 何以依據乎 然則性善之說 將爲駕虛之高談 而人不可以爲堯舜矣 若無已自汨亂之不中底未發 今夫衆人發後淑慝之千階萬級 何自而生乎 是以 因其一瞬間呈露之虛靈本體 而充廣之繼續之 是則浩然之氣 不失其養 而方寸之地 大本常立 明德常明 向所謂不中底未發已無所在 其於酬應萬變 無往而非中矣 此孟子養氣之說 所以有功於聖門也

126) 『醒菴集』 卷5 頁28, 〈泗上講說〉 : 心性之本然與氣質 其位同者 何也 一心一性故也 其時異者 何也 虛靈或有呈露時 氣稟或有拘之時故也

3) 性三樣說

성암의 性三樣說은 本然之性·氣之本然之性·氣之氣質之性으로 구분되는데, 氣之本然之性은 氣本之性이라 표현하기도 하고, 氣之氣質之性은 氣質之性이라 표현하기도 한다. 性三樣說은 종래의 氣質之性을 둘로 나누어 본 것이다. 氣는 局한 것이고 本·末이 있기 때문에, 그 本을 氣之本然이라 하고, 末을 氣之氣質이라 한 것이다. 다만 聖人은 氣質이 至淸至粹하기 때문에 氣質之性이 둘로 나뉘지 않는다고 본다.

성암은 中底未發時와 不中底未發時, 單指理와 兼指氣를 기반으로 性三樣說을 전개한다. 즉 희로애락이 아직 발하지 않아서 氣도 純하고 理도 純한 때에 나아가 그 理를 單指하면 '中'이고 '大本'이며 '本然之性'이고, 理와 氣를 兼指하면 '明德'이고 '氣之本然之性'이다. '氣之氣質之性'은 本然之性·氣之本然之性과 位는 같지만 時가 다른 것이다. 성암은 다음과 같이 말한다.

> 미발시에 氣도 순수하고 理도 순수한 즈음에 理를 單指한 것이 大本이며 本然之性이고, 氣를 單指한 것이 虛靈이고 浩然之氣이며, 理와 氣를 兼指한 것이 明德이며 氣本之性이다.[127] 이른바 氣稟에 구애된 것과 氣之氣質之性은 이와 位는 같으나 다만 그 時가 다른 구별이 있다.[128]

---

127) 醒菴 당시 기호학파 내부에서는 이른바 '明德論爭'이 계속되고 있었던바, 주지하듯이 華西 李恒老 계열은 明德主理論을 주장하고, 梅山 洪直弼 계열은 明德主氣論을 주장했다. 그런데 성암은 明德을 '理와 氣가 합쳐진 것' 또는 '마음과 본성을 합친 이름[心性總名]'으로 규정하여(『醒菴集』 卷2 頁9, 〈答艮齋田丈〉), 折衷的 입장을 취했다. 율곡은 "四端은 곧 明德이 발한 것이다. (…) 心과 性을 합쳐서 부를 때 明德이라 한다."고 설명한 바 있다(『栗谷全書』 卷12 頁21, 〈答安應休〉). 성암은 이를 근거로 明德을 '理와 氣의 결합'으로 규정하고, 明德이 곧 氣本之性이라고 주장한 것이다.

中底未發時에 理를 單指한 것을 本然之性이라 한다면, 이때에 理와 氣를 兼指한 것은 어떠한 性이라고 할 것인가? 이것이 참으로 明德의 本體로서, 내가 氣本之性이라고 말하는 것이다. 聖人은 氣稟이 純一하기 때문에 氣之氣質之性이 곧 氣本之性이다. 衆人은 氣稟이 고르지 못하기 때문에 氣質이 비로소 氣本과 氣質의 兩樣으로 나누어진다. 이 兩樣은 位는 같으나 時가 다른 것이다.[129)]

犬과 牛와 人의 異體에 나아가 각각 心의 理를 뽑아내 氣와 섞지 않은 것을 本然之性이라 하는데, 犬과 牛와 人이 모두 같으며, 이른바 萬物各具一太極이다. 각각의 心의 本然과 理를 兼指한 것을 氣之本然之性이라 하는데, 犬과 牛와 人의 같고 다름은 또한 心의 本然의 같고 다름과 마찬가지이다. 각각의 心의 氣質과 理를 兼指한 것을 氣之氣質之性이라 하는데, 犬마다 다르고 牛마다 다르고 人마다 다른 것은 心의 氣質이 각각 다른 것과 마찬가지이다. 그렇다면 氣之本然之性은 '一太極의 分殊'이고 氣之氣質之性은 '分殊의 分殊'이다.[130)]

위의 세 인용문을 통해 性三樣說의 구체적 내용을 충분히 이해할 수 있다. 성암은 人·物의 氣本之性은 모두 善한 것이라고 한다. 이 善한 氣本之性이 人·物이 서로 다르나 사람끼리는 모두 같은 이유는, 사람의

---

128)『醒菴集』卷5 頁28, 〈泗上講說〉: 當未發時氣純理純之際 單指理 此大本也 本然之性也 單指氣 此虛靈也 浩然之氣也 兼指理與氣 此明德也 氣之本然之性也 所謂氣稟所拘與夫氣之氣質之性 亦同此地位 但有異其時之別耳

129)『醒菴集』卷5 頁20, 〈泗上講說〉: 中底未發時單指理 是謂本然之性 則若其時兼指理氣將何性云耶 是誠明德本體 而吾所謂氣本之性也 聖人氣稟純一 故氣質之性卽氣本之性也 衆人氣稟不齊 故氣質始分爲氣本氣質兩樣矣 而其兩樣 只是位同而時不同也

130)『醒菴集』卷5 頁11, 〈泗上講說〉: 就犬牛人異體上 挑出各心之理 不雜其氣 是之謂本然之性 犬牛人皆同 而所謂萬物各具一太極者也 兼指各心之本然與理 是之謂氣之本然之性(亦可曰氣本之性) 犬牛人之同異 亦如其心之本然 兼指各心之氣質與理 是之謂氣之氣質之性(亦可曰氣質之性) 犬牛人之各各不同 亦如其心之氣質 然則氣之本然之性是一太極之分殊 氣之氣質之性 是分殊之分殊

正通한 氣之本然이 동물의 偏塞한 氣之本然과 같지 않지만, 明德의 本體는 聖人과 凡人이 같기 때문이다. 그러면 이러한 三樣의 性에서 과연 어느 것이 犬과 牛와 人의 고유한 本性인가? 성암은 다음과 같이 말한다.

> 氣之本然之性이 犬과 牛와 人이 각각 얻은 本性이다. 그러므로 사람은 이 性을 따라서 本然之性에 도달하는 것으로, 모든 善이 충분하다. 개와 소는 이 性을 따르는 것이 비록 사람의 지극히 貴한 것에는 미칠 수 없으나, 또한 각각 善한 性이 되며 善은 곧 道이다. 그러므로 개가 밤을 지키는 것과 소가 양순하여 밭을 가는 것과 사람이 착한 것이 모두 각각의 率性之道인 것이다. 개가 지킴을 잃어 밤을 맡지 않고, 소가 양순하지 않아서 밭을 갈지 않고, 사람이 착하지 않아서 孝悌忠信의 行實이 없는 것 등은 모두 氣之氣質之性의 惡한 것으로서, 自然의 性을 따르는 道가 아니다.[131]

위에 보이듯이, 성암은 氣本之性을 사물의 고유한 本性으로 규정했다. 성암은 또한 性三樣說을 天地와 人·物 각각의 경우에 모두 적용시키고 있다. 天地의 本然之性은 太極만을 지칭한 것으로서, 天地와 人·物이 모두 같은 것이다. 天地의 氣本之性은 陰陽의 本然을 兼指한 것으로서, 物은 사람에 미치지 못하나 사람은 天地에 미칠 수 있다. 天地의 氣質之性은 陰陽의 氣質을 兼指한 것으로서, 사물마다 다르고 사람마다 다르다. 사람의 경우에는 氣本之性이 天地와 더불어 三才가 되는 것인바, 그 이유는 사람은 正通한 氣를 얻어 태어났기 때문이다. 또한 聖人의 경

131) 『醒菴集』 卷5 頁12, 〈泗上講說〉: 惟氣之本然之性 是犬牛人各得之本性 故人而循此性 便達于本然之性 而萬善足焉 犬牛而循此性 雖不及於人性之至貴 亦各爲其善性 而善乃道也 故犬之守 牛之順 人之善 不害於同爲率性之道也 若犬失守而不司夜 牛失順而不爲耕 人不善而無乃孝悌忠信之行 是乃氣之氣質性之惡者 所爲非自然循性之道也

우는 氣質之性이 純善하기 때문에 오히려 天地의 氣質之性의 混雜한 것보다 나을 수 있다. 그 까닭은 天은 處變之權이 없음에 반하여 聖人은 이러한 權道를 지니기 때문이다. 여기서 人間의 존엄성이 극대화되는 것이다. 동물의 경우, 닭이 새벽을 알릴 수 있고 개가 밤을 지킬 수 있고 소가 밭을 갈 수 있고 말이 달릴 수 있는 것 등은 각각의 순선한 氣本之性으로서, 이것을 따르는 것이 곧 동물의 率性之道이다.[132]

성암의 性三樣說은 외암의 中底未發 · 不中底未發論과 남당의 性三層說을 종합하여 지양시킨 것인바, 이를 그림으로 표현하면 다음과 같다.

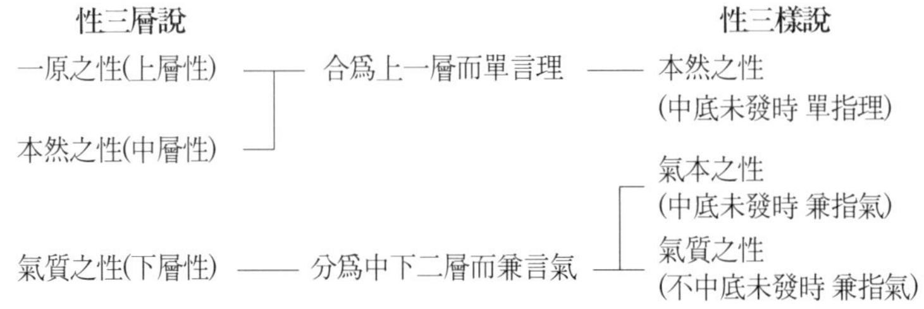

남당의 '超形氣'는 萬物의 理가 같은 것이고, '因氣質'은 人 · 物이 서로 다른 것으로서 人 · 物의 本性이며, '雜氣質'은 사람마다 다르고 사물마다 다른 것이었다. 남당은 因氣質한 中層性을 人 · 物의 本性으로 파악하여 人物性異論을 주장한 것이다. 그리하여 표면적으로는 남당의 三層說과 성암의 三樣說이 서로 흡사한 것 같으나, 각각의 性이 의미하는 내용에 있어서는 서로 큰 차이가 있다. 남당의 三層說이 超形氣 · 因氣質 · 雜氣質에 의한 분류이고, 특히 中層性은 單指 · 兼指로 표현할 수 없는 것이어서 人 · 物의 同 · 異를 논할 때 논리적 애매성이 있었다. 그러나 성암은 中底未發과 不中底未發, 單指와 兼指로 三樣性을 말하기 때문에

132) 『醒菴集』 卷5 頁8~10, 〈泗上講說〉.

人·物의 同·異를 논할 때 논리적 명확성을 보여 준다. 또한 남당은 中層性과 下層性의 관계를 同位同時로 보았으나, 성암은 그 관계를 同位異時로 규정했다.

성암의 三樣說은 남당과 외암의 대립된 입장을 통합할 수 있도록 心性의 개념을 새롭게 구성한 것이다.[133] 성암이 비록 氣之本然之性을 사물의 고유한 本性으로 파악하고 '人·物이 서로 다르다' 고 하여, 결론적으로 人物性異論에 서는 것이지만, 그것은 내용적으로 남당의 異論과 외암의 同論을 지양시킨 것이다. 또한 성암의 三樣說은 외암의 異位異時의 폐단과 남당의 同位同時의 폐단을 극복한 것이다. 하지만 성암의 이러한 견해는 외암에 의해 심화된 未發論과 남당이 제시한 性에 대한 三分法을 토대로 성립한 것임은 물론이다.

5. 小結

이제까지 살핀 것처럼, 호락논쟁의 주요 쟁점은 다음의 세 가지였다.

첫째는 '人性과 物性의 同·異 문제' 였다. 그런데 이 문제는 호론과 낙론에서 性을 이해하는 관점이 다르다는 것, 그리고 각자가 '五常의 개념' 을 다르게 정의했다는 것을 파악한다면, 사실은 양측의 주장이 별로 다르지 않은 것이었음을 알 수 있다.[134] 요컨대 외암은 五常을 '五行之

---

133) 금장태 · 고광직, 『儒學近百年』, 394~396쪽.

134) 윤사순은 人物性同異論爭에 대해 "論爭의 원인으로 또 간과해서는 안 될 것은 '本然의 性' 이라는 용어 자체가 지닌 양립 불능의 두 의미내용이다. 원래 本然의 性이란 本質과 같은 의미를 지니므로, 그 경우에는 人性과 物性이 다르다고 할 수밖에 없다. 그러나 다른 한편 本然의 性이라는 그 本然의 뜻은 개체를 넘어 궁극의 근원에로까지 소급할 것을 의미하고, 이 의미에 충실하면 人性과 物性의 시원적 동일

理' 로 규정하여 人物同具五常論을 주장하면서도, '人性은 粹하고 物性은 不粹하다' 고 하여 人性과 物性의 차이를 분명히 인정했다. 그런데 남당은 五常을 '五行秀氣之理' 로 규정하여 人物性異論을 주장하면서도, '동물도 五行之理를 모두 갖추고 있다' 는 점을 인정했다. 한편, 人性과 物性의 同·異 문제를 제대로 논하려면 '性에 대한 三分法' 이 긴요하거니와, 여기서 남당의 性三層說이나 성암의 性三樣說의 의의를 찾을 수 있겠다.

둘째는 '未發時의 善·惡 문제' 였다. 외암은 未發純善論을 주장했고, 남당은 未發氣質有善惡論을 주장했다. 그런데 이러한 차이 역시 두 사람이 '未發의 개념' 을 달리 정의하는 데서 비롯된 것이었다. 외암은 '寂然不動하면서도 湛然虛明한 상태' 를 '大本底未發(中底未發)' 이라 하고, '寂然不動하나 湛然虛明하지 못한 상태' 를 '不中底未發' 이라 한 다음, 大本底未發만이 '참된 未發' 이라 하여 未發純善論을 주장했다. 그러나 남당은 단순히 '寂然不動한 상태' 를 未發로 규정하여 未發氣質有善惡論을 주장한 것이다. 한편, 남당은 처음에는 '未發時에 理를 單指한 것이 本然之性' 이라고 주장했다가 나중에는 '未發의 虛明에 나아가 理를 單指한 것이 本然之性' 이라고 수정했는데, 이는 사실 외암의 大本底未發論을 수용한 것이다.

을 말하지 않을 수 없다. (…) 따라서 本然의 性의 두 가지 함의에 대한 각성이 없는 한, 이 논쟁은 끝날 수 없다."고 주장한 바 있다(윤사순, 「韓國儒學에 대한 哲學的 理解의 問題: 그 회고와 전망」, 26쪽). 요컨대 人物性同異論爭은 '本然之性' 개념을 어떤 '種' 의 차원에 적용하느냐, 개별적 種을 초월하는 '최고의 類' 에 적용하느냐의 문제라는 것이다. 그러나 다음 두 가지를 고려하면, 이는 별로 타당하지 않은 주장이다. 첫째, 人性과 物性의 同·異를 따질 때 그들이 실제로 논했던 것은 '동물도 인간처럼 五常을 지니느냐 여부' 였다. 다시 말해 人物性同異論爭에서는 同·異 여부를 '本然之性' 이라는 개념에 입각해 판단한 것이 아니라, '五常' 이라는 개념에 입각해 판단했다. 둘째, 本然之性을 '최고의 類概念' 으로 규정하는 맥락에서는 湖論 역시 '人性과 物性이 같다' 고 인정했다. 南塘의 '超形氣의 性' 이 그것이다.

셋째는 中底未發과 不中底未發의 관계 문제, 다시 말해 '湛然虛明한 心'과 '淸濁粹駁이 뒤섞인 氣質'의 관계를 어떻게 설명하느냐 하는 문제였다. '人性과 物性의 同·異 문제'와 '未發時의 善·惡 문제'는 사실 '개념 정의의 차이'에서 비롯된 문제였던 것과 달리, '心과 氣質의 관계 문제'는 양측이 실질적으로 견해를 달리한 문제였던바, 따라서 이 문제야말로 호락논쟁의 핵심 쟁점이었다.

호론에서는 氣質을 '마음의 材質'로 보아 心과 氣質을 同位로 규정했으나, 낙론에서는 氣質을 '耳目口鼻의 形氣'로 보아 心과 氣質을 異位로 규정했다. 그런데 낙론의 異位論은 氣質에 대한 성리학의 전반적 이론 체계와 크게 어긋난다. 그렇다면 우리는 호론의 주장처럼 氣質을 '마음의 재질'로 이해하고, 心과 氣質을 同位로 규정해야 할 것이다.

문제는 호론이 心과 氣質을 同位로 규정하는 데 그치지 않고 同時로 규정했다는 점이다. 호론의 주장처럼 心(湛然虛明)과 氣質(淸濁粹駁)을 同位同時로 규정하면, 인간의 心·性에서 '純善의 가능근거'를 확보하기 어려운바, 그리하여 낙론에서는 호론에 대해 "荀子의 性惡說이나 揚雄의 性善惡混說과 같다"고 비판했던 것이다. 醒菴은 '담연허명한 心'과 '청탁수박이 뒤섞인 氣質'의 관계, 즉 '中底未發'과 '不中底未發'의 관계를 '同位異時'로 규정했는바, 同位異時論이야말로 心과 氣質의 관계에 대한 정확한 해명이었던 것이다.

心·性의 本然과 氣質을 '同位異時'로 규정하면, 인간 心·性의 '보편성과 특수성'을 제대로 해명할 수 있고, 인간의 心·性에서 '純善의 가능근거'도 확보할 수 있으며, '情의 不中節' 또는 '惡의 유래'도 정합적으로 설명할 수 있다. 이러한 맥락에서, 성암의 同位異時論이야말로 湖洛論爭을 올바로 지양시킬 수 있는 논리를 제시한 것이라 하겠다.

제4장

華西學派 – 梅山學派의 明德論爭

19세기 중엽, 畿湖 儒學界에서는 호락논쟁이 是非를 거듭하는 가운데 또 하나의 큰 논쟁이 시작되었다. 華西學派와 梅山學派 사이에 '明德을 主理로 볼 것인가, 主氣로 볼 것인가' 하는 논쟁이 벌어진 것이다. 明德論爭은 일차적으로는 『大學』의 '明德'에 대한 해석을 둘러싼 논쟁이었지만, 근본적으로는 성리학에 있어서 '主宰'의 문제를 어떻게 이해할 것이냐 하는 논쟁이었다.

明德主氣論者들은 明德을 '心(本心)'으로 규정하고, 明德主理論者들은 明德을 '心(本心)' 또는 '心의 本源眞體'로 규정한다. 요컨대 明德은 心과 밀접한 관련 아래 논의되는 것이다. 주자는 心을 '氣의 精爽'이라 했다.[1] 이러한 입장에서 본다면 心은 분명 氣이다. 그런데 주자는 "心은 理가 모인 곳"[2]이라고도 했고, "心은 性에 견주면 약간 자취가 있고, 氣에 견주면 자연적으로 또 神靈하다"[3]고도 했다. 첫째 인용문의 맥락에

---

1) 『朱子語類』 卷5(85쪽) : 心者 氣之精爽

2) 『朱子語類』 卷5(88쪽) : 心是理之所會之地

서는 心을 理와 연결시켜 볼 수 있고, 둘째 인용문의 맥락에서는 心을 氣와 분리시켜 볼 수 있다. 이러한 말들은 心을 理로 규정하려는 사람들에게 좋은 자료가 될 수 있다.[4] 여기에 心 또는 明德이 '主理냐, 主氣냐' 하는 논쟁의 소지가 있는 것이다.

그러나 명덕논쟁의 보다 중요한 원인은 바로 성리학의 두 핵심 명제가 표면적으로 상충되고 있다는 점에 있었다. 성리학에서는 '理가 氣를 주재한다' 고 주장하는 동시에 '心統性情' 을 주장하는데, 이 두 명제는 일견 상충되는 것이다. 明德論爭은 이 두 명제가 충돌하는 지점에서 시작된 것이다. 心統性情論에서 性은 '理' 로 규정되었으며, 統은 '兼包와 主宰' 의 두 뜻을 동시에 지니는 것으로 설명되었다. 따라서 心을 '氣의 精爽' 으로 해석한다면, '心統性' 이란 '氣가 理를 주재한다' 는 의미가 되는데, 이는 '理가 氣를 주재한다' 는 명제와 상충되는 것이다.

명덕논쟁은 본질적으로 '이 두 명제의 상충을 어떻게 해결할 것인가?' 를 두고 시작된 논쟁이었다. 華西 李恒老와 重菴 金平默 등 明德主理論者들은 心統性情에서의 心은 明德으로서 理를 의미한다고 주장하여, 心是氣論이 초래하는 '氣가 理를 주재함' 의 사태를 막고 성리학을 '理가 氣를 주재한다' 는 하나의 체계로 관철시키고자 했다. 그러나 鼓山 任憲晦와 艮齋 田愚 등 明德主氣論者들은 心은 氣이며, 明德 역시 氣라는 입장을 고수했다. 이들은 明德을 理라고 규정하는 대신 '氣의 精爽으로서의 心' 또는 '虛靈으로서의 明德' 과 '淸濁粹駁이 혼재하는 氣質' 을 엄격히 구분함으로써 '本善한 心의 주재' 를 확보하고자 했다. 이들은 성리학에서의 理와 氣란 본래 상호주재의 관계이며, 다만 '理가 氣를 주재한

---

3) 『朱子語類』 卷5(87쪽) : 心比性 微有迹 比氣 自然又靈

4) 주자는 明德을 虛靈不昧로 해석했고, 心을 神明으로 해석하기도 했다. 明德主理論者들은 神이나 虛靈도 理라고 해석한다.

다' 고 할 때의 주재와 '氣가 理를 주재한다' 고 할 때의 주재의 의미가 서로 다르다는 점을 지적하여, '理가 氣를 주재한다' 는 명제와 '心은 氣로서 性·情을 통섭(주재)한다' 라는 명제를 양립시키고자 했다. 이런 맥락에서 명덕논쟁은 성리학의 心性論을 이론적으로 精巧化하는 계기가 되었다.

명덕논쟁은 한편으로는 현실 세계의 타락상에 대해, 그 원인은 무엇이고 어떻게 대처할 것인가를 두고 대립한 것이기도 하다.[5] '氣의 自用(제멋대로 행동함, 猖狂自恣)' 이 현실을 타락하게 만든다고 인식한 점에 있어서는 양자가 같았다. 그러나 이들은 서로 상대방의 주장이 '氣의 自用' 을 조장한다고 규정하고, 서로 다른 논리를 전개했다. 明德主理論者들은 性·情의 주재자인 心을 氣로 규정하는 것은 氣가 현실을 지배하도록 조장하는 것이라고 보았다. '氣統理' 를 인정하는 것은 氣를 理의 주재자로 삼는다는 것으로서, 이것이 혼란의 원인이라는 것이다. 그리하여 그들은 '氣統理' 를 부정하고 '理의 주재' 를 확립하는 것이 현실의 타락상을 극복하는 관건이라고 보았다. 반면에 明德主氣論者들은 '氣인 明德(心)을 理로 규정하는 것' 이야말로 '心의 自用' 을 조장하는 것이라고 보았다. 理는 明德(心)이 따라야 할 標準인데, '明德(心)을 理라고 주장함' 은 '心을 진리의 표준으로 인정하는 것' 으로서, 결국 '心의 自用' 을 초래하여 현실의 혼란을 부채질하게 된다는 것이다. 이들은 明德과 心을 성리학 본래의 취지대로 氣로 규정하여, 氣인 心의 自用을 막고 理인 性을 표준으로 삼게 함으로써만이 혼란이 극복될 수 있다고 주

5) 금장태는 한말 國家存亡의 위기에서 李恒老·奇正鎭·李震相 등이 기존의 정통이론을 답습하는 데 머물지 않고 독자적 해석을 시도하여 새로운 학풍을 형성한 것은 '성리학의 시대상황에 대한 대응' 이었다고 평한 바 있다(금장태, 『한국유학의 心說』, 121쪽).

장했다. 이들이 이처럼 서로 다른 논리로 현실을 진단하는 것 역시 '主宰'의 의미를 달리 이해하고 있었기 때문이다. 그러나 결론적으로 '氣(心)의 自用을 막아야 한다'는 점에 있어서는 모두 같은 생각이었다.

明德論爭은 호락논쟁에 버금가는 논쟁이었다. 본고에서는 華西 李恒老(1792~1868), 重菴 金平默(1819~1891), 省齋 柳重教(1832~1893)를 중심으로 明德主理論을 살펴보고, 梅山 洪直弼(1776~1852), 鼓山 任憲晦(1811~1876), 艮齋 田愚(1841~1922)를 중심으로 明德主氣論을 살펴본 다음, 양자의 논점을 정리해 보고, 이에 대해 의미를 부여해 보고자 한다.

1. 華西 李恒老와 그 門下의 明德主理論

1) 華西 李恒老의 明德主理論

華西는 철저한 主理論者였다. 화서는 "理가 주인이 되고 氣가 부림을 받는다면 理는 순수해지고 氣는 바르게 되어 萬事가 다스려지고 天下가 편안해진다. 그러나 氣가 주인이 되고 理가 부림을 받는다면 氣는 강해지고 理는 숨게 되어 萬事가 혼란해지고 天下가 위태로워진다"[6]고 보았는데, 그의 明德主理論은 이와 같은 인식의 소산이었다. 화서의 年譜에 의하면, 화서도 초년에는 心을 오로지 氣로 인식하고 있었다. 그런데 마침내 '心是氣論'이 지니는 '未安한 점'을 발견하고, 57세 되던 해에 새로운 心說을 정립하게 되었다. 화서가 발견한 '미안한 점'이란 다음과 같다.

---

6) 『華西雅言』 卷1 頁11, 〈臨川〉: 理爲主氣爲役 則理純氣正 萬事治而天下安矣 氣爲主理爲貳 則氣彊理隱 萬事亂而天下危矣

心은 性을 다할 수 있는데 性은 心을 검속할 수 없으며, 心은 性·情을 통섭하는데 性·情은 心을 통섭할 수 없다는 것은 정해진 이치이다. 그런데 만약 '心은 다만 氣일 뿐'이라면, 이것은 氣가 항상 理를 통섭하는 것이요, 理는 萬化의 樞紐가 되기에 부족한 것이다.[7)]

화서는 心能盡性과 心統性情을 부정할 수 없는 명제로 규정했다. 그런데 心을 다만 氣로 간주한다면, '心統性'이란 '氣統理'가 되어, 理의 주재(理가 萬化의 樞紐가 됨)를 부정하는 결과가 되고 만다는 것이다. 이것이 화서가 발견한 心是氣論의 '미안한 점'이었다. 화서는 心을 단순히 氣로 규정했던 종래의 입장에서 벗어나, 心을 '理와 氣의 묘합'으로 규정하고, 心統性情에서의 心은 理라고 규정함으로써(以理斷心), '心統性情'과 '理의 주재'를 모순없이 양립시키고자 했다. 年譜에서는 화서의 새로운 心說을 다음과 같이 정리하고 있다.

心이란 사람의 神明으로서, 理·氣를 합하고 動·靜을 포함한다. 性은 心의 體로서 理가 氣를 타고 고요한 것이요, 情은 心의 用으로서 理가 氣를 타고 운동하는 것이다. 理로 말하면, 心은 太極이 四德을 統攝하는 것과 같고, 性은 利·貞과 같으며, 情은 元·亨과 같다. 利·貞은 萬理가 돌아가 숨은 것이며, 元·亨은 萬理가 베풀어지는 것이다. 氣로 말하면, 心은 元氣가 四時를 統攝하는 것과 같고, 性은 秋·冬과 같으며, 情은 春·夏와 같다. 秋·冬은 萬物이 완성된 것이요, 春·夏는 萬物이 처음 시작되는 것이다. 나누어 말하면, 心은 萬理를 모아 주재하는 것이요, 性은 寂然不動하여 萬理를 모두 갖추고

7) 『華西集』 附錄 卷9 頁32, 〈年譜〉 57歲條 : 先生初年 嘗以心專作氣看 (…) 旣而寢覺有未安者 蓋心能盡性 性不知檢其心 心統性情 性情不得統心 此定理也 若心只是氣而已 則是氣常統理 而理不足爲萬化之樞紐矣

있는 것이며, 情은 感而遂通하여 萬理를 發用하는 것이니, 각각 지칭하는 바가 있어 뒤섞을 수 없다. 종합해 말하면 心·性·情이 一理로서 渾淪하여 彼·此, 內·外, 終·始, 本·末의 간격이 없으니, 이것이 理의 全體이다. 理로 말하면 聖·凡의 心이 동일하고, 舜·蹠의 性이 동일하며, 堯·桀의 情이 동일하니, '理同' 이기 때문이다. 氣로 말하면 天下의 心이 만 가지로 다르고, 天下의 性이 만 가지로 다르며, 天下의 情이 만 가지로 다르니, '氣異' 이기 때문이다.[8)]

위의 인용문은 화서의 心說을 槪觀한 것인 바, 이를 토대로 그의 心說을 보다 구체적으로 살펴보기로 하자.

첫째, 화서는 心을 '理와 氣의 妙合' 으로 설명했다. 心은 理와 氣의 묘합이기 때문에, 관점에 따라 理로 말할 수도 있고 氣로 말할 수도 있다. 다만 각각의 관점을 혼동해서는 안 된다. 화서는 다음과 같이 설명한다.

心은 理로 말하는 경우도 있고, 氣로 말하는 경우도 있다. 理로 말한 것은 孟子의 盡心·仁義之心·本心 등이 그것이며, 氣로 말한 것은 '心은 陰陽과 같고 性은 太極과 같다' 거나 '心은 氣의 精爽이다' 라는 등이 그것이다. 대개 心이란 사람의 神明으로서 一身을 주재하고 萬事를 관섭하는 것이다. 그 근원은 하늘에서 나온 것이니 사람이 사사롭게 할 수 없는 것이며, 그 작용은

8) 『華西集』 附錄 卷9 頁33~34, 〈年譜〉 57歲條 : 心者 人之神明 而合理與氣包動靜者也 性則心之體 而理之乘氣而靜者也 情則心之用 而理之乘氣而動者也 以理言 則心猶太極之統四德 性猶利貞 情猶元亨 利貞者 萬理之歸藏也 元亨者 萬理之發施也 以氣言 則心猶元氣之統四時 性猶秋冬 情猶春夏 秋冬者 萬物之成終也 春夏者 萬物之生始也 又曰 分言 則心者 萬理之總會主宰者也 性者 寂然不動 而萬理咸備者也 情者 感而遂通 而萬理發用者也 各有所指 不可混淪看也 合言 則心也性也情也一理也 渾淪無彼此內外終始本末之間 此理之全體也 以理言 則聖凡之心一也 舜蹠之性一也 堯桀之情一也 理同故也 以氣言 則天下之心 有萬不同也 天下之性 有萬不同也 天下之情 有萬不同也 氣異故也

사물에 응하는 것이니 사람이 그치게 할 수 없는 것이다. 그 本體를 말하면 理일 뿐이나, 그 타는 바(所乘)를 말하면 氣일 뿐이다. 그러므로 心은 理로 말할 수도 있고, 氣로 말할 수도 있다. 理로 말할 때에는 마땅히 氣質과 相對해야 하나 애초에 서로 섞이지 않는 것이며, 氣로 말할 때에는 마땅히 德性과 相對해야 하나 분별이 없을 수 없다. 만약 이 양변의 차이를 분별하지 않고 혼합해 하나로 여긴다면, 心을 理라고 말할 때에는 知覺運用은 氣와 관계된 것이라고 의심하고, 心을 氣라고 말할 때에는 虛靈神妙가 理에 가까운 것이라고 의심한다. 理라고 말할 수 없으므로 精靈의 氣와 섞지 않을 수 없으며, 氣라고 말하는 것이 불편하므로 또 감히 氣質에 완전히 소속시키지도 못한다. 이에 心과 氣質이 둘로 나뉘어졌다. 그러나 朱子의 가르침으로 살피자면, 理로 말할 때와 氣로 말할 때의 離·合과 異·同이 分明하여, 일찍이 이러한 支離艱難함이 없었다. 性은 本然·氣質의 차이가 있다. 다만 性은 본래 理에 속하나(性本屬理), 氣에서 떨어지지 않으므로 또한 氣質之性을 말하는 것이다. 心은 본래 氣에 속하나(心本屬氣), 理를 싣고 있으므로 또한 本體를 말하는 것이다. 이것 또한 분별하지 않을 수 없다.[9]

화서에 의하면, 心은 본래 氣에 속하나, 그 本體는 理이다. '心의 氣'

9) 『華西集』 卷22 頁8~9, 〈心與氣質同異說〉：心有以理言處 有以氣言處 以理言者 如孟子盡心仁義之心本心之類 是也 以氣言者 如心猶陰陽性猶太極 心者氣之精爽之類 是也 蓋心者 人之神明 主於一身 而管乎萬事者也 其原則出於天 而非人之所得私也 其用則應於物而非人之所得已也 言其本體 則理而已矣 言其所乘 則氣而已矣 故以理言心 亦得 以氣言心 亦得 以理言 則當與氣質相對 而初不相雜 以氣言 則當與德性相對 而不能無分 若不分別此兩邊異同 而混合爲一 則說心謂理乎 則疑於知覺運用之涉乎氣也 說心謂氣乎 則疑於虛靈神妙之近乎理也 言理不得 故不能不雜些精靈之氣 言氣不便 故又不敢全屬乎氣質之界 於是乎心與氣質 分而爲二 然以朱子之訓考之 則喚理喚氣 離合異同 分明灑落 未嘗如是之支離艱難也 蓋如性字本然氣質之異同 但性本屬理 而不離乎氣 故亦言氣質 心本屬氣 而乘載其理 故亦言本體 此又不可不辨也

는 '氣의 精爽' 으로서 本體인 理를 싣고 知覺運用을 주관한다. '心의 本體' 는 '虛靈神妙한 理' 로서, 이것이 知覺과 運用을 가능케 하는 樞紐根柢이다. 心은 理라는 측면에서는 聖 · 凡이 같고 본래 善하나,[10] 氣라는 측면에서는 聖 · 凡이 다르고 有善有惡하다.[11]

둘째, 心은 '理와 氣의 묘합' 이지만, '心統性情에서의 心' 즉 '性 · 情의 주재자로서의 心' 은 理라는 것이다. 화서는 朱子의 허다한 心說을 분류하여, 神明 · 主宰 · 本心 · 良心 · 人極 · 天君 · 志帥 등은 '理로 心을 말한 것' 으로 규정하고, 神明之舍 · 氣之精爽 · 火臟 · 陽氣發處 · 氣機 등은 '氣로 心을 말한 것' 으로 규정했다.[12] 화서의 주장은, '神明의 집으로서의 心' 은 氣이지만 '神明으로서의 心' 은 理이라는 것이다. 또 '知覺하고 運用하는 氣機로서의 心' 은 氣이지만 '그것의 주재자로서의 心' 은 理라는 것이다. 이러한 맥락에서 그는 "心은, 理로 말하면 性 · 情의 주재자요 寂 · 感이 모인 것이지만, 氣로 말하면 陰 · 陽의 精爽이요 動 · 靜의 기틀이다"[13]라고 말한다. 心은 '性 · 情의 주재자' 일 뿐만 아니라 '一身의 주재자' 라고도 하는데, 화서는 '一身의 주재자로서의 心' 역시 理라고 주장한다.[14] 요컨대 그 대상을 막론하고 '주재자로서의 心' 은 필연코 理라는 것이 화서의 확고한 입장이었다.

---

10) 鼓山 任憲晦 등 洛論에서도 "心(本心)은 본래 善하고 聖 · 凡이 같다" 고 주장한다. 그런데 화서는 "本心은 '理' 이기 때문에 聖 · 凡이 같고 본래 善하다" 고 주장하는 것과 달리, 鼓山 등 洛論에서는 "本心은 '氣의 精爽' 이기 때문에 聖 · 凡이 같고 본래 善하다" 고 주장하는 것이다.

11) 『華西集』 卷21 頁16, 〈陶菴集記疑〉 : 以理言心 則聖凡一也 以氣言心 則聖凡不同
『華西集』 卷21 頁18, 〈陶菴集記疑〉 : 以理言心 則本善而已 以氣言心 則有善有惡

12) 『華西集』 卷23 頁17, 〈心經附註記疑〉.

13) 『華西雅言』 卷3 頁5, 〈神明〉 : 心 以理言 則性情之主 寂感之會 以氣言 則陰陽之精 動靜之機

14) 『華西集』 卷22 頁10-11, 〈心與理同異說〉 : 以氣言 則心是性命之郛 神明之舍 五臟之也 以理言 則一身之主宰 萬化之綱領也

셋째, '心統性情' 에 대해, 화서는 性을 '자질구레한 條理' 라고 보고, 그것을 統攝하는 주체가 心이라고 보았다. 화서는 心을 저울이나 자 또는 將師와 키에 비유하고, 性을 마디나 눈금 또는 兵卒이나 배에 비유하여, 다음과 같이 말한다.

> 心은 (性의) 主宰者이고, 性은 (心의) 條理이다.[15] 仁·義·禮·智는 각각 一物이며, 惻隱·羞惡·辭讓·是非도 각각 一物로서, 서로 통할 수 없다. 心은 그렇지 않아, 仁도 되고 義도 되고 禮도 되고 智도 되어 포함하지 않는 것이 없으며, 惻隱도 되고 羞惡도 되고 辭讓도 되고 是非도 되어 不能한 것이 없다. 여기에서 心과 性·情을 분별한다면 가장 분명하다. 心을 말하고 性을 말하지 않으면 마디 없는 자나 눈금 없는 저울과 같아 渾淪儱侗하며, 性을 말하고 心을 말하지 않으면 將師 없는 兵卒이나 키 없는 배와 같아 흩어져 자질구레하게 된다. 요컨대 (心이나 性만으로는) 행해질 수 없음은 마찬가지이니, 그러므로 心統性情이라 한다. 이것이 天理의 全體이다.[16]

화서에 의하면, 性은 五常으로 쪼개서 말하는데, 仁은 義가 아니고 禮는 智가 아니므로, 性은 자질구레한 '條理' 에 해당한다. 그런데 心은 仁·義·禮·智를 모두 포함하고 惻隱·羞惡·辭讓·是非 모두로 발현될 수 있으니 그것은 '통합적 全體' 요, 心은 또한 '兵卒의 將師' 나 '배의 키' 와 마찬가지로 仁·義·禮·智와 惻隱·羞惡·辭讓·是非를 통솔하

---

15) 『華西集』 卷22 頁12, 〈心之知覺智之知覺說〉: 性之主宰謂之心 心之條理謂之性

16) 『華西雅言』 卷3 頁4~5, 〈神明〉: 心是主宰 性是條理 仁義禮智 各爲一物 惻隱羞惡辭讓是非 各爲一物 不可相通 心則不然 爲仁爲義爲禮爲智 都無不該 爲惻隱爲羞惡爲辭讓爲是非 無所不能 於此分別心與性情 則最分曉 言心不言性 如無寸之尺 無星之稱 渾淪儱侗 言性不言心 如無將之卒 無柁之船 渙散零碎 要之 不可行 均矣 故曰心統性情 此天理之全體也

는 것이니 그것은 '性 · 情의 주재자' 라는 것이다. 이것이 화서가 말하는 '心統性情' 의 의미이다.

넷째, '明德' 이란 '理와 氣가 묘합된 心' 가운데 '理' 를 지칭한다는 것이다. 화서는 明德을 '心의 본체' 라고도 말하고 '心의 德' 이라고도 말하며 '心 · 性 · 情의 德' 이라고도 말하는데, 그것은 '내 마음에 내재하는 天命' 을 지칭한다는 것이다.[17] 화서는 明德을 다시 體 · 用으로 구분하여, 다음과 같이 말한다.

> 明德이란 사람의 方寸 가운데 그 '天命의 본체' 를 지칭하는 것이다. 그 神明虛靈하여 主宰統攝함을 말할 때에는 '心' 이라 하고, 그 名目과 條理가 자질구레함을 말할 때에는 '理' 라 한다. 心만 말하고 理를 빼놓으면 저울에 눈금이 없고 자에 마디가 없는 것과 같아서 渾淪儱侗하여 그 心을 다하기에 부족하며, 理만 말하고 心을 빼놓으면 그물에 綱이 없고 배에 키가 없는 것과 같아서 鹵莽滅裂하여 그 理를 온전히 할 수가 없다. 明德의 體 · 用이 본래 이처럼 완전하니, 빌리거나 덧보탠 다음에 충분해지는 것이 아니다.[18]

위의 인용문에서는 明德 즉 '天命의 본체' 를 體 · 用으로 구분하여 논했다. 神明虛靈하여 主宰統攝함은 心으로서 '明德의 體' 이고, 名目과 條理가 자질구레함은 理(性)로서 '明德의 用' 이다. 화서는 心을 '그물의 綱' 이나 '배의 키' 에 비유하고 理(性)를 '저울의 눈금' 이나 '자의 마디' 에 비유했다. 明德으로서의 心은 자질구레한 理(性)를 주재 통섭하는 本

17) 『華西集』 卷21 頁16, 〈陶菴集記疑〉 : 明德 卽心性情之德也 卽天命之在我者也

18) 『華西雅言』 卷3 頁12~13, 〈心一〉 : 明德者 就人方寸中 指言其天命之本體而已 由其神明虛靈主宰統攝而言 則謂之心 由其名目條理零碎界破而言 則謂之理 言心而遺理 則如稱之無星 尺之無寸 渾淪儱侗 不足以盡其心也 言理而遺心 則如網之無綱 舟之無柁 鹵莽滅裂 不能以全其理也 明德體用之全 本自如此 非假借添補而後足也

體라는 것이다. 心이 자질구레한 性을 통섭한다는 것은 앞에서 살펴본 바 '心統性情'의 뜻이기도 했다. 요컨대 화서는 '心統性情'을 '明德의 체용론'으로 설명하기도 하는 것이다.

주자는 『大學章句』에서 明德을 '虛靈不昧'로 설명한 바 있다. 明德을 理라고 규정하는 화서는 따라서 虛靈도 理라고 규정한다.[19] 나아가 화서는 다음과 같이 말한다.

> 心이 능히 '텅 비고 신령하여 어둡지 않은 것'(虛靈不昧)은 理가 있기 때문이다. 그런데 비록 '虛靈不昧'하다고 하더라도, 지금 '막히고, 둔하며, 때때로 어두운 것'은 氣가 있기 때문이다. 心이 능히 '모든 理를 갖추는 것'(具衆理)은 理가 있기 때문이다. 그런데 비록 '모든 理를 갖추었다'고 하더라도, 지금 '하나의 理도 갖추지 못하는 것'은 氣가 있기 때문이다. 心이 능히 '만사에 대응하는 것'(應萬事)은 理가 있기 때문이다. 그런데 비록 '萬事에 응한다'고 하더라도, 지금 '하나의 일에도 대응할 수 없는 것'은 氣가 있기 때문이다.[20]

우리는 心은 氣의 精爽이기 때문에, 淸濁粹駁이 뒤섞인 氣質과는 달리, 虛靈不昧한 것이라고 볼 수도 있다. 그러나 화서는 心이 虛靈不昧한 이유는 理 때문이요, 氣는 오히려 그 虛靈不昧를 방해하는 존재라고 보았다. 화서는 氣를 매우 부정적으로 인식하여, 철저히 '理의 주재' 아래

19) 『華西集』 卷22 頁5, 〈三淵先生行狀記疑〉: 心之德 理也 心之爲物 氣也 但氣之精爽者耳 至於大學章句 虛靈氣稟對言者 就一心上分言其理與氣也

20) 『華西雅言』 卷3 頁11, 〈心一〉: 心能虛靈不昧者 理也 雖曰虛而今不能無塞 雖曰靈而今不能無頑 雖曰不昧而今不能免乎有時而昧者 有氣故也 心能具衆理者 理也 雖曰具衆理而今不能具得一理者 有氣故也 心能應萬事者 理也 雖曰應萬事而今不能應得一事者 有氣故也

두고자 했다. 화서의 年譜에서는 "先生께서는 理를 말할 때에는 반드시 하나의 '理' 字 안에 원래 '體 · 用'과 '能 · 所'를 모두 포함시켜 (氣로부터) 빌려옴을 기다리지 않고서도 自足하게 했고, 心을 말할 때에는 반드시 하나의 '心' 字 위에서 '乘 · 載'와 '帥 · 役'[21]을 엄격히 구분하여 잠시라도 소홀히 함을 용납하지 않으셨으니, 이것이 그 平生동안 講說하신 宗旨이다."[22]라고 했다. 화서는 理 안에 '體 · 用'과 '能 · 所'를 모두 포함시켜 理를 '自足的 존재'로 만들고, 理를 '氣(兵卒)를 명령하는 將帥'로 규정한 것이다. 理를 '氣를 명령하는 將帥'로 규정한 것은 화서가 '理 · 氣의 관계'에서 '理의 주재자적 성격'을 부각시킴과 동시에 '理의 주재'를 '命令'으로 해석하고 있음을 보여준다. 또 理를 '能動的 존재'로 규정한 것은 화서가 '理의 주재'를 '理念의 세계'에 머무는 것이 아니라 '現實의 세계'에까지 관철되는 것으로 보았음을 보여준다.

화서가 '理의 주재'를 全面的으로 관철시키고자 함에 있어서 두 축이 된 것은, '心統性情의 心은 理'라는 것과 '理는 능동적 존재'라는 것이었다. 화서는 '理의 능동성'을 부정하는 것에 대해 다음과 같이 비판한다.

> 요즘 사람들은 "太極은 動 · 靜이 없으며, 動 · 靜은 오로지 氣機에 달려있다"고 말한다. 그렇다면 太極은 空寂에 빠져서 氣機의 本源이 되기에 부족하며, 氣機는 마음대로 할 수 있는 것으로 간주되어 도리어 太極의 主宰가 된

---

21) 이 문장의 앞에서는 "形乃心之所舍 氣乃心之所乘 (…) 理帥氣役"(『華西集』 附錄 卷9 頁34, 〈年譜〉 57歲條)이라 했는데, 여기서 말하는 '乘 · 載'와 '帥 · 役'이란 각각 '理와 氣'를 의미한다. 그런데 화서는 '心統性情'을 설명할 때에는 心을 將帥에, 性을 兵卒에 비유했다. 즉 화서는 '將帥와 兵卒'이라는 비유를 '心과 性'에 적용시키기도 하고, '理와 氣'에 적용시키기도 한 것이다.

22) 『華西集』 附錄 卷9 頁35~36, 〈年譜〉 57歲條 : 盖先生於說理 則必曰一理字內面 元該體用 元包能所 不待假借而自足 於說心 則必曰一心字上面 必分乘載 必嚴帥役 不容斯須而有忽 此其平生講說之宗旨也

다. (…) 太極에 이미 動靜이 없다면 動靜의 主宰者가 오로지 氣機에 돌아감은 당연하다. 그렇다면 天地의 사이에 動·不動을 막론하고 다만 하나의 氣機만 있으면 충분할 것이니, 오히려 어찌 太極을 기다리겠는가? (…) 百家의 害理尙氣의 학설이 갖추지 않은 것이 없지만, 진실로 그 잘못의 근원을 찾는다면 臨川吳氏(吳澄, 호는 草廬)의 '太極無動靜之說'이 그 조짐이 되었을 것이다.[23)]

화서에 의하면, '太極無動靜'을 주장하면 결국 '理의 主宰'를 부정하고 오로지 '氣의 主宰'만 인정하는 것인데, 이는 '害理尙氣'의 학설로서 승인할 수 없다는 것이다. 여기서 우리는 화서가 '理의 주재'를 '능동적인 작용'에 속하는 것으로 간주하고 있음을 알 수 있다. 이처럼 화서는 '理의 주재'를 '능동적인 작용'으로 전제하고 있었기에, 理의 주재를 관철시키기 위해 理의 能動性을 강조하게 된 것이다.[24)]

화서는 "理는 動·靜, 體·用, 能·所, 大·小를 모두 포함한다. 그러므로 모자람이 없어서 서로 빌리지 않고도 충분하다"[25)]고 했으며, "聖스러워 알 수 없는 것이 神인데, 이것은 理의 本體를 극진하게 표현한 것이다. 理의 바깥에 神이 있는 것은 아니다"[26)]라 했고, "理는 一定不易한

---

23) 『華西雅言』 卷1 頁7~8, 〈臨川〉: 今曰 太極無動靜 而動靜專仰於氣機 然則太極淪於空寂 而不足爲氣機之本源矣 氣機疑於專擅 而反作太極之主宰矣 (…) 太極旣無動靜矣 則動靜之主宰者 專歸於氣機 固也 然則天地之間 動不動 只有一箇氣機 足矣 尙何待於太極也哉 (…) 百家害理尙氣之說 無所不備 苟求其所差之源 則臨川太極無動靜之說 未必不爲之兆

24) 明德主氣論者들은 '理의 주재'를 '理가 氣의 標準이 됨'으로 설명한다. 이것은 '理의 주재'를 '理의 能動性 여부'와는 관계가 없는 것으로 보는 것이다. 明德主理論者들은 '理의 능동성을 부정하는 것'은 '理를 死物로 오인하는 것'이라고 주장했고, 明德主氣論者들은 '理를 능동적 존재로 규정하는 것'은 '理를 하나의 事物로 격하시키는 것'이라고 보았다.

25) 『華西雅言』 卷1 頁5, 〈形而〉: 理也者 該動靜體用 包能所大小 故無虧欠 不相假借而足

것이고, 神은 無所不能한 것이다"[27]라고 했다. 이 세 문장을 종합해 보면, 화서는 理를 '全知全能한 존재'로 神格化한 것이다.

화서의 明德主理論은 心의 本體는 理라는 것으로서, 이는 陸王學의 心卽理論을 연상케 한다. 그는 王陽明의 心卽理論에 대해 다음과 같이 논평한다.

> '心卽理' 한 구절은 王陽明의 自信處도 오로지 이곳에 있고, 自蔽處 또한 이곳에 있다. 程子가 "心·性·天이 一理이다"라고 했으니, 이에 근거한다면 心은 진실로 理이다. 그러나 이치로 볼 때 內外 本末 先後 輕重의 차이가 있고 또한 向背 是非 眞妄 虛實의 분별이 있으니, 스스로 生知의 上聖으로서 自誠明者가 아니라면 格物致知와 克己復禮의 공부를 더하지 않고 능히 心을 다하고 理를 다할 수가 없는 것이다. 理가 타고 있는 것은 氣로서 淸濁粹駁의 구애가 없을 수 없고, 氣가 낳는 것은 欲으로서 聲色臭味의 가림이 없을 수 없다. 따라서 자신의 이른바 心은 이미 心의 本體가 아니요 蔽陷離窮의 고질을 포함하는 것이며, 자신의 이른바 理는 이미 理의 妙用이 아니요 偏僻邪妄이 섞임을 포함하는 것이다. 이것을 心으로 여기고 이것을 理로 여겨서, 굳게 스스로 聖人으로 자처하여, 거처함에 의심이 없고 행동함에 살피는 것이 없다. 聖賢의 學問과 格致의 가르침을 보면 문득 心外의 일과 心外의 理를 구하는 것이라고 여겨, 끊고서 실천하지 않고 禁하고서 배우지 않으니, 어찌 거의 '제 마음대로 방자하게 행동함'에 빠지지 않겠는가? 그리하여 禽獸와 夷狄이 되고서도 구제함이 없다. 비록 그러나 '心卽理'를 징창하고자 하여 (心을) 오로지 '氣'에 해당시킨다면 矯枉過直으로서 도리어 聖賢의 宗旨를 잃게 된다. 무슨 말인가? 心은 진실로 理이나, 타고 있는 것은 氣이다. 따라서 心을

26)『華西雅言』卷1 頁5,〈形而〉: 聖而不可知之神 亦極其理之本體而言 理外更無神
27)『華西雅言』卷1 頁16,〈九德〉: 理一定不易底 神無所不能底

理로 여기고 氣欲의 拘蔽를 문제 삼지 않는다면 그 害를 이루 말할 수 없을 것이요, 心을 氣로 여기고 天命의 主宰를 알지 못한다면 그 理가 밝혀지지 못할 것이다. 그러므로 千古 聖賢이 心을 말함에 있어서, 理를 말할 때에는 또 반드시 氣를 말했고, 氣를 말할 때에는 또 반드시 理를 말하여, 일찍이 하나를 빠뜨린 적이 없었다. 그러나 일찍이 하나를 빠뜨리지 않는 가운데, 또한 반드시 하나는 위이고 하나는 아래며 하나는 높고 하나는 낮은 실상과 하나는 强하고 하나는 弱하여 서로 勝負를 겨루는 기틀을 밝히셨다.[28)]

화서는 왕양명의 心卽理論을 일정 부분 긍정하면서도, 그것이 빠질 수 있는 猖狂自恣의 함정을 경계했다. 즉 聖人이 아닌 이상 보통 사람은 氣稟의 구애와 物欲의 가림을 면할 수 없는데, 이에 대한 배려 없이 心卽理를 주장한다면 결국 猖狂自恣를 낳게 된다는 것이다. 이렇게 왕양명의 心卽理論이 초래할 수 있는 폐단을 경계하면서도, 화서는 그렇다고 하여 心을 단순히 氣로 규정해서도 안 된다고 주장했다. 心을 단순히 氣로 규정하고 만다면 天命의 주재를 모르는 것으로서, 이는 矯枉過直에 해당한다는 것이다. 화서의 지론은 心은 '理와 氣가 묘합한 것' 이라는

---

28) 『華西集』 卷22 頁28~29, 〈讀退陶先生集〉 : 愚按 心卽理也一句 陽明之自信處 專在於此 自蔽處 亦在於此 程子曰 心也性也天也一理也 據此則心固理也 然理有內外本末先後輕重之差 亦有向背是非眞妄虛實之辨 自非生知上聖之姿 自誠明者 未有不加格致克復之工 而能盡心盡理者也 盖理之所乘者 氣也 不能無淸濁粹駁之拘 而氣之所生者欲也 不能無聲色臭味之蔽 則吾所謂心者 已非心之本體 而容有蔽陷離窮之痼 吾所謂理者 已非理之妙用 而容有偏僻邪妄之雜 指此爲心 認此爲理 而斷斷自聖 居不疑 行不顧 纔見聖賢學問格致之訓 則便以爲求心外之事心外之理 絶之而不爲 禁之以不學 幾何不陷溺於恣行胸臆 爲禽獸爲夷虜 而莫之救乎 雖然徵創心卽理也之一句 專以氣字當之 則矯枉過直 而反失聖賢之旨 何也 蓋心固理也 而所乘者氣也 認心爲理 而不問氣欲之拘蔽 則其害固不可勝言 指心爲氣 而不知天命之主宰 則其理亦有所不明矣 是故 千古聖賢之說心也 說理則又必說氣 說氣則又必說理 未嘗闕一 未嘗闕一之中 又必明一上一下一尊一卑之實 與夫彼强此弱此勝彼負之機焉

것, 그런데 그 가운데 '존귀한 주재자는 理' 라는 것이었다.

2) 重菴 金平默의 明德主理論

중암은 스승 華西의 문제의식을 충실히 계승했다. 그러나 중암의 명덕주리론은 '虛靈은 본래 氣' 라는 점을 인정하고, 따라서 '明德主氣論도 성립할 수 있음' 을 인정한다는 점에서 화서의 明德主理論보다는 다소 유연한 것이었다. 중암은 다음과 같이 말한다.

> 지금 사람들은 입을 열면 문득 "心의 本體는 湛一之氣로서, 『大學』의 이른바 明德이다" 라고 말한다. 나는 그에 반대하는바, 그렇다면 張子가 말한 '心統性情' 은 '氣가 理를 統攝한다' 는 말이 되고, 朱子가 말한 '心者 性情之主' 는 '氣가 理를 主宰한다' 는 말이 된다. 氣가 理를 통섭하고, 氣가 理를 주재한다면, 이는 冠屨倒置가 아니겠는가?[29]

위의 인용문은 중암의 핵심적 문제의식을 그대로 보여준다. 중암은 '氣가 理를 주재한다' 는 주장을 '冠과 신이 뒤바뀜(冠屨倒置)' 으로 인식했다. 중암은 心 또는 明德이 오로지 氣로 해석됨으로써 '氣가 理를 통섭한다' 는 논리가 도출됨을 용납할 수 없었던 것이다. 그리하여 중암은 心의 虛靈이 그 자체 氣임을 인정하면서도, 虛靈할 수 있는 근거는 理에 있다고 주장하여, 또는 虛靈은 '心의 準則' 이라고 주장하여, 궁극적으로는 理로 규정하는 것이다. 중암은 다음과 같이 말한다.

---

29) 『重菴集』 卷37 頁54, 〈性爲心宰辨〉 : 今人開口 便說心之本體 是湛一之氣 大學之所謂明德也 余折之云 如此則張子說心統性情 是氣爲理統也 朱子說心者性情之主 是氣爲理主也 氣統乎理 氣主乎理 是無乃冠屨倒置乎

心의 虛靈은 진실로 氣의 所爲이다. 다만 그 위에 實體가 밝고 빽빽하게 갖추어져 있어 萬物에 응하는 근본이 되는 것은 理이니, 氣의 虛靈은 바로 理의 虛靈이다.[30]

心의 虛靈은 理가 아니요, 다만 理가 갖추어진 곳이다. 그러므로 또한 理라 말하는 것이다. 무슨 말인가? 만약 이 理를 갖추고 있지 않다면 虛靈하지 않은 것이요, 虛靈하지 않다면 이는 心이 그 準則을 잃은 것이다.[31]

중암은 虛靈은 氣라는 점을 인정하면서도, 虛靈은 理를 갖추고 있기 때문에 虛靈한 것이라고 보아, '心의 虛靈'을 궁극적으로 理로 귀결시키는 것이다.[32] 이처럼 중암은 虛靈을 理로 귀결시키면서도, 虛靈을 직접 理로 간주하는 것은 위험하다고 본다. 그것은 禪佛教에서 靈覺을 性으로 규정하는 것과 마찬가지가 되기 때문이었다.[33] 이런 맥락에서 중암은 스승 화서가 虛靈을 理로 간주한 것에 대해 다음과 같이 해명한다.

客이 묻기를, "華西先生은 虛靈을 理로 여겼는데, 그 뜻은 어떠한가?" 답하기를, "虛靈으로부터 이른바 理를 살핀다면, 虛靈은 物이고 理는 그 準則이니, 이것을 누가 부정하겠는가? 圓外竅中(밖은 둥글고 안은 뚫려있음, 心臟)으로부터 이른바 虛靈을 살핀다면, 圓外竅中은 物이고 虛靈은 그 準則이다.

30) 『重菴集』 卷37 頁21, 〈天君篇〉 : 盖心之靈 固氣之爲也 但其上面 實體昭森備具 以爲應物之本者 理也 則氣之靈 乃理之靈也

31) 『重菴集』 卷37 頁21, 〈天君篇〉 : 心之虛靈 非理也 特理之所具也 故亦曰理焉 何也 若此理不具 則是不虛不靈者也 不虛不靈 則是心失其則也

32) 중암은 '心은 理를 갖추고 있기 때문에 虛靈한 것'이라고 보지만, 明德主氣論者들은 거꾸로 '心이 虛靈하기 때문에 理를 갖추고 있는 것'이라고 보았다.

33) 『重菴集』 卷37 頁22~23, 〈天君篇〉 : 心者 卽所謂虛靈也 氣也 謂上面實體 乃太極也 故虛靈亦謂之太極則可 若便以虛靈爲太極 則其異於禪家之靈覺爲性者 幾希矣

무릇 모남은 觚의 준칙이고, 들음은 귀의 준칙이며, 봄은 눈의 준칙이고, 가짐은 손의 준칙이며, 밟음은 발의 준칙이다. 觚가 모나지 않았다면 이것을 '觚가 觚답지 않으면 觚이겠는가?'라고 한다. 귀가 듣지 않는다면 이것을 '귀가 귀답지 않으면 귀이겠는가?'라고 한다. 눈이 보지 않으면 이것을 '눈이 눈답지 않으면 눈이겠는가?'라고 한다. 손과 발의 경우도 마찬가지이다. 이것으로 미루어보면, 虛靈은 心의 準則이다. 心이 虛靈하지 않다면 이것을 '心이 心답지 못하면 心이겠는가?'라고 한다. 華西先生이 虛靈을 理로 여긴 것은 그 뜻이 대개 이와 같다. 그러나 '虛靈' 또는 '性을 갖추고 情을 행함'은 理에 견주면 결국 자취가 있으니, 그러므로 朱子는 '氣의 精英'이라 한 것이다. 그렇다면 그 材料는 바로 氣라는 것을 어찌 숨길 수 있겠는가? 그 材料가 氣라는 이유로 마침내 明德을 形而下者로 여겨서, 學者들에게 '主氣의 폐단'을 열어준다면 진실로 잘못이다. 또한 虛靈이 準則이라는 이유로 마침내 그 材料가 氣임을 숨겨서, 學者들에게 '처음 듣는 소리'라는 의심을 초래하는 것도 잘못이다."[34)]

중암에 의하면, 허령을 理와 대비하면 理가 準則이고 허령은 物이지만, 허령을 심장과 대비하면 심장은 物이고 허령은 準則이다. 화서가 허령을 理로 여긴 것은 '허령은 心의 準則'이라는 맥락이었다는 것이다.

---

34)『重菴集』卷37 頁24~25, 〈天君篇〉: 曰 華西先生 以虛靈爲理 其意如何 曰由虛靈而觀夫所謂理 則虛靈 物也 理 其則也 此誰曰不然 由圓外竅中而觀夫所謂虛靈 則圓外竅中 物也 虛靈 其則也 夫稜者 觚之則也 聽者 耳之則也 視者 目之則也 持者 手之則也 履者 足之則也 觚而不稜 是謂觚不觚 觚哉觚哉 耳而不聽 是謂耳不耳 耳哉耳哉 目而不視 是謂目不目 目哉目哉 手足亦然 以是例之 則虛靈者 心之則也 心而不虛靈 是謂心不心 心哉心哉 華西先生 以虛靈爲理 其意盖如此 然曰虛曰靈 曰具此性曰行此情 比理則終是有迹 故朱子曰氣之精英 然則其材料 乃氣也 此安可諱也 由其材料之爲氣也 故遂以明德爲形而下 啓學者主氣之弊者 固爲不可 由其虛靈之爲則也 故遂諱材料之爲氣 致學者刱聞之疑者 亦恐未安

위의 인용문에 보이듯, 중암이 '心의 준칙' 이라고 할 때의 '虛靈' 은 '性을 갖추고 情을 행하는 것' 이었다. '性을 갖추고 情을 행함' 은 心으로 하여금 心이게 해주는 準則이므로, 理라고 말할 수 있다는 것이다.[35] 중암은 그러면서도 그것이 '자취가 있는 행위' 임을 부정할 수 없기에, 그 재료는 氣라는 것을 아울러 인정했다. 요컨대, 明德은 그 재료는 氣이지만 心으로 하여금 心이게 해주는 準則이므로 理라고 말할 수 있으며, 명덕론에서는 오히려 準則이라는 측면을 주목해야 한다는 것이다. 이것을 중암은 눈과 귀에 대한 설명으로 비유했다.

눈은 보는 작용을 할 때만 '눈다운 것' (눈인 것)이며, 귀는 듣는 작용을 할 때만 '귀다운 것' (귀인 것)이다. 눈이 '볼 수 없다면' (보지 않는다면) 눈이라고 말할 수 없다. 따라서 눈은 形氣에 속하지만, '눈답다' (눈이다)라고 말할 수 있는 근거는 봄에 있다. 이런 맥락에서 '봄' 은 '눈의 準則' 이라는 것이다. 중암은 눈을 설명할 때, 그것이 形氣의 기관이라는 것보다는 그 準則으로서의 봄을 주목해야 된다고 주장했다. 같은 맥락에서, 心은 '氣의 精爽' 이지만 '性을 갖추고 情을 행하기 때문에' 心인 것이므로, 당연히 '性을 갖추고 情을 행함' 을 주목한다. '性을 갖추고 情을 행함' 은 明德으로서 '心의 準則' 이므로, 明德을 理라고 말할 수 있다는 것이다. 여기에서 중암의 明德主理論은 '명덕의 재료가 氣임' 을 주목하는 것이 아니라 '명덕이 心의 準則임' 을 주목하는 것임이 드러난다.

중암은 明德의 재료는 氣라는 점을 부정하지 않았다. 이러한 맥락에

---

35) 반면에 明德主氣論者들은 '性을 갖추고 情을 행함' 은 '虛靈 자체' 가 아니라 '虛靈의 작용' 이라고 보고, 虛靈은 이러한 '작용의 主體' 이기 때문에 形而下者(氣)라고 보는 것이다. 또한 '귀로 들음' 과 '눈으로 봄' 에 대해서도, 명덕주기론자들은 그것이 '理에 맞는 행위' 일 수는 있지만 '理 자체' 는 아니라고 보는 것이다. 중암의 입장은 '理에 맞는 행위' 는 '理' 라고 보는 것인데, 이때의 理는 분명 '形而上者' 는 아닐 것이다.

서 중암은 明德主理論을 표방하면서도, 明德主氣論이 성립할 수 있음도 아울러 긍정한다.

> 客이 묻기를, "진실로 그대의 말과 같다면, 明德은 비록 心이라 하더라도 실제는 性을 주로 해서 말하는 것이다. 그렇다면 心을 주로 해서 말하는 것은 잘못인가?" 답하기를, "어찌 잘못이라 하겠는가? 두 주장이 각각 마땅한 바가 있어서, 서로 밝혀주는 것이다. '性을 주로 말하는 것' 은 理가 心의 準則이요 氣의 主宰이므로, 존귀함을 잃게 됨을 용납할 수 없다는 것이다. 그러므로 '性을 주로 한다' 고 말한다. '心을 주로 말하는 것' 은 心은 또한 이 理를 主宰하는 것이니, 앞에서 이른바 '大臣이 天子의 명령을 奉承하여 天下의 政事를 主管함' 과 같은 것이다."[36]

위의 인용문에서 性과 대비시켜 말하는 心이란 분명 '氣' 일 것이다. 중암은 '理가 氣를 주재함' 도 인정했고 '氣(心)가 理를 주재함' 도 인정했다. 게다가, 중암은 '氣(心)가 理를 주재함' 을 '大臣이 天子의 명령을 奉承하여 天下의 政事를 主管함' 에 비유했는데, 이는 명덕주기론자들의 持論과 정확히 일치하는 것이다. 중암이 명덕주기론을 부정하지 않으면서도 명덕주리론을 주장한 것은 '氣의 주재자인 理(性)가 존귀함을 잃게 됨' 을 우려한 것이었다. 그러나 명덕주기론자들이라고 하여 '理의 존귀한 지위' 를 박탈하려 한 것은 아니었다. 艮齋 田愚의 性師心弟說에서 드러나듯이, 명덕주기론자들 역시 性을 '心의 스승' 으로 높였다. 따

36) 『重菴集』 卷37 頁26, 〈天君篇〉 : 曰誠如子言 則明德雖曰心 其實主性而言也 然則主心而言者 非歟 曰何可非也 二說各有所當 互相發明 主性云者 理爲心之則 氣之主也 不容失尊也 故曰主性 主心云者 心又此理之主宰也 如向所謂大臣奉承天子之命 主管天下之政者也

라서 위의 인용문을 중암의 定論으로 간주한다면, 중암과 명덕주기론자들과의 논쟁점은 거의 해소된 셈이다.

중암은 명덕주기론을 인정하면서도 명덕주리론을 표방하는데, 명덕주리론을 '心統性' 에 적용시키면 '以理統理' 가 된다. 以理統理란 일견 납득할 수 없는 논리인데, 이에 대해 중암은 다음과 같이 해명한다.

> 心은 한쪽만 말하면 氣의 虛靈함이요, 모두 말하면 그 위의 性理의 全部를 포함한다. 性은 心이 아직 발하지 않은 본체(未發之體)로서 情과 상대되는 것이요, 情은 心이 이미 발한 작용(已發之用)으로서 性과 상대되는 것이다. 心은 未發과 已發을 합친 것으로, 상대가 없는 것이다. 그러므로 '心統性情' 이라 하는데, '氣가 理를 주재한다' (氣統理)는 말이 아니다. 묻기를, "그렇다면 '理로서 理를 주재한다' (以理統理)는 말인가?" 답하기를, "그렇다." 묻기를, "理로서 理를 주재한다고 한다면 이것은 '입으로서 입을 먹는다' (以口吃口)는 말과 같은 꼴이 아닌가?" 답하기를, "그렇지 않다. 그 全部를 종합해서 말하는 것은 綱이고, 상대를 들어 분석해 말하는 것은 目이다. '綱으로서 目을 주재하는 것' (以綱統目)이니, 어찌 의심할 것이 있겠는가?"[37]

중암은 '心統性' 이 명덕주기론자의 지론대로 '氣統理' 로 해석되는 것을 인정할 수 없었다. 그리하여 '心' 은 '綱으로서의 理' 이며 '性' 은 '目으로서의 理' 라고 규정한 다음,[38] 心統性이란 '綱의 理가 目의 理를

---

37) 『重菴集』 卷39 頁45, 〈北山問答〉 : 心偏言之則氣之靈也 專言之則合上面性理全部渾淪言之也 性卽此心未發之體 情則此心已發之用 心則合未發已發而言 無對者也 故曰心統性情 非謂夫氣統理也 曰然則是以理統理歟 曰然 曰以理統理 無乃如以口吃口乎 曰不然 總言其全部者 綱也 對擧而分言者 目也 以綱統目 何疑之有

38) '心은 綱으로서의 理' 라는 주장은 '心은 理의 全部' 라는 뜻이며, '性은 目으로서의 理' 라는 주장은 '性은 理의 零碎(자질구레함)' 라는 뜻이다. 중암은 '全部는 主가 되

주재하는 것'이라고 주장했다. 이것은 화서가 心을 '그물의 綱'이나 '배의 키'에 비유하고 性을 '저울의 눈금'이나 '자의 마디'에 비유하여, 心은 자질구레한 性을 통섭하는 本體라고 주장한 것과 같은 맥락이다. 그러나 중암의 '心은 綱이고, 性은 目'이라는 주장은 앞에서 '心은 大臣이고, 性은 天子'라고 비유했던 것과 어긋나는 주장이다. 앞의 인용문에서는 '性은 心의 準則이요 主宰者'라고 주장하고, '心은 天子의 命令을 奉承하는 大臣'이라고 주장했었다. 이처럼 중암의 心統性情에 대한 여러 해석들은 모순과 혼란을 빚고 있다.

중암의 명덕주리론은 결국 '理가 氣를 주재함'을 분명히 하고자 한 것이었다. 그는 다음과 같이 말한다.

> "一陰一陽之謂道 繼之者善也 成之者性也"에서의 세 '之'字에는 '主宰'의 뜻이 담겨있다. 대개 '陰陽'은 氣이지만 '一陰一陽하게 하는 것'(一陰一陽之者)은 道이고, '繼하는 것'은 氣이지만 '繼하게 하는 것'(繼之者)은 善이며, '成하는 것'은 氣이지만 '成하게 하는 것'(成之者)은 性이다. 徹上徹下 모두 '理가 氣를 명령하고, 氣가 理를 잇는 것'이니, '氣로 因한다'는 뜻은 없다. 理·氣의 구별은 '君과 臣' 또는 '將帥와 卒兵'의 구분보다 더 좋은 것이 없다.[39]

중암은 '理가 氣를 主宰한다'고 할 때의 '主宰'를 '命令'(使之)으로 해석했다.[40] 理는 氣를 이러저러하게 명령하는 존재라는 것이요, 이런

고, 零碎는 用이 됨'을 '體用一源'으로 설명했다(『重菴集』 卷39 頁46, 〈北山問答〉).

39) 『重菴集』 卷36 頁7, 〈大谷問答〉: 一陰一陽之謂道 繼之者善也 成之者性也 三之字 有主宰之意 盖陰陽氣也 而一陰一陽之者道也 繼氣也 而繼之者善也 成氣也 而成之者性也 徹上徹下 是理命乎氣 氣承乎理 無因氣之意也 理氣之辨 莫善於君臣帥卒之分

맥락에서 '理·氣'를 '君·臣'이나 '將·卒'에 비유한 것이다.[41] 그는 또 '徹上徹下 모두 理가 氣를 명령하고, 氣가 理를 잇는 것'이라 했는데, 이것은 '理의 주재'가 理念과 現實을 막론하고 전면적으로 관철되고 있다는 뜻이다. 중암은 나아가 理를 情意와 造作이 있는 '能動的 존재'요,[42] 더 나아가 '全知全能한 존재'로 규정했다.[43] 화서와 마찬가지로 중암도 理를 神格化한 것인데, 그렇다면 역시 전지전능한 理가 주재하는 현실에서 '어찌하여 惡이 횡행하는가?'라는 문제를 설명할 수 없다. 이렇게 볼 때, 중암의 明德主理論은 '당위적 요청'은 될 수 있을지언정 '사실적 설명'은 못 되는 것이다.

3) 省齋 柳重敎의 明德主理論

중암이 明德主氣論도 성립할 수 있음을 인정한 것과 달리, 성재는 明德主理論을 고집한다. 그런데 성재는 心(本心)은 어디까지나 氣라는 주장을 전개한다. 성재는 明德主理論을 한층 강화시키면서도, 明德과 心을 분리하여 心은 氣라는 주장을 폈던 것이다. 성재는 心과 明德에 대해 다

---

40) 明德主氣論者들은 '理가 氣를 主宰한다'고 할 때의 '主宰'를 '樞紐根柢가 됨' 또는 '標準이 됨'으로 해석한다.

41) 위에서 언급했듯이, 중암에게 있어서 '君·臣'의 비유는 '理의 全部로서의 心과 理의 零碎로서의 性'에도 적용되었다.

42) 『重菴集』 卷37 頁31, 〈天君篇〉: (客)曰 今之儒者 開口便說理無情意無造作 何謂也 (金平默)曰 此亦朱子之言也 然理豈無情意造作 惟其氣掌其事 而理則恭己正南面而已 故不見其有情意造作耳 然則謂之無情意造作者 猶子思之所謂隱 周子之所謂無動無靜 程子之所謂冲漠無眹 此可以見理之神也已 今乃執此而曰 太極無爲耳 烏得謂神 必也資氣而神耳 遂疑朱子太極至神妙用言理之訓 則是理爲死物 氣實專權而號稱理在上面者 與曺氏之挾天子 以令諸侯者 無以異也 恐亦未之思也

43) 『重菴集』 卷36 頁48, 〈大谷問答〉: 心 以理言 則至通至變 無所不知 無所不能 無所不管 故曰一身之主宰也 以氣言 則精爽而已矣 以形言 則頑塊而已矣 是可以爲主宰乎

음과 같이 구분하여 설명한다.

'德'은 본래 道理의 이름이니, 이른바 明德이란 道理가 心 속에 있어서 밝게 비추는 것이다. '心'은 본래 知覺의 이름이니, 이른바 本心이란 知覺이 理에 순수하여 物欲에 가리지 않은 것이다. 明德은 '心底理'를 말하는 것과 같고, 本心은 '理底心'을 말하는 것과 같다.[44)]

화서와 중암은 心을 '理와 氣의 묘합'으로 규정하고, 本心은 理로서 明德이라고 주장했다. 성재 역시 心을 '理와 氣의 묘합'으로 설명한다. 그런데 성재는 本心을 理로 규정하지도 않고, 明德과도 구분했다. 성재는 明德은 '心底理'요, 本心은 '理底心'이라 했다. 위의 설명으로 볼 때, '心底理'는 '心에 갖추어진 理'로 해석될 수 있고, '理底心'은 '순수하게 理를 따르는 心'으로 해석될 수 있다. 성재는 明德은 理라고 보지만, 本心은 그것이 心인 한 理로 규정할 수 없다고 본 것이다.

화서나 중암은 '心의 本體'를 本心이요 理요 明德이라고 주장했다. 그런데 성재는 本心을 理(明德)와 구분함은 물론, '心의 本體'도 단순히 明德으로 규정될 수 없다고 보았다. 성재가 이렇게 주장하는 이유는 '心의 本體'를 다시 둘로 나누어보았기 때문이다. 성재는 다음과 같이 말한다.

묻기를, "그렇다면 '心'에서는 '바뀌지 않는 本體'를 말할 수 없는가?" 답하기를, "이른바 本體란 지칭하는 바가 두 가지가 있으니, 本來體段을 말하

44) 『省齋集』 卷33 頁2, 〈心與明德形而上下說〉: 德本道理之名 而所謂明德者 是道理之在心裏 而光明照徹者也 心本知覺之名 而所謂本心者 是知覺之純乎理 而不爲物欲所蔽者也 明德猶言心底理 本心猶言理底心

는 경우도 있고 本源眞體를 말하는 경우도 있다. 만약 心의 本來體段을 논한다면, 그것은 '잡으면 있고 놓아두면 없어지는 것' (操則存 舍則亡)일 뿐이다. (…) 만약 心의 本源眞體를 논한다면 明德이 그것이다.[45)]

성재의 생각은, 心의 本源眞體는 形而上者로서 明德이요 理이지만, 心의 本來體段은 形而下者로서 氣라는 것이다. 이렇게 본다면, 心을 '理와 氣의 묘합' 으로 보고, 明德은 '心이 갖추고 있는 理' 라고 봄은 화서 · 중암 · 성재가 모두 마찬가지이다. 이들의 차이점은 本心을 理로 규정하느냐 氣로 규정하느냐에 있었다. 성재는 本心을 氣로 규정하여 화서 · 중암과는 견해를 달리했지만, 明德에 대해서는 理라는 주장을 더욱 강화했다.

성재는 心과 明德을 엄격히 구분하지만, 양자는 밀접하게 서로 조응하는 것이라고 본다. 성재는 다음과 같이 말한다.

心과 明德이 나뉘고 합쳐짐은 다만 心上의 一操一舍 하는 사이에서 체험할 수 있다. 잡아서 보존할 때에는 이 心의 靈이 곧 이 德의 明이니, 다시 彼 · 此를 나눌 수 없다. 그러나 잠깐 사이에 놓아두어 망각한다면, 이때에는 心은 오히려 굽혀지고 德도 있는 곳이 없게 되며, 靈은 여기에 있으나 明은 이미 볼 수 없게 된다. 따라서 '心에 나아가 德을 보는 것' 이지만 '心을 德이라 말할 수 없음' 과 '靈을 가리켜 明을 설명하는 것' 이지만 '靈을 믿어서 明으로 삼을 수 없음' 을 알 수 있으니, 이것이 바로 學者들이 긴밀하게 着眼해야 할 곳이다.[46)]

45) 『省齋集』 卷33 頁22, 〈心與明德形而上下說〉 : 曰 然則於心上 不可說不易之本體耶 曰 所謂本體者 其所指而言 亦有兩樣 有只以本來體段言者 有眞以本源眞體言者 若論心之本來體段 則操則存舍則亡而已矣 (…) 若論心之本源眞體 則明德是也

성재에 의하면, 心은 본래 靈한 것이요(虛靈), 德은 본래 明한 것(明德)이나, 양자는 본질적으로 다른 것이다. 그런데 心의 '操則存 舍則亡' 에 따라, 心을 잡아 보존할 때에는 '心의 靈' 이 '德의 明' 과 부합하게 되고, 心을 놓아 잃게 되면 德의 明을 볼 수 없게 된다는 것이다.

성재는 虛靈은 기본적으로 心으로서 形而下者요, 明德은 理로서 形而上者라고 보았다. 성재의 이러한 구분은 朱子의 "明德者 人之所得乎天 而虛靈不昧 以具衆理 而應萬事者也"라는 설명과 일견 조응하기 어려운 것으로 보인다. 이에 대하여 성재는 각각 자세한 해명을 가한다. 먼저 '虛靈' 에 관한 해명을 살펴보자.

或者는 "明德이 만약 理라면, 理는 貌狀이 없으므로 '虛靈' 이라는 두 글자를 붙일 수 없을 것" 이라고 의심한다. 理의 本體는 진실로 貌狀을 말할 수 없으나, 그것이 物에 붙어 있을 때에는 그 所在에 따라서 각각 形體를 이루게 된다. 그러므로 理를 잘 말하는 사람은 반드시 곧바로 下面의 볼 수 있는 자취를 가리켜 上面의 형체를 이룬 實體를 이름 짓는다. 예컨대 高厚로써 天地의 道를 말하고 寒熱로써 水火의 性을 말하는 것이 그것이다. 사람의 心에 나아가 말하면, 虛靈은 어찌 魂魄精英의 所爲가 아니겠는가? 그러나 이 德의 밝음을 形容하고자 할 때는 또한 이 두 글자를 버릴 수 없다. 그 말에 집착하여 막힌다면 (허령은) 곧 氣라고 말할 수 있으나, 그 뜻을 묵묵히 이해한다면 (허령은) 곧 理가 氣 위에 드러난 것이니, 氣를 말하는 것이 아니다.[47)]

---

46) 『省齋集』 卷33 頁3, 〈心與明德形而上下說〉 : 心與明德分合 只就吾心上 一操一舍之間 可以驗得 方其操而存也 此心之靈 便是此德之明 更無彼此之可言 斯須罔覺 則卽此罔覺之頃 心則猶枉 而所謂德者 已無所存 靈則猶是 而所謂明者 已不可見 是知卽心見德 而不可認心爲德 指靈說明 而不可恃靈爲明 此政學者喫緊着眼處

47) 『省齋集』 卷33 頁7, 〈心與明德形而上下說〉 : 或疑明德若是理也 則理無貌狀 虛靈二字說不著矣 曰 理之本體 固無貌狀之可言 而其寓於物也 則隨其所在 莫不各有成形 故善說

성재에 의하면, 虛靈은 본래 氣(心)이나, 虛靈을 버리고는 '德의 밝음'을 설명할 수 없기에, 虛靈으로 明德을 설명했다는 것이다. 따라서 '말에 집착하여 피상적으로 인식하면' 虛靈은 氣에 불과한 것이나, '그 뜻을 묵묵히 이해한다면' 虛靈은 明德이 氣 위에 드러난 것임을 알 수 있다는 것이다. 다음은 '具衆理'에 대한 해명이다.

或者는 "明德이 만약 理라면, 理는 二體가 없으니, 어찌 이 理 위에 다시 衆理를 갖추고 있겠는가?"라고 의심한다. 무릇 '具'라는 말은 '그릇이 물건을 담고 있음'을 말하는 경우도 있고, '本體가 條目을 갖추고 있음'을 말하는 경우도 있다. 天에 있어서 道의 本體를 말할 때에는 '冲漠無朕하나 萬象이 森然하게 이미 갖추어져 있다'고 하고, 사람에 있어서 性의 實體를 말할 때에는 '性은 太極의 渾然한 本體로서 그 안에 萬理를 포함하고 있다'고 하며, 心을 주로 하여 이 德의 活體를 말할 때에는 '虛靈不昧하여 衆理를 갖추고 있다'고 하니, 이것이 그 本體의 冲漠渾然이요 虛靈은 진실로 所在에 따라 다르다. '萬象이 이미 갖추어져 있다'거나 '萬理를 포함하고 있다'거나 '衆理를 갖추고 있다'는 말은 모두 '本體가 條目을 갖추고 있음'을 말하는 것이요, '그릇이 물건을 담고 있음'을 말하는 것이 아니다. 대개 虛靈의 本體에는 溫潤·剛毅·遜順·周通의 美德이 있으니 이것들이 각각 愛物·斷物·讓物·知物의 理이다. 이것을 미루어 나간다면 온 天下의 理가 하나라도 갖추어지지 않은 것이 없으니, 그러므로 '衆理를 갖추고 있다'고 하는 것이다. 통합해 말하면 一體가 渾然한 것이고, 분석해 말하면 萬目이 세세히 갖추어진 것

理者 必直指下面可見之粗迹 以名上面所形之實體 如以高厚而言天地之道 以寒熱而言水火之性 是也 就人心而言 則虛靈豈不是魂魄精英之所爲 而形容此德之明者 亦舍此二字不得 執其辭而滯焉 則謂卽是氣可也 領其意而默會之 則乃此理之著於氣上 而不卽是氣也

이니, 어찌 二體라고 말할 수 있겠는가?[48]

성재에 의하면, '明德이 衆理를 갖추고 있다'는 것은 '그릇이 물건을 담고 있음'에 해당하는 것이 아니라, '本體가 條目을 갖추고 있음'(以體該目)에 해당하는 것이다. '그릇과 물건'은 二體이지만, '本體의 渾然함과 條目의 粲然함'은 본래 一體이다. 따라서 '明德이 衆理를 갖추고 있다'는 것은 '理 위에 다시 理를 갖추는' 격이 아니라는 것이다. 다음은 '應萬事'에 대한 해명이다.

或者는 "明德이 만약 理라면, 理는 본래 無爲인데 어떻게 능히 萬事에 응할 수 있겠는가?"라고 의심한다. 理의 本體는 진실로 無爲이나, 그 用은 항상 有爲處에 나아가 流行發見한다. 예컨대 눈이 色을 보고 귀가 소리를 듣는 것은 진실로 形而下者의 有爲處이나, 그 봄이 지극히 밝아 능히 五色을 살펴 알아 一毫의 가림도 없고, 들음이 지극히 밝아 능히 五音을 분별해 알아 一毫도 어긋남이 없는 것은 곧 그 위의 無爲한 本體가 발현된 것으로서, 形而下者의 작용이 아니다. 心이 萬事에 응하는 것도 진실로 形而下者의 有爲處이다. 그러나 여기에서는 위의 '虛靈不昧 以具衆理' 두 구절을 이어 '應萬事'를 언급했으니, 이 '應萬事'라는 말은 곧 明德의 光明한 本體가 形而下處에 流行發見한 것으로서, 바로 '無爲而無不爲'이다. 일찍이 心이 萬事에 응하는 것을 곧바

48) 『省齋集』 卷33 頁8, 〈心與明德形而上下說〉: 或疑明德若是理也 則理無二體 豈有此理上面 更具衆理者乎 曰 凡具之爲言 有以器載物之稱 有以體該目之名 在天而言道之本體 則曰冲漠無朕 而萬象森然已具 在人而言性之實體 則曰性是太極渾然之體 而其中含具萬理 主乎心而言此德之活體 則曰虛靈不昧 以具衆理 此其爲體之冲漠渾然 虛靈固隨所在而不同 其曰萬象已具 曰含具萬理 曰以具衆理 皆以體該目之謂 而非以器載物之云也 盖卽夫虛靈之體 而有溫潤之美焉 是卽愛物之理也 有剛毅之美焉 是卽斷物之理也 有遜順之美焉 是卽讓物之理也 有周通之美焉 是卽知物之理也 推此以往 擧天下之理 無一美之不該 故曰具衆理 統而言之 一體渾然 析而言之 萬目纖悉 是豈可以二體言乎

로 明德의 用이라고 부르지는 않았다. 朱子는 일찍이 四德이 萬事에 응하는 妙를 말하여 "만약 어린아이가 우물에 빠지는 일을 感하면 仁의 理가 문득 應하여 이에 惻隱之心이 형성되고, 宗廟를 지나거나 朝廷을 지나는 일을 感하면 禮의 理가 문득 應하여 이에 恭敬之心이 형성된다"고 했다. 이러한 예를 미루어 본다면 萬理가 모두 그러하니, 明德이 衆理를 갖추고서 萬事에 응하는 것은 그 모습이 모두 이러하다.[49]

성재에 의하면, '明德이 萬事에 應하는 것'은 '形而下者의 有爲를 타고 明德이 유행발현하는 것'이다. 예컨대 어린아이가 우물에 빠지는 것을 感하는 것은 '形而下者의 有爲'인데, 이 形而下者의 有爲를 타고 仁의 理가 應하여 惻隱之心이 형성되는 것은 '明德의 유행발현'이라는 것이다. 明德(理) 자체는 無爲이지만 有爲한 形而下者를 타고서 流行하니, 이것은 '無爲而無不爲'에 해당한다는 것이다.[50]

---

49) 『省齋集』 卷33 頁8~9, 〈心與明德形而上下說〉: 或疑明德若是理也 則理本無爲 何以能應萬事乎 曰 理之本體固無爲 而其用則常就有爲處流行發見焉 如目之視色 耳之聽音 固是形而下者之有爲處也 若其視之至明 而能察識五色 無一毫蔽 聽之至聰 而能辨認五音無一毫錯 卽其上面本體無爲者之所發見 而不卽是形而下也 心之應事 固亦是形而下者之有爲處也 然此承上虛靈不昧以具衆理兩句 而言應萬事 則只此應萬事一言 卽是此德光明之體 流行發見於形而下處 乃無爲而無不爲者也 未嘗遽以此心之所應事 直喚作此德之用也 朱子嘗言四德應事之妙 曰如赤子入井之事感 則仁之理便應 而惻隱之心於是乎形 過廟過朝之事感 則禮之理便應 而恭敬之心於是乎形 推此例之 萬理皆然 明德之含具衆理以應萬事 其形皆如此矣

50) 이러한 설명은 '理가 無爲인지, 有爲인지'에 대한 애매한 답변이라고 하겠다. '理가 有爲한 形而下者를 타고서 流行發見한다'는 주장 자체는 理를 '피동적 존재'로 설명하는 것으로 볼 수 있다. 그런데 성재는 이것을 '無不爲'라 했으니, 이것은 '능동적 존재'로 해석할 여지를 남겨둔 것이다. 성재는 "이른바 '理無爲 氣有爲'란 다만 그 자취로 말하는 것이다. 만약 그 근본을 논한다면 '理가 실로 氣의 主宰가 되는 것'이요, '氣는 곧 理가 부리는바'이다"(『省齋集』 卷33 頁22, 〈心與明德形而上下說〉)라고도 했다. 이는 '氣를 부림'을 '理의 주재'로 설명하는 것인데, 이처럼 '理

이상에서 성재의 명덕주리론을 간략히 살펴보았다. 성재는 화서의 明德主理論에 대해서만큼은 절대적으로 확신했다. 그러나 화서가 '本心을 理로 규정하고 明德과 등치시킨 것' 에 대해서는 異見을 품었다.[51] 성재는 心은 '하나의 知覺' 일 뿐으로서, 本心이라 하더라도 形而下者로 규정할 수밖에 없다는 입장이었다. 心은 形而下者로 분류될 수밖에 없다고 한다면, '心統性情' 이란 곧 '형이하자가 형이상자를 통섭한다' 는 것이 되는데, 이는 화서학파의 지론과 어긋나는 것이다. 이에 대해 성재는 朱子의 설명대로 '統' 에는 '兼包와 主宰' 의 두 뜻이 있음을 지적하고, 다음과 같이 설명한다.

이른바 '性·情을 兼包한다' 는 것은 무슨 말인가? 心은 사람의 몸 가운데 知覺이 있고 능히 寂·感하는 물건이다. 바야흐로 그 고요할 때는 性의 理가 갖추어져 있고, 마침내 感應할 때에는 情의 用이 운행된다. 그러므로 心을 말하는 자는 항상 心의 知覺을 性·情의 바탕으로 삼고, 性·情을 이 心이 포함하는 것으로 여긴다. 性·情은 心이 포함하고 있는 것이므로, 간혹 心이 갖

의 주재' 를 '능동적 作爲' 로 해석하는 것으로 볼 때, 성재는 理를 근원적으로는 有爲라고 본 것이다.

51)『省齋集』卷33 頁12~13, 〈心與明德形而上下說〉: 我先師華西先生 平生力主明德主理之論 大意以爲明德只是一箇本心 心有以氣言 有以理言 而本心是以理言者 故明德當主理看 盖本之栗尤二先生之言 而參以己見 略加檃栝也 反復推演 其書滿家 凡其爲說之精微曲折 固竢後世之朱子起而監正之 若其主理言德之大指命脈 則妄竊以爲建天地質鬼神而無疑也

위의 내용에서 주목할 대목은 '盖本之栗尤二先生之言 而參以己見 略加檃栝也' 와 '其主理言德之大指命脈 則妄竊以爲建天地質鬼神而無疑也' 라는 두 구절이다. 첫째 구절은 화서의 명덕설이 栗谷과 尤菴(宋時烈)의 학설에 근거한 것이나, 약간 차이가 있음을 말한 것이다. 말로는 완곡하게 표현하여 '略加檃栝'(약간 바로잡음)이라 했으나, 그다음에 '진실로 後世의 朱子가 일어나 監正할 것을 기다린다' 고 한 것으로 보면, 이는 화서의 '本心은 곧 理' 라는 주장에 대해 의문을 품은 것이다. 그러나 둘째 구절은 화서의 明德主理論에 대해 절대적으로 확신한 것이다.

추고 있는 性을 직접 가리켜 '心' 이라 해도 되고, 心이 운행하는 情을 가리켜 '心' 이라 해도 된다. 이것으로 볼 때, 心은 비록 形而下者에 근거하여 이름 지은 것이나 포함하고 있는 것은 매우 완전하며, 性은 비록 形而上者를 가리켜 말한 것이나, 또한 心의 全部 가운데 하나인 것이다. 그러므로 '心統性情' 이란 애초에 '以下統上' 이라고 의심할 수 없는 것이다.

이른바 '性·情을 主宰한다' 는 것은 무슨 말인가? 朱子는 일찍이 "心이 性·情을 주재함은 이치가 또한 매우 분명하다. 아직 발하지 않았을 때 知覺이 어둡지 않음은 心이 性을 주재한 것이 아니겠는가? 이미 발했을 때 品節이 어긋나지 않음은 心이 情을 주재한 것이 아니겠는가?"[52]라 했고, 또 "情은 性에 근원하고 心의 주재를 받는다. 天理·人欲의 판가름과 中節·不中節의 구분은 다만 心의 宰·不宰에 달려있다"[53]고 했다. 이것으로 본다면, '主宰' 란 곧 心의 本然之則으로서 앞에서 이른바 '理爲主處' 가 그것이니, 보통 말하는 '사람의 몸 가운데 知覺이 있고 능히 寂·感하는 것' 을 모두 여기에 해당시킬 수는 없는 것이다. 그렇다면 '心統性情' 이라는 것이 어찌 다시 顚倒시키고 逆轉시킨다는 혐의를 지니는 것이겠는가?[54]

성재는 '兼包' 의 맥락에서 말하는 心은 '形而下者로서 知覺하는 주

52) 『朱子大全』 卷42 頁8~9, 〈答胡廣仲〉.

53) 『朱子大全』 卷32 頁8, 〈問張敬夫〉.

54) 『省齋集』 卷33 頁16, 〈心與明德形而上下說〉: 所謂兼包性情者 心是人身中有知覺能寂感之物也 方其寂也 性之理具焉 及其感也 情之用行焉 故說心者 常以心之知覺 爲性情之田地 而以性情爲此心之所包 惟其爲此心之所包也 故又或直指所具之性 而曰此心也亦得指所行之情 而曰此心也亦得 以是則心雖據形而下者名之 而所包則極其全 性雖指形而上者言之 而亦是此心全部內一體 故其言心統性情者 初未可以以下統上爲嫌矣 所謂主宰性情者 朱子嘗言心主性情 理亦曉然 未發而知覺不昧者 非心之主乎性者乎 已發而品節不差者 非心之主乎情者乎 又言情根乎性而宰乎心 天理人欲之判 中節不中節之分 特在乎心之宰與不宰耳 以是則主宰云者 卽是此心本然之則 而向所謂理爲主處 是也 非泛言人身中有知覺能寂感者 皆可以當此目也 然則其言心統性情者 豈復有倒與逆之可疑乎

체'를 지칭하고, '主宰'의 맥락에서 말하는 心은 '形而上者로서 心의 本然之則'을 지칭한다고 구분했다. '兼包'의 맥락에서 말하자면, 이것은 형이하자인 心이 형이상자인 性을 '包含'한다는 것으로서, 결코 형이하자가 형이상자를 '主宰(統)'한다는 뜻이 아니라는 것이다. 그러나 '主宰'의 맥락에서 말하자면, '心의 本然之則'이 性·情을 주재한다는 것으로서, 결코 '知覺의 주체인 心'이 性·情을 주재한다는 뜻이 아니라는 것이다. 성재는 '心의 本然之則'을 明德이요, 理라고 보았다.[55] 따라서 '心이 性·情을 주재한다'고 할 때의 心은 明德이라는 것이요, 이것은 '理의 주재'를 의미하는 것이니, 理·氣의 관계가 顚倒·逆轉됨에 해당하지 않는다는 것이다.[56]

心統性情에서의 '주재자로서의 心'이 明德이라는 점은 明德主理論者나 明德主氣論者 모두 동의하는 바였다. 그런데 명덕주리론에서는 '주재자인 明德'을 氣로 규정하면, 그것은 理·氣의 위상을 顚倒시키는 것이요, 理를 주재성이 없는 死物로 전락시키는 것이며, 모든 것을 氣에 一任하는 꼴이라고 보는 것이다. 성재는 명덕주기론에 대해 다음과 같이 비판한다.

> 近世의 諸賢은 心이 形而下에 속한다고 하여 마침내 明德을 氣로 여기니, 聖賢의 宗旨에 어긋나게 되었다. (…) 이러한 논리는 '氣' 字를 주장함이 너무 지나쳐 '太極'을 '전혀 主宰함이 없는 것'으로 간주하는 것이다. 그러나 이른바 '理無爲 氣有爲'란 다만 그 자취로 말하는 것이다. 만약 그 근본을 논

---

55) 『省齋集』 卷33 頁21, 〈心與明德形而上下說〉: 明德者 心之德 而不卽是心 所謂物之則也
『省齋集』 卷33 頁22, 〈心與明德形而上下說〉: 明德者 心之則也

56) 朱子의 '心統性情'에 대한 설명 자체에 양면성이 있었거니와(이 책의 제1부 제3장 11절 〈心統性情論의 두 맥락〉 참조), 성재는 그에 근거하여 이처럼 '心統性情'을 두 맥락으로 해석한 것이다.

한다면 '理가 실로 氣의 主宰가 되는 것' 이요, '氣는 곧 理가 부리는바' 이다. 그러므로 무릇 天地의 造化와 人心의 運用은 모두 理의 所爲이다. 다만 비록 理의 所爲라 하더라도, 有爲를 말할 때에는 문득 이미 氣의 영역과 교섭하게 되어, 모름지기 正·變과 眞·妄이 섞이게 되므로 形而下에 소속시키고, 그 가운데 正과 眞을 발라내어 理라고 말하는 것이다. 만약 太極이 본래 主宰의 實이 없어서 氣機의 自運에 一任하는 것이라면, (太極은) 無用之物일 것이니, 어떻게 萬化의 樞紐가 될 수 있겠는가? 이것은 모두 크게 의심스러운 것이다.[57]

성재는 明德을 氣로 규정함은 곧 '理의 주재' 를 부정하는 것이요, 이것은 곧 理를 無爲로 간주하는 것이라고 비판했다.[58] 여기에서 성재가 '理의 주재' 를 '理의 有爲' 와 같은 맥락으로 보고 있음을 알 수 있다. 성재는 또한 '理의 주재' 를 '使之(부림)' 로 해석하고, 그것은 '天地의 造化' 와 '人心의 運用' 에까지 전면적으로 관철된다고 보았다. 아울러 위의 인용문에서 성재의 '氣에 대한 부정적 인식' 을 엿볼 수 있다. 理와 氣가 교섭하면 正·變과 眞·妄이 섞이게 되는데, 그 가운데 '正과 眞'

---

57) 『省齋集』 卷33 頁22~23, 〈心與明德形而上下說〉: 近世諸賢 以此心之屬形而下 而遂喚明德爲氣 有違聖賢宗旨 (…) 因緣此論主張氣字太過 其視太極有若全沒主宰者 然夫所謂理無爲氣有爲者 特以其迹言之耳 若論其本 則理實爲氣之主 而氣卽是理之所使也 故凡天地造化 人心運用 皆理之所爲也 但雖理之所爲 而纔說有爲時 便已交過氣界來 須有正變眞妄之雜 故且屬之形而下者 就其中揀別出正而眞者 目之以理耳 若太極本無主宰之實 而一任氣機之自運 則便是無用之贅物 惡足爲萬化之樞紐耶 是皆可疑之大者也

58) 성재는 "理의 本體는 진실로 無爲이나, 그 用은 항상 有爲處에 나아가 流行發見한다"고 하여 理를 '無爲而無不爲' 로 설명하기도 했고, "이른바 '理無爲' 란 다만 그 자취로 말하는 것이다. 만약 그 근본을 논한다면 天地의 造化와 人心의 運用은 모두 理의 所爲이다"라고도 했다. 이 두 문장을 일관되게 해석하기는 쉽지 않으며, 성재의 本意가 무엇인지 파악하기도 어렵다. 다만 분명한 것은 성재가 理의 '주재' 를 '有爲' 로 규정하고 있다는 점이다.

을 발라내어 理라고 말한다면, 氣의 몫으로 남는 것은 '變과 妄' 뿐이다. 그리하여 그는 氣를 배제하고 明德主理論을 옹호한 것이다.

성재는 '變과 妄' 이라는 관점에서 氣를 인식했다. 그런데 心은 氣이므로 心 역시 '믿을 수 없는 것' 이다. 성재는 "心은 믿을 수 없으나, 明德은 믿을 수 있다"[59]고 했다. 그의 문제의식은 '믿을 수 없는 心' 에 주재성을 부여할 수 없다는 것이요, 반드시 '믿을 수 있는 明德' 에 주재성을 부여해야 한다는 것이다.[60] 성재는 이처럼 心과 明德을 엄격히 구분했는데, 그의 '師說에 대한 調補' 는 근원적으로 여기에 기인하는 것이었다.

성재는 心을 그 자체 理라고 규정하지는 않았어도, '理 · 氣가 묘합된 心' 가운데 主宰者는 理라고 규정한 것이다. 성재는 이 理를 '明德' 이라고 규정했으니, 이 점에 있어서는 화서 · 중암과 異見이 없었다.[61] 또한 明德主理論者들은 理 · 氣의 관계에 있어서 '理가 마땅히 主가 되어야 함' 을 주장하는 것인데, 이는 明德主氣論者들도 분명 견해를 같이했던 바이다. 그러면 명덕주리론과 명덕주기론의 차이는 어디에 있는 것인가? 이제 明德主氣論을 살펴보기로 하자.

---

59) 『省齋集』 卷33 頁22, 〈心與明德形而上下說〉 : 心不可恃 而明德可恃也

60) 그러나 거꾸로 생각하면, 사실 '믿을 수 없는 心이 性 · 情을 주재하기 때문에 현실에서는 善 · 惡이 혼재하는 것' 이라고 설명할 수 있다. 이것이 明德主氣論者들의 주장이었다. 현실에 善 · 惡이 공존함을 부인할 수 없는 한, 성재 등 明德主理論者들이 주장하는 '理(明德)의 주재력' 은 손상될 수밖에 없다.

61) 배종호 · 유명종 · 박홍식 등은 성재가 스승 화서의 明德主理論을 바꾸어 明德主氣論을 표방했다고 보았다(裵宗鎬, 『韓國儒學史』, 291쪽 ; 劉明鍾, 『朝鮮後期 性理學』, 491쪽 ; 朴洪植, 「明德理氣論辯」, 18쪽). 그러나 論者가 보기에 이들은 성재의 주장을 잘못 이해한 것 같다. 성재는 本心을 氣라고 한 것이지, 明德을 氣라고 한 것이 아니다. 이들과 달리 오석원은 성재가 明德主理論을 견지했다고 보았다. 성재가 스승 화서의 사상에서 크게 벗어나지는 않았다는 것이다(吳錫源, 「十九世紀 韓國道學派의 義理思想에 관한 연구-華西 李恒老 및 華西學派를 중심으로」, 235쪽).

2. 梅山 洪直弼과 그 門下의 明德主氣論

1) 梅山 洪直弼의 明德主氣論

명덕논쟁은 1849년(己酉) 매산이 華西의 門人 崔鴻錫(字는 用九)에게 明德主理論을 비판하는 長文의 편지를 보낸 것을 계기로 본격화했다고 한다.[62] 이제 문제의 편지 〈答崔用九(己酉)〉를 중심으로 매산의 明德主氣論을 살펴보기로 하자. 매산은 다음과 같이 말한다.

이른바 '明德說'은, 朱子는 '하늘로부터 얻음'(得乎天)으로 '德' 字를 풀었고, '虛靈不昧'로 '明' 字를 풀었으니, '明德'의 뜻은 이것만으로도 충분하다. 그 아래의 '具衆理 · 應萬事'란 다만 그 실제를 가리켜 거듭 말한 것이다. 무릇 사람의 '心'을 '明德'이라 한다. 어찌하여 '明'이라 하는가? 그 虛靈不昧함이 衆理를 갖추고 萬事에 응하기에 충분하기 때문이다. 어찌하여 '德'이라 하는가? 이 虛靈不昧는 바로 하늘로부터 얻은 것이기 때문이다. '사람이 하늘로부터 얻었다'는 말로부터 '萬事에 응한다'는 말에 이르기까지가 모두 '明德'을 풀이한 것이나, 만약 '明德의 바른 뜻'을 말하자면 끝내 '虛靈不昧'라는 네 글자를 벗어나지 않는다. 대개 虛靈不昧하지 않다면 그만이려니와, 다만 虛靈不昧하다면 문득 衆理를 갖추고 萬事에 응할 수 있는 것이니, 虛靈不昧하면서 具衆理 · 應萬事에 부족한 경우는 없다. 『大學或問』의 설명 또한 마찬가지이니, 虛靈洞徹하지 않다면 그만이려니와, 다만 虛靈洞徹하다면 문득 萬理를 모두 갖출 수 있는 것이니, 虛靈洞徹하면서 萬理를 모두 갖추기에 부족한 경우는 없다. 그러므로 다만 '虛靈不昧'나 '虛靈洞徹'만을

---

62) 권오영, 『조선후기 유림의 사상과 활동』, 돌베개, 2003, 100쪽.

말해도 '具衆理 · 應萬事' 나 '萬理咸備' 의 뜻이 그 가운데 있는 것이다.[63]

위의 인용문은 주자의 '明德者 人之所得乎天 而虛靈不昧 以具衆理而應萬事者也' 라는 설명을 중심으로 '明德의 뜻' 을 논한 것이다. 매산은 明德에 대한 설명은 '虛靈不昧' 네 글자를 벗어나지 않는다고 보았다. '具衆理 · 應萬事' 는 明德의 '작용' 으로서, 그것은 '虛靈不昧' 의 '자연스러운 기능' 이라는 것이다. 매산은 주자가 '虛靈不昧' 다음에 '以' 字를 둔 것을 주목하여, 다음과 같이 말한다.

> 『大學章句』에서 '虛靈不昧' 아래에 '以' 字를 둔 것은 참으로 정밀한 뜻이 있다. 여기에 착안한다면, '明德은 心을 主로 삼는다' 는 뜻을 또한 분명히 쉽게 깨달을 수 있다. 오직 그 虛靈不昧하기 때문에 능히 그것으로 衆理를 갖추고 萬事에 응하는 것이다. '具衆理 · 應萬事' 는 곧 '虛靈不昧' 의 '能事' 이다.[64]

'以' 字를 주목함으로써 매산이 말하고자 하는 바는, 明德(虛靈不昧)은 具衆理 · 應萬事라는 '능동적 작용의 주체' 라는 점이다. 理(性)는 '無

---

63) 『梅山集』 卷19 頁15~16, 〈答崔用九〉 : 所謂明德說 朱子以得乎天訓德字 虛靈不昧訓明字 明德之義 已足於此 其下具衆理應萬事者 特指其實而申言之耳 大抵人之心謂之明德 何以謂之明乎 以其虛靈不昧 足以具衆理應萬事也 何以謂之德乎 以此虛靈不昧 乃得之於天也 人之所得乎天 至應萬事 固皆是釋明德 而若言明德正義 則終不出於虛靈不昧四字之中 盖不虛靈不昧則已 才虛靈不昧 便能具衆理應萬事 未有虛靈不昧 而不足於具衆理應萬事者也 或問說亦只是一義 不虛靈洞徹則已 才虛靈洞徹 便能萬理咸備 未有虛靈洞徹 而不足於萬理咸備者 故但言虛靈不昧 虛靈洞徹 而具衆理應萬事 萬理咸備之意 在其中矣

64) 『梅山集』 卷19 頁16, 〈答崔用九〉 : 章句虛靈不昧之下 下一以字 實有精義 着眼於此 其主心之義 又分明易曉 惟其虛靈不昧 故能以之具理應事也 具理應事 卽虛靈不昧者之能事也

爲' 하나, 氣(心)는 '有爲' 하다. 그런데 주자는 明德을 '능동적 작용의 주체' 로 설명하고 있으니, 이로써 明德은 心이요 氣임을 알 수 있다는 것이다.

明德에 대한 설명에서, '具衆理' 의 '衆理' 란 '性' 을 말하고, '應萬事' 란 '情' 을 말한다. 明德은 心이지만, 性을 갖추고 있다. 그리하여 매산은 明德을 '心·性의 總名' 으로 규정할 수도 있다는 점을 인정한다. 하지만 이렇게 규정한다고 하더라도, '主·客의 구분' 을 분명히 해야 한다는 것이다.[65] 이는 물론 '능동적인 心' 이 '明德의 主體' 가 된다는 것이요, '피동적인 性' 은 '心에 의해 운용되는 客體' 라는 뜻이다.

매산은 明德의 뜻은 '虛靈不昧' 네 글자를 벗어나지 않는다고 주장했다. 明德을 '虛靈不昧' 또는 '心(本心)' 으로 규정하는 것은 明德主理論 역시 마찬가지였다. 문제는 '虛靈' 또는 '心(本心)' 을 '氣로 규정하느냐, 理로 규정하느냐' 에 있었다. 이에 대해 매산은 『朱子語類』나 『朱子大全』의 여러 기록들을 근거로 제시하면서 '虛靈은 心이요 氣에 속한다' 는 점을 분명히 했다.[66] 매산은 특히 '明' 이라는 글자 자체가 '心' 과 부합되는 것이요 '性' 과는 어울리지 않는다고 지적하고, 이로써 明德이란 '主氣' 요, '主理' 가 아님을 알 수 있다고 주장한다.[67]

매산의 주장은 明德은 虛靈이요 心으로서 氣에 속하지만, 단순한 氣가 아니라 '氣의 精爽' 이라는 것이다. 요컨대 氣에는 '氣의 精爽' 과 '氣質'

65) 『梅山集』 卷19 頁20~21, 〈答崔用九〉 : 栗谷答安應休書曰 合心性而總名曰明德 其曰合心性而言者 誠無容更評 而渼湖以爲語意渾淪 似若少賓主之分 未若直云此心之具此性者

66) 『梅山集』 卷19 頁17, 〈答崔用九〉 : 何以知虛靈不昧之爲心而屬於氣也 語類曰 虛靈自是心之本體 又答虛靈不昧 此是氣之問 曰虛靈不昧便是心 又曰 心之知覺是那氣之虛靈底 有這知覺方運用 得這道理 所以橫渠說 心能盡性 性不知檢心 大全答林德久書曰 知覺正是氣之虛靈處

67) 『梅山集』 卷19 頁17, 〈答崔用九〉 : 看諸明字 合用於心 而不襯於性 則可知其夾帶氣說非主理而言也

두 부류가 있는데, 明德은 그 가운데 '氣의 精爽'을 지칭한다는 것이다. 매산은 다음과 같이 말한다.

心은 진실로 氣이나, 氣에는 '本·末'과 '精·粗'가 있다. 그러므로 "湛一은 氣의 本"이라 하고, "心은 氣의 精爽"이라 하며, "心은 性에 견주면 약간 자취가 있으나, 氣에 견주면 저절로 또 神靈하다"고 말하는 것이다. 이것으로 보면, 心은 비록 氣의 영역에서 떨어져 있지 않지만 또한 氣에 갇혀 있는 것도 아님을 알 수 있다. '明德의 心'을 어찌 '氣質에 가려진 心'과 섞어 말하여, 心과 氣質을 분별하지 않을 수 있겠는가? 天地之性은 사람을 귀하게 여겨, 사람은 萬物의 靈長이 되니, 사람이 堯·舜이 될 수 있고 天地에 참여할 수 있는 까닭이 어찌 다만 性善에 있을 뿐이겠는가? 실로 또한 이 心의 虛靈洞徹함에는 分數도 없고 優劣도 없어서 이 理의 善함과 간격이 없음에서 유래하는 것이다. 그렇다면 理는 진실로 聖·凡이 같은데, 어찌 心만 일찍이 聖·凡의 다름이 있겠는가? 이른바 '氣에는 고르지 못함이 있다'고 하는 것은 다만 淸濁粹駁이 제각각 다른 氣를 지칭하는 것이요, 이 心의 本體를 말하는 것이 아니다. 이 心의 本體란 무엇인가? 『大學章句』에서 말한 '本體之明', 『大學或問』에서 말한 '本體之全'이 그것이다. 본래 밝은 本體는 타고난 것으로서, 애초에 淸濁厚薄이 없는 것이다.[68]

---

68) 『梅山集』 卷19 頁19, 〈答崔用九〉: 心固氣也 而氣有本末精粗 故曰湛一氣之本 曰心者氣之精爽 曰心比性則微有跡 比氣則自然又靈 由是則心者雖不離於氣分 而亦不囿於氣者 可見矣 明德之心 豈可與氣質有蔽之心 混幷說去 而不辨其心與氣質之所以分乎 盖天地之性人爲貴 而人爲萬物之靈 則其所以可爲堯舜 而能參天地者 豈但以性善而已哉 實亦由於此心之虛靈洞徹 無分數無優劣 而不隔乎此理之善也 然則理固聖凡之所同 心亦何嘗有聖凡之異也 所謂氣有不齊者 特指淸濁粹駁有萬不同之氣耳 非此心本體之謂也 此心本體者 何也 卽章句所謂本體之明 或問所謂本體之全 本明之體 得之於天 初無淸濁厚薄之可言者也

매산이 말하는 心과 氣質의 구분은, 氣의 精爽으로서 본래 밝은 '心의 本體' 와 淸濁粹駁이 뒤섞인 '氣質에 가려진 心' 을 구분하는 것이다. 즉 매산이 氣質과 대비해서 말하는 心은 '心의 本體' 를 의미한다.[69] 매산이 이처럼 心과 氣質을 구분하고, 청탁수박이 고르지 못한 氣質과 달리 心은 '본래 밝은 것' (본래 善한 것)이라고 주장하는 것은, 明德主理論者들의 '有善惡한 氣를 純善한 理의 주재자로 삼을 수 없다' 는 문제 제기에 대한 답변이었다.

매산이 明德主理論을 비판한 또 하나의 중요한 이유는, 그것이 결국 '陸・王의 心卽理學' 과 동일한 귀결을 초래할 것이라고 보았기 때문이다. 매산은 다음과 같이 말한다.

> 陸象山은 '心卽理' 라 했고, 王陽明은 '良知卽天理' 라고 했는데, 이것들은 모두 '心을 性으로 오인하고, 氣를 理로 오인한 견해' 이다. 이제 만약 明德을 '性' 이요 '理' 라고 말한다면, 陸・王의 주장과 무엇이 다르겠는가? 明德이 비록 '衆理를 갖춘 氣' 라 하더라도 곧바로 '理' 라고 하면 잘못이며, 비록 '性을 포함한 心' 이라 하더라도 곧바로 '性' 이라 하면 잘못이다.[70]

---

69) 梅山의 이러한 주장 역시 巍巖 李柬의 견해를 그대로 계승한 것이다. 性善을 뒷받침하는 것은 心善이라는 것, 사람이 누구나 堯・舜이 될 수 있는 것은 실로 '心의 本善' 에 말미암는다는 것, 본래 善한 心은 聖・凡의 차이가 없다는 것 등도 모두 외암의 지론이었다. 위에서 언급했듯이, 華西 李恒老도 聖凡心同論을 주장했는데, 화서는 心의 본체는 理요 理는 만물이 같기 때문에 聖凡心同이라 한 것이며, 매산은 心의 본체는 氣의 精爽이요 氣의 精爽은 애초에 淸濁粹駁의 차이가 없기 때문에 聖凡心同이라 한 것이었다.

70) 『梅山集』 卷19 頁20, 〈答崔用九〉: 象山言心卽理也 陽明謂良知卽天理也 此皆認心爲性認氣爲理之見也 今若以明德謂性謂理 則與陸王之說 何異焉 蓋明德雖是具理之氣 直把作理則不可 雖是包性之心 而直看以性則非也

'陸 · 王의 心卽理學'에 대해 '心을 性으로 오인하고, 氣를 理로 오인한 것'이라고 비판함은 주자학의 일반론이다. 老洲 吳熙常은 程 · 朱의 定論은 '心은 본래 善하나 믿을 수 없다'(心本善不可恃論)는 것이라고 집약하고, 心을 진리의 표준으로 삼는 心卽理學은 결국 '猖狂自恣'의 폐단을 초래하게 된다고 비판한 바 있다.[71] 다시 말해, 陸 · 王의 '猖狂自恣'는 바로 '心을 性으로 오인하고, 氣를 理로 誤認함'으로부터 비롯된다는 것이다. 매산 역시 같은 맥락에서, 明德主理論이 陸王學과 같은 결말을 초래하지 않을까 우려한 것이다.

2) 鼓山 任憲晦의 明德主氣論

고산은 心을 '氣의 精爽'으로 규정하고, 明德 역시 '氣의 精爽으로서의 虛靈不昧'를 말하는 것이라고 본다. 고산의 논거는, 『大學章句』에 보이는 朱子 明德論의 본의나 文勢로 보아 明德은 形而下者임이 분명하다는 것과, 朱子가 明德을 心(氣)과 같은 내용으로 설명하고 있다는 점에 있다. 먼저 고산의 다음과 같은 설명을 살펴보자.

> 『大學章句』의 본의 및 文勢로 말하자면, '人之所得乎天' 아래 곧바로 '虛靈不昧'라고 했으니, '얻은 것'은 '氣를 主로 삼는 것'이 아니겠는가? '虛靈不昧' 아래에서는 바로 '以具衆理'라 했으니, 이는 '氣를 얻어 理를 갖춤'이 아

---

71) 『老洲集』 卷24 頁27, 〈雜識(二)〉 : 程子曰 心本善 發於思慮則有善有惡 朱子曰 心本善 亦能流而入於惡者也 下得本字 所以別於性之純善也 苟能精思默認於本與純之間 則理與氣之分 庶可推究 心之不可恃 性之爲準則 且可得以知矣 而或謂心善之說 釋氏之旨 其亦不考乎此也 心雖本善 及其發用 變動無常 故必須明理而守之 此乃聖門正法眼藏也 若陸子靜王伯安輩 瞥見此心之善 遽據以爲典要 更不求此理之眞 所以淪於異端之見而莫之拔也

니겠는가? 그렇다면 '하늘로부터 얻은 것' 은 바로 '氣를 얻은 것' 이요, 氣를 얻어 理를 갖추고 있다면 理 또한 얻은 것 가운데 自在하는 것이다. 이렇게 본다면, 分析한 가운데 混淪함이 있고, 混淪한 가운데 分析함이 있어서, 양쪽 모두 방해됨이 없을 것이다. 만약 '所得乎天' 자체를 '理·氣를 겸한 것' 으로 여겨 主·客을 구분하지 않는다면, 이미 '理를 얻었다' 고 말하고서 그 아래에서 또 '衆理를 갖춘다' 고 했으니, 말이 중복되고 뜻이 막힘을 면할 수 없다. 그러므로 "明德이란 사람이 하늘로부터 얻은 氣로서, 虛靈不昧하여 衆理를 갖추고 萬事에 응하는 것"이라 말하는 것이다. 이렇게 본다면 본의와 文勢에 순조롭게 된다. 氣는 원래 '理를 지니지 않은 氣' 가 없으니, 氣를 말하는 곳이라 하여 오로지 理를 버리는 것이 아니다. 다만 主된 것이 氣라는 말이다.[72)]

고산의 주장은 虛靈不昧를 이미 氣로 규정하고 시작하는 것이다. 明德은 虛靈不昧인데, '하늘로부터 얻은 것' 이 虛靈不昧이므로, 明德은 氣라는 것이다. 만약 明德을 理(또는 理·氣를 겸한 것)라고 본다면, 그 아래의 '具衆理' 라는 말과 연결시킬 때 '理가 衆理를 갖추고 있다' 는 말이 되니, 이는 語不成說이라는 것이다. 그리하여 고산은 "明德이란 사람이 하늘로부터 얻은 氣로서, 虛靈不昧하여 衆理를 갖추고 萬事에 응하는 것"이라고 해석한다. 고산은 다음과 같이 말하기도 한다.

---

72)『鼓山集』卷4 頁3~4, 〈答李樂汝〉: 章句本義及文勢言之 則人之所得乎天之下 直繼以虛靈不昧四字 則所得者 非以氣爲主乎 虛靈不昧下 乃以具衆理言之 則此非得氣以具理乎 然則所得乎天 還他得氣 而氣以具理 則理亦自在於所得之中 如是看 則分析中混淪說 混淪中分析說 恐兩無所妨 若以所得乎天 爲兼理氣 不分主客 則旣曰得理 而下又曰具理者 恐未免語疊意窒 故曰 明德者 人之所得乎天之氣 而虛靈不昧 以具衆理而應萬事者也 如是看之 似於本義及文勢 爲順然 而氣元無無理之氣 則說氣處 亦非專捨理字也 特所主者氣耳

氣는 理에 근본하고 性은 心의 주재자가 되니, 心에도 또한 理가 없는 것은 아니다. 다만 『孟子』 盡心章의 註에서는 "心者 人之神明 所以具衆理而應萬事者也"라 했고, 『大學』의 註에서는 "明德者 人之所得乎天 而虛靈不昧 以具衆理而應萬事者也"라 했다. 이제 '心'과 '明德'의 글자 위치로 보면, (心과 明德은) '갖추고 있는 주체'(以具者)를 主로 삼아야겠는가, '갖추어진 것'(見具者)을 主로 삼아야겠는가? 아마도 '갖추고 있는 주체'를 主로 삼지 않을 수 없을 것이다. '갖추고 있는 주체'를 主로 삼는다면, 마땅히 이른바 '神明' 또는 '虛靈不昧'가 主가 되어야 할 것이다. 따라서 (朱子가) 氣로써 心과 明德을 말했다는 것은 아마도 의심할 수 없을 것이다. 心과 明德이 氣인가 理인가를 판별하고자 한다면, 마땅히 '以具'의 '以' 字에 착안해서 살펴야 한다. 그대의 편지에서 "心은 氣가 없으면 반드시 發用할 수 있는 이치가 없을 것"이라고 한 말은 옳으나, "理가 없다면 다만 망령되고 사악한 氣만을 보게 될 것"이라고 한 말은 옳지 않은 것 같다. 心은 湛一虛明하여 理에 짝할 수 있으니, 본래 망령되고 사악한 것이 아니다. 그대의 편지에서는 또 "理와 氣를 겸해서 (心을) 말한다면 마땅히 무엇을 주재자로 삼아야 하겠는가?"라고 했는데, 비록 理와 氣를 겸해서 말한다고 하더라도, 지금 '(衆理를) 갖추고 있고 (萬事에) 묘하게 응하는 것'은 '心'이니 마땅히 氣를 주재자로 삼아야 할 것이다. 理는 造化를 綱紀하고 三極(天·地·人)을 관통하는 것이니, 곧 '주재하지 않으면서 주재하는 것'(不宰之宰)이다. 지난번에 '理가 氣의 근본이 된다'거나 '性이 心의 주재자가 된다'고 말한 것도 이런 뜻이다.[73]

---

73) 『鼓山集』 卷6 頁33, 〈答李鸞在〉: 氣本於理 性爲心宰 則心亦非無理也 但孟子盡心註曰 心者 人之神明 所以具衆理而應萬事者也 大學主曰 明德者 人之所得乎天 而虛靈不昧 以具衆理而應萬事者也 今就心字與明德字地頭言 則未知以具者爲主歟 見具者爲主歟 恐不得不以以具者爲主 以具者爲主 則所謂神明 所謂虛靈不昧 當爲主 以氣言心言明德 恐無可疑也 欲別心與明德之爲氣爲理 當於以具之以字上 着眼看也 來諭云心無氣則必無發用之理 此則近之 其曰無理則只見妄邪之氣 是恐不然 心之爲物 湛一虛明 可以配理 本

위의 인용문에서는 '心' 과 '明德' 에 대한 朱子의 두 주석이 동일하다는 것에 근거하여 '明德은 곧 心이요 氣임' 이 분명하다고 주장했다. 즉 주자의 두 주석에서 '心' 과 '明德' 은 동일한 내용으로 설명되고 있으니 '心과 明德은 同一한 것' 이며, 또 '心과 明德' 은 '衆理' 자체를 지칭하는 것이 아니라 '衆理를 갖추고 萬事에 응하는 주체' 를 지칭하는 것이니 '心과 明德은 氣임' 이 분명하다는 것이다.

화서 등 명덕주리론자들이 '心統性情에서의 心은 氣로 볼 수 없다' 고 주장한 이유의 하나는 氣를 매우 부정적으로 인식했기 때문이었다. 그러나 고산은 心은 단순히 氣를 말하는 것이 아니라 '氣의 精爽' 을 말한다고 규정하고, '心은 氣의 精爽이기 때문에 虛靈不昧하여 理와 짝할 수 있다' 고 주장한다. 위의 인용문에서는 또한 '理와 氣' 를 '서로 主宰하는 관계' 로 규정했다. '理의 주재' 란 理(性)가 氣(心)의 근본(표준)이 된다는 의미로서, 이것을 고산은 '주재하지 않으면서 주재함(不宰之宰)' 으로 설명했다.[74] '理의 주재' 는 구체적 작용으로 드러나는 것이 아니기 때문에 '주재하지 않음' 이라 하고, 그럼에도 불구하고 氣가 발용함

非妄邪者也 來諭又曰 兼理氣以言 則何物當爲主宰 雖兼理氣以言之 目下具之妙之者 是心 則當以氣爲主 若理則綱紀造化貫徹三極 卽不宰之宰也 向所謂理爲氣本性爲心宰 亦謂是也

74) 위의 인용문에서 고산은 '理는 造化를 綱紀한다' 고 했는데, '綱紀' 는 '統率' 과 같은 뜻이며, '命令 · 使之' 와 같은 맥락이다. 고산은 '理의 주재' 를 '使之' 로 설명하기도 했다(『鼓山集』 卷3 頁43, 〈答金穉章〉: 能之者氣 而所以使之能之者 卽主宰之理). '命令 · 使之' 는 '根本(標準)이 됨' 과는 여러 가지로 맥락이 다르다. '理의 주재' 를 '命令 · 使之' 로 해석함은 주자나 율곡의 持論과는 어긋나는 것이다. 주자 · 율곡의 지론은 '理가 氣의 표준(本, 樞紐根柢)이 된다' 는 것이었다. 고산이 '理의 주재' 를 '理가 氣의 根本이 됨' 으로 설명한 것이 주자 · 율곡의 지론과 부합하는 것이다. 이 두 부류의 말을 혼용한 것으로 볼 때, 고산은 '理의 주재' 문제를 명확히 해명하지 못한 것 같다. 그러나 艮齋 田愚는 이 두 부류를 명확히 구분하고, '理의 주재' 를 '理가 氣의 표준이 됨' 으로 해석했다.

에 있어서 표준이 되는 것이기 때문에 '주재함' 이라 한 것이다. '氣의 주재' 란 氣(心)가 理(性)를 맡아서 관리한다는 의미로, 현실의 세계를 주도하는 것은 氣임을 뜻하는 것이다. 즉 고산의 명덕주기론은 바로 '氣의 현실적 주도권' 을 강조하는 논리였다.

이제 고산과 중암 사이의 몇 가지 쟁점을 살펴보기로 하자. 중암은 고산과의 이른바 '星田夜話' 를 기록한 글(〈記星田夜話〉)에서, 자신과 고산과의 쟁점을 다음과 같이 정리한 바 있다. 첫째, 心·性을 渾淪하여 말할 경우, 고산은 '心도 당연히 理로 말할 수 있다' 고 보았으며, 자신은 '心이 性이요, 性이 心이다' 라고 보았다. 둘째, 心·性을 分開하여 말할 경우, 고산은 '性은 理이고, 心은 氣이다' 라고 보았으며, 자신은 '心은 靈한 것이요, 性은 實한 것이다. 靈한 것은 主宰가 되고, 實한 것은 準則이 된다. 主宰者는 一이고 綱이며, 準則은 萬이고 目이다' 라고 보았다. 셋째, 이처럼 두 사람의 설명이 다르게 전개된 이유는, 고산은 '心·性' 을 '理·氣 兩物' 로 보았고, 자신은 '心·性' 을 '모두 理에 속하는 一物' 로 보았기 때문이다.[75]

위의 설명으로 볼 때, 心·性을 渾淪하여 말할 경우엔 두 사람의 異見이 없었던 것이요, 分開하여 말할 경우엔 두 사람의 설명이 전혀 다르게 된 것이다. 중암이 진단하기에 이러한 異見이 야기된 까닭은, 자신은 '心·性' 을 '모두 理에 속하는 一物' 로 보았으나, 고산은 '心·性' 을 '理·氣 兩物' 로 보았기 때문이다. 논쟁의 근원적 시발점은 여기에 있

---

75) 『重菴集』 卷38 頁10, 〈記星田夜話〉 : 星田竹院師生 說明德本心 大意 謂心性渾淪說 則心當以理言固也 分開說 則性自是理 而心自是氣也 余則謂渾淪說時 心是性 性是心 如一把火 明底是熱底 熱底是明底 分開說時 心是靈底 性是實底 靈底是主宰 實底是準則 主宰是一是綱 準則是萬是目 如一把火 明不可喚做熱 熱不可喚做明 盖彼之所云者 以心性作理氣兩物看 故如彼說 吾之所云者 以心性作一物看 都屬他理 而以氣言心者 乃此主宰準則所乘之器 而當就別處言之云 故如此說 此其一南一北 不可歸一之骨子也

었다. 중암은 '心·性'은 '모두 理에 속하는 一物'이라는 관점에서, 虛靈과 明德을 궁극적으로는 理라고 규정했다. 중암의 이러한 입장에 대해 고산은 다음과 같이 비판한다.

> 그대의 편지에서는 또 "무릇 渾淪해 말하는 것은 그 立言의 취지와 骨子가 理에 있는 것이요, 夾雜하자는 것은 아니다"라고 했다. 대개 理·氣를 논할 때에는 不離·不雜이 명백해야 한다. 나의 주장은 '離'에 가깝고, 그대의 견해는 '雜'에 가깝다. 그런데 내가 明德을 氣로 여기는 것은 비록 理를 떠나서 明德을 말하는 것 같지만, 그 體·用이 不言之中에 自在하니, 어찌 일찍이 理에서 완전히 떠난 것이겠는가? 그대의 견해는 아마도 主理에 지나쳐, 분명히 氣인 虛靈을 아울러 '太極의 虛靈'이라 말하니, 虛靈을 理라고 말함은 '지나치게 渾淪하고 지나치게 夾雜한다'는 의심이 없겠는가?[76)]

중암은 虛靈은 氣라는 점을 인정하면서도, 朱子가 '虛靈'을 말한 '취지와 骨子'는 理에 있다고 보아, 虛靈을 궁극적으로 理로 규정한 것이다. 이에 대해 고산은 虛靈을 理로 규정하는 것은 '主理에 지나친 것, 지나치게 夾雜한 것'이라고 비판했다. 虛靈이 비록 理를 갖추고 있더라도, 분명히 氣인 虛靈을 理로 말할 수는 없다는 것이다. 고산은 중암에게 "만약 虛靈은 비록 氣이지만, 또한 理의 器라 하여, 虛靈을 理라고 말한다면, 이제 물은 그릇에 담겨있는데, 그릇은 비록 그릇이지만 물을 담고 있는 그릇이라 하여, 그릇이라 하지 않고 물이라고 말한다면, 그대는 이

76) 『鼓山集』 卷3 頁49, 〈答金穉章〉: 來諭又曰 凡渾淪說者 其立言之精神意思命脈骨子 在理也 非欲夾雜也 盖論理氣者 不離不雜 是八字打開處 而愚說近於離 盛見近於雜 然愚之以明德爲氣 雖似離理言明德 其體用自在於不言之中 則何嘗全然離理也 盛見則恐過於主理 竝與分明是氣之虛靈 而謂之太極之虛靈 喚虛靈爲理 其或無以太渾淪太夾雜疑之者耶

말을 믿겠는가?"[77]라고 반문했다. 虛靈에 理가 담겨 있다는 이유로 虛靈을 理라고 주장하는 것은 그릇에 물이 담겨 있다는 이유로 그릇을 물이라고 주장하는 격으로서, 적절치 못하다는 것이다. 같은 맥락에서, 고산은 明德이 갖추고 있는 理는 形而上者이지만 明德 자체는 形而下者라고 주장했다.[78]

중암은 〈記星田夜話〉에서 다음으로는 '主宰'를 문제 삼았다. 고산처럼 心統性情의 心을 氣로 해석하고 또 性을 主宰者로 인정한다면, '한 몸에 두 주재자가 있는 격'이니 語不成說이라는 것이었다.[79] 중암은 心統性情의 心을 氣로 규정하면 '氣가 理를 주재한다'는 논리가 되는데, 그것은 冠履倒置에 해당한다고 비판하기도 했었다. 그리하여 중암은 心統性情의 心을 理로 규정하고, 心은 '綱으로서의 理'이며 性은 '目으로서의 理'라고 설명했던 것이다. 그러면서도 중암은 이러한 논지와는 다르게 '性을 天子로, 心을 大臣'으로 비유한 경우도 있었다. 중암의 이러한 태도에 대해, 고산은 다음과 같이 반론한다.

그대의 편지에서는 "心이 百體의 主宰者가 되고 萬化의 근본이 되는 까닭은 氣 때문이 아니요, 진실로 그 위의 理가 主宰하기 때문이다"라고 했고, 또 "聖스러운 天子가 자기를 공손하게 하고 가만히 있어도 天下의 主가 되는 것

---

77) 『鼓山集』 卷3 頁46, 〈答金穉章〉 : 若以虛靈雖氣 而亦理之器也 把虛靈爲理 則今夫水盛之於器 器雖器也 以盛水之器也 不云器而謂之水 則執事其信之矣乎

78) 『鼓山集』 卷3 頁42, 〈答金穉章〉 : 明德雖形而下 所具之理卽形而上也 章句所謂天理 非指心而言 乃以心所具之理而言 從其心而謂之形而下 從其所具之理而謂之形而上 是所謂隨其指頭 而言各有當 有何不可 試以灑掃應對言之 灑掃應對 卽形而下也 灑掃應對之所以然 卽形而上也 灑掃應對 雖是形而下 不可謂無天理 雖有天理 亦不可幷灑掃應對許之以形而上也 以此反隅 可以見明德之爲形而下 所具天理之爲形而上也

79) 『重菴集』 卷38 頁10, 〈記星田夜話〉 : 心爲一身之主 故得天君之名 今以心爲天君矣 又欲避主氣之斥 倡性爲心宰之說 則是一身而有二主也

은 '性의 主宰'에 비견되고, 어진 冢宰가 天子의 政教 · 號令을 집행하며 통치를 맡는 것은 '心統性情'에 비견된다"고 했다. 冢宰는 天子의 冢宰이고, 政教 · 號令은 天子의 政教 · 號令이니, 이 말은 그럴듯하게 여겨진다. 그러나 그 통치를 맡는 것은 결국 冢宰요, 冢宰는 결국 天子가 아니다. 이제 위에 主宰의 理가 있다는 까닭으로 맡아서 다스리는 心을 아울러 理라고 말한다면, 冢宰를 가리켜 天子라 하는 것에 가깝지 않겠는가? 그대의 근심은 '冢宰가 제 마음대로 집행하여 天子가 自由할 수 없는 것'에 있으나, 나는 '天子와 冢宰의 名號가 구분되지 않게 됨'을 걱정한다.[80)]

중암이 '心 위에 理가 있다고 하여 心을 아울러 理라고 주장하는 것'을 고산은 인정할 수 없다는 것이다. "그대의 근심은 '冢宰가 제 마음대로 집행하여 天子가 自由할 수 없는 것'에 있으나, 나는 '天子와 冢宰의 名號가 구분되지 않게 됨'을 걱정하는 것이다"라는 말에서 중암과 고산의 문제의식이 뚜렷하게 대비된다. 중암은 이른바 '冠履倒置'를 우려한 것이나, 고산은 '心과 性의 구분이 애매해짐'을 우려한 것이다. '一身의 주재자가 하나이냐, 둘이냐'에 대해서는, 고산은 理와 氣의 상호주재를 주장하는 것이었다. 고산은 중암이 "聖스러운 天子가 자기를 공손하게 하고 가만히 있어도 天下의 主가 되는 것은 '性의 主宰'에 비견되고, 어진 冢宰가 天子의 政教 · 號令을 집행하며 통치를 맡는 것은 '心統性情'에 비견된다"고 한 것에 대해서는 '그럴듯하다'고 긍정했는데, 고산은

---

80) 『鼓山集』 卷3 頁46~47, 〈答金穉章〉: 來諭曰 心之所以爲百體之主 萬化之本者 非氣之故也 誠以上面理爲主宰故也 又以聖天子 恭己無爲 爲天下主 比之性之主宰 賢冢宰 統領天子之政教號令 而掌其治 比之心統性情 曰冢宰天子之冢宰 政教號令天子之政教號令是似然矣 然掌其治者 畢竟是冢宰 冢宰畢竟非天子 今以上面有主宰之理 并以統之之心亦謂之理 莫無近於指冢宰爲天子乎 執事所慮 在於冢宰專擅 天子不得自由 而愚恐天子冢宰之名號無分也

이러한 맥락에서 '理·氣'를 '서로 주재하는 관계'로 본 것이다. 물론 이때의 主宰의 의미는 서로 다른바, '理의 主宰'란 '理가 氣의 표준이 됨'(天子가 자기를 공손하게 하고 가만히 있음)을 의미하고, '氣의 主宰'란 '氣가 理를 맡아서 관리함'(大臣이 天子의 政敎를 맡아서 관리함)을 의미한다.

마지막으로, '理의 主宰'와 '理의 動靜'에 대한 해석 문제이다. 중암은 우리의 눈에는 보이지 않으나 理에는 분명 情意와 造作이 있다고 주장했고, 理의 能動性을 부정하는 것은 理의 主宰를 부정하는 것일 뿐만 아니라 理를 死物로 전락시키는 것이라고 규정했었다. 중암의 이러한 입장에 대해, 고산은 다음과 같이 비판한다.

> 朱子는 "太極은 스스로 動靜한다"고 말한 바 있는데, 이는 아마도 理가 氣와 마찬가지로 情意와 造作이 있다는 말이 아니요, 다만 理는 氣의 主宰가 된다는 말일 것이다. '能한 것'(能之者)은 氣요, '能하게 하는 것'(使之能之者)은 곧 主宰者인 理이니, 그러므로 "太極이 스스로 動靜한다"고 말한 것이다. 무릇 理는 氣의 主宰者이니, 理를 '한 덩어리의 死物'이라고 말하는 것은 진실로 잘못이다. 또한 비록 死物은 아니라 하더라도 (理를) '情意와 造作이 있는 것'으로 말하는 것도 잘못이다. 그렇다면 '能한 것과 神한 것'을 오로지 形而下者로 돌리는 것이 과연 모두 朱子의 가르침이 아니라고 하겠는가?[81]

고산은 '能한 것'(能之者)은 氣요 '能하게 하는 것'(使之能之者)은 理

81)『鼓山集』卷3 頁43,〈答金穉章〉: 朱子有太極自會動靜之語 此亦恐非謂理亦如氣有情意有造作也 只是理爲氣之主宰 能之者氣 而所以使之能之者 卽主宰之理 故曰太極自會動靜也 大抵理旣爲氣之主宰 則謂之塊然一箇死物 固不可 雖非死物 謂之有情意有造作 尤不可 然則能底神底 專歸之形而下者 果皆非朱子之旨乎

라는 입장에서, 분명 '理의 주재'를 인정한다. 理는 엄연히 주재자이므로, 따라서 理는 死物이 아니다. 그러나 理의 주재는 '情意와 造作'을 통해서 드러나는 것이 아니라, '氣의 근본이 됨'을 통해 드러난다는 것이다. 이처럼 고산은 '理의 주재'를 긍정하면서도 '理의 능동성'을 부정하는데, 능동성은 '氣의 영역'이라고 보았던 것이다. 요컨대 이 세계의 '표준'은 '理'지만, 그것을 실천하는 '능동적 주체'는 '氣'라는 것이 고산의 지론이었다.

3) 艮齋 田愚의 明德主氣論

간재는 鼓山의 제자로서, 師說을 이어 明德主氣論을 더욱 강화했다. 당시의 儒學界는 退溪學派의 전통적 主理論 외에도 곳곳에서 主理論이 새롭게 발흥하는 상황이었다. 경기도의 華西 李恒老, 호남의 蘆沙 奇正鎭, 영남의 寒洲 李震相 등이 '氣에 대한 理의 절대적 優位'를 관철시키고자 '철저한 主理論'을 표방하고 나선 것이다. 특히 蘆沙는 明德主氣論을 '明氣之學'이요 '異端'이라고 조롱하기도 했다.[82] 이러한 상황에서, 간재는 '明氣之學'을 옹호하고 나섰다. "明氣之學을 異學이라고 비판한다면 昏氣之學이 正學일텐데, 나는 明氣의 異學을 바랄지언정 昏氣의 正

---

82)『蘆沙集』卷13 頁53,〈答金樂三(漢驥)大學問目〉: 明德之訓 本心二字最的 心是氣之精爽 故近世因有明德是氣之說 然則明明德是明氣歟 聖門曷嘗有明氣之學也

이처럼 明德主氣說을 '明氣之學'이라고 조롱했다고 하여, 노사가 明德主理論을 지지한 것은 전혀 아니다. 노사의 주장은 明德은 '本心'으로서, '단순한 氣'가 아니라 '氣之精爽의 産物'이라는 것이다(『蘆沙集』卷6 頁34~35,〈答朴瑩壽〉: 事物之得名 各有境界地頭 氣字本以流行運化而得名 就人身而言 噓吸之出入 榮衛之陞降 皆是物也 必氣字下 著精爽字 方說入心字境界 然精爽亦是皮殼說話 須合性情體用而說 方是骨子 方是心字本旨 然猶不可遽言明德 何哉 氣質有蔽之心 亦不可不謂之心 須是得於天之本心 方是明德)

學을 바라지는 않겠다"[83]는 것이었다. 간재는 "聖人의 가르침은 사람들로 하여금 그 氣의 어두움을 밝혀서 그 性의 善함을 회복하도록 한 것뿐이었다. 이제 그 性을 회복하고자 하면서 그 氣에 어둡다면 성공할 수 없는 것이다"[84]라고 말한다. '聖人의 가르침' 이야말로 明氣之學이라는 것이다. 이러한 맥락에서 간재는 明德主氣論이야말로 朱子의 가르침에 부합된다고 보았다. 간재는 노사에 대하여 다음과 같이 비판한다.

> 明德은 虛靈神明으로서 道體를 갖추고 義用을 베푸는 心이다. 이른바 '虛靈神明' 은 氣의 精妙處로서, 결코 理가 아니다. 왜냐하면 理는 神靈으로 말할 수 없기 때문이다. '道體를 갖춤' 은 心으로서, 理가 아니다. 왜냐하면 '理로서 능히 理를 갖추는 이치' 는 없기 때문이다. '義用을 베풂' 은 心으로서, 理가 아니다. 왜냐하면 '理로서 능히 理를 행하는 이치' 는 없기 때문이다. 그렇다면 明德은 곧 理라고 말할 수 없다. 곧 理라고 말할 수 없다면, 부득불 氣에 소속시켜야 할 것이다. 이른바 氣에는 몇 가지 精·麤의 구분이 있다. 지금 사람들은 明德을 氣로 설명하는 주장을 보면 바로 血氣에 해당시키고 '明氣之學' 이라고 배척하는데, 사람의 말을 곡진히 이해하지 않는 과오가 아니겠는가?[85]

---

83) 『艮齋集』 前編 卷15 頁10~11, 〈明氣問答〉 : 曰 湖南某人 譏吾子爲明氣之異學 子以爲如何 曰明其氣者爲異學 則昏了氣者乃正學也 吾願爲明氣之異學 不願爲昏氣之正學也

84) 『艮齋集』 前編 卷15 頁11, 〈明氣問答〉 : 聖人之教 使人明其氣之昏 而復其性之善而已 今欲復其性 而昏其氣 則未有能成者也

85) 『艮齋集』 前編 卷14 頁55, 〈蘆沙說記疑〉 : 蓋明德是虛靈神明 以該得道體 敷施義用之心 所謂虛靈神明 是氣之精妙處 而非直是理 何者 理不可以神靈言也 該得道體 是心而非理 何者 無理能具理之理也 敷施義用 是心而非理 何者 無理能行理之理也 然則明德不可直謂之理也 夫不可直謂之理 則不得不屬之氣分 所謂氣者 有幾多精麤之分 今纔見人說明德是氣 便以呼吸榮衛當之 而斥之曰明氣之學 得無爲不盡人言之過歟

간재는 '理로서 理를 갖추는 이치' 도 없고, '理로서 理를 행하는 이치' 도 없기 때문에, 具衆理·應萬事의 주체인 明德은 氣임이 분명하다고 보았다. 明德은 氣이지만, 血氣가 아니라 '氣의 精爽으로서의 虛靈' 이라는 것이 간재의 지론이다. 明德主氣論을 비판하는 사람들은 대개 氣를 '血氣' 로만 이해하여 부정적으로 인식하는데, 간재는 그것이 잘못이라고 지적한 것이다. 간재가 이처럼 '虛靈과 血氣의 구분' 을 강조하는 것은 巍巖 이래 洛論의 지론이었다. 明氣之學을 통해서 氣에 대한 인식이 矯正된다면, '理의 주재' 를 일방적으로 관철시키기 위해 무리한 주장을 펼 필요가 없는 것이다.

명덕주기론자들이 心統性情에서의 心을 氣로 규정한 것에 대해, 화서는 "만약 心을 氣로 인식하고 만다면, 氣가 도리어 理를 統攝하는 것이 되니, 이른바 '上下之分' 을 과연 어디에서 베풀겠는가?" 라고 문제를 제기했었다. 이에 대해 간재는 다음과 같이 반론한다.

> 대개 '心은 知覺이 있으나 理는 無爲함' 을 말할 때에는 '心統性情' 이라 하고, '性은 本이 되고 心은 用이 됨' 을 말할 때에는 '理爲氣主' 라 한다. 말이 각각 해당함이 있어서 애초에 서로 방해되지 않는다. 만약 반드시 上下之分을 心統性情說에 적용시키려고 집착한다면, 오직 有知有爲者가 形而上이라는 이름을 빌려 쓰고 純善無惡한 것이 形而下의 아래로 降等되는 것은 생각하지 않는가?[86]

간재에 의하면, '上下之分' 은 본래 '心統性情' 에 적용되는 것이 아니

86) 『艮齋集』 前編 卷14 頁85, 〈華西雅言疑義〉: 蓋以心有知而理無爲言 則曰心統性情 以性爲本而心爲用言 則曰理爲氣主 言各有當 初不相礙 若必欲執上下之分 施之於心統性情之說 則獨不念有知有爲者 假冒形上之名 而純善無惡者 降在形下之等乎

라 '理爲氣主'에 적용되는 것이다. 만약에 上下之分을 心統性情에 적용시키기 위해 心을 理라고 주장한다면, 知覺과 作爲가 있는 心이 形而上者로 간주되고, 純善無惡한 性이 心의 아래로 강등됨을 어떻게 설명할 수 있느냐는 반문이다. 또한 위의 인용문을 통해, 간재가 '心統性情'과 '理爲氣主'를 별개의 명제로 양립시키고 있음을 알 수 있다. 뒤에서 다시 논하겠지만, 간재는 '理와 氣'를 '서로 주재하는 관계'로 인식한 것이다. 간재는 明德을 理로 규정하는 것에 대해 다음과 같은 문제를 제기하기도 한다.

> 만약 그렇다면, 이는 形而上의 理가 形而上의 理를 갖출 수 있으며, 形而上의 理가 形而上의 理를 妙用할 수 있으며, 形而上의 理가 形而上의 理를 인식할 수 있다는 것이다. 이는 形而上의 위에 또 形而上者가 있는 것이니, 어찌 머리 위에 또 머리가 있다는 말이 아니겠는가?[87]

앞에서 언급했듯이, 明德主理論을 心統性情論에 그대로 적용시키면, 그것은 '以理統理'나 '以理具理'라는 어색한 논리가 되고 만다. 중암은 '以理統理'를 '以綱統目'(綱이 目을 주재함)으로 해명하고, 성재는 '以理具理'를 '以體該目'(本體가 條目을 갖춤)으로 해명한 바 있다. 그러나 어떻게 해명하든 근본적으로 '理 위에 또 理가 있다'는 꼴이 되어, 위와 같은 비판을 면하기는 어려운 것이다.

간재는 명덕주리론자들이 理를 '능동적 존재'로 규정하는 것에 대해서도 비판한다. 화서는 '理의 능동성'을 부정하는 것을 '害理尙氣'로 규

87)『艮齋集』前編 卷1 頁37, 〈與鳳峀金丈〉: 假如其見 則是形而上之理能具得形而上之理 形而上之理能妙得形而上之理 形而上之理能格得形而上之理矣 是形而上之上 又有形而上者 豈不爲頭上有頭之說耶

정하고, 그 원흉으로서 臨川吳氏의 太極無動靜說을 지목한 바 있다. 이에 대해 간재는 臨川吳氏의 주장이 栗谷說과 부합되는 것임을 해명하고, 화서의 주장이야말로 一邊에 치우친 것이라고 비판했다.[88] 간재의 지론은 '太極은 動靜이 없다' 는 말이 '理의 주재' 를 부정하는 것이 아니며, '理의 주재' 를 인정하는 것이 '太極은 動靜이 있다' 는 뜻이 아니라는 것이다. 화서는 '理의 능동성' 을 부정하는 것은 '理의 주재' 를 부정하는 것이니, 그것은 '害理尙氣' 라고 비판한 것이다. 이처럼 화서가 누누이 '理의 능동성' 을 강조한 것은 '理의 주재' 를 '능동적인 작용' 으로 전제했기 때문이었는데, 간재는 '理의 주재' 를 '理의 능동성' 과는 별개의 것으로 인식한 것이다.

간재가 '理의 주재' 를 '理의 능동성' 과는 별개로 보는 궁극적 이유는 '현실의 惡 또는 불완전함' 을 무시할 수 없었기 때문이다. 간재의 〈理氣有爲無爲辨〉[89]은 전적으로 이 문제를 논한 것이다. 앞에서 살폈듯이, 화서와 중암은 '理' 를 '全知全能한 主宰者' 로 神格化했다. 이들의 주장대로 理가 '순수지선하고 전지전능한 主宰者' 라면 현실의 세계에 불완전성이나 惡이 일절 없어야 할 것이다. 그런데 自然界를 보면 天地의 위대함에도 불구하고 천재지변 등 유감스러운 점이 있으며, 歷史를 보면 治日보다는 亂日이 많았으며, 개인의 차원을 보면 안연 · 민자건 같은 聖人의 수제자들조차 때때로 善하지 못했다. 이러한 사실들을 관찰하면서, 간재는 '순수지선한 理의 전지전능한 主宰' 는 '고금천하의 소망' 일 수는 있어도 '사실' 은 아니라고 설명했다. 간재는 오히려 "太極은 비록 완전하더라도 陰陽은 혹 치우치며, 天命은 비록 善하더라도 氣質은 혹 惡하며, 게다가 性은 은미하고 心은 거칠며, 理는 弱하고 氣는 强하다" 는

88) 『艮齋集』 前編 卷14 頁76~77, 〈華西雅言疑義〉.

89) 『艮齋集』 前編 卷13 頁49~51, 〈理氣有爲無爲辨〉.

점을 지적했다.

간재는 '능동적 존재' 는 氣뿐이라고 했는데, 이 말은 '현실을 주도하는 것' 은 氣라는 뜻이었다. 치우치기도 하고 악하기도 하며 거칠기도 한 氣가 현실을 주도하기 때문에, 현실의 세계는 불완전할 수밖에 없다는 것이다. 간재에 의하면, '氣를 외면하는 것' 은 올바른 학문이 아니요, 氣를 다스리고 깨끗이 하여, 氣가 理를 따르도록 하는 것이야말로 올바른 학문이다. '氣가 理를 따르도록 한다' 는 것은 '氣의 운동은 理를 표준으로 삼아야 한다' 는 것으로서, 이것이 이른바 '性師心弟說' 의 취지였다.

간재는 주자학에서의 '主宰' 는 본래 '두 맥락' 에서 논의되는 것이라고 보았다. 간재는 다음과 같이 말한다.

> 主宰에는 두 뜻이 있다. 하나는 '自然究極底' 로서, 朱子의 이른바 "사람이 태어남에 반드시 그 태어남의 까닭을 얻었으니, (그것이) 一身의 主宰가 된다"라는 말과 尤翁(宋時烈)의 이른바 "理의 主宰는 自然에 불과할 따름이니, 陰陽五行의 運用·造作과는 같지 않다"라는 말이 그것이다. 하나는 '神化妙用底' 로서, 朱子의 이른바 "心은 一身의 主宰이다"라는 말과 程子의 "主宰로 말하면 帝라 한다"는 말이 그것이다.[90)]

위에서 말하는 '自然究極底' 란 '理(性)의 주재' 를 설명한 것이다. '理의 주재' 는 '運用·造作' 하는 것이 아니라, 理(性)가 자연스럽게 氣(心)

---

90) 『艮齋集』 前編 卷15 頁2~3, 〈淵齋集老洲雜識記疑疑義〉: 主宰有二義 一是自然究極底 如朱子所謂人生莫不得其所以生者 以爲一身之主 及尤翁所謂理之主宰不過曰自然而已 不如陰陽五行之運用造作者 是也 一是神化妙用底 如朱子所謂心爲一身之主宰 及今所引以主宰謂之帝者 是也

의 궁극적 표준이 되는 것이다. '神化妙用底' 란 '氣(心)의 주재' 를 설명한 것이다. 心은 性 · 情을 묘하게 운용하는 주체인데, 이것이 '神化妙用' 으로서 '氣의 주재' 이다. 간재는 이러한 맥락에서 心統性情을 이해하여, 다음과 같이 말한다.

> "心은 一身의 主宰者요, 性 · 情의 主宰者이다"라는 말은 妙用處에 나아가 말한 것이다. 예컨대 朱子가 "理는 氣에 붙어 있으니, 日用間의 運用은 모두 氣로부터 말미암는다"라 하고, 尤翁이 "太極은 도리어 陰陽이 運用하는 바가 된다" 고 한 말이 그것이다.[91]

"日用間의 운용은 모두 氣로부터 말미암는다" 는 말과 "太極은 도리어 陰陽이 운용하는 바가 된다" 는 말은 모두 '氣의 현실적 주도권' 을 표현한 말이다. 理는 氣의 主宰者(표준)이지만, 현실적으로는 오히려 氣의 운동을 통해 발현되는데, 이것을 '氣의 神化妙用' 이라 한 것이다. 이런 맥락에서 '心은 性 · 情의 주재자' 란 말은 '心이 性 · 情을 맡아서 관리함' 을 뜻한다.

自然究極底로서의 理의 주재와 神化妙用底로서의 氣의 주재는 동시에 성립하는 것이다. 간재는 다음과 같이 말한다.

> '心은 知覺이 있으나 理는 無爲함' 을 말할 때에는 '心統性情' 이라 하고, '性은 本이 되고 心은 用이 됨' 을 말할 때에는 '理爲氣主' 라 한다. 말이 각각 해당하는 내용이 있어서 애초에 서로 방해되지 않는다.[92]

---

91) 『艮齋集』 前編 卷15 頁7~8, 〈淵齋集老洲雜識記疑疑義〉: 若乃心是一身之主宰 性情之主宰 此卻就妙用處說 如朱子言理寓於氣 日用間運用 都由箇氣 尤翁言太極反爲陰陽之所運用 是也

'心統性情' 과 '理爲氣主' 는 각각 理·氣 관계의 다른 측면을 설명하는 것으로, 결코 서로 모순이 아니라는 것이다. 心統性情은 神化妙用底에 해당하고, 理爲氣主는 自然究極底에 해당함은 물론이다. 自然究極底로서의 理의 주재와 神化妙用底로서의 氣의 주재를 종합적으로 설명하면, '理는 자연스럽게 氣의 궁극적 표준이 되고, 氣는 궁극적 표준을 神妙하게 실현하는 주체이다' 라는 말이 된다.[93]

간재의 性師心弟說에서, '性師' 는 '理의 주재' 를 표현한 것이요, '心弟' 는 '氣의 주재' 를 표현한 것이다. 그런데 간재는 "理의 主宰란 다만 '自然無爲의 主宰' 로서, 心이 능히 主體가 되어 主宰하는 것과는 같지 않다"[94]고 했다. '理의 주재' 는 능동적인 작용을 통한 주재가 아니라는 것이요, '心(氣)의 주재' 야말로 능동적인 작용을 통한 주재라는 것이다.[95]

---

92) 『艮齋集』 前編 卷14 頁85, 〈華西雅言疑義〉 : 蓋以心有知而理無爲言 則曰心統性情 以性爲本而心爲用言 則曰理爲氣主 言各有當 初不相礙

93) 論者는 간재의 '自然究極底' 를 '자연스럽게 궁극적 표준이 됨' 으로 해석하는데, 이는 '極' 을 '標準' 으로 해석한 것이다. 朱子는 "'極' 이란 '至極' 의 뜻이며, '標準' 의 이름이다. (太極은) 항상 사물의 中央에 있어서 四方에서 바라보고 '바름(正)' 을 취하는 것이다" (『朱子大全』 卷72 頁14, 〈皇極辨〉 : 極者 至極之義 標準之名 常在物之中央 而四外望之 以取正焉者也)라고 한 바 있다. 太極은 '지극한 표준' 으로서, 만물은 태극을 본받고 본뜸으로써 바르게 되는 것이다. 주자는 太極(理·道)을 '本' 이라고도 했다(『朱子大全』 卷32 頁17, 〈答張敬夫〉 : 道卽本也). '本' 을 '표준' 과 연관시켜 해석한다면, '本' 은 '標本' 즉 '이데아(idea, 形相)' 의 의미가 된다. 간재의 '性은 本이 된다' 는 말에서의 '本' 도 '표준' 이라는 의미를 지닌다. '性師心弟說' 은 '性은 스승이요, 心은 제자' 라는 것인데, 스승은 무엇보다도 제자에게 '本(표준)' 을 보이는 존재이다.

94) 『艮齋集』 後編 卷12 頁70, 〈農巖四七說疑義〉 : 理爲主宰 只是箇自然無爲之主宰 非如心之能主而宰之也

95) 간재는 '理의 無爲' 를 비유하여 "스승이란 다만 가르침을 베풀 뿐이니, 제자의 행위를 어떻게 하나하나 좇아다니며 점검하겠는가?" (『艮齋集』 後編 卷12 頁43, 〈性師心弟辨辨〉 : 蓋師者 只是施敎而已 而弟之所爲 如何能逐一檢點)라고 설명했나. 여기서 비유의 초점은 '하나하나 좇아다니며 점검할 수 없다' 는 것에 있다. '가르침을 베

요컨대 간재에게 있어서 '理의 주재'란 '理가 氣의 標準이 됨'을 말하고, '氣의 주재'란 '氣가 理를 실현하는 능동적 주체임'을 말한다. 다만 心은 '능동적 주체'이기는 하되, '自用'(제멋대로 행동함)해서는 안 되는 존재이다. 간재가 心을 '弟'라고 규정한 의도는 心의 自用을 막기 위한 것이었다. 간재는 이러한 관점에서 明德主理論을 비판한다.

> '心을 理로 인식하는 자'는 반드시 모두 氣欲의 가림을 살피지 않는다. 왜냐하면 所見이 이미 저와 같아 자연스럽게 心을 極則으로 삼기 때문이니, 陸·王의 지나간 일에서 확인할 수 있다. '心을 氣로 인식하는 자'는 性命의 理를 主로 삼지 않음이 없다. 왜냐하면 所見이 이미 이와 같아 감히 心을 準的으로 삼지 않기 때문이니, 朱子·尤菴의 宗旨에서 확인할 수 있다.[96]

明德主理論者든 明德主氣論者든 모두 明德을 '心'으로 해석한다는 점은 누차 지적한 바 있다. 따라서 이들의 대립은 '心을 理로 규정할 것이냐, 氣로 규정할 것이냐'에 있었다. 그런데 간재는 명덕주리론자들처럼 心을 理로 규정하면, 心이 스스로를 準則으로 삼아 自用하게 될 것이라고 보았다. '陸·王의 지나간 일'이란 李卓吾 등 그 後學들이 결국 '猖狂自恣'에 빠졌음을 말한다. 간재는 明德主理論도 결국 猖狂自恣를 초래할 것이라고 보았다. 간재의 明德主氣論은 '理의 능동성'을 부정하고 '心의 능동성'만을 인정하면서도, 心을 弟로 규정하여 그 自用을 막는다는 의미가 있었다.

푸는 것'에 초점을 두어 '有爲'라고 주장하는 것은 이 비유의 의도가 아니다.

96) 『艮齋集』 前編 卷14 頁84, 〈華西雅言疑義〉: 認心爲理者 必皆不察氣欲之蔽 何也 所見旣如彼 卽自然以心爲極則故也 陸王之已事 可見矣 指心爲氣者 未有不主性命之理 何也 所見旣如此 則不敢以心爲準的故也 朱宋之宗旨 可見矣

3. 論點의 정리와 평가

1) '理의 主宰'와 '心統性情'의 해석 문제

명덕논쟁은 '理의 主宰'와 '心統性情'이라는 성리학의 두 명제가 일견 서로 충돌한다는 점에서 야기된 것이었다. 心統性情에 대해, 율곡 이래 기호학파에서는 '心'을 '氣'로, '統'을 '主宰'로 해석해 왔다. '心統性'을 이런 맥락에서 해석하면 '氣(心)가 理(性)를 主宰한다'는 뜻이 되는데, 이는 '理가 氣를 주재한다'는 주장과 상충된다. 명덕논쟁은 바로 이 지점에서 야기된 것이었다.

주자는 『孟子』 盡心章의 註에서는 "心者 人之神明 所以具衆理而應萬事者也"라 했고, 『大學』의 註에서는 "明德者 人之所得乎天 而虛靈不昧 以具衆理而應萬事者也"라 했다. 주자는 心과 明德을 동일한 내용으로 해석한 것이다. 이런 맥락에서, '心統性情'에서의 '心'을 '明德'으로 규정하는 것은 명덕주리론과 명덕주기론이 마찬가지였다. 문제는 이 心과 明德이 '理냐, 氣냐' 하는 점이었다.

우선 이들의 心에 대한 '理氣論的 해명'을 정리해 보자. 화서 · 중암에 의하면, 心은 '理와 氣가 합쳐진 것'이므로, 心은 理로 말할 수도 있고 氣로 말할 수도 있다. 그런데 心統性情에서의 心은 本心을 말하는 것으로서, 이것이 明德이요 理라는 것이다. 한편 성재는 本心은 心의 本來體段으로서 氣이지만, 心의 本源眞體는 理라고 했다. 이처럼 이들이 약간 설명을 달리하지만, 心을 '理와 氣의 묘합'으로 규정하고, 明德은 '心이 갖추고 있는 理'라고 봄은 마찬가지였다. 반면에 明德主氣論者들은 心을 그 자체 氣라고 규정했다. 이들은 心을 理와 氣로 구분하는 대신, 氣를 精爽과 血氣 또는 精爽과 氣質로 구분했다. 心은 氣의 精爽으로서 虛

靈하고, 血氣와 氣質에는 欲望과 淸濁粹駁이 혼재한다는 것이다. 요컨대 명덕주리론에서는 心(本心)을 궁극적으로 理로 규정하고, 명덕주기론에서는 心(本心)을 그 자체 氣(精爽)로 규정한 것이다.

이제 明德主理論者들의 心統性情 · 虛靈不昧 · 具衆理 · 應萬事 등에 대한 해석을 정리해 보자. 명덕주리론에 따르면 '心統性' 이란 '以理統理' 가 된다. 화서 · 중암은 心은 '綱으로서의 理' 요 性은 '目으로서의 理' 로서, 心統性이란 '綱으로서의 理가 目으로서의 理를 주재함' (以綱統目)을 뜻한다고 해석했다. 한편 성재는 '統' 에는 '兼包' 와 '主宰' 라는 두 뜻이 있음을 전제하고, 兼包를 말할 때의 心은 形而下者로서 '知覺의 주체' 를 말하고, 主宰를 말할 때의 心은 形而上者로서 '明德(理)' 을 말한다고 구분했다. 따라서 '心兼包性情' 이란 '형이하자인 心이 性 · 情을 포함한다' 는 뜻이며, '心主宰性情' 이란 '明德이 性 · 情을 주재한다' 는 뜻이라는 것이다. 화서는 虛靈을 理로 규정했고, 중암 · 성재는 虛靈은 그 자체로는 氣이지만 궁극적으로는 理를 갖추고 있기 때문에 虛靈한 것이므로, 虛靈도 궁극적으로는 理라고 주장했다. 明德을 理로 규정하면 '具衆理' 는 '以理具理' 가 된다. 이에 대해 성재는 '本體로서의 理가 條目으로서의 理를 갖추고 있음' (以體該目)으로 설명했다. '應萬事' 에 대해서 성재는 '明德(理)이 形而下者의 有爲를 타고 流行發見함' 으로 해석했다. '具衆理' 와 '應萬事' 는 모두 '明德의 능동적 작용' 을 뜻하는 것인데, 명덕주리론자들은 한결같이 理(明德)는 '능동적 존재' 라고 강조했다. 또한 명덕주리론자들은 明德을 氣로 규정하면 '心統性' 은 '氣統理' 가 되므로 冠履倒置라고 비판했다.[97]

97) 이상호는 조선 후기 성리학에서 華西와 寒洲 등이 제기한 心卽理說의 문제의식을 "인간의 善 행위의 근거를 心에서 직접 구함으로써 그 실천을 더욱 강조하고 보편화시키는 의미를 갖는다" 고 설명했다(이상호, 「주자학적 심설 논의에 대한 수정주

明德主氣論者들은 心統性情을 '心(氣)이 性·情을 포함하고 주재함' 으로 해석했다. 다만 여기에서의 '主宰(統)' 는 '맡아서 관리함' 의 뜻으로서, '理가 氣를 주재한다' 고 할 때의 '주재' 와는 의미가 다르다. 이들은 虛靈을 '氣의 精爽' 으로 규정했고, '具衆理' 는 '氣(心)가 理를 갖추고 있음' 으로, '應萬事' 는 '氣(心)가 性을 발현시켜 情으로 표출함' 으로 해석했다. 이들은 明德은 '具衆理, 應萬事' 라는 '능동적 작용' 의 주체이기 때문에, 明德은 理로 규정될 수 없다고 보았다. 또한 이들은 明德을 理로 규정할 경우 '心統性' 은 '以理統理' 가 되고 '具衆理' 는 '以理具理' 가 되므로, 모두 語不成說이라고 일축했다.

이제 '理의 주재' 에 대한 해석을 정리해 보자. 明德主理論者들은 '理의 주재' 를 '理가 氣를 명령함(使之)' 으로 해석한다. 이들은 理의 주재를 '理가 氣를 부리는 능동적 작용' 으로 규정했다. 이들은 理의 주재를 '능동적 작용' 으로 보았기 때문에, 理를 '無爲' 로 규정하는 것은 '理의 주재를 부정하는 것' 이라고 비판했다. 화서·중암은 理를 氣로부터 能動性을 빌리지 않아도 되는 '自足的 존재' 로 규정했고, 마침내는 理를 全知全能한 主宰者로 神格化했다. 이들이 理의 주재를 '능동적 작용' 으로 규정했다는 것은 또한 理의 주재를 '사실적 개념' 으로 규정했다는 뜻이기도 하다. 아울러 이들은 '이 세계의 주재자는 하나뿐' 이라는 생

의와 정통주의의 대립」, 251쪽). 그러나 論者는, '善行의 근거를 心에서 직접 구한다' 는 것은 陸王學의 문제의식이었으며, 朱子學的 전통에서 조선 후기에 새롭게 제기된 心卽理說의 문제의식은 '理의 주재를 全面的으로 관철함' 에 있었다고 본다. 다시 말해, 조선 후기 心卽理說의 문제의식은 '心統性情에서의 心이 氣로 해석됨' 으로 인해 '氣가 理(性)를 주재한다' 는 논리로 귀착됨을 용납할 수 없다는 것이었다. 특히 화서는 '王陽明의 心卽理說' 에 대해 그것이 '心의 自用을 조장함으로써 猖狂自恣에 빠지게 된다' 는 점을 비판한 바 있다(『華西集』 卷22 頁28). '善行의 근거를 心에서 직접 구한다' 는 것은 '心의 自用' 과 같은 맥락인데, 화서는 이 점을 비판하고 있었다.

각에서, 명덕주기론자들이 '理의 주재'와 동시에 '氣의 주재'를 주장하는 것을 비판했다.

明德主氣論者들은 '理의 주재'를 '理가 氣의 표준이 됨'으로 해석하고, '理가 氣를 명령함(使之)'으로 해석하는 것을 반대했다.[98] 이들이 '命令(使之)'이라는 해석을 반대한 근본 까닭은 '純善하고 全知全能한 理가 氣를 명령한다면, 왜 현실에는 不完全함이나 惡이 존재하는가?'라는 의문 때문이었다. 부차적으로는, 理는 '無爲'이므로 '명령하는 作用을 할 수 없다'는 이유도 있었고, '理는 弱하고 氣는 强하므로'(理弱氣强) 理는 氣를 '管攝할 수 없다'는 이유도 있었다. 이들은 능동적 존재는 氣뿐이라고 보았고 현실의 세계를 주도하는 것은 氣라고 보았다. 이러한 맥락에서 이들은 '理의 주재'와 '氣의 주재'를 동시에 인정하면서, 다만 '주재의 의미'를 달리 설명했다. '理의 주재'란 '理가 氣의 운동의 표준이 됨'을 뜻하는 반면, '氣의 주재'란 '氣가 理(표준)를 맡아서 관리함'을 뜻한다는 것이다. 이를 心·性의 관계에 적용시키면 '性은 心의 표준이 되고, 心은 性을 맡아서 관리한다'는 뜻이 된다. 그런데 心이 항상 性(표준)을 따르는 것은 아니요, 때때로 自用하여 惡을 초래하기도 한다. 이러한 心의 自用을 막기 위해서 간재는 心을 '性의 가르침(표준)을 따라야 하는 弟子'로 규정했던 것이다.

2) 問題意識의 同一性과 解法의 相異性

명덕논쟁은 표면적으로 보면 상이한 주장들이 평행선을 달리는 것으로 보인다. 그러나 근본적 문제의식을 살펴보면, 그들은 사실 동일한 문

98) 앞에서 지적했듯이, 다만 鼓山은 '理의 주재'를 '使之'로 해석한 경우도 있었다.

제를 고민하고 있었다. 요컨대 그들은 동일한 문제를 고민하면서도 상이한 논리로 해법을 제시한 것이다.

'동일한 문제의식' 이란 現實을 '氣의 自用' 또는 '氣의 지배' 에 맡길 수 없다는 것이었다. 명덕주리론자들이 心 또는 明德을 理로 규정한 궁극적 까닭은 '氣統理' 를 부정하기 위한 것이었다. 이들은 '현실의 혼란' 은 '氣統理' 로부터 야기된다고 보고, 혼란을 막기 위해 '理의 주재' 를 '사실의 차원' 에까지 관철시키려 한 것이다. 그런데 명덕주기론자들 역시 현실을 '氣의 自用' 또는 '氣의 지배' 에 맡길 수 없다고 보았다. 그들이 '氣의 주재' 를 인정한 것은 현실적으로 理(性)를 맡아서 관리하는 것은 氣(心)라는 의미였지, 氣(心)의 自用을 인정한다는 의미가 아니었다. 이것은 그들이 '氣의 주재' 를 인정하면서도 오히려 氣(心)를 '性의 가르침(표준)을 따라야 하는 弟子' 로 규정하는 데서 잘 나타난다. 그들이 明德主理論을 비판한 중요한 이유도, 明德主理論이란 결국 心卽理論으로서, 心의 自用을 조장하여 猖狂自恣를 초래할 것이라고 우려했기 때문이다. 이렇게 본다면 '氣의 自用' 또는 '氣의 지배' 는 현실의 혼란을 야기하므로, 그것을 막아야 한다는 점에 대해서는 명덕주리론이나 명덕주기론이 모두 공감했던 것이다.

이들은 이렇게 동일한 문제의식에서 출발했음에도 불구하고, 서로 다른 논리로 解法을 제시했다. 이들이 상이한 해법을 제시하게 된 까닭은 서로 '主宰' 의 의미를 달리 이해했기 때문이다. 명덕주리론자들은 '主宰' 또는 '統' 을 '명령' 또는 '부림(使之)' 이라는 뜻으로만 이해했다.[99] 그리하여 이들은 '心統性情' 의 '心' 을 '氣' 로 규정하면 '心統性'

99) 이들이 '主宰' 를 '命令' 으로 해석하게 된 데에는 기존의 언어전통이 큰 영향을 끼쳤을 것이다. 『詩經』이나 『書經』에는 '天命' 이라는 말, 그리고 天(上帝)이 福善禍淫(착한 사람에게 福을 주고 악한 사람에게 災殃을 줌)을 주재한다는 관념이 자주 등

은 '氣가 理를 명령한다' 는 뜻이 되므로 용납할 수 없다고 보았다. 이들은 무릇 주재자는 하나일 수밖에 없다고 보았고,[100] 理 · 氣 관계에서도 주재자는 하나일 수밖에 없다고 보아 '理의 주재' 만을 인정했는데, 이러한 생각 역시 '主宰' 를 '명령(使之)' 으로 해석한 데서 비롯된 것이다. 한 집단에서 命令者가 둘이라면 바로 혼란에 빠질 것이니, '주재자는 하나일 뿐' 이라는 생각이 당연해지는 것이다.

그러나 명덕주기론자들은 主宰의 의미를 달리 이해했다. 우선 이들은 '心統性' 을 '氣가 理를 주재함' 으로 해석하고, 주자학은 '理의 주재' 와 '氣의 주재' 를 동시에 인정하는 것이라고 보았다. 理의 주재란 '理가 氣의 운동의 표준이 됨' 을 뜻하는 것으로서, 결코 '理가 氣를 명령한다' 는 뜻이 아니라고 보았다. 氣의 주재란 '氣가 理(표준, 스승의 가르침)를 맡아서 관리함' 을 뜻하는 것으로, 역시 '氣가 理를 명령한다' 는 뜻이 아니라고 보았다. 즉 氣의 주재란 '氣의 능동적 作爲力' 을 설명한 것일 뿐이며, 理에 대해서는 '理는 無爲이기 때문에 氣를 명령할 수 없다' 고 본 것이었다. 따라서 명덕주기론자들이 '理의 주재' 뿐만 아니라 '氣의 주재' 를 아울러 인정한 것은, 명덕주리론자들이 우려한 '冠屨倒置' 나 '氣奪理位' 또는 '명령자가 둘이니 혼란에 빠질 것' 등과는 무관한 것이었다. 명덕주기론자들 역시 '氣(心)는 弟子로서 스승(理)의 가르침(표준)을 奉行해야 한다' 고 보았다.

이제 '解法의 相異함' 을 살펴보자. 明德主理論者들은 현실의 혼란은 '氣의 自用' 으로부터 비롯되므로 '理의 주재' 를 확립하여 '氣의 自用' 을 막는다는 해법을 추구했다. 이들은 理를 '사실적 차원의 명령자' 로

장한다. 『中庸』에서는 '天命之謂性' 이라 했고, 朱子는 그것을 해석함에 있어서 '命令' 이라는 용어를 사용한 바 있다.

100) 『重菴集』 卷38 頁10, 〈記星田夜話〉 : 一天無二帝 一身無二主 豈非古今定理乎

승격시키기 위해 '理의 능동성'을 강조하고, 理의 능동성을 부정하는 것은 理의 주재를 부정하는 것으로서 '理를 死物로 전락시키는 것'이라고 비판했다. 더 나아가 이들은 '理의 주재'를 全面的으로 관철시키기 위해 마침내 理를 '全知全能한 존재'로 神格化하기에 이르렀다. 즉 명덕주리론자는 理에 능동성을 부여하여 '理의 주재'를 '사실적 차원'에까지 확대 적용시키고, 理에 全知全能性을 부여하여 氣를 완전히 제압하게 한다는 해법을 추구한 것이다. 반면에 明德主氣論者들은 '氣의 능동성'만 인정하고 '理의 능동성'을 부정한다. 이것은 현실을 주도하는 것은 氣라는 사실을 부정할 수 없다는 뜻이다. 그런데 氣에는 精爽도 있고 血氣도 있다. 인간에게 있어서 精爽은 心이 되고 血氣는 육체가 된다. 또한 心은 '본래 善한 것'이나, 청탁수박이 뒤섞인 氣質과 교섭함으로써 惡으로 흐를 수 있기에 '믿을 수 없는 것'이다. 그러므로 '心을 표준으로 간주하는 것'(心卽理, 明德主理)은 '心의 自用'을 조장하여 猖狂自恣를 초래하는 것이다. 心은 반드시 性을 표준으로 삼아 능동성을 발휘해야 한다. 요컨대 명덕주기론자들은 氣(心)를 弟子로 규정하고, 氣(心)에 理(標準, 性)를 따라 作爲해야 한다는 '당위적 과제'를 부여함으로써 '氣(心)의 自用'을 막는다는 해법을 제시한 것이다.

이상의 논의로 볼 때, 명덕주리론이나 명덕주기론은 '氣의 自用을 막는다'는 '동일한 문제의식'에서 출발한 것이었으나, '主宰'의 의미를 각자 다르게 이해함으로써 '相異한 解法'을 제시한 것이다. 또한 이들의 해법은 서로 달랐지만, 그 지향점은 역시 '氣의 自用을 막는다'는 것으로 귀결되는 것이었다.

3) 論爭의 평가

이제 마지막으로 명덕논쟁에 있어서 어느 편이 더 이론적으로 타당한가 하는 문제를 논의해 보자. 명덕논쟁에 있어서 각자의 문제의식도 같았고, 지향점도 같았다고 했으니, 논의의 초점은 '解法의 相異함' 에 두어져야 할 것이다.

우선 지적해야 할 것은 '理의 주재' 나 '心統性情' 에 대한 해석에 있어서, 朱子學의 전반적 체계와 부합되는 해석은 明德主氣論이라는 점이다. 주자는 '理의 주재' 를 '理가 氣의 표준이 됨' 으로 설명했고, 心統性情에서의 '心' 을 '知覺의 主體로서의 氣(精爽)' 로 설명했으며, '統' 을 '兼包와 主宰(맡아서 관리함)' 의 두 뜻을 동시에 지니는 것으로 설명했다. 無爲한 理는 氣의 표준이 되고, 有爲한 氣는 理를 맡아서 관리하는 주체라는 것이 주자의 생각이었으며, 이런 맥락에서 주자의 체계는 '理와 氣의 相互主宰' 를 주장하는 것이었다. 율곡 역시 이러한 방식으로 '理의 주재' 와 '心統性情' 을 해석했다. 이런 맥락에서, 명덕주기론은 '주자-율곡의 전통' 을 충실히 계승하는 논리였다.

물론 주자-율곡의 전통을 충실히 계승하는 것이라 하여 이론적으로 탁월한 것은 아닐 것이다. 문제는 각각의 이론이 얼마나 整合性이 있으며, 우리의 현실과 얼마나 적확하게 조응하느냐 하는 점일 것이다. 그런데 이러한 점들에 있어서도 명덕주리론은 '중대한 하자' 가 있음을 발견할 수 있다.

명덕주리론은 '主宰' 를 '명령(使之)' 으로 해석하고, '理만이 主宰者일 수 있다' 고 주장하는 것이었다. 그런데 화서는 다음과 같이 말하기도 한다.

理와 氣는 비록 서로 떨어질 수 없으나, 理는 純粹至善하고 氣는 雜糅不齊하다. 그러므로 明德의 體가 완전하지 못한 까닭은 氣가 구애하게 시킨 것이며(氣使之拘), 明德의 用이 통달하지 못한 까닭은 氣가 가리게 시킨 것이다(氣使之蔽). 그렇다면 백성이 새로워지지 못하는 것도 氣이며, 善에 머물지 못하는 것도 氣이며, 事物에 이르지 못하는 것도 氣이며, 뜻이 참되지 못한 것과 마음이 바르지 못한 것과 몸이 닦여지지 못하는 것과 家·國·天下가 다스려지지 않는 것은 모두 氣이다.[101]

(性善임에도 불구하고) 古今에 비추어보면 善人은 적고 惡人은 많으며, 事實에 참고해 보면 善을 행하기는 어렵고 惡을 행하기는 쉬우며, 知覺에 징험해보면 善念은 은미하고 惡念이 드러나니, 그 까닭은 무엇인가? 이것은 性이(그렇게 한 것이) 아니다. 氣가 그렇게 시킨 것이고(氣使之然), 形이 국한되게 시킨 것이며(形使之局), 慾이 가리게 시킨 것이다(慾使之蔽).[102]

위의 첫째 인용문에서는 理는 純粹至善하다고 규정하고, 현실에서의 惡을 모두 '氣가 그렇게 시킨 것' 으로 설명했다. 둘째 인용문에서는 性善임에도 불구하고 현실에서 惡이 善을 압도하는 까닭 역시 모두 '氣가 그렇게 시킨 것' 으로 설명했다. 화서의 이러한 주장은 이제까지 살펴본 그의 다른 주장들과 크게 어긋나는 것이다.

---

101) 『華西集』 卷21 頁37, 〈大學明德章句說〉 : 蓋理氣雖不相離 此則純粹至善者也 彼則雜糅不齊者也 是以 明德之體 所以不全 氣使之拘也 明德之用 所以不達 氣使之蔽也 然則民之不新 氣也 善之不止 氣也 物不格 氣也 知不至 氣也 意不誠 心不正 身不修 家國天下之不治 皆氣也

102) 『華西集』 卷21 頁34~35, 〈性善說〉 : 徵諸古今 則善人少而惡人多 參諸事實 則爲善難而爲惡易 驗諸知覺 則善念微而惡念著 其故何也 曰此非性也 氣使之然也 形使之局也 慾使之蔽也

主宰를 '명령'으로 해석하면서 '理의 주재'만 인정하고, '理의 능동성과 全知全能'을 주장하는 명덕주리론은 '惡'에 대한 설명에 있어서는 취약하기만 하다. 순선한 理가 전지전능하게 氣를 주재한다면, 현실의 세계에는 전혀 惡이 없어야 할 것이다. 그런데 현실에는 어찌하여 惡이 존재하는가? 화서는 현실의 惡은 '氣가 그렇게 시킨 것'이라고 설명했다. 그러나 이러한 설명은 '理의 全知全能'을 의심하게 하는 설명이요, 동시에 '氣 역시 主宰者임'을 자인하는 설명이며, '현실을 주도하는 것은 오히려 氣임'을 자인하는 설명이다. 그렇다면 화서의 明德主理論은 이론적 整合性이 없을 뿐만 아니라, 事實論으로서는 그 의미를 상실하는 것이다. 요컨대 명덕주리론은 '當爲的 要請'으로서는 의미가 있겠으나, 현실을 整合的으로 설명하는 '事實論'은 못 되는 것이다.

간재는 명덕주리론을 비판하면서, '순수지선한 理의 전지전능한 主宰'는 '고금천하의 소망'일 수는 있어도 '사실'은 아니라고 보았다. 간재는 오히려 "太極은 비록 완전하더라도 陰陽은 혹 치우치며, 天命은 비록 善하더라도 氣質은 혹 惡하며, 게다가 性은 은미하고 心은 거칠며, 理는 弱하고 氣는 强하다"는 점을 지적했다. 간재는 '능동적 존재'는 氣뿐이라고 했는데, 이는 '현실을 주도하는 것'은 氣라는 뜻이다. 치우치기도 하고 악하기도 하며 거칠기도 한 존재인 氣가 현실을 주도하기 때문에, 현실의 세계는 불완전할 수밖에 없다는 것이다.

'현실에 惡이 존재하는 까닭'에 대한 화서와 간재의 설명은 동일한 것이다. 그런데 이 惡을 극복하고자 함에 있어서, 화서는 理를 '全知全能한 命令者'로 승격시키는 길을 택했고, 간재는 氣를 弟子로 격하시켜 理를 따르도록 촉구하는 길을 택했다. 화서의 설명은 그 事實性에서 破綻에 이르나, 간재의 설명은 현실의 세계를 주도하는 것은 氣라는 事實性과 그러나 氣는 반드시 理를 표준으로 삼아야 한다는 當爲性을 모두 충족시킨다.

理는 純粹至善한 존재라는 것에 대해서는 모든 주자학자들이 동의하는 바이다. 순수지선한 理에 능동성(더 나아가 全知全能性)을 부여하면 훨씬 더 좋을 것 같은데, 주자는 왜 理의 능동성을 부정했을까? 단순히 理가 有爲한 形而下者로 전락하는 것을 막고자 했음이 그 까닭이었을까? 짐작건대, 보다 근원적인 이유는 理에 純粹至善과 全知全能을 동시에 부여할 경우 현실의 惡을 설명할 수 없었기 때문이었다. 한편 주자가 陸象山의 心卽理說을 비판한 이유는, 心은 形而下者라는 인식 때문이기도 했지만, 보다 근본적으로는 心卽理說이 결국 '心의 自用'을 조장하여 猖狂自恣를 초래할 것이라는 우려 때문이었다. 화서의 心卽理說도, 心과 性·情의 주재 관계를 올바로 설정하겠다는 그의 本旨와는 달리, 心의 自用을 조장할 수 있는 것이다. 그의 제자 성재조차 이 점을 우려하여 스승의 心說을 수정하고자 했다. 이렇게 본다면, 명덕주리론에 대해서는 그 문제의식의 절실함을 인정할 수는 있겠으나, 그것이 원만한 논리라고는 말할 수 없겠다. 또한 명덕주리론에서 우려하듯이 '理의 능동성'을 부정한다고 하여 理의 위상이 소멸되는 것은 아니다. 理는 우리 삶의 '理想 또는 표준'으로서 여전히 의미를 지니는 것이다.

4. 小結

明德은 心(本心)이고, 心이 性·情을 주재한다는 것(心統性情)에 대해서는 명덕주리론이나 명덕주기론이 모두 동의하는 바였다. 문제는 心(本心)을 理로 규정하느냐 氣로 규정하느냐 하는 것인데, 이것은 '統' 즉 '主宰'의 의미와 밀접하게 연관된 것이었다. 따라서 명덕논쟁은 결국 '心統性情의 해석'을 두고 대립한 논쟁으로서, 궁극적으로 主宰를 어떻게 설명하고 主宰者를 어떻게 규정할 것인가의 문제였다. 논쟁의 주역들은 經典이나 先儒들의 明德과 心에 관한 다양한 언급들을 각자 나름대로 체계적으로 정리하면서, 명덕주리론 또는 명덕주기론을 주장했다. 이제 명덕논쟁이 지니는 의의에 대해 論者의 견해를 간단히 제시해 보기로 하겠다.

첫째, 明德主理論에 대해서는 '思惟의 실험'이라는 의의를 부여하고자 한다. 주자는 明德을 '虛靈不昧하여 衆理를 갖추고(具衆理) 萬事에 응하는 것(應萬事)'으로 설명했다. 이러한 설명에 근거할 때, 明德은 '갖추고, 응한다'는 '作用의 주체'임이 분명하며, 따라서 明德은 '有爲한 形而下者'라는 설명이 자연스럽게 여겨진다. '心統性情'의 경우도, 性이 理라는 점에 대해서는 異見의 여지가 없는바, 心까지도 理로 규정하면, '心統性'은 '以理統理'라는 부자연스러운 논리가 된다. 그러나 명덕주리론자들은 明德이나 心을 氣로 규정하면 '氣統理'라는 '용납할 수 없는 논리'가 성립된다고 보고, '용납할 수 있는 논리'를 개발하고자 고심했다. '氣統理'라는 논리가 일견 용납하기 어렵다는 점에 대해서는 많은 학자들이 공감할 것이다. 따라서 그들의 문제의식은 나름대로 타당성을 지니고 있었다. 그들은 明德과 心을 '理'로 규정할 때 야기되는 논리적인 어색함들을 극복하기 위해 '以理統理'를 '以綱統目'으로, '具衆理(以理具理)'를 '以體該目'으로 설명했다. 이러한 설명들은 논쟁의 전체적인 맥락에서는 성공적인 것이라고 평가하기 어렵지만, '以理統理'나 '以理具理' 자체에 대한 해석으로서는 '새로운 사유의 가능성'을 보여준 것이다. 그들은 또한 '理의 주재'를 확립하기 위해 理에 능동성을 부여하고 마침내는 全知全能한 존재로 神格化하기도 했다. 이러한 논리는 惡의 문제를 설명함에 있어서 破綻에 이르렀지만, 다른 한편으로는 '고금천하의 소망' 을 반영하는 논리를 구축하고자 한 것이었다. 이러한 맥락에서, 명덕주리론이 비록 全般的으로 성공적인 이론은 못되었다고 하더라도, 우리가 생각해 볼 수 있는 다양한 논리들을 제시함으로써 '사유의 실험' 을 도왔다는 점을 인정할 수 있겠다.

둘째, 明德主氣論에 대해서는 '성리학에 있어서 主宰의 문제를 명확히 해명했다' 는 의의를 부여하고자 한다. 옛날이나 지금이나 사실 많은 학자들이 주자학을 '理의 주재만 인정하는 체계' 로 인식하고, 또 그 主宰란 '명령(使之)' 을 뜻한다고 이해한다. 명덕주리론은 이러한 통념에서 출발하는 것이었다. 그러나 명덕논쟁을 통하여 이러한 통념들의 오류가 명확히 드러난 것이다. 論者는 주자나 율곡의 체계는 본래 '理와 氣의 相互主宰' 를 기본 논리로 한 것이라고 본다. 명덕주기론은 주자-율곡의 체계를 충실히 계승한 것이며, 특히 간재는 '理와 氣의 상호주재' 와 각각의 경우 '主宰의 의미가 다르다' 는 점을 정확히 해명했다. 간재는 또한 우리의 현실을 '全知全能한 理의 主宰' 만으로 설명하는 명덕주리론이 왜 지탱될 수 없는가를 명확히 해명했다. 즉 명덕논쟁을 통해서 현실의 세계는 '理와 氣의 상호주재' 로 해명될 수밖에 없다는 점이 분명해진 것이다. '理의 주재' 란 '순선한 理가 선악이 섞인 氣의 표준이 됨' 을 뜻하고, '氣의 주재' 란 '有爲한 氣가 無爲한 理를 맡아서 관리함' 을 뜻한다. 따라서 '理의 주재' 는 理念的 차원에 한정되는 것이며, '氣의 주재' 는 事實的 차원에 한정되는 것이다. 명덕주리론자들은 이념적 차원에 한정되는 '理의 주재' 를 사실의 차원까지 관철시키려고 理에 능동성(현실적 作爲力)을 부여한 것인데, 명덕주기론자들은 이념성과 사실성을 구분하지 않을 때 야기되는 自家撞着을 주목한 것이다. '理·氣 상호주재론' 을 간단히 말하면 '理는 氣의 운동의 표준이요, 氣는 理를 실현하는 주체' 라는 것인데, 간재의 性師心弟說은 이를 표현한 것이다.

셋째, 명덕논쟁을 통하여 '現實을 주도하는 것은 氣라 하더라도, 氣의 自用을 막아야 한다' 는 점이 확인되었다. 理의 주재를 사실의 차원에까지 관철시키려고 했던 명덕주리론자들은 물론 '氣의 현실적 주도권' 을 인정하지 않았다. 그러나 화서가 惡의 원인을 '氣가 그렇게 시킨 것' 으로 돌린 것은, 逆說的으로 현실을 주도하는 것은 氣임을 인정한 것이다. 명덕주리론자들이 氣의 현실적 주도권을 인정했든 부정했든 간에, 그들의 궁극적 의도는 '理의 주재' 를 확립하여 '氣의 自用' 을 막고자 한 것이었다. 그런데 '氣의 自用' 을 막아야 한다는 점은 또한 명덕주기론의 결론이기도 했다. 명덕주기론자들은 현실을 주도하는 것은 氣라고 力說했지만, 그들은 氣(心)를 弟子로 규정하고, 제자는 마땅히 스승의 가르침을 따라야 한다는 맥락에서, 氣는 마땅히 理를 표준으로 삼아야 한다고 주장했다. 명덕주기론자들이 명덕주리론을 비판한 이유 중에 하나도 心을 理로 규정하면 '心의 自用을 조장할 것' 이라는 우려 때문이었다. 이렇게 볼 때, '氣의 自用을 막아야 한다' 는 것은 양자의 공통된 결론이었다.

제5장

華西學派 心說論爭

'화서학파 심설논쟁' 이란 華西 李恒老(1792~1868)의 心說을 두고, 華西說은 여러 문제점이 있으니 調補할 필요가 있다고 본 省齋 柳重教(1832~1893)와 華西說은 아무런 하자가 없으니 調補할 필요가 없다고 본 重菴 金平默(1819~1891) 사이의 논쟁이다. 이 논쟁 과정에서 勉菴 崔益鉉(1833~1906)은 중암의 입장을 지지했고,[1] 毅菴 柳麟錫(1842~1915)은 성재의 입장을 지지했음은 잘 알려진 사실이다.[2]

경기도 양평에서 태어난 화서는 특별한 師承 없이 학문을 이룬 것으로 알려져 있다. 〈華西年譜〉에 따르면, 그도 초년에는 畿湖學派의 일반론에 따라 心是氣論을 추종하고 있었으나, 57세(1848년) 무렵에 心是氣論의 '未安한 점' 을 발견하고, 새로운 心說을 정립하게 되었다. '心是氣論의 未安한 점' 이란 성리학의 핵심명제 '心統性情' 의 해석과 관련된 문제로서, 性은 理인데, 또 心을 氣라 하면, '心統性' 이란 '氣統理' 가 된

---

1) 『勉菴集』 卷7 頁28~29, 〈答柳穉程〉 참조.

2) 『毅菴集』 卷6 頁7~15, 〈答崔勉菴(別紙)〉 참조.

다는 것이었다. 요컨대 화서는 '氣가 理를 통솔(명령)하면 名分에 어긋나고 혼란에 빠진다' 고 보고, '理가 氣를 통솔하는 것이 마땅하다' 고 보았던 것이다. 화서는 이러한 인식의 결과 "心은 진실로 氣로 말한 경우도 있고, 理로 말한 경우도 있는데, 理로 말한 것이 바로 心의 本體이다" 라는 결론을 얻고(以理斷心),[3] 기존의 성리설과는 완전히 다른 '尊理貶氣의 성리설' 을 정립한 것이다.[4]

성재는 5세(1836년)부터 화서 문하에서 공부하기 시작하여, 화서의 학문을 충실하게 배우고 따랐다. 그런데 화서의 末年에, 성재는 스승의 心說에 의문을 품기 시작하여 스승께 한두 번 질문했으나 뚜렷한 답변을 듣지 못했다. 성재는 스승이 돌아가고 18년이 지난 1886년(丙戌) 겨울, 마침내 同門이자 또 다른 스승이었던 중암에게 다음과 같이 '華西 心說에 대한 調補의 필요성' 을 제기하게 되었다.

> 나는 先師(華西)의 明德說에 대해서 애초부터 독실하게 믿고 삼가 따랐다. 그런데 先師의 末年에 이르러 문득 불안한 점을 깨닫게 되어, 일찍이 편지를 올려 여쭈었으나, 끝내 해결하지 못했다. 대개 明德을 理로 규정하는 大指에 대해서는 감히 추호도 의심하지 않는다. 오직 明德이 理에 속한다는 까닭으로 心까지 아울러 理로 간주하고, 心과 性을 對擧할 때에는 오로지 一理上에 나아가 '主宰와 準則' 으로 구분하여 설명할 뿐 다시 '物과 則' 으로 구별하여

3) 성재는 화서의 이러한 입장을 '以理斷心' 이라 하고, '以理斷心이 華西 心說의 眞面目' 이라 했다. 성재는 '以理斷心' 과 '心卽理' 를 서로 다른 뜻으로 구별하여, '心卽理' 는 '心을 완전히 理에 해당시키고 다시 揀別하지 않는다' 는 뜻이나, '以理斷心' 은 '心을 理로 말하기도 하고 氣로 말하기도 하면서, 다만 理로 말하는 것을 斷案으로 삼는다' 는 뜻이라 했다(『省齋集』 卷7 頁29, 〈上重庵先生〉 참조).

4) 華西의 性理說 전반에 대한 자세한 논의는 拙稿, 「華西 李恒老의 主理論과 退溪學」 참조.

말하지 않은 것은 牽强附會인 것 같아 내 마음에 이해가 되지 않는다. (…) '心과 性' 은 '物과 則' 으로 나누는 것이 본분상 마땅하다. '心의 主宰' 를 말하자면 바로 心의 本職이다. '心의 知覺' 은 그 본직을 얻을 때도 있고, 그 본직을 잃을 때도 있다. 그 본직을 얻었을 때가 바로 이 '心의 理가 주인이 된 곳' 이니, '主理' 로 말하는 것이 실로 합당하다. 그러나 그렇다고 해서 마침내 心을 形而上者라고 부르며 性과 동등하게 보는 것은 끝내 온당하지 못한 것 같다.[5)]

중암은 성재의 이러한 문제 제기에 선뜻 동의하지 않았던바,[6)] 그리하여 '師說(華西說)에 대한 調補' 문제를 둘러싸고 성재와 중암 사이에 심각한 논쟁이 벌어지게 된 것이다.

---

5) 『省齋集』 卷7 頁4~5, 〈上重菴先生(丙戌12月)〉 : 重教於先師明德之說 自初篤信而謹守之 至先師末年 旋覺有不安處 嘗一再書稟而未竟其說 盖於明德以理言之大指 不敢有一毫致疑 惟以明德屬理之故 而並與心喚做理 凡心與性對擧處 專就一理上 分主宰準則說 不復以物則之別爲言 此於心有牽强不自得處 (…) 畢竟以物則分心性者 當爲本分面勢 至若心之主宰 乃心之本職也 心之知覺 有得其本職時 有失其本職時 得其本職時 政是此心之理爲主處 固合主理而言 然以此之故 而遂將心喚做形而上者 與性齊頭平看 則終似未穩

6) 중암이 성재의 주장에 선뜻 동의하지 않은 것은 물론 '師說에 아무런 하자도 없다' 는 인식 때문일 수도 있지만, 그 저변에는 성재에 대한 의심도 작용한 것 같다. 성재는 1865년(34세) 艮齋 田愚(1841~1922)를 만나 性理說 전반에 대한 토론을 벌인 바 있고, 이후로도 1878년까지 간재와 많은 서신을 교환하며 性理說에 관한 토론과 논쟁을 계속했다. 이 과정에서 간재는 화서의 心說에 대해 '認氣爲理의 폐단' 을 야기할 수 있다고 비판했거니와(『艮齋集』 前編 卷2 頁28, 〈與柳穉程(壬申)〉 : 然終不敢以虛靈知覺直謂之理 如來諭之云也 如此則本欲說理氣帥役之別 而卻又侵過界分 終歸於認氣爲理之弊), 이러한 비판이 성재로 하여금 調補의 필요성을 더욱 절감하게 만들었던 것 같다(이에 대한 자세한 논의는 김근호, 「화서학파 심설논쟁의 전개과정과 철학적 문제의식」, 152~153쪽 참조). 이러한 맥락에서, 중암은 성재의 문제 제기가 '師說을 배반하고 艮齋에게 동조하는 것' 이라고 의심한 것이다.

1. 華西의 主理論과 그 특징

1) 華西의 主理論에 대한 개관

성리학의 일반론과 마찬가지로, 화서는 萬事萬物을 '理와 氣의 결합'으로 설명했다. 천하의 모든 사물은 '理와 氣가 결합된 것(合理氣)'이라는 점에서는 동일하다는 것이다.[7] 그렇다면 화서에게 있어서 '理·氣에 대한 논의'는 어떤 의미를 지니는가? 화서는 다음과 같이 말한다.

> (모든 事物은) '理와 氣가 결합된 것'이라는 점에서는 동일하지만, '理로 主를 삼을 것이냐, 氣로 主를 삼을 것이냐'에 있어서는 다르다. 理가 주인이 되고 氣가 부림을 받는다면 理는 순수해지고 氣는 바르게 되어 萬事가 다스려지고 天下가 편안해진다. 그러나 氣가 주인이 되고 理가 부림을 받는다면 氣는 강해지고 理는 숨게 되어 萬事가 혼란해지고 天下가 위태로워진다. '털끝만 한 오차가 마침내 千里나 어긋나게 만든다'는 말이 바로 이것이다.[8]

위에 보이듯이 화서는 천하의 모든 사물을 '理와 氣의 결합'으로 규정한 다음, 세상의 '治·亂'을 '主理냐, 主氣냐'의 문제로 파악했다.[9]

---

7) 『華西集』 卷25 頁8, 〈理氣問答〉: 天下之物 止有理與氣兩件事而已 (…) 凡有一事一物 其合理氣則一也

8) 『華西集』 卷25 頁8, 〈理氣問答〉: 曰 合理氣則一也 其以理爲主 以氣爲主則不同也 理爲主氣爲役 則理純氣正 萬事治而天下安矣 氣爲主理爲貳 則氣强理隱 萬事亂而天下危矣 差以毫釐 繆以千里者 正謂此也

9) 화서는 "理와 氣는 진실로 '서로 바탕(相資)이 될 때'도 있으며, 또한 '서로 대항(相抗)할 때'도 있다. 서로 바탕이 될 때에는 '사람과 말' 또는 '장수와 병졸'과 같지만, 서로 대항할 때에는 '곡식과 강아지풀' 또는 '자식과 도적'과 같다."고 한 바 있는데(『華西雅言』 卷1 頁14), 理가 主가 될 때엔 理와 氣가 '相資'하는 것이며, 氣가 主

요컨대 화서는 현실 세계의 혼란은 氣가 理의 명령에 따르지 않고 제멋대로 행동함(自用)' 에서 비롯된다고 보았다. 이러한 맥락에서, 그의 근본적 문제의식은 '理의 우위' 를 확립하여 '氣의 自用' 을 막는다는 것에 있었다. '理의 우위' 를 확립한다는 것은 主理論을 확립한다는 것인데, 화서는 '理의 주재적 성격' 을 강조하는 방향에서 그 해법을 찾았다.

이처럼 화서의 性理說은 한마디로 '主理論' 그 자체라는 것에 특징이 있다. 화서 理氣論의 기본 구도는 그의 〈太極說〉에 잘 나타나 있거니와, 그 주요 내용을 소개하면 다음과 같다.

① 太極은 다만 하나의 生生之理일 뿐이다. '生' 字는 〈太極圖說〉에 9회 등장하는바, 〈太極圖說〉 全篇의 命脈을 관통하는 것이다.[10)]

② 太極이 낳은 것은 다만 陰·陽일 뿐이다. (…) 태극은 理로 말하는 것이요, 음양은 氣로 말하는 것이다. 태극과 음양은 離·合도 없고, 先·後도 없다. 그러나 태극은 음양과 만물의 根本이나, 음양과 만물은 태극의 根本이 될 수 없다. 태극은 음양과 만물의 主宰者가 되나, 음양과 만물은 태극의 主宰者가 될 수 없다.[11)]

③ '極' 字는 '至極하여 덧보탤 것이 없음' 을 말한다. '太極' 이라 말했으니, 萬理 가운데 어느 것인들 갖추지 않았겠는가? 하나의 '誠' 이라 불러도 되고, 하나의 '神' 이라 불러도 되며, 하나의 '善' 이라 불러도 된다. (…) 人心

가 될 때엔 理와 氣가 '相抗' 하는 것이다.

10) 『華西集』 卷24 頁33~34, 〈太極說〉 : 太極只是一箇生生之理 圖說九生字 通貫一篇命脈

11) 『華西集』 卷24 頁34, 〈太極說〉 : 太極之所生 只是陰陽兩事而已 (…) 太極以理言 陰陽以氣言 二者無離合無先後 然太極是陰陽萬物之根本 而陰陽萬物不得爲太極之根本 太極爲陰陽萬物之主宰 而陰陽萬物不得爲太極之主宰

은 곧 陰陽이며, 道心은 곧 太極이다.[12)]

④ 孔子는 (…) "形而上者를 道라 하고, 形而下者를 器라 한다." 고 했다. '道와 器' 를 구분하여 '上과 下' 로 정립했는데, 이는 '繼往聖 開來學' 을 위한 斷案이었다.[13)]

⑤ 朱子는 "太極은 스스로 動靜할 수 있다" 고 했다. 만약 '태극은 스스로 동정할 수 없다' 고 한다면, 이 동정을 주재하는 것은 무엇인가? 양인가, 음인가? 만약 태극은 스스로 동정할 수 없는데 음양의 氣는 스스로 동정할 수 있다면, 이른바 태극은 '無實無用의 지위' 일 뿐이다.[14)]

위의 ①에 보이듯이 화서는 太極을 '生生之理' 라는 관점에서 이해했다. 성리학에서 말하는 理란 본질적으로 '생생의 원리' 라는 것이다. 그런데 ②에 보이듯이 화서는 '太極이 陰陽을 낳는다' 고 설명하고, 다시 '태극과 음양' 을 '理와 氣' 로 구분했다. 요컨대 '理가 氣를 낳는다' 는 것이다. 그런데 화서는 또 "태극과 음양은 離 · 合도 없고, 先 · 後도 없다" 고 하는바, 이는 사실 '태극이 음양을 낳는다' 는 주장과는 양립되기 어려운 내용이다. '理가 氣를 낳는다' 면, 理와 氣 사이에는 離 · 合도 있고 先 · 後도 있는 것이기 때문이다.[15)]

12) 『華西集』 卷24 頁34~35, 〈太極說〉 : 極字 至極無以復加之名 曰太極則萬理何所不具 喚做一箇誠亦得 喚做一箇神亦得 喚做一箇善亦得 (…) 人心 卽陰陽也 道心 卽太極也

13) 『華西集』 卷24 頁35, 〈太極說〉 : 孔子曰 (…) 形而上謂之道 形而下謂之器 分得道與器 立上下字 此爲繼往聖開來學之斷案

14) 『華西集』 卷24 頁36, 〈太極說〉 : 朱子曰 太極自會動靜 若謂太極不能自會動靜 則主宰是動靜者 誰耶 陽耶陰耶 太極若不能自會動靜 而陰陽之氣自會動靜 則所謂太極 是無實無用之位而已

③에서는 '極'을 '至極하여 덧보탤 것이 없음'으로 풀이하고, 이러한 맥락에서 '太極은 萬理를 포괄한다'고 설명했다. 여기서 유의할 것은, 주자는 太極을 설명하면서 '至極'과 '標準'의 뜻을 함께 강조했는데,[16] 화서는 '지극'만 강조할 뿐 '표준'에 대해서는 이렇다 할 언급이 없다는 점이다. 화서가 "人心은 곧 陰陽이며, 道心은 곧 太極"이라고 규정한 것도 주목할 내용이다. 기존의 학자들은 人心은 主氣 또는 氣發로, 道心은 主理 또는 理發로 설명하곤 했다. 그런데 화서는 곧바로 '人心은 氣, 道心은 理'라는 논법을 취한 것인바, 이러한 논법은 '形而上과 形而下'라는 구분을 무시하는 것이다.

④에서는 "形而上者를 道라 하고, 形而下者를 器라 한다"는 말을 '道와 器'를 '上과 下'로 구분한 것이라고 해석했다. 여기서 유의할 것은, 화서가 말하는 '上·下'는 '上·下의 위계'를 의미한다는 점이다. 다시 말해 화서는 '道와 器'를 글자 그대로의 '形而上者와 形而下者'라는 맥락에서 이해하지 않고, '上·下의 위계'라는 맥락에서 '道가 器를 통솔해야 한다'는 뜻으로 해석했다.

⑤에서는 "太極은 스스로 動靜할 수 있다"고 강조하고, "만약 太極은 스스로 動靜할 수 없는데 陰陽의 氣는 스스로 動靜할 수 있다면, 이른바 太極은 無實無用의 지위일 뿐"이라고 역설했다. 성리학에서는 '理가 氣를 주재한다'고 말하거니와, '理의 주재'가 실질적 의미를 확보하려면 먼저 理의 '능동성'이 전제되어야 한다는 것이다.

---

15) 理와 氣는 애초부터 함께 존재하는 것인가, 아니면 먼저 理가 존재하고 나중에 理가 氣를 낳는 것인가? 이에 대해, 退溪와 華西 등 主理論者들은 '애초에는 理만 존재하고 나중에 理가 氣를 낳는다'고 주장하는 반면, 율곡 등 理氣之妙論者들은 '理와 氣는 애초부터 함께 존재한다'고 주장한다.

16) 『朱子大全』 卷36 頁15~16, 〈答陸子靜〉: 太極固無偏倚而爲萬化之本 然其得名 自爲至極之極 而兼有標準之義

이상에서 화서의 〈太極說〉을 개관했는바, 그 요점을 다시 정리해보자. 첫째, 화서는 理를 능동적 존재로서, '理가 氣를 낳는다(理生氣)' 고 보았다. '理生氣' 에 대해, 대부분의 학자들은 '理의 究極性' 을 뜻하는 '상징적 표현' 으로 받아들일 뿐인데, 화서는 "太極이 낳은 것은 다만 陰과 陽일 뿐" 이라 하여, '理生氣' 를 사실명제로 해석했다.

둘째, 화서는 '理의 능동성' 과 '理의 주재' 를 같은 맥락으로 받아들였다. 요컨대 화서는 '理의 주재' 를 '理가 능동적으로 氣를 부리고 통솔함' 으로 해석했다. 예컨대 화서는 다음과 같이 말한다.

> '妙' 란 '神化不測' 의 뜻으로서, '運用함에 자취가 없음' 을 말한다. 『周易』에서는 "神이란 萬物을 妙하게 운용함을 말한다" 고 했는데, 이것이 '妙' 字가 經典에 처음 보이는 예이다. 우레가 '만물을 요동함' 은 진실로 우레의 理인데, '우레로 하여금 만물을 요동하게 시킴' 은 또한 理의 妙이다. 바람이 萬物을 흔듦은 진실로 바람의 理인데, '바람으로 하여금 만물을 흔들게 시킴' 은 또한 理의 妙이다.[17]

화서는 '理의 主宰' 와 '理의 妙用' 을 같은 맥락으로 이해하거니와,[18] 위에 보이듯이 화서는 이를 '理가 氣를 이러저러하게 부림(使之)' 으로 설명했다.

셋째, 화서는 '形而上者와 形而下者' 를 '上·下의 위계' 라는 맥락에 초점을 맞추어 이해했다. 화서는 다음과 같이 말한다.

---

17) 『華西集』 卷24 頁37, 〈妙字說〉: 妙之爲言 神化不測之意 運用無迹之謂 易曰 神也者 妙萬物而爲言者也 此妙字 見於經之初也 雷之動萬物者 固是雷之理也 而使是雷動是物者 亦理之妙也 風之撓萬物者 固是風之理也 而使是風撓是物者 亦理之妙也

18) 『華西集』 卷24 頁38, 〈妙字說〉: 胡五峯曰 心妙性情之德 朱子歎美曰 妙是主宰運用之意

"形而上者를 道라 하고, 形而下者를 器라 한다"는 말에서 '上·下'는 몇 가지 뜻을 함축한다. '이 사물이 아직 생겨나기 전'으로 말하면 '그 理가 이미 존재한다'는 것인바, 여기서의 '上·下'는 '先·後'의 뜻이다. '이 사물이 막 생겨난 때'로 말하면 '理가 氣의 장수가 되고, 氣는 理의 부림을 받는다'는 것인바, 여기서의 '上·下'는 '尊·卑'의 뜻이다. '이 사물이 이미 消盡된 다음'으로 말하면 '氣에는 成壞가 있으나 理는 古今을 관통한다'는 것인바, 여기서의 '上·下'는 '存·亡'의 뜻이다.[19]

위의 인용문에서는 '形而上者와 形而下者'에는 '先·後, 尊·卑, 存·亡'의 의미가 모두 포함되어 있다고 설명했다. 그런데 화서는 이 셋 가운데 특히 '尊·卑' 즉 '上·下의 위계'라는 맥락을 강조했다. 예컨대 화서는 다음과 같이 말한다.

孔子는 "形而上者를 道라 하고, 形而下者를 器라 한다"고 했는데, 이는 上·下를 분명하게 절단한 것이다. 이것으로 보면, 천하에 어찌 理도 아니고 氣도 아닌 사물이 있겠는가? 舜과 禹가 말한 '人心과 道心', 孔子가 말한 '克己와 復禮', 孟子가 말한 '大體와 小體'는 모두 이를 가리켜 말한 것이다. 朱子는 張橫渠의 '心統性情'이라는 말을 가장 좋아했는데, '統'에는 '統攝'과 '兼統'이라는 두 뜻이 있다. 만약 心을 氣라고 인식한다면 (心統性情은) 氣가 도리어 理를 통섭하는 것이니, 앞에서 말한 上·下의 구분은 과연 어떻게 베풀어지겠는가?[20]

---

19) 『華西雅言』 卷1 頁11, 〈臨川〉: 形而上者謂之道 形而下者謂之器 蓋上下二字 含蓄多少意思 自此物未生之前而言 則其理已具 其曰上下者 有先後之意 自此物方生之時而言 則理爲氣帥 氣爲理役 其曰上下者 有尊卑之意 自此物已盡之後而言 則氣有成壞 理通古今 其曰上下者 有存亡之意

화서는 '形而上者와 形而下者'의 구분을 '上·下'의 구분으로 규정한 다음, "만약 心을 氣라고 인식한다면 (心統性情은) 氣가 도리어 理를 통섭하는 것이니, 앞에서 말한 上·下의 구분은 과연 어떻게 베풀어지겠는가?"라고 반문했다. 요컨대 화서는 '形而上者와 形而下者'의 구분에 입각하여 '理와 氣'를 '上(尊)과 下(卑)'의 관계로 규정한 다음, (畿湖學派의 일반론처럼) 心을 氣라 하면 '心統性'은 '氣가 理를 통섭한다'는 뜻이 되므로, 이는 語不成說이라고 비판한 것이다. 화서는 이러한 맥락에서 心을 理로 규정하게 되었거니와, 여기서 우리는 화서가 '理의 주재'를 '上이 下를 통섭함'처럼 '理가 氣를 통섭함'으로 해석하고 있음을 아울러 알 수 있다.

요컨대 화서에 의하면 理는 '능동적 존재'로서 스스로 動靜하면서 氣를 낳고, 이러저러하게 氣를 부리는 존재이다. 理는 氣를 낳고 氣를 부리는 존재이므로, 理는 尊貴하고 氣는 卑賤하다. 이러한 맥락에서 〈華西年譜〉에서는 화서 性理說의 특징을 다음과 같이 요약했다.

> 先生께서는 理를 말할 때에는 반드시 하나의 '理' 字 안에 원래 '體·用'과 '能·所'를 모두 포함시켜 (氣로부터) 빌려옴을 기다리지 않고서도 自足하게 하였고, 心을 말할 때에는 반드시 하나의 '心' 字 위에서 '乘·載'와 '帥·役'을 엄격히 구분하여 잠시라도 소홀히 함을 용납하지 않으셨으니, 이것이 그 평생 동안 강설하신 宗旨이다.[21]

---

20) 『華西集』 卷9 頁21~22, 〈與金章(辛酉正月)〉: 孔子曰 形而上者謂之道 形而下者謂之器 截斷得上下分明 以此觀之 則天下焉有非理非氣底物事也哉 舜禹所謂人心道心 孔子所謂克己復禮 孟子所謂大體小體 皆指此而言也 朱子最喜橫渠心統性情之語 統有二義 統攝與兼統也 若認心爲氣而已 則氣反統攝乎理矣 向所謂上下之分 果安施也哉

21) 『華西集』 附錄 卷9 頁35~36, 〈華西年譜〉 57歲條: 盖先生於說理 則必曰一理字內面 元該體用 元包能所 不待假借而自足 於說心 則必曰一心字上面 必分乘載 必嚴帥役 不容斯

위에서 말하는 '體 · 用'이란 '본체와 작용'을 뜻하고, '能 · 所'란 '능동과 수동'을 뜻한다. 화서는 퇴계와 마찬가지로 '理의 본체는 無爲이지만, 능동적이고도 신묘한 작용을 한다'고 주장했다. 화서는 이처럼 하나의 '理' 字 안에 '體 · 用'과 '能 · 所'를 모두 포함시킴으로써 理를 '自足的 존재'로 승격시켰다. 한편, "하나의 '心' 字 위에서 '乘 · 載'와 '帥 · 役'을 엄격히 구분했다"는 것은 心을 '理와 氣의 결합'으로 규정한 다음, 理는 將帥로서 氣를 타는 존재요, 氣는 役卒로서 理를 싣는 존재라는 것을 분명히 구분했다는 말이다.[22] 이는 화서의 心說을 관통하는 핵심적 주장이거니와, 이제 화서의 心說을 살펴보기로 하자.

2) 華西 心說의 특징

화서의 心에 대한 持論은 '心은 理와 氣가 결합된 것'이라는 心合理氣說이다. 〈華西年譜〉에 따르면, 화서도 초년에는 畿湖學派의 일반론에 따라 心을 '氣'로 이해하고 있었는데, 晩年에 '心是氣說의 未安한 점'을 깨닫고 마침내 心合理氣說을 제창하게 되었다. 화서가 발견한 '心是氣說의 未安한 점'이란 "'心은 性을 다 발휘할 수 있는데 性은 心을 검속할 수 없으며, 心은 性 · 情을 통섭하는데 性 · 情은 心을 통섭할 수 없다'는 것은 정해진 이치이다. 그런데 만약 '心은 다만 氣일 뿐'이라면, 이는 氣가

須而有忽 此其平生講說之宗旨也

22) '理는 體 · 用과 能 · 所를 모두 포함하는 自足的 존재'라는 주장과 '理는 將帥로서 氣를 타는 존재요, 氣는 役卒로서 理를 싣는 존재'라는 주장은 해석 여하에 따라 모순일 수도 있다. '理帥氣役'을 '理는 將帥로서 氣를 명령하고, 氣는 役卒로서 理의 명령에 복종한다'는 뜻으로도 해석할 수 있고, '理는 장수이고 氣는 역졸인데, 理는 氣를 타지 않고는 운동할 수 없다'는 뜻으로도 해석할 수 있다. 후자의 해석은 理主氣資論의 맥락인데, 이러한 해석은 '理는 自足的 존재'라는 주장과는 모순된다.

항상 理를 통섭하는 것이요, 理는 萬化의 樞紐가 되기에 부족한 것이다."라는 점이었다. 그리하여 화서는 經傳과 朱子書 등을 읽으면서 다시 心說을 탐구하게 되었는데, 그 결과 "心은 진실로 氣로 말한 경우도 있고, 理로 말한 경우도 있는데, 理로 말한 것이 바로 心의 本體이다"라는 결론을 얻고(以理斷心), 여러 論說을 지어 "心은 사람의 神明으로서 理·氣를 합치고 動·靜을 포함하는 것이다. 性은 心의 體로서 理가 氣를 타고 고요한 것이요, 情은 心의 用으로서 理가 氣를 타고 움직인 것이다."라고 설파했다.[23] 〈華西年譜〉 57歲條에서는 화서 心說의 핵심을 다음과 같이 설명했다.

> 心은 理와 氣를 합쳐서 지은 이름인데, 理의 측면만 單指하면 '本心'이라 한다. '道心, 主宰, 天君, 氣帥, 明德, 本原, 本體, 天地之心' 등은 모두 理의 측면만을 지칭한 것이다. 선생은 또 "心은 形·氣·神·理를 모두 포함한다. 形은 陰이요, 氣는 陽이니, 形而下의 器이다. 神은 用이요, 理는 體이니, 形而上의 道이다. 形은 心이 집으로 삼는 것이요, 氣는 心이 타는 것이며, 神은 心의 妙用이요, 理는 心의 實體이다. 모든 사물이 그렇지만 心이 要處가 된다. 그러므로 形·氣·神·理에 대해 모두 心을 말할 수 있다. 다만 '理先氣後, 理通氣局, 理帥氣役'의 순서는 잠시라도 어지럽힐 수 없으니, 이는 다만 毫髮을 다투는 것이다."라고 하였다.[24]

---

23)『華西集』附錄 卷9 頁32~33, 〈華西年譜〉 戊申(先生57歲)條 : 先生初年 嘗以心專作氣看 (…) 旣而寢覺有未安者 蓋心能盡性 性不知檢其心 心統性情 性情不得統心 此定理也 若心只是氣而已 則是氣常統理 而理不足爲萬化之樞紐矣 遂更就經傳中 凡說心去處 及朱子大全語類 用歲年之工 反復考究 (…) 於是始知心固有以氣言者 亦有以理言者 而其以理言者 乃此心之本體也 乃著說畧曰 心者人之神明而合理氣包動靜者也 性則心之體而理之乘氣而靜者也 情則心之用而理之乘氣而動者也

24)『華西集』附錄 卷9 頁34, 〈華西年譜〉 戊申(先生57歲)條 : 心者合理與氣而立名也 單指

위에서 "心은 理와 氣를 합쳐서 지은 이름인데, 理의 측면만 單指하면 '本心' 이라 한다." 고 했거니와, 이는 매우 주목을 요하는 말이다. 일반적으로 말하면 心은 '合理氣' 이지만, '道心, 主宰, 天君, 氣帥, 明德, 本原, 本體, 天地之心' 등 心의 핵심을 말하면 그것은 '理' 라는 것이다. 요컨대 '心이 性·情을 주재한다' 고 말할 때의 心, 즉 '性·情의 주재자로서의 心' 은 '理' 라는 것이 화서의 지론이다.[25]

"心은 形·氣·神·理를 모두 포함한다. 形은 陰이요, 氣는 陽이니, 形而下의 器이다. 神은 用이요, 理는 體이니, 形而上의 道이다." 라는 주장 역시 心合理氣說의 다른 표현이다. 그러므로 화서는 "形·氣·神·理에 대해 모두 心을 말할 수 있다" 고 하면서도, "다만 '理先氣後, 理通氣局, 理帥氣役' 의 순서는 잠시라도 어지럽힐 수 없다" 고 하여, '理와 氣' 가운데 心의 주축은 '理' 라고 설파한 것이다. 화서의 이러한 논조는 〈讀退陶先生集〉에서 다시 확인된다.

心은 진실로 理이나, 타고 있는 것은 氣이다. 따라서 心을 理로 여기고 氣欲의 拘蔽를 문제 삼지 않는다면 그 害를 이루 말할 수 없을 것이요, 心을 氣로 여기고 天命의 主宰를 알지 못한다면 그 理가 밝혀지지 못할 것이다. 그러므로 千古 聖賢이 心을 말함에 있어서, 理를 말할 때에는 또 반드시 氣를 말하였고, 氣를 말할 때에는 또 반드시 理를 말하여, 일찍이 하나를 빠뜨린 적

理一邊則曰本心也 曰道心曰主宰曰天君曰氣帥曰明德曰本原曰本體曰天地之心之類 皆指理一邊而言也 又曰 心包形氣神理四字 形陰而氣陽 形而下之器也 神用而理體 形而上之道也 形乃心之所舍 氣乃心之所乘 神乃心之妙用 理乃心之實體 物皆然 心爲要 是故於形於氣於神於理 皆可以言心 但理先氣後 理通氣局 理帥氣役之序 造次不可亂 此則只爭毫髮

25) 화서는 이러한 주장을 정립한 후 '活理翁' 이라는 칭송을 받았다(『華西集』 附錄 卷9 頁34, 〈華西年譜〉 戊申(先生57歲)條 : 柳洛隱鼂讀先生心說 有詩一絶云 情爲達道性爲中 自有此心主宰功 斯文一脈終難晦 左海天降活理翁).

이 없었다. 그러나 일찍이 하나도 빠뜨리지 않은 가운데, 또한 반드시 하나는 위이고 하나는 아래며 하나는 높고 하나는 낮은 실상과 하나는 强하고 하나는 弱하여 서로 勝負를 겨루는 기틀을 밝히셨다. (…) 心은 一身의 주재자요 萬事의 강령인바, 理가 主가 되고 氣가 명령에 따르면 心이 올바름을 얻으나, 氣가 도리어 主가 되고 理가 도리어 부림을 당하면 그 心의 本然을 잃는다.[26]

"心은 진실로 理이나, 타고 있는 것은 氣"라는 말은 화서 心合理氣說의 本旨를 잘 보여준다. 요컨대 '心은 진실로 理' 인바, 따라서 性·情의 주재자로서의 心은 理(天命)라는 것이다. 그런데 '心이 타고 있는 것은 氣' 이므로, 心은 氣欲의 영향을 받게 된다. 이러한 맥락에서 화서는 '心은 진실로 理' 라고 하면서도 다른 한편으로는 心을 '合理氣' 로 설명하고, 心을 논함에 '天命의 主宰' 와 '氣欲의 拘蔽' 를 항상 동시에 유의해야 한다고 강조했다.

화서는 心을 '理와 氣의 결합' 으로 설명하면서, 理·氣를 '上·下의 위계' 관계요, 동시에 서로 승부를 겨루는 '투쟁' 의 관계라고 설명했다. 화서는 "理가 主가 되고 氣가 명령에 따르면 心이 올바름을 얻으나, 氣가 도리어 主가 되고 理가 도리어 부림을 당하면 그 心의 本然을 잃는다."고 했거니와, '理가 主가 되고 氣가 명령에 따르는 것' 을 '理·氣의 相資' 라 하고, '氣가 도리어 主가 되고 理가 도리어 부림을 당하는 것' 을 '理·氣의 相抗' 이라 했다. 여기서 화서 心說의 지향점이 드러나는

---

26) 『華西集』 卷22 頁28~29, 〈讀退陶先生集〉: 蓋心固理也 而所乘者氣也 認心爲理而不問氣欲之拘蔽 則其害固不可勝言 指心爲氣而不知天命之主宰 則其理亦有所不明矣 是故千古聖賢之說心也 說理則又必說氣 說氣則又必說理 未嘗闕一 未嘗闕一之中 又必明一上一下 一尊一卑之實 與夫彼强此弱 此勝彼負之機焉 (…) 心爲一身之主萬事之綱 而理爲主 氣聽命 則心得其正 氣反爲主 而理反爲役 則失其心之本然

데, 그것은 바로 '理가 主가 되고 氣가 명령에 따르게 하여 心이 올바름을 얻게 함' 이었다.

'理가 主가 되고 氣가 명령에 따르게 하여 心이 올바름을 얻게 한다'는 목표에 대해서는 일견 모든 유학자들이 동의할 수 있을 것 같다. 그런데 화서의 心說은 여러 反論에 봉착했다. 艮齋學派의 비판 등은 차치하더라도, 華西學派 내부에서조차 비판이 제기되었던 것이다. 그렇다면 그 까닭은 무엇인가?

화서학파 내부에서 심설논쟁이 야기된 단초는 화서의 "心은 形·氣·神·理를 모두 포함한다. 形은 陰이요, 氣는 陽이니, 形而下의 器이다. 神은 用이요, 理는 體이니, 形而上의 道이다."라는 주장에 숨어 있었다. 즉 화서는 神을 理로 규정한 것이요, 그 연장선상에서 心을 理로 규정했는데(以理斷心), 화서의 제자 省齋 柳重敎는 '以理斷心'을 '부정확한 주장, 폐단을 야기할 수 있는 주장'으로 인식했던 것이다. 그러면 화서의 〈形氣神理說〉을 살펴보자.

> 聖人이 心을 논한 것은 혹은 '形'으로 말한 곳이 있으니 '火臟의 血肉'이 이것이요, 혹은 '氣'로 말한 곳이 있으니 '氣의 精爽'이 이것이며, 혹은 '神'으로 말한 곳이 있으니 '사람의 神明'이 이것이요, 혹은 '理'로 말한 곳이 있으니 '仁義之心'이 이것이다. '形'과 '氣'로 말한 것은 무엇 때문인가? 간혹 (氣稟과 人欲으로 인해) 구애받고 가려져 우리 마음의 밝음을 해치게 됨을 염려한 것이다. '神'과 '理'로 말한 것은 무엇 때문인가? 더욱 彰大하게 하여 우리 마음의 참됨을 완전하게 하려는 것이다. 聖賢의 수많은 말씀을 한마디로 갈음하면 '惟精惟一'이다. '精'은 理와 氣의 경계를 분석하여 섞지 않는 것이며, '一'은 本心의 올바름을 지켜 떠나지 않는 것이다. 天下의 理가 어찌 이보다 더한 것이 있겠는가?[27]

화서는 먼저 心에 대한 논의는 形 · 氣 · 神 · 理 네 차원에서 이루어지고 있다고 설명했다. 화서는 形 · 氣는 氣에 속하고 神 · 理는 理에 속한다고 보거니와, 이러한 맥락에서 화서는 心合理氣說을 주장한 것이다. 그런데 위에 보이듯이 화서의 心說에서 氣가 언급되는 취지는 '氣의 긍정적 역할' 을 인정하는 차원이 아니라 '氣의 부정적 역할' 을 경계하는 차원이었다. 요컨대 화서는 율곡의 氣發理乘論처럼 '氣의 필수 불가결한 역할' 을 인정하지 않는다.[28] 화서의 心說에서 氣는 다만 '理의 발현을 방해하는 존재' 일 뿐인바, 화서는 이러한 맥락에서 '惟精惟一' 을 이해했던 것이다.

心을 形 · 氣 · 神 · 理 네 차원으로 이해할 때, 율곡설에서 '氣' 가 맡았던 '지각 · 반응의 주체' 라는 역할을 화서설에서는 '神' 이 맡는다. 그런데 문제는 화서가 '神' 을 氣가 아닌 理에 소속시킨다는 점이었다. 화서는 다음과 같이 말한다.

> 形 · 氣가 陰 · 陽에 속하고 理가 太極에 속함은 모든 사람들이 다 알고, 모든 사람들이 다 말한다. 다만 '神' 에 대해 소속을 의아하게 여기는바, 理에 소속시키면 '약간 形迹이 있음' 을 혐의하고, 氣에 소속시키면 '陰陽과 뒤섞임' 을 혐의한다. 부득이하여 一陰一陽 바깥에 별도로 한 자리를 만들어 소속시키면, 太極은 主宰하고 運行하는 實用을 빠뜨리고, 陰陽은 區處하고 應接하

---

27) 『華西集』 卷24 頁42, 〈形氣神理說〉 : 聖人之論心也 或有以形言處 火臟血肉是已 或有以氣言處 氣之精爽是已 或有以神言處 人之神明是已 或有以理言處 仁義之心是已 言形言氣 何爲也哉 慮其或拘或蔽而害吾之明也 言神言理 何爲也哉 欲其益彰益大而全吾之眞也 聖賢千言萬語 一言而蔽之 曰惟精惟一 精之爲言 析夫理氣之界而不雜也 一之爲言守其本心之正而不離也 天下之理 豈有過於此者哉

28) 화서의 心說에서는 '氣는 理를 발현시키는 주체' 라는 측면은 보이지 않는바, 따라서 화서의 '理 · 氣의 相資' 라는 말은 사실 虛言이었다.

는 虛禮에 의혹을 품을 것이며, 神은 至尊無對의 칭호가 폄하되고 臣僕이나 卒徒의 대오에 편입되니, 名分이 바르지 못하여 일이 순조롭지 못하게 된다. (…) '神'이라는 한 글자가 그 本職을 잃음에 '形·氣·理' 세 글자도 함께 그 本職을 잃게 되니, 이를 미루어나가면 天下萬物이 모두 그 영향을 받게 된다. 그렇다면 종신토록 해결할 수 없는 의혹을 품고서 어둠 속에서 자신을 속이고 남을 오도하는 것보다는 어찌 한결같이 聖人의 가르침을 따라 神을 '太極의 妙用'으로 간주함으로써 모두가 무사하게 됨만 하겠는가?[29]

위의 인용문은 '神'을 '太極의 妙用' 즉 '理의 用'으로 규정해야만 하는 이유를 장황하게 설명한 것이다. 화서는 "神이라는 한 글자가 그 本職을 잃음에 '形·氣·理' 세 글자도 함께 그 本職을 잃게 되었다"고 했거니와, 神을 '太極의 妙用'으로 규정하면 마침내 "形은 陰에 속하고 氣는 陽에 속하여, 陰·陽이 兩儀를 이루는바 곧 '太極이 탈 器'이며, 理는 體가 되고 神은 用이 되어, 體·用이 합쳐져 太極이 되는바 곧 '陰陽이 싣는 道'이다. 그런 다음에 形·氣·神·理 네 글자가 각각 그 본직을 얻게 된다."는 것이다.[30] 요컨대 화서는 神을 '理의 用'으로 규정함으로써 形·氣·神·理의 관계를 정합적으로 설명할 수 있다고 보았다.

29) 『華西集』 卷24 頁42~43, 〈形氣神理說〉: 形氣之屬陰屬陽 與夫理字之配於太極 夫人皆知之 夫人皆言之矣 特此神之一字 疑於所屬 屬乎理歟 則嫌其微有形迹 屬乎氣歟 則嫌其雜糅陰陽 不得已就一陰一陽元額之外 別施一座而處之矣 然則太極缺闕其主宰運行之實用矣 兩儀疑惑於區處應接之虛禮矣 惟神則貶其至尊無對之號 而降編臣僕卒徒之伍 爲名不正而事不順矣 (…) 神之一字失其本職 和形氣理三字而均失其職 則推此以往 天下萬物 無不受病矣 與其抱此終身不決之疑 黯暗而自欺而誤人 曷若一從聖人之訓而還他神爲太極之妙用之爲都無事也耶

30) 『華西集』 卷24 頁43, 〈形氣神理說〉: 如是則形屬陰氣屬陽 而陰陽分作兩儀 卽太極所乘之器也 理爲體神爲用 而體用合爲太極 卽陰陽所載之道也 然後形氣神理四字 字得其職 而其實四字闕一 則不能成一物

그런데 성재는 화서가 神을 '理의 用'으로 규정한 것을 수긍하지 못하여, 마침내 조심스럽게 문제를 제기하게 되었거니와, 그리하여 중암과의 치열한 논쟁이 시작된 것이다.

2. 省齋의 華西心說에 대한 調補

1) 華西 心說에 대한 문제 제기

앞에서 살핀 것처럼, 화서의 지론은 "心은 '理와 氣를 합쳐서 지은 이름'인데, 理의 측면만 單指하면 '本心'이라 한다"는 것이었다. 일반적으로 말하면 心은 '合理氣'이지만, '道心, 主宰, 天君, 氣帥, 明德, 本原, 本體, 天地之心' 등 心의 핵심은 '理'라는 것이다. 그런데 성재는 화서의 이러한 주장을 수긍하지 못하고, 결국 문제를 제기하게 되었다.

성재의 기본 입장은 '心은 결코 理로 규정될 수 없다'는 것이다. 성재는 55세(1886년, 丙戌)에 지은 〈心與明德形而上下說〉에서 자신의 이러한 입장을 체계적이고 세밀하게 정리하여 제시했다. 화서는 〈形氣神理說〉에서 心(神)을 결국 理로 규정했거니와, 이에 반해 성재는 '明德은 형이상자(理)이지만, 心(神)은 본래 형이하자(氣)'라고 주장했다.

성재의 〈心與明德形而上下說〉은 화서의 心說을 조보하려는 의도에서 그 기초 작업으로 지은 것인바, 그 가운데 먼저 성재가 '心을 形而下者로 규정하는 논거들'에 대해 살펴보자. 성재는 다음과 같이 말한다.

> 고금의 心에 대한 설명은 舜의 '人心·道心'이라는 말로부터 시작되었는데, '人'과 '道'에 공통으로 '心'字를 붙인 것으로 보면, 心이란 다만 하나

의 知覺임을 알 수 있다. 다만 그것이 발함에 그 主가 되는 것에 따라 그 명칭을 달리하는 것이다. 만약 心이 곧 道라면, 聖人이 무슨 까닭으로 '心' 字 위에 다시 '道' 字를 붙였겠는가? 또한 다만 사람들로 하여금 이 心을 固守하게 하면 충분할 것인데, 하필 반드시 두 갈래로 나누어, 정밀하게 살펴 고른 다음에 한결같이 지키도록 하신 것인가? 여기서 '心'의 面目을 알 수 있겠다. 『大學』에서 八條目을 베풀 때, '正心'의 心은 '物, 知, 意, 身, 家, 國, 天下'와 함께 '事物의 반열'에 위치하며, '格, 致, 誠, 正, 修, 齊, 治, 平'은 모두 이 사물들을 다스려서 그 道를 얻자는 것이다. 朱子가 늘 '心은 官人과 같고, 性은 官法과 같다'고 말하고, 또 '性에는 不善이 없으나, 心에는 善·惡이 있다'고 말씀한 것도 모두 같은 의미이다.[31)]

위의 인용문은 성재의 心에 대한 기본적 인식을 보여준다. 위에서 성재는 '心은 形而下의 事物에 속한다'는 논거를 여러 가지로 제시했다. 첫째, 心은 '知覺의 주체'를 말할 뿐이다. 둘째, 心을 人心과 道心으로 구분하고 惟精惟一을 강조한 것 자체가 心은 道가 아니라는 증거이다. 셋째, 『大學』의 八條目으로 보아도 心은 '事物의 반열'에 속하며, '다스림의 대상'이다. 넷째, 朱子의 '心은 官人과 같고, 性은 官法과 같다'는 말씀과 '性에는 不善이 없으나, 心에는 善·惡이 있다'는 말씀으로 보아도, 心은 '순선한 형이상자'가 아니라 '善·惡이 섞인 형이하자'임을 알 수 있다.

---

31) 『省齋集』 卷33 頁13, 〈心與明德形而上下說〉: 古今說心 始見於大舜人心道心之語 於人於道 通下心字 則可知心只是一箇知覺 特其發也 因其所主而異其名耳 若心卽是道 則聖人何故於心字上 更著道字 且只令人固守此心足矣 何必分別此兩歧 使之精以擇之 然後一以守之耶 此可以見心字面目也 大學設八條目 正心之心 與物知意身家國天下 同在事物之列 格致誠正修齊治平 皆治此物 以求得其道也 朱子常言心如官人 性如官法 又言性無不善 心有善惡 蓋皆一般意也

성재도 화서와 마찬가지로 心(知覺)을 '理와 氣의 결합' 으로 보았다. 心에 理의 요소가 포함되어 있다면, 관점에 따라 理라고 말할 수도 있는 바, 이에 대해 성재는 다음과 같이 설명한다.

> 무릇 心의 知覺은 반드시 理와 氣가 결합하여 이러한 運用이 있는 것이니, 心을 설명하는 사람은 理와 氣 어느 하나에 치우치게 말하기 어려운 것이다. 다만 形而上者는 볼 수 없고 形而下者는 볼 수 있으며, '理와 氣가 결합했다' 고 말하면 곧 '眞·妄·邪·正의 뒤섞임' 이 있어서 다시는 理의 本體가 아니므로, 그저 '心' 이라 말하면 다만 形而下者라는 것에 의거하여 事物로 지목하고, 省察하고 檢束하는 공부를 보태는 것이다. '本心·良心·道心·仁義之心' 처럼 특별하게 지칭한 것은 이 心에 나아가 '참되고 바른 것' 을 별도로 골라낸 것이다. 그 地頭를 말하면 마찬가지로 形而下者이나, 그 主가 된 것을 논하면 바로 天理의 本然으로서, 반드시 培養하고 擴充하는 공부를 필요로 하니, 그러므로 그 主가 되는 것을 따라서 '理' 라고 이름 지은 것이다. 經傳에서 私意나 物欲과 대립시켜 天理를 말하는 것은 대개 이를 지칭한다.[32]

위에 보이듯이, 성재는 '理와 氣가 결합했다' 는 것을 오히려 '理의 본체가 아니다' 라는 뜻, 그러므로 '省察하고 檢束하는 공부가 필요하다' 라는 뜻으로 해석했다. 요컨대 心은 理의 본체가 아니고 성찰하고 검속하는 공부가 필요한 존재이므로, 形而下者인 事物로 규정하는 것이 타

32)『省齋集』卷33 頁13~14, 〈心與明德形而上下說〉: 大抵心之知覺 必理與氣合 有此運用 則說心者固難偏主於其間 但形而上者不可見 而形而下者可見 且纔曰理與氣合 便有眞妄邪正之雜 而非復理之本體 故止曰心焉 則只得據形而下者 目之以事物 而就加省察檢理之工 至加殊稱 如曰本心良心道心仁義之心 則是就此心 揀別出眞而正者也 語其地頭 則一般是形而下者 論其所爲主 則乃天理之本然 而須用培養擴充之工 故從其所爲主者 而名之以理耳 經傳中對私意物欲而言天理者 大凡指此也

당하다는 것이다. 이른바 '本心·良心·道心·仁義之心' 등은 心에 나아가 '참되고 바른 것'을 골라낸 것인바, 이것들 역시 形而下者에 속하는 것이나, 그 지각작용에 있어서 理가 주가 된 것이므로 '理'라고도 지칭한다는 것이다.[33]

성재는 程子의 '心·性·天 一理'와 '心卽性', 邵康節의 '心爲太極' 등 화서가 心을 理로 규정하면서 중시한 논거들에 대해서도 화서와 달리 해석한다. 먼저 程子의 '心·性·天 一理'와 '心卽性'에 대한 설명을 보자.

> 理·氣를 설명함에는 하나로 합쳐서 말할 때도 있고, 나누어서 말할 때도 있다. 하나로 합쳐서 말할 때엔 心과 性·天은 진실로 하나의 理이다. 오직 心만 그런 것이 아니니, 비록 形과 氣의 거친 것도 理와 통합해서 말하는 경우가 있다. 나누어서 말할 때에는 心은 스스로 心, 性은 스스로 性, 天은 스스로 天이어서, 서로 뒤섞임을 허용하지 않는다. 이 때문에 程子는 (『孟子』 盡心章을 두고) 진실로 "心이 바로 性"이라 했지만, 또 "心은 마치 곡식 씨앗과 같다. 生의 性이 仁이다."라고 했으니, 心과 性은 결국 변별하지 않을 수 없다. 程子는 또 "心과 天은 하나의 理"라고 했지만, 또 "聖人은 天을 근본으로 삼고, 釋氏는 心을 근본으로 삼는다"고 했으니, 心과 天이 또 어찌 하나라고 말할 수 있겠는가?[34]

---

33) 성재는 "心은 '理와 氣가 합쳐진 것'이므로, 그 전체를 거론할 때에는 다만 '物'이라 부른다. 그 가운데 上一面을 지칭할 때에야 理로 말할 수 있다."고 말하기도 했다(『省齋集』 卷7 頁16, 〈上重菴先生〉: 盖惟理氣之合也 故揭擧全體則只喚做物 就其中指上一面 乃可以理言). 성재는 '理와 氣가 결합하여, 省察하고 檢束하는 공부가 필요한 것'을 心의 '本來體段'이라고도 했고, '理가 主가 되어 참되고 바른 것'을 心의 '本源眞體'라고도 했다(『省齋集』 卷33 頁22). 성재가 '事物'로 규정해야 한다고 주장하는 心은 물론 '本來體段'을 지칭한다.

34) 『省齋集』 卷33 頁20, 〈心與明德形而上下說〉: 凡說理氣 有致一說時 有分開說時 其致一說時 心與性天 固只是一理 非惟心爲然 雖形與氣之粗者 亦有統於理而言處 其分開說

성재는 "理·氣를 설명함에는 하나로 합쳐서 말할 때도 있고, 나누어서 말할 때도 있다"는 점을 지적하고, 정자도 心·性을 합쳐서 말하기도 하고 나누어서 말하기도 했음을 상기시켰다. 그러므로 '합쳐서 말한 것' 만 주목하여 心을 理로 규정하는 것은 곤란하다는 것이다. 한편, "聖人은 天을 근본으로 삼고, 釋氏는 心을 근본으로 삼는다"는 말은 聖人은 객관적 天理를 규범적 표준으로 삼으나 불교는 자기의 마음을 규범적 표준으로 삼는다는 뜻이다. 정자는 '불교는 자기의 마음을 규범적 표준으로 삼았기 때문에 猖狂自恣에 빠진 것' 이라고 비판하면서 '聖人처럼 天理를 규범적 표준으로 삼아야 한다' 고 주장한 것인데, 성재는 이를 心과 天理를 엄격히 구분해야 하는 논거로 인용한 것이다.

다음, 소강절의 '心爲太極' 에 대한 설명을 보자. 朱子는 『易學啓蒙』에서 '易有太極' 을 설명하면서 소강절의 '道爲太極' 과 '心爲太極' 이라는 말을 '太極圈(○)' 에 해당시킨 바 있거니와,[35] 이에 대해 성재는 다음과 같이 설명한다.

> 여기서 말하는 '太極' 은 先天圖 중앙의 빈 곳을 가리키는 것이다. 소강절의 뜻은 대개 이 '중앙의 빈자리' 는 하늘에서는 오직 道만이 이에 해당하고, 사람에서는 오직 心만이 이에 해당한다는 것이다. 그러므로 소강절의 詩에서는 "하늘은 一에서 造化를 나누고, 사람은 心에서 經綸을 일으킨다" 고 했다. '一' 은 바로 道이다. 이 두 구절은 바로 이러한 뜻을 말한 것이다. 朱子가

時 心自心性自性天自天 不容相混矣 是故程子於此 固曰心卽性矣 而又有言心如穀種 生之性是仁 則心與性終不容無辨矣 於此固曰心也天也一理也 而又有言聖人本天 釋氏本心 則心與天 又豈可謂一物乎

35) 『易學啓蒙』 卷2(『性理大全』 卷15) 頁3 : 太極者 象數未形而其理已具之稱 形器已具而其理無眹之目 在河圖洛書 皆虛中之象也 周子曰無極而太極 邵子曰道爲太極 又曰心爲太極 此之謂也

『易學啓蒙』에서 '道爲太極'과 '心爲太極'을 인용한 것도 마찬가지 뜻이다. 여기서 말하는 '心'은 바로 性과 情을 함께 포괄하여 그 '本然의 體'를 말한 것이요, 일반적으로 말하는 心이 모두 太極에 해당하여 天道와 짝할 수 있다는 말이 아니다.[36]

성재는 '心爲太極'을 '사람은 心에서 經綸을 일으킨다'는 맥락으로 풀이했다. 이는 心의 '주체성'이나 '능동성'을 강조하는 것이요, 결코 '규범성'을 강조하는 것이 아니다. 요컨대 성재는 心의 '주체성'이나 '능동성'은 적극 인정하면서도, 결코 '규범성'은 쉽게 인정하지 않는다. 성재의 이러한 입장은 다음의 인용문에서 더욱 분명하게 드러난다. 朱子도 '心爲太極'과 함께 '性是太極'이라고 말한 바 있거니와, 이에 대해 성재는 다음과 같이 설명한다.

사람의 한 몸에서 萬化가 비롯되는 연유를 찾아보면 오직 心이 '太極의 지위'에 해당하며, 다시 한 마음에서 萬理가 근원하는 지극한 곳을 지적하면 오직 性이 '太極의 실질'에 해당한다. 말이 각각 타당함이 있으니, 진실로 이것을 고집하여 저것을 병폐로 여기면 안 된다. (…) 그윽이 생각건대, 세속의 衆人은 평생 形氣가 작용하는 말단에서 쉼 없이 수고롭게 살면서도 '心이 一身의 主宰者'임을 알지 못한다. 孟子가 말한 '大體와 小體'는 바로 이런 사람들을 깨우친 것이다. 그중에 간혹 心이 주재자라는 것을 대충 이해하는 사람도 또 그 虛靈한 知覺을 오로지 고수하여 스스로 사사롭고 방자하게 굴면

36) 『省齋集』 卷33 頁20, 〈心與明德形而上下說〉: 此所謂太極 指先天圖中央虛處而言 邵子之意 盖謂此中虛之位 在天惟道可以當之 在人惟心可以當之也 故其詩曰 天向一中分造化 人於心上起經綸 一卽道也 此兩句政是道得此意也 朱子之引用於啓蒙 其意亦然矣 若其所謂心者 乃該包性情而言其本然之體也 非謂凡言心者 皆可以當太極而與天道相配也

서 '天理가 이 心의 準則임' 을 알지 못한다. 程子가 말한 '聖人本天과 釋氏本心' 은 바로 이런 사람들을 경계시킨 것이다. 그런데 朱子의 이 두 해설은 또 이 두 부류의 사람들을 함께 구제한 것이다.[37)]

성재는 太極을 '萬化의 근원' 인 동시에 '萬理의 근원' 이라고 보았다. 그런데 '太極이 萬化의 근원임' 은 '心이 一身의 主宰者임' 과 궤를 같이하고, '太極이 萬理의 근원임' 은 '天理가 이 心의 準則임' 과 궤를 같이한다는 것이다. 성재에 의하면 太極에는 '心의 측면' 과 '性의 측면' 이 함께 존재하는 것이다. 그런데 주목할 것은, '太極이 萬化를 주재함' 을 '心의 측면' 으로 규정하고, '太極이 萬化의 標準(準則)이 됨' 을 '性의 측면' 으로 규정했다는 사실이다. 요컨대 성재는 心의 주체성이나 능동성을 인정하면서도, 규범성은 인정하지 않았다. 성재는 만물의 표준이 되는 규범성은 理 또는 性의 영역이라고 본 것이다. 성재는 자신의 입장을 이와 같이 정리한 다음, 스승 華西의 性理說에 대해 다음과 같이 정리한다.

우리 先師께서는 처음부터 太極의 主宰와 明德의 實體를 매우 정확하게 깨닫고 계셨다. 心에 대해서는 晩年에 程子가 盡心章에 대해 논한 諸說을 좋아하셨고, 또 朱子의 '心爲太極' 이라는 말을 비교적 중요하게 생각하여, 늘 "太極은 天地의 心이며, 心은 사람에게 있는 太極" 이라고 말씀하셨다. 그 뜻은 "天下의 사물이 모두 理와 氣, 形而上者와 形而下者가 결합한 다음에 하나

37)『省齋集』卷33 頁21, 〈心與明德形而上下說〉: 就人一身上 求見萬化之所由出 則惟心可以當太極之位 更就一心上 指出萬理之所根極 則惟性可以當太極之實 言各有當 固不可執此而病彼 (…) 妄竊嘗謂世俗衆人 終身役役於形氣作用之末 而不知此心之爲一身主宰 孟子大體小體之論 政所以曉此等人也 厥或粗知此心之爲主者 又專守其虛靈之識 自私自恣 而不知天理之爲此心準則 程子本天本心之論 政所以警此等人也 至若朱子此二訓 則又可以兼救此兩等人也 學者宜各致察焉

의 형체를 이루니, 어찌 心의 경우에만 의심하겠는가? 그렇다면 心은 理로 말해도 되고, 氣로 말해도 된다. 다만 主·客의 구분을 논하자면 마땅히 形而上者를 主로 삼아야 하고 形而下者를 主로 삼을 수는 없으므로, 理로 心을 말하는 것이 바로 正訓이다. 心은 萬理가 모여 主宰하는 것이므로 또 '太極의 지위'에 해당한다."는 것이었다.[38]

위의 인용문에 의하면, 화서는 心合理氣說을 전제로 '心은 理로 말해도 되고, 氣로 말해도 된다'고 보면서도, 主·客을 구분할 때엔 '마땅히 形而上者를 主로 삼아야 하고 形而下者를 主로 삼을 수는 없다'는 관점에서 心을 理로 규정했던 것이요, 또 心爲太極說에 입각하여 '心은 萬理가 모여 主宰하는 것'이므로 또 '太極의 지위'에 해당한다고 보았던 것이다. 성재는 처음에는 스승의 이러한 학설을 그대로 믿고 따랐었는데, 나중에 이러한 주장에 '지나친 점'이 있다는 것을 깨닫게 되었다. 성재는 다음과 같이 말한다.

明德이 形而上者라는 것은 당연히 밝혀야 하나, 心과 明德의 구분 역시 밝히지 않을 수 없다. '心爲太極'은 진실로 朱子의 雅言이나 '性是太極' 또한 朱子의 成訓이다. 그렇다면 그 취지를 서로 대조하여 맞추어봄으로써 一致處를 찾아내야만 할 것이다. 또한 理와 氣가 결합한 다음에 형체를 이루는데 理가 마땅히 主가 되어야 한다는 것은 萬事萬物이 모두 같은 바이다. 그런데 聖賢의 말씀은 곧바로 事物을 理에 해당시킨 경우가 없는바, 여기에는 반드

38)『省齋集』卷33 頁23,〈心與明德形而上下說〉: 我先師從初見得太極主宰 明德實體分外的確 其於心也 則晩喜程子論盡心章諸說 而又於朱子心爲太極之言 持守較重 常言太極者天地之心 心者在人之太極 其意以爲天下之物 皆合理氣上下兩面然後成一形 奚獨至於心而疑之 然則說心以理以氣 俱無不可 但論主客之分 則當以上面爲主 而不當以下面爲主 故以理言心者 乃是正訓 而以其爲萬理之總會主宰也 故又可以當太極之位也

시 까닭이 있을 것이다. 지금 오직 心이라는 사물에 대해서만 形而上者로 단정하고 太極으로 명목을 붙인다면 程子가 盡心章에 대해 논한 諸說처럼 또한 스스로 하나의 학설이 될 수 있겠으나, 心의 지위를 변별하고 名目을 바로잡고자 함에 있어서는 끝내 未安한 바가 있다. 대개 반드시 이처럼 立論한다면, 한 번 구르고 두 번 구르는 가운데 '太極의 本然한 本體'는 作用이 있는 것으로 되어 하나의 사물과 같게 되고, '學者의 마음을 다스리는 공부'도 간혹 게을러져 猖狂自恣에 빠질 것이다. 이는 근본의 매우 중요한 대목으로서 가장 조심해야 할 바요, 그냥 지나칠 수 없는 곳이다.[39)]

성재는 화서가 '心을 形而上者로 규정한 것'에 대해 "心의 지위를 변별하고 名目을 바로잡고자 함에 있어서는 끝내 未安한 바가 있다"고 지적하여, 명목상으로 타당하지 못하다고 비판했다. 더 나아가 화서의 心說은 또 다른 병폐를 야기할 수 있다는 것인바, 그것은 둘로 요약된다. 화서처럼 心을 形而上者요 太極이라고 규정하면, 한편으로는 '太極의 本然한 本體'가 作用이 있는 것으로 되어 '하나의 事物'과 같게 되고, 學者의 '마음을 다스리는 공부'도 간혹 게을러져 '猖狂自恣'에 빠질 수 있다는 것이다. 이는 매우 중요한 대목으로서 그냥 지나칠 수 없는 곳이므로, 시정하지 않을 수 없다는 것이 성재의 문제의식이었다.

---

39)『省齋集』卷33 頁23~24,〈心與明德形而上下說〉: 盖明德之爲形而上 固所當明 而心與明德之分 不可以無辨 心爲太極 固朱子之雅言 而性是太極 亦朱子之成訓 則其指意所在 又須相對契勘 求見致一處也 且合理氣成形而理當爲之主 萬事萬物之所同然 而聖賢說話 未有直以事物當理者 此必有所以然 今獨於心之爲物 而斷之以形而上 而目之以太極 則可且自爲一說 如程子論盡心諸條 而欲以爲辨位正名之辭 則終有所未安 盖必如是立論 則一轉再轉 太極本然之體 爲有作用而同於一物 學者治心之工 亦或怠緩而流於自恣矣 此在根本切要之地 最所兢兢 不容放過處也

2) 華西 心說에 대한 調補

앞에서 살폈듯이, 화서는 천하의 모든 것을 '理와 氣의 결합' 으로 설명하면서, 理가 주인이 되고 氣가 부림을 받는다면 萬事가 다스려지고 天下가 편안해지나, 氣가 주인이 되고 理가 부림을 받는다면 萬事가 어긋나고 天下가 혼란해진다고 인식했다. 화서의 주장은 한마디로 '이 세상을 氣의 주재에 맡길 수 없다' 는 것이다. 그리하여 화서는 '一身의 주재자' 요 '性·情의 주재자' 로 인식된 心을 理로 규정했다(以理斷心).

성재는 '이 세상을 氣의 주재에 맡길 수 없다' 는 화서의 문제의식을 적극 수용했다. 그런데 화서의 '以理斷心' 에 대해서는 名目에도 어긋나고 여러 병폐를 초래할 수 있다는 이유로 비판했다. 이러한 맥락에서, '心卽氣說을 고수하면서, 理의 능동적 主宰를 옹호한다' 는 것이 성재의 기본 노선이었다. 그렇다면 어떻게 '心卽氣說' 과 '理의 능동적 주재' 를 양립시킬 수 있는가? 성재는 성리학의 핵심 명제 '心統性情' 과 율곡학파의 통론 '理無爲 氣有爲' 를 다시 해석하는 것에서 그 실마리를 찾았다.

먼저 성재의 '心統性情' 에 대한 해석을 살펴보자. 或者의 "무릇 性은 형이상자인바, 心이 만약 형이하자라면, '心統性情' 은 '형이하자가 형이상자를 통섭하는 것' 이니, 倒置되어 거꾸로 베풀어지는 것이 아니겠는가?" 라는 질문에, 성재는 '心統性情' 의 '統' 字는 '兼包' 와 '主宰' 두 뜻을 함께 지닌다고 답한 다음, 각각에 대해 다음과 같이 설명하였다.

> '心이 性·情을 兼包한다' 는 것은 무슨 말인가? 心은 사람의 몸 가운데 知覺이 있어서 능히 寂·感할 수 있는 사물이다. 바야흐로 고요할 때엔 性의 理가 갖추어져 있고, 감응함에 미쳐서는 情의 用이 행해진다. 그러므로 心을 설명하는 사람은 항상 心의 知覺을 性·情의 田地로 삼고, 性·情을 이 心이

포함하는 것으로 삼는다. 오직 이 心이 포함하는 것이기 때문에, 그러므로 또 간혹 心이 갖추고 있는 性을 곧바로 가리켜 心이라 해도 되고, 心이 운행하는 情을 가리켜 心이라 해도 된다. 따라서 心은 비록 形而下者라고 이름 붙였어도 포함하는 바는 매우 완전하며, 性은 비록 形而上者라고 말해도 또한 이 心의 全部 가운데 일부이다. 그러므로 '心統性情' 이라는 말은 애초에 '아랫것이 상전을 통섭한다(以下統上)' 는 혐의를 제기할 수 없는 것이다.[40)]

성재는 '心이 性·情을 兼包함' 을 "心이 고요할 때엔 性의 理가 갖추어져 있고, 감응함에 미쳐서는 情의 用이 행해진다."는 뜻으로 풀이했다. 그리고 兼包의 맥락에서 보면 性은 心의 일부분이므로, 心이 形而下者라 하더라도, '以下統上' 이라는 혐의는 부당하다고 설명했다. '以下統上' 이라는 혐의는 바로 화서가 제기한 혐의였던바, 성재는 스승의 그러한 문제 제기 자체를 부당하게 여긴 것이다.

주자는 '心統性情' 을 '心이 性을 포함하고 있으면서(包含該載) 지각 작용을 통해 情으로 베풂(敷施發用)'[41)]으로 풀이한 바 있는데, '包含該載' 는 兼包에 해당하고 '敷施發用' 은 主宰에 해당한다는 것이 그동안의 通論이었다. 그런데 위의 인용문에 보이듯이, 성재는 兼包를 설명하면서 '包含該載' 와 '敷施發用' 을 모두 거론하였다. 다시 말해, 성재는 기존에 主宰로 간주되던 '敷施發用' 을 兼包로 간주한 것이다. 그리고는 '主宰' 에 대해서는 다음과 같이 설명한다.

---

40) 『省齋集』 卷33 頁16, 〈心與明德形而上下說〉 : 所謂兼包性情者 心是人身中 有知覺能寂感之物也 方其寂也 性之理具焉 及其感也 情之用行焉 故說心者 常以心之知覺爲性情之田地 而以性情爲此心之所包 惟其爲此心之所包也 故又或直指所具之性而曰此心也亦得指所行之情而曰此心也亦得 以是則心雖據形而下者名之 而所包則極其全 性雖指形而上者言之 而亦是此心全部內一體 故其言心統性情者 初未可以以下統上爲嫌矣

41) 『朱子語類』 卷5(88쪽) : 性是理 心是包含該載 敷施發用底

'心이 性·情을 主宰한다'는 것은 무슨 말인가? 朱子는 일찍이 "心이 性·情을 주재한다는 것은 또한 이치가 분명하다. 未發時에 '知覺이 어둡지 않음'은 '心이 性을 주재함'이 아니겠는가? 已發時에 '品節이 어긋나지 않음'은 '心이 情을 주재함'이 아니겠는가?"라고 했으며, 또 "情은 性에 근원하면서 心의 주재를 받는다. 天理·人欲과 中節·不中節의 나뉨은 다만 心의 主宰 여부에 달린 것이다."라고 했다. 이것으로 보면, '主宰'란 곧 이 心의 本然之則으로서, 앞에서 말한 '理가 主가 되는 곳(理爲主處)'[42]이요, 일반적으로 말하는 '사람의 몸 가운데 知覺하여 능히 寂·感하는 것'이 모두 主宰라는 명목에 해당하는 것은 아니다. 그렇다면 '心統性情'이라는 말이 어찌 다시 倒置되어 거꾸로 베풀어지는 것이라고 의심할 수 있겠는가?[43]

성재는 "일반적으로 말하는 '사람의 몸 가운데 知覺하여 능히 寂·感하는 것'이 모두 主宰라는 명목에 해당하는 것은 아니다."라고 했거니와, 이는 '지각작용을 통한 敷施發用'을 '主宰'로 간주하던 기존의 통론을 비판하는 것이다. 성재는 그 대신 '主宰'를 '未發時에 知覺이 어둡지 않게 하고 已發時에 品節이 어긋나지 않게 함', 즉 '未發時에 中을 이루고 已發時에 和를 이루게 함'으로 설명했다.[44] 성재는 또한 "主宰란 곧

---

42) 성재는 '本心·良心·道心·仁義之心'을 거론하면서 "이 네 종류의 心은 본래 모두 '理가 主가 되는 곳(理爲主處)'을 따라 이름을 얻은 것이니, 그러므로 諸般 性理와 다시 분별하지 않고 互換하며 通說하는 것"이라고 설명한 바 있다(『省齋集』 卷33 頁13~14, 〈心與明德形而上下說〉: 此四種心 本皆從理爲主處得名 故與諸般性理 互換通說 更無分別).

43) 『省齋集』 卷33 頁16, 〈心與明德形而上下說〉: 所謂主宰性情者 朱子嘗言心主性情 理亦曉然 未發而知覺不昧者 非心之主乎性者乎 已發而品節不差者 非心之主乎情者乎 又言情根乎性而宰乎心 天理人欲之判 中節不中節之分 特在乎心之宰與不宰耳 以是則主宰云者 卽是此心本然之則 而向所謂理爲主處是也 非泛言人身中有知覺能寂感者 皆可以當此目也 然則其言心統性情者 豈復有倒與逆之可疑乎

이 心의 本然之則으로서, 理가 主가 되는 곳"이라 했거니와, 이는 '主宰'의 주체는 心의 本然之則으로서의 '理'라는 뜻이다.

요컨대 위의 인용문에서 주목할 것은 두 가지이다. 첫째, 성재는 知覺과 主宰를 별개로 보았다는 점이다. 둘째, 理와 氣가 결합된 心 가운데, 知覺의 주체는 氣이지만 主宰의 주체는 理라고 보았다는 점이다. 성재는 이 두 주장을 바탕으로 '心은 形而下者(物)'라는 주장을 고수하면서 '理의 능동적 主宰'를 옹호할 수 있는 길을 찾아낸 것이다.

이제 성재의 '理無爲 氣有爲'에 대한 설명을 살펴보자. 성재는 율곡학파의 통론 '理無爲 氣有爲'에 대해 '다만 현상적으로 그런 것'이라 하였다. 성재에 의하면, 形而上者인 理의 作爲는 눈에 보이지 않으므로 '理는 作爲가 없다'고 말하는 것일 뿐, 그 근원을 논하면 '天地의 造化와 人心의 運用이 모두 理가 하는 일'이라는 것이다.

> 이른바 '理는 作爲가 없고, 氣는 作爲가 있다(理無爲 氣有爲)'는 것은 다만 그 形迹을 두고 말하는 것이다. 만약 그 근원을 논한다면, 理는 진실로 氣의 主宰者요, 氣는 理가 부리는 바이다(理之所使). 그러므로 무릇 天地의 造化와 人心의 運用은 모두 理가 하는 일이다(理之所爲). 다만 비록 理가 하는 일이라 하더라도, 일을 한다고 하면 곧바로 이미 氣의 영역과 교섭하게 되니, 결국 正·變·眞·妄이 뒤섞이는 것이다. 그러므로 形而下者에 속하게 되는 것인데, 그 가운데 바르고 참된 것을 골라 '理'라고 지목하는 것이다. 만약 '太

---

44) '心統性情'을 '心이 性을 포함하고 있으면서 지각작용을 통해 情으로 베풂'으로 설명하는 것은 '事實的 설명'이요, '未發時에 中을 이루고 已發時에 和를 이루게 함'으로 설명하는 것은 '當爲的 설명'이다. 주자의 心統性情에 대한 설명은 사실적 설명과 당위적 설명이 혼재하여 일관성이 없는 편이다(이에 대한 자세한 논의는 拙稿, 「朱子 心統性情論의 양면성과 退·栗 性理學」 참조). 그런데 성재는 주자의 사실적 설명을 '兼包'로, 당위적 설명을 '主宰'로 해석하는 것이다.

極은 본래 主宰의 실질이 없어서, 氣機가 스스로 운행하는 것에 일임하는 것' 이라면, 太極은 쓸데없는 군더더기인 것이니, 어찌 족히 萬化의 樞紐가 될 수 있겠는가? 이는 모두 크게 의심스러운 바이다.[45]

위에 보이는 것처럼, 성재는 '理의 능동적 作爲' 를 역설하고, 이를 곧바로 '理의 주재' 와 연결시켰다. 요컨대 성재는 '理의 주재' 를 '理가 능동적으로 氣를 부림(使之)' 으로 해석하고, "理는 진실로 氣의 主宰者요, 氣는 理가 부리는바" 라고 단언했다. 그리고는 율곡학파의 통론처럼 氣의 운동을 '機自爾' 로 규정하는 것은 理의 주재를 부정하여 理를 쓸데없는 '군더더기' 로 전락시키는 것이라고 비판했다.

이제 성재가 화서의 心說을 調補한 내용에 대해 살펴보자. 위와 같이 자신의 견해를 정립한 성재는 丙戌年(1886) 12月 중암에게 편지를 올려 화서의 心說에 대해 調補할 필요가 있다는 의견을 피력했다. 이 편지에 의하면, 화서는 明德主理說을 제창하면서 心도 理로 간주했으며, "心과 性을 對擧할 때에는 오로지 一理上에 나아가 '主宰와 準則' 으로 구분하여 설명할 뿐, 다시 '物과 則' 으로 구별하여 말하지 않았다." 성재는 이에 대해 明德主理說에 대해서는 추호도 의심하지 않지만, '心과 性' 을 一理上에 나아가 '主宰와 準則' 으로 구분하는 것은 아무래도 牽强附會 같아서 납득할 수 없다고 고백했다.[46]

---

45) 『省齋集』 卷33 頁22~23, 〈心與明德形而上下說〉 : 夫所謂理無爲氣有爲者 特以其迹言之耳 若論其本 則理實爲氣之主 而氣卽是理之所使也 故凡天地造化 人心運用 皆理之所爲也 但雖理之所爲 而纔說有爲時 便已交過氣界來 須有正變眞妄之雜 故且屬之形而下者 就其中揀別出正而眞者 目之以理耳 若太極本無主宰之實 而一任氣機之自運 則便是無用之贅物 惡足爲萬化之樞紐耶 是皆可疑之大者也

46) 『省齋集』 卷7 頁4, 〈上重菴先生(丙戌12月)〉 : 蓋於明德以理言之大指 不敢有一毫致疑 惟以明德屬理之故 而並與心喚做理 凡心與性對擧處 專就一理上 分主宰準則說 不復以物則之別爲言 此於心有牽强不自得處

화서설에 대한 성재의 비판은 '心과 性'을 '主宰와 準則'으로 구분함에 초점이 있는 것이 아니다. 성재 역시 '心과 性'을 '主宰와 準則'으로 구분한다. 성재의 비판의 초점은 화서가 '心과 性'을 '오로지 一理上에 둠'에 있었다. 이와 같은 문제의식 아래, 성재는 '心과 性'을 '形而下의 事物과 形而上의 準則'으로 구분해야 마땅하다고 보았던바, 이것이 화서의 心說에 대한 調補의 핵심 내용이었다. 성재는 다음과 같이 말한다.

> '心과 性'은 '物과 則'으로 나누는 것이 본분상 마땅하다. '心의 主宰'를 말하자면 바로 心의 本職이다. '心의 知覺'은 그 본직을 얻을 때도 있고, 그 본직을 잃을 때도 있다. 그 본직을 얻었을 때가 바로 이 '心의 理가 주인이 된 곳'이니, '主理'로 말하는 것이 실로 합당하다. 그러나 그렇다고 해서 마침내 心을 形而上者라고 부르며 性과 동등하게 보는 것은 끝내 온당하지 못한 것 같다.
>
> 대개 '形而上者'는 '道理의 本然'으로서, '事物이 準則으로 삼는바'가 된다. 예컨대 '道, 理, 性, 德' 등은 그 큰 조목이고, '中正, 仁義, 孝弟, 忠信' 등은 작은 조목이다. 무릇 '形而下者'는 '事物의 그러함'으로서, '정리할 바'에 따라 이름을 얻는다. 예컨대 '人, 物, 身, 心' 등은 그 큰 조목이고, '知覺, 好惡, 視聽, 言動' 등은 작은 조목이다. 이처럼 (形而上者와 形而下者는) 그 面目과 形容이 원래 다르다. '道理'에는 '아직 발현되지 않은 것'과 '이미 발현된 것'의 구분이 있다. '이미 발현되어 모양과 상태가 있는 것'은 진실로 그 사물에 나아가 말할 수는 있으나, 곧바로 形而下의 조목에 넣어서는 안 된다. '事物'에는 '아직 변별되지 않은 것'과 '이미 변별된 것'의 구분이 있다. '이미 변별되어 준칙이 있는 것'은 실로 主理로 말할 수 있으나, 마침내 形而上의 조목으로 간주해서는 안 된다. 이것이 그 地頭로서, 다투는 것은 얼마 되지 않으나, 그 구분은 끝내 혼동해서는 안 된다.[47]

위의 첫째 문단에서는 '心과 性' 은 '事物과 準則' 으로 나누는 것이 본분상 마땅하다고 주장하고, 心은 어디까지나 '形而下의 사물' 이라는 점을 강조했다. 여기서 주목할 것은, 성재가 '心의 知覺' 과 '心의 主宰' 를 구분하고 있다는 점이다. 앞에서 살폈듯이, 성재는 '主宰' 를 '未發時에 知覺이 어둡지 않게 하고 已發時에 品節이 어긋나지 않게 함' , 즉 '未發時에 中을 이루고 已發時에 和를 이루게 함' 으로 설명했다. 성재에 의하면 '心의 知覺' 은 心의 본직인 主宰를 제대로 실현할 때도 있고, 제대로 실현하지 못할 때도 있다. 心의 知覺이 主宰를 제대로 실현하여 '中和' 를 이루었을 때엔 '心의 理가 주인이 된 곳' 이니, '主理' 로 말할 수 있으나, 그렇다고 해서 마침내 心을 形而上者라고 부를 수는 없다는 것이다.

둘째 문단은 形而上者와 形而下者를 원론적으로 구분함으로써 첫째 문단의 논지를 뒷받침한 것이다. 形而上者는 '道理의 本然' 으로서 '事物이 準則으로 삼는바' 가 되며, 形而下者는 '事物의 그러함' 으로서, '정리할 바' 가 된다. 성재는 어떤 사물에 道理의 본연한 準則이 구현되었을 경우, 그 사물을 '主理' 라 말할 수는 있지만, 그 사물을 결코 '形而上者(理)' 라고 말할 수는 없다고 설명했다. 이는 요컨대 '本心 · 良心 · 道心 · 仁義之心' 등에 대해 '理가 主가 된 것(理爲主)' 이라고 말할 수는 있

47) 『省齋集』 卷7 頁4~5, 〈上重菴先生(丙戌12月)〉 : 畢竟以物則分心性者 當爲本分面勢 至若心之主宰 乃心之本職也 心之知覺 有得其本職時 有失其本職時 得其本職時 政是此心之理爲主處 固合主理而言 然以此之故 而遂將心喚做形而上者 與性齊頭平看 則終似未穩 盖凡言形而上者 以道理之本然 而爲物所準則者得名 如曰道曰理曰性曰德之屬 卽其大目也 其細目則如中正仁義孝弟忠信之屬是也 凡言形而下者 以事物之其然 而在所當整理者得名 如曰人曰物曰身曰心之屬 卽其大目也 其細目則如知覺好惡視聽言動之屬是也 此其面目形容 元自不同 所謂道理者 有未發見已發見之分 其已發見有貌狀者 固可卽物言之 而不可直以當形而下之目 所謂事物者 有未揀別已揀別之分 其已揀別有準則者 固可主理言之 而不可遂以作形而上之目 此其地頭 所爭不能幾何 而其分則終有不可混者矣

지만, 곧바로 '理'라고 말할 수는 없다는 뜻이다.

성재는 자신의 이와 같은 견해를 담은 편지를, 자신의 견해를 뒷받침할 수 있는 논설 〈心與明德形而上下說〉·〈古聖賢說心源委(心說源委)〉[48]와 함께 중암에게 올렸다. 그런데 중암은 성재의 '調補' 시도를 '가당치 못한 것'으로 규정하고, 혹독하게 비판했다. 그리하여 화서학파의 심설 논쟁이 본격적으로 시작된 것이다.

3. 重菴-省齋의 心說 論爭

1) 논쟁의 전개 과정

성재가 丙戌年(1886) 12月에 올린 편지에 대해, 중암은 丁亥年(1887)에 〈答柳穉程(心說源委辨)〉라는 답서를 보냈는데, 그 내용은 성재의 〈古聖賢說心源委(心說源委)〉에 대한 反論이 주를 이룬다. 〈古聖賢說心源委(心說源委)〉는 제목 그대로 '옛 聖賢의 心에 대한 설명'을 두루 소개하고, 그에 성재 자신의 견해를 간략히 덧붙이면서 '心은 사물로서, 形而下者에 속한다'고 주장하는 글이었다. 성재의 이러한 논설에 대해 중암은 그 論旨를 거의 수긍하지 않고, 매우 비판적으로 반론했는데, 그 주요 논점을 정리하면 다음과 같다.

첫째, '心과 性'을 '事物과 準則'으로 구분하는 문제이다. 성재는 여러 논거들을 바탕으로 心을 사물로 규정하고, '心과 性'은 '사물과 준칙'으로 구분된다고 주장했다. 이에 대해 중암은 원론적으로 동의하면

48) 〈古聖賢說心源委〉와 〈心說源委〉의 차이에 대해서는 김근호, 「화서학파 심설논쟁의 전개과정과 철학적 문제의식」, 154쪽 참조.

서 '心性物則說은 화서의 지론이었다' 고 주장하고, 스승의 心說을 調補한다면서 새삼스럽게 心性物則說을 제기하는 것은 스승께 누를 끼치는 것이라고 비판했다.

둘째, '心의 본질' 을 규정하는 문제이다. 성재는 心은 본래 '作用을 하는 존재' 일 뿐만 아니라 '眞·妄을 겸하는 믿을 수 없는 사물' 이므로 形而下者에 속한다고 보았는데, 중암은 心이 變化無常한 것을 '神明不測' 으로서 '理의 妙用' 이라고 해석하고, '心의 本體는 순선할 뿐' 이므로 形而上者에 속한다고 보았다.

셋째, '神明' 에 대한 해석 문제이다. 주자는 心을 '人之神明 所以具衆理而應萬事者也' 라고 풀이하고, 明德을 "虛靈不昧 以具衆理而應萬事者也" 라고 풀이했다. 그런데 성재는 明德은 形而上者이지만, '心의 神明' 은 形而下者로서 사물에 속한다고 주장했다. 이에 대해 중암은 神明과 虛靈不昧를 다르게 해석하는 것은 잘못이라고 주장하고,[49] 양자를 모두 理로 규정했다.

넷째, 心具太極과 心爲太極에 대한 수용 문제이다. 성재는 '心爲太極' 은 '心이 性·情을 포함하고 주재하니, 곧 사람에게 있는 太極이다' 라는 뜻이요, '心具太極' 은 '心 가운데 갖추어진 性이 바로 太極이다' 라는 뜻이라고 풀이한 다음,[50] "대개 '心爲太極' 은 진실로 그런 이치가 있으나, 語意에 자세한 설명이 부족하여, 이를 고집하는 사람들이 간혹 '昭昭靈靈하여 능히 作用하고 眞妄이 있는 것' 을 太極으로 여김으로써 異學의 폐단에 빠지게 되니, '心具太極' 이라는 말이 완전무결한 것만 못하

49) 『重菴集』 卷20 頁27, 〈答柳穉程(心說源委辨)〉 : 第神明 卽大學註虛靈不昧之變文也 虛靈不昧 朱子旣曰說明德 意已足而明德之以理言 (…) 然則今於神明 苦要專屬之氣 豈不自相逕庭乎 (…) 何故 在彼則謂理 在此則爲氣也

50) 『重菴集』 卷20 頁32, 〈答柳穉程(心說源委辨)〉 : 心爲太極 言心之包性情而爲之主宰者 卽是在人之太極也 (…) 心具太極 言心中所具之性 是太極也

다.”[51]고 주장했다. 이에 대해 중암은 “心爲太極과 心具太極 두 학설은 서로 보완적인 것이다. 心의 本體는 理이고 名目은 氣인바, 두 학설이 모두 發明하는 바가 있어 서로 모순되지 않는다.”[52]고 답변한 다음, 이어서 다음과 같이 주장했다.

> 心은 본래 '理와 氣가 합쳐진 것' 이라는 점은 그대도 일찍부터 동의한 바이다. 이미 '理·氣가 합쳐진 것' 이라면, 혹은 氣를 말하는 데 활용하고 혹은 理를 말하는 데 활용하더라도, 각각 立言한 맥락에 따라 모두 가능한 것임은 文理를 조금이라도 이해하는 사람이면 알 수 있다. 지금 그대는 氣를 말하는 것에 대해서는 반드시 '斷案正訓' 이라고 허여하고, 理를 말하는 것에 대해서는 마지못해 겨우 허여하면서 '자세한 설명이 부족하고, 流弊를 초래한다' 고 비난하는 것은 무슨 까닭인가? (…) '理로 心을 말하는 자' 는 홀로 '異端에 빠져드는 폐단' 이 있고, '氣로 心을 말하는 자' 는 결코 '하늘과 땅의 자리를 뒤바꾸는 근심' 이 없다고 보장할 수 있겠는가? 이 한마디만으로도 매우 불공평한 것이다. 내가 그동안 '心' 字의 名目을 항상 形而上에 해당시켰던 것은 다만 師說을 오해한 것에 기인한 것으로서, 程子의 扶醉漢之戒[53]를 범한 것이다. 그러나 先師께서는 어찌 일찍이 이런 잘못이 있으셨던가?[54]

---

51) 『重菴集』 卷20 頁32~33, 〈答柳穉程(心說源委辨)〉: 蓋心爲太極 固有此理 而語意少欠曲折 守其說者 或認昭昭靈靈 能作用有眞妄者爲太極 則有流入異學之弊 不若心具太極之語 爲顚撲不破也

52) 『重菴集』 卷20 頁33, 〈答柳穉程(心說源委辨)〉: 心爲太極 心具太極 二說相須 而本體之爲理 名目之爲氣 兩皆有發明 而不相爲病

53) 謝上蔡가 程明道에게 배울 때 明道가 무슨 말씀을 하면 그에 집착하였다. 이에 明道가 上蔡에게 “그대와 말하는 것은 술 취한 사람을 부축하는 것과 같아서, 한쪽을 잡아주면 다른 쪽으로 쓰러진다. 나는 다만 사람들이 한쪽에 집착하는 것이 두렵다.”고 깨우친 바 있다.

요컨대 성재가 心具太極을 正訓으로 삼고 心爲太極에 대해서는 '異端에 빠지는 폐단을 야기할 수 있다' 고 비판한 것에 대해, 중암은 '하늘과 땅의 자리를 뒤바꾸는 근심을 야기할 수 있다' 고 반론한 것이다.

위의 인용문에서, 중암은 "내가 그동안 '心' 字의 名目을 항상 形而上에 해당시켰던 것은 다만 師說을 오해한 것에 기인한 것"이라 했다. 중암은 이로써 자신의 오류를 일부 인정하면서도, '화서의 心說 자체는 정당하다' 는 입장을 굽히지 않았다. 중암은 새롭게 "心의 本體는 理, 名目은 氣"라는 것을 자신의 기본 논리로 제시하고, 따라서 명목상으로는 心具太極이 옳지만 본체상으로는 心爲太極이 옳다고 주장하였다.

성재가 제기한 '調補' 문제에 대해, 중암이 '화서도 心性物則의 구분에 충실했다' 고 反論하면서 '스승의 文集을 다시 읽어보라' 고 요구하자, 성재는 『華西集』을 전부 다시 검토하였다. 성재는 결국 "(화서가) 氣로써 心을 말한 곳은 많으나, '心과 性' 을 대비시켜 '사물과 준칙' 으로 설명한 곳은 단적으로 지적할 만한 것이 없다"는 결론을 얻고서,[55] 戊子年(1888) 2月 10日 중암에게 다음과 같은 편지를 올렸다.

> 先師의 文集에서 心을 설명한 것은, 예컨대 '本心을 理로 말한 것' 과 '心의 主宰를 理로 말한 것' 은 그 뜻이 명백하여 의심스러운 것이 없다. 오직 사람의 神明에 대해 그 자리를 따지고 명칭을 바로잡을 때, 위의 여러 조목에 보

54) 『重菴集』 卷20 頁34, 〈答柳稺程(心說源委辨)〉: 心本理氣之合 高明之見 亦未嘗不然矣 旣曰理氣之合 則或用之於說氣 或用之於說理 各隨立言地頭 俱無不可 粗解文理者 可以知之 今於說氣 則必以斷案正訓許之 其於說理 則黽勉僅許 而旋以欠曲折啓流弊難之 何也 (…) 以理言心者 獨有流入異學之弊 而以氣言心者 保無天壤易處之憂乎 只此一言 其爲不公不平亦甚矣 鄙人前日心字名目 每以形而上當之者 特因自家錯認師說 犯程子扶醉漢之戒耳 先師何嘗有此失耶

55) 『省齋集』 卷7 頁16, 〈上重庵先生(戊子2月10日)〉: 先師文集 冬間謹依敎指 考閱全部 其以氣言心處 不爲不多 而以心對性 作物則說處 無端的可指擬者

이는 것처럼, 바로 太極이라고 부르고, 氣라고 말하지 못 하도록 경계한 것은 혹 朱子의 본뜻이 아닌 것 같으며(〈答杜仁仲〉에서 "神을 바로 理라고 함은 그렇지 않은 것 같다. 神을 완전히 氣로 보는 것도 또 잘못이다."라고 한 것과 『孟子集註』에서 "存亡과 出入을 합하여 神明不測이라 한다."고 한 것을 보면 알 수 있다), 또 『華西雅言』에 실린 두 조목(〈神明篇〉 첫 조목에 "心은 사람의 神明으로서 理·氣를 합하고 動·靜을 포함한다."라 하고, 그 아래에 또 "心은 理·氣가 합쳐져서 스스로 神明한 것"이라 했다)과도 서로 어긋난다. 대개 논한 바가 이와 같으면 "心은 氣이며, 物이다."라는 말씀은 火臟과 精爽을 가리키는 것으로서, 이른바 '學者의 공부와는 상관이 없는 것'이다. "心의 當體인 神明 두 글자는 다만 理로 말할 수 있으니, 氣로 말하면 안 된다."는 말씀에 이르면, 이는 偏重되고 지나쳐서 막힌 바가 있는 것 아닌가?[56)]

성재에 의하면, 화서는 '火臟'이나 '氣의 精爽'으로서의 心을 '氣, 物'로 규정했을 뿐이요, 心의 當體인 '神明'에 대해서는 오히려 '太極, 理'로 규정했다는 것이다. 그런데 心의 當體인 '神明'을 理로 규정하는 것은 '偏重되고 지나쳐서 막힌 바가 있는 것'이요, 朱子說과도 어긋나고, 또 화서의 지론인 心合理氣說과도 어긋난다는 것이다.

위의 인용문을 통해 성재가 화서 심설을 비판하는 논점이 분명하게 드러났거니와, 성재의 '心은 事物(形而下者)에 속한다'는 주장은 바로

56) 『省齋集』 卷7 頁20, 〈上重庵先生(戊子2月10日)〉: 先師文集 說心 如本心之以理言 及心之主宰之以理言 其指意明白無可疑 惟於人之神明 辨位正名處 直喚做太極 戒不得說氣 如右諸條者 或非朱子本指(觀答杜仁仲書謂神卽是理未然 將神全作氣又誤之云 及孟子集註 合存亡出入而謂之神明不測 則可見) 又與雅言所載二條(神明篇首條云 心者人之神明而合理氣包動靜者也 其下又有一條云 心者理與氣合而自能神明者也) 相牴牾 蓋如此所論 則其言心氣也物也 是指火臟與精爽 而卽所謂不干學者工夫者也 至若心之當體神明二字 則只可以理言 不可以氣言 此無乃偏重過當而有所碍處耶

'心의 神明이 事物에 속한다' 는 주장이었다. 다시 말해, 화서가 心을 '形·氣·神·理' 로 분석하고 神을 理와 함께 形而上者로 규정한 것에 대해, 성재는 神을 形而下者로 규정해야 옳다고 주장하는 것이다.

이에 대해, 戊子年(1888) 4月 중암은 "神에 대한 설명에서, '神은 理의 발용으로, 氣를 타고 출입한다(神是理之發用 而乘氣以出入)' 는 것 역시 朱子의 말씀으로, 스승의 학설이 근본한 바이다. 이 한 구절을 끝내 숨기고 살피지 않는 까닭은 무엇인가?(…) '神明을 理로 말하는 것' 등은 이미 朱子說에 근본한 것인 만큼, 그대의 견해와 부합하지 않는다고 하여 성급하게 삭제하는 것은 단연코 옳지 못하다."[57]고 반론했다. 요컨대 '神을 理로 규정하는 것' 은 朱子說에 입각해도 충분한 근거가 있다는 것이다. 중암은 얼마 후에는 다시 다음과 같이 더 구체적으로 반론했다.

> (『華西雅言』의) 한 조목에서는 "天은 地를 통솔하는바 그러므로 天을 專言하면 道이다. 神은 鬼를 통솔하는바 그러므로 神을 專言하면 理이다. 心은 百體를 통솔하는바 그러므로 心을 專言하면 人極이다."라고 했다. 이는 자리를 변별하고 명칭을 바로잡으면 天·神·心이 形而下의 사물에 속하니, 반드시 專言한 다음에야 道·理·太極이라 말한다는 뜻이다. 이 한 조목만 보아도, 先師의 학설은 '사물과 준칙의 구분' 에 어두워 告子·釋氏의 이미 꺼진 불씨를 되살린 것이 아님을 분명하게 알 수 있다. 朱子의 〈答杜仁仲〉에는 "神은 理의 發用으로, 氣를 타고 出入한다"는 말이 있는바, 자리를 변별하고 명칭을 바로잡으면 神은 비록 氣이지만, 氣는 홀로 운행하지 않고 반드시 理가 주재하여 이러한 妙用이 있는 것이다. 이 한 문단만 보아도, 先師께서 理를

57) 『重菴集』 卷21 頁3, 〈答柳穉程(戊子3月2日) 別紙〉: 至於神說 則神是理之發用 而乘氣以出入 亦是朱子之言 而師說之所本者也 此一句 終始諱而不省 何也 (…) 神明以理言之屬 旣本於朱子 則斷不可以不合於盛見而輒去之也

주로 하여 神을 설명한 것이 전혀 근거 없는 것이 아님을 알 수 있다. 朱子는 또 "性은 일에 따라 말할 수 있으나, 心은 全體를 들어 말하는 것" 이라고 했다. 이것으로 보면, '理로 心을 말한 곳' 에서 心과 性을 상대시킬 경우 心은 하나이나 性은 만 가지이고, 心은 온전하나 性은 나뉜 것이며, '별도의 곳' 에서 설명할 경우 心은 氣이나 性은 理로서, 性이 사람에게 존재하는 '統體의 太極' 이 되는 것이다. (이 두 설명은) 각각 마땅한 바가 있고 서로 發明하는 것이니, 이것에 집착하여 저것을 버리거나 주자의 말로 주자를 공격함은 잘못임을 알 수 있다. 마음이 공정하고 눈이 밝은 사람은 선 채로 결판을 낼 수 있거늘, 지금은 그렇지 못하여, 이처럼 분명한 증거를 숨기고 드러내지 않으며, 마주 앉아 논파할 때에는 귀를 막은 듯이 하고, 편지로 물을 때엔 보고도 못 본 것처럼 하며, 한결같이 先師를 '認氣爲理' 의 구덩이에 빠뜨리고 있다.[58)]

위의 인용문은 다음과 같이 요약할 수 있다. 첫째, 화서도 '辨位正名' 의 맥락에서는 '사물과 준칙의 구분' 에 밝았고, 화서의 '以理斷心' 즉 '理를 주로 하여 神을 설명한 것' 도 충분한 근거가 있다. 둘째, '辨位正名' 의 맥락에서 설명할 경우 '心과 性' 은 '氣와 理' 로서, 性이 사람에게

58) 『重菴集』 卷21 頁4~5, 〈與柳穉程(戊子4月)〉 : 其中一條有曰 天統地 故天專言之則道也 神統鬼 故神專言之則理也 心主百體 故心專言之則人太極也 是辨位正名 則天也神也心也 是形而下之物 必也專言之然後 乃謂之道 乃謂之理 乃謂之太極也 只此一條 先師之說非昧於物則之分 而吹告釋已冷之灰 昭然可見矣 朱子答杜仁仲 有曰 神是理之發用 而乘氣以出入者也 是辨位正名 神雖是氣 而氣不獨行 須是理爲之主 而乃有此妙用也 只此一段 先師之主理而言神 又非全然無稽 可見矣 朱子又有曰 性可逐事說 心則擧全體 觀此則以理言心處 心性相對 則心一而性萬 心全而性分 與別處說時 心是氣 性是理 而性爲在人統體之太極者 彼此各有攸當 互相發明 而不可執此而廢彼 以朱子而攻朱子 又可見矣 心公眼明者 可以立決矣 今也不然 似此明證 往復之間 隱而不宣 面破之際 褎如充耳 書質之時 視若不見 一直驅先師於認氣爲理之科

존재하는 '統體의 太極'이 되지만, '以理斷心'의 맥락에서 '心과 性'을 상대시킬 경우, '心과 性'은 '統體一太極과 各具一太極'에 해당한다. 셋째, 이 두 설명은 각각 마땅한 바가 있고 서로 發明하는 것인바, 어느 한 쪽을 무시하면서 先師를 '認氣爲理'의 구덩이에 빠뜨리는 것은 잘못이다. 요컨대 중암은 화서가 辨位正名의 맥락에서는 心을 事物로 규정했으므로 결코 '認氣爲理'가 아니라고 반론하는 것이며, 以理斷心의 맥락에서 '神明을 理로 규정함' 역시 충분한 근거가 있는 만큼 결코 오류가 아니라고 주장하는 것이다.

이처럼 중암이 '心의 神明을 理로 규정하는 입장'을 굽히지 않았는데도, 戊子年(1888) 4月28日 성재는 중암에게 올리는 편지에서 다음과 같이 답변하였다.

내가 근래에 講說한 내용들은 '太極에 主宰가 있다'는 것도 예전과 같고, '明德은 理를 주로 한다'는 것도 예전과 같고, '心은 理로 말할 때도 있고, 氣로 말할 때도 있다'는 것도 예전과 같다. 오직 '心의 體段을 통틀어 말하면서 그 本分과 名位를 판단하자면, 다만 形而下者라는 것에 의거하여 事物로 지목해야만 平實하여 후일의 폐단이 없다'고 한 것만이 전과 조금 다른 것이다. 보내주신 편지를 읽어 보니, 예전의 講說을 지킨 것에 대해서는 말할 만한 차이가 없으나, 고친 곳에 대해서는 점차 의견을 드러내셨는데, '不可하다'고 여긴 것은 없었다. (전에 내리신 편지에 "心의 本分과 名位는 반드시 形而下에 소속시켜야 한다"고 했고, '사람의 神明'에 대해서는 "단연코 形而上者"라고 설명했으며, 마지막 두 편지에서는 "辨位正名으로 말하면, 하늘은 푸르고 푸른 물건인데 주자가 '하늘이 하늘인 까닭은 理일 뿐'이라 했듯이, 心의 神明도 또한 마찬가지"라고 했고, 또 "辨位正名으로 말하면, '天, 神, 心'은 形而下의 물건이니, 반드시 전적으로 말한 후 비로소 '道, 理, 人極'

이라 한다."고 했거니와, 나는 여기에 대해 감히 털끝만큼의 의혹도 없다. 대개 이미 "心의 當體, 本分, 名位가 形而下에 속한다"고 했으니, '그 까닭이 이 理'라는 것과 '전적으로 말할 때엔 理로써 말하는 것이 있음'을 또 어찌 의심하겠는가? 여기에 다름이 없으면, 지엽적인 자잘한 차이는 깊이 논할 필요가 없다.) 그러므로 '講說의 大指가 충분히 歸一되었다'고 말해도 되겠다.[59]

성재는 '心의 本分과 名位는 形而下의 事物에 속한다'는 자신의 입장을 재확인하고, 중암의 '사람의 神明은 단연코 形而上者'라는 설명을 상기하면서도, "대개 이미 '心의 當體, 本分, 名位가 形而下에 속한다'고 했으니, '그 까닭이 이 理'라는 것과 '전적으로 말할 때엔 理로써 말하는 것이 있음'을 또 어찌 의심하겠는가?"라는 맥락에서, 둘 사이에 '講說의 大指가 충분히 歸一되었다'고 말했다.

이로써 성재와 중암 사이에 '心에 대한 기본적 인식'은 합치점을 확보했다고 하더라도, '華西說에 대한 해석상의 異見'은 여전히 남아 있었다. 이는 '華西說을 調補할 필요가 있는가, 없는가'의 문제와 연결되는 것이었으므로, 여전히 심각한 쟁점일 수밖에 없는 문제였다. 요컨대

59) 『省齋集』 卷7 頁27~28, 〈上重庵先生(戊子4月28日)〉 : 重教近日講說太極有主宰之論 猶夫前也 明德主理之論 猶夫前也 心有以理言 有以氣言 亦與前無別 惟謂揚擧心之體段而斷其本分名位 則只得且據形而下者目之以物 乃爲平實而無後弊 此爲少異於前耳 伏讀批誨 於其所守舊者 固無異同之可言 而其所更改處 亦漸次示意 未有以爲不可者焉(前者下書 每言心字本分名位 須屬之形而下 而其於人之神明 則斷然作形而上說 至最後二書 言辨位正名則天是蒼蒼之物 而朱子言天之所以爲天者理而已 心之神明 宜亦無異同 又言辨位正名 則天也神也心也 是形而下之物 必也專言之然後 乃謂之道 乃謂之理 乃謂之人極也 區區於此不敢有一毫疑貳 盖旣言心之當體本分名位 當屬形而下 則其所以然之是理 與其專言時有以理言者 又何疑焉 於此而無異同 則其枝葉上小小參差 自不必深論) 則講說大指 雖謂之爛漫歸一 可也

중암이 "이 心의 名位가 形而下에 속해야 마땅하다는 것은 先師께서 평소 所見이 원래 스스로 이와 같았는데, 다만 온 세상이 이미 아는 것으로서 일삼아 밝힐 필요가 없기 때문에, 講說에 자주 말씀하시지 않은 것이다. 지금 마땅히 '先師의 遺旨를 발휘한다'는 것으로 명분을 삼아야지, '先師의 舊說을 추후에 고친다'고 말해서는 안 된다."고 말하면서, "賢人의 잘못이 드러나는 것을 꺼리고 조용히 보충한다(諱賢陰補)"는 의리를 제시한 것에 대해,[60] 성재는 동의하지 않으면서 다음과 같은 두 가지로 반론했다.

첫째, 화서가 '形而下者에 속한다'고 본 것은 '形과 氣로서의 心'일 뿐 결코 '心의 當體인 神明'이 아니라는 것이다. 화서 心說의 진면목은 以理斷心인데, 이는 곧 '心의 當體인 神明'을 理로 단정한 것이니, 따라서 『雅言』에서 "心은 氣이고, 物이다"라고 한 말은 '火臟'과 '精爽'에만 해당할 뿐, '神明'에 해당하는 말은 아니라는 것이다.[61]

둘째, '陰補' 문제에 대해, 성재는 "오늘날 先師의 門徒는 마땅히 先師께서 평소 강설하신 본뜻을 마음을 다하여 상세히 연구함으로써, 心을 설명한 것이 본래 '理로 말한 것'도 있고 '氣로 말한 것'도 있으나 실제는 '理로써 말한 것'이 斷案이며, 비록 理로 心을 단정했지만 사실 '氣를 理라고 인식하는 것'과는 天壤之差임을 밝혀야 한다. 이것이 가장 중요한 요점이다."라고 지적하고, 중암은 이 문제에 대해 두루 생각하지 못

60) 『省齋集』 卷7 頁28, 〈上重庵先生(戊子4月28日)〉 : 但謂此心名位之當屬形而下 先師平日所見 元自如此 特擧世所已知 無事於發明 故不數數出於講說 今當以發揮遺旨爲名 不當以追改舊說爲辭 仍微示之以諱賢陰補之義

61) 『省齋集』 卷7 頁29~30, 〈上重庵先生(戊子4月28日)〉 : 盖凡講說 隨人各有一副眞面目 以先師心說言之 以理斷心 卽其眞面目也 (…) 觀此則於形於氣於神於理 皆可以言心 而心之當體神明二字 只可以屬形而上 而不可以屬形而下矣 (…) 然則雅言所載心氣也物也一段 盖亦指火臟與精爽 而未嘗以神明當體言之也

하고 애써 이리저리 둘러댐으로써 타인들의 의혹을 멀리 피하고자 하나, 이는 도리어 '숨기고 꺼리는 혐의'가 있어 타인들의 의혹을 더욱 키우는 것이라고 비판한 다음, "지금 師說에 대해, 만약 그 眞面目을 보존하고 완곡한 말로 疑問을 남기면, 훗날의 君子가 절충하여 바른 곳으로 되돌릴 길이 있으나, 만약 성급하게 그 뜻을 둘러대서 완전히 자기 뜻과 같게 해 놓으면, 훗날 절충할 수 있는 공정한 안목을 가진 君子가 나온들 무엇을 참고하고 점검하겠는가?"라고 반론하였다.[62]

성재는 위의 두 맥락에서 調補의 필요성을 다시 확인한 셈이다. 그러나 중암은 성재의 이러한 주장을 수긍하지 않고, 戊子年(1888) 6월 다시 다음과 같이 반론하였다.

첫째, '心의 本分名位는 形而下者로서 사물에 속한다'는 것은 文理를 조금이라도 이해하는 사람은 모두 아는 사실이다. 옛날부터 異端·雜家가 아닌 한 누가 허공에 매달려 理를 말했던가? 주렴계가 '無極而太極'이라 한 것도 '陰陽에 나아가 그 本體를 지칭한 것인바, 陰陽과 섞지 않고서 말한 것'이다. 이것으로 본다면, 先師께서 理로 神明을 말한 것은, 그대가 의심하는 것과 달리, '氣에서 理를 본 것(氣上看理)'이다.[63]

둘째, 『華西雅言』〈神明篇〉에서는 "心은 理와 氣가 妙合하여 스스로

---

62) 『省齋集』 卷7 頁31~32, 〈上重庵先生(戊子4月28日)〉 : 今日爲先師之徒者 政宜就先師平日講說本指 悉心致詳 以明其說心 固有以理言 有以氣言 而實則以理言心者爲斷案 雖曰以理斷心 而實則與認氣爲理者 毫釐而千里 此是第一機要 而先生於此 或未及周念 顧乃泛就題目上 費力遷就 以爲遠避人疑之計 (…) 無乃反有隱諱之嫌而益致外人之疑耶 (…) 今於師說 若存其眞面而巽辭傳疑 則後之君子容有折衷歸正之路 若遽遷就指意 泯然同己 則雖得折衷之公眼 顧安所考檢耶

63) 『重菴集』 卷21 頁10~11, 〈答柳穉程(戊子6月)〉 : 其本分名位 據形而下者 目之以物 粗解文理者 誰有不知 (…) 古今說理者 自非異端雜家 孰有懸空說者乎 周子說無極而太極 亦不過卽陰陽而指其本體 不雜乎陰陽而爲言耳 以此斷知先師以理言神明 亦是氣上看理 非如來教所疑也

능히 神明한 것이다. 理로 心을 말하면(以理言心) 心이 타고 있는 것은 氣이며, 氣로 心을 말하면(以氣言心) 心이 싣고 있는 것은 理이다."라고 했는데, '以理言心'이라 한 것은 '專言의 설명'이며, '以氣言心'이라 한 것은 '名目의 설명'이다. 내가 지난번에 '諱賢陰補'를 말했던 것은 '가령 師說에 참으로 欠缺處가 있다면 다만 조용히 陰補해야 마땅하며, 문득 大文字를 지어 四方에 先師의 過失을 폭로해서는 안 된다'는 뜻이었다. 어찌 일찍이 先師의 학설에 참으로 過失이 있어서 숨기고 調補해야 한다고 여긴 것이겠는가?[64]

셋째, 예컨대 "天은 이 道理가 없으면 天이 될 수 없다. 그러므로 푸른 하늘이 곧 이 道理의 天이다."라는 말과 "神은 理의 發用으로서, 氣를 타고 出入한다."는 말은 모두 朱子의 定論인데, 첫째 문장에서는 理로 天을 단정했고, 둘째 문장에서는 理로 神을 단정했다. 朱子께서 어찌 本分名位로 말하면 天과 神이 '形而下의 사물'이라는 것을 몰라서 그렇게 말씀하셨겠는가? 지금 先師의 以理斷心을 잘못이라고 비판한다면, 朱子도 그러한 비판을 받아야 마땅하다. 그대는 이에 대해 더 할 말이 있는가?[65]

넷째, 神은 理의 用으로서 氣를 타고 출입하니, 그러므로 그 地頭에 따라 理로 부를 때도 있고, 氣로 부를 때도 있다. 形·氣·神·理를 넷으로 분석한 것은 黃勉齋로부터 시작되었는데, 勉齋는 形·氣·神을 함께 形

64) 『重菴集』 卷21 頁11, 〈答柳穉程(戊子6月)〉: 神明篇第十一條云 心者 理與氣妙合 而自能神明者也 以理言心 則心之所乘者 氣也 以氣言心 則心之所載者 理也 以理言心云云 卽專言之說也 以氣言心云云 卽名目之說也 (…) 至於諱賢陰補云云 當時鄙意以爲假令師說眞有欠處 但當從容陰補 不當便作大文字 暴揚過失於四方云爾 曷嘗以爲先師眞有所失而可諱可補耶

65) 『重菴集』 卷21 頁12, 〈答柳穉程(戊子6月)〉: 如曰天非有此道理 不能爲天 故蒼蒼者卽此道理之天 如曰神者 理之發用 乘氣以出入 是皆朱夫子定論 而上說則以理斷天字 下說則以理斷神字 朱子豈不知本分名位 則曰天 曰神 是形而下之物而云爾哉 今以先師之以理斷心爲非 則朱子當分受其譏矣 高明於此 復有說乎

而下에 소속시켰다. 先師께서는 形·氣를 陽淸과 陰濁으로 구분하여 形而下에 소속시키고, 神·理를 實體와 妙用으로 구분하여 形而上에 소속시켰다. 이 두 설명을 함께 참고해야 그 뜻이 비로소 갖추어지니, 마음을 비우고 침잠하여 완색한다면 어렵지 않게 알 수 있다. 지금 자기의 학설을 펴는 데 급하여, 이것으로 '辨位正名의 公案'을 삼고자 한다면, 속이는 것이다. 神明을 心의 當體로 삼은 것은 또한 朱子의 학설이요, 先師의 創見이 아니다. 사람의 神明은 곧 『中庸』에서 말한 '睿知'로서, 四德을 포괄하고 萬善을 포함하며 萬化를 주재하니, 이른바 '大德敦化'요, 이른바 '統體太極'으로서, 辨位正名이라는 말로 어지럽힐 수 없는 것이다. 이로써 形而下의 한 사물로 간주할 것을 요구한다면, 이름이 바르지 못하고 말이 순조롭지 못한 것이 과연 이보다 더 심할 수 있겠는가?[66]

위의 첫째 반론은 '氣上看理'라는 새로운 논법을 제시하면서 '華西의 心說은 흠결이 없다'는 입장을 고수한 것이며, 둘째 반론 역시 '華西의 心說은 어떠한 흠결도 없으므로, 調補할 필요가 없다'는 입장을 고수한 것이다. 셋째 반론은 요컨대 화서의 '以理斷心'은 朱子說과 맥락을 같이 하는바, 따라서 화서의 '以理斷心'을 비판하고자 한다면 朱子說도 함께 비판해야 한다는 것이다. 넷째 반론에서는 '形·氣·神·理'에 관한 勉齋說과 華西說을 '서로 보완하는 것'으로 보아야 한다고 강조하고, 성재가 말하는 '辨位正名'을 '속임수'라고 비판했다.[67]

---

66) 『重菴集』 卷21 頁13~14, 〈答柳穉程(戊子6月)〉: 神是理之用而乘氣出入者 故隨其地頭有喚做理時 有喚做氣時 形氣神理四分破 自勉齋始 而勉齋以形氣神 並屬形而下 先師以形氣分陽淸陰濁 而屬之形而下 以神理分實體妙用 而屬之形而上 二說相須 其義乃備 虛心潛玩 見之非難 今急於伸己之說 而以此爲辨位正名之公案則誣矣 其以神明爲心之當體 又朱子之說 非先師之刱見 (…) 人之神明 卽中庸所謂睿知 包四德涵萬善 主宰萬化 所謂大德敦化 所謂統體太極 非可以辨位正名之說而亂之也 以此要作形而下之一物 則名之不正 言之不順 果孰甚焉 (…) 初無可諱之過 又無可補之缺 何遷就避嫌之有

이처럼 중암은 '華西의 心說은 어떠한 흠결도 없으므로, 調補할 필요가 없다'는 입장을 고수하면서, 화서설에 대한 성재의 문제 제기를 전혀 용납하지 않았다. 이에 성재는 戊子年(1888) 8月 19日 중암에게 다시 편지를 올려 反論하였거니와, 그 핵심 내용은 다음과 같다.

첫째, 下敎에서 말한 대로 『雅言』에는 비록 "心과 神은 形而下의 사물이다. 반드시 專言한 다음에야 道라 한다."는 말씀이 있지만, 『雅言』의 本指는 이와 다른 것 같다. 先師께서 평소에 神을 설명할 때 氣로 말씀한 곳이 없지 않지만(예컨대 鬼神의 부류), '形·氣·神·理'로 等位를 나누고 名號를 정한 곳에서는 神을 形而下者에 소속시킨 경우가 없다. 心을 설명할 때도 또한 氣로 말한 곳이 많지만(예컨대 火臟과 精爽의 부류), 神明으로 心을 말한 곳에서는 모두 오로지 形而上者로 간주했고, 形而下者로 말하는 것을 금지했다.[68]

둘째, 朱子의 〈答杜仁仲〉을 '神이 곧 理'라는 논거로 해석하는 것은 곤란하며, 그렇다고 神을 오로지 氣로 해석하는 것도 잘못이다. 神을 理로 규정할 수 없는 까닭은 무엇인가? 形而上者는 理요, 作用이 있으면 바로 形而下者이기 때문이다(이 두 구절은 朱子의 成語이다).[69] 神을 오로지 氣로 보는 것도 오류인 까닭은 무엇인가? 神의 作用은 곧 理의 發用으로서, 氣를 타고 出入하는 것이기 때문이다. 이 두 설명을 종합하여 통일시킨다면 '神' 字의 本分名位와 裏面骨子를 모두 완전히 이해할 수 있

---

67) 이 넷째 반론은 사실 '重菴의 자가당착'을 보여주는 것이다. 神明을 心의 當體로서 形而上者라 한다면, 한편으로는 결국 '心卽理說'이 되고, 다른 한편으로는 '화서 역시 心과 性을 物과 則으로 구분했다'는 중암의 주장은 虛言이 되기 때문이다.

68) 『省齋集』 卷7 頁35, 〈上重庵先生(戊子8月19日)〉: 心也神也 是形而下之物云云 下敎雖述雅言所載 而雅言本指似不如此 (…) 盖先師平日說神 非無以氣言處 (如論鬼神之類是) 其以形氣神理分等位定名號處 未有以神屬形而下者 說心亦多以氣言處 (如說火臟精爽之類是) 其以神明言心處 皆專作形而上 禁說形而下者

69) 『朱子語類』 卷75(1936쪽): 形而上者是理 才有作用 便是形而下者

을 것이다.[70]

셋째, 黃勉齋가 비로소 形·氣·神·理를 네 층으로 나누고, 形·氣·神을 形而下者에 소속시켰는데, 후대의 여러 先儒들이 모두 따르고 수용했다. 오직 先師께서 홀로 그 학설을 매우 잘못으로 규정하여 "至尊無對한 神을 폄하하여 臣僕과 卒徒의 隊伍에 편입시키니 名分이 바르지 못하고 말이 순조롭지 못하다"고 여기시고, "나아가서는 太極이 되지 못하고, 물러나서는 陰陽이 되지 못하여, 列國의 寓公과 같은 신세를 면치 못하니, 天地의 군더더기"라고도 말씀하고, 또 "太極이 主宰하고 運用하는 妙가 없고, 天下의 禮樂과 征伐이 天子로부터 나올 수 없게 되었다"고 말씀하셨다. 이에 이름과 지위를 개정하여, "形은 陰에 소속시키고 氣는 陽에 소속시킴에 陰·陽이 나뉘어 兩儀가 되니 곧 太極이 탈 그릇이며, 理는 體가 되고 神은 用이 됨에 體·用이 합쳐져 太極이 되니 곧 陰陽이 싣는 道이다."라고 하셨다. 이처럼 先師께서 정립한 이론과 폐기한 이론은 '南·北이 서로 먼 것' 보다도 심하다. 이제 "勉齋說과 先師說은 서로 보완해 보아야 그 뜻이 비로소 갖추어진다"고 말씀하니, 이는 이치에 맞지 않는다. 또한 '神' 字는 지난번에 陰陽에 소속시켰을 때엔 臣僕과 卒徒로 강등되었다가 지금 太極에 소속시켜 다시 至尊無對하게 되었으니, 이것이 바로 '辨位' 이며, 지난번에 陰陽에 소속시켰을 때엔 명분이 바르지 못하고 말이 순조롭지 못하다가 지금 太極에 소속시켜 명분이 바르고 말이 순조롭게 되었으니, 이것이 바로 '正名' 이다. 下敎에서는 내가 이를 '辨位正名의 公案' 이라 한 것에 대해 '속이는 말(誣辭)' 이라

70) 『省齋集』 卷7 頁40, 〈上重庵先生(戊子8月19日)〉: 蓋謂神卽是理未然者 何也 形而上者是理 才有作用 便是形而下者也 (此二句是朱子成語) 將神全作氣看又誤者 何也 氣之作用 卽是理之發用 而乘氣以出入者也 合二說而一之 則神字本分名位 與裏面骨子 皆可以了得矣 (氣之作用의 '氣' 는 '神' 의 誤字일 것이다.)

했는데, 이 또한 반복하여 살펴보아도 指意의 所在를 깨닫지 못하겠다.[71)]

넷째, '사람의 神明은 곧 統體太極' 이라는 말은 비록 이처럼 명백하게 가르쳐주셨어도, 愚昧한 심정으로는 끝내 不安한 점이 있다. 한마디로 말해, 朱子는 '神이 곧 理라고 말하는 것은 잘못' 이라고 분명히 말씀했는데, 지금 '神明이 곧 太極' 이라 하면 마음에 편안한가? 푸른 하늘을 理라고 부를 수 있고, 솔개와 물고기를 道라 부를 수 있지만, 사람의 神明은 곧바로 太極이라고 부를 수 없으니, 이는 무슨 까닭인가? 사람의 神明은 곧 虛靈知覺의 別稱으로서, 애초에 두 물건이 아니다. 神明을 太極이라 부를 수 있다면, 虛靈과 知覺 또한 太極이라 부를 수 있는바, 虛靈과 知覺을 모두 太極이라 부를 때 그 명분이 바르지 못하고 말이 순조롭지 못함이 어떠하겠는가?[72)]

위의 첫째 논점은 여러 번 되풀이된 내용으로서, 피차간에 같은 말을

71) 『省齋集』 卷7 頁41~42, 〈上重庵先生(戊子8月19日)〉 : 黃勉齋始以形氣神理 分作四層 而自神以下 屬之形而下者 後來諸先儒皆從而受用之 先師獨深病其說 以爲貶至尊無對之神 降編臣僕卒徒之伍 爲名不正而言不順 至謂其進不得爲太極 退不得爲陰陽 不免爲列國之寓公 天地之贅物 又謂太極無主宰運用之妙 而天下之禮樂征伐 不得自天子出矣 於是改正名位 以爲形屬陰氣屬陽 而陰陽分作兩儀 卽太極所乘之器也 理爲體神爲用 而體用合爲太極 卽陰陽所載之道也 此其所立之論 與其所棄之說 不啻若南北之相遠矣 今乃謂二說相須 其意乃備 是則雖門下亦以爲專主師訓 則理有所未周也 (…) 且神一字 向屬之陰陽 則降爲臣僕卒徒 今屬之太極 則還他至尊無對 此政是辨位之辭也 向屬之陰陽 則名不正而言不順 今屬之太極 則名正言順 此卽是正名之謂也 下敎以重敎之以此爲辨位正名之公案者爲誣辭 此亦反復審省而未得指意之所在

72) 『省齋集』 卷7 頁42~43, 〈上重庵先生(戊子8月19日)〉 : 人之神明 卽是統體太極此一言 雖明白敎告如此 而愚昧之情 終有所不安者 (…) 一言蔽之 朱子明言謂神卽是理則不可 而今謂神明卽是太極 則於心得貼然否乎 蒼蒼可喚做理 鳶魚可喚做道 而人之神明 不可直喚做太極 是何也 人之神明 卽虛靈知覺之別稱 初非有二物也 神明而可喚做太極 則虛靈亦可以喚做太極 知覺亦可以喚做太極 虛靈知覺 皆喚做太極時 其名之不正 言之不順 顧當如何哉

계속 반복하고 있는 것이다. 〈答杜仁仲〉을 둘러싼 둘째 논점 역시 계속 반복되는 내용으로서, 두 사람은 이처럼 평행선을 달리고 있었다. 셋째 논점은 '形·氣·神·理'에 관한 면재설과 화서설은 양립하기 어려운 것임을 설명함으로써 중암의 "勉齋說과 先師說은 서로 보완해 보아야 그 뜻이 비로소 갖추어진다"는 주장을 반박한 것이다. 성재는 또한 華西說이 진정 '辨位正名'에 해당하는 것임을 해명함으로써 자신에게 중암이 '辨位正名이란 속이는 말'이라고 비판한 것을 반박하였다. 넷째 논점은 중암과 성재 사이의 견해차를 다시 확인해 주는 내용이다. 중암의 '사람의 神明은 곧 統體太極'이라는 주장은 화서의 以理斷心을 그대로 수용하는 것이며, 성재의 '사람의 神明은 곧 虛靈知覺의 別稱으로서, 애초에 두 물건이 아니다.'라는 주장은 '神明을 결코 理로 규정할 수 없다'는 입장을 다시 확인한 것이다. 성재는 "神明을 太極이라 부를 수 있다면, 虛靈과 知覺 또한 太極이라 부를 수 있는바, 虛靈과 知覺을 모두 太極이라 부를 때 그 명분이 바르지 못하고 말이 순조롭지 못함이 어떠하겠는가?"라고 반문했는데, 이것이 화서설에 대한 調補가 필요하다는 문제의식의 핵심이었다. 이렇게 본다면, 戊子年(1888) 8月 19日에 이르기까지 성재와 중암은 입장의 차이를 전혀 좁히지 못한 셈이다.

2) 〈華西心說正案〉의 도출

성재의 〈上重庵先生(戊子8月19日)〉을 보면, 그때까지 성재와 중암은 서로 입장의 차이를 전혀 좁히지 못하고 있었음을 위에서 확인하였다. 그런데 놀랍게도 戊子年 9월 두 사람은 〈先師心說正案〉에 전격적으로 동의하게 된다. 성재는 戊子年 9월에 보낸 편지 〈上重庵先生〉에서 다음과 같이 말한 바 있다.

重岳이 돌아와 (…) 내가 여쭈었던 〈心說〉에 대해 먼저 口教를 받았거니와, 경계와 책망이 엄중하면서도 타일러 깨우쳐 줌 또한 절실하고 극진하니, 삼가 듣고서 수용하여 가슴에 새기어 평생의 교훈으로 삼겠다. (…) 이제 삼가 教旨에 따라 글의 大綱을 대략 적어서 別幅으로 올리고, 批教를 청한다. (…) 나머지는 다음 달 초에 직접 찾아뵙고 말씀드리겠다.[73]

위에서 주목할 것은 '口教' 즉 '입으로 전해준 가르침'이라는 말이다. 위의 인용문에 드러난 정황으로 보면, 柳重岳이 성재의 편지를 들고 중암을 찾아갔다가, 중암에게 이런저런 가르침(教旨)을 듣고 돌아와 성재에게 口頭로 전달한 것이다. 성재는 그 가르침에 따라 하나의 문건을 작성했는데, 그것이 바로 〈先師心說正案〉 즉 〈華西心說正案〉이다. 한편, 〈省齋年譜〉 戊子年 10月條에는 다음과 같은 내용이 보인다.

선생(省齋)이 師說에 대해 調補하고자 한 것은 두 가지로서, '心과 明德'을 '사물과 준칙'으로 구분하는 것과 '사람의 神明'을 理·氣와 名·位로 설명하는 것이었다. 重菴先生은 이 心의 本分과 名位를 先師께서 본래 形而下에 소속시켰다고 여기고, 『雅言』에 실린 "心은 氣이고 物이다."라는 말을 들어 그것을 증명했다. 선생은 先師의 "心은 氣이고 物이다."라는 말은 火臟과 精爽을 가리킨 것이요, 神明을 가리킨 것이 아니라고 생각했다. (…) 이처럼 수년간 서로 버티다가, 이때에 이르러 선생이 생각을 바꾸어, (…) 마침내 重菴先生의 가르침에 따라, 師說 가운데 '心과 明德'을 '사물과 준칙'으로 구분한 글 두 조목, 神明을 理·氣의 결합으로 설명한 글 두 조목을 뽑아 해설을

73) 『省齋集』 卷7 頁49~50, 〈上重庵先生(戊子9月)〉: 重岳回 (…) 所稟心說 先承口教 警責旣嚴重 開諭亦切至 俯伏聽受 鐫之肺肝 用作終身之戒也 (…) 今謹遵教旨 略草其措辭大綱 別幅附達 伏乞批教焉 (…) 餘留來月初躬進面達

붙이고 〈華西先生心說正案〉이라 이름을 붙였다.[74)]

위의 인용문에 의하면, 성재는 "이때에 이르러 생각을 바꾸어, 마침내 重菴 先生의 가르침에 따르게 된 것"이다. 짐작건대 성재는 중암의 口敎를 듣고 생각을 바꾸게 된 것 같다. 또 위의 인용문에서는 〈華西心說正案〉을 작성한 것 자체가 '중암의 가르침을 따른 것'이라 했다. 그렇다면 어떤 점에서 중암의 가르침을 따른 것인가? 『성재집』에 보이는 〈先師心說正案〉은 총 여섯 조목이거니와, 먼저 그 全文을 차례대로 살펴보자.

> ① 心은 사람의 몸에 있는 하나의 사물이다. 이 사물에는 반드시 이 사물이 되는 理가 있고, 반드시 이 사물이 되는 職分이 있는바, 이것이 이른바 '心의 道'이다. 만약 "心은 氣를 지닌 사물이요, 理를 지닌 사물이 아니다"라고 한다면 다시 의심할 것이 없거니와, 만약 "또한 그 理가 있고, 그 職分도 있다"고 한다면, 이른바 '明德'은 心의 理가 아니고 무엇이겠는가?[75)]

> ② 心은 氣이고 事物이다. 다만 이 事物과 이 氣에 나아가 그 德을 지칭하면 理라 하는바, 聖賢이 말한 心은 대개 이를 지칭한 경우가 많다.[76)]

---

74) 『省齋年譜』 戊子年(1888, 先生57歲) 10月條 : 先生於師說 欲爲調補者 在心與明德物則之分 人之神明理氣名位兩段矣 金先生以爲此心本分名位 先師固已屬之形而下 仍擧雅言所載心氣也物也之語以證之 先生以爲先師之謂心氣也物也 是指火臟精爽 而非指神明也 (…) 如是相持數年 至是更思 (…) 遂遵奉金先生敎意 取師說中可備心與明德物則之分者二條 神明之合言理氣者二條 而繫以解說 名曰華西先生心說正案

75) 『省齋集』 卷7 頁50, 〈先師心說正案〉 : 心是人身上一物 是物也必有爲是物之理矣 必有爲是物之職矣 是所謂心之道也 若曰心是有氣之物 非有理之物 則更無可疑矣 若曰亦有其理 亦有其職 則所謂明德 非心之理而何哉

76) 『省齋集』 卷7 頁50, 〈先師心說正案〉 : 心氣也物也 但就此物此氣上面 指其德則曰理也 聖賢所謂心 盖多指此也

先師께서 '心과 明德'을 '사물과 준칙'으로 구분한 것은 마땅히 이 두 조목으로 正案을 삼아야 한다. 만약 "心의 虛靈知覺은 이 '사물'과 '사물의 理' 중 어디에 소속시켜야 마땅한가?"라고 힐문하는 사람이 있다면, 마땅히 "朱子의 遺指와 華西先生의 '神明은 理·氣를 합친 것'이라는 설명에 따르면, 虛靈知覺은 당연히 사물에 속하고, 仁義禮智는 사물의 理이다."라고 답해야 할 것이다. 또 "그렇다면 朱子가 明德章句에서 虛靈으로 말씀한 것은 무엇인가?"라고 묻는다면, "明德은 仁義禮智의 허다한 道理가 心 속에서 밝게 빛나는 것이다. 그러므로 이 사물에 나아가 '虛靈' 두 글자로 첫머리를 일으키고 '不昧'라는 글자로 문장을 완성하여 이 德의 밝음을 형용한 것이요, 虛靈知覺을 곧바로 明德으로 부른 것이 아니다."라고 답할 것이다.

또 "聖賢이 말씀한 心은 대개 이를 지칭한 경우가 많으나, 이 사물과 이 氣를 가리켜 心을 말한 경우도 때때로 볼 수 있다. 聖賢이 가리킨 바가 어찌하여 이처럼 두 양상이 있는 것인가?"라고 묻는다면, "이 사물과 이 氣를 가리켜 心을 말한 것은 本分에 따라 자리를 변별하고 이름을 바로잡은(辨位正名) 말씀으로서, 사람들에게 眞妄邪正이 섞인 것을 보고 省察操存의 공부를 하도록 요구하는 것이다. 이 德과 이 理를 가리켜 心을 말한 것은 그 위에 나아가 미루어 밝히고 발휘한 말씀으로서, 사람들에게 本源眞體의 바름을 보고 準的으로 삼아 恢復하는 공부를 하도록 요구하는 것이다. 말씀이 각각 마땅한 바가 있으니, 어느 하나를 빼놓을 수 없다."라고 답할 것이다.[77]

---

77) 『省齋集』 卷7 頁50~51, 〈先師心說正案〉 : 先師論心與明德物則之分 當以此二條爲正案也 若有詰之者曰 心之虛靈知覺 於是物與是物之理 當何所屬 宜答之曰據朱子遺指及先生所論神明合理氣之說 則虛靈知覺 當屬是物 所謂仁義禮智者 乃是物之理也 曰然則朱子於明德章句 以虛靈爲言 何也 曰明德者 是仁義禮智許多道理 在心裏光明照徹者也 故就是物上 擧起虛靈二字 配貼不昧字成文 以形容此德之明爾 非直以虛靈知覺 喚做明德也 曰言聖賢所謂心盖多指此 則其指此物此氣而言心者 亦時有之可見 聖賢所指 何故有此兩樣 曰指此物此氣而言心者 依本分辨位正名之辭也 要人見眞妄邪正之雜而加省察操存之工也 指是德是理而言心者 就上面推明發揮之辭也 要人見本源眞體之正而加準的恢

③ 心은 사람의 神明으로서, 理 · 氣를 합치고 動 · 靜을 포괄하는 것이다.[78]

④ 心은 理와 氣가 妙合하여 스스로 능히 神明한 것이다.[79]

先師께서 心의 神明과 理 · 氣의 名位를 논한 것은 마땅히 이 두 조목으로 正案을 삼아야 한다. 만약 "神明과 虛靈知覺은 하나인가, 둘인가?"라고 힐문하는 사람이 있다면, 마땅히 "細分하면 神明, 虛靈, 知覺이 가리키는 바에 약간 淺 · 深의 차이가 있지만, 名位로 단정하면 그것들이 모두 '理 · 氣가 합쳐진 것' 임은 동일하며, 모두 마땅히 사물에 속하여 준칙이 될 수 없는 것도 동일하다."고 답해야 할 것이다. 또 "이미 '理 · 氣의 合' 이라 했는데, 오히려 치우치게 사물에 속하는 것은 무슨 까닭인가?"라고 묻는다면, "무릇 일반적으로 말하는 '理 · 氣가 합쳐진 것' 은 理를 單指한 것과 대비시키면 반드시 形而下에 속한다. 또한 이른바 사물은 원래 '理와 氣가 합쳐진 이름' 이다. 대개 神明과 靈覺은 오직理 · 氣가 합쳐진 것이기 때문에, 그러므로 그 當體를 거론하면 氣이고, 그 本體를 궁구하면 理이다. 그 運用에 미쳐서는, 아직 揀別하지 않았을 때에는 眞 · 妄이 서로 섞임이 없을 수 없으나, 이미 揀別한 다음에는 天理의 妙用을 볼 수 있다. 朱子의 『孟子』 操存章注(存亡出入을 관통해서 神明을 말했다) 및 『大學或問』 致知條(오로지 妙衆理 · 宰萬物로 神明을 말했다)를 보면 알 수 있다."고 답할 것이다.

또 "무릇 華翁 心說의 要旨는 무엇인가?"라고 묻는다면, "세상이 바야흐로 明德을 폄하하여 氣로 간주하는데, 先生이 苦心하여 그것이 '天命의 本體' 임을 밝히셨고, 세상이 바야흐로 神을 오로지 氣로 간주하는데, 先生이 고심하

復之工也 言各有當 不可闕一也

78) 『省齋集』 卷7 頁51, 〈先師心說正案〉: 心者 人之神明 而合理氣包動靜者也

79) 『省齋集』 卷7 頁51, 〈先師心說正案〉: 心者 理與氣妙合 而自能神明者也

여 그것이 '理의 妙用' 임을 밝히셨다. 明德이 天命의 本體가 됨에 聖學의 宗旨가 다시 밝아졌고, 神이 理의 妙用이 됨에 太極의 主宰를 볼 수 있게 되었으니, 이는 진실로 세상에 드문 大功이다. 그 명목을 논할 때의 억양에 소소한 차이가 있고, 문장을 가다듬는 데 미진한 부분이 있는 것 등은 후세의 讀者들이 앞에서 열거한 네 조목의 正案에 입각하여 서로 참조하여 裁補하면 될 것이다.[80]

⑤ 天은 地를 통솔하는바 그러므로 天을 專言하면 道이다. 神은 鬼를 통솔하는바 그러므로 神을 專言하면 理이다. 心은 百體를 통솔하는바 그러므로 心을 專言하면 人極이다.[81]

이 한 조목은 삼가 重菴先生의 가르침에 따라 추가한 것이다. 대개 이 心의 本分名位는 마땅히 形而下에 속하지만, 그 統體의 主宰는 마땅히 理로 말해야 하는바, 이는 하나의 명쾌한 正案이라 할 수 있다.[82]

---

80) 『省齋集』 卷7 頁51~52, 〈先師心說正案〉 : 先師論心之神明理氣名位 當以此二條爲正案也 若有詰之者曰 神明與虛靈知覺 是一耶二耶 宜答之曰 細分則曰神明 曰虛靈 曰知覺 微有所指淺深之差 而斷之以名位 則其爲理氣之合者 未始不一也 其當屬物而不得爲則者未始不一也 曰旣言理氣之合 而猶偏屬之物 何也 曰凡言合理氣者 對單言之理則須屬之形而下 且所謂物者 元是理與氣合之名也 盖神明靈覺 惟其合理氣也 故擧其當體則是氣而究其本體則是理也 其運用也 方其未揀別時 不能無眞妄之相雜 而及其已揀別後 乃見天理之妙用也 觀朱子孟子操存章注(通存亡出入言神明) 及大學或問致知條(專以妙衆理宰萬物言神明) 可見也 曰大凡華翁說心 其要指如何 曰世方以明德貶作氣看 而先生則苦心闡明其爲天命之本體 世方以神全作氣看 而先生則苦心推明其爲是理之妙用 明德爲天命之本體 而聖學之宗旨復明 神爲是理之妙用 而太極之主宰可見 是誠不世之大功也 若其名論抑揚之際 小小參差 梳洗不盡處 後之讀者 以右所列四條正案 參互而裁補之 可也

81) 『省齋集』 卷7 頁52, 〈先師心說正案〉 : 天統地 故天專言之則道也 神統鬼 故神專言之則理也 心統百體 故心專言之則人極也

82) 『省齋集』 卷7 頁52, 〈先師心說正案〉 : 此一條 謹依重庵先生所敎 追附之 盖此心本分名位之當屬形而下 與其統體主宰之當以理言者 此可爲一明案也

⑥ 心은 '理와 氣를 합쳐서 이름 지은 것' 인데, 理의 측면만 單指하면 '本心' 이라 한다.[83)]

이 한 조목은 重菴 先生이 돌아가신 다음 해에 추가한 것이다. 대개 當初에 正案을 정할 때엔 오로지 '心과 明德' 을 '사물과 준칙' 으로 구분하는 것을 주로 삼았는데, 뒤에 洪思伯과 往復하면서 '心과 本心' 의 구분 또한 공을 들여 講明해야만 한다는 것을 알게 되었다. 그리하여 이 한 조목을 增設했거니와, 큰 뜻은 대개 "心은 이미 '理와 氣가 합쳐진 것' 이니, 그 知覺運用도 반드시 理가 주가 되는 때도 있고, 氣가 주가 되는 때도 있다. 이른바 本心이란 바로 그 理가 주가 된 쪽만 單指하여 이름 붙인 것이다."라는 것이다. 이는 '心' 字의 名位와 階級을 논한 것이 매우 明白하고, 친절하게 받아들여지는 점이 있으니, 學者들이 마땅히 깊이 살펴야 한다.[84)]

이상에서 〈華西心說正案〉 全文을 소개하였다. 먼저 알아두어야 할 것은, 위의 여섯 조목은 모두 '華西의 다양한(또는 서로 모순되는) 心說' 가운데서 正案으로 삼을 만한 내용을 성재와 중암이 상의하여 뽑은 것이라는 점이다. 그리고 각 조목 아래에 딸린 해설은 성재가 쓴 것을 중암이 윤문한 것이다. 위의 〈華西心說正案〉에 대해 〈省齋年譜〉 戊子年 10月條에서는 다음과 같이 평하고, 설명한 바 있다.

83) 『省齋集』 卷7 頁52, 〈先師心說正案〉 : 心合理與氣而立名者也 單指理一邊 則曰本心也
84) 『省齋集』 卷7 頁52~53, 〈先師心說正案〉 : 此一條 重菴先生下世翌年 追附之 蓋當初立定正案 專主心與明德物則之分 後因洪思伯往復 乃知心與本心之分 亦不可不致力講明 故增設此一條 大意蓋曰心旣合理與氣 則其知覺運用 須有理爲主時 有氣爲主時 所謂本心者 乃單指其理爲主一邊而名之也 此於論心字名位階級極明白 有親切受用處 學者宜深察之

이처럼 立論하니 明德의 眞體가 더욱 밝고 뚜렷해졌으며, 心은 理로 말한 것도 있고 氣로 말한 것도 있다는 점도 글의 뜻을 보고 알 수 있게 되었다. 神明의 本分과 名位가 平實하게 되었으며, 참되고 올바른 것을 揀別해 내서 天理의 主宰에 해당시킬 수도 있었다. 先師의 全集 가운데 여러 지엽적 구절들 간에 간혹 한두 가지 편중된 것이 있을 경우에도 이 正案에 준하여 보완하면, 師說로써 師說을 보완하는 것이니, 매우 맑고 無事할 것이다. 이것을 重菴 先生께 드리고 문의하니, 重菴 先生이 반복하여 살펴보고 통쾌하게 윤허해 주시면서, 본문에는 한 조목을 추가하여 그 취지를 지극히 하고, 解說에는 字句를 수정하고 가다듬어 그 뜻을 다 표현하였다.[85]

위의 인용문으로 본다면, 〈화서심설정안〉은 성재와 중암 사이에 충분히 합의를 본 내용이라 하겠다. 이제 위의 正案을 정리해 보자. ①과 ②에서는 '心'을 '事物'로, '心의 理'를 明德으로 설명했는데, 이는 성재의 지론 '心性物則論'이 반영된 것이라 할 수 있다. 그러면서도 "聖賢이 말한 心은 대개 이 德(理)을 지칭한 경우가 많다"는 말을 채택하여, 화서의 以理斷心 역시 충분한 근거가 있는 것임을 명백히 하였다.

③과 ④에서는 '神明'을 '理·氣를 합친 것'으로 설명했거니와, 이것 역시 성재의 지론이 반영된 것이다. 성재는 화서가 神(神明)을 理로 규정한 것을 문제 삼고, 이를 조보해야 한다는 입장을 시종일관 견지했거니와, 따라서 화서의 다양한 心說 가운데 ③과 ④를 正案으로 뽑았다는 것은 성재의 지론이 반영된 결과라 할 수 있다.

---

85) 『省齋年譜』 戊子年(1888, 先生57歲) 10月條: 蓋如是立文 則明德之眞體 益見其明彰 而心之有以理言者 有以氣言者 亦可以隨文解意矣 神明之本分名位 旣得平實 而揀別出眞而正者 卽可以當天理之主宰矣 至若全集中支節間容有一二偏重者 準此正案而裁補之 則可謂以師說補師說 而却甚澄然無事矣 以之進呈於金先生而質之 金先生反復省覽 洞賜開允 於正文則追加一條 以極其趣 於解說則修潤字句 以暢其意

⑤에서는 '神을 專言하면 理이며, 心을 專言하면 人極' 이라 했는데, 이는 화서의 以理斷心과 궤를 같이하는 내용으로서, 중암의 지론이 반영된 것이다. ⑥에서는 '理와 氣가 합쳐진 것' 인 心에서 理의 측면만 單指하면 '本心' 이라 한다고 했는데, 이 역시 화서의 以理斷心과 궤를 같이하는 내용으로서, 중암의 지론이 반영된 것이라 할 수 있다.

한편, 戊子年(1888) 10월에 성재가 중암에게 올린 편지에는 다음과 같은 내용이 보인다.

> 先師의 講說 가운데 '心의 神明' 을 논한 것에 있어서는 '理와 氣가 합쳐진 것' 이라는 말씀을 正案으로 삼고, '形·氣·神·理' 를 논한 것에 있어서는 또한 門下의 '勉齋의 說과 先師의 說을 서로 보완해야 완비된다' 는 말씀을 正案으로 삼는다면, 大體가 거의 바르게 될 것이다. (勉齋는 神을 오로지 形而下에 소속시켰는바, 辨位正名에 있어서는 타당하지만 '主宰와 妙用이 理에 근본한다' 는 뜻을 볼 수 없다. 先師는 神을 오로지 形而上에 소속시켰는바, 本體를 밝히는 데는 지극하지만 '本分名位가 形而下에 있다' 는 뜻을 볼 수 없다. 그러므로 '勉齋說과 先師說을 반드시 서로 보완해야 완비된다' 는 말씀이 正案이 되는 것이다).[86]

화서는 〈形氣神理說〉에서 勉齋가 神을 形而下者로 규정한 것을 비판하며, 神을 形而上者(理)로 규정했거니와, 성재가 면재와 같은 맥락에서 화서의 以理斷心을 문제 삼자, 중암은 '勉齋說과 先師說을 서로 보완해

86) 『省齋集』 卷7 頁53, 〈上重菴先生(戊子10月)〉: 盖於先師講說 其論心之神明者 以所謂合理氣者爲正案 其論形氣神理者 又以門下所言與勉齋說相須乃備者爲正案 (勉齋以神專屬之形而下 其於辨位正名則得矣 而但無以見主宰妙用之本乎理 先師以神專屬之形而上 其於發明本體則至矣 而但無以見本分名位之在形而下 故必以相須乃備之語爲正案) 則大體庶幾得正矣

야 완비된다' 고 주장했었다. 이에 대해 성재는 8월 19일의 편지에서는 '화서설과 면재설은 서로 완전히 배치되므로, 보완적 관계가 될 수 없다' 고 답한 바 있다. 그런데 위의 인용문에서는 '神明은 理와 氣가 합쳐진 것' 이라는 내용을 華西說의 正案으로 전제한 다음, 중암의 제안을 수용하여 '면재설과 화서설을 반드시 서로 보완해야 완비된다' 는 결론을 도출한 것이다.

이상에서 〈華西心說正案〉의 全貌를 살펴보았다. 〈華西心說正案〉의 도출 자체가 성재가 주장한 '調補' 에 해당하는 것인바, 이러한 점에서 성재는 결국 자신의 의견을 관철시킨 것이다. 또한 '心' 을 '事物' 로 규정하고 '心의 理' 를 '明德' 으로 규정한 ①과 ②, '神明' 을 '理 · 氣를 합친 것' 으로 설명한 ③과 ④를 正案으로 뽑은 것은 성재의 지론이 반영된 것인바, 이렇게 본다면 〈華西心說正案〉은 내용적으로 '성재의 승리' 라 하겠다. 그런데 달리 보면, '心은 事物이요, 心의 理가 明德이다' , '神明은 理 · 氣가 합쳐진 것이다' 라는 성재의 지론은 이미 華西說 속에 모두 포함되어 있었던 것이다. 그렇다면 이는 師說에 대한 調補의 필요성을 제기한 성재의 입장을 無力化시키는 것인바, 따라서 이러한 맥락에서 본다면 〈華西心說正案〉은 내용적으로 오히려 '중암의 승리' 인 것이다. 요컨대 〈華西心說正案〉은 중암과 성재가 각자 한발씩 물러서서 절묘하게 타협해 낸 성과라 할 수 있겠다.[87)]

---

87) 그런데 〈心說正案〉의 도출 이후 잠시 잠잠했던 논쟁이 얼마 후 다시 불붙게 되어, 처음보다도 더 격렬하게 진행되기도 했다(이에 대한 자세한 설명은 최영성, 『한국유학통사』 下, 281~284쪽 참조). 한편, 성재는 臨終 직전 門人 柳麟錫에게 〈心說正案〉을 還收하라고 당부했는데, 이에 대해 柳麟錫은 "正案文字 盖奉體重翁命意 而後覺其苟簡惶懍而撤之 其所苟簡惶懍者 此文字用華翁言 而實遷就其本旨 旣爲未安 且其本旨之爲主理者 大體極正當而實爲大功 不可掩蔽以有玷累也 (以說合理氣者 爲華翁心說正案 則雖不失於所爲調補之意 其平生苦心主理宗旨 便變換無可見 盖於正當大體 有所玷

4. 쟁점의 정리와 평가

심설논쟁이 한창 최고조에 달했을 무렵, 중암은 성재에게 "心說의 異同에 대해서는 큰 틀에서 본래 서로 반대되지 않는다. 다시 따져보아야 할 것은 다만 사소한 것들뿐이다."[88]라고 말한 바 있고, 성재도 "心說의 大指에 있어서는 우리 두 사람의 주장이 서로 크게 어긋나는 점이 없다. 다만 師說의 本旨를 해설함에 있어서 약간 합치되지 않는 점이 있을 뿐이다."[89]라고 말한 바 있다. 요컨대 心說 자체에 있어서는 서로 의견 차이가 별로 없으며, 다만 華西說에 대한 해석에 있어서 약간의 의견 불합치가 있을 뿐이라는 것이다.

이처럼 성재와 중암 사이의 쟁점은 표면적으로는 매우 사소한 것이었다. 성재의 지론은 다음의 세 조목으로 요약된다. 첫째, 心은 '사물(形而下者)' 에 속하고, 明德(性)은 '준칙(形而上者)' 에 속한다. 둘째, 心의 當體인 '神明' 은 '理와 氣가 합쳐진 것' 이다. 셋째, 화서 心說의 진면목은 '以理斷心' 인데, 이는 앞의 두 조목에 어긋나므로 調補해야 한다. 그런데 중암은 앞의 두 조목에 대해서는 결국 동의했지만, 셋째 조목에 대해서는 쉽게 동의하지 않았다. 중암에 의하면, 화서의 以理斷心은 앞의 두 조목을 전제한 것이므로 調補할 필요가 없다는 것이다.

여기서 알 수 있듯이, 논쟁의 마지막 초점은 '화서의 以理斷心에 대한 해석과 평가' 에 있었다. 성재는 화서의 以理斷心에 대해 그 취지는 십분 긍정하면서도, 그것은 '聖經賢傳의 가르침과 약간 다르다' 고 보아 문제

累)" 라고 설명한 바 있다(『毅菴集』 卷6 頁9, 〈答崔勉菴(別紙)〉).

88) 『重菴集』 卷21 頁5, 〈與柳穉程(戊子4月)〉 : 若夫心說異同 則大致本不相反 更商者只是些子耳

89) 『省齋集』 卷7 頁26, 〈上重庵先生(戊子4月28日)〉 : 以心說大指 則重敎所論 於尊誨之意 未見其有甚相戾 特於解說師旨處 有小未契者耳

를 제기했다. 성재는 다음과 같이 말한다.

> 先師의 心說에서 말하는 心은 원래 經傳에서 말하는 心과 약간 다름이 있다. '經傳에서 말하는 心'은 대개 이 心이 形而下者로서 存·亡이 있고 眞·妄을 겸한다는 것에 근거하여 立名한 것이요, 그 가운데 나아가 오로지 本源眞體를 지칭하여 '理'라 한 것이니, 朱子가 말한 '天理의 主宰'가 이것이다. '先師께서 말하는 心'은 본래 오로지 그 本源眞體를 지칭하여 말하는 것이요, 그 形而下者의 요소에 대해서는 곧 이 心의 當體와 관계가 없다고 여긴 것이다. (…) 그러므로 先師는 "氣로 말하는 心은 君子가 心으로 여기지 않는다."고 말씀하고, "釋氏가 말하는 心은 吾儒가 말하는 形而下者이다."라고 말씀했던 것이다. 그렇다면 先師의 以理斷心은 비록 辨位正名에 있어서는 간혹 平實함이 부족하지만, 이것을 '認氣爲理'[90]라고 말하는 것은 크게 잘못된 말이다.[91]

위에 보이듯이, 성재는 '화서의 以理斷心'이 '經傳에서 말하는 心과 약간 다름이 있다'고 보았고, 또 '辨位正名에 있어서 平實함이 부족하

---

90) 艮齋 田愚는 화서학파의 以理斷心이 '認氣爲理'라고 비판한 바 있거니와, "이것을 '認氣爲理'라고 말하는 것은 크게 잘못된 것"이란 이를 염두에 둔 말이다. 한편, 중암은 성재가 간재와 편지를 주고받으면서 '결국 간재의 영향을 받아, 華西說을 認氣爲理에 빠진 것이라고 여기게 되었다'고 의심하고 있었는데(『重菴集』 卷21 頁6, 〈與柳穉程(戊子4月)〉: 盖高明旣以認氣爲理斷先師 致求媚於世儒 而解仇於艮田), 위의 인용문은 이에 대한 성재의 해명이기도 하다.

91) 『省齋集』 卷7 頁30~31, 〈上重庵先生(戊子4月28日)〉: 先師說心 其所指以爲心者 元是與經傳所言心者 微有不同 經傳所言 盖據此心形而下處 有存亡兼眞妄者立名 就其中專指本源眞體者 以爲理 朱子所謂天理之主宰是也 先師所謂心合下專指其本源眞體者言之 而若其形而下者 則直以爲無與於此心之當體 (…) 故其言曰以氣言之心 君子有不心者焉 曰釋氏所謂心 是吾儒所謂形而下者 然則其以理斷心者 雖其辨位正名之或欠平實 而謂是認氣爲理 則大不著題矣

다' 고 보았다. 그리하여 성재는 화서 心說에 대한 調補 문제를 제기하게 되었던 것이다. 그런데 중암은 성재의 이러한 주장을 수긍하지 않았다. 중암은 다음과 같이 말한다.

> 心의 名目은 진실로 氣이다. 이른바 理란 저 푸른 하늘에 나아가 그 主宰者를 가리키는 것이다. 예컨대 하늘은 푸르고 푸른 氣이지만, 그 푸른 것에 나아가 그 푸른 까닭을 지칭하여 理라 하는 것이다. 그러나 朱子는 "푸르고 푸른 것이 곧 이 '道理의 하늘' 이다."라고 말씀한 바 있으니, 이러한 예에 따른다면 '心' 字의 名位인 '形 · 氣 · 神' 은 곧 '이 主宰者의 모양이 드러나 묘하게 운용된 것' 이다. 이러한 견해들은 서로 發明하는 것이니, 하나에 집착하여 다른 하나를 버려서는 안 된다. 이것을 안 다음에, 先師의 주장은 '千聖의 微言을 깊이 얻은 것으로서, 쉽사리 의심할 수 없는 것임' 을 알 수 있다.[92)]

중암도 역시 '心의 名目은 진실로 氣' 라는 점을 인정했다. 그렇다면 화서의 以理斷心을 어떻게 설명해야 하는가? 중암은 '心의 名目은 진실로 氣인데, 화서가 心을 理로 단정한 것' 을 '푸른 하늘은 氣인데, 주자가 푸른 하늘을 곧 道理의 하늘로 단정한 것' 에 견주었다. 요컨대 이는 남들이 의심하듯이 '氣를 理로 인식한 것(認氣爲理)' 이 아니라 '氣에 나아가 理를 본 것(氣上看理)' [93)]이라는 설명이다. 중암은 화서의 以理斷心을

92) 『重菴別集』 卷7 頁38, 〈武夷冷話〉 : 心之名目 固氣也 所謂理也者 卽夫蒼蒼者 指其主宰者耳 如天是蒼蒼之氣也 卽夫蒼蒼者 而指其所以爲蒼蒼者 則曰理也 然朱子有曰 蒼蒼者 卽此道理之天 以此例之 則心字名位 曰形 曰氣 曰神 卽此主宰之形見而妙用者也 此見其互相發明 不可執一而廢一也 知此然後 知先師之所執 深得千聖之微言 而不可容易致貳也

93) 『重菴集』 卷21 頁10~11, 〈答柳穉程(戊子6月)〉 : 古今說理者 自非異端雜家 孰有懸空說者乎 周子說無極而太極 亦不過卽陰陽而指其本體 不雜乎陰陽而爲言耳 以此斷知先師以理言神明 亦是氣上看理

이렇게 설명하고, "先師의 주장은 千聖의 微言을 깊이 얻은 것으로서, 쉽사리 의심할 수 없는 것"이라고 주장했다.

이처럼 성재는 화서의 以理斷心이 기존 經傳의 이론체계와 어긋난다고 보고, 調補를 통해 그 어긋나는 부분을 다듬으려 한 반면, 중암은 화서의 以理斷心이 '聖賢의 微旨와 깊이 부합한다'고 보고, 調補가 필요 없다고 본 것이다. 그렇다면 화서의 以理斷心에 대한 평가가 왜 이렇게 서로 다른 것인가? 그 저변에는 보다 근본적인 문제에 대한 인식의 차이가 있었거니와, 이야말로 화서학파 심설논쟁의 핵심 쟁점이라 할 수 있다. 이제 그 핵심 쟁점들을 다시 정리해 보기로 하자.

1) 心物論(心合理氣論)과 以理斷心의 대립

心合理氣說은 화서학파 모두가 전제하는 공통의 기반이라고 볼 수 있다. 그런데 화서는 心合理氣說을 전제하면서도, 결국엔 '心의 當體인 神明은 理'라 하여(以理斷心), 단연코 理를 중심으로 心을 설명한 것이다. 그리고 중암 역시 화서의 以理斷心을 적극 옹호하면서 다음과 같이 말한 바 있다.

> 神明을 心의 當體로 삼은 것은 또한 朱子의 학설이요, 先師의 創見이 아니다. (…) 사람의 神明은 곧 『中庸』에서 말한 '睿知'로서, 四德을 포괄하고 萬善을 포함하며 萬化를 주재하니, 이른바 '大德敦化'요, 이른바 '統體太極'으로서, 辨位正名이라는 말로 어지럽힐 수 없는 것이다. 이로써 形而下의 한 事物로 간주할 것을 요구한다면, 이름이 바르지 못하고 말이 순조롭지 못한 것이 과연 이보다 더 심할 수 있겠는가?[94]

위에 보이듯이 중암은 화서의 以理斷心을 '朱子說'에 입각한 것이라고 주장하면서 적극 옹호했다. 이에 반해 성재는 心의 本體를 理로 설명하는 것은 수긍하면서도, 心의 當體를 理로 설명하는 것은 수긍하지 않았다. 성재는 끝내 心을 '理와 氣가 결합된 事物로서, 形而下者에 속한다'고 본 것이다.

중암은 화서의 以理斷心이 朱子說에 입각한 것이라고 주장했지만, 성재는 이러한 주장에 전혀 동의하지 않았다. 성재는 오히려 다음과 같이 말한다.

> 우리 先師의 학문, 즉 太極에 主宰함이 있다는 학설, 明德은 主理라는 학설, 人心과 道心을 엄격하게 구분하는 학설, 용감하게 天理를 옹호하고 人欲을 억제하는 학설, 그리고 이를 天下의 事業에 베풀어 帝統을 높이고 오랑캐를 물리치며, 聖學을 높이고 淫邪를 물리친 大經大法은 거의 天地에 세워도 어긋나지 않으며 百世를 기다려도 미혹되지 않을 것이다. 그런데 이 心에 대해 이름 짓고 설명하는 精微하고 세세한 부분에 있어서는 (…) 先儒의 학설과 대조해보면 또한 符合하는 것이 드무니, 어찌 두렵지 않을 수 있겠는가?[95]

위에 보이듯이, 성재는 화서의 학문 全般에 대해 "거의 天地에 세워도 어긋나지 않으며 百世를 기다려도 미혹되지 않을 것"이라고 높이 평가

94) 『重菴集』 卷21 頁13, 〈答柳穉程(戊子6月)〉: 其以神明爲心之當體 又朱子之說 非先師之刱見 (…) 人之神明 卽中庸所謂睿知 包四德涵萬善 主宰萬化 所謂大德敦化 所謂統體太極 非可以辨位正名之說而亂之也 以此要作形而下之一物 則名之不正 言之不順 果孰甚焉

95) 『省齋集』 卷7 頁45, 〈上重庵先生(戊子8月19日)〉: 我先師之學 太極有主宰之論 明德主理言之說 與夫人心道心剖劈之嚴 天理人欲扶抑之勇 擧以措之天下之業 其尊帝統攘夷虜 崇聖學放淫邪之大經大法 庶幾建天地而不悖 竢百世而不惑矣 顧於此心名言之際 精微曲折之間 (…) 攷之先儒而亦鮮符合 安得無瞿瞿乎

하면서도, 화서의 心說에 대해서는 "先儒의 학설과 대조해보면 또한 符合하는 것이 드물다"고 보았다. 이는 한마디로 화서의 心說은 기존 성리학의 이론체계와 크게 어긋난다는 지적이다.

以理斷心이 단순히 '기존 성리학의 이론체계와 어긋나는 것' 일 뿐이라면, 이를 특별히 문제 삼지 않아도 될 것이다. 그런데 성재는 以理斷心이 "'太極의 本然한 本體' 는 作用이 있는 것으로 되어 하나의 사물과 같게 되고, '學者의 마음을 다스리는 공부' 도 간혹 게을러져 猖狂自恣에 빠질 것"이라는 폐단을 낳을 수 있다고 보았다. 그리하여 성재는 "朱子의 本旨로 말하면, 氣之精爽은 곧 心의 神明을 지칭하는 것"[96]이라고도 주장하고, "사람의 神明은 곧 虛靈知覺의 別稱으로, 애초에 두 물건이 아니다."[97]라고도 주장하면서, 이처럼 心의 當體인 '神明' 을 '虛靈知覺' 또는 '氣의 精爽' 으로 보는 것이 平實하여 폐단이 없게 된다고 본 것이다.

2) 心性物則論(心性二物論)과 心性一理論(心性一物論)의 대립

성재의 지론은 '心은 사물, 性은 준칙' 이라는 心性物則論인바, 이는 心과 性은 별개의 존재라는 心性二物論이다. 이에 반해 중암은 한편으로는 '心은 사물, 性은 준칙' 이라는 구분을 인정하면서도, 다른 한편으로는 '心과 性은 하나의 理일 뿐' 이라는 心性一物論을 역설했다.[98]

성재가 화서의 心說을 문제 삼는 여러 이유들 가운데 하나는, 화서처럼 心을 理로 단정하면 성리학의 핵심명제인 '心統性情' 을 해석하기 곤

96) 『省齋集』 卷7 頁30, 〈上重庵先生(戊子4月28日)〉 : 以朱子本指 則氣之精爽 卽指心之神明
97) 『省齋集』 卷7 頁42, 〈上重庵先生(戊子8月19日)〉 : 人之神明 卽虛靈知覺之別稱 初非有二物也
98) 『重菴別集』 卷7 頁16~17, 〈華西李先生心說本義〉 : 問 心是物 性是則否 曰 然 (…) 然此言其槩耳 若就中細看 則心之睿知 已是心之則也

란하다는 점이었다. 성리학에서 性은 理로 간주되는데, 心도 理라고 하면, '心統性'은 '理가 理를 통섭한다'는 이해하기 곤란한 말이 된다. 이에 대해 화서는 다음과 같이 설명한 바 있다.

心은 (性의) 主宰者이고, 性은 (心의) 條理이다. 仁·義·禮·智는 각각 一物이며, 惻隱·羞惡·辭讓·是非도 각각 一物로서, 서로 통할 수 없다. 心은 그렇지 않아, 仁도 되고 義도 되고 禮도 되고 智도 되어 포함하지 않는 것이 없으며, 惻隱도 되고 羞惡도 되고 辭讓도 되고 是非도 되어 不能한 것이 없다. 여기에서 心과 性·情을 분별한다면 가장 분명하다.[99]

화서에 의하면, 性은 五常으로 쪼개서 말하는데, 仁은 義가 아니고 禮는 智가 아니므로, 性은 자질구레한 '條理'에 해당한다. 그런데 心은 仁·義·禮·智를 모두 포함하고 惻隱·羞惡·辭讓·是非 모두로 발현될 수 있으니 그것은 '통합적 全體'라는 것이다. 화서의 이러한 설명을 계승하여, 중암은 '心은 統體一太極에 해당하고, 性은 各具一太極에 해당한다'고 주장하였거니와, 성재는 이를 다음과 같이 비판한다.

예컨대 心과 性을 대비함에, 心은 '하나로서 짝이 없는 것'이라 하여 統體의 太極에 해당시키고, 性은 '둘로서 짝이 있는 것'이라 하여 各具의 太極에 해당시켰는데, 나의 구구한 私見으로서 '가장 不安한 곳'은 바로 이 한마디에 있다(朱子가 말한 '統體一太極과 各具一太極'은 본래 '一原과 異體'에 나아가 이름 지은 것이다. 지금 '하나의 性안에 仁·義·禮·智의 分殊가 있는

99) 『華西雅言』 卷3 頁4~5, 〈神明〉 : 心是主宰 性是條理 仁義禮智 各爲一物 惻隱羞惡辭讓是非 各爲一物 不可相通 心則不然 爲仁爲義爲禮爲智 都無不該 爲惻隱爲羞惡爲辭讓爲是非 無所不能 於此分別心與性情 則最分曉

것'을 各具로 삼고, '心이 이 性을 포함하고 있는 것'을 統體로 삼으니, 面目이 끝내 그 부류에 들어맞지 않는다. 설령 先師의 이론처럼 心·性의 分·合을 주장하는 것이라 해도, 다만 이 名目이 先師의 遺旨가 아니라면, 아마도 수정해야 마땅할 것이다).[100)]

요컨대 성재는 화서와 중암이 '心과 性'을 모두 理로 규정하면서, 양자를 '統體와 各具'의 관계로 설명하는 것을 결코 수긍할 수 없었다. '統體와 各具'는 '本然之性과 氣質之性'처럼 '一原(理一)과 異體(分殊)'를 설명하는 것인바, '心과 性'을 '理一과 分殊'에 상응시키는 것은 적절하지 못하다는 것이다. 그리하여 성재는 이러한 '곤란한 문제'가 야기되는 것에 대한 '平實한 해결책'으로, 經傳의 원래 가르침대로 心(神明)을 사물로 규정해야 한다고 보았던 것이다. 성재의 이러한 비판에 대해, 중암은 다음과 같이 반론한다.

理로 心을 말하는 곳에서 心과 性을 相對시키면, 心은 一이나 性은 萬이고, 心은 전체이나 性은 부분이다. 다른 곳에서 말할 경우, 心은 氣이고 性은 理로서, 性이 사람의 統體之太極이 된다. 이 두 설명은 각각 마땅한 바가 있어서 서로 發明해주니, 하나에 집착해서 다른 것을 버리면 안 된다.[101)]

---

100) 『省齋集』 卷7 頁16, 〈上重菴先生(丁亥3月)〉: 至如心性對言 而以心爲一而無對者 以當統體之太極 以性爲兩而有對者 以當各具之太極 (朱子言統體太極 各具太極 本就一原異體上立名 今以一性內有仁義禮智之分者爲各具 以心之包含此性者爲統軆 面目終是不類 政使主心性分合 如先師之論 只此名目或非遺旨 恐合修改) 區區私見最所不安處 政在此一言

101) 『重菴集』 卷21 頁5, 〈與柳穉程(戊子4月)〉: 以理言心處 心性相對 則心一而性萬 心全而性分 與別處說時 心是氣 性是理 而性爲在人統體之太極者 彼此各有攸當 互相發明 而不可執此而廢彼

> 대개 心은 性을 벗어나지 않고, 性도 心을 벗어나지 않는다. 그 條理가 있음을 말할 때엔 性이라 하고, 그 능히 통솔함을 말할 때엔 心이라 하는바, 사실은 하나이다. 이곳이 省齋가 보지 못하는 부분이다.[102]

위의 첫째 인용문에서는 한편으로는 '性卽理, 心卽氣' 의 체계를 인정하면서도, 한편으로는 心·性을 모두 理로 규정하면서 양자의 관계를 '統體와 各具' 로 설명했다. 둘째 인용문에서는 '心과 性이 사실은 하나' 라고 하면서, 성재가 이 부분을 보지 못한다고 비판했다. 요컨대 중암은 한편으로는 성리학의 일반론인 '性卽理, 心卽氣' 의 체계를 인정하면서도, 다른 한편으로는 화서와 같은 맥락에서 '心·性이 모두 理로서, 사실은 하나' 라고 강조한 것이다. 그런데 '性卽理, 心卽氣' 라는 주장과 '心·性이 모두 理로서, 사실은 하나' 라는 주장은 사실 양립할 수 없는 것인바, 성재는 이를 인식하고 調補를 시도한 것이다.

3) 理主氣資論과 理善氣惡論의 대립

그러면 화서와 중암은 왜 이러한 이론적 난관을 무릅쓰면서 以理斷心을 고수한 것일까? 그것은 앞에서 살핀 바 있듯이 '性·情의 주재자' 요 '一身의 주재자' 인 心을 氣로 규정할 수 없다는 이유 때문이었다. 그런데 '주재자' 인 心을 氣로 규정할 수 없다는 주장의 저변에는 바로 理善氣惡論의 사고가 깔려있었다. 그러면 이제 화서의 理善氣惡論을 살펴보자. 화서는 다음과 같이 말한다.

---

102) 『重菴別集』 卷7 頁37, 〈武夷冷話〉 : 蓋心不外性 性不外心 由其有條理而謂之性 由其能統領而謂之心 其實一也 此柯老心眼之所蔽也

> 理·氣의 구분은 두 양상이 있다. 理의 本體로 말하자면, 理는 氣를 통솔하는 주재자이고, 氣는 理를 싣는 그릇이니, 이것은 '不可離' 의 학설이다. 氣의 萬殊로 말하자면, 理는 至善至中의 準則이고, 氣는 偏倚와 過不及의 緣由이니, 이것은 '不可雜' 의 학설이다. '不可離' 에 있어서 上·下의 구분에 어두우면 君·臣이 질서가 없게 되고, '不可雜' 에 있어서 彼·此의 구분에 어두우면 子·賊이 구별이 없게 된다.[103)]

화서에 의하면 理는 '氣를 명령하는 존재' 인 동시에 '善의 표준' 이고, 氣는 '理의 명령을 봉행하는 존재' 인 동시에 '惡의 연원' 이다. 氣는 理의 명령을 봉행할 때에는 그 존재의 의의를 부여받지만, 理의 명령을 따르지 않을 때에는 그 존재 의의를 부정당한다. 요컨대 氣는 마땅히 理의 명령에 따라야 한다. 그러나 氣는 때때로 理의 명령을 거역하는바, 그리하여 理와 氣는 서로 勝負를 겨루게 된다. 理가 이기면 善이 되고 氣가 이기면 惡이 됨은 물론이다. 이러한 맥락에서 화서는 모든 惡의 근원을 氣에 돌렸다.

> 明德의 본체가 온전하지 못한 것은 氣가 拘碍하기 때문이며, 明德의 작용이 두루 통달하지 못하는 것은 氣가 가리기 때문이다. 그렇다면 民이 새로워지지 않는 것도 氣 때문이며, 善에 머무르지 못하는 것도 氣 때문이며, 事物을 궁구하지 못하는 것도 氣 때문이며, 知에 이르지 못하는 것도 氣 때문이며, 意가 참되지 못한 것도 氣 때문이며, 心이 바르지 못한 것과 身이 닦여지

103)『華西雅言』卷1 頁3,〈形而〉: 理氣之分有兩樣 以理之本體言 則理爲統氣之主 而氣爲載理之器 此則不可離之說也 以氣之萬殊言 則理爲至善至中之準則 而氣爲偏倚過不及之緣由 此則不可雜之說也 於不可離者 昧上下之分 則君臣無序矣 於不可雜者 昧彼此之分 則子賊無別矣

지 않는 것과 家·國·天下가 다스려지지 않는 것도 모두 氣 때문이다.[104)]

위와 같은 '氣에 대한 부정적 인식' 은 화서 성리학의 큰 특징이다. 화서의 〈形氣神理說〉도 사실은 理善氣惡論에 입각한 것이다. 다음의 인용문을 다시 보자.

> 이 心의 形而上의 道는 神과 理일 뿐이며, 이 心의 形而下의 器는 形과 氣일 뿐이다. 그러므로 聖人이 心을 논한 것은 혹은 '形' 으로 말한 곳이 있으니 '火臟의 血肉' 이 이것이요, 혹은 '氣' 로 말한 곳이 있으니 '氣의 精爽' 이 이것이며, 혹은 '神' 으로 말한 곳이 있으니 '사람의 神明' 이 이것이요, 혹은 '理' 로 말한 곳이 있으니 '仁義之心' 이 이것이다. 形과 氣로 말한 것은 무엇 때문인가? 간혹 (氣稟과 人欲으로 인해) 구애받고 가려져 우리 마음의 밝음을 해치게 됨을 염려한 것이다. 神과 理로 말한 것은 무엇 때문인가? 더욱 彰大하게 하여 우리 마음의 참됨을 완전하게 하려는 것이었다.[105)]

성리학에서는 理를 純善한 것으로 규정하니, 온갖 惡의 근원을 氣로 규정하는 것은 일견 至當한 논법이다. 문제는 이처럼 氣를 '惡의 근원' 으로 폄하하기만 하면, 결국 氣는 동시에 '善의 奉行者' 이기도 하다는 점을 무시하기 쉽다는 점이다. 위의 인용문에서도 '더욱 彰大하게 하여 우리 마음의 참됨을 완전하게 함' 은 理의 역할로 설명하였다.

〈華西年譜〉에서는 "先生께서는 理를 말할 때에는 반드시 하나의 '理'

---

104) 『華西雅言』 卷3 頁12, 〈心一〉: 明德之體 所以不全 氣之拘也 明德之用 所以不達 氣之蔽也 然則民之不新 氣也 善之不止 氣也 物不格 氣也 知不至 氣也 意不誠 氣也 心不正身不修 家國天下之不治 皆氣也

105) 『華西集』 卷24 頁42, 〈形氣神理說〉.

字 안에 원래 '體·用'과 '能·所'를 모두 포함시켜 (氣로부터) 빌려옴을 기다리지 않고서도 自足하게 하였다."[106]고 말한 바 있다. 理善氣惡論의 관점에서 볼 때 순선한 理의 실현을 악한 氣에 의존하는 체계는 매우 '불완전한 체계'일 것이다. 그러므로 화서는 악한 氣로부터 아무것도 빌리지 않아도 되는 '완전한 체계'를 구상하고, 以理斷心을 통해서 이러한 체계를 구현한 것이다.[107]

요컨대 화서의 以理斷心은 '理善氣惡論 체계의 완성'에 해당한다. 그러나 성재는 이러한 理善氣惡論의 체계를 수긍하지 못하고, 의심을 품었다. 성리학은 부분적으로 理善氣惡論의 면모가 없지 않지만, 전반적으로는 '理의 실현을 위해서는 氣의 도움이 필요하다'는 理主氣資論에 입각하는바, 성재는 이러한 맥락에서 華西說에 대해 "先儒의 학설과 대조해보면 또한 符合하는 것이 드물다"고 본 것이다.

화서는 '理와 氣'를 '將帥와 役卒'의 관계로 비유한 바 있다. 理는 氣를 명령하는 장수요, 氣는 理의 명령에 따르는 역졸이라는 것이다. 성재 역시 理帥氣役論을 피력한 바 있다. 그런데 화서의 理帥氣役論이 理善氣惡論에 입각한 것과는 달리, 성재의 理帥氣役論은 理主氣資論에 입각한 것이었다. 예컨대 성재는 "능히 이 氣를 주재하여 움직이게 하고 고요하게 하는 것은 理요, 능히 이 理를 받들어서 움직이고 고요한 것은 氣이다."라고 주장하고, 이러한 맥락에서 "理는 홀로 운행할 수 없고, 氣는 스스로 운행할 수 없다."고 부연한 바 있다.[108] '理는 氣를 주재하고,

---

106) 『華西集』 附錄 卷9 頁35, 〈華西年譜〉 57歲條 : 蓋先生於說理 則必曰一理字內面 元該體用 元包能所 不待假借而自足

107) 화서의 〈形氣神理說〉에서는 以理斷心을 통해 "太極은 主宰하고 運行하는 實用을 빠뜨리고, 兩儀는 區處하고 應接하는 虛禮에 의혹을 품으며, 神은 至尊無對의 칭호가 폄하되고 臣僕이나 卒徒의 대오에 편입되는" 폐단을 바로잡을 수 있다고 했다.

108) 『省齋集』 卷13 頁36, 〈答田子明(丙寅3月23日)〉 : 妄竊以爲能主宰是氣 而動之靜之者

氣는 理를 받듦'은 위계적 관계를 나타내고, '理는 홀로 운행할 수 없고, 氣는 스스로 운행할 수 없음'은 상호보완적 관계를 나타내는바, 여기서 성재의 理氣論에는 理帥氣役論과 理主氣資論이 공존함을 알 수 있다. 또 성재는 율곡의 "無形無爲하나 有形有爲한 것의 主가 되는 것은 理요, 有形有爲하나 無形無爲한 것의 器가 되는 것은 氣이다."라는 말에 대해 다음과 같이 해설한다.

> 생각건대, 主와 器는 서로 대립하는 것으로서, 主는 사물을 '命令하는 존재'를 말하고, 器는 사물로부터 '命令을 받는 존재'를 말한다. 理는 비록 無形하나 氣로 인해 형체가 있게 되고, 理는 비록 無爲하나 氣로 인해 작위가 있게 되니, 그러므로 "無形無爲하나 有形有爲한 것의 主가 되는 것은 理"라고 말하는 것이다. 氣는 비록 有形하나 형체가 있게 하는 것은 理이며, 氣는 비록 有爲하나 작위가 있게 하는 것은 理이다. 그러므로 "有形有爲하나 無形無爲한 것의 器가 되는 것은 氣"라고 말하는 것이다. 예로부터 '理와 氣'를 '微와 顯, 帥와 役'으로 구분하여 설명한 것이 이처럼 분명하고 간절한 것이 없다.[109]

'理와 氣'를 사물을 '命令하는 존재'와 사물로부터 '命令을 받는 존재'로 설명하는 것은 理帥氣役論의 논법이며, '理는 비록 無形無爲하나,

---

理也 能承當是理而動焉靜焉者氣也 故在理上說 則謂之能動者理也 而非氣則不能動(謂理不能孤行) 固可矣 在氣上說 則謂能動者氣也 而非理則不能動(謂氣不能自行) 亦可矣

109) 『省齋集』 卷13 頁39, 〈答田子明(丙寅3月23日)〉: 按主與器相對 主是命物者之謂也 器是命於物者之謂也 理雖無形而以氣而形 理雖無爲而以氣而爲 故曰無形無爲而爲有形有爲之主者理也 氣雖有形而形之者理也 氣雖有爲而爲之者理也 故曰有形有爲而爲無形無爲之器者氣也 古來說理氣微顯帥役之分者 未有若此之明切者也

氣로 인해 형체와 작위가 있게 된다' 거나 '氣는 비록 有形有爲하나, 형체와 작위가 있게 하는 것은 理' 라는 주장은 理主氣資論의 논법이다. 이렇게 본다면, 위의 인용문은 한편으로는 화서의 논법을 따라 理帥氣役論을, 다른 한편으로는 율곡의 논법을 따라 理主氣資論을 전개하면서, 양자를 절묘하게 결합시킨 것이다. 요컨대 성재는 화서의 지론에 따라 理帥氣役論을 견지하면서도, 다른 한편으로는 '理의 실현을 위해서는 氣의 도움이 필요하다' 는 理主氣資論을 견지한 것이다. 그런데 중암(화서)은 결국 理善氣惡論을 전개하면서 氣의 도움이 필요 없는 '理만의 自足的 체계' 를 추구한 것이다.

이상에서 성재와 중암 사이의 쟁점을 요약해 보았거니와, 이제 마지막으로 대립되는 두 학설에 대해 이론적으로 평가해보기로 하자. 먼저 華西說에 대한 평가이다. 앞에서 살핀 것처럼, 성재는 화서의 心說에 대해 "先儒의 학설과 대조해보면 또한 符合하는 것이 드물다" 고 평했다. 사실 理善氣惡論에 입각하여 氣를 철저히 배격하고, 理를 氣로부터 아무것도 빌리지 않아도 되는 自足的 存在로 승격시킴으로써, '理만으로 이루어지는 세계' 를 추구하는 체계는 기존 성리학의 일반론과 매우 동떨어진 것이다. 성리학에는 理善氣惡的 思考가 전혀 없는 것은 아니지만, 성리학의 일반론은 '理와 氣의 상호보완적 결합' 을 중시하는 理主氣資論이었다.

그렇다면 화서의 心說은 기존 성리학의 일반론과 다른 매우 독특한 이론체계라 하겠거니와, 이러한 독특한 체계가 그에 상응하는 어떤 '실천적 효과' 를 낳는 것인가? '以理斷心' 을 글자 그대로 풀이하면 '우리의 마음을 理로 단정하는 것' 이다. 기존의 성리학에서는 학파에 따라서 우리의 마음을 '氣' 로 규정하기도 했고 '理와 氣의 결합' 으로 규정하기도 했는데, 이들의 공통점은 마음을 '실천의 주체' 인 동시에 '修養(存養省察)의 대상' 으로 삼는다는 점이다. 그런데 우리 마음을 理로 단정하면, 한편으로는 '마음의 자율성(주체성)' 을 한껏 옹호할 수 있지만, 한편으로는 '마음에 대한 存養省察의 필요성' 이 희미해진다. 그런데 성재는 이 가운데 후자를 주목하여, 화서의 以理斷心을 調補하고자 한 것이다. 성재의 다음과 같은 말을 다시 보자.

> 지금 오직 心이라는 사물에 대해서만 形而上者로 단정하고 太極으로 명목을 붙인다면 程子가 盡心章에 대해 논한 諸說처럼 또한 스스로 하나의 학설이 될 수 있겠으나, 心의 지위를 변별하고 名目을 바로잡고자 함에 있어서는 끝내 未安한 바가 있다. 대개 반드시 이처럼 立論한다면, 한 번 구르고 두 번 구르는 가운데 '太極의 本然한 本體' 는 作用이 있는 것으로 되어 하나의 사물과 같게 되고, '學者의 마음을 다스리는 공부' 도 간혹 게을러져 猖狂自恣에 빠질 것이다. 이는 근본의 매우 중요한 대목으로서 가장 조심해야 할 바요, 그냥 지나칠 수 없는 곳이다.[110)]

화서의 心說이 위와 같은 폐단을 낳을 수 있다는 점을 부정할 수 없다면, 우리는 화서의 心說에 대해 좋은 평가를 내리기 어려울 것이다. 그리고 이러한 평가는 華西說을 그대로 祖述하고자 했던 重菴에게도 그대로 적용되는 것이다.

다음, 省齋說에 대한 평가이다. 성재는 화서의 以理斷心이 성리학의

---

110) 『省齋集』 卷33 頁23~24, 〈心與明德形而上下說〉 : 今獨於心之爲物 而斷之以形而上而目之以太極 則可且自爲一說 如程子論盡心諸條 而欲以爲辨位正名之辭 則終有所未安 盖必如是立論 則一轉再轉 太極本然之體 爲有作用而同於一物 學者治心之工 亦或怠緩而流於自恣矣 此在根本切要之地 最所兢兢 不容放過處也

일반론과 매우 동떨어진 것임을 깨닫고, 성리학의 일반론에 따라 心의 當體인 '神明'을 '虛靈知覺' 또는 '氣의 精爽'으로 규정함으로써 '平實하여 폐단이 없는 체계'로 되돌아가고자 했다. 이 점에 있어서는 省齋說이 오히려 이론적으로 타당하다고 볼 수 있겠다. 그런데 중암은 성재에게 다음과 같은 문제를 제기한 바 있다.

> '神明'은 곧 『大學』의 註 '虛靈不昧'의 變文이다. '虛靈不昧'는 朱子가 '明德'을 설명한 말인데, (그대는) 만족스럽게 여기며 明德을 理로 설명했다. (…) 그런데 지금 神明에 대해 굳이 오로지 氣에 소속시킬 것을 요구한다면, 어찌 스스로 모순되는 것이 아니겠는가? 이러한 모순을 피하고자 한다면, 明德에 대해서도 요즘 사람들의 주장에 따라 단연코 '氣의 本然'이라고 규정해야 옳을 것이다. 어찌하여 저기에서는 理라 하고, 여기에서는 氣라 하는가?[111)]

주자는 '心'에 대해 『孟子集註』에서 "心者 人之神明 所以具衆理而應萬事者也"라고 설명한 바 있고, '明德'에 대해서는 『大學章句』에서 "明德者 (…) 虛靈不昧 以具衆理而應萬事者也"라고 설명한 바 있다. "神明은 곧 虛靈不昧의 變文"이란 이를 두고 말하는 것이다. 중암의 주장처럼 神明을 虛靈不昧와 같은 내용으로 본다면, 心과 明德은 내용적으로 같은 것이 된다. 그런데 성재는 위의 두 주석을 유념하면서도 '心은 氣, 明德은 理'라고 주장했던바, 중암은 이를 '모순'이라고 지적한 것이다. 따라서

---

111) 『重菴集』 卷20 頁27, 〈答柳穉程(心說源委辨)〉: 第神明 卽大學註虛靈不昧之變文也 虛靈不昧 朱子旣曰說明德 意已足而明德之以理言 (…) 然則今於神明 苦要專屬之氣 豈不自相逕庭乎 欲勿逕庭 則明德亦須一依時說 斷斷以氣之本當之 可矣 何故 在彼則謂理 在此則爲氣也

성재는 주자가 똑같은 주석을 붙인 '心(神明)과 明德(虛靈不昧)'을 왜 각각 '氣와 理'로 다르게 규정하는지 설명해 주어야 할 것이다.

화서는 明德主理論을 주장하고 또 心도 理로 단정했는데, 성재는 明德主理論은 수용하면서 心을 理로 규정하는 것은 반대했다.[112] 성재는 또 화서의 '理가 능동적으로 운동하면서 氣를 부린다'는 주장도 수용했다. 그런데 이러한 주장들은 理主氣資論과 부합하기 어려운 주장들이다. 요컨대 이러한 맥락에서 省齋說 全般의 이론적 정합성이 문제 되는 것이다.

論者가 보기에, 〈形氣神理說〉로 대변되는 화서의 心說은 오히려 이론적 정합성을 갖춘 편이다.[113] 문제는 그것이 기존 성리학의 일반론과 크게 어긋난다는 점이요, 또 사실의 세계와 동떨어진 관념적 주장이라는 점이다.[114] 그런데 성재설은 화서설의 문제점을 調補하고자 한 결과, 기존 성리학의 일반론과 화서설 사이에서 어중간하게 절충함으로써 이론적 정합성을 확보하지 못한 것으로 보인다.

5. 小結

성리학의 핵심 명제 '心統性情'을 '心卽氣, 性卽理'라는 성리학의 일반론에 따라 평범하게 해석하면 '氣가 理를 統攝(主宰)한다'는 말이 된다. 요컨대 心統性情論은 '心(氣)의 현실적 주도권'을 설명하는 명제였

---

112) 앞에서 살펴본 省齋의 〈心與明德形而上下說〉이 바로 그 내용이다.

113) 화서의 性理說을 전반적으로 살피면 서로 모순되는 내용이 매우 많은 편이다(이에 대한 자세한 논의는 拙稿, 「華西 李恒老의 主理論과 退溪學」 참조).

114) '사실의 세계와 동떨어진 관념적 주장'이란 본래 氣에 속하는 '心의 神明'을 華西가 理로 단정한다고 해서 '실제로 神明이 理가 되는 것은 아님'을 말한다.

다. 그런데 화서는 57세 때에 돌연 '이 세상을 氣의 주재에 맡길 수 없다' 는 생각을 하게 되고, '理가 주도하는 세상' 을 만들기 위해 '心의 神明을 理로 단정하는(以理斷心)' 사상적 전환을 감행했다. 화서는 神明을 '理의 用' 으로 규정함으로써, 理를 體 · 用과 能 · 所를 모두 포함하는 能動的이고 自足的인 존재로 승격시켰다. 이는 한마디로 理善氣惡論에 입각하여 惡의 근원이 되는 氣를 배제하고 善한 理만으로도 自足的인 체계를 구축하려는 것이었다.

성재는 '이 세상을 氣의 주재에 맡길 수 없다' 는 화서의 문제의식을 적극 수용했다.[115] 그런데 화서의 '以理斷心' 에 대해서는 名目에도 어긋나고, 經傳이나 先儒의 학설과도 어긋나며, 여러 병폐를 야기할 수 있다는 이유로 비판하면서 '調補의 필요성' 을 제기했다.[116] 그리하여 성재와 중암 사이의 論爭이 시작된 것이다.

성재의 調補는 '心은 事物(形而下者)에 속하고, 性은 心이 따라야 할 準則(形而上者)이다' 라는 心性物則論으로 대변된다. 성재는 心을 '作用이 있고, 眞妄邪正이 뒤섞인 形而下者' 로 규정했다. 이는 形而上 · 形而下에 대한 원래의 논법을 준수함으로써 기존의 이론체계를 어지럽히지 않으려는 것이요, 또한 心을 '믿을 수 없는 존재' 로 규정함으로써 心에 대한 수양공부(省察操存)의 필요성을 강조하려는 것이었다. 그런데 중암은 華西說이 '聖賢의 微旨와 깊이 부합한다' 고 보고, 따라서 아무런 調補의 필요성이 없다고 보았다. 이들의 대립된 주장은 약 2년 동안 평

---

115) 華西의 以理斷心은 '주재자인 心을 氣로 규정할 수 없다' 는 문제의식에서 출발한 것인바, 省齋는 '心의 知覺은 氣의 몫이나, 心의 主宰는 理의 몫' 이라 함으로써 華西說의 취지를 계승했다.

116) 省齋가 華西의 心說을 調補한 것에 대해, 艮齋 田愚는 己未年(1919)의 편지에서 "師門에 功을 세운 것이며, 儒學界의 밝은 빛이 된 것" 이라고 높이 평가한 바 있다(『艮齋集』 後編 卷6 頁106, 〈答韓德鍊〉 참조).

행선을 그리다가, 1888년 9월 극적으로 타협을 이루어 〈華西心說正案〉을 도출하게 되었다.

성재와 중암 사이의 쟁점을 요약하면 결국 다음의 세 문제로 정리된다. 첫째, 성재는 心을 '理·氣의 결합'으로 '事物'에 속한다고 보았고, 중암은 화서의 以理斷心을 고수하며 心을 理로 규정했다. 둘째, 성재는 '心은 事物, 性은 準則'이라 하여 心·性을 별개의 존재로 보았고(心性二物論), 중암은 心과 性은 사실은 하나의 理일 뿐이라고 보았다(心性一物論). 셋째, 성재는 화서의 지론에 따라 理帥氣役論을 견지하면서도, 다른 한편으로는 '理의 실현을 위해서는 氣의 도움이 필요하다'는 理主氣資論을 견지했다. 그런데 중암(화서)은 결국 理善氣惡論을 전개하면서 氣의 도움이 필요 없는 '理만의 自足的 체계'를 추구했다.

화서학파 심설논쟁의 쟁점을 이렇게 정리하고 보면, 화서학파의 심설논쟁은 嶺南의 坪浦論爭과 큰 틀을 같이함을 알 수 있다. 영남성리학의 일반론을 계승한 定齋 柳致明 계열의 坪論은 '心合理氣論, 心性二物論, 理主氣資論'을 견지한 반면, 寒洲 李震相 계열의 浦論은 '心卽理論, 心性一物論, 理善氣惡論'을 견지함으로써 양쪽 사이에 치열한 논쟁이 벌어진 것이다. 그런데 화서학파 내부에서도 성재는 기존 성리학의 일반론에 따라 '心合理氣論, 心性二物論, 理主氣資論'을 견지한 반면, 중암은 화서의 성리설을 그대로 추종하여 '以理斷心, 心性一物論, 理善氣惡論'을 견지함으로써 양쪽 사이에 치열한 논쟁이 벌어진 것이다.

이렇게 본다면, '內憂外患이 겹치고 있던 朝鮮의 末期'라는 당시의 역사적 상황이 '以理斷心'이나 '心卽理論'을 등장하게 만든 것이었다고 볼 수도 있다.[117] 그런데 문제는 한주의 心卽理論이나 화서의 以理斷心

117) 김근호, 「화서 이항로 성리설의 심학적 특징에 관한 시론」, 205~206쪽.

이 과연 당시의 역사적 상황에 대한 적절한 대응책이었는가 하는 점이다. 그동안 성리학의 일반론에서 心 자체는 '氣의 精爽' 으로 설명되고(心是氣), '心의 주도권' 은 곧 '氣의 주도권' 으로 설명되어 왔다. 주자의 心統性情論과 理弱氣强論이 그 단적인 예이다. 그런데 氣의 현실적 주도권을 용납할 수 없다고 하여 우리가 心을 理로 규정한다면, 心이 실제로 理로 바뀌는 것인가? 또한 본래 작위능력이 없는 理에 우리가 이론적으로 작위능력을 부여한다고 하여 실제로 理에 작위능력이 있게 되는 것인가? 또 우리가 心을 理로 규정하고 理에 작위능력을 부여한다고 하여 모든 사람이 聖人·君子로 변하고 地上樂園이 실현되는 것인가? 이에 대한 답변은 분명 부정적일 수밖에 없을 것이다.

論者는 이러한 맥락에서 화서나 한주의 '心卽理(以理斷心)' 는 '당시의 타락한 현실에 대한 관념적 처방' 에 불과했다고 본다. 현실에 대한 올바른 처방은 현실적 주도권을 지닌 氣를 잘 다스림으로써(氣質變化, 存養省察) 理를 온전히 구현하게 만든다는 맥락에서 찾아야 한다. 이것이 전통 성리학의 기본 노선이었다. 『論語』의 "人能弘道 非道弘人" 에 대한 朱子와 張橫渠의 다음과 같은 설명을 제시하면서, 본고의 논의를 마치고자 한다.

> 사람의 마음에는 知覺이 있으나 道體는 作爲가 없다. 그러므로 사람은 道를 확충시킬 수 있지만, 道는 사람을 크게 만들 수 없다. ○ 張子가 말씀하기를, "心이 능히 그 性을 다 발휘할 수 있음은 人能弘道에 해당하고, 性이 그 心을 검속할 수 없음은 非道弘人에 해당한다."[118]

---

118) 『論語集註』 衛靈公 28 : 子曰 人能弘道 非道弘人 (朱子集註 : 人心有覺而道體無爲 故人能大其道 道不能大其人也 ○ 張子曰 心能盡性 人能弘道也 性不知檢其心 非道弘人也)

제6장

定齋學派－寒洲學派의 坪浦論爭

坪浦論爭은 19세기 후반 退溪學派 내부에서 전개된 性理學 논쟁이다. 河謙鎭은 『東儒學案』 제13편 '坪浦學案' 의 첫머리에서 다음과 같이 설명한 바 있다.

> 定齋(柳致明)는 오로지 退溪의 成說을 따라서 당초에 한마디도 새롭게 지어내지 않았는데, 이는 退溪가 朱子를 篤信하여 잃음이 없었던 것과 같다. 西山(金興洛), 寒洲(李震相), 晩求(李種杞)는 모두 定齋의 門人이다. 寒洲가 비로소 '心卽理說' 과 '四端七情의 發者는 理이고 發之者는 氣' 라는 설을 제창했다. 이에 대해 嶺中의 학자들이 시끄럽게 이를 攻駁하기에 여력이 없었다.
>
> 定齋는 大坪[1]에 살았는데, 西山과 晩求가 그 주류가 되었으니, 이를 坪學이라 부른다. 寒洲는 大浦[2]에 살았는데, 后山(許愈), 膠宇(尹冑夏), 俛宇(郭鍾錫), 晦堂(張錫英)이 그 주류가 되었으니, 이를 浦學이라 부른다. (…) 寒洲 또

1) 大坪은 지금의 '경북 안동시 임동면 수곡리' 이다.

2) 大浦는 지금의 '경북 성주군 월항면 대산리 한개마을' 이다.

한 어찌 고의로 스승과 다른 학설을 세웠겠는가? 단지 退溪의 本旨를 미루어 밝히고 싶어서 〈心統性情圖〉의 '中圖'를 증거로 삼은 것이다. 잘 살펴본다면 '길은 다르지만 귀결은 같음(殊塗同歸)'에 방해되지 않으니, 보는 자가 자세하게 살펴야 할 것이다.

평포논쟁은 坪學(坪論, 定齋學派)[3]과 浦學(浦論, 寒洲學派)[4] 사이의 논쟁이다. 定齋가 退溪說을 묵묵히 따른 것과 달리, 寒洲는 '心卽理說'과 '四端七情의 發者는 理이고 發之者는 氣'라는 새로운 학설을 제창했다. 그리하여 한주설을 비판하는 坪論과 한주설을 지지하는 浦論 사이에 큰 논쟁이 벌어졌는데, 이를 '坪浦論爭'이라 한다.

한주는 "心을 氣로 여기는 학설이 유행하면 聖賢의 心法이 모두 공허해져서, 學問은 두뇌가 없게 되고, 世教는 나날이 더욱 혼란해질 것"이라 했거니와, 心卽理說은 당시의 혼란한 현실에 대한 한주의 대응책이었다. 心에 대한 퇴계학파의 定論은 '心은 理와 氣가 결합된 것'이라는 心合理氣說이었다. 그리하여 한주는 心合理氣說을 전제로 삼으면서도, '理와 氣' 가운데 '心의 본체는 理'라 하여 心卽理說을 제창한 것이다. 한주는 퇴계가 心을 '性·情 통섭하는 것으로서, 理와 氣가 결합된 것'이라 했으면서도 〈心統性情圖〉의 '中圖'에서는 '理를 單指했다'는 점을 주목하고, 자신의 心卽理說이 '退溪의 本旨를 미루어 밝힌 것'이라고 주장했

3) 本考에서 언급되는 坪論의 주요 인물의 字·號와 生沒年을 소개하면, 柳致明(1777~1861, 字는 誠伯, 號는 定齋), 金興洛(1827~1899, 字는 繼孟, 號는 西山), 李種杞(1837~1902, 字는 器汝, 號는 晩求), 直兢燮(1873~1933, 字는 仲謹, 號는 巖棲), 張升澤(1838~1916, 字는 姬伯, 號는 農山), 崔東翼(1868~1912, 字는 汝敬, 號는 晴溪) 등이다.

4) 本考에서 언급되는 浦論의 주요 인물의 字·號와 生沒年을 소개하면, 李震相(1818~1886, 字는 汝雷, 號는 寒洲), 許愈(1833~1904, 字는 退而, 號는 后山), 尹胄夏(1837~1908, 字는 忠汝, 號는 膠宇), 郭鍾錫(1846~1919, 字는 鳴遠, 號는 俛宇), 張錫英(1851~1926, 字는 舜華, 號는 晦堂) 등이다.

다.[5] 그러나 당시 坪論에서는 한주의 이러한 주장을 수긍하지 않았다.

평포논쟁은 오랫동안 지속된 큰 논쟁이었다. 특히 『寒洲集』을 발간하여 頒帙했을 때, 安東의 陶山書院과 尙州의 道南書院 등에서 '朱子·退溪의 定論과 어긋난다'는 이유로 '僞學·異端'으로 규정하여 受領을 거부했고, 특히 일부에서는 『寒洲集』을 불사르기도 했을 만큼, 평포논쟁은 심각한 갈등을 유발한 논쟁이었다. 본고에서는 평포논쟁의 발생 배경과 주요 쟁점을 살펴보고, 이를 바탕으로 평포논쟁의 근본 문제를 탐색해 보고자 한다.

1. 평포논쟁의 배경

1) 寒洲 李震相의 문제의식과 해법

평포논쟁의 핵심은 '寒洲의 心卽理說을 둘러싼 攻防'이다. 그렇다면 한주는 왜 心卽理說을 정립하게 된 것인가? 한주의 문제의식은 그가 44세(辛酉, 1861년)에 지은 〈心卽理說〉에 잘 나타나 있다.

> 무릇 '心卽氣'를 주장하는 사람들의 잘못은 무엇인가? 心은 一身의 主宰者인데, 主宰者를 氣에 소속시키면, 天理가 形氣의 명령에 따르게 되어, 허다한 麤惡이 靈臺에 기반을 잡게 된다. 心은 體가 없어 性으로 體를 삼는데, 이제 心을 氣라 하면, 性을 氣로 여기는 告子의 견해로서, 인간이 금수와 다를 바 없게 된다. 心은 性·情을 통합한 명칭인데, 心을 氣라 하면, 大本과 達道가

5) 『寒洲集』 卷32 頁3, 〈心卽理說〉.

모두 氣로 귀결되고, 理는 死物이 되어 空寂에 빠진다. 옛날부터 聖賢들은 모두 義理를 주로 삼아 心을 말씀하셨다. 그런데 心을 氣로 여기는 학설이 유행하면 聖賢의 心法이 모두 空虛해져서, 學問은 頭腦가 없게 되고, 世敎는 나날이 더욱 昏亂해질 것이다.[6)]

주지하듯이 성리학에서는 心을 '性·情의 주재자'요, '一身의 주재자'라고 본다. 이처럼 心의 위상은 '주재자'라는 것이다. 그런데 율곡처럼 心을 氣로 규정하면, 이는 氣가 理를 주재하고 氣가 一身을 주재한다는 뜻이 된다. 위의 인용문은 이러한 주장을 수긍할 수 없다는 항변이다. 한주는 心卽氣說을 따르면 天理가 形氣의 명령에 따르게 되고, 인간이 금수와 다를 바 없게 되어, 결국 "學問은 頭腦가 없게 되고, 世敎는 나날이 더욱 昏亂해질 것"이라고 보았다.[7)] 이러한 폐단을 막기 위해서는 옛 성현의 가르침대로 '義理를 주로 삼아 心을 이해해야 한다'는 것인바, 한주는 이를 '心卽理'라는 명제로 표현한 것이다.

요컨대 한주는 '氣가 주재한다'는 주장을 받아들일 수 없었기에 '心卽氣說'을 배격하게 된 것이다.[8)] 한주는 율곡학파의 心卽氣說을 배척하기 위해 心에 대해 새로운 이해를 시도했다. 한주는 36세(癸丑, 1853년)에 지은 〈心字攷證後說〉에서 다음과 같이 말한다.

---

6) 『寒洲集』 卷32 頁4~5, 〈心卽理說〉 : 夫謂心卽氣者之所以爲不善 何也 心爲一身之主宰 而以主宰屬之氣 則天理聽命於形氣 而許多麤惡 盤據於靈臺矣 心無體 以性爲體 而今謂之氣 則認性爲氣 告子之見也 而人無以自異於禽獸矣 心是性情之統名 而以心爲氣則大本達道 皆歸於氣 而理爲死物 淪於空寂矣 從古聖賢 莫不主義理以言心 而以心爲氣之說行則聖賢心法 一一落空 學無頭腦 世敎日就於昏亂矣

7) 한주의 제자 俛宇 郭鍾錫 역시 이러한 문제의식을 공유하고 있었다. 면우는 "천하가 도도하여 三綱과 九法이 무너진 것은 모두 '心卽氣' 세 글자로부터 비롯된 것"이라 하였다(『俛宇集』 卷20 頁4, 〈與李器汝〉 : 天下滔滔 三綱淪而九法斁 職由這三字作壞).

8) 『寒洲集』 卷16 頁21, 〈答李器汝 別紙〉 : 心果是陰陽 則氣便是主宰 愚所滋惑者也

사람의 한 마음은 갖추고 있는 것이 매우 많으니, 本體도 있고 形體도 있으며, 妙用도 있고 客用도 있다. 仁義禮智의 純粹하고 至善한 것은 心의 本體요, 밖은 둥글고 안은 뚫려있어 虛明하고 正通한 것은 心의 形體며, 四端七情이 번갈아 사물에 感應하는 것은 心의 妙用이요, 閑雜한 생각이 人欲을 따라 뜨겁게 끓어오르는 것은 心의 客用이다. 저 本體가 없으면 心은 하나의 덩어리로서 귀중할 수 없으며, 저 形體가 없으면 心은 바람이나 그림자와 같아 머물 곳이 없다. 오직 妙用이 있기 때문에 事功이 이루어지고 人道가 닦이며, 客用이 없을 수 없기 때문에 聖・狂이 나뉘고 人・獸가 구별된다. 妙用은 本體에 근원하여 性・情의 이름이 확립되고, 客用은 形體에서 일어나 氣質의 폐단이 생긴다. 옛날의 君子는 敬을 주로 하여 義를 밝힘으로써 氣質의 치우침을 바로잡아 情・性의 올바름으로 돌아간 사람이다. 이는 그 體・用의 사이에 저절로 正・私의 구별이 있는 것이니, 그러므로 君子는 形體之心을 心으로 여기지 않으며, 그 客用을 반드시 끊은 다음에 그친다. 무릇 그 本體는 性으로서, 性은 天理가 모두 모인 곳이며, 妙用은 情으로서, 情은 天理가 곧게 실현된 것이다. 理가 고요할 때엔 氣의 陰을 타고, 理가 움직일 때엔 氣의 陽을 탄다. 氣는 心의 기틀(機)이요, 心은 氣의 주재자로서, 帥・卒의 구분이 있고, 本・末의 구별이 있으니, 氣를 주로 삼아 心을 말할 수 없음이 분명하다.[9)]

9) 『寒洲集』 卷33 頁22~23, 〈心字攷證後說〉: 人之一心 所該甚廣 有本體焉 有形體焉 有妙用焉 有客用焉 仁義禮智純粹而至善者 心之本體也 圓外竅中虛明而正通者 心之形體也 四端七情感物而迭應者 心之妙用也 閑思雜慮循人欲而熾蕩者 心之客用也 無這本體則心是那一塊而不足貴也 無這形體則心同於風影而靡所泊也 惟其有妙用 故事功興而人道修焉 不能無客用 故聖狂分而人獸判焉 妙用原於本體而性情之名立 客用起於形體而氣質之弊生 古之君子 所以主敬明義 矯揉其氣質之偏 而反之於情性之正者也 是其體用之間 自有正私之別 故形體之心 君子不謂之心 而其客用則必遏絶而後止 夫其本體性也 性爲天理之總腦 妙用情也 情爲天理之直遂 理之靜而乘氣之陰 理之動而乘氣之陽 則氣者心之機 心者氣之宰也 有帥卒之分焉 有本末之別焉 則心不可主氣言明矣

위에 보이듯이, 한주는 心을 體·用으로 구분하고, 각각을 다시 두 측면으로 나누어 보았다. 心의 體에는 本體와 形體가 있고, 心의 用에는 妙用과 客用이 있다는 것이다. 心의 本體와 妙用은 '바른 것' 인 반면, 心의 形體와 客用은 '사사로운 것' 이다. 그러므로 "君子는 形體之心을 心으로 여기지 않으며, 그 客用을 반드시 끊은 다음에 그친다."는 것이다. 形體之心을 心으로 여길 수 없다면 남는 것은 '仁義禮智의 本體' 뿐인바, 그리하여 한주는 "氣를 주로 삼아 心을 말할 수 없음이 분명하다" 고 주장한 것이다. 이러한 맥락에서, 한주의 心卽理說은 '心의 본체는 곧 理' 라는 주장이었다.[10)]

한주는 心의 본체를 理로 규정함으로써, '心의 주재' 란 본질적으로 '理의 주재' 를 뜻한다고 해석했다. 요컨대 한주는 '形氣가 天理를 명령하고, 인간이 금수로 전락하는 사태' 를 막기 위해 心卽氣說을 배격하고, '主宰者로서의 心의 본체는 理' 라고 주장한 것이다. 문제는 한주의 心卽理說이 성리학의 通論과 크게 어긋나는 동시에 여러 이론적인 難點을 지닌다는 점이다. 그리하여 한주의 心卽理說은 많은 反論을 야기하고, 결국 커다란 논쟁으로 비화되었다.

---

10) 위의 인용문은 사실 수많은 문제점을 지니고 있거니와, 두 가지만 지적해 보고자 한다. 첫째, 心의 본체는 '仁義禮智의 本性' 이라 하고, 心統性情에서의 心은 바로 이 '心의 본체' 라 한다면, '心統性' 이란 '性이 性을 통섭한다' 는 말이 아닌가? 둘째, 한주는 '밖은 둥글고 안은 뚫려있어 虛明하고 正通한 것' 을 形體之心이라 했는데, '虛明하고 正通한 것' 을 과연 '밖은 둥글고 안은 뚫린 것' 과 연관시킬 수 있는가? '虛明하고 正通한 것' 은 虛靈知覺을 말하고, '밖은 둥글고 안은 뚫린 것' 은 心臟을 말하거니와, 허령지각의 주체인 '마음' 과 혈액순환 기관인 '심장' 을 하나로 연결시킬 수 있는가? (더군다나 한주는 虛靈을 理로 규정하는데, 그렇다면 더더욱 양자는 별개일 것이다.)

2) 定齋와 寒洲의 왕복 서한

평포논쟁은 1853년에 한주가 定齋에게 올린 長文의 편지로부터 시작되었다. 이 편지에서 한주는 '明德과 心이 理인가, 氣인가?'의 문제, 『大學』의 三綱領 · 八條目에 대한 해석 문제, 人性과 物性의 同 · 異 문제, 四端과 七情에 관한 문제, 『中庸』의 '鳶飛魚躍'에 관한 해석 문제 등을 거론하면서 질문하였다. 이 가운데 향후 지속적인 논의의 초점이 된 것은 '明德과 心이 理인가, 氣인가?'의 문제였던바, 이것이 바로 평포논쟁의 핵심 쟁점이었다.[11] 따라서 본고에서는 '明德과 心이 理인가, 氣인가?'의 문제와 연관된 내용만 살펴보기로 하자. 한주는 다음과 같이 말한다.

> 지금 세상에서 明德을 논하는 자들은 혹은 理라 하고, 혹은 心이라 하는데, 心이라 하는 자들은 '心卽氣'라 한다. 무릇 明德은 '天의 明命'이 사람에게 내재하는 것이다. 天命을 性이라 하는바 四德을 완전하게 갖추고 있으니, (明德을) 性이라 말해도 될 것 같다. 그러나 明德은 본래 體 · 用을 겸하니, 그러므로 章句에서는 '衆理를 갖추고 萬事에 응한다'고 말하고, 또 '本體'와 '所發'을 말했으니, 明德이 性을 單指한 것이 아님이 분명하다. 그런데 만약 또 明德을 氣라 하면, 明德이 氣質에 구애됨은 바로 '氣로 氣를 구애함(以氣拘氣)'인가? 또 '德'이라는 글자는 이미 氣에 소속시킬 수 없는 것이니, '心卽氣'라는 말은 본래 병통이 있는 것 아니겠는가?
>
> 저들이 心을 氣로 간주하는 데는 두 가지 증거가 있다. 하나는 '性은 太極

11) 당시 儒學界의 정황을 살펴보면, 畿湖學派에서는 華西 李恒老 계열과 梅山 洪直弼 계열 사이에 이른바 '明德主理主氣論爭'이 치열하게 전개되고 있었다. 한주는 〈上柳定齋先生(癸丑)〉에서 畿湖學派의 明德論爭에 대해 자신의 의견을 피력한 것인데, 이것이 嶺南學派에서도 커다란 논쟁으로 발전한 것이다.

과 같고, 心은 陰陽과 같다(性猶太極 心猶陰陽)' 는 朱子說이다. 그런데 朱子는 또한 '心의 理는 太極이고, 心의 動靜은 陰陽이다(心之理 是太極 心之動靜 是陰陽)' 라고 했다. '猶' 는 빌려서 비유하는 말이요, '是' 는 직접 지칭하는 말이며, 邵子의 心爲太極說을 朱子가 일찍이 遵用했으니, 빌려서 비유한 한마디 말로 직접 단정할 수는 없을 것이다.

다른 하나는 '心은 氣의 精爽이다(心者 氣之精爽)' 라는 朱子說이다. 그러나 朱子는 또한 "氣의 精英은 神이다. 水・火・金・木・土는 神이 아니요, 水・火・金・木・土가 되는 까닭이 神이다. 사람에게 있어서는 理가 되니, 仁義禮智가 이것이다."라 했으며, 또 "神은 理가 氣를 타고서 出入하는 것" 이라 했다. '精爽' 과 '精英' 은 語意가 서로 부합하니 '氣之精爽' 은 '仁義禮智의 마음' 이라 하겠으며, '氣를 타고 出入한다' 는 말은 또 〈感興詩〉의 '人心은 오묘하여 헤아리기 어려운바, 出入할 때엔 氣機를 탄다' 는 구절과 부합한다. 따라서 '心은 氣의 精爽' 이라는 구절에 근거하여 心을 氣로 확정할 수 없음 또한 분명하다.

그렇다면 '明德' 은 진실로 '性・情을 통섭하는 心(統性情之心)' 을 지칭하는 것으로서, '心에 나아가 理를 單指한 것' 이다. 心을 泛言할 때엔 비록 평범하게 '氣를 겸해서 말하는 것' 이 마땅하지만, 이곳에서는 아마도 '氣를 섞어서 말할 수 없을 것' 이다.[12)]

---

12)『寒洲集』卷5 頁1~2,〈上柳定齋先生(癸丑)〉: 世之論明德者 或以理言 或以心言 而其言心者曰心卽氣也 夫明德 卽天之明命之在人者也 天命謂性 四德全具 則以性言若無不可 然明德本兼體用 故章句旣曰具衆理 又曰應萬事 旣曰本體 又曰所發 其不單指性明矣 而若又以明德爲氣 則其爲氣質所拘 乃以氣拘氣耶 且一箇德字 已不可屬之於氣 無乃心卽氣三字 本自做病而然耶 其指心爲氣者有二證 一曰性猶太極 心猶陰陽 朱子說也 然朱子亦有曰心之理 是太極 心之動靜 是陰陽 猶者借諭也 是者的指也 邵子心爲太極之說 朱子所嘗遵用 則不可以借諭之一言而直斷之也 一曰心者氣之精爽 朱子說也 然朱子亦有曰氣之精英者爲神 水火金木土非神 所以爲水火金木土者是神 在人則爲理 仁義禮智是也 又曰神是理之乘氣而出入者 精爽精英 語意相合 則氣之精爽 不害爲仁義禮智之心 而乘

위의 인용문의 첫머리는 당시 畿湖學派에서 벌어지고 있던 明德論爭을 거론한 것이다. 이 논쟁에서 華西 李恒老 계열은 明德主理論을 주장하고, 梅山 洪直弼 계열은 明德主氣論을 주장했다. 그런데 한주는 이 논쟁을 거론하면서 화서의 명덕주리론을 지지하고, 매산의 명덕주기론을 비판한 것이다. 한주는 율곡학파에서 일반적으로 心卽氣說의 논거로 삼고 있었던 두 명제, 즉 '性猶太極 心猶陰陽' 및 '心者 氣之精爽' 이라는 朱子語에 대해 기존의 통론과는 다른 견해를 제시했다. 주자는 心爲太極說을 수용하기도 하고, 氣의 精英을 神·理로 풀이하기도 했으니, 이것으로 볼 때 心을 氣로 단정하기는 어렵다는 것이다.

위의 마지막 문단에 보이듯이, 한주의 결론은 '明德' 은 '性·情을 통섭하는 心(統性情之心)' 으로서 여기서의 心은 오직 '理' 를 지칭한다는 것이다. 한주는 "心을 泛言할 때엔 평범하게 '氣를 겸해서 말하는 것' 이 마땅하다" 고 했거니와, 이는 퇴계학파의 통론 心合理氣說을 수긍하는 것이다. 요컨대 한주는 율곡학파의 통론 心卽氣說은 완전히 배격하고, 퇴계학파의 통론 心合理氣說은 心에 관한 일반적 설명으로 수용하되, 性·情의 통섭자(주재자)로서의 心은 理라고 보았다. 한주의 이러한 주장에 대해 정재는 다음과 같이 답변했다.

> 明德은 공평하게 지은 이름이니, 心·性에 밀착시켜 보아서는 안 된다. 대개 하늘에 있으면 明命이 되고 사람에게 있으면 明德이 되니, '性' 字의 영역을 많이 점유한 것 같다. 그런데 '明德' 이라 말하면 '光明洞澈' 의 뜻이 있으니, 모두 性의 體段은 아니다. 하늘로부터 얻어 虛靈不昧하니 心과 一般인 것

氣出入之說 又符於感興詩人心妙不測 出入乘氣機之句 其不可藉此而硬定也亦審矣 然則明德二字 固指統性情之心 而就心中單指理者也 泛言心者 雖當平說兼氣 而此處則恐不可雜氣說

같은데, 또 '神明不測하여 一身을 主宰한다' 고 말할 수는 없다. 나는 일찍이 "明德은 氣가 맑고 理가 투철한 곳에 나아가 그러한 이름을 지은 것이다. 明德에 나아가 心·性의 體·用을 보는 것은 옳지만, 먼저 心·性을 明德으로 간주하는 것은 옳지 않다" 고 말한 바 있는데, 어떨지 모르겠다.[13]

정재는 明德이 心·性과 유사한 점이 있다는 것을 인정하면서도, 明德을 心이나 性으로 환원시키는 것을 반대했다. 정재는 특히 "하늘로부터 얻어 虛靈不昧하니 心과 一般인 것 같은데, 또 '神明不測하여 一身을 主宰한다' 고 말할 수는 없다." 고 하여, 明德과 心이 구별되는 지점을 강조했다. 明德과 心이 모두 虛靈하지만, '神明不測하여 一身을 주재함' 은 心에만 해당한다는 것이다.[14] 정재의 이러한 답변에 대해, 한주는 다음과 같이 異意를 제기하였다.

明德은 理를 單指한 것으로서 원래 氣稟과 관계가 없다. 明德의 '밝음' 은 바로 이 理의 淨潔함을 나타내는 것이니, 거울의 밝음과 물의 고요함이 그림자를 남기는 것과는 다르다. 明德 본래의 밝음은 氣가 능히 加減할 수 있는 것이 아니다. 다만 氣가 맑으면 明德이 드러나고, 氣가 흐리면 明德이 가려진다. 그러므로 朱子는 '氣稟의 구애와 人欲의 가림으로 인해 때때로 어두워진다' 고 경계한 것이다.

---

13)『定齋續集』卷5 頁1,〈答李汝雷 別紙〉: 明德是公然平立之名 未可將心性泥著看 蓋在天爲明命 在人爲明德 似多占性字界分 而謂之明德 則有光明洞澈之意 不全是性之體段也 得於天而虛靈不昧 則恰與心底一般 而謂是神明不測 主宰一身 則又不可矣 愚嘗謂明德 是就氣淸理徹處 做這般名目 就他見心性體用則可 而先將心性做這箇看則不可 未知如何

14)『定齋集』卷17 頁7,〈讀書瑣語〉: 蓋謂明德爲虛靈不昧則可 而謂之神明不測則不可也 謂人所得於天則可 而謂一身主宰則不可也 故訓明德者 雖可以言心 而訓心字者 未可以言明德也

明德이 과연 '氣가 맑고 理가 투철한 것의 명칭' 이라면, 氣가 이미 맑은데 또 무슨 구애가 있겠으며, 理가 이미 투철한데 또 무슨 어둠이 있겠는가? 또 태어날 때 氣가 흐려서 理가 숨은 사람은 원래 明德을 말할 수 없는가? "光明洞澈의 뜻이 있으니, 性의 體段은 아니다."라고 한다면, 이 性의 渾然하고 粲然하며 炯然하고 燁然한 것은 '明' 이 아닌가? 또 " '마음이 神明不測하여 一身을 주재함' 을 明德에 소속시킬 수는 없다."고 한다면, 心이 '理·氣를 겸한 것' 이되 오직 '理를 주로 삼아 心을 말할 수 없다' 는 것이 孟子·程子의 뜻과 부합하는가? (孟子는 '仁은 人心이다, 仁義之心, 良心, 本心' 등을 말했는데, 모두 '氣를 배제하고 말한 것' 이다. 程子 또한 '心과 性은 一理' 라 했고, 또 '心이 곧 性' 이라 했다.)

대개 '明德과 心은 가리키는 바가 다르다' 는 것은 心은 氣를 띠고 말할 수 있으나 明德은 氣를 띠지 않은 것이기 때문이다. 또 '明德과 性은 가리키는 바가 다르다' 는 것은 性은 情을 겸하지 않으나 明德은 사실 情을 겸하기 때문이다. 그러나 만약 朱子의 '性은 動·靜을 포괄한다(性該動靜)' 는 말씀을 따른다면 明德이 바로 性이라고 말해도 되고, 만약 邵子의 '心이 太極이 된다(心爲太極)' 는 가르침을 따른다면 明德이 바로 心이라고 말해도 된다. 그러므로 나는 明德이란 '性·情을 통섭하는, 理만 지칭한 마음(統性情單指理之心)' 이라고 여긴다.[15)]

---

15) 『寒洲集』 卷5 頁5~6, 〈附書答帖後〉: 明德是單指理 元不拕帶氣稟 其明也正所以狀此理潔潔淨淨底 非若鏡明水止之涉於影象 其本然之明 非氣之所能加減 但氣淸則明德著焉 氣濁則明德蔽焉 故朱子以氣拘欲蔽 有時而昏誠之 明德若果是氣淸理徹之名 則氣旣淸矣 又何拘也 理旣徹矣 又何昏也 生下來氣濁而理隱者 元無明德之可言者乎 以其有光明洞澈之意 謂不是性之體段 則此性之渾然而粲然 炯然而燁然者 非所謂明乎 以心之神明不測 主宰一身 謂不可屬之明德 則就心之兼理氣處 獨不可主理以言心 如孟程之旨乎 (孟子言仁人心 仁義之心 良心 本心 皆不犯氣而言 程子亦言心也性也一理也 又曰心則性也) 蓋明德之與心異指者 以其心可帶氣言 而明德不帶氣也 明德之與性異指者 以其性不兼情 而明德實兼情也 然若從朱子所論性該動靜之說則謂明德是性亦得 若遵邵子所說心爲

한주는 먼저 "明德은 理를 單指한 것으로서 원래 氣稟과 관계가 없다"고 단언하고, "明德의 '밝음'은 바로 이 理의 淨潔함을 나타내는 것"이라고 설명했다. 한주는 이러한 관점에서 정재의 "明德에는 光明洞澈의 뜻이 있으니, 性이라 할 수 없다"는 주장과 "'神明不測하여 一身을 主宰함'을 明德에 소속시킬 수는 없다"는 주장을 비판하고, 明德이란 '性·情을 통섭하는, 理만 지칭한 마음'이라는 주장을 다시 피력하였다. 요컨대 한주는 明德을 주재자로서의 心과 같은 것으로 보고, 양자를 모두 理로 규정한 것이다.

그런데 한주의 '明德은 理를 單指한 것'이라는 주장은 많은 논란을 야기할 수 있다. 첫째, 기존에는 '明德의 밝음'을 대개 '氣의 精爽'이라는 맥락에서 이해하고 있었거니와, '明德이 理'라는 주장은 '氣의 精爽'이라는 말과 양립하기 곤란한 것 아닌가? 둘째, 주자는 明德을 '虛靈不昧'로 설명했는데, 明德이 理라면, 虛靈도 理인가? 셋째, 한주는 "明德의 '밝음'은 바로 이 理의 淨潔함을 나타내는 것"이라 했는데, 理를 '淨潔'로 형용할 수 있는가, 다시 말해 淨潔은 形而下者에나 적용할 수 있는 표현 아닌가? 실제로 坪論에서는 이러한 反論을 제기하면서 한주의 성리설을 비판했는데, 한주는 이에 대응하면서 明德主理論과 心卽理說을 더욱 견고하게 다져나갔다.

3) 寒洲의 心卽理說과 明德說

영남학파에서는 대개 퇴계의 心合理氣說을 따르면서, 한편으로는 陸·王의 心卽理說을 비판하고, 한편으로는 畿湖의 心卽氣說을 비판해

太極之旨則謂明德是心亦得 故愚以爲明德者 統性情單指理之心

왔다. 한주의 心卽理說은 종래의 心合理氣說을 극단화시킨 것이다. 한주의 주장은 心은 '合理氣'로서, 心의 外面은 氣이고, 心의 眞體는 理라는 것이다. 한주는 이를 '和氏之璧(卞和가 楚의 厲王에게 바친 玉)'에 비유하여 설명했다.

和氏之璧은 '돌' 속에 '옥'이 들어 있는 것이었다. 이와 마찬가지로, 한주는 心은 겉은 氣이나 속은 理라고 보았다. 즉 '心의 眞體는 理'라는 것이 한주의 지론이다. 한주에 의하면, 율곡 등 '근세의 儒賢'은 '겉의 氣'만을 보고 그 '속의 理'를 알지 못하여 心을 氣라 한 것이며, 陸·王의 心卽理說은 '겉의 돌을 옥으로 간주한 것'이다. 이처럼 한주는 자신의 心卽理說을 통해 陸·王의 心卽理說과 畿湖의 心卽氣說을 동시에 비판했다. 그러면 한주 心卽理說의 논거는 무엇인가? 한주는 다음과 같이 말한다.

무릇 心은 하나일 뿐이니, 人心은 心이 氣를 따른 것이며, 道心은 心이 理를 따른 것이다. 人心은 쉽게 드러나나 道心은 밝히기 어렵다. 정밀하게 살피고 한결같이 지키면, 本心의 올바름이 理에 있고 氣에 있지 않음이 분명하다. 孔子는 '從心所欲不踰矩'라 했으니, 心은 곧 理이다(體는 道요, 用은 義이다). 진실로 心이 氣라면, 어찌 능히 心을 따랐는데도 법도를 넘지 않을 수 있겠는가?『孟子』七篇의 허다한 '心'字 중에 氣를 지칭한 것은 하나도 없으니, 氣가 心을 보존하지 못할까 근심하고, 氣가 도리어 心을 움직일까 근심한 것이다. 程叔子는 '心·性이 同一한 理'라는 것으로 풀이했고, 또 '心則性, 性則理'라 했다. 이 聖賢들은 '心이 氣와 분리되지 않음'과 '性은 心과 약간 구별됨'을 모르지 않으면서도 오히려 이처럼 말씀했으니, 대개 또한 心의 體를 주로 삼아 말씀한 것이다. 무릇 心은 性·情의 總名으로서, 그 體는 性이다. 性 밖에 心이 없고, 心 밖에 性이 없다. '性을 담는 것(盛性)'이라고 말하는 心

은 '心의 집(舍)'으로서, 醫家에서 말하는 心이요, 내가 말하는 心이 아니다. 心이 性과 다른 점은 心은 情을 겸한다는 점이다. 그런데 情은 已發의 性이니, 性·情은 다만 하나의 理이다. 그렇다면 心이 理라는 것은 진실로 自若하다.[16)]

한주는 공자의 '從心所欲不踰矩'를 들어 자신의 心卽理說을 옹호했다. "진실로 心이 氣라면, 어찌 능히 心을 따랐는데도 법도를 넘지 않을 수 있겠는가?"라는 反問이 그것이다. 한주는 "心은 性·情의 總名으로서, 그 體는 性이다"라고 했거니와, 한주의 心卽理說은 '心의 본체는 理'라는 주장이었다. 한주는 또 "'性을 담는 것'이라고 말하는 心은 '心의 집'으로서, 醫家에서 말하는 心이요, 내가 말하는 心이 아니다."라고 했거니와, 性을 담는 '그릇(器)'이나 '집(舍)'으로서의 心은 和氏之璧으로 말하면 '겉의 돌'에 해당한다는 것이다. 한주에 의하면 '體로서의 心' 즉 '性'이 바로 '주재자로서의 心'이다.[17)]

---

16) 『寒洲集』 卷32 頁1~2, 〈心卽理說〉: 夫心一而已矣 而謂之人心者 心之從氣者也 謂之道心者 心之從理者也 人心易見 道心難明 精以察之 一以守之 則本心之正 在理而不在氣也明矣 孔子之從心所欲不踰矩 心卽理也 (體卽道 用卽義) 苟其氣也 安能從之而不踰矩乎 孟子七篇許多心字 並未有一言指作氣 而憂氣之不能存心 患氣之反動其心 程叔子以心性同一理釋之 而又曰心則性也 性則理也 是聖賢者 非不知心之不離於氣 性之微別於心 而猶且云然 蓋亦主心體而爲言耳 夫心者性情之總名 其體則性 性外無心 心外無性 若心之以盛性言者 心之舍也 醫家之所謂心 而非吾之所謂心也 心之所異於性者 以其兼情 而情乃已發之性也 性情只是一理 則心之爲理者固自若也

17) 한주의 이러한 주장은 쉽게 反駁될 수 있다. 첫째, 孔子는 70세가 되어서야 '從心所欲不踰矩'에 이르렀다고 했거니와, 그렇다면 이는 오히려 心卽理를 비판하는 논거가 될 수 있다. '心이 곧 理'라면 왜 70세가 되어서야 '不踰矩'에 이르는 것인가? 둘째, 朱子는 "心은 '神明한 집'으로서 한 몸의 主宰가 된다. 性은 허다한 도리로서, 태어날 때부터 얻어 心에 갖추어진 것이다. 智識과 念慮에 발현된 것은 모두 情이다. 그러므로 '心統性情'이라 한다(『朱子語類』 卷98(2514쪽): 心是神明之舍 爲一身之主宰 性便是許多道理 得之於天而具於心者 發於智識念慮處 皆是情 故曰心統性情

이제 한주의 明德說을 살펴보자. 한주는 다음과 같이 말한다.

朱子는 天命之性을 풀이하면서 “사람과 사물이 태어남에 각각 부여받은 理를 인하여 健順五常의 德으로 삼는다.”고 했는데, 健順五常 이외에 다른 德은 없다. 이 德은 진실로 陰陽五行 가운데 갖추어져 있는데, 陰陽五行은 다만 氣라 부르니, 德은 곧 이 理이다. 이 理는 ‘惡’과 대비해서는 ‘善’이라 하고, ‘濁’과 대비해서는 ‘淸’이라 하며, ‘昏’과 대비해서는 ‘明’이라 한다. ‘明’이란 그 德의 모습을 형용한 것이다. (…) 或者는 “明德은 바로 本然之心”이라 하여 ‘氣의 淸明한 것’으로 간주하는데, 明氣가 明德이라면 어찌 다시 ‘밝힐 것’이 있겠는가? 或者는 또 “心은 理·氣가 결합된 것이다. 精爽의 氣가 純粹한 理를 갖추고서 안에서 凝聚된 것이 明德이다. 그런데 밖에 있는 氣의 찌꺼기(渣滓)가 저렇듯 昏濁하므로, 그리하여 종종 구애되거나 가려지는 것이다”라고 하는데, 이것도 그렇지 않다. (…) 대개 미루어보건대, 사람은 五行의 秀氣를 받아 태어난다. 秀氣의 精華는 모두 心에 모여 있고, 精華의 裏面에 萬理가 모두 갖추어져 있거니와, 그 모습을 탐구하면 或者의 설명과 근사하다. 그런데 心을 귀하게 여기는 까닭은 그 갖추고 있는 理가 三才에 참여하여 萬化를 산출하며, 一身을 主宰하기 때문이다. 지금 ‘心의 理’로 말하자면, 이를 보존하면 仁禮義智의 德이 되어 그 體가 光明不昧하고, 이를 발휘하면 孝敬忠貞의 德이 되어 그 用이 鑑照不差하니, 이것이 바로 ‘明德의 실상’이다. (…) 여기에 밝히는 공부를 더 한다면, 淸氣가 理에 근원하여 날마다 생기고, 濁氣가 理에 제어되어 날마다 소멸하여, 明德을 가리는 자잘한 것들이 모두 사라져서 마침내 그 本體의 淸明함을 회복할 것이니, 어찌 아름답지 않겠는가?[18)]

也)”고 했거니와, 그렇다면 주재자는 ‘性’이 아니라 ‘집(舍, 器)으로서의 心’이다.

한주는 먼저 "健順五常 이외에 다른 德은 없다"는 관점에서 '天命之性이 곧 明德'이라고 규정하고, 따라서 '明德은 理'라고 주장했다. 다음, 明德을 '氣의 淸明'으로 규정하는 것에 대해서는 "明氣가 明德이라면 어찌 다시 '밝힐 것'이 있겠는가?"라는 입장에서 반박했다.[19] 다음, 一身의 主宰者는 心의 理로서, "그 體는 光明不昧하고, 그 用은 鑑照不差하니, 이것이 바로 明德의 실상"이라고 하여, '合理氣의 心 가운데 主宰者는 理'라는 것과 '心의 理가 바로 明德'이라는 것을 다시 확인하였다.

이상에서 소개한 한주의 心卽理說과 明德說은 수많은 논란을 야기할 수 있는 것이었다. 이제 평포논쟁의 주요 쟁점들을 살펴보기로 하자.

---

18) 『寒洲集』 卷32 頁5~7, 〈明德說〉: 朱子釋天命之性曰人物之生 因各得其所賦之理 以爲健順五常之德 健順五常之外 無佗德也 此德固具於陰陽五行之中 而陰陽五行 只喚做氣德卽是理 此理對惡而言則謂之善 對濁而言則謂之淸 對昏而言則謂之明 明者狀其德之體段 (…) 或者論明德乃以本然之心 看作氣之淸明 明氣之爲明德 更何用明之哉 或又謂心者 理氣之合也 精爽之氣 具卻純粹之理 凝聚於中 是謂明德 而外面查滓之氣 恁地昏濁從以拘蔽 此又未然 (…) 蓋嘗推之 人稟五行之秀氣以生 而秀氣之精華 都萃於心 精華裏面 萬理咸具 究其貌象 或說似矣 然而所貴乎心者 以其所具之理 參三才出萬化 爲一身之主宰也 今以心之理言之 存之爲仁禮義智之德 而其體光明不昧 發之爲孝敬忠貞之德 而其用鑑照不差 此乃明德之實也 (…) 加之以明之之功 而能致其明之之實 則淸氣根於理而日生 濁氣制於理而日消 纖翳盡祛 遂復其本體之淸明 豈不美哉

19) 이러한 反論은 한주의 "仁禮義智의 德은 그 體가 光明不昧하니, 이것이 바로 明德의 실상"이라는 주장에도 그대로 적용될 수 있다. 明德이 光明不昧한 것이라면, 어찌 다시 '밝힐 것'이 있겠는가?

2. 평포논쟁의 주요 쟁점

1) '心'에 대한 규정문제

한주의 성리설 가운데 가장 논란을 일으킨 것은 바로 '心卽理'라는 명제였다. 性理學에서는 '性卽理'를 철칙으로 삼고 陸·王의 '心卽理'를 비판해 왔다. 그런데 한주가 다시 '心卽理'를 제창하니, 한주의 본의가 무엇이든 간에 파문이 클 수밖에 없었다. 한주의 心卽理說에 대한 坪論의 비판 가운데 대표적인 것은 巖棲 曺兢燮의 〈讀寒洲李氏心卽理說〉[20]일 것인바, 먼저 그 주요 내용을 살펴보기로 하자.

첫째, 한주가 자신의 心卽理說을 和氏之璧에 비유하고 "지금 玉을 둘러싼 돌을 망치와 정으로 쪼고 사포와 숫돌로 갈아서 돌과 玉이 뒤섞이지 않게 한다면, 진짜 玉이 드러날 것이다. 氣로 둘러싸인 心을 다스리고 확충하여, 그 가린 것을 제거하고 그 본래의 밝음을 회복시켜, 氣와 뒤섞이지 않게 하여 天理에 순수하게 한다면, 참된 心이 드러날 것이다."[21]라고 한 것에 대해, 암서는 다음과 같이 비판한다.

> 우리 학자들은 마땅히 "心은 理와 氣를 합한 것이지만 主가 되는 것은 理이니, 이는 옥돌은 옥이 주가 됨과 같다."고 해야 할 것이요, (…) 또한 마땅

---

20) 암서의 〈讀寒洲李氏心卽理說〉은 한주의 〈心卽理說〉을 逐條批判한 것이다. 그런데 『巖棲集』에 인용된 〈心卽理說〉의 내용은 『寒洲集』에 실린 것보다 더 상세하다. 그러나 전반적인 論旨는 별 차이가 없으므로, 이를 문제 삼지 않기로 한다.

21) 이 문장의 원문은 "今夫玉之爲石者 椎鑿以琢之 沙礛以磨之 使夫石不雜於玉 則眞玉見矣 心之在氣者 克治之充擴之 祛其所蔽而復其本明 使之不雜乎氣 而純乎天理 則眞心見矣"인데, 지금 『寒洲集』 卷32의 〈心卽理說〉에는 이 문장이 보이지 않는다. 아마도 애초의 원고에 있었던 내용이 훗날 出刊 과정에서 삭제된 것 같다.

히 "心은 理와 氣가 합한 것인바, 그 善하지 않은 것은 氣의 어긋난 것이다. 마땅히 理를 주로 해서 이긴다면, 바른 氣로 되돌려서 本然의 理를 얻을 수 있다."고 해야 할 것이다.[22)]

암서의 비판은 요컨대 和氏之璧의 비유와 어울리는 心說은 '心卽理說'이 아니라 '心合理氣說'이라는 것이다. 암서는 한주의 心卽理說에 대해 '뾰족하고 기울고 곁길로 빠지고 험준한 병통(尖斜側峻之病)'이 있다고 평하고, 위와 같이 설명한다면 "文義가 갖추어지고 語法이 원만해질 것"이라고 주장했다.

둘째, 한주가 "心은 하나일 뿐이니, 人心은 心이 氣를 따른 것이요, 道心은 心이 理를 따른 것이다. 道心은 本心이고, 人心은 客心일 뿐이다. (…) '정밀하게 살핌(惟精)'은 돌을 쪼고 갈아서 없애는 것이요, '전일하게 지킴(惟一)'은 옥을 얻어 받들어 간직하는 것이다. 九分이 옥이고 一分이 돌이라도 오히려 진짜 옥이 되지 못한다면, 九分이 理이고 一分이 氣인 것 또한 어찌 참된 心이겠는가? 따라서 心學을 하는 사람은 반드시 本心을 전일하게 하여 客心이 섞이지 않게 하여, 人心이 또한 道心으로 바뀌게 하려고 하니, 그렇다면 本心의 올바름은 理에 있지 氣에 있지 아니함은 명백하다."[23)]고 한 것에 대해, 암서는 다음과 같이 비판한다.

---

22) 『巖棲集』 卷16 頁15, 〈讀寒洲李氏心卽理說〉: 吾學者當曰心合理氣而其主則在理 卽所謂玉石之以玉爲主也 (…) 亦當曰心合理氣 而其不善者氣之邪也 當以理爲主而克之 則有以反氣之正而得理之本然矣

23) 이 문장의 원문은 "夫心一而已矣 而謂之人心者 心之從氣者也 謂之道心者 心之從理者也 道心其本心 人心乃客心耳 (…) 精而察之則琢石而磨去者也 一以守之則得玉而奉持者也 九分玉而一分石 猶未爲眞玉 則九分理而一分氣 亦豈爲眞心乎 故爲心學者 必欲一之於本心 而不得以客心雜之 使人心亦化爲道心 則本心之正 在理而不在氣也 明矣"인데, 지금 『寒洲集』 卷32의 〈心卽理說〉에는 이 문장이 "夫心一而已矣 而謂之人心者 心之從氣者也 謂之道心者 心之從理者也 (…) 精而察之 一以守之 則本心之正 在理而不

주자는 "人心을 단독으로 말하면 진실로 좋다."고 했고, "舜이 만약 人心을 전적으로 좋지 않다고 생각했다면, 모름지기 사람들로 하여금 '제거하라' 고 해야 했다. 지금 단지 '위태롭다' 고 말한 것은 그것에 의거하여 편안히 여겨서는 안 된다는 말씀이다."라고 했다. 그렇다면 客心이라고 하여 돌을 쪼고 갈아내듯이 제거할 수 없다는 것이 분명하다. 形氣를 오염의 근원이라 하여 없애려고 한다면, 이는 바로 釋氏의 설이다. 지금 배척하려고 하다가 도리어 그에 떨어짐을 면하지 못하니, 어찌 변론할 거리가 되겠는가?[24)]

요컨대 한주의 '人心은 돌에 해당하니, 완전히 없애야 한다' 는 주장에 대해, 암서는 그것은 바로 '불교의 논법' 이라고 비판한 것이다. '聖人에게도 人心은 없을 수 없다' 는 것이 성리학의 지론인 한, 한주가 人心을 '돌' 로 규정하고 '완전히 없애야 한다' 고 주장한 것은 무리라 하겠다.

셋째, 한주가 心卽理說을 뒷받침할 수 있는 典據로 孔子의 '從心所欲不踰矩', 맹자의 '良心, 本心, 仁義之心', 정자의 '心性一理' 등을 거론한 것에 대해, 암서는 다음과 같이 비판한다.

비록 上智라 하더라도 人心이 없을 수 없는바, 다만 道心이 주재하므로 '渾然한 天理' 라 말하는 것이다. (…) 孟子는 '良心, 本心, 仁義之心' 등을 말했을 뿐 '마음이 곧 良心·本心·仁義之心' 이라 하지 않았으니, 그 뜻을 알

在氣也 明矣"라고 축약되어 있다. 생략된 부분은 아마도 암서의 비판으로 인해 훗날 『寒洲集』의 출간 과정에서 삭제한 것 같다.

24) 『巖棲集』 卷16 頁16, 〈讀寒洲李氏心卽理說〉: 按朱子曰單說人心固是好 又曰舜若以人心爲全不好 則須說使人去之 今止說危者 不可據以爲安耳 然則其不可以爲客心而去之如琢石而磨之者明矣 夫以形氣爲根塵而欲去之 此正釋氏之說 今欲排斥而不免反墮於其說之中 則亦奚足道哉

수 있다. 또 牛山章에서는 心의 體 · 用을 극론하면서 "잡으면 보존되고 놓으면 사라져서, 정해진 때가 없이 出入하여 그 있는 곳을 알 수 없다"고 했으니, 만약 理라면 또 어찌 '操舍와 出入'을 말할 수 있겠는가?(…) 만약 반드시 分開하여 말한다면, 性은 形而上者요 心은 形而下者로서, 예컨대 程子는 "心은 곡식의 씨앗과 같으니, 낳는 성질이 바로 仁이다"라고 했고, 朱子는 "性은 太極과 같고, 心은 陰陽과 같다"고 했으며, 晦齋는 "心은 天地의 陰陽과 같은데, 太極의 참됨이 여기에 존재한다"고 말한 것이 모두 여기에 해당한다. 이제 先儒들이 混淪하여 말한 것을 모두 이끌어다 彌縫하면서 그 설득력이 없음을 근심하지 않는데, 그러나 결국 보편타당할 수 없으니, 또한 어찌 귀중하게 여길 수 있겠는가?[25]

암서는 心卽理說에 반대되는 전거를 제시하면서, 한주에 대해 "先儒들이 混淪하여 말한 것을 모두 이끌어다 彌縫한 것으로서, 보편타당하지 못하다"고 비판했다. 이는 요컨대 분개설과 혼륜설을 구별해서 보아야 한다는 것이다.

넷째, 한주가 "무릇 心은 性 · 情의 總名으로서, 그 體는 性이다. 性 밖에 心이 없고, 心 밖에 性이 없다. '性을 담는 것(盛性)'이라고 말하는 心은 '心의 집(舍)'으로서, 醫家에서 말하는 心이요, 내가 말하는 心이 아니다. 心이 性과 다른 점은 心은 情을 겸한다는 점이다. 그런데 情은 已

25) 『巖棲集』 卷16 頁16~17, 〈讀寒洲李氏心卽理說〉: 雖上智不能無人心 但以道心之爲主 故曰渾然天理(…) 孟子言良心本心仁義之心 而未嘗謂心卽是良心卽是本心卽是仁義 則其意可見矣 且牛山之木一章 極論心之體用 而曰操則存舍則亡出入無時莫知其鄕 若理則又豈有操舍出入之可言耶(…) 若必分開而言則性是形而上者 心是形而下者 如程子所謂心如穀種 生之性是仁 朱子所謂性猶太極 心猶陰陽 晦齋所謂心猶天地之陰陽 而太極之眞 於是乎在者 皆是也 今以先儒所論混淪說者 援引而彌縫之 不患其無說也 然終不能周遍而停當 則亦何足貴哉

發의 性이니, 性·情은 다만 하나의 理이다. 그렇다면 心이 理라는 것은 진실로 自若하다."라고 한 것에 대해, 암서는 다음과 같이 비판한다.

> 朱子는 "仁·義·禮·智는 性이며, 사랑하고 공경하고 마땅하게 하고 분별하는 것은 情이며, 仁으로 사랑하고 禮로 공경하고 義로 마땅하게 하고 智로 분별하는 것은 心이다."라고 했다. 그렇다면 '心이 性과 情을 통섭한다'는 것이 또한 어찌 멋대로 분별하지 않은 채 心이 情을 겸한 것이고, 性과 情이 하나의 理라고 말하는 것이겠는가?[26)]

위에 인용된 朱子說은 心統性情說의 취지를 가장 분명하게 드러낸 것인바, 주자는 心·性·情이 각각 차원이 다르고 역할도 다름을 명확하게 설명한 다음 이를 종합하여 '心統性情'이라 한 것이다. 암서는 이를 인용하면서, 한주가 '心·性·情의 정확한 구분을 무시한다'고 비판한 것이다.

다섯째, 한주가 "무릇 '心卽氣'를 주장하는 사람들의 잘못은 무엇인가? 心은 一身의 主宰者인데, 主宰者를 氣에 소속시키면, 天理가 形氣의 명령에 따르게 되어, 허다한 麤惡이 靈臺에 기반을 잡게 된다. (…) 心을 氣로 여기는 학설이 유행하면 聖賢의 心法이 모두 空虛해져서, 學問은 頭腦가 없게 되고, 世敎는 나날이 더욱 昏亂해질 것이다."라고 한 것에 대해, 암서는 다음과 같이 반론한다.

> 저 '心卽氣'를 주장하는 사람들도 어찌 '心에 性이 있으며, 性은 理이다'

26) 『巖棲集』 卷16 頁18, 〈讀寒洲李氏心卽理說〉: 朱子曰仁義禮智性也 愛敬宜別情也 以仁愛以禮敬以義宜以智別心也 然則所謂心統性情者 亦豈漫無分別 如心之兼情 性情一理之云哉

라는 것을 모르겠는가? 다만 作用하는 곳에 나아가 돌려서 말한 것으로서, 또한 병통이 없는 듯하다. 그러나 꼭 情狀을 밝혀 죄를 따지려고 한다면, '不備' 라고 말하는 것이 옳다. 지금 꼭 큰소리로 말하면서 공격한다면, 엄한 글로 심하게 꾸짖다가 矯枉過直하게 될까 두렵다.[27]

기호학파의 心卽氣說에 대해 한주가 心卽理의 관점에서 '용납할 수 없는 오류' 로 규정한 것과 달리, 암서는 心合理氣의 관점에서 '不備' 라고 규정하였다. 암서는 "저 '心卽氣' 를 주장하는 사람들도 어찌 '心에 性이 있으며, 性은 理이다' 라는 것을 모르겠는가?" 라고 반문하고, 心卽氣說의 취지는 다만 '作用의 주체는 氣임' 을 설파하는 것이라고 해명하면서, 한주에 대해 오히려 矯枉過直을 경계했다.

晩求 李種杞는 암서보다는 약간 유연한 입장에서 心卽理說을 비판했다. 만구는 俛宇 郭鍾錫에게 보내는 편지에서 다음과 같이 말한다.

心은 진실로 合理氣로서 理가 主이나, 氣를 버리고 心을 말할 수는 없다. 그러므로 朱子가 '心은 氣之精爽' 이라고 한 것은 옳은데, '之精爽' 三字에서 '理가 포함되어 있다' 는 뜻을 볼 수 있다. 栗谷이 '心是氣' 라 한 것은 '主理' 의 뜻이 아니다. 朱子가 '心固是主宰底 所謂主宰者卽此理' 라고 한 것은 옳은데, 主宰者는 곧 理이니, '氣가 포함되어 있어 (理가) 주재한다' 는 뜻을 볼 수 있다. 寒洲가 '心卽理' 라 한 것은 '氣를 포함한다' 는 말이 아니다. (…) 이제 心卽理說은 栗谷說과 相反되나, 그 병통은 마찬가지이다. (…) 나는 일찍이 心卽理說을 지지했었는데, 이는 그 '主理' 를 옳게 여겼기 때문이다. 그런데

27) 『巖棲集』 卷16 頁22, 〈讀寒洲李氏心卽理說〉 : 彼爲心卽氣之說者 亦豈不知心之有性 性之爲理哉 但就其作用處言之 宛轉說來 似亦無病 然必欲原情案罪 則謂之不備可也 今必以大底言語 聲而攻之 則恐亦峻文深詆 而矯枉過直矣

근래에 '主理와 卽理는 서로 비슷하나 사실은 다르다' 는 점을 깨닫게 되었으니, 바로 '털끝만 한 차이가 千里나 어긋나게 만드는 것' 이다.[28)]

만구는 心을 '合理氣' 로 규정하고, 율곡의 心卽氣說이나 한주의 心卽理說이 모두 '한쪽으로 치우친 병통' 이 있다고 주장했다.[29)] 또 만구는 자신도 한때 '主理' 를 옹호하는 맥락에서 '心卽理說' 을 지지했었는데, 이제는 양자가 전혀 다른 주장임을 깨닫게 되었다고 하면서 心卽理說을 비판했다.[30)] 만구는 다음과 같이 말하기도 한다.

聖人의 경우는 '心卽理' 라 해도 되는데, 淸明한 氣가 모두 理를 따라서 발하기 때문이다. 만약 心의 本體를 말한다면 진실로 '合理氣' 이니, 그러므로 學者의 工夫는 반드시 '理를 주로 하여 氣를 제어하고, 氣를 다스려 理에 따르도록' 해야 한다. 지금 그대는 心卽理說을 주장하는데, 이는 '마음이 노력해야 할 내용' 을 '마음의 본체' 에 비기는 것이요, 衆人의 心이 모두 '從心所欲不踰矩' 에 이를 수 있다는 것이다. 이러한 주장이 유행한 지 오래인데, 민

28) 『晩求集』 卷4 頁16, 〈答郭鳴遠〉 : 心固合理氣而主於理 然不可舍氣而言心 故朱子謂心者氣之精爽則可 而之精爽三字 可見合理之意 栗谷謂心是氣則非主理之旨也 朱子謂心固是主宰底 所謂主宰者卽此理則可 而主宰卽理 可見合氣而主宰之意 寒洲謂心卽理則非合氣之謂也 (…) 今心卽理之說 與文成相反 而其爲病則一 (…) 杞亦嘗右心卽理之說 蓋取其主理之是 而近方覺得主之與卽 相似而實不同 乃毫釐千里之差耳

29) 만구의 이러한 비판에 대해, 한주는 "主理는 순조롭고 올바르나, 主氣는 거스르고 어긋난다. (치우쳤다는 이유로) '감히 理를 主로 삼지 못하겠다' 고 하면 學問의 頭腦가 어긋나게 된다." 고 답변한 바 있다(『寒洲集』 卷16 頁18, 〈答李器汝〉 : 主理則順而正 主氣則逆而舛 纔不敢主理 便差了學問頭腦).

30) 『晩求集』 卷11 頁24, 〈書曺仲謹讀心卽理說後〉 : 蓋心固合理氣 而理得其宰 氣順其軌 自其未發而言 則氣不用事 惟理而已 自其已發而言 則氣順理而行 無一毫有碍 然則論心而曰兼理氣者 見在說也 曰心卽理者 推本說也 (…) 近世有心卽氣之論 夫心合理氣則固有氣也 然但謂之氣則不知主宰之理 將使天下之人 猖狂使氣而曰此乃心也 其可乎 故心卽理一語 所以矯心卽氣之弊也 故愚嘗有取於斯言 以爲明本之論

고 따르는 사람은 많지 않고, 다만 후배들이 서로 분석하며 論難하는 일만 야기한다. (…) 나도 일찍이 '心卽理'라고 여겼었는데, '主理'가 옳다는 생각 때문이었지, 心卽理說이 완전무결하다는 것은 아니었다.[31]

만구는 心合理氣說을 전제로 "학자의 공부란 理를 주로 하여 氣를 제어하고, 氣를 다스려 理에 따르도록 하는 것"이라고 설명했다. 그리고 心卽理說에 대해서는 '마음이 노력해야 할 내용'을 '마음의 본체'에 비기는 것이요, 聖人에게만 해당하는 '從心所欲不踰矩'를 衆人에게도 그대로 허용하는 것이라고 비판했다.

이제 農山 張升澤과 后山 許愈의 논변을 살펴보자. 농산은 心卽理說에 대해 "이미 '性卽理'라 했는데 또 '心卽理'라 한다면, "心과 性의 구별이 없어질 뿐만 아니라, 心學의 공부를 어디에서 시작할 것인가? 理는 善의 이름인데, 만일 이 마음이 지어낸 것이 모두 善이라 한다면 마음을 믿고 自用하게 될 뿐이니, 이른바 惟精惟一과 擇善固執은 모두 쓸데없는 말이 될 것"이라고 문제를 제기한 바 있다. 이에 대해 후산은 다음과 같이 답변했다.

程子는 '心·性·天은 一理'라 했으며, '心이 곧 性'이라 했다. 이런 말씀들도 '贅言'이라 하고, '心과 性의 구별이 없어지고, 心學의 공부를 시작할 곳이 없게 된다'고 할 것인가? 또한 '性卽理, 心卽理'는 한 사람의 말씀이 아니요, 한 편의 글에만 보이는 것도 아니니, 어찌 '지나치게 많다'고 할 수 있

31) 『晩求集』 卷4 頁18, 〈答郭鳴遠〉: 蓋在聖人分上 謂之心卽理亦可 以其淸明之氣 皆順理而發也 若言心之本體則固合理氣 故學者工夫 必主理以御氣 治氣以循理 今高明主心卽理之說 是以心之所以用工者 而擬之於本體也 是衆人之心 皆可以從所欲而不踰矩矣 玆說之行已久 而信從者蓋寡 只引惹得後輩來相析難 (…) 杞嘗亦爲心理之說者 以其主理爲得正耳 非以爲完全無欠爾

겠는가? 이 心의 本體에 과연 不善이 있어서 이미 善과 서로 대립하여 나온다면, 이미 발하여 나온 다음에는 비록 惟精惟一과 擇善固執의 공부를 베풀어도 보탬이 되지 않을 것이다. 程子의 '心은 본래 善하다'는 말씀은 心의 本體로 말한 것이다. 이제 '이 마음에서 나온 것이 모두 善하다'고 하는 것은 무슨 말인가?[32]

후산 역시 心卽理說을 뒷받침하는 典據가 많다는 점을 거론한 것이다. 위의 인용문에서 주목할 것은, 후산이 心卽理를 '心의 본체는 善하다'는 뜻으로 풀이하고 있다는 점이다. 후산은 '心의 본체에는 惡이 함께 존재한다고 결코 말할 수 없다'는 입장에서 心卽理說을 옹호했다. 여기서 후산의 心卽理說은 '理善氣惡論'에 입각한 것임을 알 수 있겠다.

이제까지 心卽理說과 心合理氣說을 둘러싼 논변을 살펴보았거니와, '心에 대한 규정문제'를 둘러싼 평론과 포론 사이의 논쟁은 대개 위에서 소개한 범위를 넘지 않는다. 이제는 '明德'에 대한 논쟁을 살펴보기로 하자.

2) '明德'에 대한 규정문제

앞에서 살핀 것처럼, 한주는 "明德은 진실로 '性·情을 통섭하는 心(統性情之心)'을 지칭하는 것으로서, 心에 나아가 理를 單指한 것"이라

32)『后山集』卷4 頁3,〈答張姬伯〉: (問) 旣曰 性卽理 又曰 心卽理 則一心字 已多矣 所謂性字 無已贅乎 非徒心性無別 心學用工 何處下手 理者 善之名 若曰此心所出皆是善 則恃心自用而已 所謂精一擇執 皆爲剩語 (答) 程子曰 心也性也天也 一理也 又曰 心卽性也 此等說 亦可曰贅 而謂心性無別乎 謂心學用工 無下手處乎 且性卽理心卽理 非一人之言 亦非一篇之文 何剩多之可言也 此心本體上 若果有不善者 已與善 相對而出 則已發之後 雖施精一擇執之工 恐未有補也 程子所謂心本善 以心之本體言也 今曰此心所出皆善 何謂也

고도 했고, "健順五常 이외에 다른 德은 없다"는 관점에서 '天命之性이 곧 明德'이라고도 했다. 한주는 明德主理論을 견지하면서, 때로는 心을 중심으로 설명하기도 하고, 때로는 性을 중심으로 설명하기도 한 것이다. 后山과 俛宇 등도 한주와 마찬가지로 明德主理論을 견지했다. 후산은 다음과 같이 말한다.

> 明德은 사람의 方寸 가운데 '天命의 본체'를 지칭하는 것으로, 神明하게 主宰統攝함을 말할 때엔 '心'이라 하고, 條理와 名目이 자잘하게 구분됨을 말할 때엔 '理'라 한다. (明德을 설명할 때) 心을 말하고 理는 말하지 않음은 잘못이며, 理를 말하고 心은 말하지 않음은 더욱 잘못이다. (…) 내가 '明德은 다만 義理之心'이라고 말하는 것은 '사람이 하늘로부터 얻은 것(人之所得乎天)'이라는 구절을 중시한 것이다. 대개 形氣之心은 사람과 동물이 서로 비슷하나, 義理之心은 사람과 동물이 전혀 다르다. 이런 까닭에 『大學章句』에서 사람을 말하고 동물을 말하지 않은 것이다.[33]

후산은 明德에 대해 '天命의 본체'로서 心이요, 理라고 보았다. 그런데 여기서의 心이란 사람과 동물이 함께 지닌 '形氣之心'이 아니라 사람만이 지닌 '義理之心'이라는 것이다. 후산은 "(明德을 설명할 때) 心을 말하고 理는 말하지 않음은 잘못이며, 理를 말하고 心은 말하지 않음은 더욱 잘못"이라고 했는바, 이처럼 후산은 明德主理論을 주장하면서도 理보다는 心에 초점을 맞추었다. 후산은 明德主氣論이나 明德兼理氣

33) 『后山集』 卷6 頁4~5, 〈答李啓道〉: 蓋明德 就人方寸中 指言天命之本體 以其神明主宰統攝而言 則謂之心 以其條理名目零碎界破而言 則謂之理 言心而不言理 不可 言理而不言心 尤不可 (…) 鄙人所謂明德 只是義理之心者 看得人之所得乎天一句重了 蓋形氣之心 人與物相近 義理之心 人與物絕不同 章句之言人而不及物者 爲此故也

論에 대해서는 다음과 같이 비판한다.

明德을 '氣'로 아는 사람은 氣만 보고 理를 보지 못하는 것으로, 釋氏의 견해이다. 明德을 '兼理氣'로 아는 사람은 理도 아니고 氣도 아니라는 것으로서, 儒·釋의 비슷한 것을 빌려서 孔·孟의 참된 것을 어지럽히는 것이다. 나는 이 두 견해를 병통으로 여긴다. 무릇 德이란 '天德'으로서, 朱子가 말한 '健順五常의 德'이 이것이다. '明德'이라 함은 무슨 말인가? 乾은 지극히 씩씩하여 그 德이 高明하고, 坤은 지극히 유순하여 그 德이 光大하며, 仁의 德은 藹然하고, 禮의 德은 燦然하며, 義의 德은 截然하고, 智의 德은 炯然하니, 이것이 '明德'이다.[34]

'明德을 氣로 아는 사람'은 당시의 梅山學派를 지칭하는바,[35] 후산은 이들에 대해 '釋氏의 견해'라고 비판했다. '明德을 兼理氣로 아는 사람'은 당시의 坪論을 지칭하는바, 후산은 이들에 대해 '儒·釋의 비슷한 것을 빌려서 孔·孟의 참된 것을 어지럽힌다'고 비판했다. 후산은 明德主氣論이나 明德兼理氣論에 대해 이처럼 여지없이 비판한 다음, 明德이란 健順五常의 '高明, 光大, 藹然, 燦然, 截然, 炯然한 德'을 지칭한다고 설명했다.

이제 면우의 明德主理論을 살펴보자. 면우는 〈李器汝(晩求)에게 답하는 편지〉에서 다음과 같이 말한다.

---

34)『后山集』卷8 頁18~19, 〈答崔汝敬〉: 認明德爲氣者 見氣而不見理者也 釋氏之見也 認明德爲兼理氣者 非理非氣 假儒釋之似 以亂孔孟之眞者也 愚竊病之 夫德是天德 朱子所謂健順五常之德 是也 謂之明德何 乾至健而其德高明 坤至順而其德光大 仁禮之德 藹然而燦然 義智之德 截然而炯然 是所謂明德也

35) 기호학파 중 華西學派는 明德主理論을 주장하여, 寒洲學派와 궤를 같이했다.

대개 '德'이란 '萬善을 참으로 얻은 것'의 統稱이다. (…) 안으로는 '心의 知覺, 性의 仁義, 情의 愛敬'과 밖으로는 '子의 孝, 臣의 忠, 手의 恭, 足의 重, 視의 明, 聽의 聰'이 모두 明德의 全體이다. 이러한 것들은 모두 내 몸에 道理를 참으로 얻은 것이니, 이러한 道理를 다하는 사람이 바로 '明德을 밝히는 사람'이다. 이러한 곳은 다만 마땅히 道理를 논하는 것이니, 아마도 氣를 끌어들일 필요가 없을 것이다.[36]

면우는 '德'을 '萬善을 참으로 얻은 것'이라 정의하고, '心의 知覺'으로부터 '子의 孝' 심지어는 '聽의 聰'까지 모든 것을 明德에 포섭시켰다. 그러면서도 면우는 "이러한 곳은 다만 마땅히 道理를 논하는 것이니, 아마도 氣를 끌어들일 필요가 없을 것"이라 하여 明德主理論을 견지했다. 면우 역시 이처럼 明德主理論을 주장하지만, 구체적인 내용에 있어서는 후산과 약간 견해를 달리했다. 면우는 다음과 같이 말한다.

明德은 心의 徽號이다. '心'이라 말하면 理·氣를 겸하는데, '明德'이라 말하면 理만 지칭한다. '明'은 理의 本然이요, '德'은 理의 얻음이며, '具衆理'란 理의 體요, '應萬事'는 理의 用이다. 明德은 모든 사람이 같이 얻은 것인데, 天에 있으면 '明命'이라 하고, 사람에게 있으면 '明德'이라 한다.[37]

明德은 心을 주로 하여 말하면 '不明'하고, 心·性을 합하여 말하면 '不

---

36) 『俛宇集』 卷20 頁13~14, 〈答李器汝〉: 蓋謂德者萬善實得之統稱 (…) 內而心之知覺性之仁義情之愛敬 外而子之孝臣之忠手之恭足之重視之明聽之聰 乃明德之全體也 這皆是道理之實得於己者 則盡此道理者方是爲明明德人 此等處只當論道理 恐不必攙却氣

37) 『俛宇集』 卷129 頁30, 〈理訣中〉: 明德者 心之徽號也 言心則兼理氣 而言明德則單指理 明者理之本然也 德者理之有得也 具衆理者 理之體也 應萬事者 理之用也 明德者 人人之所同也 在天曰明命 在人曰明德

粹' 하다. '不明' 이란 무슨 말인가? 心은 性·情을 통합한 것으로서 그 가운데 氣가 있으니, 心을 주로 하여 明德을 말하면 性을 지칭하는 것인가, 氣를 지칭하는 것인가? '不粹' 란 무슨 말인가? 이미 '心·性을 통합한 것' 이라 한다면, 性은 곧 理이니, 心은 오로지 氣에 속하게 된다. 心이 과연 氣로서, 明德은 이 氣를 띠고 있는 것인가? (…) 대개 이 心 가운데에는 理도 있고 氣도 있는데, 그 가운데에 나아가 氣는 제외하고 理만 單指하여 明德이라 하는 것이니, 明德은 곧 性일 따름이다. 그런데 그 하늘에서 얻어 光明正大함을 예찬하는 말이기에 性이라 하지 않고 明德이라 하는 것이다.[38]

위의 두 인용문에 보이듯이, 면우는 明德을 '心의 徽號' 라고 하면서도, 心보다는 理나 性에 초점을 두어 明德을 설명했다. 면우에 의하면, 心에는 理와 氣가 함께 존재하는바, 明德을 心이라 하면 明德의 主理的 특성이 무시될 수 있다. 그리하여 면우는 明德主理論을 견지하면서도 明德을 心으로 설명하는 것을 반대하고 '明德은 곧 性일 따름' 이라고 주장한 것이다.[39]

위와 같은 浦論의 明德主理論에 대해, 坪論의 晩求와 巖棲 등은 明德兼

38) 『俛宇集』 卷26 頁5, 〈答鄭厚允〉: 明德主心而言則爲不明 合心性而言則爲不粹 何謂不明 心者性情之統名而氣在其中者也 主心而言明德 則指性歟指氣歟 何謂不粹 旣謂之合心性 則性卽理也 而以心專屬氣矣 心果是氣而明德是拖帶氣者歟 (…) 盖此心中有理有氣 而就其中不犯氣單指理而謂之明德 卽亦性而已矣 然贊其得於天而光明正大者 故不曰性 而曰明德

39) 그러나 俛宇의 이러한 논법은 매우 설득력이 부족하다. 明德을 '心의 徽號' 라고 말하고는 "明德은 心을 주로 하여 말하면 '不明' 하다" 고 말하는 것은 상식적으로 납득하기 곤란한 것이다. 또한 '明德은 理인바, 心에는 理와 氣가 함께 존재하기 때문에 明德을 心이라 말할 수 없다' 면, 같은 맥락에서 '心卽理' 라는 주장도 철회해야 할 것이다. 왜 心에는 理와 氣가 함께 존재하는데, '心卽理' 라 하는 것인가? 또 면우는 '心과 性' 을 '理一과 分殊' 로 설명했는데(『俛宇集』 卷129 頁29, 〈理訣中〉: 心爲理一 性情爲分殊), 明德이 性이라면, 明德이 자질구레한 分殊에 속한다는 말인가?

理氣論을 주장하면서 반대했다. 만구는 다음과 같이 말한다.

> 定齋께서는 明德은 '氣도 맑고 理도 맑은 것(氣淸理澈處)' 이라 했는데, 이 말씀이 가장 훌륭하다. 그렇다면 明德은 心이라 말할 수도 없고, 또한 性이라 말할 수도 없다. (…) '明德' 의 가르침은 '어둡지 않음(不昧)' 에 중점이 있으므로 '虛靈不昧' 라고 말한 것이다. '心' 은 寂·感을 갖추고 있으므로 통합해서 '虛靈知覺' 이라 설명한 것이다.[40]

明德은 '氣도 맑고 理도 맑은 것' 이라면, 明德은 理나 氣 어느 하나로 규정될 수 없겠다. 또 '虛靈不昧' 와 '虛靈知覺' 은 입언의 초점이 다르다면, 같은 맥락에서 明德과 心도 입언의 초점이 다른 것이다. 이러한 맥락에서 만구는 明德을 理와 氣, 또는 心과 性의 어느 하나로 규정하는 것에 반대했다. 만구는 〈許退而(后山)에게 답하는 편지〉에서는 다음과 같이 말한다.

> '明德은 理·氣를 겸한다' 는 주장 또한 잘못이라 할 수 없다. 무릇 理·氣를 겸한 가운데 반드시 理가 主가 되니, 그러므로 (明德을) 理라 해도 된다. 그러나 만약 어떤 사람이 강경하게 '兼理氣' 라고 말한다면 또한 그에게 맡길 뿐이다. 諸公들은 반드시 하나의 '氣' 字를 타파하고자 하거니와, 이는 그럴만한 까닭이 있는 것이지만, 또한 스스로 支離偏枯의 병폐를 면할 수 없다.[41]

---

40) 『晩求續集』 卷4 頁22~23, 〈答周五汝問目〉 : 定齋論明德是氣淸理澈處 此言最善名狀 然則不可以心言 亦不可以性言 (…) 明德之訓 重在不昧 故曰虛靈不昧 心具寂感 故統說虛靈知覺

41) 『晩求集』 卷3 頁31, 〈答許退而〉 : 明德兼理氣之說 亦未可非也 大凡兼理氣處 必理爲之主 故謂之理固是 然若有人硬言兼理氣則亦任之而已 諸公必欲打破一氣字 此所以枳枸

만구는 明德兼理氣論을 주장하면서도, '理가 主가 된다'는 맥락에서 明德主理論도 인정했다. 그러면서도 만구는 明德主理論者들이 '반드시 氣字를 타파하려고 함'에 대해서는 '支離偏枯의 병폐를 면할 수 없다'고 비판했다. 이제 암서의 경우를 살펴보자. 암서는 다음과 같이 말한다.

> '明德에는 理만 있고 氣는 없다'는 것은 실로 오늘날 主理를 주장하는 사람들의 첫째 話頭이다. 그러나 결국 '具衆理' 세 글자는 '理로 理를 갖춤(以理具理)'으로 볼 수 없다는 것을 어찌할 수 없으니, 유독 '虛靈' 두 글자만 오로지 '理로 말할 수 없다'는 것이 아니다. 또 '明德' 두 글자가 과연 理에 속한다면, 그 설명을 "여러 理가 모두 갖추어져 있다(衆理皆具)"고 해야 마땅하고, "여러 이치를 갖추고 있다(以具衆理)"고 해서는 안 되는 것이다. '以' 한 글자는 결단코 '갖출 수 있는 그릇(能具之器)'에 해당하는바, 결코 '갖추어진 사물(所具之物)'이 아니다.[42]

주자는 『大學章句』에서 "明德이란 사람이 하늘로부터 얻은 것으로서, 虛靈不昧하여 衆理를 갖추고 萬事에 응하는 것(明德者 人之所得乎天 而虛靈不昧 以具衆理而應萬事者也)"이라고 풀이했는데, 암서는 이 문장의 문법적 구조에 입각하여 明德主理論이 부당하다고 보았다. 明德을 理라 하면 '衆理를 갖추고 있음(以具衆理)'은 '理로 理를 갖춤(以理具理)'이 되는바, 이러한 해석은 수긍할 수 없다는 것이다. 특히 '以' 字로 보면 明德은 '갖출 수 있는 그릇(能具之器)'에 해당함이 분명한바, 따라서 明德

來巢 空穴來風 而亦不自免於支離偏枯之病也

42) 『巖棲集』 卷11 頁31, 〈答李平叔〉: 明德之有理無氣 此固今日主理者之第一話頭 然終無奈具衆理三字不成以理具理 不獨虛靈二字不可專以理言也 且此二字果屬理也 則其言當曰衆理皆具 而不當曰以具衆理 以之一字 決是能具之器 而非所具之物

에 대한 설명에서 氣를 빼놓을 수 없다는 것이다. 암서의 이러한 설명은 明德主理論의 이론적 약점을 잘 지적한 것이라 하겠다.

3) '氣之精爽'에 대한 해석 문제

주자는 '心'을 '氣之精爽'이라고 설명한 바 있는데, 율곡학파는 이를 心卽氣論의 핵심 전거로 삼았다. 그렇다면 같은 맥락에서 '氣之精爽'은 心卽理論을 부정하는 핵심 전거가 될 수 있다. 그리하여 한주는 '氣之精爽'을 달리 해석하여 "氣之精爽은 '仁義禮智의 마음'을 뜻한다"고 주장했다. 그런데 한주의 이러한 해석 역시 많은 논란을 야기했다. 이제 '氣之精爽'의 해석을 둘러싼 논란을 살펴보자.

晩求는 한주에게 "氣之精爽을 어찌 理라 할 수 있는가?"라고 반문한 바 있는데, 이에 대해 한주는 다음과 같이 답했다.

> 朱子는 일찍이 『中庸』의 '鬼神'을 논하면서 '鬼神도 다만 實理일 뿐'이라 했다. 實理로부터 말하면 鬼神은 氣之精英인 것이다. 古人의 立言은 하나의 틀에 꿰맞출 수 없으니, 功用으로 鬼神을 말한 경우도 있고, 妙用으로 神을 말한 경우도 있다. 心도 이와 마찬가지이다. 무릇 理는 별개의 사물이 아니니, 氣 가운데 主宰의 神妙함이 바로 理이다. 그러므로 漢儒들은 '木神은 仁, 金神은 義'라고 했던 것인데, 朱子는 종종 이 학설을 취했다. 나의 '氣之精英'에 관한 설명은 여기에 근본한 것으로, 애초에 功用으로 얘기를 꺼내고 妙用으로 전환한 것이 아니었다. 古人이 心을 말한 것은 모두 '主理'로 말한 것인데, 오직 『朱子語類』의 한 구절만 '氣之精爽'이라 했으니, 이는 마땅히 설명하여 회통시켜야 할 것이다. 그런데 神을 논한 곳에서 '仁義禮智信의 理'를 '氣之精英'이라 했으니, 그러므로 나는 이에 근거하여 立說했던 것이

다. 대개 太極은 비록 理이지만, 다만 陰陽에 나아가 그 본체를 지칭한 것이다. 本體를 形器와 비교하면, 本體는 精이 되고 形氣는 粗가 되니, 애초에 氣之精者를 理로 여기고 理之粗者를 氣로 여긴 것이 아니다.[43)]

주자는 『中庸』의 '鬼神' 에 대해 논하면서 "鬼神은 氣의 精英"[44)]이라 한 적도 있고, "鬼神은 또한 다만 '實理' 일 뿐"[45)]이라고 한 적도 있는데, 한주는 이를 바탕으로 '氣의 精英' 은 '實理' 라고 주장한 것이다. 위에서 주목할 것은 "古人이 心을 말한 것은 모두 '主理' 로 말한 것인데, 오직 『朱子語類』의 한 구절만 '氣之精爽' 이라 했으니, 이는 마땅히 설명하여 회통시켜야 할 것이다. 그런데 神을 논한 곳에서 '仁義禮智信의 理' 를 '氣之精英' 이라 했으니, 그러므로 나는 이에 근거하여 立說했던 것이다."라는 말이다. 다시 말해, 한주는 心卽理說을 제창하면서 '心은 氣之精爽' 이라는 말로 인해 제약을 받았는데, 주자가 '仁義禮智信의 理' 를 '氣之精英' 이라 한 것을 발견하고는 '氣之精爽' 역시 '理' 라고 주장한 것이다. 이에 대해 만구는 다음과 같이 반론한다.

그대는 朱子의 '鬼神도 다만 實理일 뿐' 이라는 말을 인용하고, 이로써 '氣之精爽은 곧 理' 라는 증거를 삼았다. 그러나 '實理' 라는 증거는 退溪와 大山

43) 『寒洲集』 卷16 頁13, 〈答李器汝〉 : 朱子嘗論中庸鬼神曰 鬼神亦只是實理 自實理而言 則鬼神不害爲氣之精英 古人立言 不可以一槩相準 有以功用言鬼神者 有以妙用言神者 心亦猶是也 夫理非別物 氣中之主宰神妙底 便是理 故漢儒有木神仁金神義之說 而朱子亟取之 氣之精英一段 蓋亦本此 初非以功用起頭而妙用轉換說也 古人言心 皆主理言之 而獨語類有一句說氣之精爽 是當有說以通之 而論神處 乃以仁義禮智信之理 爲氣之精英 故鄙人因以立說 蓋太極雖理 只是卽陰陽而指其本體 將本體而較形器則本體爲精而形氣爲粗 初非以氣之精者爲理 理之粗者爲氣

44) 『朱子語類』 卷63(1544쪽) : 鬼神是氣之精英

45) 『朱子語類』 卷63(1550쪽) : 鬼神亦只是實理

께서 모두 '(朱子의) 初年未定說' 이라고 평한 것인바, 여기에는 반드시 所見이 있을 것이다. 비록 혹 그렇지 않다고 해도, 이는 '氣에 나아가 그 理를 논한 것' 에 불과하니, '鬼神의 所以然은 다만 實理' 라는 말과 같은 것이다. 어찌 일찍이 氣를 理라고 불렀겠는가?[46]

만구는 이처럼 한주의 주장에 대해 타당성을 전혀 인정하지 않았다. 만구가 이처럼 浦論의 '氣之精爽은 理' 라는 주장에 반대한 또 다른 이유는 그것이 周子의 "無極之眞과 二五之精이 妙合하여 엉긴다"는 주장이나 朱子의 "氣之精者를 性이라 하고 性之粗者를 氣라 하면 안 된다"는 주장과 어긋난다고 보았기 때문이다.[47] 만구는 '氣之精爽' 에 관한 朱子說을 모두 수집하여 분석한 다음, 〈氣之精爽辨〉을 지어 아래와 같이 자신의 견해를 제시했다.

무릇 心은 '理와 氣가 결합된 것' 이다. 오직 合理氣이기 때문에, 古人이 心을 말한 것은 理를 따라서 말했는데 설명이 氣에 부합하는 경우도 있고, 氣를 따라서 말했는데 설명이 理에 부합하는 경우도 있으며, 또한 理로 말한 경우도 있고, 또한 氣로 말한 경우도 있어서, 일률적으로 말할 수 없다. 그 결합된 것에 나아가 말해도, 理가 항상 主가 되고 氣가 이를 따르니, 그러므로 그 主宰妙用處를 가리켜서 또한 理로 말할 수 있다. 예컨대 '靈, 神, 知, 覺' 등이 그것이다. 그러나 그것을 理라고 함은 理를 單指한 것과는 약간 다르다. 무슨 말인가? 저것은 '오로지 理로 말한 것' 이요, 이것은 '氣를 겸해서 말한

46) 『晩求集』 卷3 頁9~10, 〈與李寒洲〉 : 誨諭引朱子說曰鬼神亦只是實理 以此爲氣精爽卽理之證 然實理之證 退陶大山皆以爲初年未定之本 此必有所見 雖或不然 不過就氣上而論其理 猶曰鬼神之所以然 只是實理云耳 何嘗喚氣作理乎

47) 『晩求集』 卷4 頁24, 〈答尹忠汝心說箚疑〉 : 周子曰無極之眞 二五之精 妙合而凝 朱子曰不當以氣之精者爲性 性之粗者爲氣 此言皆何謂哉

것' 이다. 또한 세상 사람들은 漢儒가 '木神은 仁, 金神은 義' 라고 말한 것에 집착하여 '神卽理' 라고 여기는 경우가 많다. 그러나 이는 이른바 '약간 다른 것' 으로서, 또한 '理로 말할 수 있는 것' 이다. (…) 氣之精爽은 곧 神이니, 忠汝(尹冑夏)의 주장이 옳다. 다만 곧바로 理로 여기면, 이는 上面의 '氣' 字를 빠뜨리는 것이요, 곧바로 '氣' 로 여기면 이는 下面의 '之精爽' 三字를 빠뜨리는 것이다.[48]

위의 인용문은 이해하기가 매우 어려운바, 이를 이해할 수 있는 단초는 "心은 理와 氣가 결합된 것"이라는 말에 있다. 心은 合理氣인바, 그러므로 "理를 따라서 말했는데 설명이 氣에 부합하는 경우도 있고, 氣를 따라서 말했는데 설명이 理에 부합하는 경우도 있으며, 또한 理로 말한 경우도 있고, 또한 氣로 말한 경우도 있다"는 것이다. 그런데 중요한 것은 "그 결합된 것에 나아가 말해도, 理가 항상 主가 되고 氣가 이를 따르므로, 또한 理로 말할 수 있다"는 점이다. 만구는 여기서 '理로 말한 것' 과 '理를 單指한 것' 을 구별한다. "저것은 '오로지 理로 말한 것' 이요, 이것은 '氣를 겸해서 말한 것' 이다." 만구가 이처럼 복잡한 얘기를 하는 것은 요컨대 '氣之精爽은 곧 神' 이라 해도, 이 神은 '理 자체' 와는 다르다는 것이다. 이제 만구의 다음과 같은 말을 보자.

---

48) 『晩求續集』 卷7 頁1~2, 〈氣之精爽辨〉: 夫心合理氣者也 惟其合理氣也 故古人之言心有從理而說合於氣者 有從氣而說合於理者 亦有以理言者 亦有以氣言者 未可以一槩論也 就其合而言也 理常爲主而氣則隨之 故指其主宰妙用處而亦可以理言之 如曰靈曰神曰知曰覺之屬是也 然其謂之理也 與單指理言者微不同 何者 彼專以理言 而此則兼氣言之也 且如漢儒言木之神仁金之神義 世人多執之以爲神卽理也 然是乃所謂微不同 而亦可以理言者也 (…) 氣之精爽卽神也 忠汝之論得之 但直以爲理則是遺了上面一氣字也 直以爲氣則是不察下面之精爽三字也

무릇 '精爽'은 氣의 精英인데, 氣의 精英은 神이 된다(이 한 구절은 朱子語이다). 神은 理의 妙用으로서, 氣를 타고 出入하는 것이다. 朱子는 "神이 곧 理라 하면 아마도 잘못일 것"이라 했고, 또 "神 字를 완전히 氣로 보면 또한 잘못"이라고 했다. 이로써 말하자면, 氣之精爽은 완전히 氣로 볼 수도 없고 완전히 理로 볼 수도 없음이 분명하다. 朱子가 만약 心을 氣로 여겼다면 당연히 곧장 '心者氣'라고 했어야 하는데, 반드시 '之精爽' 三字를 덧붙였다. 그렇다면 心은 合理氣인 것도 알 수 있다.[49]

위에 분명히 보이듯이, 만구의 지론은 氣之精爽은 合理氣라는 것이요, 또 같은 맥락에서 心 역시 合理氣라는 것이었다.

암서 역시 浦論의 '氣의 精爽은 理'라는 주장에 반대했는데, 구체적 내용에서는 만구와 약간 다르다. 만구가 氣之精爽을 '合理氣'로 본 것과 달리, 암서는 그저 '氣'로 본 것이다. 한주가 '理는 氣의 精爽이고, 옥은 돌의 精英이다'라고 한 것에 대해 암서는 다음과 같이 비판한다.

퇴계는 "'氣之精爽'이란 주자가 '理와 氣를 겸한 것' 중에서 知覺運動의 神妙함을 지칭한 것"이라고 했다. 이에 의거한다면 精爽을 理로 볼 수 없음이 분명하다.[50]

위에 보이듯이, 암서는 '氣之精爽'은 '合理氣인 心' 가운데 '氣의 측

---

49) 『晩求集』 卷8 頁11, 〈四七皆氣發理乘之辨〉: 夫精爽者 氣之精英者也 氣之精英爲神(此一句朱子語) 神者理之妙用而乘氣以出入者也 朱子曰但謂神卽是理 却恐未然 又曰却將神字全作氣看則又誤耳 以是而言則氣之精爽 不可全作氣看 亦不可全作理看 已明矣 朱子若以心爲氣則當直曰心者氣 而必繼以之精爽三字 則心之爲物 其合理氣亦可見矣

50) 『巖棲集』 卷16 頁18, 〈讀寒洲李氏心卽理說〉: 退陶曰所謂氣之精爽 先生就兼包中而指出知覺運用之妙 據此則不可以精爽做理看 明矣

면' 을 설명하는 것이라고 보았다. 암서는 氣之精爽을 氣로 해석하고, 이를 근거로 浦論의 心卽理論을 비판하는 것이다. 암서는 〈上郭俛宇先生〉에서는 "心의 氣는 氣之精爽이니, 이를 버리고는 心이 될 수 없다. 비록 (心을 말하면서) 氣를 말하고 싶지 않더라도, 그럴 수 있겠는가? 오직 氣之精爽 때문에 心이 되는 것이니, 참으로 항상 氣를 함께 말할 필요조차 없다."[51]고 했다. 암서는 氣之精爽을 氣로 해석하고, 이를 근거로 心에 대한 논의에서 氣를 외면할 수 없음을 역설한 것이다. 그러나 면우는 〈만구에게 보내는 편지〉에서 다음과 같이 말한다.

> '氣之精爽' 이라는 말처럼 곧바로 '氣' 라 하지 않고 '氣之精爽' 이라 한 것은 장차 理에 중점을 두려는 것이니, 이는 요컨대 '理가 氣에서 떠나지 않음' 을 밝힌 것이다.[52]

면우는 氣의 '精爽' 이나 '精英' 은 理를 뜻한다고 주장하기도 했다. 그런데 '氣의 精爽' 이라 말하는 것은 '氣에 입각해서 理를 설명하려는 취지' 라는 것이다.[53] 위의 편지는 己丑年(1889)의 글인바, 면우는 庚子年(1900)의 편지에서는 기존의 견해를 바꾸어 다음과 같이 말한다.

---

51) 『巖棲集』 卷7 頁24, 〈上郭俛宇先生〉: 若心之氣則氣之精爽 舍此則無以爲心 雖不欲每每拖言得耶 惟其精爽者便是心 故誠不須每每拖言耳

52) 『俛宇集』 卷20 頁3, 〈與李器汝〉: 若氣之精爽之云 不直曰氣 而曰氣之精爽 則將以歸重於理 而要以明理之不離於氣也

53) 『俛宇集』 卷76 頁8, 〈答李子明〉: 所謂氣之精爽一節 儘爲主氣家嚆矢 然精爽云者 神明之別稱也 氣之神明 乃周子所謂得秀而最靈者也 秀是氣而靈是理也 朱子亦嘗曰氣之精英者爲神 水火金木土非神 所以爲水火金木土是神 在人則爲理 仁義禮智信是也 此皆從氣而說入理者也

'氣之精爽' 에 대해, 그대(晩求)가 말한 것처럼, 나는 예전에는 '精爽에서 理를 인식한다' 는 뜻으로 여겼었다. 그런데 근래에 반드시 이처럼 볼 필요가 없음을 깨달았다. 주자는 다만 '精神魂魄의 心' 을 말한 것으로서, 애초에 '理와 부합한다' 는 뜻은 아닌 것 같다. 陳北溪가 일찍이 "心之精爽은 魂魄을 말하는 것인가?" 라고 묻자, 주자는 "다만 그런 뜻이다." 라고 답했다. 이것으로 보면, 그 말하는 바를 알 수 있다.[54]

면우는 이처럼 '氣之精爽' 에 대한 견해를 바꾸었지만, 그렇다고 心卽理說을 바꾼 것은 결코 아니었다.

4) '虛靈' 에 대한 해석 문제

주자는 心을 '虛靈知覺' 으로, 明德을 '虛靈不昧' 로 설명한 바 있거니와, 이처럼 心과 明德에 대한 논의는 '虛靈' 과 밀접한 관계가 있다. 그런데 虛靈은 아무래도 氣와 밀접한 용어 같거니와, 따라서 心合理氣論과 明德兼理氣論을 주장하는 坪論에서는 浦論의 心卽理論과 明德主理論을 비판하는 또 하나의 논거로 虛靈을 거론했던 것이다. 이에 浦論에서는 虛靈 역시 氣에 속하는 것이 아니라 理에 속하는 것이라고 주장하게 되었다.[55]

---

54) 『俛宇集』 卷20 頁17, 〈答李器汝〉: 氣之精爽 鍾昔以爲精爽處認得理 亦如今論所云者 近覺其不必如是看 恐朱先生於此 只道他精神魂魄之心 初非有意於合理者 陳北溪嘗問心之精爽 是謂魂魄否 先生答曰只是此意 觀乎此 可知其所言者矣

55) 퇴계는 '心의 虛靈' 에 대해 '虛는 理, 靈은 氣' 라고 설명한 바 있다(『退溪續集』 卷8 頁17, 〈天命圖說〉). 이에 대해 고봉이 '虛 · 靈을 쪼개 理와 氣로 분속시킴' 은 '分裂이 너무 심하다' 고 반론하자(『四七理氣往復書』 上篇 頁27), 퇴계는 "虛를 理로 규정함은 숱한 근거가 있다" 고 주장한 바 있다(『退溪集』 卷16 頁40, 〈答奇明彦 論四端七情第二書〉).

먼저 한주의 경우를 살펴보자. 朱子의 "心의 지각은 氣의 虛靈에 이 지각이 있어, 바야흐로 道理를 운용하는 것" 이라는 말과 "지각은 바로 氣의 靈處"라는 말에 대해, 한주는 "질문한 사람이 본래 形氣를 따라서 말했기 때문에 朱子 역시 氣를 따라서 답한 것이다. 그러나 虛靈은 또한 스스로 理이다."라고 설명했다.[56] 한주는 또 '氣之虛靈' 이나 '虛靈之氣' 라는 말에 대해서는 "虛靈은 또한 오로지 氣인 것이 아니다. '道의 太虛' 와 '性의 最靈' 은 理가 아니고 무엇인가?"[57]라고 하여, 虛靈에는 '氣의 虛靈' 도 있고 '理의 虛靈' 도 있다고 주장했다. 그런데 '明德 또는 心之本體로서의 虛靈' 은 '理' 라는 것이다.[58] 한주의 제자들 역시 이러한 논법을 취하여, 결국 虛靈을 理로 규정했다. 예컨대 后山은 다음과 같이 말한다.

> '虛靈' 에는 두 종류의 설명이 있다. 形氣之心의 虛靈은 동물에게도 있는 것으로, 釋氏의 '蠢動含靈이 모두 佛性을 지닌다' 는 말이 이것이다. 義理之心의 虛靈은 오직 사람만 지닌 것으로, 朱子의 '사람은 그 빼어난 것을 얻었기 때문에 그 心이 가장 虛靈하다' 는 말이 이것이다. (…) 明德은 義理之心을 말하니, 그렇다면 虛靈도 義理之心의 虛靈이 아니겠는가? 이 心은 그 體가 至虛하나 그 用은 至神하니, 虛한 까닭에 衆理를 갖추고 神한 까닭에 萬事에 응하는 것이다. 이는 모두 理의 能然이다. 그런데 論者는 다만 氣의 靈만 알고 人心과 太極의 至靈함을 모르니, 매우 이상한 일이다.[59]

---

56)『寒洲集』卷17 頁2~3,〈答鄭厚允別紙〉: (問) 朱子曰心之知覺 又是那氣之虛靈底 有這知覺 方運用得這道理 又曰知覺 正是氣之靈處 (答) 問者本從形氣上說 故先生亦從氣言之 然虛靈亦自是理

57)『寒洲集』卷17 頁6~7,〈答鄭厚允別紙〉: 虛靈亦不專是氣 道之太虛性之最靈 非理而何

58)『寒洲集』卷23 頁8~9,〈答張舜華〉: (問) 陳北溪曰理與氣合 所以虛靈 盧玉溪曰虛主理靈兼氣 此說何如 (答) 平說心則北溪說固圓滿 而言明德則虛靈是心之本體 不可以兼氣言之 玉溪說尤涉破碎

위에 보이듯이, 후산은 虛靈을 두 차원으로 나누고, '明德으로서의 虛靈'은 '理의 能然'이라고 주장했다. 虛靈을 결국 理로 규정하는 浦論과 달리, 坪論에서는 心合理氣說이나 明德兼理氣說과 같은 맥락에서 虛靈도 '理와 氣가 결합된 것'으로 본다. 예컨대 農山은 퇴계의 "氣는 스스로 靈할 수 없고, 理와 결합된 까닭에 虛靈한 것"[60]이라는 말을 근거로 虛靈을 '合理氣'로 설명했다. 그러나 浦論에서는 퇴계의 이 말을 전혀 다른 각도에서 풀이한다. 예컨대 면우는 "이미 스스로 靈할 수 없다면 氣는 靈이 아님을 알 수 있고, 理와 합쳐져서 靈할 수 있다면 理가 靈의 實임을 알 수 있다."[61]고 풀이했다. 면우는 다음과 같이 말한다.

> '理와 氣가 합쳐져서 虛靈하다'는 것을 누가 부정하겠는가? (…) 다만 그대의 前後 편지는 다분히 '靈은 氣로서, 理와는 무관하다'는 뜻을 담고 있다. 그러므로 古人이 '理에 나아가 靈을 말한 것'에 대해서는 모두 골라서 없애고 가려서 숨기려 하니, 그러므로 내가 석연치 못하게 여기는 것이다. 나는 그렇지 않다. 靈은 氣라 해도 되고, 理라 해도 된다. 그런데 氣는 스스로 靈할 수 없고 理를 말미암아 靈할 수 있다면, 靈의 實은 理에 있고 氣에 있지 않다. 무릇 理와 氣가 합쳐져 心이 되는바, 心의 理가 바로 性이다. 그런데 이제 반드시 '性은 虛靈하지 않다'고 말하고자 한다면, 이른바 虛靈은 오로지 氣에 있는 것으로 귀결되지 않겠는가? 그렇지 않으면 다시 이 性 밖에 별도로 心

---

59)『后山集』卷8 頁19,〈答崔汝敬〉: 虛靈有兩般說 形氣心之虛靈 物亦有之 釋氏所謂蠢動含靈 皆有佛性 是也 義理心之虛靈 惟人有之 朱子所謂人得其秀 故其心爲最靈 是也 (…) 蓋明德是義理之心 則虛靈非義理心之虛靈乎 是心也其體至虛 其用至神 以其虛故具衆理 以其神故應萬事 此皆理之能然 而論者只知氣之爲靈 不知人心太極之至靈 甚可異也

60)『退溪集』卷25 頁22,〈與鄭子中別紙〉: 靈固氣也 然氣安能自靈 緣與理合 所以能靈

61)『俛宇集』卷22 頁16,〈答張希伯〉: 旣不自靈 則氣之非靈可見矣 合理而能靈 則理爲靈之實可見矣

> 의 理가 있어서, 홀로 氣와 합쳐져서 虛靈이 됨을 잃지 않는 것인가? (…) 또한 '性은 虛靈하지 않다' 고 말한다면, 性은 다만 거칠고 딱딱하고 어둡고 무딘 것인가? 이런 것이 어떻게 天下의 大本이 되는가?[62)]

위의 인용문으로 보면 坪論이나 浦論 모두 '理와 氣가 합쳐져서 虛靈하다' 는 것에 동의하는 셈이다. 그런데 '合理氣' 를 전제한 다음, 坪論은 결국 氣에 초점을 두고, 浦論은 결국 理에 초점을 둔 것이다. 이처럼 理에 초점을 두고 虛靈을 설명하는 면우는 마침내 "性이 虛靈의 본체"[63)] 라고도 주장하고 "虛靈不昧는 太極의 全體가 至虛하면서 最靈한 것"[64)] 이라고도 주장한다. 면우는 巖棲에게 보내는 편지에서는 다음과 같이 말한다.

> 心이 氣의 虛靈이라면, 心은 氣요, 갖추고 있는 理는 寓公이니, 寓公이 어찌 主가 될 수 있겠는가? 하물며 (理는) 知覺할 수 없다면, 장차 어떻게 主가 된다고 말할 수 있는가? 造作運用은 진실로 氣이지만, 心의 虛靈이 과연 作用인가? 朱子는 "虛靈은 心의 본체인데, 어찌 形象이 있겠는가?" 라고 했고, 勉齋는 "이 心의 理가 炯然不昧한 것은 虛靈知覺 때문" 이라 했다. 대개 虛는 이 理의 無形함을 말하고, 靈은 이 理의 不測함을 말한다. 그런데 그대는 모두 氣에 해당시키니, 이는 '合理氣의 宗旨' 가 아닌 것 같다. 지금 그대의 편지에는

---

62) 『俛宇集』 卷22 頁22~23, 〈答張希伯〉 : 理氣合而虛靈 夫誰曰不爾也 (…) 特以前後盛教 其意每多謂靈是氣而理無與焉 是以凡於古人之就理上言靈者 皆必欲揀而去之 掩而諱之 此愚昧之未能釋然者也 鍾則不然 謂靈是氣亦得 謂靈是理亦得 而氣不能自靈 由理而能靈 則靈之實 在理而不在氣矣 夫理氣合而爲心 心之理便是性也 而今必欲謂性不虛靈 則所謂虛靈者不專歸在氣上耶 抑更於此性之外 別有箇心之理者 獨與氣合而不失爲虛靈也耶 (…) 且道性不虛靈 則性只是粗硬而冥頑者耶 是何由爲天下之大本耶

63) 『俛宇集』 卷22 頁23, 〈答張希伯〉 : 性者虛靈之體也

64) 『俛宇集』 卷20 頁14, 〈答李器汝〉 : 虛靈不昧 太極全體之至虛而最靈者也

매번 心卽氣의 意思가 있다.[65]

암서가 心을 '氣의 虛靈'으로 설명한 것에 대해, 면우는 '그렇다면 理는 寓公이 되니, 어찌 主宰者가 될 수 있겠는가?'라고 반문한 것이다. 면우는 결국 "虛는 이 理의 無形함을 말하고, 靈은 이 理의 不測함을 말한다"고 주장하고, 암서에게 '말로는 合理氣라 하지만 실제로는 心卽氣의 혐의가 있다'고 추궁했다. 면우의 이러한 주장에 대해, 암서는 다음과 같이 반론한다.

사람의 百體는 모두 氣로써 形質을 이루고 理를 갖춘 것이다. 그런데 耳目肝肺의 氣는 氣의 거친 것이니, 그러므로 그 理 또한 한쪽으로 치우친 것이다. 心은 한갓 氣로는 다 설명하기 어려우니, 그러므로 특별히 虛靈을 언급한 것이다. 理는 지극히 神妙하여 虛靈으로는 또 다 설명하기 어려우니, 그러므로 (虛靈을) 언급하지 않은 것이다. 대개 心이 비록 萬化를 주재하더라도, 사실은 또한 사람의 한 몸이다. 心은 오직 氣의 虛靈을 얻었기 때문에 그러므로 理의 전체를 얻어 갖춘 것이다. 그렇지 않으면 갖추고 있는 理가 耳目肝肺와 比等할 것이니, 어찌 萬化를 주재할 수 있겠는가? 만약 理의 虛靈을 논한다면 耳目肝肺가 갖춘 것도 모두 그렇지 않음이 없으니, 어찌 홀로 心만 그렇겠는가? (…) 門下께서 虛靈을 논하는 것은 氣를 빠뜨릴 뿐만 아니라 또한 理를 極言하는 것도 아니니, 이는 또한 '主理의 宗旨'가 아닌 것 같다.[66]

65)『俛宇集』卷85 頁14,〈答曺仲謹〉: 心是氣之虛靈 則心是氣也 所具之理則寓公也 寓公而安能爲主耶 況不能知不能覺則將以何道爲主也 造作運用 固是氣也 而心之虛靈 果是作用者耶 朱子曰虛靈自是心之本體 豈有形象 勉齋氏曰此心之理 炯然不昧 以其虛靈知覺也 蓋虛言此理之無形也 靈言此理之不測也 而一切以所謂氣者當之 此恐非合理氣之宗旨也 今來盛諭每每有心卽氣底意思

위에 보이듯이, 암서는 浦論에서 虛靈을 '理의 虛靈'과 '氣의 虛靈'으로 구분하는 논법 자체를 부정하고, "心은 오직 氣의 虛靈을 얻었기 때문에 그러므로 理의 전체를 얻어 갖춘 것"이라고 주장했다. 또한 암서는 "理는 지극히 神妙하여 虛靈으로로는 다 설명하기 어렵다"고 설명하고, 따라서 理를 虛靈으로 설명하는 것은 '理를 지극히 설명하는 것도 못 된다'고 보았다. 암서는 이러한 맥락에서 면우의 주장에 대해 "또한 主理의 宗旨가 아닌 것 같다"고 비판했다.

5) '理生氣'와 '理의 능동성' 문제

한주 理氣論의 특징은 '理가 氣를 낳는다'는 理生氣論, '理가 氣보다 먼저 존재한다'는 理先氣後論, '理는 스스로 動靜한다'는 理能動論에 있다. 周濂溪의 〈太極圖說〉에서는 "태극이 動하여 양을 낳고, 靜하여 음을 낳는다"고 했는데, 한주는 이를 글자 그대로 해석하여, "動은 태극의 動이요, 靜은 태극의 靜이다. 태극이 낳은 것이 바로 음양이니, 태극의 動靜이 바로 二氣의 關棙이다."[67]라고 풀이한다. 또 〈太極圖說〉에서는 '태극이 음양을 낳는다'고 했으니, "음양이 생겨나기 전에 태극이 먼저 존재한다"[68]는 것이다. 한주는 이러한 관점에서 理生氣論, 理先氣後論, 理

66) 『巖棲集』 卷7 頁20~21, 〈上郭俛宇先生〉: 人之百體 無不氣以成質而理各具焉 然耳目肝肺之爲氣 氣之粗者 故其理也亦一偏而已 心之爲體 徒氣不足以盡之 故特言虛靈 理則至神至妙 虛靈又不足以言之 故不及耳 盖心雖主宰萬化 而其實則亦人之一體 惟其得氣之虛靈 故得理之全備爾 不然則其所具之理 與耳目肝肺等耳 何足以主萬化 若論理之虛靈 則夫耳目肝肺之所具者 莫不皆然 奚獨心哉 (…) 門下之論虛靈也 不惟遺諸氣 而又非所以極言理 此亦恐非主理之宗旨也

67) 『理學綜要』 卷1 頁10: 動是太極之動 靜是太極之靜 而太極之所生者 便是陰陽 則其動其靜 乃是二氣之關棙也

68) 『理學綜要』 卷1 頁1: 陰陽未生之前 太極已具

能動論을 확고하게 견지했다. 그러나 한주의 이러한 주장 역시 논란의 대상이 되었다.

예컨대 만구는 "理는 본래 無爲인데, 太極이 어떻게 스스로 動靜하는가?"라는 문제를 제기했다. 이에 대해 한주는 다음과 같이 답변한다.

> 나는 周子의 本意에 입각하여 항상 源頭上에 나아가 말하는 것인바, 畢竟 먼저 이 理가 있기 때문에 그러한 것이다. '理의 無爲'란 그 '作爲가 없음'을 말한다. '動靜'은 自然의 妙로서, 바로 '無爲之爲'이다. 君道는 無爲인데, 禮樂征伐이 天子로부터 나오면 臣下가 奉行할 뿐이니, 어느 것인들 君王의 일이 아니겠는가? 朱子는 '仁은 바로 動이며, 義는 바로 靜'이라 했는데, 이것이 또 氣와 무슨 관계가 있겠는가? 이 설명 또한 '理와 氣가 서로 바탕이 되지 않았다'고 의심할 것인가? '理가 氣를 낳음'은 이미 숨길 수 없는 사실인바, 理가 스스로 動하지 않는다면 陽이 어디에서 생기며, 理가 스스로 靜하지 않는다면 陰이 어디에서 생기겠는가?[69]

위에 보이듯이, 한주는 '理는 無爲인 동시에 스스로 動靜한다'고 주장했다.[70] 요컨대 '理는 氣와 관계없이 스스로 동정한다'는 것인바, 한주는 그 논거로 '理生氣'를 들었다. '理는 動靜을 통해서 氣를 낳는 것'인바, 이로써 '理가 스스로 동정함'도 알 수 있고, '理가 氣보다 먼저 존

---

69) 『寒洲集』 卷16 頁13~14, 〈答李器汝〉: (問) 理本無爲 太極緣何而自動靜乎 (答) 鄙人因周子本意 每就源頭上說了 畢竟是先有此理處故如此 理之無爲 言其無作爲也 動靜自然之妙 乃其無爲之爲也 君道無爲而禮樂征伐自天子出 臣下奉行而已 何莫非君事乎 朱子曰仁便是動 義便是靜 此又何關於氣乎 此說亦可以理與氣不相資而疑之乎 理之生氣 旣不可諱 則理不自動 陽何從生 理不自靜 陰何從生

70) 한주는 '無爲'를 '作爲가 없음'으로 해석하고, '動靜'과는 별개라고 본 것이다. 이에 대해서는 뒤에서 다시 살펴보기로 하자.

재함' 도 알 수 있다는 것이다. 이에 대해 만구는 다시 다음과 같이 반론한다.

朱子는 "만약이 이 氣가 없다면 이 理 또한 掛搭處가 없다" 고 했는데, 이는 실로 始終과 動靜을 관통해서 말한 것이다. 그러므로 비록 아직 움직이지 않은 때라도 理가 있는 곳이면 문득 氣가 함께 존재하며, 움직임에 미쳐서는 理가 진실로 主가 됨에 氣 또한 따르는 것이다. 이는 그 沖融妙合이 徹頭徹尾한 것인바, 氣를 가볍게 볼 수 없음이 또한 분명하다. 그대는 항상 氣에 대해서는 流行處에서 말하고, 理에 대해서는 原頭上에서 말한다. 그리하여 理는 完全하나 氣는 半偏이며, 理는 살아있으나 氣는 소멸하게 된다. 움직이려고 하나 아직 움직이지 않은 때 이미 理는 있으나 氣는 없음에는 "太極은 스스로 動靜하여 氣와 관계가 없다" 고 말하고, 움직여 陽을 낳음에 본래 없던 氣가 홀연히 있게 됨에는 "理가 스스로 움직이지 않으면 陽이 어디에서 생기겠는가?" 라고 말하니, 理에 대해서는 힘 있는 설명이라 하겠으나 '作用이 있다' 는 귀결을 면할 수 없고, 氣에 대해서는 반쪽을 베어내서 '義와 짝하는 功이 있음' 을 볼 수 없다. 그리하여 天下의 理 · 氣가 모두 한쪽은 자투리가 많이 남고 한쪽은 모자라서 뾰족하고 기울게 되어, 다시는 渾合하여 流行하는 본체가 없으니, 이는 아마도 周夫子의 '主理' 라는 말을 지나치게 미루어 나간 것 같다.[71]

---

71) 『晩求集』 卷3 頁8~9, 〈與李寒洲〉: 朱子曰若無是氣 是理亦無掛搭處 此貫始終通動靜而言者也 故雖其未動之時 而理之所具 氣便在焉 及其動也 理固爲主而氣亦隨之 是其沖融妙合徹頭徹尾 氣之一字不可草草看亦明矣 誨諭每於氣字 截從流行處說起 於理字直從原頭上說下 於是乎理全而氣半 理生而氣滅 於其欲動未動之時 旣有理而無氣矣 則曰太極自動自靜而不干於氣 於其動而生陽之氣 旣本無而忽有矣 則曰理不自動 陽何從生 於理則說得有力 而不免爲作用之歸 於氣則割去一半 而未見有配義之功 而凡天下之理氣一切奇零贅剩側尖偏斜 無復渾合流行之體 是則周夫子主理之語 竊恐推說有過當處也

만구는 한주의 理氣說에 대해 "理는 完全하나 氣는 半偏이며, 理는 살아있으나 氣는 소멸하게 된다"고 지적하고, 따라서 "理에 대해서는 '作用이 있다'는 귀결을 면할 수 없고, 氣에 대해서는 '義와 짝하는 功이 있음'을 볼 수 없다"고 비판하였다. 그 결과 理는 '남음이 있는 존재'가 되고 氣는 '모자라는 존재'가 되었으니, 이는 '지나친 主理'라는 것이다. 만구는 '理先氣後'에 대해서는 평범하게 理·氣를 말하면서 所以然을 따져 先·後를 구분한 것일 뿐 '애초에 理만 있고 氣는 없다가, 어느 시점에 비로소 氣를 낳는다'는 말이 아니라고 보았다.[72] 이에 대해 한주는 다시 다음과 같이 반론한다.

> 그대는 진실로 '理·氣가 相須하는 실제'에 대해서는 깨달은 바가 있으나, '먼저 이 理가 있음'에 대해서는 오히려 확신하지 못하고 있다. 따라서 그대가 말하는 '主理'는 겉으로만 존중받는 尸位와 같아, 오히려 '치우치게 (理를) 주장한다'는 의혹을 품는 것이다. '理 또한 掛搭處가 없다'는 말은 陰陽이 이미 생긴 다음의 일이다. 그 위에서는 도리어 "그 所從來를 미루어보면 반드시 '먼저 이 理가 있다'고 말해야 한다"고 했으니, 朱子의 뜻을 알 수 있다. 理는 본래 완전하나 氣는 본래 치우치고, 理는 生滅이 없으나 氣는 生滅이 있으니, 太極이 아직 움직이지 않아 陰陽이 아직 생기지 않았을 때엔 비록 '氣가 없다'고 말해도 된다.[73]

72) 『晩求集』 卷3 頁9, 〈與李寒洲〉: 夫所謂理先氣後者 亦平說理氣而先後之耳 所謂無極而太極者 不過只就陰陽圈中指其所以然者耳 非謂亥時有理而無氣 直到子時 方生是氣

73) 『寒洲集』 卷16 頁14, 〈答李器汝〉: 盛說 固有見於相須之實 而其於先有此理處 猶未能信得及 則其所謂主理者 殆似尸位之陽尊 而反有偏主之惑者也 理亦無掛搭處云云 乃陰陽已生以後事 其上卻云推其所從來 須說先有此理 朱子之意自可見 理本全而氣本偏 理無生滅而氣有生滅 太極未動 陰陽未生 則雖謂之無氣 可也

한주는 만구에게 "그대가 말하는 '主理'는 겉으로만 존중받는 尸位와 같다"고 비판했다. 만구의 주장은 실제로는 主理論이 못 된다는 것이다. 한주는 또 만구의 '氣도 理처럼 영원히 존재한다'는 주장에 대해서는 '釋氏의 견해에 빠지는 것'이라고 비판하고, 만구의 '理는 無爲하다'는 주장에 대해서는 '理를 死物로 오인하는 것'이라고 비판한 다음, 결론적으로 "理를 밝히는 요점은 저 氣를 항복시키는 데 있다"고 설파했다.[74)]

이상에서 한주와 만구의 논변을 살펴보았거니와, '理生氣, 理의 動靜, 理先氣後'를 둘러싼 다른 학자들의 논변도 대개 위의 내용을 벗어나지 않았다.[75)]

3. 論點의 정리와 평가

1) 心合理氣論과 心卽理論의 대립

이제까지 평포논쟁의 주요 쟁점을 다섯 가지로 정리하여 살펴보았다. 그 가운데 ① 心에 대한 규정문제 ② 明德에 대한 규정문제 ③ 氣之精爽에 대한 해석 문제 ④ 虛靈에 대한 해석 문제는 사실 궤를 같이하는

---

74) 『寒洲集』 卷16 頁14~15, 〈答李器汝〉: 退陶夫子嘗斥花潭之學曰 今欲以氣爲常存不滅之物 不知不覺已陷於釋氏之見 又答人書曰 但有見於本體之無爲 而不知妙用之能顯行 殆若認理爲死物 而去道遠甚 熟複此訓 可知來說之差矣 明理之要 亦在乎降伏這氣

75) 『后山集』 卷4 頁3~4, 〈答張姬伯〉: (問) 吾儒之學雖主理 而理之本體 固無爲 一日之內 雖百動百靜 理特乘載在氣上 主其發揮 而其本體之無爲自若 (答) 理不能自動靜 而徒乘載在氣上 此果何樣物 所謂氣者 强載此死物 不已勞乎 吳澄倡太極無動靜之說 先輩斥之甚嚴 近世卻曰 非氣 不能動靜 此與吳說相去幾何

것이었다. 평포논쟁은 일차적으로는 '心과 明德', 그리고 心과 明德의 본질을 설명하는 개념인 '氣之精爽과 虛靈'이 '理와 氣의 합'으로 이루어진 것인가, 아니면 '理 자체만'으로 이루어진 것인가?'를 두고 다툰 것이다.

心合理氣論은 영남학파의 通論이었다. 浦論은 心은 合理氣라는 점을 인정하면서도, 心에 대한 보다 적확한 설명으로 心卽理論을 내세운 것이다. 예컨대 면우는 다음과 같이 말한다.

> 心이 '合理氣'라는 것은 나도 잘 알고 있으며, 나의 스승(寒洲)도 일찍이 여러 차례 주장했던 바이다. (…) 그렇다면 반드시 心卽理說을 주장하여 많은 사람들의 비난을 무릅쓰며 두려워하지 않는 것은 과연 무슨 까닭인가? 참으로 心을 귀하게 여기는 까닭은 本心·眞心·主宰之心 때문이다. 근본이 아니면 말단이요, 진짜가 아니면 가짜이며, 主宰가 아니면 僕役이다. 本心은 理요, 眞心도 理며, 主宰之心도 理이니, 心의 올바른 이름은 진실로 理에 있지 않은가? '合理氣'라는 것은 이 心의 '本·末, 眞·假, 主宰·僕役'을 통합하여 그 전체를 말한 것인바, 양자가 서로 抗禮로 맞서며 서로 거만하게 굴라는 취지가 아니었다. 진실로 그 主·資와 尊·卑를 분간하지 않고 질펀하게 '서로 대등한 것이 결합된 것'으로 여긴다면, 君子는 이에 대해 마땅히 그 名分을 바로잡아 그 流弊를 구제해야 할 것이다. 그러므로 古人은 이미 '心爲太極'이라 하고 '心은 사람에게 있는 天理의 全體'라고 했으니, 이는 모두 理와 氣가 統合된 가운데 나아가 하나를 발라낸다는 혐의를 무릅쓰고 理를 單指한 것이다. 退溪先生께서도 '心의 未發은 氣가 用事하지 않으니 오직 理일 뿐'이라 했고, 東岡先生은 〈天君傳〉에서 '天君의 初名은 理인데, 사람에게 봉해짐에 다시 心이라 이름 붙였다'고 했다. 이들은 모두 本體의 純粹至善한 것을 오로지 心이라 말한 것으로서, 또한 氣를 빼놓는다는 혐의를 무릅쓰고

> 理를 單指한 것이다. 이른바 聖人 · 仁人은 다름 아니라 그 本心 · 眞心 · 主宰之心을 잃지 않은 자이다.[76)]

위에 보이듯이, 면우도 한주와 마찬가지로 心이 본래 '合理氣' 라는 것을 기본적으로 인정한다. 그런데 心의 '本 · 末, 眞 · 假, 主宰 · 僕役' 을 구분하면 "本心은 理요, 眞心도 理며, 主宰之心도 理이니, 心의 올바른 이름은 진실로 理에 있지 않은가?" 라는 관점에서, '氣를 빼놓는다' 는 혐의를 무릅쓰고 理를 單指하여 心卽理說을 주장할 수밖에 없다는 것이다. 浦論의 이러한 주장에 대하여, 坪論의 암서는 다음과 같이 반론한다.

> 이른바 '心卽理' 란 어찌 理가 귀하고 心의 신령함이 여기에 있기 때문이 아니겠는가? 내 생각에, 心은 '理 · 氣가 결합된 것으로서 眞 · 妄이 함께 존재한다' 는 것은 어리석은 사람도 아는 바이다. 지금 이렇게 섞이게 됨을 싫어하여 반드시 그 眞만을 구한다면, 舜의 '道心' 과 맹자의 '仁義의 良心' 을 거론할 수 있을 것이다. 그러나 '道心' 이라 하고 '心卽道' 라고 하지 않았으며, '仁義之心' 이라 하고 '心卽仁義' 라고 하지 않았으니, 그 뜻을 진실로 알 수 있다. 주자가 氣質之性을 논하면서 "氣質을 부여받음은 비록 다르지만 性

76) 『俛宇集』 卷85 頁6, 〈答曹仲謹〉 : 心合理氣 不惟鍾信此而無疑 鍾之先師亦嘗屢言而屢書之矣 (…) 夫然矣則其必爲卽理之說 冒宿忌觸衆忤而不以爲慴者 果何哉 誠以所貴乎心者 本心也 眞心也 主宰之心也 非本則末矣 非眞則假矣 非主宰則僕役矣 本心是理 眞心是理 主宰之心是理 則心之正名 顧不在於理乎 其曰合理氣者 統此心之本末眞假主宰僕役而道其全也 非欲其抗禮而爲敵 並倨而與公也 苟其不揀主資 不分尊卑 漫然爲齊等之合 則君子於此 宜有所正其名而捄其流者矣 是以古之人 已曰心爲太極 曰心者天理在人之全體 是皆不嫌於就統合之中而剔撥而單言之矣 至若我陶山夫子則曰心之未發 氣不用事 惟理而已 東岡先生之爲天君傳曰天君初名理 旣封於人 更名曰心 此皆以本體之粹然至善者 專謂之心 亦不嫌於其捨氣而獨指也 夫所謂聖人仁人者無他 只不失其本心眞心主宰之心者爾

의 본래 善함을 해치지 않고, 性은 비록 본래 善하지만 성찰하고 矯揉하는 노력이 없을 수 없다.”고 했으니, 이 말이 어찌 유독 性만을 논한 것이겠는가? 心에 대한 설명으로도 매우 힘이 있다. 그러므로 나는 일찍이 ‘오로지 理를 말하나 끝내 氣가 없을 수 없고 理도 끝내 獨行할 수 없는 것’ 보다는 차라리 ‘理 · 氣와 眞 · 妄을 함께 거론하여 辨別하고 克治하는 노력이 더욱 자세해지고 더욱 갖추어지는 것’ 이 낫지 않을까 생각했던 것이다.[77)]

암서는 道心을 거론하면서 “(舜이) ‘道心’ 이라 하고 ‘心卽道’ 라고 하지 않았다”는 점을 강조했다. 道心이란 ‘道에 부합하는 心’ 인데, 그렇다고 ‘心이 곧 道’ 는 아니라는 것이다. 이는 면우의 ‘本心은 理’ 라는 주장을 비판하는 것으로서, 암서는 本心을 그저 ‘理에 부합하는 心’ 으로 보는 것이다. 암서는 心卽理說에 대해 ‘오로지 理를 말하나 끝내 氣가 없을 수 없고 理도 끝내 獨行할 수 없는 것’ 이라고 평하고, 이보다는 “차라리 ‘理 · 氣와 眞 · 妄을 함께 거론하여 辨別하고 克治하는 노력이 더욱 자세해지고 더욱 갖추어지는 것’ 이 낫다”는 관점에서 心合理氣說을 옹호했다.

이처럼 坪論의 心合理氣論과 浦論의 心卽理論은 평행선을 그리며 대립했다. 그런데 이러한 대립의 저변에는 ‘心에 대한 서로 다른 이해’ 가 놓여 있었고, 心에 대한 서로 다른 이해의 저변에는 또 ‘氣에 대한 서로 다른 인식’ 이 놓여 있었다.

---

77) 『巖棲集』 卷7 頁6~7, 〈上郭俛宇先生〉: 夫所謂心卽理者 豈不以理之可貴而心之所靈者在此乎 愚以爲心之合理氣有眞妄 愚夫之所知也 今惡其爲是之雜而必求其眞也 則舜之道心孟子之仁義之良心擧之矣 然曰道心而不曰心卽道 曰仁義之心 而不曰心卽仁義 則其意固可見矣 朱子論氣質之性曰氣質所賦 雖有不同 而不害性之本善 性雖本善而不可無省察矯揉之功 是說也奚獨論性 而可說心尤有力焉 故兢嘗謂與其專言理而氣終不可無理終不可獨行也 無寧合理氣擧眞妄而辨別克治之功 愈詳而愈備也

浦論에서는 '心의 본체는 理'라는 관점에서 '心卽理說'을 주장함에 반하여, 坪論에서는 '心의 본체는 理'라는 점을 인정하면서도[78] '氣(氣之精爽)를 빼놓고는 心이라 할 수 없다'[79]는 입장에서 '心合理氣說'을 고수하였다. 心合理氣論은 心性二物論으로 연결되고, 心卽理論은 心性一物論으로 연결된다. 이에 대해서는 다음 節에서 살펴보자.

한편, 浦論에서는 '기꺼이 氣를 빼놓겠다'고 하고, 坪論에서는 '결코 氣를 빼놓을 수 없다'고 했는데, 이러한 대립의 저변에는 氣에 대한 서로 다른 인식이 있었다. 면우가 '合理氣의 心'을 '本·末, 眞·假, 主宰·僕役'으로 구분하고 "本心은 理요, 眞心도 理며, 主宰之心도 理이다"라고 한 데서 알 수 있듯이, 浦論에서는 氣를 '末, 假, 僕役'으로 인식하고 있었다. 이에 반해 암서가 "心은 氣의 虛靈으로서 理가 갖추어진 것인바, 그 主는 진실로 理이나, 그 능히 知覺하고 作用함은 氣를 벗어나지 않는다."[80]라고 했듯이, 坪論에서는 心을 '氣의 虛靈(精爽)'으로 설명하고 氣의 존재의의를 충분히 긍정했다. 그런데 浦論에서는 '긍정적 의미'를 지닌 '虛靈'과 '氣之精爽'에 대해서는 理로 규정하고, 氣에는 부정적인 요소들만 남겨두었다. 이에 대해서도 뒤에서 살펴보자.

2) 心性二物論과 心性一物論의 대립

心合理氣論과 心卽理論의 대립은 心性二物論과 心性一物論의 대립으

---

78) 『巖棲集』 卷7 頁13, 〈上郭俛宇先生〉: 只以心卽理三字 自心自思 謂之理耶則有氣 謂之氣耶則有理 謂之理氣之合也則又嫌於並尊 於是而不得不曰全體則合理氣 而本體則理而已

79) 『巖棲集』 卷7 頁24, 〈上郭俛宇先生〉: 若心之氣則氣之精爽 舍此則無以爲心

80) 『巖棲集』 卷7 頁10, 〈上郭俛宇先生〉: 心則氣之虛靈而理具焉爾 其主則固理也 而其能知能覺能作能用 要無出氣也者

로 연결된다. 心合理氣論을 주장하는 坪論에서는 性은 理이지만 心은 理와 氣가 결합된 것이라고 보아, 心과 性을 별개로 구별하였다. 그러나 心卽理論을 주장하는 浦論에서는 心의 본체가 곧 性이므로 心과 性은 一物이라고 보았다. 먼저 한주의 다음과 같은 말을 살펴보자.

> 朱門에서는 이미 心을 '性·情을 통합한 이름'으로 여기고, 또 "性은 心의 體, 情은 心의 用"이라 했다. 그렇다면 性·情이 모두 心으로서, 별도로 心이라는 하나의 地頭가 있는 것이 아니다. 그런데 張橫渠는 "心은 능히 性을 다 발휘할 수 있다(心能盡性)"고 말하고, 胡五峯은 "心은 性·情의 德을 묘하게 운용한다(心妙性情之德)"고 말하며, 朱子는 "心은 性·情의 주인"이라 말했으며, 또한 學者들이 性을 검속하고 情을 요약함은 모두 이 心이 하는 일이니, 그렇다면 '다 발휘하고, 묘하게 운용하며, 검속하고, 요약함'은 또 별도로 心이 있어서 주재하는 것 같다. (이처럼 心과 性·情은 하나인 것 같기도 하고, 둘인 것 같기도 하니) 공부를 할 때 장차 어떻게 실마리를 알아내야 하는가? 내 생각에 心은 字母이고, 情은 性으로부터 발하고, 意는 情에서 생기니, 다만 이 하나의 心이 스스로 발하기도 하고 스스로 주재하기도 하는바, 혹은 體와 用으로 서로 바탕이 되기도 하고 혹은 端緖가 켜켜이 나오기도 한다. 무릇 '다 발휘하고, 묘하게 운용하며, 검속하고, 요약함'은 다만 程子가 말한 '마음으로 마음을 부림(以心使心)'과 같을 뿐이니, 근세의 어떤 학문이 心·性을 두 갈래로 나눔으로써 도리어 大本이 하나가 아니게 만든 것과는 다르다.[81]

81) 『寒洲集』 卷5 頁20~21, 〈上柳定齋先生 別紙〉: 朱門既以心爲性情之統名 而又曰性者心之體 情者心之用 然則性情皆心也 心非有別一箇地頭 而張子曰心能盡性 五峯曰心妙性情之德 朱子曰心爲性情之主 且學者所以檢性而約情者 莫非此心之爲 則盡之妙之檢之約之者 又似別有心以主之 用工之際 將何以察識端倪乎 竊意心是字母 情自性發 意緣情起 只是此一心 而旋自發出 旋自主宰 或體用相資 或端緖層出 凡諸盡之妙之檢之約之

한주는 心·性을 一物로 볼 수 있는 점과 二物로 볼 수 있는 점을 모두 거론하고, 결국엔 心性一物論을 견지했다. 한주는 心이 性·情의 字母라는 점을 들어 '性·情이 모두 心에 속한다'고 주장하고, "心은 능히 性을 다 발휘할 수 있다"거나 "心은 性·情의 德을 묘하게 운용한다"는 등 心·性을 二物로 볼 수 있는 논거에 대해서는 정자의 '以心使心'으로 설명함으로써 心性一物論을 관철시켰다. 그리고는 心性二物論에 대해서는 '大本이 하나가 아니게 만드는 것'이라고 비판했다. 면우 역시 이러한 주장을 계승하고 있었거니와, 이에 대해 坪論의 암서는 다음과 같이 비판한다.

> 서로 말미암되 서로 참여할 수 없는 것은 心과 性이다. 聖人은 (心과 性의) 경계를 나누었기 때문에 온갖 일이 질서 있고 정밀했으나, 釋氏는 (心과 性의 경계를) 어지럽혔기 때문에 온갖 일이 문란하고 뒤섞였다. 이에 대해 분명히 하지 않는다면, 장차 가는 곳마다 어긋날 것이다. 지금 性을 理라 하고, 또 心을 理라 하며, 또 意慮와 知覺을 理라 하니, 계속 이렇게 하다가는, 氣가 또 바뀌어 理가 되지 않을 줄 어찌 알겠는가?[82]

암서는 心과 性을 '서로 말미암되 서로 참여할 수 없는 관계'로 규정하고, 心·性의 구분을 어지럽히면 결국 불교처럼 모든 질서를 어지럽히게 된다고 비판했다. 더 나아가 암서는 心·性과 理·氣에 대한 기존의 범주 체계를 근본적으로 무너뜨리는 浦論의 논법에 대해 결국엔 '氣

只得如程子所謂以心使心而已 非若近世一種之學 判心性爲兩歧 反涉於大本之不一者也

82) 『巖棲集』 卷7 頁7, 〈上郭俛宇先生〉: 夫相因而不可相參者 心與性而已 聖人界之 故百事序而精 釋氏亂之 故百事紊而雜 於此而不明 將恐無所往而不差矣 今也謂性爲理 又謂心爲理 又謂意慮知覺爲理 循是以往 轉而相及 氣又安知不化而爲理耶

도 理라고 주장하게 될 것' 이라고 비판했다. 이에 대해 면우는 다음과 같이 반론한다.

心과 性은 구분해서 말할 경우도 있고, 통합해서 말할 경우도 있다. 대개 평범하게 心을 말하면 氣와 합쳐서 말하는 것이지만, 本心을 直指하면 理일 뿐이다. 그러므로 性과 구분해서 말하는 것은 心을 合氣處에서 보는 것이며, 性과 통합해서 말하는 것은 心을 直指處에서 보는 것이다. 지금 일률적으로 "聖人은 (心과 性의) 경계를 구분했기 때문에 온갖 일이 질서 있고 정밀했으나, 釋氏는 (心과 性의 경계를) 어지럽혔기 때문에 온갖 일이 문란하고 뒤섞였다" 고 말한다면, 程子의 '心卽性' 이라는 말씀과 '心과 性은 一理' 라는 말씀, 朱子의 '心과 性은 一般' 이라는 말씀과 '心은 다만 하나의 性' 이라는 말씀과 '心은 體가 없어서 性으로 體를 삼는다' 는 말씀과 '心·性은 一物' 이라는 말씀 등은 어찌 모두 眞·妄과 理·氣의 구별에 완전히 어두워 자기도 모르는 사이에 스스로 '釋氏가 어지럽힌 구덩이' 에 빠진 것이라 하겠는가?[83]

위의 인용문에서 먼저 주목할 것은 "性과 구분해서 말하는 것은 心을 合氣處에서 보는 것이며, 性과 통합해서 말하는 것은 心을 直指處에서 보는 것" 이라는 말이다. 요컨대 心을 合理氣로 보면 心과 性을 구별하게 되나, 心을 理로 보면 心과 性을 一物로 볼 수 있다는 것이다. 이처럼 면우는 心性一物論과 心性二物論이 모두 성립할 수 있음을 인정하면서도, 자신은 "本心을 直指하면 理일 뿐" 이라는 맥락에서 心卽理를 주장하고,

83) 『俛宇集』 卷85 頁7, 〈答曺仲謹〉 : 心與性 有分言時 有合言時 盖泛言心則合氣而直指本心則理而已 故其分言於性者 從合氣處看 合言於性者 從直指處看 今一例謂聖人界之 故百事序而精 釋氏亂之 故百事紊而雜云爾 則程子曰心卽性也 曰心也性也一理也 朱子曰心與性只一般 曰心只是一箇性 曰心無體 以性爲體 曰心性一物 此等豈皆全昧於眞妄理氣之別 而不覺其自陷於釋氏亂之之科耶

心性一物을 주장했다. 그리고는 程子의 '心卽性' 이라는 말과 朱子의 '心과 性은 一般' 이라는 말 등을 들어 心性一物論을 불교에 빗대 비판하는 것은 부당하다고 반론했다.

이에 대해 암서는 "옛날부터 學術의 어긋남은 釋氏나 王陽明의 부류처럼 '心을 性으로 인식함' 에서 비롯된 경우가 많았다."[84]고 하여, 心·性을 구분해야 함을 다시 역설했다. 면우 역시 "心과 性은 진실로 一物이다. 그런데 性은 그 '寂然하여 고요한 것' 을 單指한 것이요, 心은 '動·靜을 관통하여, 두루 흘러 헤아릴 수 없는 것' 이다."[85]라 하여, '心性一物' 이라는 입장을 고수했다. 이처럼 坪論의 心性二物論과 浦論의 心性一物論은 평행선을 그리며 대립을 지속했다.

3) 理主氣資論과 理善氣惡論의 대립

坪論은 大山 李象靖 이래의 理主氣資論을 종지로 삼았다. 理主氣資論은 우주만물의 존재와 운동변화를 '理와 氣의 결합' 으로 설명하는 것으로서, 理는 '動靜의 主宰者' 이며, 氣는 '動靜의 資具' 라는 것이다. 요컨대 理主氣資論은 理와 氣 어느 하나만으로는 운동변화가 이루어질 수 없다고 보고, '理와 氣의 相須相待' 를 강조하는 것이다.

한주 역시 누구보다도 理主氣資論을 역설했거니와, 그리하여 浦論도 일견 理主氣資論에 입각한 것처럼 보인다. 그런데 한주의 性理說은 사실 여러모로 理主氣資論과 어긋난다. 心卽理說의 논지가 滅氣論으로 귀결됨은 그 대표적인 예이다. 한주가 '動靜' 과 '作用' 을 엄격하여 구분하

84) 『巖棲集』 卷7 頁10, 〈上郭俛宇先生〉: 從古學術之差 如釋氏陽明之類 多在於認心爲性

85) 『俛宇集』 卷85 頁11, 〈答曺仲謹〉: 心性固一物也 而性則單指其寂然而靜者 心則貫乎動靜周流不測

여, '動靜은 理에 속하고, 作用은 氣에 속한다' 고 주장하는 것도 理主氣資論과는 완전히 반대되는 논법이다.

한주의 "理가 스스로 動하여 陽을 낳고, 스스로 靜하여 陰을 낳는다"는 주장에 대해 만구가 "스스로 動하여 陽을 낳고 스스로 靜하여 陰을 낳는다면, 作用이 아니고 무엇인가?" 라고 반문하자, 한주는 다음과 같이 답변하였다.

> '理의 動靜' 은 天然과 같고, '氣의 作用' 은 人爲와 같다. 이제 一身上에서 말하면, 손으로 잡고, 발로 달아나고, 눈으로 보고, 귀로 듣고, 입으로 맛보고, 코로 냄새를 맡는 것은 모두 '氣의 作用' 이다. 仁이 발하여 惻隱이 되고, 義가 발하여 羞惡가 되며, 禮가 베풀어 드러나고, 智가 收斂함은 모두 '理의 動靜' 이다. 動靜을 作用으로 오인하면 진실로 '主人을 奴僕으로 오인함' 을 면치 못한다.[86)]

한주가 '理의 動靜' 과 '氣의 作用' 을 구분하는 기준은 天然(自然)과 人爲이다. 한주는 "動靜은 원래 作用과 다른 것이다. 動靜은 自然에서 나오는 것이나, 作用은 다만 安排하고, 造作하고, 運用하는 것이다."[87)]라고도 했다. 이것으로 보면, 한주는 '安排 · 造作 · 運用' 을 '人爲的 作用' 으로서 氣에 속하며, '安排 · 造作 · 運用이 없는 것' 을 '自然的 動靜' 으로서 理에 속한다고 주장하는 것이다. 이제 한주의 다음과 같은 말을 보자.

---

86) 『寒洲集』 卷16 頁18, 〈答李器汝〉 : (問) 今乃自動而生陽 自靜而生陰 則非作用而何 (答) 理之動靜 似天然 氣之作用 似人爲 今以一身上言之 手之執捉 足之運奔 目之視 耳之聽 口之辨味 鼻之嗅香 皆作用之氣 仁發爲惻隱 義發爲羞惡 禮之宣著 智之收斂 皆動靜之理也 認動靜爲作用 則眞不免認主爲奴僕矣

87) 『寒洲集』 卷7 頁47~48, 〈答沈穉文〉 : 動靜字元與作用異 動靜出於自然 而作用只是安排造作運用

先輩들은 '理는 無爲, 氣는 有爲' 라고 했다. '無爲' 란 '발하는 바가 없다' 는 말이 아니라 '作爲가 없다' 는 말이며, '有爲' 란 '스스로 능히 발한다' 는 말이 아니라 '作爲가 있다' 는 말이다. 옛날 聖君의 治道는 '無爲' 였는데, 어찌 일찍이 단정하게 尸位에 앉아있었을 뿐이겠는가? 밖으로는 巡狩 · 征伐과 안으로는 發號施令을 한결같이 理의 自然에 따라, 사사롭게 安排 · 造作 · 計較하는 바가 없었으니, 그러므로 '無爲' 라 하는 것이다. 臣下들은 분주하게 일하면서 곳에 따라 彌縫하니, 四方을 경영하며 庶政을 베풂은 모두 臣下가 하는 일이지만, 사실은 君命이며 王事이다. 간혹 驩兜 · 共工 · 鯀의 무리가 명령을 어기고 惡을 지어 君德을 가리는 것도 또한 公을 빙자하여 私를 추구한 것에 불과하니, 어찌 감히 스스로 國命을 잡아 君主를 위협하여 따르게 할 수 있겠는가? (…) 지금 理를 논하는 사람들은 '無爲' 라는 말을 오해하여, 무릇 動이나 發과 관계된 것은 모두 氣에 소속시키고, '主宰' 라는 말을 오해하여 도리어 '動하게 하고 發하게 함' 을 理에 소속시키니, 이는 특히 動者와 發者는 진실로 自然이어서 그 '無爲' 에 방해되지 않고, '動하게 하고 發하게 함' 은 완전히 安排를 거쳐서 '有爲' 임을 모르는 것이다. 그 뒤로 理가 空寂에 빠져 그 燦然한 用을 볼 수 없고, 理가 睢盱[88]에 빠져 그 自然의 妙를 볼 수 없다.[89]

88) '睢盱(휴우)' 는 '눈을 부릅뜨고 봄' 을 말한다. '理의 主宰' 를 '動하게 하고 靜하게 함(動之靜之)' 으로 풀이하면, 理는 '氣를 動靜하도록 부리는(使之) 존재' 가 되는바, 이런 맥락에서 理는 '눈을 부릅뜨고 氣를 부리는 존재' 가 된다는 말이다.

89) 『寒洲集』 卷7 頁44~45, 〈答沈稺文〉: 先輩之論 以爲理無爲而氣有爲 無爲者非謂無所發也 言其無作爲也 有爲者非謂自能發也 言其有作爲也 古昔聖君 治道無爲 亦何嘗齊居尸處而已哉 外焉而巡狩征伐 內焉而發號施令 一循乎理之自然 而無所安排造作計較之私 故謂之無爲也 爲臣下者 奔走宣勞 隨處彌縫 經營四方 措畫庶政 莫非其所爲 而實則君命也王事也 其或有驩兜工鯀之類 方命作惡 揜蔽君德 亦不過憑公逞私而已 何敢自執國命脅君以從之哉 (…) 今之論理者 誤看無爲之說 而凡繫動與發 皆屬之氣 誤看主宰之說 而反以動之與發之者屬之理 殊不知動者發者 洵是自然 而不害其無爲也 動之發之 全涉安排 而乃所以有爲也 循是以往 則理淪於空寂而無以見燦然之用 理陷於睢盱而無以見自然之妙

한주에 의하면 '理의 無爲'란 '理는 활동이 없다'는 의미가 아니라 '사사롭게 安排·造作·計較하는 바가 없다'는 의미이며, '氣의 有爲'란 '사사롭게 安排·造作·計較한다'는 의미라는 것이다. 한주에 의하면 理는 스스로 動靜하면서도 無爲인 것이요, 氣는 스스로 動靜하지 못하면서도 有爲인 것이다. 요컨대 한주가 말하는 有爲(作爲·作用)와 無爲(動靜)는 '활동성의 有·無'를 뜻하지 않고, 그 활동이 '自然的이냐, 人爲的이냐'를 뜻한다. 위의 '君·臣의 비유'에서 드러나듯이, 한주는 '自然的인 것'을 '公的인 것, 善한 것'으로 규정하고, '人爲的인 것'을 '私的인 것, 惡한 것'으로 규정했다. 이러한 맥락에서 한주는 理主氣資論을 표방했지만 사실은 理善氣惡論을 전개한 것이다. 한주의 다음과 같은 말을 보자.

> 理·氣의 妙는 서로 기다려 體가 되고 서로 기다려 用이 되니, 動하면 함께 動하고 靜하면 함께 靜한다. 그러나 理는 主가 되고 氣는 資가 되며, 理는 純善하고 氣는 간혹 惡하다. 그러므로 理를 主로 삼으면 순조롭고 올바르나, 氣를 主로 삼으면 거슬리고 치우친다. 옛날부터 聖賢이 聖賢이 되고 異端이 異端이 된 까닭은 다만 主理와 主氣의 사이에 있을 뿐이다.[90]

위의 인용문에서 한주는 理主氣資論을 주장하는 동시에 理善氣惡論을 전개했다. 그런데 理善氣惡論은 결국 理氣勝負論[91]으로 연결되고, 이는 다시 '惡한 氣를 굴복시켜야 한다'는 伏氣論[92]이나 '惡한 氣를 없애버

90) 『寒洲集』 卷16 頁14, 〈答李器汝〉: 理氣之妙 相須爲體 相對爲用 動則俱動 靜則俱靜 然理爲主而氣爲資 理純善而氣或惡 故主理則順而正 主氣則逆而偏 從古聖賢之所以爲聖賢 異端之所以爲異端 特在乎主理主氣之間而已

91) 『寒洲集』 卷16 頁13, 〈答李器汝〉: 見理之難 每由於氣勝理

92) 『寒洲集』 卷16 頁15, 〈答李器汝〉: 明理之要 亦在乎降伏這氣

려야 한다' 는 滅氣論[93]으로 귀착되거니와, 따라서 理主氣資論과 理善氣惡論은 양립하기 어려운 것이다.

이제 한주의 이상과 같은 논법에 대한 坪論의 비판을 살펴보자. 만구는 다음과 같이 비판한다.

> 寒洲의 主理論은 진실로 좋으니, '心卽理' 한마디는 '主氣論의 밝지 못함'을 논파하기에 충분하다. 그런데 안타깝게도 그 主理論이 지나쳐서 도리어 치우친 데 빠졌다. 예컨대 '太極의 動靜' 에 대해서는 "理를 單指하여 말한 것으로, 애초에 氣의 有·無에 구애받지 않는다."라 하고, '四端의 發' 을 논할 때엔 "이 理가 발하자마자 淸氣가 저절로 생겨나, 理가 그것을 탄다." 고 했다. 오호라. 그렇다면 '理에 作用이 있어서 乘氣를 기다림이 없을 것' 이니, 어찌 矯枉過直이 아니겠는가? 이 때문에 나는 寒洲說에 대해 의심을 품지 않을 수 없다.[94]

한주의 "理가 스스로 動靜하니, 氣의 有·無에 구애받지 않는다."는 주장에 대해, 만구는 '理에 作用이 있어서 乘氣를 기다림이 없을 것' 이라고 지적했거니와, 이는 理를 '능동적 존재' 로 규정함으로써 더 이상 '氣의 도움(氣資)' 이 필요 없게 되었다는 비판이다. 만구에 의하면 "이른바 主理란 '理를 주로 삼고 氣를 주로 삼지 않는다' 는 뜻이요, '理만 있고 氣는 없다' 는 뜻이 아니며, 또한 '氣의 有·無에 구애받지 않는다' 는 뜻도 아니다."[95] 만구는 한주에게 다음과 같이 말하기도 했다.

---

93) 앞의 각주 21), 23)에 소개된 내용이 滅氣論의 단적인 例이다.

94) 『晩求續集』 卷2 頁13, 〈答宋丈康叟〉 : 洲丈之主理誠好矣 其心卽理一言 足以破氣見之不明 而惜其主理之過而反陷於偏 如太極動靜則曰單指其理而言 初不拘氣之有無 論四端之發則曰此理纔發 淸氣自生 理仍乘之云云 嗚乎 如此則可謂理有作用而無俟於乘氣矣 豈非矯枉而過直乎 鄙見所不能無疑者此爾

무릇 理와 氣는 서로를 기다려 體가 되고 서로를 기다려 用이 된다. 그런데 이 氣를 주재하는 것은 理이니, 그러므로 말할 때는 반드시 理를 主로 삼는다. 예컨대 '太極과 陰陽은 動하면 함께 動하고 靜하면 함께 靜한다' 는 것은 相須를 말한 것이요, '動은 太極의 動이며, 靜은 太極의 靜이다' 라는 것은 主理를 말한 것이다. 相須로 말해도 主理가 그 안에 있으며, 主理로 말해도 相須가 또한 그 안에 있다. 비록 간혹 主氣로 말해도 相須와 主理가 항상 그 안에 있다. 이것이 理 · 氣에 관한 설명이 서로 관통하면서 하나도 빠뜨림이 없는 것이다. (…) (그대의 주장은) 理에 대해서는 힘 있는 설명이라 하겠으나 '作用이 있다' 는 귀결을 면할 수 없고, 氣에 대해서는 반쪽을 베어내서 '義와 짝하는 功이 있음' 을 볼 수 없다. 그리하여 天下의 理 · 氣가 모두 한쪽은 자투리가 많이 남고 한쪽은 모자라서 뾰족하고 기울게 되어, 다시는 渾合하여 流行하는 본체가 없으니, 이는 아마도 周夫子의 '主理' 라는 말을 지나치게 미루어나간 것 같다.[96)]

주자는 "만약 이 氣가 없다면 이 理 또한 掛搭處가 없다" 고 말한 바 있는데, 만구는 이러한 맥락에서 위의 인용문처럼 理 · 氣의 相須를 역설한 것이다. 만구는 특히 '氣에는 義와 짝하는 功이 있다' 고 했거니와, 이는 理主氣資論의 본지에 입각하여 한주의 理善氣惡論을 비판한 것이다.

---

95) 『晩求集』 卷3 頁10, 〈與李寒洲〉 : 夫主理云者 主理而不主氣也 非謂有理而無氣也 亦非謂不拘氣之有無也

96) 『晩求集』 卷3 頁8~9, 〈與李寒洲〉 : 夫理與氣 相須爲體 相須爲用 而主宰是氣者理 故言之必以理爲主 如曰太極陰陽 動則俱動 靜則俱靜者 相須語也 如曰動是太極之動 靜是太極之靜者 主理語也 相須言之而所謂主理者固在其中 主理言之而所謂相須者亦在其中 雖或主氣言之 而所謂相須者主理者 未嘗不在焉 此理氣之說所以交貫互通 而無一物之或遺也 (…) 於理則說得有力 而不免爲作用之歸 於氣則割去一半 而未見有配義之功 而凡天下之理氣 一切奇零贅剩側尖偏斜 無復渾合流行之體 是則周夫子主理之語 竊恐推說有過當處也

한주와 마찬가지로, 면우도 수시로 '理主氣資'를 역설하면서도,[97] 역시 動靜과 作用을 구분하여 理의 能動性을 역설했다. 암서가 虛靈을 氣로 규정하고, '知覺과 作用은 氣를 벗어나지 않는다'고 주장한 것에 대해, 면우는 "虛는 이 理의 無形함을 말하고, 靈은 이 理의 不測함을 말한다."고 하여 虛靈을 理로 규정하고, "(理는) 知覺할 수 없다면, 장차 어떻게 主가 된다고 말할 수 있는가?"라고 하여 知覺 역시 理의 몫이라고 주장했다.[98] 더 나아가 면우는 理에 才能과 知覺도 있다고 주장하고,[99] '理가 氣를 낳는다, 理가 氣를 기른다, 理가 氣를 제어한다'고 주장한다.[100] 理는 이처럼 '능동적 존재'이면서 동시에 '純善'하다는 것이다. 면우는 다음과 같이 말한다.

> (理는) 至虛하므로 累가 없고, 至靈하므로 萬物을 묘하게 주재하여 어긋남이 없으며, 至實하므로 萬物의 본체가 되어 모두 참되다. 木에는 曲·直이 있으나 그 理는 仁이며, 金에는 精·粗가 있으나 그 理는 義이다. 桀과 跖은 惡하지만 어린아이가 우물에 빠지는 것을 보면 모두 惻隱之心을 발휘하며, 길 가는 어리석은 사람도 未發의 本眞을 말하면 堯·舜과 마찬가지이다. 不善이 있는 것은 氣의 罪이다.[101]

---

97)『俛宇集』卷129 頁31, 〈理訣續上〉, '理資氣' 참조.

98)『俛宇集』卷85 頁14, 〈答曺仲謹〉: 心是氣之虛靈 則心是氣也 所具之理則寓公也 寓公而安能爲主耶 況不能知不能覺則將以何道爲主也 造作運用 固是氣也 而心之虛靈 果是作用者耶(…) 蓋虛言此理之無形也 靈言此理之不測也

99)『俛宇集』卷129 頁30, 〈理訣中〉, '才能理'·'知覺理' 참조.

100)『俛宇集』卷129 頁31~32, 〈理訣續上〉, '理生氣'·'理養氣'·'理制氣' 참조.

101)『俛宇集』卷129 頁28, 〈理訣上〉, '理無有不善': 至虛故無累 至靈故妙萬物而不差 至實故體萬物而皆眞 木有曲直而其理則仁也 金有精粗而其理則義也 桀跖之惡焉而見孺子之入井則莫不有惻隱之心 路人之愚焉而語未發之本眞則與堯舜一樣矣 其有不善者氣之罪也

요컨대 理는 至虛·至靈·至實한 존재로서 '純善' 하다는 것, 현실에서의 不善은 모두 氣의 罪라는 것이다. 면우는 "理는 純善하나 氣는 간혹 惡하며, 理는 지극히 公正하나 氣는 간혹 사사롭다."[102]고도 했다. 이처럼 理는 순선하면서도 능동적인 존재라면, 사실상 '氣의 도움' 이 필요하지 않을 것이다. 그리하여 면우가 누차 理主氣資를 말했음에도 불구하고, 암서는 다음과 같이 비판한다.

> 내가 평소에 보니, 主理의 학설이 오늘날 비로소 왕성한바, 지금의 論者들은 또 종종 서로 붙잡고 희롱하는 것이 마치 '전혀 氣가 없다' 는 것 같다. (…) 지금 그대의 편지를 보니, 또 이른바 '理' 란 대부분 '知覺運用하는 事物' 이라고 했다. 이에 전에 의심했던 것이 그렇지 않음을 알았고, 다시 '밝고 신령한 데서 理를 인식하고, 情과 象 사이에서 理를 막히게 한다' 는 의심이 든다. 그렇다면 이 理는 스스로 主가 되고도 남음이 있으니, '氣가 資具가 된다' 는 말에서 '資' 字는 결국 군더더기가 아니겠는가?[103]

암서에 의하면, 면우가 理에 능동성을 부여하고 理를 밝고 신령한 존재로 규정함으로써, 理는 스스로 主가 되고도 남음이 있게 되었으나, 氣는 존재 의의를 상실하여 '氣資' 라는 말이 결국 군더더기가 되었다는 것이다.[104] 암서는 면우에게 다음과 같이 말한다.

---

102) 『俛宇集』 卷85 頁7, 〈答曺仲謹〉: 理純善而氣或惡 理至公而氣或私

103) 『巖棲集』 卷7 頁27, 〈上郭俛宇先生〉: 兢常見主理之說 始盛於今 而今之論者 又往往扛夯作弄 恰似無了氣一段事相似 (…) 今讀來教 又見所謂理者多是知覺運用之物 乃知前疑之未然 而又疑其認理於昭靈 滯理於情象之間 然則是理也 自主而有餘矣 所教氣之爲資一資字 不果贅矣乎

104) 암서와 같은 맥락에서 舫山 許薰도 浦論의 晦堂 張錫英에게 "사실은 理를 闡明함이 지나쳐 氣의 영역을 侵奪하여 억지로 理의 영역에 소속시키니, 朱子·退溪의 학설에 어긋난다."고 비판한 바 있다(『舫山集』 卷7 頁36, 〈答張舜華別紙〉: 其實則闡理

> 천하의 理는 無窮한대, 천하의 氣 또한 無窮하다. 그 시초로 올라가 말하면, 모두 善하여 惡이 없으며, 妙合하여 떨어지지 않으니, 그 서로 얻음이 어찌 다만 '뼈와 살' 또는 '손과 팔'에 비교할 정도이겠는가? 오직 理는 自用할 능력이 없고, 氣는 美·惡이 일정하지 않아서, 간혹 (氣가 理를) 능멸하고 가리고 해치는 일이 생긴다. 이에 理는 사랑할 만하나 氣는 비천하게 되는 것이다. 그러나 理를 귀하게 여김은 '至善의 법칙'이 되기 때문이요, 능히 造作·營爲·計度하기 때문이 아니다. 氣를 미워함은 때때로 理를 해치기 때문인바, 이로 인해 그 良能의 功用을 몰수해서는 안 된다. 또한 만약 理에 情意가 있고 作爲 능력이 있다면, 氣의 존재를 기다리지 않을 것이요, 비록 氣가 있어도 그 압제를 받지 않을 것이며, 그 權柄을 잃지 않을 것이니, 천하가 혼란에 빠지는 일이 없을 것이다. 이제 氣의 自專을 한번 징계함에 그 資具와 器能까지 아울러 빼앗아 理로 귀결시키니, 이는 權强의 跋扈를 미워하여 百官의 爵祿을 모두 빼앗음과 같고, 吳·楚의 참람한 반란에 분개하여 天下의 封建을 모두 폐지함과 같으니, 비록 一時的으로 통쾌하게 할 수 있으나, 天下의 일은 끝내 君主 혼자서 처리할 수 있는 것이 아님은 어찌할 것인가?[105]

"천하의 理는 無窮한대, 천하의 氣 또한 無窮하다"는 것은 浦論의 理生氣論를 비판하는 것이요, "시초로 올라가 말하면, 모두 善하여 惡이

之過 侵奪氣之界分 强屬理之疆畔 背朱退之說).

105)『巖棲集』卷7 頁28~29,〈上郭俛宇先生〉: 天下之理無窮 天下之氣亦無窮 原其初而言 則皆有善而無惡 妙合而不離 其相得豈特骨肉手臂哉 惟其理不能自用 而氣又有美惡之不一 則始或有陵較而揜滅之者 於是乎理爲可愛而氣爲可賤 然所貴乎理者 以其爲至善之則 而非以其能造作營度也 所惡於氣者 以其有時而害理 而其良能之功用 則不可以此而沒之也 且使理而有情意能作爲 則不待氣之有矣 雖有氣而亦不受其制 不失其權柄 天下無時而可亂矣 今一懲於氣之自專 而並取其資具器能而歸諸理 此猶惡權强之跋扈 而盡奪百官之爵祿 憤吳楚之僭叛 而遂廢天下之封建 縱使快於一時 其如天下之事終非一君之所可辦 何哉

없다"는 것은 浦論의 理善氣惡論을 비판하는 것이며, "妙合하여 떨어지지 않는다"는 것은 浦論의 滅氣論을 비판하는 것이다.

암서에 의하면 理는 '至善의 법칙'이 되나 自用할 능력이 없고, 氣는 造作·營爲·計度하는 능력이 있으나 美·惡이 일정하지 않아서 간혹 理를 가리고 해치는 일이 생긴다. 그런데 氣가 理를 해침을 미워하여 징계하고자 '氣의 良能을 빼앗아 理에 부여하는 이론체계'를 꾸며낼 수는 없다는 것이다. 浦論의 주장대로 만약 理가 良能을 지닌 존재라면, '천하에 혼란이 없어야 할 것' 인바, 예나 이제나 천하는 혼란에 시달린다. 또한 浦論의 주장대로 理만의 자족적 체계를 꾸며내려고 해도, 실제로는 理에 그런 良能이 없다는 것이다. 한편, 평론의 晩醒 역시 포론의 后山에게 다음과 같이 말한 바 있다.

> 理·氣의 相須는 예컨대 君·臣이나 夫·婦에게 비록 尊·卑가 있지만 서로 없을 수 없는 것과 같다. 만약 억지로 점거하여 그 領域을 침범하고, 깎아내리고 억제하여 그 實情을 손상시킨다면, 이 또한 大中至正의 논의가 아니며, 저 氣를 위하여 편드는 사람들이 그 틈을 이용하여 비난함을 허용하게 된다. 그대의 전후 핵심 주장은 모두 여기에서 나왔는바, 心을 말하면 '그 아직 발하지 않았을 때엔 다만 性일 뿐'이라 하고, 明德을 말하면 '心 가운데 나아가 理를 單指한 것'이라 하며, 氣를 말하면 '陰陽이 바로 善惡'이라 하고, 氣之精爽과 心之虛靈에 대해서도 모두 '순전히 理가 하는 일로서, 氣는 관여하지 않는다' 고 말한다. 그렇다면 氣는 비린내 나고 썩어 문드러진 쓸데없는 혹이 되고 만다.[106)]

---

106)『晩醒集』卷5 頁20~21,〈答許退而〉: 理氣之相須 如君臣夫婦之雖有尊卑而不可相無 若冒占而侵其界分 貶抑而損其實情 則此亦非大中至正之論 而彼爲氣左袒者 得以指其疵隙而容其下石之計矣 盛說前後關捩 皆出於此 言心則曰其未發也只是性而已 言明德

포론은 氣의 요소 가운데 긍정적 의미를 지니는 '能動性'이나 '精爽·虛靈' 등을 모두 발라내서 理에 소속시키고, 氣에는 찌꺼기만 남겨두었거니와, 이에 대해 만성은 "억지로 점거하여 그 領域을 침범하고, 깎아내리고 억제하여 그 實情을 손상시킨다"고 비판한 것이다. 요컨대 만성 역시 理主氣資論에 입각하여 氣의 존재의의를 충분히 긍정하면서, 포론의 理善氣惡論을 비판한 것이다.

이상의 내용을 정리해보자. 理主氣資論은 理와 氣를 形而上者와 形而下者로 구분하여, 形而上者인 理는 법칙성과 규범성을 지닐 뿐이며, 능동성은 形而下者인 氣의 몫이라고 보아, 理와 氣의 결합으로 우주만물의 존재와 운동변화를 설명하는 것이다. 坪論이나 浦論이 모두 理主氣資論을 역설한 것은 사실이다. 그런데 평론에서는 理主氣資論의 본지에 충실하여 '理와 氣의 相須'를 주장했으나, 浦論에서는 理에 능동성을 부여함으로써 理主氣資論의 취지를 무색하게 만들었다. 浦論에서 理와 氣를 구분하는 척도는 '形而上者와 形而下者'의 맥락이 아니라 '公과 私' 또는 '善과 惡'의 맥락이었다. 따라서 浦論은 말로는 理主氣資論을 표방하면서도 실제로는 理善氣惡論에 입각했던 것이요, 그리하여 결국 滅氣論에 도달하게 된 것이다. 요컨대 浦論에서는 理를 순선하고도 능동적인 자족적 존재로 규정하고, 惡으로 전락하기 쉬운 氣를 배제하고자 한 것인바, 이것이 心合理氣論을 반대하고 心卽理論을 내세운 근본적 동기였다.

4) 논쟁의 평가

이제 평포논쟁에 대해 어느 편의 주장이 이론적으로 더욱 타당한 것

則曰就心中單指理 言氣則曰陰陽便是善惡 以至氣之精爽心之虛靈 皆謂純是理之所爲 而氣不與焉 然則氣是臊瘤腐穢無用之贅疣而止耳

인지 평가해 보기로 하자. 論者가 보기에 전통 성리학의 일반적 이론체계에 입각해 볼 때, 浦論의 주장은 여러모로 수긍하기 어려운 것이다. 이에 浦論의 이론적 문제점을 구체적으로 살펴봄으로써 평가를 대신하고자 한다.

평포논쟁은 한주의 心卽理說로부터 비롯된 것이다. 한주의 心卽理說은 "心은 一身의 主宰者인데, 主宰者를 氣에 소속시키면, 天理가 形氣의 명령에 따르게 되어, 허다한 麤惡이 靈臺에 기반을 잡게 된다."[107]는 문제의식의 산물이었다. 그런데 한주의 이러한 문제의식은 '心統性情'의 '統'을 '명령'으로 해석함으로부터 빚어진 것이다. '統'을 '명령'으로 해석하고 '心'을 '氣'로 해석하면 '心統性'은 '氣가 理(性)를 명령한다'는 뜻이 되거니와, 한주는 이러한 사태를 받아들일 수 없었기 때문에 心을 '理'로 바꾸어 해석하게 된 것이다.

그러나 한주의 心卽理論은 기존 성리학의 이론적 정합성을 완전히 무너뜨리는 것이다.[108] 또한 心卽理論은 心統性情의 해석에서 숱한 문제점을 야기한다. 心을 理로 규정하면, '心統性'은 '理가 理를 갖추고 있고(以理具理), 理가 理를 통섭한다(以理統理)'는 뜻이 되기 때문이다.[109] 또한 한주는 '心統性情'이므로 '心과 性·情은 一物'이라고 했으나, 心과 性·情이 別個라야만 '統' 字의 의미가 있게 된다. 주자의 다음과 같은 말을 보자.

---

107) 『寒洲集』 卷32 頁4, 〈心卽理說〉: 夫謂心卽氣者之所以爲不善 何也 心爲一身之主宰 而以主宰屬之氣 則天理聽命於形氣 而許多麤惡 盤據於靈臺矣

108) 浦論에서 心卽氣說을 부정하기 위해 '氣之精爽'과 '虛靈'을 '理'라 규정한 것도 궤변에 가깝다.

109) 한주는 '以理具理'를 '理一分殊'로 해명하고, '以理統理'를 '以心使心'으로 설명하나(『理學綜要』 卷6 頁20~21 참조), 이 또한 궤변에 가까울 뿐이다.

性은 情과 대립하여 말한 것이고, 心은 性·情과 대립하여 말한 것이다. 본래 이와 같은 것이 性이요, 性이 발동한 것이 情이며, 그것들을 主宰하는 것이 心이다. 무릇 心과 性은 하나인 것 같으면서도 둘이고, 둘인 것 같으면서도 하나이다. 이곳은 가장 마땅히 體認해야 한다.[110)]

心은 性·情을 統攝하는바, 어렴풋하게 性·情과 一物이 되어 分別되지 않는 것이 아니다.[111)]

주자의 지론은, '心과 性' 은 '함께 존재한다' 는 측면에서는 '하나' 라 할 수 있지만, '서로 본질이 다르다' 는 측면에서는 '둘' 이라는 것이었다. 위의 두 인용문은 '心統性情' 의 맥락에서도 '心과 性은 결코 一物이 아님' 을 알 수 있는 단적인 논거이다.

또한, 한주의 心卽理說은 '心이 곧 理' 라고 설파하는 것인지 '心과 理를 合一시켜야 함' 을 설파하는 것인지 애매하다. 한주의 다음과 같은 말을 보자.

진실로 吾心의 '理와 氣가 결합된 곳' 에서 그 理를 확충하고 그 氣를 제압한 다음에야 '天理에 순수한 眞心' 을 볼 수 있다. 진실로 聖人之心(聖人之心은 바로 天地之心으로서, 사람의 本心이다)의 渾然한 天理에 도달하지 못했다면 '心卽理' 三字는 성급하게 말할 수 없다. 돌 가운데 간직된 것은 진실로 眞玉이며, 氣 가운데의 理는 진실로 眞心이다. 진실로 그 가운데 간직된 것만 믿고 그 밖의 것을 근심하지 않아, 拘碍하고 있는 氣稟을 아울러 理라 하

110) 『朱子語類』 卷5(89쪽) : 性對情言 心對性情言 合如此是性 動處是情 主宰是心 大抵心與性 似一而二 似二而一 此處最當體認

111) 『朱子語類』 卷5(94쪽) : 心統攝性情 非儱侗與性情爲一物而不分別也

며, 가리고 있는 딱딱한 礦石을 아울러 玉이라 한다면, 누가 그것을 믿겠는가?[112)]

위에서 "진실로 吾心의 '理와 氣가 결합된 곳'에서 그 理를 확충하고 그 氣를 제압한 다음에야 '天理에 순수한 眞心'을 볼 수 있다."는 말은 분명 '理를 확충하고 그 氣를 제압하는 수양'을 통해 '吾心과 天理를 합일시켜야 한다'는 뜻이다. 그런데 '吾心과 天理를 합일시켜야 한다'는 주장은 '當爲的 工夫論'으로서, 이는 事實論으로서의 心卽理論과는 모순되는 것이다. 이미 吾心이 天理라면 왜 다시 '吾心과 天理를 합일시키는 공부'가 필요하겠는가?[113)] 이제 한주의 다음과 같은 말을 보자.

『傳習錄』의 '止善條'에서 "忠孝의 理는 다만 이 心에 있으니, 心에 私欲이 없으면 곧 天理이다."라고 말한 것에 대해, 退溪先生은 다만 그 "工夫의 功效와 섞어서 말한 것"을 辨斥하는 것으로 그쳤으니, '心卽理' 三字가 陽明에게 나왔다고 하여 판가름하여 버리는 것이 과연 옳겠는가?[114)]

위의 인용문은 요컨대 陽明이 "忠孝의 理는 다만 이 心에 있으니, 心

112)『寒洲集』卷32 頁5,〈心卽理說〉: 固當於吾心合理氣處 擴其理而制其氣 然後眞心之純乎天理者 可得以見矣 苟不到聖人之心渾然天理(聖人之心 乃天地之心 而人之本心也)處 則心卽理三字 未可以遽言之也 石中之蘊 固眞玉也 氣中之理 固眞心也 苟徒恃其中而不恤其外 並其氣稟之拘者而謂之理 頑礦之蔽者而謂之玉 人孰信之哉

113) 더군다나 한주는 "진실로 聖人之心의 渾然한 天理에 도달하지 못했다면 '心卽理' 三字는 성급하게 말할 수 없다."고 했다. 그렇다면 한주는 도대체 누구를 대상으로 '心卽理'를 설파한 것인가? 왜 聖人에 미치지 못하는 聽衆들에게 무슨 이유로 '心卽理'를 설파하는 것인가? 聖人에 미치지 못하는 聽衆들에게는 다만 '吾心과 天理를 합일시키는 공부에 힘쓰라' 고만 말하면 되지 않는가?

114)『寒洲集』卷32 頁4,〈心卽理說〉: 傳習錄止善條 忠孝的理 只在此心 心無私欲 卽是天理之說 則先生只辨其工夫功效之衮說而止 則心卽理三字 果可以出於彼而判舍之也哉

에 私欲이 없으면 곧 天理이다."라고 말한 것에 대해, 退溪는 "工夫의 功效와 섞어서 말한 것"을 변척하는 것으로 그쳤을 뿐 '陽明의 心卽理說 자체'를 변척하지는 않았으니, 우리도 '心卽理'라는 말 자체를 배척할 필요는 없다는 것이다.[115] 그런데 여기서도 한주가 '私欲을 제거하여 吾心과 天理가 합일된 상태'를 두고 '心卽理'라고 말함을 알 수 있다.[116] 만약 이처럼 한주의 취지가 '私欲을 제거하면 吾心과 天理가 합일된다'는 것이었다면, 처음부터 心卽理說을 事實論으로 옹호하는 주장을 하지 말았어야 한다.[117] 그런데 한편으로는 '吾心과 天理를 합일시켜야 한다'고 주장하면서, 한편으로는 '氣之精爽도 理, 虛靈도 理'라고 주장하니, 우리는 더욱 당황하게 되는 것이다.

이제 心卽理論이 지니고 있는 부수적인 문제점들을 지적해 보기로 하자.

첫째, 공자의 '從心所欲不踰矩'가 과연 心卽理를 뒷받침하는 논거가

---

115) 그러나 퇴계는 王陽明의 心卽理說에 대해 "釋氏의 가르침과 다를 것이 없다"고 규정하고, "心卽理說을 가지고 聖賢의 교훈에 헤아려 보아, 합하지 않으면 또 경솔하게 자기 뜻대로 경전의 가르침을 고쳐서 자기의 邪見을 따랐다. 이에 감히 편벽되고 방탕하며 사특하고 핑계 대는 말을 늘어놓아, 道를 배반하고 聖人을 비난하는 등 꺼리고 두려워하는 것이 없었던 것이다."고 통렬하고 엄중하게 비판한 바 있다(『退溪集』 卷41 頁30, 〈白沙詩教傳習錄抄傳因書其後〉 : 至如陽明者 學術頗忒 其心强狠自用 其辯張皇震耀 使人眩惑而喪其所守 賊仁義亂天下 未必非此人也 詳其所以至此者 其初 亦只爲厭事物之爲心害而欲去之 顧不欲滅倫絶物如釋氏所爲 於是創爲心卽理也之說 謂天下之理只在於吾內 而不在於事物 學者但當務存此心 而不當一毫求理於外之事物 然則所謂事物者 雖如五倫之重 有亦可無亦可 剗而去之 亦可也 是庸有異於釋氏之教乎哉 持此而揆諸聖賢之訓 而不合則又率以己意 改變經訓 以從其邪見 乃敢肆爲詖淫邪遁之說 畔道非聖 無所畏憚)

116) 한주의 이런 주장 역시 "工夫의 功效와 섞어서 말한 것"이다. 한주는 "工夫의 功效와 섞어서 말함"에 대한 퇴계의 辨斥을 소개하면서, 자신도 그러한 오류를 범하고 있는 것이다.

117) 한주는 心卽理說을 事實論으로 옹호하기 위해 '氣之精爽도 理, 虛靈도 理'라고 주장했다.

될 수 있는가? 한주는 心卽理의 논거로 공자의 '從心所欲不踰矩' 를 거론하였다. 그런데 공자는 70세에 從心所欲不踰矩에 도달한 것이라면, 마음과 理(矩)가 본래 별개였는데, 오랜 修行을 통해 마음이 理에 부합하게 된 것일 따름이다. 따라서 이는 오히려 '心은 理가 아님' 을 증명하는 것이요, 결코 '心이 理임' 을 증명하는 것이 아니다.

둘째, 事實論으로서의 心卽理論과 工夫論(當爲論)으로서의 主理論은 사실 서로 모순되는 것이다. 心卽理說의 취지는 결국 '主理의 공부' 를 강조하는 데 있었다. 心이 理라면, 그리고 心이 주재자라면, '우리의 모든 행실은 항상 理가 주재하는 것' 일 텐데, 새삼스럽게 왜 '主理의 공부' 가 필요한가?[118] 坪論의 만구가 적실하게 지적한 것처럼, 浦論의 心卽理論은 " '마음이 노력해야 할 내용' 을 '마음의 본체' 에 비긴 것"[119]이다.

셋째, 한주의 心卽理論은 '현실과의 符合性' 도 없다. 坪論의 암서가 "만약 理에 情意가 있고 作爲 능력이 있다면, 氣의 존재를 기다리지 않을 것이요, 비록 氣가 있어도 그 압제를 받지 않을 것이며, 그 權柄을 잃지 않을 것이니, 천하가 혼란에 빠지는 일이 없을 것"[120]이라고 지적한 것처럼, 모든 權能을 지닌 순선한 心(理)이 주재하고 있다면 이 세상에 惡도 없어야 한다. 그런데 이 세계의 도처에 惡이 넘치고 있지 않은가?

한편, 한주의 "心은 體가 없어 性으로 體를 삼는다"는 주장도 매우 일방적인 것이다. 퇴계는 '心의 體 · 用에 대한 先儒의 설명' 을 넷으로 분

---

118) 더군다나 浦論에서는 理에 모든 權能을 부여하지 않았던가? 모든 權能을 지닌 순선한 心(理)이 주재하고 있다면, 별도의 工夫는 불필요할 것이다. 이러한 맥락에서 '主理의 공부' 를 역설하려면 오히려 '心卽氣' 를 전제해야 하는 것이다.

119) 『晩求集』 卷4 頁18, 〈答郭鳴遠〉 : 若言心之本體則固合理氣 故學者工夫 必主理以御氣 治氣以循理 今高明主心卽理之說 是以心之所以用工者 而擬之於本體也

120) 『巖棲集』 卷7 頁28~29, 〈上郭俛宇先生〉 : 且使理而有情意能作爲 則不待氣之有矣 雖有氣而亦不受其制 不失其權柄 天下無時而可亂矣

류하여 "寂·感으로 體·用을 삼은 것은 『周易』에 근거하고, 動·靜으로 體·用을 삼은 것은 『禮記』에 근거하고, 未發·已發로 體·用을 삼은 것은 『中庸』에 근거하고, 性·情으로 體·用을 삼은 것은 『孟子』에 근거하니, 모두 心의 體·用이다."라고 설명한 바 있다.[121] 이처럼 心의 體·用은 다양한 맥락에서 논의할 수 있거니와, '性體情用'은 그중의 하나일 뿐이다. 주자는 '虛靈은 心의 本體'라 했는데,[122] 이처럼 心의 體·用은 '虛靈과 知覺'으로 설명할 수도 있다.

한주의 心卽理論과 궤를 같이하는 한주의 理氣論 역시 수긍하기 어려운 점이 많거니와, 이에 대해 몇 가지 문제를 제기해 보기로 하자.

첫째, '理生氣'에 대한 해석 문제이다. 한주는 이를 실제로 '理가 氣를 낳는다'는 사실명제로 해석하고, 이를 토대로 理의 窮極性, 理의 能動性, 理의 先在性을 주장하였다. 그러나 이는 성리학의 일반론이라고 보기 어렵다. '理生氣'는 理가 '造化의 樞紐, 品彙의 根柢' 또는 '所以然'임을 상징하는 명제라고 보는 것이 성리학의 일반론이었다.[123] 만약 실제로 理가 氣를 낳는다면, 純善하고 自足的인 理는 왜 有善惡한 氣를 낳는가? 또 왜 理가 낳은 氣를 修養을 통해 없애야 하는가? 보다 근본적으로, 어떻게 형이상자가 형이하자를 낳는가? '理生氣論'을 사실론으로 해석하면, 이러한 부류의 질문을 피할 수 없다.

둘째, 理의 본질적 의미는 '순환적 법칙성'에 있는가, '動靜의 능력'

121) 『退溪集』 卷41 頁16, 〈心無體用辯〉: 姑以所聞先儒心有體用之說明之 而其說皆有所從來 其以寂感爲體用 本於大易 以動靜爲體用 本於戴記 以未發已發爲體用 本於子思 以性情爲體用 本於孟子 皆心之體用也

122) 『朱子語類』 卷5(87쪽): 虛靈自是心之本體

123) 『朱子大全』 卷45 頁14~15, 〈答楊子直〉: 蓋天地之間 只有動靜兩端 循環不已 更無餘事 此之謂易 而其動其靜 則必有所以動靜之理焉 是則所謂太極者也 (…) 蓋謂太極含動靜則可(以本體而言也) 謂太極有動靜則可(以流行而言也) 若謂太極便是動靜 則是形而上下者不可分 而易有太極之言 亦贅矣

에 있는가? 한주는 다음과 같이 말한 바 있다.

> (一陰一陽에 관해) 이 理의 所以然의 妙는 오로지 '一' 字에 있다. 朱子는 "만약 다만 '陰陽之謂道' 라고 말하면, 陰陽이 道인 것이다. 이제 '一陰一陽' 이라고 말했으니, '循環하는 까닭' 이 바로 道이다." 라고 했다. 내가 '一陰一陽이 바로 道' 라고 말한 것은 이에 근거한 것이다. (…) 古人의 '一動一靜, 一闔一闢' 이라는 가르침은 모두 '一' 字에서 理를 말씀한 것이다.[124]

한주는 주자의 "循環하는 까닭이 바로 道" 라는 말에 입각하여 '순환적 법칙성' 이 '理' 의 본질이라고 설명했다. 그렇다면 마찬가지로 '一動一靜' 에서 理의 본질을 나타내는 요소 역시 '動靜' 이 아니라 '一' 즉 '순환적 법칙성' 일 것이다. 그런데 한주는 왜 그렇게 '動靜' 자체와 '理' 를 연결시키려고 노력하는가? 면우 역시 "원래 理란 다름 아니라 곧 하나의 '是(옳음)' 字이다."[125]라고 말한 바 있다. 이처럼 理의 본질적 의미는 '순환적 법칙성' 이나 '옳음' 에 있다면, 理에 '動靜의 권능' 을 부여할 이유는 전혀 없다. 그렇다면 한주가 動靜을 '理의 몫' 으로 규정한 것 역시 수긍하기 어렵겠다.

셋째, 動靜과 作用을 구분하는 문제이다. 한주는 動靜과 作用을 구분하고, 動靜은 理의 몫인 반면 作用은 氣의 몫이라고 했다. 한주가 '理의 動靜' 과 '氣의 作用' 을 구분하는 기준은 天然(自然)과 人爲였다. 한주는 '自然的인 것' 을 '公的인 것, 善한 것' 으로 규정하고, '人爲的인 것' 을

---

124) 『寒洲集』 卷16 頁15~16, 〈答李器汝〉: (一陰一陽) 此理所以然之妙 專在一字上 朱子曰若只言陰陽之謂道 則陰陽是道 今日一陰一陽 則是所以循環者乃道也 鄙說一陰一陽便是道 蓋本乎此 (…) 古人所訓一動一靜 一闔一闢 皆於一字上帶說理

125) 『俛宇集』 卷85 頁8, 〈答曹仲謹〉: 元來理非別樣 卽此一箇是字

'私的인 것, 惡한 것' 으로 규정했다. 그렇다면 '理와 氣' 는 '형이상자와 형이하자' 로 구분되는 것이 아니고 '公과 私' 또는 '善과 惡' 으로 구분되는 것이요, 聖人에게는 理의 動靜만 있고 氣의 作用은 없는 것이다. 우리는 이러한 논법을 과연 수긍할 수 있는가?

이상에서 浦論의 주장에 대해 몇 가지 반론을 제기해 보았다. 論者가 보기에, 浦論의 주장은 기존의 성리학적 이론체계를 근본적으로 무너뜨리는 것일 뿐, 이론적으로나 실천적으로 기여할 바는 별로 없다. 이에 浦論에 대한 암서의 다음과 같은 평가를 소개하면서 이 節의 논의를 마치기로 하겠다.

> '主理' 라는 말은 (…) 이름도 아름답고 말도 고상하다. 그러나 시험 삼아 그 학설로 自身에게 돌이켜 用功의 바탕을 추구해보면, 바람을 사로잡는 것처럼 거칠고 공허하며, 나무를 씹는 것처럼 메마르고 건조하여, 잠시도 편안할 수 없다. 이것으로 '理를 높인다(尊理)' 고 하니, 옳다고 볼 수 없겠다. 또한 理를 귀하게 여김은 '至善' 이 되기 때문이다. 만약 천하의 모든 사물을 理라고 간주한다면, 이른바 '主理' 는 바로 '主氣의 허물' 로서, 그 귀결을 살펴보면 어디엔들 이르지 않겠는가? 그러므로 나는 그윽이 말하기를 '이 道의 用은 겉으로 드러날수록 더욱 오묘하고, 爲學의 功은 아래로 내려올수록 더욱 충실하다' 고 한 것이다. 무릇 人道 가운데 마땅히 알고 마땅히 실천해야 하는 것은 聖賢이 이미 모두 말씀하셨다. 이에 의거하여 실행한다면 不足함을 걱정할 필요도 없고, 새롭게 많은 학설을 만들어낼 필요도 없다.[126)]

---

126) 『巖棲集』 卷7 頁7~8, 〈上郭俛宇先生〉: 主理之言 (…) 名非不美也 語非不高也 然嘗試以其說者 反於身而求用功之地 則莽曠如捕風 枯燥如喫木 不能一席安矣 以是尊理 未見其可 且所貴乎理者 以其爲至善爾 若擧天下之物而理之 則所謂主理 乃主氣之尤者 考其歸致 何所不至 故兢嘗竊謂此道之用 愈著而愈妙 爲學之功 愈下而愈實 凡人道之當知與當爲者 聖賢已盡言之矣 依而行之 不患不足 不必多爲說以新之

4. 小結

한주의 心卽理論은 "心은 一身의 主宰者인데, 主宰者를 氣에 소속시키면, 天理가 形氣의 명령에 따르게 되어, 허다한 麤惡이 靈臺에 기반을 잡게 된다. (…) 心을 氣로 여기는 학설이 유행하면 聖賢의 心法이 모두 空虛해져서, 學問은 頭腦가 없게 되고, 世敎는 나날이 더욱 昏亂해질 것이다."라는 문제의식에서 출발한 것이다. 그러나 이러한 문제의식은 율곡학파의 心卽氣論에 대한 터무니없는 오해에서 비롯된 것이다.[127] 艮齋田愚의 '性師心弟說'이 보여주듯이, 율곡학파의 心卽氣論은 '心(氣)의 自用을 조장하자'는 것이 아니라, '心(氣)으로 하여금 性(理)의 가르침을 따르도록 하여, 心(氣)의 自用을 예방하자'는 것이었다.

心에 관한 퇴계학파의 定論은 心은 '理와 氣가 결합된 것'인바, 그중에 理가 주도해야 한다는 것이었다. 그런데 한주는 心合理氣說을 心卽理說로 바꿈으로써 '理의 주재자적 위상'을 확고히 하려고 했다. 이러한 맥락에서, 한주와 후산 · 면우 등 浦論에서는 心卽理論, 明德主理論, 氣之精爽理論, 虛靈理論, 理生氣論 등을 역설하게 된 것이다. 그런데 이러한 주장들은 모두 기존 성리학의 通論과 정면으로 배치되는 것이었기 때문에 만구와 암서 등 坪論의 비판을 받게 된 것이다.

坪論의 心合理氣說은 心을 '理와 氣의 결합'으로 규정함으로써 '우리 마음의 양면성(가능성과 한계)'을 동시에 인식하려는 것이었고, 浦論의 心卽理說은 心을 理로 규정함으로써 心을 '이상세계의 초석'으로 삼으려는 것이었다. 그런데 浦論의 心卽理說은 그것이 事實論인지 當爲論인

---

127) 이는 '心統性情論에 대한 오해'와도 관련된 것이다. 한주는 '心統性'을 '心이 性을 명령함'으로 이해하고 있었거니와, 여기에 心卽氣論을 대입하면 바로 한주가 우려하는 '天理가 形氣의 명령을 받는' 상황이 성립하는 것이다.

지도 애매하고, 또 心卽理說을 관철하기 위해 氣之精爽과 虛靈을 理라고 강변하는 등의 독단성으로 인해 수긍할 여지가 전혀 없는 편이다.

坪論의 理主氣資說은 理뿐만 아니라 氣에 대해서도 그 존재의의를 충분히 인정하는 것이다. 그런데 浦論에서는 겉으로는 理主氣資論을 표방하면서도 실질적으로는 理善氣惡論에 입각하고 있었다. 浦論의 이론체계에서는 形而上者와 形而下者의 구별은 무의미하게 되고, 善과 惡의 구별만 남게 되었다. 浦論은 理를 이 세계의 주재자로 규정하고, 理에 궁극성 · 도덕성 · 능동성을 모두 부여했다. 그러나 이러한 주장은 우리가 理에 능동성을 부여한다고 해서 '실제로 理가 능동적 존재로 바뀌는 것' 이 아니라는 점에서, 그리고 또 '현실 세계에 존재하는 惡의 문제' 를 설명할 수 없다는 점에서, 말 그대로 空理空談에 불과하다.

論者의 생각에, 한주의 心卽理說은 이론적인 기여나 실천적인 공헌은 없고, 기존의 일반적 이론체계를 어지럽혀 쓸데없는 논란만 야기한 것이다.[128] 論者는 浦論에 대해 그 학문적 의의를 인정하기 어렵다. 坪論에 대해서는 浦論의 부당함을 지적하는 과정에서 성리학의 일반론을 재확인하고 천명한 功을 인정하고자 한다.

128) 한주의 心卽理說은 '心의 본체가 理' 라는 뜻이라면, 그리고 한주 자신도 心合理氣說을 전제하는 것이라면, 애초에 '心之本體卽理' 라고 하면 되었을 것이다. 그런데 왜 굳이 '心卽理' 라 하여 숱한 논란을 초래하는가?

제7장

蘆沙의 〈猥筆〉과 기호학계의 논변

栗谷 性理說의 특징은 理를 '氣의 운동의 표준'으로, 氣를 '理를 실현하는 주체'로 설명하고, 理와 氣를 '相互主宰의 관계'로 파악하는 것이다. 율곡설에 따르면 理의 역할은 '氣의 운동의 표준이 된다'는 이념적 차원에 한정되며, 현실의 세계를 주도하는 것은 氣이다. 율곡의 '氣發理乘論'은 이러한 취지를 담고 있거니와, 그리하여 예로부터 많은 사람들이 율곡설을 '主氣論'이라고 평했던 것이다.

율곡 이후 畿湖學派에서는 대체로 율곡의 氣發理乘論을 宗旨로 삼고 있었다. 그런데 조선시대 말기에 이르자 기호학파 내부에서도 율곡의 氣發理乘論에 대해 의문을 품고 비판을 제기하는 학자들이 등장하기 시작했다. 그 대표적 인물이 바로 蘆沙 奇正鎭(1798~1879)이다. 노사는 율곡의 氣發理乘論을 정면으로 비판하는 논설 〈猥筆〉을 짓고는, 자신이 '외람되게 붓을 든 이유'를 다음과 같이 설명했다.

그윽이 생각건대, 前聖이 苦心血誠으로 교훈을 세워 세상에 드리운 본뜻은 하나의 '道' 외에 다른 것이 없다. 옛날의 '道'는 지금의 '理'이다. 聖人은 유행하고 발현하여 변화가 환하게 나타나는 것은 모두 이 '道'가 하는 일이라는 것을 분명하게 보았다. (…) 지금 사람들은 '道理'라는 두 글자를 아득하여 생각도 논의도 할 수 없는 데다 몰아내고, 조금만 발현하고 드러나는 것이 있으면, 한결같이 氣에 소속시키니 (…) 그 실질은 氣가 理의 자리를 빼앗아 萬事의 本領이 되어 (…) 거꾸로 뒤집히고 창피한 온갖 일이 다 벌어지고 있지 않은가? 설사 약간의 힘으로 바로잡아 구하려 하면, 저들은 반드시 "前賢도 또한 일찍이 그렇게 말씀했다"고 말한다. 아이들이며 배우는 자들도 한결같이 나를 이길 수 있을 것인데, 하물며 前賢을 머리에 이고 확고한 증거로 삼으니, 다투어 변론해도 반드시 좋은 결과는 없을 것이다. 그리하여 80년 동안 속으로만 생각하고, 감히 입으로 분명하게 말하지 않았다. 지금 비록 서산에 지는 해가 되어 모든 생각이 재처럼 식어버렸지만, 이 하나의 일에 대해서는 늘 걱정이 되어 아직도 잊지 않고 있다.[1)]

노사에 의하면, 前聖은 이 세상의 온갖 造化가 모두 '이 道가 하는 일'임을 분명하게 깨닫고 苦心血誠으로 道를 밝혔는데, 지금 사람들은 '道理'라는 두 글자를 아득한 곳으로 몰아내고, 온갖 造化를 한결같이 氣에 소속시킨다는 것이다. 그 결과 "氣가 理의 자리를 빼앗아 萬事의 本領이 됨"으로써 "거꾸로 뒤집히고 창피한 온갖 일이 다 벌어지고 있다"는 것이다.[2)] 위의 인용문에서 말하는 '前賢'은 율곡을 지칭하거니와, 노사는 氣가 理의 자리를 빼앗게 된 배후에는 율곡의 氣發理乘論이 있다고 보았

1) 『蘆沙集』 卷16 頁28, 〈猥筆〉.

2) 〈蘆沙年譜〉 46歲條에서는 '거꾸로 뒤집히고 창피한 온갖 일'의 대표적 사례로 '아내가 남편의 자리를 빼앗음, 신하가 군왕의 자리를 빼앗음, 夷狄이 中華의 자리를 빼앗음'을 들고, 이 모든 것의 밑바탕에는 '氣가 理의 자리를 빼앗음'이 존재한다고 설명한 바 있다(『蘆沙集』 附錄 卷1 頁17).

다. 그리하여 노사는 '외람되게도 붓을 들어' 율곡설을 비판한 것이다.

노사의 〈猥筆〉은 이처럼 율곡설을 정면으로 비판하는 내용이거니와, 〈猥筆〉이 기호학계에 널리 알려지면서 많은 파문을 일으키게 되었다. 기호학계의 많은 학자들이 〈猥筆〉을 비판하는 논설을 지어 노사를 성토하고, 심지어는 『蘆沙集』의 간행을 중단하라고 요구하기도 했다. 그러자 노사의 제자들은 여러 학자들의 〈猥筆〉에 대한 비판을 반박하면서, '노사는 율곡설을 충실하게 계승하고 있다' 는 論旨로 〈猥筆〉을 변호했다.

본고에서는 노사의 〈猥筆〉과 이를 둘러싼 기호학계의 논변을 살펴보고자 한다. 본고의 논의 순서는 다음과 같다. 먼저, 〈猥筆〉의 주요 내용을 살펴보고, 노사는 율곡설의 어떤 점을 문제 삼는지 확인해 볼 것이다. 다음, 〈猥筆〉에 대한 기호학계의 여러 비판 가운데 艮齋 田愚(1841~1922)의 〈猥筆辨〉과 〈猥筆後辨〉을 살펴볼 것이다. 당시 기호학계의 여러 유학자들이 〈猥筆〉을 비판하는 논설을 남겼지만, 그 가운데 대표적인 것은 간재의 논설이기 때문이다. 다음, 간재의 비판에 대한 老柏軒 鄭載圭(1843~1911)의 반론 〈猥筆辨辨〉을 살펴볼 것이다. 노사 문하의 여러 제자들이 〈猥筆〉에 대한 비판에 대응하여 반론을 폈지만, 그 가운데 대표적인 것은 또한 노백헌의 논설이기 때문이다.[3)]

---

3) 노사의 〈猥筆〉을 둘러싼 기호학계의 논변에 대해서는 박학래의 「蘆沙學派의 理氣論 : 田愚의 蘆沙說 비판에 대한 鄭載圭의 반비판을 중심으로」 및 「蘆沙 奇正鎭의 性理說을 둘러싼 기호학계의 논쟁 : 〈猥筆〉을 중심으로」, 김낙진의 「奇正鎭과 田愚의 성리학적 쟁점과 鄭載圭의 성리설」 등의 선행연구가 있다. 이들의 연구는 '〈猥筆〉을 둘러싼 기호학계의 논변' 에 대해 전체적인 윤곽을 잘 정리해 주고 있다. 김낙진과 박학래는 노사와 노백헌의 성리설에 대해 자못 긍정적인 평가를 하고 있다. 그러나 論者는 이들과 견해를 달리하는바, 본고에서는 이 점을 밝혀보고자 한다.

1. 〈猥筆〉의 주요 내용

노사의 〈猥筆〉은 율곡의 '氣發理乘論'을 비판하는 논설이거니와, 먼저 율곡의 氣發理乘論을 살펴보기로 하자. 율곡은 〈答成浩原〉에서 다음과 같이 말한 바 있다.

> 理는 作爲가 없고 氣는 作爲가 있으니, 그러므로 '氣가 발함에 理가 타는 것(氣發而理乘)'이다. (…) '氣發而理乘'이란 무슨 말인가? 陰靜陽動은 기틀이 저절로 그러한 것(機自爾)으로서, 그렇게 시키는 존재가 있는 것은 아니다(非有使之). 陽이 動하면 理는 動을 타는데, 理가 動하는 것이 아니요, 陰이 靜하면 理는 靜을 타는데, 理가 靜하는 것은 아니다. 그러므로 朱子는 '太極은 本然之妙, 動靜은 所乘之機'라고 말한 것이다. 陰靜陽動은 기틀이 저절로 그러한 것(機自爾)인바, 그 陰靜陽動하는 까닭(所以)은 理이다. 그러므로 周子는 '太極이 動하여 陽을 낳고, 靜하여 陰을 낳는다'고 말한 것이다. '太極이 動하여 陽을 낳고, 靜하여 陰을 낳는다'는 말은 未然의 근원을 말한 것이요, '動靜은 所乘之機'라는 말은 已然의 현상을 말한 것이다. 動靜은 端初가 없고 陰陽은 시작이 없으니, 理·氣의 流行은 모두 已然일 뿐인바, 어찌 未然의 때가 있겠는가? (…) '氣發理乘'이란 氣가 理보다 앞선다는 말이 아니다. 氣는 작위가 있고 理는 작위가 없으니, 그 말이 부득불 그러한 것이다.[4)]

위의 인용문에서 주목할 것은 '陰靜陽動'을 "기틀이 저절로 그러한 것(機自爾)으로서, 그렇게 시키는 존재가 있는 것은 아니다(非有使之)"라고 설명한 동시에 또한 "그 陰靜陽動하는 까닭(所以)은 理"라고 설명

4) 『栗谷全書』 卷10 頁26~27, 〈答成浩原〉.

한 것, "陽이 動하면 理는 動을 타고, 陰이 靜하면 理는 靜을 탄다."고 설명하고는 "이른바 '氣發理乘'이란 氣가 理보다 앞선다는 말이 아니다. 氣는 작위가 있고 理는 작위가 없으니, 그 말이 부득불 그러한 것이다." 라고 설명한 것, 그리고 '已然의 현상'과 '未然의 근원'을 구분하여 설명한 것 등이다. 율곡의 이러한 주장에 대해, 노사는 〈猥筆〉에서 크게 세 가지의 비판을 제기하였다.

첫째, '機自爾, 非有使之'에 대한 비판이다. 노사에 의하면, '음정양동'은 겉으로 얼핏 보면 정말로 '스스로 가고, 스스로 멈추는 것' 처럼 보이나, 만약 그 실상을 깊이 추구해보면 한결같이 '天命이 그렇게 시키는 것'이다. '음정양동'은 '天命이 그러하므로 부득불 그러한 것'인 바, 노사는 이것을 '所以然'이라고도 했다. 요컨대 '天命이 곧 所以然' 이라는 것이다.[5] 이러한 전제 아래, 노사는 다음과 같이 말한다.

> 지금 "그 기틀이 스스로 그러하다(機自爾)"고 말하면, '스스로 그러함'은 비록 '힘써 노력함을 기다리지 않는다'는 말이지만, 이미 '자기로부터 말미암고, 다른 것에 말미암지 않는다'는 뜻을 포함한다. 또 거듭 말하기를, "시키는 것이 있지 않다(非有使之者)"고 하였으니, '스스로 그러하다'고 말할 때는 오히려 그냥 한 말 같았지만, "시키는 것이 있지 않다"는 말은 그 의미가 확고하여, 진실로 음양이 말미암는 것 없이 스스로 가고 스스로 멈춘다는 것 같다. (…) "시키는 것이 있지 않다"는 한 구절 안에서 天命이 이미 멈추었다. 天命이 멈추어도 陰陽이 진실로 여전하다는 것은 듣지 못하였다. 天命은 萬事의 本領이 되니, 지금 스스로 가고 스스로 멈추어 天命과 관련이 없다고 하면, 즉 天命의 밖에 또 하나의 本領이 있는 것이다. 두 개의 本領이 각각

5) 『蘆沙集』 卷16 頁24, 〈猥筆〉.

스스로 지도리가 된다는 것은, 造化에는 결코 이런 일은 없을 것이다.[6)]

요컨대 노사는 '음정양동'을 '天命이 그렇게 시키는 것'이라고 설명하고, 율곡의 '機自爾, 非有使之'라는 설명에 대해서는 '天命이 이미 멈추었다'는 것이요, '天命의 밖에 또 하나의 本領이 있다'는 것이라고 비판했다.

한편, 율곡이 '음정양동'을 "기틀이 저절로 그러한 것(機自爾)"으로 설명하는 동시에 또한 "그 음정양동하는 까닭(所以)은 理"라고 설명한 것에 대해, 노사는 "'自爾' 두 글자와 '所以然' 세 글자는 서로 敵對하는 것으로, '스스로 그러하다[自爾]'고 주장하면, '所以然'은 물러나 움츠러들지 않을 수 없다."[7)]고 보았다. 노사는 所以然을 '天命이 그러하므로 부득불 그러한 것'이라고 설명한 바 있거니와, 이러한 맥락에서 '機自爾'와 '所以然'은 서로 양립할 수 없는 용어라는 것이다. 또한 율곡이 "動者靜者 氣也, 動之靜之者 理也"라고 한 것에 대해, 노사는 "'動之靜之'가 '使之'가 아니고 무엇인가?"[8)]라고 반문했다. 요컨대 노사는 율곡이 이처럼 곳곳에서 자가당착을 범했다고 비판한 것이다.

둘째, '理發·理行'에 대한 옹호이다. 노사에 의하면, 貴人이 나가는데 수레·말과 종이 없지 않지만, 그것을 보는 자는 다만 '貴人이 나간다'고 할 뿐 일찍이 '수레·말과 종이 나간다'고 말하지 않는다. 이와 같은 맥락에서 '太極이 動靜한다'는 것은 본래 평탄한 말이다. 그런데 "朱子가 후세를 위해 두루 생각하여, 배우는 사람들이 '太極이 動靜한

6) 『蘆沙集』 卷16 頁24~25, 〈猥筆〉.

7) 『蘆沙集』 卷16 頁25, 〈猥筆〉 : 自爾二字與所以然三字 恰是對敵 自爾爲主張 則所以然不得不退縮

8) 『蘆沙集』 卷16 頁25, 〈猥筆〉 : 動之靜之 非使之然而何

다' 는 말을 보고 形而上과 形而下의 구분에 어두워져, 太極이 氣機를 기다리지 않고 스스로 動靜한다고 오인할까 두려워, 註解 가운데 '所乘之機' 네 글자를 붙여둔 것" 이라는 것이다. 이러한 맥락에서 노사는 다음과 같이 말한다.

> 氣가 理에 순응하여 발한 것은 氣發이 곧 理發이며, 理를 좇아서 행한 것은 氣行이 곧 理行이다. 理는 造作이 없고 스스로 꿈틀거림도 없으니, 그 發하고 行하는 것은 분명 氣가 하는 일인데, 理發 · 理行이라고 말하는 것은 무슨 까닭인가? 氣의 發과 行은 실제로 理에게 명령을 받는 것이다. 명령하는 것은 주인이 되고 명령을 받는 것은 종이 되며, 종은 그 노고를 책임지지만 주인이 그 공을 거두는 것은 하늘의 經이고 땅의 義이다. 그러므로 '흘러가는 것이 이와 같다[逝者如斯]' 고 말할 때 곧바로 '흘러가는 것' 이라고 말하고 일찍이 '氣를 타는 것이 이와 같다' 고 말하지 않았으며, '乾道變化' 를 말할 때 곧바로 '乾道' 라고 말하고 일찍이 '氣를 타고 변화한다' 고 말하지 않았다.[9]

노사에 의하면, "理는 造作이 없고 스스로 꿈틀거림도 없으니, 그 發하고 行하는 것은 분명 氣가 하는 일" 인데, "氣의 發과 行은 실제로 理에게 명령을 받는 것" 이므로 "理發 · 理行" 이라고 말한다는 것이다. 요컨대 노사는 '理의 능동성' 을 부정하면서도, 氣의 운동은 理의 명령에 따른 것이라는 맥락에서 '氣發 · 氣行' 이 곧 '理發 · 理行' 이라고 주장하는 것이다.[10] 노사는 다음과 같이 말한다.

> '理發' 두 글자는 지금의 학자들이 크게 금하여 피하는 말이 되었다. 단락

---

9) 『蘆沙集』 卷16 頁26, 〈猥筆〉.

10) 노사는 '理의 능동성' 을 주장하지는 않는다는 점에서 華西學派와는 구별된다.

이 있고 변화를 행하여 조리를 이루는 것을 보면 곧바로 氣라고 말하거니와, '무엇이 이것을 주장하느냐' 고 물으면 '그 기틀이 스스로 그러하니, 시키는 것이 없다' 고 말하며, '이른바 理는 어디에 존재하는가' 를 물으면, '氣를 타고 있다' 고 말한다. 애초에 이미 '그렇게 시키는 妙' 가 없고, 결국엔 또 '操縱하는 힘' 도 없으며, 다만 붙어있어 탈 뿐이라고 하면, 무슨 일을 할 수 있겠는가? 있어도 도움이 될 만한 바가 없고, 없어도 부족한 바가 없으니, 살에 붙어 있는 혹이나 천리마를 좇아다니는 파리에 불과하니, 가련하구나![11)]

노사에 의하면, '당시의 학자들' 은 '氣의 운동' 을 '機自爾, 非有使之' 라고 인식하여 '氣發' 만 긍정하고 '理發' 을 부정하는 것이었다. 노사는 이처럼 理는 다만 氣에 붙어있을 뿐 '그렇게 시키는 妙' 도 없고 '操縱하는 힘' 도 없다고 하면, 理는 '살에 붙어 있는 혹' 이나 '천리마를 좇아다니는 파리' 에 불과한 꼴이라고 규정하고, 이것은 "氣가 理의 자리를 빼앗아 萬事의 本領이 된 것" 이라고 비판했다.

노사는 이처럼 '理는 가벼워지고 氣는 무거워진 까닭' 은 '乘' 字가 그 본지를 잃었기 때문이라고 보았다. 즉 당시의 학자들이 '乘' 字를 '원래 타고 있다[元來所乘]' 는 뜻으로 보지 않고 '경우에 따라 갑자기 탄다[隨遇輒乘]' 는 뜻으로 봄으로써, 결국 主・客의 관계가 뒤바뀌게 되었다는 것이다.[12)] 요컨대 '理는 항상 氣를 타고 있으면서 氣를 조종하고 명령한다' 는 것이 노사의 지론이었다.

11) 『蘆沙集』 卷16 頁26~27, 〈猥筆〉.

12) 율곡은 "陽이 動하면 理는 動을 타고, 陰이 靜하면 理는 靜을 탄다." 고 했거니와, 이는 '隨遇輒乘' 에 해당한다고 볼 수 있겠다. 그런데 율곡은 이어서 "이른바 '氣發理乘' 이란 氣가 理보다 앞선다는 말이 아니다. 氣는 작위가 있고 理는 작위가 없으니, 그 말이 부득불 그러한 것이다." 라고 설명했거니와, 이렇게 본다면 율곡의 본지 역시 '元來所乘' 이라는 것이었다.

셋째, 理優位論이다. 노사는 "명령하는 것은 주인이 되고 명령을 받는 것은 종이 되며, 종은 그 노고를 책임지지만 주인이 그 공을 거두는 것은 하늘의 經이고 땅의 義이다."라고 주장하고, "孔子는 理를 말할 때에는 반드시 理로 氣를 거느리고, 氣를 말할 때에는 곧 그에 입각하여 理를 밝히셨다."고 주장했다. 이처럼 노사는 理優位論을 주장하면서, 理와 氣를 대등하게 병렬시키는 것을 비판했다.

> 氣와 理를 함께 거론하여 '理氣'라고 부르는 것이 언제부터 시작되었는가? 내가 생각하기에, 이는 결코 聖人의 말씀이 아니다. 무슨 말인가? 理의 존귀함은 상대가 없으니, 氣가 어떻게 상대하여 짝이 될 수 있겠는가? 그 광활함은 상대가 없으니, 氣 역시 理 가운데의 사물로서, 理가 유행할 때의 손발이다. (氣는) 理에 본래 대적할 수 없는바, 짝도 아니고 敵도 아닌데 함께 거론하는 것은 무슨 까닭인가? (…) 지금 사람들은 '理' 자를 보면 곧 반드시 '氣' 자를 찾아 짝을 지으니, 이에 '理의 流行'이라는 하나의 큰일이 모두 '氣' 字와 함께 이루어지는 것이 되고 말았다. 남은 것은 다만 '混淪'과 '冲漠' 뿐이니, 이것이 두 개의 본령이 있게 된 조짐이었다. 슬프구나![13]

노사는 理를 '존귀하고 광활하여, 상대가 없는 존재'로 규정하고, 氣에 대해서는 '理 가운데의 사물로서, 理가 유행할 때의 손발'이라고 격하시켰다. 그리고 당시 사람들이 '理와 氣를 대등하게 병렬시키는 것'에 대해 '두 개의 본령이 있게 된 조짐'이라고 비판하였다.

이상에서 〈猥筆〉의 주요 내용을 살펴보았다. 기정진의 문제의식은 한마디로 말해 '율곡의 氣發理乘論'은 결국 '氣가 理의 자리를 빼앗아

---

13) 『蘆沙集』 卷16 頁27~28, 〈猥筆〉.

萬事의 本領이 되게 함'으로써 '거꾸로 뒤집히고 창피한 온갖 폐단들을 초래했다'는 것이다. 노사는 이러한 論旨를 전개한 다음, "무릇 여기서 말한 것이 간혹 先賢의 말씀을 범하여서, 옳지 못함을 잘 안다."고 송구스러운 마음을 피력하였다. 그럼에도 불구하고 '올바른 학술'을 되살리기 위해 '지난 80년 동안 속으로만 생각하던 내용'을 감히 토로하게 되었다는 것이다.

2. 〈猥筆〉에 대한 艮齋의 비판

艮齋 田愚는 〈猥筆〉을 비판하는 두 편의 글을 남겼다. 1902년(壬寅)에 쓴 〈猥筆辨〉과 1904년(甲辰)에 쓴 〈猥筆後辨〉이 그것이다. 이제 이 두 편을 중심으로 간재의 〈猥筆〉에 대한 비판을 살펴보기로 하자.

첫째, 율곡의 '機自爾, 非有使之'에 대한 옹호이다. 간재는 대략 세 측면에서 율곡의 '機自爾, 非有使之'를 옹호했다. 율곡의 '機自爾, 非有使之'는 성리학의 기본 논리인 '理는 作爲가 없고, 氣는 作爲가 있다'는 명제와 궤를 같이한다는 것, 朱子의 '理가 실제로 사물을 부리는 것은 아니라는 가르침'을 정확하게 계승하고 있다는 것, 율곡도 근원적으로 '理의 주재를 설파하고 있다'는 것이 그것이다. 먼저, 율곡의 '機自爾, 非有使之'는 성리학의 기본 논리인 '理는 作爲가 없고, 氣는 作爲가 있다'는 명제와 궤를 같이한다는 주장을 살펴보자. 간재는 다음과 같이 말한다.

> 朱子의 雅言은 '作用이 있으면 곧 形而下者'라는 것인바, 動靜은 作用이므로 '機自爾'라고 말씀한 것이다. (…) 또한 예컨대 '人能弘道'는 '機自爾'에

해당하고, '非道弘人' 은 '非有使之' 에 해당하며, '人心有覺' 은 '陰陽動靜의 기틀' 에 해당하고, '道體無爲' 는 '太極自然의 妙' 에 해당한다. 朱子는 集註에 張子의 말씀을 수록했는데,[14] 後賢들이 '性은 그 心을 검속할 줄 모른다(性不知檢其心)' 는 말을 '天命이 이미 끊긴 것' 이라 여기고, '心은 性을 모두 발휘할 수 있다(心能盡性)' 는 말을 '天命 바깥에 또 하나의 本領이 있는 것' 이라 여겨, 분격하여 방자하게 꾸짖었다는 말을 듣지 못했다.[15]

간재에 의하면, 공자의 '人能弘道 非道弘人', 주자의 '人心有覺 道體無爲', 장횡거의 '心能盡性 性不知檢其心' 등은 모두 '理는 作爲가 없고, 氣는 作爲가 있다' 는 주장과 궤를 같이하는바, 율곡이 '陰靜陽動' 을 '機自爾, 非有使之' 로 설명한 것도 이러한 맥락에서 이해할 수 있다는 것이다.

다음, 율곡의 '機自爾, 非有使之' 는 朱子의 '理가 실제로 사물을 부리는 것은 아니라는 가르침' 을 정확하게 계승하고 있다는 주장을 살펴보자. 간재는 다음과 같이 말한다.

> 孔子는 분명히 "하늘이 만물을 낳음에, 심은 것을 북돋아 주고 기울어진 것을 엎어버린다" 고 말씀했는데, 朱子는 도리어 "이는 그렇게 시키는 물건이 있는 것이 아니다(非有物使之然). 다만 만물이 생겨날 때 스스로 자라는 것이 恰似 그것을 붙들어주는 물건이 있는 것 같고, 쇠멸할 때 스스로 쭈그

---

14) 『論語』의 "人能弘道 非道弘人" 이라는 구절에 대해, 주자는 "人心有覺而道體無爲 故人能大其道 道不能大其人也" 라고 주석하고, 張橫渠의 "心能盡性 人能弘道也 性不知檢其心 非道弘人也" 라는 말을 소개한 바 있다(『論語集註』 衛靈公 28, 朱子註).

15) 『艮齋集』 前編 卷13 頁59~60, 〈猥筆辨〉: 朱子雅言 纔有作用 便是形而下者 動靜者 作用也 故曰機自爾也 (…) 且如人能弘道 機自爾也 非道弘人 非有使之也 蓋人心有覺 是陰陽動靜之機也 道體無爲 是太極自然之妙也 朱子於集註 載張子語 而未聞後賢以性不知檢其心 爲天命已息 心能盡性 爲天命之外又一本領 而奮筆肆罵也

러드는 것이 恰似 그것을 넘어뜨리는 물건이 있는 것 같으니, 理가 스스로 이러한 것이다(理自如此)"라고 설명했고, 孟子는 분명히 "하늘이 만물을 낳음에, 근본이 하나이게 했다."고 말씀했는데, 朱子는 도리어 "自然의 理는 하늘이 그렇게 시킨 듯하다(若天使之然)"고 설명했으며, 伊尹은 분명히 "하늘이 백성을 낳음에, 先知로 하여금 後知를 깨우치게 했다."고 말씀했는데, 朱子는 도리어 "天理의 當然함이 그렇게 시킨 듯하다(若使之也)"고 설명했다. 이는 무슨 까닭이겠는가? 다만 사람들이 '使' 字를 '作用'의 뜻으로 오인하여 크게 道를 해칠까 두려웠기 때문이다. 그러므로 별도로 '若, 恰似, 非有物使之然' 등의 글자를 두어 '작용이 없는 부림(無作用之使)'임을 보여준 것이다. 그러므로 '非有使之'라고 말한 것인바, 율곡이 어찌 傳受한 바 없이 함부로 말씀했겠는가?[16)]

간재에 의하면, 위에 소개된 공자·맹자·이윤의 말씀은 모두 '天' 또는 '理'가 사물을 '이러저러하게 부린다(使之)'는 취지로 해석할 수 있는데, 이에 대해 주자는 '마치 理가 부리는 것처럼 보인다'는 뜻이라고 해석함으로써 '실제로는 理가 사물을 이러저러하게 부리는 것이 아님'을 분명히 했다는 것이다.[17)] 율곡이 '陰靜陽動'을 '機自爾, 非有使之'로 설명한 것도 주자의 이러한 설명과 정확히 부합한다는 것이다.

---

16) 『艮齋集』 前編 卷13 頁59, 〈猥筆辨〉: 孔子分明說 天之生物 栽者培之 傾者覆之 而朱子卻言 此非有物使之然 但物之生時 自長將去 恰似有物扶持佗 及其衰也 自消磨去 恰似箇物推倒佗 理自如此 孟子分明說 天之生物 使之一本 而朱子卻言自然之理 若天使之然也 伊尹分明說 天之生民 使先知覺後知 而朱子卻言 天理當然 若使之也 此何以故 只是恐人錯認使字爲作用之意 則害道大矣 故另下若字恰似字 非有物使之然字 以見其無作用之使也 故曰非有使之也 栗翁豈無所受而妄言之哉

17) 『艮齋集』 前編 卷13 頁66, 〈猥筆後辨〉: 且伊尹孟子 皆有天使之語 而集註卻皆言若使之也 其意正慮後人有錯將使字爲眞能使之之意 則有害於道體無爲之理 故逐處註明 使之無疑

다음, 율곡도 근원적으로 '理의 주재를 설파하고 있다'는 주장을 살펴보자. 간재는 다음과 같이 말한다.

> 만약 '理는 氣의 主가 되고, 性은 心의 本이 됨'을 논하자면 율곡은 또 일찍이 "氣가 하는 일은 반드시 理가 있어서 主宰한다"고 하였고, 또 "無爲이면서 有爲한 것의 主가 되는 것은 理이다"라고 했으며, 또 "누가 그 기틀을 주재하는가? 아, 太極이도다."라고 했으니, 이러한 부류의 말씀은 非一非再하다. 사람들이 진실로 이를 살펴본다면, 비록 '機自爾'라 했어도 그 '自爾'의 所以然은 여전히 理이며, 비록 '非有使之'라 했어도 그 '부리는 작용이 없는 부림(不使之使)'은 여전히 理인 것이다.[18]

간재에 의하면, 율곡은 분명 "氣가 하는 일은 반드시 理가 있어서 主宰한다"거나 "無爲이면서 有爲한 것의 主가 되는 것은 理이다"라고 설명한 바 있거니와, 따라서 율곡이 비록 '機自爾'라 했어도 그 '自爾'의 所以然은 여전히 理라는 것이다. 다시 말해, 만물의 생명은 비록 '스스로 자라고 스스로 사라지는 것'이라 하나, 궁극적으로는 '理가 스스로 이와 같은 것(理自如此)'이며, 음양의 기틀은 비록 '스스로 움직이고 스스로 고요한 것'이라 하나, 궁극적으로는 역시 '理가 당연히 이와 같은 것(理當如此)'이므로, 따라서 '機自爾'에 대해 '氣奪理位'라고 비판함은 부당하다는 것이다.[19]

---

18) 『艮齋集』 前編 卷13 頁60, 〈猥筆辨〉: 若論理爲氣主 性爲心本 則栗翁又嘗言氣之所爲必有理爲之主宰 又曰 無爲而爲有爲之主者 理也 又曰 孰尸其機 嗚呼太極 此類不一而足矣 人苟有見於此 雖曰機自爾也 而其自爾之所以然 則依舊是理也 雖曰非有使之 而其不使之使 則依舊是理也

19) 『艮齋集』 前編 卷13 頁60, 〈猥筆辨〉: 物之生 雖曰自長自消 而其自長自消 究是理自如此 陰陽之機 雖曰自動自靜 而其自動自靜 亦是理當如此 此豈難曉之理乎 (…) 栗翁非有

간재는 〈猥筆後辨〉에서는 이 문제를 보다 체계적으로 설명했다. 요컨대 '理가 氣를 주재한다' 는 주장은 '本原處에서 말한 것' 이요, '機自爾, 非有使之' 라는 주장은 流行處에서 말한 것으로서, 양자는 서로 조금도 모순되지 않는다는 것이다.[20]

둘째, 율곡의 '氣發說' 에 대한 옹호이다. 노사는 "氣가 理에 순응하여 발한 것은 氣發이 곧 理發" 이라고 하면서, 율곡이 理發說을 배격한 것을 비판했다. 이에 대해, 간재는 "율곡도 '性發爲情' 이라 했으니, '氣가 理에 순응하여 발한 것은 氣發이 곧 理發' 이라는 내용은 율곡도 이미 수긍한 것" 이라고 지적했다. 그런데도 율곡이 '理發' 을 비판한 것에 대해, 간재는 다음과 같이 설명했다.

> 다만 율곡이 '理發' 을 잘못으로 여긴 것은 도리어 曲折이 있으니, 이는 사실 理氣互發說 때문에 나온 말이다. 대개 '理가 根柢가 된다' 는 것으로부터 말하면 氣는 理의 用이 되니, 그러므로 비록 氣가 發한 것이라도 또한 理發이라 말할 수 있는 것이다. 예컨대 가는 것은 비록 말(馬)이지만 주인은 사람이니, 그러므로 통합해서 '사람이 간다(人行)' 고 말하는 것과 같다. 만약 '氣가 능히 作用한다' 는 것에 근거하여 말하면 理는 사실 情意가 없으니, 그러므로 비록 善情이라도 다만 '氣發' 이라고 말하는 것이다. 예컨대 타고 있는 것은 비록 사람이지만 가는 것은 말(馬)이니, 그러므로 변별하여 말할 때엔 '말이 간다(馬行)' 고 말하는 것과 같다. 만약 오로지 '理로 主를 삼는 것' 만 꾀하여 用事處에 이르러서도 '氣發' 이라는 말을 못 하게 금한다면, 이는 實情에 어

使之之謂 而更無理自如此之云 此亦將以自行自止不關由天命 罵之乎 亦將以吾懼夫氣奪理位而爲萬事本領 斥之乎

20) 『艮齋集』 前編 卷13 頁66, 〈猥筆後辨〉: 栗翁自言 氣之所爲 必有理爲之主宰 又曰 孰尸其機 嗚呼太極 此又從本原說者 與所謂自爾非使之據流行言者 初無毫髮相礙也

긋나는 것이다. 비유컨대 신하가 군주의 명령을 행할 때, 그 행위는 진실로 군주로부터 나온 것이지만, 그러나 그 행위는 결국 신하의 행위요 군주의 행위가 아닌 것과 같다. 만약 그 행위가 군주의 명령에 따른 것이라 하여 '신하의 행위'를 가리켜 '군주의 행위'라 한다면, 이름이 바르지 못하고 말도 순조롭지 못하다. 하물며 성급하게 '신하의 행위(臣行)'라는 두 글자를 가리켜 '신하가 군주의 자리를 빼앗았다(臣奪君位)'고 규정하고 비판한다면, 어찌 法理에 마땅하겠는가?[21]

위의 인용문에 따르면, 당시 학자들은 서로 다른 두 맥락에서 '理發'을 주장하고 있었던 것이다. 하나는 '理가 根柢가 된다'는 입장에서 '氣가 發한 것'도 理發이라 주장하는 것인데, 노사도 이러한 맥락에서 '氣發은 곧 理發'이라고 주장한 것이다. 간재는 이러한 논법에 대해서는 얼마든지 수긍할 수 있다고 보았다. 다른 하나는 理를 '능동적 존재'로 간주하여 '理가 스스로 발한다'고 주장하는 것인데, 율곡은 '理는 作爲가 없다'는 관점에서 이러한 주장을 배격하고, 비록 善情이라도 '氣가 발한 것'일 뿐이라고 보았던 것이다.

간재에 의하면, 율곡이 '氣發'을 주장하는 것은 '발하는 작용의 주체는 氣'라는 맥락인바, "만약 오로지 '理로 主를 삼는 것'만 꾀하여 用事處에 이르러서도 '氣發'이라는 말을 못 하게 금한다면, 이는 實情에 어

---

21) 『艮齋集』 前編 卷13 頁63, 〈猥筆辨〉 : 但其以理發爲非者 卻有曲折 實由理氣互發而云爾 蓋從理爲根柢上說 則氣爲理之用 故雖氣發 亦可謂之理發 如行者雖馬 而主者是人 故統而言之曰人行也 若據氣能作用上說 則理實無情意 故雖善情 但可謂之氣發 如乘者雖人 而行者是馬 故辨而明之曰馬行也 若都欲以理爲主 而至於用事處 亦禁不下氣發字 非其情實也 譬如臣行君令 其所行固出於君 然其行之 畢竟是臣而非君 如必以所行是君命指臣行爲君行 則名不正而言不順矣 況遽指臣行二字 爲臣奪君位而誅之 則豈法理之所當出乎

긋나는 것"이며, 같은 맥락에서 율곡의 氣發說에 대해 '氣奪理位'라고 비판하는 것도 '法理에 어긋난다'는 것이다.

셋째, 노사의 '理가 氣보다 우월하므로, 理와 氣를 대등하게 병렬시킬 수 없다'는 주장에 대한 비판이다. 간재는 舜의 '人心과 道心', 孔子의 '道와 器', 孟子의 '性也有命과 命也有性', 주렴계의 '無極之眞과 二五之精', 정명도의 '性卽氣와 氣卽性', 정이천의 '至微者理와 至著者象', 주자의 '性猶太極과 心猶陰陽' 등이 모두 '理와 氣를 對擧한 사례'라고 설명하였다.[22] 간재는 특히 정자의 "天地萬物의 理는 홀로인 것이 없고 반드시 짝이 있다."는 말과 주자의 "太極은 바로 陰陽과 짝한다"는 말을 인용하고,[23] 따라서 노사의 '氣와 理를 함께 거론하는 것은 결코 聖人의 말씀이 아니다'는 주장이나 '氣와 理를 함께 거론함으로써 두 개의 본령이 있게 되었다'는 주장은 '터무니없는 妄言'이라고 비판했다.

이상에서 〈猥筆〉에 대한 간재의 비판을 간단히 살펴보았거니와, 이제 이상의 내용을 정리해보자. 노사는 '理가 氣를 부린다(使之)'고 전제하고, 이러한 맥락에서 氣發·氣行은 곧 理發·理行이라 하면서 '太極이 動靜한다'는 말을 자연스러운 말로 받아들였다. 그런데 간재는 "道體는 作爲가 없고, 作爲가 있는 것은 모두 氣에 속한다"는 것이 '聖門의 宗旨'라고 전제하고,[24] 이러한 맥락에서 '理가 氣를 부린다'는 주장을 비판했다. 노사가 율곡의 '理는 作爲가 없기 때문에, 氣를 검속할 수 없다'는 주장을 두고 '氣奪理爲'라고 비판한 것에 대해, 간재는 율곡설은 본래 주자설에 근거한 것이라고 설명하고, 따라서 그러한 비판은 먼저 주자

22) 『艮齋集』 前編 卷13 頁72~73, 〈猥筆後辨〉.

23) 『艮齋集』 前編 卷13 頁64, 〈猥筆辨〉: 程子曰 天地萬物之理 無獨必有對 有問於朱子曰 太極便對甚底 曰 太極便與陰陽相對

24) 『艮齋集』 前編 卷13 頁73~74, 〈猥筆後辨〉: 吾聖門宗旨 以道體爲無爲 而凡有爲者 皆屬乎氣

에게 제기하는 것이 마땅하다고 보았다.[25] 간재는 더 나아가 '과연 蘆沙의 주장처럼 理가 氣를 부리는 것이라면, 이 세상에는 왜 각종 變故가 생기는 것인가?'[26]라는 질문을 제기했다. 만약 순선한 理가 氣를 완전하게 부린다고 한다면, 이 세상에 惡이 존재하지 않아야 할 것이다. 그런데 이 세상에는 언제나 惡이 넘치고 있다. 간재는 '율곡이 남긴 弊端과 노사를 향한 聲討'를 예로 들어 '현실을 주도하는 것은 氣'라고 주장하면서, 노사(학파)에게 '理가 氣를 부린다'는 주장을 재고하도록 촉구한 것이다.

3. 艮齋에 대한 老柏軒의 비판

간재의 〈猥筆辨〉에 대해, 노사의 문인 老柏軒 鄭載圭는 〈猥筆辨辨〉이라는 장문의 논설을 통해 반론하였다.[27] 이제 〈猥筆辨辨〉의 주요 내용을 살펴보자.

첫째, 動靜과 造作을 구분함으로써, '理의 動靜'을 옹호하는 것이다. 간재는 '理는 造作이나 作用이 없다'는 것이 朱子의 雅言이라고 주장하면서, 그러므로 율곡은 陰靜陽動을 '機自爾'로 설명했던 것이라고 말한

25) 『艮齋集』 前編 卷13 頁72, 〈猥筆後辨〉: 所謂道者 從來是無爲底 如何能撿攝得氣 故栗翁之前 朱子已有氣强理弱 氣麤理微之論 (…) 以猥筆觀之 朱子也未免啓子奪父位 臣行君權 萬世亂賊之禍矣

26) 『艮齋集』 前編 卷13 頁75, 〈猥筆後辨〉.

27) 간재의 〈猥筆辨〉은 壬寅年(1902)에, 노백헌의 〈猥筆辨辨〉은 癸卯年(1903)에, 간재의 〈猥筆後辨〉은 甲辰年(1904)에 쓴 것이다. 그런데 간재의 〈猥筆後辨〉은 노백헌의 〈猥筆辨辨〉에 대한 反論으로 쓴 것은 아니다. 간재는 노백헌의 〈猥筆辨辨〉에 대한 反論으로는 甲寅年(1914)에 〈觀鄭柏軒集猥筆辨辨〉과 〈題鄭氏猥筆辨辨〉을 남긴 바 있다.

바 있다. 요컨대 간재는 動靜과 造作을 같은 맥락으로 인식한 것이다. 이에 대해 노백헌은 다음과 같이 반론한다.

> 理는 진실로 造作이 없다. 그러나 氣는 理에 의지하여 운행하니, 造作의 準則은 이미 理에 갖추어진 것이다. 作用은 진실로 氣이다. 그러나 理에는 저절로 妙用이 있으니, 作用의 節制는 理에 自在하는 것이다. 또한 動靜은 '自然而然한 것' 으로서 조금도 氣의 힘을 침범하는 글자가 아니요, 造作은 '情意와 營爲가 있는 것' 으로서 크게 氣의 힘을 소비하는 글자이다. 動靜을 곧바로 造作으로 간주하는 것이 옳은 것인지 모르겠다. 朱子는 "動 또한 太極의 動이요, 靜 또한 太極의 靜이다."라고 했다. (…) 이러한 말씀은 매우 많아 모두 열거할 수 없을 정도이다. 이것으로 말하면 動靜은 진실로 氣로 말하는 경우가 있으나 또한 理에서도 말할 수 있으니, 造作 · 作用 등은 오로지 氣에서만 말할 수 있는 것과는 다르다.[28)]

노백헌에 따르면, 動靜은 '自然而然한 것' 이요, 造作은 '情意와 營爲가 있는 것' 으로서, 造作 · 作用이 오로지 氣에만 속하는 것과 달리 動靜은 氣로 말하는 경우도 있고 理로 말하는 경우도 있다는 것이다.[29)] 위의 인용문에서 '造作의 準則' 과 '作用의 節制' 를 理로 규정한 점을 유념하기로 하자.[30)]

---

28) 『老柏軒集』 卷29 頁1, 〈猥筆辨辨〉 : 理固無造作 然氣依傍這理行 則造作之準則 已具於理也 作用固是氣 然理自有妙用 則作用之節制 自在於理也 且動靜是自然而然 非有絲毫犯氣力底字 造作是有情意營爲 而煞費氣力底字 以動靜 直喚做造作 未知其如何也 朱子曰動亦太極之動 靜亦太極之靜 (…) 此類甚多 不可枚擧 以此言之 動靜固有以氣言者 而亦可以言之於理 非若造作作用等字之專做氣邊說者也

29) 寒洲는 '動靜은 自然스러운 것으로서 理에 속하고, 作用은 安排 · 造作 · 運用으로서 氣에 속한다' 고 구분한 바 있다(『寒洲集』 卷7 頁47~48, 〈答沈稺文 別紙〉 참조).

둘째, '理의 주재'와 '使之'에 대한 재해석을 통해 노사를 율곡의 진정한 계승자로 규정한 것이다. 간재는 율곡의 '非有使之'에 대해 "孔子·孟子·伊尹은 분명히 '使之'를 말씀했는데, 朱子는 도리어 사람들이 '作用'의 뜻으로 오인할까 두려워 '若' 字와 '恰似' 字를 둔 것이요, 율곡은 또 朱子의 뜻을 따라 곧바로 '非有使之'라고 말한 것"이라고 설명한 바 있다. 그런데 노백헌은 바로 이 말을 받아서 다음과 같이 주장한다.

그렇다면 立言은 비록 다르나 그 취지는 모두 理를 밝히려는 것이다. 그런데 후세의 학자들은 가까운 것에 가리어 먼 곳에 어둡고, 그 말씀을 스승으로 삼고 그 취지를 스승으로 삼지 않아서, 마침내 참으로 '非有使之'라고 여기고 天地 사이의 造化와 生成을 하나의 '氣' 字로 덮으니, 이른바 理는 主宰의 자루(權柄)를 잃었다. 그 道에 해가 됨이 또한 크지 않은가? (蘆沙는) 이에 별도로 天命에는 참으로 '그렇게 부리는 妙(使之然之妙)'가 있음을 말하여 聖賢의 微言을 밝히고 天理의 본래 면목을 회복했으니, 그 말씀은 비록 다르나 그 취지는 理를 밝히는 것으로 함께 돌아가는 것이다. 그렇다면 저 '말에 집착하여 취지를 잃은 사람들'은 율곡에게 累가 되기에 충분하다. 이것이 의문을 제기하여 밝게 분변하는 것이 바로 율곡의 진수를 밝히는 일이 되는 까닭이다.[31]

---

30) 性理學의 일반론에 따르면, 理는 '氣의 운동의 표준(준칙)'이라는 것이다. 그러므로 노백헌이 理를 '造作의 準則'으로 설명한 것은 충분히 수긍할 수 있겠다. 문제는 '作用의 節制'로서, 節制는 분명 '情意와 營爲가 있는 것'인데 理로 규정함이 타당한 것인지 궁금하다.

31) 『老柏軒集』 卷29 頁2, 〈猥筆辨辨〉 : 若是則立言雖殊而其意則皆爲明理也 而後之學者蔽於近而昧於遠 師其言而不師其意 遂眞以爲非有使之者 而天地間造化生成 以一氣字冒之 所謂理者 失主宰之柄 其害道也 不亦大矣乎 於是另言天命實有使之然之妙 以明聖

간재는 "孔子 · 孟子 · 伊尹이 말씀한 '使之'에 대해, 朱子는 사람들이 '作用'의 뜻으로 오인할까 두려워 '若' 字와 '恰似' 字를 둔 것"이라 했거니와, 노백헌은 이 말을 수용하면서 "그렇다면 주자가 부인한 것은 '使之' 자체가 아니라 '使之'를 '作用'으로 간주하는 것"이라고 주장하는 것이다. 그런데 '후세의 학자들'은 이를 오해하여 "마침내 참으로 '非有使之'라고 여기고 天地 사이의 造化와 生成을 하나의 '氣' 字로 덮으니, 이른바 理는 主宰의 자루(權柄)를 잃었다."는 것이다. 그런데 "(蘆沙께서는) 이에 별도로 天命에는 참으로 '그렇게 부리는 妙(使之然之妙)'가 있음을 말하여 聖賢의 微言을 밝히고 天理의 본래 면목을 회복했으니", 노사야말로 '율곡의 진수'를 밝혔다는 것이다.

위의 인용문에서 주목할 것은 두 가지이다. 첫째, 노백헌은 '使之를 부정함'을 곧 '理의 주재를 부정함'으로 간주하고 있다는 것, 다시 말해 '理의 주재'를 '理가 氣를 부린다'는 뜻으로 해석하고 있다는 점이다. 간재는 '理의 주재'를 '理가 氣의 운동의 표준이 됨'으로 해석하고 理가 氣를 이러저러하게 부리는 것은 아니라고 보는데, 노백헌은 이에 대해 '理의 주재를 부정하는 것'이라고 보는 것이다. 둘째, 노백헌은 '使之'를 '使之然之妙'로 설명하고 있다는 점이다. 노백헌에 의하면 '理가 氣를 부림(使之)'은 '作用'에 속하는 것이 아니라 '妙用'에 속하는 것인바, 노백헌은 이를 '使之然之妙'라는 말로 표현한 것이다. 요컨대 노백헌은 '使之'의 취지는 살리면서 '作用'이라는 혐의를 피하기 위해 '使之然之妙'라고 설명한 것이다. 더 나아가 노백헌은 율곡의 '非有使之' 역시 '使之를 作用으로 오해하는 것'을 부인한 것일 뿐 '使之然之妙'를 부인하는 것은 아니라고 주장하면서, 노사를 율곡의 진정한 계승

賢之微言 以還天理之本面 其言雖異 其意亦同歸於明理者也 然則彼執言而迷旨者 適足爲栗翁之累 此致疑而明辨者 乃所以發栗翁之蘊也

자로 규정하였다.

한편, 노사가 '천지만물의 流行變化'를 '道가 하는 일'로 설명한 것에 대해 간재가 '道體無爲'라는 입장에서 비판한 바 있거니와, 이에 대해 노백헌은 '道體가 하는 일(道體之所爲)'에 관한 程·朱의 여러 언설을 소개하고는 다음과 같이 반론한다.

> 이른바 '道體無爲'란 '作爲가 없음'을 말한 것이니, '道體가 하는 일' 역시 어찌 '作爲'에 해당하겠는가? 다만 그렇게 하는 '所以로서의 妙'이며 '당위의 법칙'인 것이다. '無爲'라는 글자를 굳게 지켜서, 무릇 설명에 '爲'字가 등장하는 것을 보면 일체 造作에 귀결시키니, 이는 道體가 空無에 빠지는 것인바, 老子의 無爲에 가깝지 않겠는가? 그렇다면 이른바 '根柢樞紐'도 결국 무의미하게 될 것이다. 대개 理란 至無이면서도 至有이다. (…) 이에 朱子는 두 가지로 立說하여 '道體無爲'라고도 말하고 '道體의 所爲'라고도 말한 것인바, 알지 못하는 자는 '두 견해가 서로 다른 것 같다'고 의심할 것이요, 아는 자는 '體는 無爲이지만, 用은 有爲'라고 이해할 것이다.[32]

노백헌에 따르면 道體는 作爲가 없지만, 道體는 "그렇게 하는 '所以로서의 妙'이며 '당위의 법칙'인 것"인바, 이러한 점에서 道體는 일정한 역할을 하고 있다는 것이다.[33] 이러한 맥락에서 노백헌은 '道體가

---

32) 『老栢軒集』 卷29 頁23, 〈猥筆辨辨〉: 所謂道體無爲 是無作爲之謂也 其曰道體之所爲者 亦豈作爲之爲乎 以其所以爲之妙 與夫所當爲之則也 膠守無爲字 凡說著爲字處 一切歸之於造作 則是道體淪於空無也 不幾於老子之無爲乎 然則所謂根柢樞紐者 畢竟爲烏有先生矣 蓋理也者 至無而至有者也 (…) 朱子於此兩下立說 曰道體無爲 又曰道體之所爲 不知者必疑其有似乎左右佩劍 其知之者必謂體則無爲用則有爲

33) "道體는 그렇게 하는 '所以로서의 妙'이며 '당위의 법칙'으로서 일정한 역할을 하고 있다"는 주장에 대해서는 艮齋도 전적으로 동의할 것이다. 그런데 艮齋는 이를

하는 일' 을 일 완전히 부정하는 것은 道體를 空無에 빠뜨리는 것이라고 비판하면서, 퇴계의 논법을 빌려 '體는 無爲이지만, 用은 有爲' 라고 설명했다.

셋째, 源頭處와 流行處를 구분함으로써 '機自爾' 와 '理의 주재' 문제에 대해 율곡과 노사가 견해를 같이했다고 주장한 것이다. 간재가 "만물의 생명은 비록 '스스로 자라고 스스로 사라지는 것' 이라 하나, 궁극적으로는 '理가 스스로 이와 같은 것(理自如此)' 이며, 음양의 기틀은 비록 '스스로 움직이고 스스로 고요한 것' 이라 하나, 궁극적으로는 역시 '理가 당연히 이와 같은 것(理當如此)' 이므로" 따라서 '機自爾' 에 대해 '氣奪理位' 라고 비판하는 것은 부당하다고 주장한 것에 대해, 노백헌은 다음과 같이 반론한다.

> 氣의 기틀이 一動一靜하는 것 또한 '理가 당연히 이와 같은 것(理當如此)' 인바 (…) 율곡의 正見이 이와 같았다. 그러므로 先師(蘆沙)는 '機自爾 非有使之' 라는 말을 단연코 '流行邊의 말씀' 이라 한 것이다. 대개 道理의 源頭는 知者가 보면 진실로 깨닫기 어려운 이치가 없으나, 어리석은 자들은 날마다 쓰면서도 알지 못하고 반복하면서도 살피지 못한다. 그러므로 간혹 근본을 버리고 말단을 들며 아래를 말하고 위를 빠뜨리니, 後人들이 語句에 따라 억지로 해석하고 말에 집착하여 本旨를 잃음에 어찌 폐단이 없겠는가? 그러므로 先師는 또 "(율곡이) 너무나 통쾌하게 말씀하여, 말폐가 여기에 이를 것을 세세하게 생각하지 못했을 수도 있겠다." 고 의문을 품은 것이다.[34)]

'無爲에 속하는 것' 으로 보는 반면, 老柏軒은 이를 '有爲에 속하는 것' 으로 보는 것이다.

34) 『老栢軒集』 卷29 頁4, 〈猥筆辨辨〉 : 氣機之一動一靜 亦是理當如此 (…) 栗翁之正見如此 故先師以自爾非使一語 斷然謂流行邊說話也 蓋道理源頭 自知者見之 則固無難曉之理 而自昧者言之 日用而不知 習焉而不察 故或舍本而擧末 語下而遺上 則後人之隨語生

노백헌에 의하면, '陰靜陽動' 은 流行處에서 보면 '機自爾, 非有使之' 이지만, 源頭處에서 보면 '理가 주재한 것' 인바, 이에 대해서는 율곡과 노사가 견해를 같이했다는 것이다. 그런데 後人들은 '근본을 버리고 말단을 들며 아래를 말하고 위를 빠뜨림' 으로써 '機自爾, 非有使之' 만 알고, 源頭處에서 보면 '理가 주재한 것' 임을 모르는바, 그러므로 노사가 이들을 비판했다는 것이다.

한편, 율곡의 "動者靜者 氣也, 動之靜之者 理也" 라는 말에 대해 노사가 "動之靜之는 '그렇게 시키는 것' 이 아니고 무엇인가?" 라고 반문한 것에 대해, 간재가 '理의 주재' 란 '樞紐根柢' 를 말할 뿐이며 '理의 주재' 를 '使之' 로 해석하는 것은 '認氣爲理' 라고 비판한 바 있다. 요컨대 간재는 '使之' 를 '造作' 으로 간주하여, '理가 氣를 부린다' 고 주장하는 것은 '氣를 理로 오인하는 것' 이라고 비판한 것인데, 이에 대해 노백헌은 다음과 같이 반론한다.

> 대개 理는 '運用하고 造作하는 일' 이 없다고 하는데, 理는 진실로 그 '運用造作의 妙' 를 지니고 있다. 이것이 '動靜하게 시킴(使動使靜)' 에 '自然의 妙' 가 있는 것이다. (…) 대개 氣에 나아가 理를 말하면 '發之者 氣也' 라고 하는데, 發이 이 理를 얻어 나오게 됨을 말함으로써 '발하는 바가 氣에 타고 있음(所發之乘於氣)' 을 밝힌 것이다. 理에 근본하여 氣를 말하면 '動之靜之者 理也' 라고 하는데, 動靜이 이 氣를 얻어 流行함을 말함으로써 '動靜은 理에서 명령을 받은 것임' 을 밝힌 것이다. 두 설명은 다만 橫說과 竪說의 구분이 있을 뿐, 사실은 서로 밝혀주는 것이다.[35]

解 執言迷旨者 安得無蔽乎 故先師又疑發之太快而末弊之至斯 未及細思者 此也

35) 『老柏軒集』 卷29 頁6, 〈猥筆辨辨〉 : 蓋謂理無運用造作之事 而其運用造作之妙 則理實有之 此是使動使靜有自然之妙也 (…) 蓋卽氣而言理 則曰發之者氣也 言發得此理出來

노백헌에 의하면, 理는 '운용하고 조작하는 일'은 없으나 '운용조작의 妙'를 지닌다.[36] 요컨대 그는 '妙' 字를 통해 '형이하자(氣)라는 혐의'를 피하면서도, '운용조작'의 뜻은 그대로 살려서 '使之'를 옹호한 것이다. 그런 다음, '發之者 氣也'는 '氣에 나아가 理를 말한 것'이요, '動之靜之者 理也'는 '理에 근본하여 氣를 말한 것'인바, 따라서 源頭處에서 보면(竪說) 여전히 '動靜은 理에서 명령을 받은 것'이라고 주장하였다. 이처럼 노백헌은 '理의 주재'를 '理가 氣를 부림(使之)' 또는 '理가 氣를 명령함'으로 해석하는 입장을 끝까지 고수했다.

넷째, 이른바 理尊無對說에 대한 옹호이다. 노사가 "理의 존귀함은 상대가 없는바, 氣와 理를 함께 거론하여 '理氣'라고 부르는 것은 결코 聖人의 말씀이 아니다."라고 주장한 것에 대해, 간재가 '聖人이 理와 氣를 짝지어 말한 사례들'을 제시하며 반론한 바 있다. 이에 대해 노백헌은 다음과 같이 해명한다.

> 橫看하면 天地萬物의 理는 홀로인 것이 없고 반드시 짝이 있으나, 竪看하면 天地萬物의 理는 또한 가장 존귀하여 짝이 없다. 太極과 陰陽이 서로 짝이 됨은 橫看한 것이니, 그러므로 朱子는 이에 대해 形上과 形下로 설명하고서 '이는 橫對한 것'이라고 말씀한 것이다. '道는 진실로 짝이 없다(道固無對)'는 것은 홀로 朱子의 말씀이 아닌가? 이는 道體의 渾然함은 갖추지 않은 것이 없고 精明純粹하다는 것으로 말한 것이니, 竪看한 것이다. (…) 그렇다면 어찌 일찍이 '짝이 있다'는 말만 치우치게 주장하고 '짝이 없다'는 말은 폐기

以明其所發之乘於氣也 本理而言氣 則曰動之靜之者理也 言動靜得此氣流行 以明其動靜者之受命於理也 二說但有橫竪之分 而實互相發也

36) 노백헌의 이러한 주장은 그의 "造作은 '情意와 營爲가 있는 것'으로서, 오로지 氣에서만 말할 수 있다"는 주장과 양립할 수 있는 것인지 궁금하다.

할 수 있겠는가? 〈猥筆〉에서 처음에 '理의 존귀함은 짝이 없다' 고 한 것은 竪說이요, 그 아래에서 또 上·下와 道·器로 짝을 지은 것은 이른바 '橫對' 이다. '짝이 있다' 는 것과 '짝이 없다' 는 것이 모두 한결같이 朱子의 뜻이다. 지금 사람들이 氣를 理와 대립시켜 한곳에 對峙시키는 것은 聖人의 '理를 주로 삼아 氣를 통솔하는(主理帥氣) 뜻' 에 크게 어긋나니, 그러므로 "이것은 聖人의 말씀이 아니다" 라고 말한 것이다.[37)]

노백헌에 의하면, 橫看하면 '理·氣는 서로 짝이 되는 것' 이요, 竪看하면 '理는 존귀하여 짝이 없는 것' 이다. 그런데 당시 사람들은 '理·氣는 서로 짝이 된다' 는 것만 치우치게 주장함으로써, 聖人의 '理를 주로 삼아 氣를 통솔하는 뜻' 에 크게 어긋나게 되었으니, 그러므로 노사가 "이것은 聖人의 말씀이 아니다" 라고 비판했다는 것이다.

마지막으로, 노사는 율곡설을 비판한 것이 아니라, 율곡설을 오해한 율곡의 후학들을 비판한 것이라는 주장이다. 기호학계에서 노사의 〈猥筆〉이 큰 파문을 일으킨 것은 그것이 율곡설을 비판의 표적으로 삼았기 때문이었다. 그런데 노백헌은 〈猥筆〉이 율곡설을 비판하는 것이 아니라 율곡설을 오해함으로써 말폐를 초래한 율곡의 후학들을 비판하는 것이라고 강변하였다. 예컨대 노백헌은 다음과 같이 말한다.

'太極이 氣機를 주재한다', '性이 발하여 情이 된다' 는 두 구절뿐만 아니

37) 『老栢軒集』 卷29 頁21~22, 〈猥筆辨辨〉: 橫看則天地萬物之理 無獨必有對 竪看則天地萬物之理 亦固有無對最尊者 太極與陰陽相對 橫看說也 故朱子於此以形上形下爲說 而曰却是橫對了 道固無對 獨非朱子之言乎 此以道體之渾然 無所不具 精明純粹者而言 竪看說也 (…) 然則何嘗偏主有對之說 而廢無對之理乎 猥筆中 始言理之尊無對 竪說也 其下文 又以上下道器爲的對 亦所謂橫對了也 無對有對 一是皆朱子之意也 今人之把氣對理 一處對峙 大違聖人主理帥氣之意 故曰此非聖人之言

> 라 또 '萬般의 情이 어느 것인들 理에서 발한 것이 아니겠는가?' 라는 말도 있으니, 〈猥筆〉에서 말한 것은 과연 율곡에게는 이미 알고 있었던 것이라 하겠다. 先師(蘆沙)도 일찍이 '모든 情은 理에서 발한다' 는 것을 的確한 定論으로 삼고 門人들을 깨우치셨으며, 後儒들이 이 定論을 빠뜨리고 있음을 탄식하셨다. 대개 後儒들은 定論이 있는 바를 탐구하지 않고 오로지 '機自爾, 非有使之' 라는 말만 주장하면서 크게 떠들어대서, 理는 本然之妙가 없고 氣는 제멋대로 擅斷하는 존재가 되게 하였으니, 이것이 〈猥筆〉이 지어진 까닭이다. '理發' 두 글자가 오늘날 禁避語가 되었다는 말은, 대개 오늘날의 儒者들이 다만 '氣發' 한 마디만 근거로 삼고, 만약 '理發' 을 말하는 자가 있으면 '율곡과 다르다' 고 여겨 곧바로 攻斥함으로써 사람들로 하여금 감히 말하지 못 하게 하기 때문이다. 분명히 '今日學士家' 라고 말했는데, 지금 도리어 栗谷으로 옮겨놓고, 知見의 차이로 원망하는 마음을 품고 있는 힘을 다해 흠집을 찾으려고 노력한다.[38]

간재는 '理의 주재' 와 '理發' 등 노사가 〈猥筆〉에서 지적한 내용들은 율곡이 이미 다 감안하고 있었다고 설명한 바 있거니와, 노백헌은 "〈猥筆〉에서 말한 것은 과연 율곡에게는 이미 알고 있었던 것" 이라고 인정하면서, 〈猥筆〉은 율곡설을 비판의 표적으로 삼은 것이 아니라고 변호하였다. 노백헌은 〈猥筆〉에서 그 비판의 대상을 '今日學士家' 라고 분명히 말했다는 점을 지적하기도 했다. 따라서 〈猥筆〉을 율곡설을 비판하

---

38) 『老柏軒集』 卷29 頁13, 〈猥筆辨辨〉 : 太極尸氣機 性發爲情 非惟此二句 又有萬般之情夫孰非發於理乎之語 猥筆中云云 在栗翁果是已見之昭陵也 先師嘗以萬情發理爲的確定論 以諭門人 因歎後儒之遺却定論 蓋後儒不考究定論之攸在 而專主自爾非使之語而張大之 使理無本然之妙 氣爲專擅之物 此猥筆之所以作也 理發字禁避云者 蓋以今之儒者只據氣發一語 而若有言理發者 則以爲貳於栗翁 輒加攻斥 使人不敢發口故也 分明言今日學士家 而今反移之於栗翁 以知見之異 挾念懟之心 費力吹覓

는 것으로 간주하고 "원망하는 마음을 품고 있는 힘을 다해 흠집을 찾으려고 노력하는 것"은 잘못이라는 것이다.

이제까지 노백헌의 〈猥筆辨辨〉에 대해 살펴보았다. 〈猥筆辨辨〉의 핵심 論旨를 간단히 요약하면, 노백헌은 動靜과 造作을 구분함으로써 '理의 動靜'을 옹호하고, 源頭處와 流行處를 구분함으로써 '機自爾'와 '理의 주재' 문제에 대해 율곡과 노사가 견해를 같이했다고 주장하였다. 같은 맥락에서 노백헌은 노사가 비판한 것은 '今日學士家'이지 결코 '栗谷'이 아니라고 주장하고, 노사는 오히려 율곡의 진정한 계승자라고 설파하였다. 그렇다면 노백헌의 이러한 주장들이 과연 타당한 것인지 확인해 보기로 하자.

4. 비판적 논의

〈猥筆〉의 핵심 내용은 율곡이 陰靜陽動을 '機自爾, 非有使之'로 설명한 것에 대해 노사가 '氣奪理位'라고 비판하고, 陰靜陽動은 근원적으로 所以然으로서의 理가 氣를 그렇게 부린 결과라고 설명한 것이다. 사실 율곡은 "陰靜陽動은 기틀이 저절로 그러한 것(機自爾)인바, 그 陰靜陽動하는 까닭(所以)은 理이다."라고 하여 '機自爾'와 '所以然'을 양립시키고 있었으며, 또 '未然의 근원'과 '已然의 현상'을 구분하여 동시에 주목하는 논법을 구사하고 있었다. 따라서 율곡의 '機自爾'에 대해 노사가 '所以然으로서의 理를 부정한 것'이라고 비판함은 애초에 부당한 것이었다.

간재나 노백헌의 주장처럼 源頭處와 流行處라는 두 차원의 입체적 설명 방식을 도입하면, 율곡설과 노사설을 회통시킬 수 있는 방법을 찾을 수 있다. 예컨대 陰靜陽動은 流行處에서 보면 '機自爾, 非有使之' 이나, 源頭處에서 보면 '所以然' 으로서 '理가 주재하는 것' 이라는 설명이 그것이다. 그런데 '理의 주재' 의 구체적 내용에 대해서는 노사 · 노백헌과 율곡 · 간재의 설명이 매우 달랐다. 율곡은 '理의 주재' 를 '理가 氣의 樞紐根柢가 됨'[39] 또는 '理가 氣의 운동변화의 표준(本)이 됨'[40]으로 설명했고, 간재는 이러한 설명을 따랐다. 그러나 노사는 '理의 주재' 를 '理가 氣를 명령하고 부림' 으로 설명했고, 노백헌은 이러한 설명을 따랐다. 그렇다면 이 두 부류의 설명 가운데 어느 것이 더 타당한가?

주자는 '理의 주재' 를 '理가 氣의 운동의 표준이 됨' 으로 설명했거니와,[41] '理의 주재' 에 관한 율곡과 간재의 설명은 朱子의 定論을 충실히 계승한 것이다. 그러나 노사나 노백헌처럼 '理의 주재' 를 '使之' 로 설명하면, 다음과 같은 여러 문제점이 야기된다.

첫째, '理의 주재' 를 '使之' 로 설명하는 것은 주자의 '理는 情意와 造作이 없다' 는 설명과 양립하기 어렵다. 예컨대 노사는 "理는 造作이 없고 스스로 꿈틀거림도 없으니, 그 發하고 行하는 것은 분명 氣가 하는 일" 이라 하여 분명 理의 능동성을 부정하면서도, 다시 理가 氣를 '조종할 수 있는 능력(操縱之力)' 을 말하거니와, 그렇다면 노사의 理는 '능동적 존재인지, 아닌지' 애매하게 된다. 한편 노백헌은 造作은 '情意와 營爲가 있는 것' 으로서, 오로지 氣에 속하는 것이라 했다. 그러면서 노백헌은 '作用의 節制' 를 理의 역할로 규정했거니와,[42] 理가 '氣의 작용을

39) 『栗谷全書』 卷9 頁19, 〈答朴和叔〉 : 大抵陰陽兩端 循環不已 本無其始 陰盡則陽生 陽盡則陰生 一陰一陽而太極無不在焉 此太極所以爲萬化之樞紐 萬品之根柢也

40) 『栗谷全書』 卷12 頁20, 〈答安應休〉 : 理雖無形無爲 而氣非理則無所本 故曰無形無爲而爲有形有爲之主者 理也 有形有爲而爲無形無爲之器者 氣也

41) 이에 대한 자세한 논의는 拙著, 『畿湖性理學論考』 제4장 〈朱子에 있어서 理와 氣의 相互主宰와 그 의의〉 참조.

절제시킴' 은 '情意와 營爲가 있는 것' 이 아닌가? 또 노백헌은 "대개 理에는 '運用造作하는 일' 이 없다고 하지만, 참으로 그 '運用造作하는 妙' 를 지니고 있으니, 이것이 '氣를 動靜하게 하는(使動使靜) 自然의 妙' 이다."[43]라고 하여, 理에 '運用造作의 妙' 가 있다고 했거니와, 이는 '造作은 오로지 氣에 속한다' 는 주장과 양립할 수 있는 것인가?

둘째, '理의 주재' 를 '使之' 로 설명하면, 현실에 惡이 존재하는 까닭을 설명할 수 없다. 理는 순선한 존재로서 氣를 이러저러하게 명령하는 것이라면, 또 그리고 氣는 理의 명령에 따르는 존재라면, 현실의 세계에 惡이 존재할 까닭이 없는 것이다. 그런데 우리의 현실에는 항상 惡이 넘친다. 이러한 맥락에서 간재는 노사에 대해 다음과 같은 문제를 제기한 바 있다.

> 과연 蘆沙의 주장처럼 "주인이 가는 곳을 종이 어찌 가지 않겠으며, 理가 오로지 주재하는 것을 氣가 어찌 따르지 않겠으며, 理가 즐겨하지 않는 바를 氣가 어찌 감히 스스로 행하겠는가?" 라고 한다면, 天地 사이에 참으로 이 理와 氣가 있는바, 栗谷 또한 이 理와 氣에서 태어났는데 무슨 까닭으로 이처럼 妄發을 하며, 後人들 또한 이 理와 氣에서 태어났는데 무슨 까닭으로 율곡을 誤信하는가? 또한 蘆沙의 말이 스스로 정정당당하여 天地 사이에 우뚝 서 있는 것이라면, 어느 누구도 감히 스스로 蘆沙와 爭辨하지 않을 것이다. 무슨 말인가? 栗谷이 지나치게 통쾌한 말을 하여 후세에 폐단을 남긴 것도 氣이며, 後人들이 前賢을 받들며 蘆沙를 성토하는 것도 氣이다. 만약 '理가 능히

---

42) 『老栢軒集』 卷29 頁1, 〈猥筆辨辨〉 : 理固無造作 然氣依傍這理行 則造作之準則 已具於理也 作用固是氣 然理自有妙用 則作用之節制 自在於理也 且動靜是自然而然 非有絲毫犯氣力底字 造作是有情意營爲 而煞費氣力底字

43) 『老栢軒集』 卷29 頁6, 〈猥筆辨辨〉 : 蓋謂理無運用造作之事 而其運用造作之妙 則理實有之 此是使動使靜有自然之妙也

> 氣를 관섭하고, 氣는 과연 理에서 어긋날 수 없는 것'이라면, 어찌하여 이러한 폐단과 성토의 變故가 생기는 것인가?[44)]

간재는 요컨대 '理가 適莫의 의지와 操縱의 힘을 지니고서 氣를 명령하는 것이라면, 현실의 세계에 왜 惡이 존재하는가?'라고 반문한 것이다. 사실 노사와 같은 방식으로 理의 주재를 설명하면 惡의 존재는 설명하기 곤란한 것이다. 그런데 노백헌은 간재의 이러한 문제 제기에 대해 다음과 같이 설명한다.

> 先師(蘆沙)는 일찍이 "理에는 必然之妙는 있으나, 能然之力은 없다"고 했다. 能然之力도 오히려 없다고 했거늘, 하물며 操縱之力이겠는가? (…) 朱子는 분명 "理에는 能然이 있다"고 했으니, 어찌 '能然이 없다'고 하겠는가? 다만 그 '힘'이 없을 뿐이다. 操縱도 마찬가지이니, 어찌 그 힘이 없다고 하여 마침내 그 '妙'도 없다고 하겠는가? 애초에 理에는 不善이 없는데, 간혹 氣에 구애되고 物欲에 가려 곧바로 완수되지 못하고 惡으로 흐르는 경우도 있다. 그러나 善은 결국엔 반드시 완수되고, 惡은 결국엔 반드시 완수되지 못한다. 국가의 治亂과 사람의 禍福도 비록 간혹 느리고 빠르고 멀고 가까운 차이는 있지만, 그 마지막을 보면 틀림없이 이렇게 된다. 이것이 '理가 操縱하는 것' 아니겠는가? 다만 '自然의 妙'만 있고 '作爲의 힘'은 없는 것이다.[45)]

44) 『艮齋集』 前編 卷13 頁75, 〈猥筆後辨〉: 主之所往 僕焉有不往 理之所專主 氣焉有不從 理之所不肯 氣何敢自行 果如奇論 而天地間誠有此理此氣 則栗翁亦必生於此理此氣 何緣有此妄發 後人亦必生於此理此氣 何緣誤信栗翁 且奇氏之言 亦自亭亭當當 直立不倒於天地之間 而千人萬人 自不敢與之爭衡矣 何者 栗翁之發之太快 而流弊後世者 亦氣也 後人之頭戴前賢 而聲討奇氏者 亦氣也 如使所謂理者 果能管攝乎氣 所謂氣者 果不能違悖乎理 則何以有此流弊聲討之變哉

45) 『老柏軒集』 卷29 頁11~12, 〈猥筆辨辨〉: 先師嘗曰理有必然之妙 無能然之力 能然之力猶曰無之 況於操縱之力乎 (…) 朱子分明言理有能然 豈可曰無能然乎 但無其力耳 操縱

〈猥筆〉에서는 분명 '操縱之力'을 언급했거니와, 노백헌은 노사가 말하는 것은 '操縱의 妙'이지 '操縱의 힘'이 아니라고 한발 물러섰다. 요컨대 理는 氣를 '조종'은 하지만 '조종의 힘'은 없다고 주장하고, 이를 '妙'로 설명했다.[46] 그러나 "理에는 必然之妙가 있다"는 것이 노사의 지론인 한, 惡의 존재는 여전히 설명될 수 없는 것이다. 理의 주재를 '必然'으로 설명하는 한, 惡은 끝내 그 존재 근거를 확보할 수 없기 때문이다. 위의 인용문에서도 "그 마지막을 보면 틀림없이 이렇게 된다."고 하지 않았는가?[47]

율곡과 간재에 의하면, 理는 '氣의 운동의 표준'이 될 뿐이며, 현실을 주도하는 것은 氣이다. 氣는 능동적인 존재이나 또한 偏正通塞과 淸濁粹駁이 혼재하는 불완전한 존재이다. 이처럼 불완전한 氣가 현실을 주도하기 때문에, 순선한 理가 제시하는 완전한 표준이 불완전하게 실현되는 것이다. 율곡과 간재의 이러한 논법에 따른다면, 우리의 이상과 현실을 정합적으로 설명할 수 있는 것이다.

노백헌은 노사의 〈猥筆〉을 변호하기 위해 長文의 〈猥筆辨辨〉을 썼지만, 과연 〈猥筆辨辨〉이 노사의 성리설을 제대로 변호한 것인지는 의문이다. 論者는 노백헌의 〈猥筆辨辨〉에 대해 근본적으로 두 가지 문제를

亦然 豈可以非有其力 而遂謂無其妙耶 理之始無有不善 而或爲氣所拘 欲所蔽 不能直遂而流於惡者 固亦有之 然善者其終也必遂 惡者其終也必不遂 國之治亂 人之禍福 雖或遲速久近之不同 究其終而觀之 可執契而待之 此非理之操縱處耶 但有自然之妙 而非有作爲之力耳

46) 노백헌에게 '妙'字는 모든 난처한 문제들을 덮어주는 방패이다. 그러나 이처럼 '妙'字를 애용할수록 그 설득력은 떨어지는 것이다.

47) 노백헌의 주장은 요컨대 '事必歸正'이 언젠가는 실현되고 만다는 것이다. 그렇다면 수천 년 전에 强盜를 당하고 피해를 회복하지 못한 경우는 어찌 된 것인가? 아직도 더 기다려야 하는 것인가? '事必歸正'은 많은 사람들의 간절한 소망이기는 하지만, 그것이 과연 사실적으로 뒷받침될 수 있는 것인가?

제기하고자 한다.

첫째, 노백헌의 〈猥筆辨辨〉은 여러모로 蘆沙說과 궤를 달리한다는 점이다. 그 단적인 증거로 다음의 두 가지를 제시할 수 있다. 우선, 노사는 理를 無爲로 규정했으나, 노백헌은 理를 有爲로 규정했다. 노사는 "理는 造作이 없고 스스로 꿈틀거림도 없으니, 그 發하고 行하는 것은 분명 氣가 하는 일"이라 했다. 이처럼 노사는 분명 理의 능동성을 부정했다. 노사는 다만 '氣의 운동은 理의 명령에 따른 것'이라는 맥락에서 '氣發·氣行'을 '理發·理行'이라고 주장한 것이다. 그런데 노백헌은 '理의 動靜'을 말하고 '理의 作用'을 말한다.

> 動靜은 '自然而然한 것'으로서 조금도 氣의 힘을 침범하는 글자가 아니요, 造作은 '情意와 營爲가 있는 것'으로서 크게 氣의 힘을 소비하는 글자이다. (…) 動靜은 진실로 氣로 말하는 경우가 있으나 또한 理에서도 말할 수 있으니, 造作·作用 등은 오로지 氣에서만 말할 수 있는 것과는 다르다.[48]

위의 인용문에서는 분명 '理도 氣처럼 動靜한다'고 주장했다. 그런데 노백헌은 '道體無爲'에 대해서는 "이른바 '無'란 다만 '그 자취가 없다'는 말이요, 그 '爲之의 妙'는 참으로 존재하는 것"[49]이라고 설명했다. 이에 따른다면, '理는 作爲가 없는 것'이 아니라 '理의 作爲는 눈에 보이지 않는 것'일 뿐이다.[50] 한편, 위의 인용문에서는 理에는 動靜만

---

48) 『老柏軒集』 卷29 頁1, 〈猥筆辨辨〉: 動靜是自然而然 非有絲毫犯氣力底字 造作是有情意營爲 而煞費氣力底字 (…) 動靜固有以氣言者 而亦可以言之於理 非若造作作用等字之專做氣邊說者也

49) 『老柏軒集』 卷29 頁15, 〈猥筆辨辨〉: 道體無爲 所謂無者 特無其迹耳 其爲之之妙 則乃其固有者也

50) 華西學派의 省齋 柳重教도 "이른바 '理無爲, 氣有爲'란 다만 그 자취로 말하는 것"

있을 뿐 作用은 없다고 했지만, 노백헌은 다음과 같이 말하기도 한다.

> 知覺이 形氣에서 생긴 것은 진실로 性이라 할 수 없거니와, 그 本然의 知覺이 智의 德이 되어 終·始를 이루고 智의 用이 되어 是·非를 분별하는 것도 또한 性이라 할 수 없는가? 作用이 眞·妄이 구분되지 않은 것은 진실로 性이라 할 수 없거니와, 그 理에 근본하여 中節한 것도 또한 性이라 할 수 없는가? 視聽言動이 天理와 人欲이 구분되지 않은 것은 진실로 性이라 할 수 없거니와, 그 聰明이 공손함을 따르는 것도 또한 性이라 할 수 없는가? (…) 眞·妄을 구분하지 않고 모두 性이 아니라고 한다면, 무릇 知覺運用과 視聽言動이 모두 性 바깥의 사물인 것이니, 이른바 性은 萬善의 강령이 되지 못하고 空寂에 빠질 것이다.[51]

성리학의 일반론은 理는 無形無爲한 형이상자요, 氣는 有形有爲한 형이하자라는 것이다. 그런데 위의 인용문에서는 知覺과 作用에 대해서도 참된 것은 性(理)이라고 주장했다. 다시 말해, 노백헌은 '理와 氣'를 '無形無爲와 有形有爲'로 구분하지 않고 '眞·妄'으로 구분했다. 노백헌의 이러한 주장은 당시 화서학파·한주학파의 '理善氣惡論'과 궤를 같이 하는 것이다.

이라고 주장한 바 있다. 성재에 의하면, 形而上者인 理의 作爲는 눈에 보이지 않으므로 '理는 作爲가 없다'고 말하는 것일 뿐, 그 근원을 논하면 '天地의 造化와 人心의 運用이 모두 理가 하는 일'이라는 것이다(『省齋集』 卷33 頁22~23, 〈心與明德形而上下說〉).

51) 『老柏軒集』 卷29 頁8, 〈猥筆辨辨〉: 知覺之生於形氣者 固不可謂性 其本然之知覺爲智之德 成終始 智之用 別是非者 亦不得謂性乎 作用之不分眞妄者 固不可謂性 其本於理而中節者亦不 得謂性乎 視聽言動之不分理欲者 固不可謂性 其聰明從恭 亦不得謂性乎 (…) 不分眞妄而概謂之非性 則凡知覺運用視聽言動 皆性外之物 所謂性者 不得爲萬善之綱 而淪於空寂

다음, 心說에 있어서 노사는 心是氣論과 明德主氣論을 견지했으나, 노백헌은 화서학파의 心卽理論과 明德主理論을 옹호했다. 노사는 다음과 같이 말한다.

> 明德은 마땅히 '心' 字로 보아야 하며, 心은 곧 '氣之精爽'이다. 그렇다면 '心'이라 하지 않고 '明德'이라 한 것은 무슨 까닭인가? '心' 字는 眞·妄을 모두 포함하나, 明德은 '无妄의 본체'를 곧장 지칭하는 것이다. 이러한 다음에야 '不昧, 以具, 應'이 모두 들어맞을 수 있다. 心合理氣說은 비록 先儒의 학설이지만, 아마도 애매모호한 설명이어서, 따를 수 없는 것이다. 그렇다면 明德은 오로지 氣에만 속하는 것인가? 器物로 비유하자면, '氣'는 '그릇'만 지칭하지만, '明德'은 '물을 담고 있는 그릇'을 지칭하는 것이다.[52]

위에 보이듯이, 노사는 '心是氣'를 주장하고 '心合理氣'를 반대했으며, 明德 역시 心에 속한다는 맥락에서 '明德主氣'를 주장했다. 노사는 특히 "이러한 다음에야 '不昧, 以具, 應'이 모두 들어맞을 수 있다."고 했거니와, 이는 明德을 '氣'로 규정해야만 주자의 "虛靈不昧 以具衆理而應萬事"라는 말을 제대로 설명할 수 있다는 뜻이다.[53] 노사는 다만 心이 眞·妄을 모두 포함하는 것과 달리 明德은 '无妄의 본체'를 지칭한다고

52) 『蘆沙集』 卷13 頁1, 〈答崔元則(琡民)大學問目〉: 明德當以心字看 心卽氣之精爽也 然則不曰心而曰明德 何耶 心字該眞妄 明德直指无妄之本體也 如是而後曰不昧曰以具曰應 皆有下落 若理氣合三字 雖是先儒說 而恐是籠罩昆侖口氣 不可承襲也 然則明德單屬氣分乎 曰以器物譬之 則氣字單指盤盂 明德指儲水之盤盂 自可意會

53) 노사는 崔原則의 "具衆理는 氣가 理를 갖춘 것인가, 理가 理를 갖춘 것인가?"라는 질문에 대해 "(明德은) 氣의 精爽이기 때문에 능히 衆理를 갖추고 있는 것이다. '理가 理를 갖춘다'는 것은 '눈이 눈을 본다'는 것처럼 語不成說이다."라고 답한 바 있다(『蘆沙集』 卷13 頁2, 〈答崔元則(琡民)大學問目〉: (問) 具衆理 以氣具理 以理具理 (答) 氣之精爽 故能具衆理 以理具理 如以目視目).

구분했을 뿐이다. 그런데 노백헌은 노사와 정반대의 입장에서 다음과 같이 말한다.

> 心을 오로지 氣로 간주하여, 心과 性을 갈라서 二物로 여긴다면, 이것이 어찌 朱子의 뜻이겠는가? (…) 혹자가 묻기를, "그렇다면 '以理具理, 以理妙理'의 혐의가 없겠는가?" 답하기를, "以理妙理는 애초에 혐의될 것이 없다. (…) 대개 理의 大用으로부터 말하면 '妙'라 하는바, '妙'는 바로 主宰하는 것이다. 理의 全體로부터 말하면 '具'라 하는바, 一理의 참됨 가운데 만 가지의 分殊를 갖추고 있는 것이다.[54]

明德을 '理'로 규정하면 '虛靈不昧'는 '理의 속성'이 되고, '具衆理'는 '理가 理를 갖춘 것(以理具理)'이 되며, '應萬事'는 '理가 萬事에 응하는 것'이 되는바, 이는 논리적으로도 어색할 뿐만 아니라 성리학의 일반론과도 여러모로 어긋나는 것이다. 그러므로 노사는 明德과 心을 氣로 규정했던 것인데, 노백헌은 위에 보이듯이 心是氣論과 明德主氣論을 비판했다. 노백헌은 心과 明德을 理로 규정한 다음, '以理具理, 以理妙理'라는 혐의에 대해 해명했거니와, 노백헌의 위와 같은 설명 역시 華西學派의 논법을 그대로 추종한 것이다.[55]

둘째, 노백헌의 〈猥筆辨辨〉은 과연 蘆沙說의 취지를 충실히 계승한 것인가 하는 점이다. 노사의 〈猥筆〉이 율곡설을 비판의 표적으로 삼았

---

54) 『老柏軒集』 卷29 頁9~10, 〈猥筆辨辨〉 : 今以心專做氣看 而與性判以爲二物 是豈朱子之意 (…) 或曰若是則得無以理具理 以理妙理之嫌乎 曰以理妙理 初無所嫌 (…) 蓋自理之大用而言則曰妙 妙便是主宰底 自理之全體而言則曰具 具萬分於一實之中

55) 김낙진은 정재규의 心說이 '스승의 가르침을 더욱 발전시킨 것'이라고 평했다(김낙진, 「奇正鎭과 田愚의 성리학적 쟁점과 鄭載圭의 성리설」, 101쪽). 그러나 論者는 정재규의 心說이 '스승의 가르침을 배반한 것'이라고 본다.

다는 것은 明若觀火한 일이다. 그런데 노백헌은 〈猥筆〉은 결코 율곡설을 비판한 것이 아니요, 율곡설을 오해하고 있는 후학들을 비판한 것이라고 주장했다. 그렇다면 먼저 노사의 〈猥筆〉이 율곡설을 비판의 표적으로 삼고 있었음을 확인해 보기로 하자. 〈猥筆〉의 첫머리에서 노사는 '機自爾, 非有使之'를 문제 삼고, "이 두 구절은 나의 淺見으로는 이해할 수가 없다."고 했는데, '機自爾, 非有使之'는 율곡설의 핵심 내용이다. 노사는 이어서 다음과 같이 말한다.

> '機自爾'라고 말하고, '非有使之'라고 말할 때, 그 '부득불 그러한 까닭'은 이미 氣의 몫으로 돌아가게 된다. 부득불 그러한 까닭은 곧 所以然이다. 천지 만물이 所以然을 말하는 데 이르면 바로 근원을 궁구한 것으로서, 다시 남은 것이 없는 것이다. 그런데 오히려 이어서 말하기를 '所以然은 理'라고 하니, 所以然의 위에 다시 무슨 所以然이 있겠는가?[56)]

율곡은 〈答成浩原〉에서 陰靜陽動을 '機自爾, 非有使之'로 설명한 다음, 다시 陰靜陽動의 까닭(所以)을 理로 설명한 바 있거니와,[57)] 위의 인용문은 이를 비판한 것이다. 위에서 주목할 것은 "이어서 말하기를 '所以然은 理'라고 하니"라는 말로서, 이 말은 〈猥筆〉이 율곡의 〈答成浩原〉을 비판의 표적으로 삼고 있음을 생생하게 보여주는 것이다.

---

56)『蘆沙集』卷16 頁25, 〈猥筆〉: 曰自爾 曰非使時 其不得不然之故 已被氣分占取 不得不然之故 卽所以然也 天地萬物 說到所以然 卽是窮源 更無餘地 猶夫繼之曰 所以然者理 則架出所以然之上 復有何所以然也

57)『栗谷全書』卷10 頁26~27, 〈答成浩原〉: 陰靜陽動 機自爾也 非有使之者也 陽之動則理乘於動 非理動也 陰之靜則理乘於靜 非理靜也 故朱子曰 太極者 本然之妙也 動靜者 所乘之機也 陰靜陽動 其機自爾 而其所以陰靜陽動者 理也 故周子曰 太極動而生陽 靜而生陰 夫所謂動而生陽 靜而生陰者 原其未然而言也 動靜所乘之機者 見其已然而言也

물론 〈猥筆〉에서 "우리 東方에서 근세에 理를 말하고 氣를 말한 것이 어찌 그렇게 막혔는가? (…) '理發' 두 글자는 今日의 學士家들이 크게 금하여 피하는 말이 되었다."고 한 것은 노사가 살았던 '당시의 학자들'을 비판한 것이라 하겠다. 그러나 '今日의 學士家'라는 한 구절이 '〈猥筆〉은 율곡설을 비판의 표적으로 삼지 않았다'는 증거는 될 수 없다. 〈猥筆〉에서는 '今日의 學士家' 뿐만 아니라 '先賢' 또는 '前賢'을 함께 언급하고 있기 때문이다. 〈猥筆〉의 결론부에서는 "무릇 여기서 말한 것이 간혹 先賢의 말씀을 범하여서, 옳지 못함을 잘 안다."고도 했고, "가만히 생각해보면, 前賢의 말씀이 혹여 너무나 통쾌하게 나와, 말폐가 여기에 이를 것을 세세하게 생각하지 못했을 수도 있겠다."고도 했다. 이렇게 본다면, 〈猥筆〉이 '先賢' 즉 '율곡설'을 비판의 표적으로 삼고 있다는 것은 明若觀火하다. 그런데 노백헌은 노사를 율곡의 진정한 계승자로 규정하고, 노사는 결코 율곡을 비판한 것이 아니라고 강변하였다. 노백헌의 이러한 주장은 궤변에 가깝다고 하겠다.

과연 노백헌의 주장처럼 노사가 율곡설을 계승하고 있는 것인지도 따져볼 문제이다. 율곡은 陰靜陽動을 '機自爾, 非有使之'로 설명한 다음, 근원적으로는 '所以然으로서의 理가 주재한 것'이라 하였는데, 노사는 이에 대해 "自爾와 所以然은 서로 敵對하는 것으로, '自爾'라고 주장하면, '所以然'은 물러나 움츠러들지 않을 수 없다. 지금 '自爾'와 '所以然'을 둘 다 보존하여 함께 사용하고자 한다면, 그 모양이 魏延과 楊儀가 함께 丞相府에 있는 것과 같으니, 어찌 끝내 어그러지는 것을 모면할 수 있겠는가?"[58]라고 비판했다. 따라서 '陰靜陽動'은 流行處에서 보면 '機自爾, 非有使之'이지만, 源頭處에서 보면 '理가 주재한 것'인바, 이에

58)『蘆沙集』卷16 頁25, 〈猥筆〉: 論以愚見 自爾二字與所以然三字 恰是對敵 自爾爲主張 則所以然不得不退縮 今欲兩存而幷用 其貌樣頗似魏延楊儀 同在丞相府 安能免畢竟乖張乎

대해서는 율곡과 노사가 견해를 같이했다는 노백헌의 주장은 터무니없는 것이다.

노백헌이 '노사는 율곡설을 계승하였으며, 〈猥筆〉에서 비판하는 것은 율곡설이 아니라 율곡설을 오해하고 있는 당시의 유학자들이었다'고 주장한 것은 노사의 〈猥筆〉에 대한 당시 기호학계의 비판을 무마하려는 것이었다.[59] 그러나 노백헌의 이러한 주장은 사실 그 스승 '노사의 취지'를 정면으로 배반한 것이다. 〈猥筆〉의 취지는 율곡에게 '氣奪理位'의 책임을 묻고, 살에 붙어 있는 '혹'이나 천리마를 쫓아다니는 '파리'의 처지로 전락한 '理의 위상'을 회복하려는 것이었다. 그런데 노백헌은 '노사설은 율곡설을 계승한 것'이라고 주장함으로써, 노사설의 취지를 무의미하게 만들었다. 그렇다면 노백헌은 참으로 그 스승을 따른 것인가, 배반한 것인가?

5. 小結

노사의 〈猥筆〉과 이를 둘러싼 기호학계 논변의 핵심 주제는 '理의 주재'에 대한 해석 문제였다. 노사는 율곡의 氣發理乘論이 '氣의 현실적 주도권'을 강조하면서 '理의 주재'를 부정하는 것이라고 규정하고, 이

---

59) 박학래는 "기정진의 학문적 연원은 율곡에 닿아 있고, 그의 학문은 율곡의 그것과 다르지 않으며, 오히려 율곡의 뜻을 올바로 계승하였다"는 정재규의 설명에 대해, "이러한 정재규의 설명은 율곡 계열 성리학자들의 비판을 모면하고자 하는 일시적 처방이라기보다는 올바르게 율곡의 理氣論을 계승한 학자는 바로 기정진이었음을 밝히는 것이었다고 이해할 수 있다."고 주장했다(박학래, 「蘆沙學派의 理氣論 — 田愚의 蘆沙說 비판에 대한 鄭載圭의 반비판을 중심으로」, 468쪽). 그러나 論者는 '蘆沙說은 사실 栗谷說을 올바로 계승한 것'이라는 노백헌의 주장은 궤변이라고 본다.

를 비판한 것이다. 그러나 '현실의 세계를 주도하는 것은 理가 아니라 氣이다' 라는 주장은 율곡의 주장이기 전에 주자의 주장이었다. 예컨대 『朱子語類』에는 다음과 같은 내용이 보인다.

理는 진실로 不善이 없다. 다만 氣質에 부여되면 문득 淸濁 偏正 剛柔 緩急의 不同이 생기게 된다. 氣는 강하고 理는 약하다. 그러므로 理는 氣를 管攝할 수 없다.[60] ○ 理가 氣에 부착된 다음에는 日用間의 運用은 모두 氣로부터 말미암으니, 理는 약하고 氣는 강하다.[61]

"理는 진실로 不善함이 없다"는 것은 源頭處에서 설명하는 말이다. 위의 첫째 인용문에 의하면, 理 자체는 純善하고 同一한 것이다. "氣質에 부여되면"은 流行處를 말하는 것으로, 理는 자신이 의착하고 있는 氣質의 偏 · 正이나 淸 · 濁에 따라 分殊와 善 · 惡을 연출한다는 것이다. 둘째 인용문에서는 현실의 세계를 주도하는 것은 理가 아니라 氣라는 점을 더욱 분명히 하였다. 위의 인용문에서 특히 주목할 것은 "氣는 강하고 理는 약하다. 그러므로 理는 氣를 管攝할 수 없다"는 말이다. 理는 순선하나 형이상자로서 현실적인 作爲力이 없기 때문에, 현실의 세계를 주도하는 것은 理가 아니라 氣라는 것이다. 이처럼 '현실의 세계를 주도하는 것은 理가 아니라 氣' 라는 것이 주자의 定論이었으며, 율곡의 氣發理乘論은 이와 궤를 같이하는 것이다. 따라서 율곡의 氣發理乘論에 대해 '氣奪理位' 라고 비판하기로 한다면, 먼저 주자에게 그러한 비판을 제기했어야 옳았다.

60) 『朱子語類』 卷4(71쪽) : 理固無不善 纔賦於氣質 便有淸濁偏正剛柔緩急之不同 蓋氣强而理弱 理管攝他不得

61) 『朱子語類』 卷4(71쪽) : 如這理寓於氣了 日用間運用都由這箇氣 只是理弱氣强

율곡의 '機自爾, 非有使之'는 '理의 주재' 자체를 부정하는 것이 아니라 '理의 주재를 使之(命令)로 해석하는 것'을 부정하는 것이다. 그런데 노사는 '理의 주재'를 '使之(命令)'로 해석하고, '율곡은 使之를 부정하였으므로 理의 주재를 부정한 것'이라고 보았거니와, 이는 사실 잘못된 비판이었다. 따라서 '理의 주재' 문제에 대해서는 각자가 '理의 주재'를 어떻게 해석하고 있었는가를 파악하는 것이 중요하다.[62]

간재는 노사의 율곡에 대한 비판이 부당하다고 보고, 〈猥筆辨〉과 〈猥筆後辨〉을 통해 율곡설을 변호하고 노사설을 비판했다. 그런데 노백헌은 〈猥筆辨辨〉을 통해 '노사설은 율곡설을 계승한 것'이라고 강변하고, 노사는 다만 율곡설을 오해한 '今日의 學士家'를 비판했을 따름이라고 주장했다. 그러나 노백헌의 이러한 주장은 그 자체로 궤변에 가까울 뿐만 아니라, 다른 한편으로는 노사가 〈猥筆〉을 집필했던 취지를 무색하게 만든 것이다. 더군다나 〈猥筆辨辨〉에 보이는 노백헌의 性理說은 여

62) 율곡은 '理의 주재'를 '理가 氣의 운동의 표준이 됨'으로 설명했고, 노사는 '理의 주재'를 '理가 氣를 부림(使之, 命令)'으로 해석했다. 그런데 이러한 견해 차이의 저변에는 理와 氣에 대한 서로 다른 인식이 놓여 있었다. 요컨대 율곡은 '理와 氣'를 '本과 具'로 이해한 반면, 노사는 '理와 氣'를 '所以然과 所然'으로 이해했다. '本과 具'에서의 '本'은 '본받아야 할 대상으로서의 本' 즉 '표준'을 뜻하고, '具'는 '本(표준)을 구체적으로 실현하는 도구'를 뜻한다(율곡의 本具論에 대한 자세한 논의는 拙著, 『畿湖性理學研究』 제2장 〈栗谷 理氣論의 三重構造〉 참조). '所以然과 所然'은 '原理와 現象'을 뜻한다(노사의 성리설이 '所以然과 所然'의 관점에 입각한 것임에 대해서는 拙著, 『畿湖性理學研究』 제8장 〈蘆沙 奇正鎭 性理學의 재검토〉 참조). '理와 氣'를 '本과 具'로 이해할 경우, 本은 具의 재질에 따라 제대로 실현되기도 하고 제대로 실현되지 못하기도 한다. 朱子의 "理는 진실로 不善이 없다. 다만 氣質에 부여되면 문득 淸濁 偏正 剛柔 緩急의 不同이 생기게 된다. 氣는 강하고 理는 약하다. 그러므로 理는 氣를 管攝할 수 없다."는 말은 이러한 사태를 설명한 것이다. 이러한 맥락에서 '本과 具'는 우연적 관계이며, 그 현실적 주도권은 '具'에 있다. 그러나 '所以然과 所然'은 필연적 관계로서, 所然은 필연적으로 所以然을 따를 수밖에 없는 것이다. 노사는 이러한 맥락에서 '理의 주재'를 '必然的 命令'으로 설명했던 것이다.

러 측면에서 노사의 性理說과 상반되는 것이었다. 이러한 맥락에서 論者는 노백헌의 〈猥筆辨辨〉에 대해 한편으로는 '自說 자체의 이론적 타당성' 을 잃고 또 한편으로는 '師說(蘆沙說)의 취지' 도 잃은 것이라고 평하는 바이다.

結論

1. 韓國 性理學의 핵심 논제

1) 理氣互發論과 氣發理乘一途論의 문제

四端七情論辨과 人心道心論辨은 한국 성리학의 대표적 논쟁이었거니와, 따라서 한국 성리학의 핵심 논제로 가장 먼저 꼽을 수 있는 것은 理氣互發論과 氣發理乘一途論의 문제이다. 理氣互發論이란 '四端은 理發, 七情은 氣發' 이라는 주장이며, 氣發理乘一途論이란 '四端과 七情이 모두 마음의 지각작용을 통해 仁義禮智의 本性이 발한 것' 이라는 주장이다. 여기서 먼저 유의해야 할 것은 理氣互發論에서의 '理와 氣' 는 '도덕적 본성과 육체적 본능' 을 뜻하나, 氣發理乘一途論에서의 '理와 氣' 는 '도덕적 본성과 주체적 마음' 을 뜻한다는 점이다.

본성은 마음이 지향해야 할 도덕적 표준이 되고, 마음은 능동적으로 본성을 실현하는 주체가 된다는 점에서 '본성과 마음' 은 '상호 의존' 의 관계 또는 '상호 결합' 의 관계이다. 이를 율곡은 "氣(마음)가 아니면 발할 수가 없고, 理(본성)가 아니면 발할 바가 없다" 고 표현했거니와,

이것이 바로 氣發理乘一途論의 취지였다. 그러나 '양심과 욕심' 의 관계에서 알 수 있듯이, '본성과 본능' 의 관계는 서로 대립 · 갈등하는 경우가 많은데, 퇴계의 理氣互發論은 이를 표현한 것이다.[1]

氣發理乘一途論은 해석상 논란의 여지가 별로 없는 것과는 달리, 理氣互發論은 해석상 논란의 여지가 많았다. 즉 퇴계의 후학들 가운데 葛庵 李玄逸 등은 '四端은 理가 능동적으로 발한 것, 七情은 氣가 능동적으로 발한 것' 이라 하여 퇴계의 理發과 氣發을 '能發' 로 해석했으나, 大山 李象靖 등은 '四端은 (마음의 지각작용을 통해) 理가 발현된 것, 七情은 (마음의 지각작용을 통해) 氣가 발현된 것' 이라 하여 퇴계의 理發과 氣發을 '所發' 로 해석했다. 理氣互發論과 氣發理乘一途論은 각각 수많은 부수적 논점들을 포함하고 있거니와, 이를 간단히 정리하면 다음과 같다.

첫째, 理氣二物論과 理氣渾融論의 문제이다. 能發의 맥락에서 理氣互發을 주장하는 사람들은 대개 理와 氣를 서로 대립하는 실체로 보면서 理氣二物說을 주장했다. 그러나 氣發理乘一途를 주장하는 사람들은 대개 理主氣資論의 입장에서 理와 氣를 渾融無間한 관계로 이해했다. 所發의 맥락에서 理氣互發을 주장하는 사람들은 대개 한편으로는 理와 氣를 서로 대립하는 존재로 보면서 또 한편으로는 理主氣資論을 주장하는 모습을 보여주었다.

둘째, 理의 能動性 문제이다. 能發의 맥락에서 理氣互發을 주장하는 사람들은 모두 氣뿐만 아니라 理도 능동적 존재라고 보았으며, 理의 능동성을 부정하는 것은 '理를 死物로 오인하는 것' 이라고 비판했다. 그러나 所發의 맥락에서 理氣互發을 주장하는 사람들과 氣發理乘一途를 주장하

1) 같은 맥락에서, 퇴계의 理氣互發論은 이면에 理善氣惡論을 함축하고 있었는데, 마침내 寒洲 李震相에 이르러서는 '선한 理만을 남겨두고 악한 氣는 소멸시켜야 한다' 는 滅氣論으로 표현되었다.

는 사람들은 '理는 形而上者로서 작위능력이 없다' 고 보았으며, 理의 능동성을 주장하는 것은 '理를 事物로 오인하는 것' 이라고 비판했다.

셋째, '理生氣' 에 대한 해석 문제이다. 理의 能動性을 주장하는 사람들은 '理生氣' 를 '理가 실제로 氣를 낳는다' 는 의미로 해석했다. 그러나 理의 能動性을 부정하는 사람들은 '理가 실제로 氣를 낳는다' 는 것은 語不成說이라고 보고, '理生氣' 를 다만 '理가 氣의 樞紐根柢임' 을 상징하는 명제로 보았다.

넷째, '理의 主宰' 에 대한 해석 문제이다. 理의 能動性을 인정하거나 부정하거나 간에, 理氣互發을 주장하는 사람들은 대개 '理의 주재' 를 '理가 氣를 명령함' 또는 '理가 氣를 부림(使之)' 의 뜻으로 해석했다. 그러나 氣發理乘一途를 주장하는 사람들은 '理의 주재' 를 '理가 氣의 운동의 표준이 됨' 으로 해석했다.

다섯째, 心·性·情이 각각 '하나이냐, 둘이냐' 의 문제이다. 먼저 '情' 에 대해 정리하면, 理氣互發論은 사단과 칠정을 별개의 情으로 규정하는 二情論에 속한다. 그러나 氣發理乘一途論에서는 사단을 칠정에 포함시키는바, 이는 一情論에 속한다. 다음 '性' 에 대해 정리하면, 理氣互發論者들은 인의예지의 본성(本然之性)이 발한 것을 理發이라 하고, 음식남녀의 본능적 욕구(氣質之性, 食色之性)[2]가 발한 것을 氣發이라 했거니와, 이는 本然之性(仁義之性)과 氣質之性(食色之性)을 별개로 본 것으로서, 二性論에 속한다. 그러나 氣發理乘一途論者들은 사단과 칠정, 인심과 도심이 모두 인의예지의 본성이 발한 것이라고 보았거니와, 이는 '인간에게는 인의예지의 본성만 존재한다' 는 一性論이다. 다음 '心' 에 대해 정리하자면, 心에 대한 논의는 두 차원이 존재한다. '인심과 도심'

2) 理氣互發論者들은 대개 氣質之性을 食色之性으로 이해했다.

처럼 '발현된 마음' 을 말할 경우, 理氣互發論者들은 인심과 도심을 '별개의 마음' 으로 규정했다. 그러나 氣發理乘一途論者들은 인심과 도심을 '하나의 마음' 으로 규정하며, '인심과 도심은 서로 終始가 된다' 고 주장하기도 했다. '지각과 운용의 주체로서의 마음' 을 말할 경우, 能發의 맥락에서 理氣互發을 주장하는 사람들은 '지각과 운용의 주체로서의 마음' 을 理와 氣로 구분했거니와, 이는 사실 二心論에 속하는 것이다. 그러나 所發의 맥락에서 理氣互發을 주장하는 사람들과 氣發理乘一途論者들은 '지각과 운용의 주체로서의 마음' 은 하나일 뿐으로서 '氣' 에 속한다고 보았는데, 이는 一心論인 것이다.[3]

이상의 여러 논점들에 대해 論者의 견해를 밝히자면, 論者는 기본적으로 理主氣資論의 입장에서 理와 氣를 渾融無間한 상호의존 관계로 인식한다.[4] 논자는 '理의 능동성' 을 부정하고, '理生氣' 를 상징적 명제로 이해하며, '理의 주재' 를 '理가 氣의 운동의 표준이 됨' 으로 해석한다. 논자가 이러한 입장을 취하는 까닭은 기본적으로 '理와 氣' 를 '形而上者와 形而下者' , 특히 '本과 具' 로 인식하기 때문이다.[5]

---

3) 氣發理乘一途論者들이 말하는 '氣發' 은 '마음의 지각작용' 을 뜻한다.

4) 퇴계는 자신의 互發論은 "心 가운데 나아가 理·氣를 나누어 말한 것" 이라 했다(『退溪集』 卷29 頁5, 〈答金而精〉). 그런데 다산이 "퇴계가 말하는 理란 本然之性이요 道心이요 天理의 공정함이며, 氣란 氣質之性이요 人心이요 人慾의 사사로움이다. 그러므로 퇴계는 四端과 七情이 발함에는 公과 私의 구분이 있으니, 四端은 理發이고 七情은 氣發이라고 한 것이다." 라고 설명했듯이(『與猶堂全書』 第1集 卷12 頁17, 〈理發氣發辨一〉), 퇴계 互發論에서의 '理와 氣' 는 '도덕적 본성과 육체적 본능' 에 해당하는 것이다. 따라서 퇴계가 互發論의 맥락에서 '理와 氣' 의 관계를 규정한 여러 논법들, 예컨대 '理의 能發, 理와 氣의 승부' 등은 '心性論의 영역' 에서만 의미를 지니는 것으로 보는 것이 타당할 것이요, 우주와 자연의 세계에까지 적용되는 일반론으로 보는 것은 부당할 것이다.

5) 배종호는 "退溪의 이른바 理는 潔潔淨淨한 純粹活動으로서의 기운(質料性的)이요, 退溪의 이른바 氣는 理에 대한 不潔淨한 活動으로서의 기운이다." 라고 설명한 바 있

한편, 理氣論을 心性論에 적용시킬 경우, 理는 항상 '性命之正' 으로서 '도덕적 본성' 을 뜻하나, 氣는 '形氣之私' 로서 '육체적 본능' 을 뜻하기도 하고, '虛靈知覺' 으로서 '주체적(능동적) 마음' 을 뜻하기도 한다.[6] 이러한 전제 아래, 心·性·情이 각각 '하나이냐, 둘이냐' 의 문제에 대한 論者의 견해를 밝히자면 다음과 같다.

'心' 에 대한 논의는 두 맥락으로 구분해보아야 한다. 논자는 '지각과 운용의 주체' 라는 맥락에서의 心은 '하나' 일 뿐이라고 본다(一心論). 이는 인간에게는 '하나의 自我' 만 있다는 뜻이기도 하다. 그러나 人心과 道心처럼 감정과 의지를 표현하는 맥락일 경우, 人心과 道心은 根源도 다르고 志向도 다르므로 '둘' 이라고 본다(二心論).

'性' 에 대한 논의도 두 맥락으로 구분해 보아야 한다. '本然之性과 氣質之性' 은 각각 '理一과 分殊(各一其性)' 를 뜻하는 맥락이라면 본래 '하나' 라고 본다(一性論). 그러나 '本然之性과 氣質之性' 이 '仁義之性과 食色之性' 을 뜻하는 맥락이라면 본래 '둘' 이라고 본다(二性論).

'情' 에 대한 논의도 두 맥락으로 구분해 보아야 한다. 『禮記』의 '飮食

다(배종호, 『韓國儒學史』, 147쪽). 퇴계가 理의 '能發' 을 주장한 것에 대해, 배종호는 '퇴계의 理는 사실 氣에 속한다' 고 해석한 것이다. 한편 윤사순은 퇴계의 理生氣說에 대해 "생명체들의 생출현상은 항상 동질적인 것을 연속으로 생하여 同類를 유지·보존하는 것인데, 어떻게 이질적인 것(理가 氣를)을 생출할 수 있겠느냐" 라는 비판을 제기한 바 있다(윤사순, 「韓國儒學에 대한 哲學的 理解의 문제 : 그 회고와 전망」, 21쪽). 또한 유원기는 '운동은 물질의 속성' 이라고 전제한 다음, 퇴계의 理氣互發說에 대해 "(운동이라는) 물질적인 성질을 理에 부여하면서 理가 물질이 아니라고 주장하는 것은 단적으로 모순" 이라고 지적했다(유원기, 『조선 성리학 논쟁의 분석적 탐구』, 229쪽).

6) 퇴계는 '도덕적 본성과 육체적 본능' 의 관점에서 理·氣의 관계를 논하고, 율곡은 '도덕적 본성과 능동적 마음' 의 관점에서 理·氣의 관계를 논했던 것이다. 그런데 後學들은 대부분 이러한 차이를 간과하고 退·栗에 대해 是非와 優劣을 논하려고 하여, 불필요한 혼란을 가중시킨 것이다.

男女에 대한 욕구와 死亡貧苦에 대한 혐오'를 중심으로 七情을 이해할 경우, 四端과 七情은 '별개'일 것이다(二情論). 그러나 『中庸』의 '大本達道論'의 맥락에서 七情을 이해할 경우, 四端과 七情은 하나로서(一情論) '칠정이 사단을 포함한다'고 본다.

2) '五常과 未發의 개념' 및 '心과 氣質의 관계' 문제

湖洛論爭은 四端七情-人心道心 논변 못지않게 오랜 세월 지속된 큰 논쟁이었거니와, 그 핵심 쟁점은 다음의 세 가지로 요약할 수 있다.

첫째, '五常'의 개념 정의 문제이다. 호락논쟁에서 '人性과 物性의 同·異 문제'는 사실 '人性과 物性의 同·異' 자체를 두고 대립한 것이 아니라, '어떻게 人性과 物性의 차이를 설명하느냐'를 두고 대립한 것이다. 이는 근본적으로 '五常의 개념'을 어떻게 정의하느냐에 관계된 문제이다. 巍巖 李柬은 단순히 '五行之理'를 五常이라 정의한 다음 '사람과 동물이 동일하게 五常을 전부 지니고 있다'고 주장하면서도, '사람의 五常은 粹하지만 동물의 五常은 不粹하다'고 했으며, 그 까닭은 사람의 氣는 正通하지만 동물의 氣는 偏塞하기 때문이라 했다. 반면 南塘 韓元震은 五常을 단순한 '五行之理'가 아닌 '五行秀氣之理'라고 정의하고, 사람은 五行의 秀氣를 전부 갖추었으므로 그 五常이 全하지만 동물은 五行의 秀氣를 전부 갖추지는 못했으므로 그 五常이 偏하다고 했다. 요컨대 외암은 五行之理를 五常으로 정의하고 人性과 物性의 차이를 粹·不粹로 설명한 반면 남당은 五行秀氣之理를 五常으로 정의하고 人性과 物性의 차이를 全·偏으로 설명한 것이다. 이처럼 외암과 남당이 '五常'의 개념을 서로 달리 정의하고 있었음을 간파한다면, 그들의 본래의 의도는 동일한 것임을 확인할 수 있다. 다만 남당의 性三層說은

人・物의 고유한 본성을 개념화시켰다는 데에 그 의의가 있다.

둘째, '未發'의 개념 정의 문제이다. 남당은 기존의 通論에 따라 未發의 의미를 '寂然不動'으로 한정하고, '未發時에도 氣質에는 淸濁粹駁이 존재한다'는 未發氣質有善惡論을 주장했다. 그러나 외암은 "未發의 참된 뜻은 본래 寂然不動과 湛然虛明의 두 뜻을 겸하는 것"이라 하여 이를 '大本底未發(中底未發)'이라 하고, 남당이 말하는 未發 즉 '寂然不動만 의미하는 未發'은 '不中底未發'이라고 규정했다. 이처럼 未發論爭이 대두하게 된 까닭은 '未發은 中으로서 天下의 大本이다'라는 주장과 '氣質之性에는 善・惡이 혼재한다'는 주장 사이의 모순 때문이었다. 氣質之性도 性인 한 未發에 속하는 것이다. 그런데 '氣質之性에 善・惡이 혼재한다'고 하면, 이는 '未發에 善・惡이 존재한다'는 주장이 되어, '未發은 天下의 大本'이라는 주장이 위태롭게 되는 것이다. 외암은 이러한 난관을 극복하기 위하여 기존의 未發 개념을 大本底未發(中底未發)과 不中底未發로 구분하고, '大本底未發만이 참된 의미의 未發'이라고 규정했던 것이다.

셋째, 未發時 '心과 氣質의 관계' 문제이다. 心과 氣質의 관계, 즉 中底未發(心之本然)과 不中底未發(心之氣質)의 관계에 대해, 외암은 '異位異時'를 주장했고 남당은 '同位同時'를 주장했다. 여기서 '位'란 '일원적이냐(同位), 이원적이냐(異位)'를 말하고, '時'란 '같은 때에 존재하느냐(同時), 서로 다른 때에 존재하느냐(異時)'를 말한다. 호락논쟁의 쟁점 가운데 '人性과 物性의 同・異 문제'와 '未發의 善・惡 문제'는 근본적으로 '五常'의 개념과 '未發'의 개념을 서로 달리 정의한 데서 야기된 문제였거니와, 따라서 이 둘은 서로 개념을 일치시키면 쉽게 歸一될 수 있는 문제였다. 따라서 '미발시 心과 氣質의 관계' 문제야말로 호락논쟁의 핵심 문제였다.

'心과 氣質의 관계'를 설명함에 있어서, 외남과 남당은 서로 氣質에 대해 다르게 인식하고 있었다. 남당은 氣質을 '마음의 재질'로 이해하고 있었으며, 그리하여 '心과 氣質은 본래 하나(同位)'라고 주장했던 것이다. 그러나 외암은 氣質을 '血氣 또는 形氣' 등 욕망의 근원으로 이해하고 있었으며, 그리하여 '心과 氣質은 본래 별개(異位)'라고 주장했던 것이다. 그런데 성리학의 일반론에 따르면, 氣質은 '淸濁粹駁이 혼재하는 마음의 재질'을 뜻하는 용어였거니와, 따라서 '心과 氣質은 본래 하나(同位)'라고 보아야 할 것이다.

다만 남당처럼 心의 本然과 氣質을 同位이면서 또 同時라고 규정한다면 '湛然虛明한 마음의 본체'를 확보하기 어렵다. 그리하여 醒菴 李喆榮은 心의 本然과 氣質의 관계를 '同位異時'로 설명했던 것인바, 이야말로 가장 원만하고 타당한 설명이라 할 수 있다. 醒菴의 性三様說은 남당의 '性에 대한 三分法'과 외암의 '未發에 대한 분석적 이해'를 종합하여 지양시킨 이론으로서, 2백여 년간 지속된 호락논쟁은 이로써 진정한 해결의 실마리를 찾게 된 것이다.

3) '心統性情'에 대한 해석 문제

華西學派와 梅山學派 사이의 明德論爭, 華西學派 내부의 心說論爭, 定齋學派와 寒洲學派 사이의 坪浦論爭 등 조선 말기의 心說論爭은 모두 근본적으로 '心統性情'의 해석을 둘러싼 논쟁이었다. 성리학에서는 '心統性情'을 주장하면서, 그 '心'을 '氣의 精爽'으로, '統'을 '主宰, 운용, 포함' 등으로, '性'을 '理'로 설명해왔다. 그렇다면 '心統性'은 '氣가 理를 주재한다'는 뜻이 되거니와, 華西 李恒老와 寒洲 李震相 등 조선 말기의 '主理派'들은 이를 납득할 수 없었다. 그리하여 그들은 '心統性情에서의 心' 즉 '性·情의 주재자로서의 心' 은 氣가 아니라 理라는 주장(以理斷心, 心卽理)을 펴게 된 것이다. 화서와 한주가 이러한 주장을 펴게 된 것은 다음의 두 이유 때문이다. 첫째, 그들은 '주재' 를 '명령' 또는 '부림(使之)' 의 뜻으로 해석했다. 둘째, 그들은 성리학에서 '주재자는 오직 理일 뿐' 이라고 보았다. 요컨대 그들은 氣가 理를 명령하는 사태를 납득할 수 없었기 때문에 '性·情의 주재자로서의 心은 理' 라고 주장했던 것이요, 이 세계에서는 '理의 적극적 역할' 이 절실하다고 보았기 때문에 '理' 는 氣를 명령하고 부리는 '능동적 존재' 라고 주장했던 것이다.[7)]

조선 말기의 심설논쟁은 한편으로는 理善氣惡論과 理主氣資論의 대립이기도 했다. 화서나 한주 등은 겉으로는 理主氣資를 설파하면서도 실제로는 理善氣惡論을 宗旨로 삼고 있었다. 〈華西年譜〉에는 "先生께서는 理를 말할 때에는 반드시 하나의 '理' 字 안에 원래 '體·用' 과 '能·所' 를 모두 포함시켜 (氣로부터) 빌려옴을 기다리지 않고서도 自足하게 했다."[8)]는 기록이 보인다. 理善氣惡論의 관점에서 볼 때, 순선한 理의 실현을 악한 氣에 의존하는 체계는 매우 '불완전한 체계' 이다. 그러므로 화서는 악한 氣로부터 아무것도 빌리지 않아도 되는 '완전한 체계' 를 구상하고, 以理斷心을 통해서 이러한 체계를 구현한 것이다. 한주 역시 같은 맥락에서 理를 '자족적 존재' 로 승격시키고 '氣를 없애버려야 한다' 는 滅氣論을 전개했다.

---

7) 이 책의 제1부 제3장 11절 〈心統性情論의 두 맥락 문제〉에서 설명한 바와 같이, 주자의 心統性情에 대한 해석에는 두 맥락이 있었다. 주자학의 중심축은 물론 '心統性情에 대한 사실적 해석' 에 있었다. 그러나 주자는 곳곳에서 '心統性情에 대한 당위적 해석' 도 보여주었는바, 이는 華西說과 寒洲說을 뒷받침하는 논거가 될 수 있는 것이었다.

8) 『華西集』 附錄 卷9 頁35, 〈華西年譜〉 57歲條.

화서와 한주의 이러한 주장에 대해, 梅山學派와 定齋學派 학자들은 성리학의 일반론을 상기시키면서 비판을 가했다. 그 중의 대표적 인물은 艮齋 田愚였는데, 간재는 心統性情의 '統' 또는 '주재'는 결코 '명령'이나 '부림'의 뜻이 아니라 '맡아서 운용한다'는 뜻이라고 설명했다. 또한 '맡아서 운용함'은 '능동적 作爲'에 속하는바, 理는 作爲가 없는 존재이므로, 따라서 그 주체는 理가 아니라 氣라고 설명했다. 또한 간재는 '心統性情의 心'을 만약 '理'로 규정하면 '心統性'은 '理統理'가 되므로, 語不成說이라고 비판했다.

더 나아가 간재는 성리학에서 말하는 '주재'에는 본래 두 맥락이 있다고 설명했다. 첫째는 '理의 주재'로서 이는 '理가 氣의 운동의 표준이 됨'을 뜻하며, 둘째는 '氣의 주재'로서 이는 '氣가 理를 맡아서 운용함'을 뜻한다.[9] 요컨대 이 세계의 이념적 표준 역할을 하는 것은 '理'이지만, 그 표준의 실현 여부는 '氣'에 달려있다는 것이다. 간재는 이러한 주장을 性師心弟說로 설명했다. 性은 스승으로서 心에게 올바른 도리를 제시하는데(理의 주재), 그 가르침의 실천 여부는 제자인 心에 달려있다는 것이다(氣의 주재). 간재의 性師心弟說은 기존의 理主氣資論을 다시 천명한 것으로서, 理뿐만 아니라 氣에 대해서도 그 존재 의의를 충분히 인정한 것이다.

이상에서 조선 말기 心說論爭의 핵심 쟁점을 소개했거니와, 論者는 기본적으로 艮齋의 주장이 옳다고 본다. 화서의 以理斷心과 한주의 心卽理說은 대부분 성리학의 전통적 논법과 어긋나는 것이다. 화서와 한주 등은 '心統性情의 統'을 '명령'으로 잘못 해석함으로써 논리적으로 온갖 무리를 범하면서 좌충우돌을 거듭했던 것이다.

---

9) 요컨대 '理의 주재'이든 '氣의 주재'이든 모두 '命令'이나 '부림(使之)'의 뜻이 아니라는 것이다.

4) 본성 · 본능 · 마음의 관계 문제

한국 성리학을 관통하는 또 하나의 핵심 논제는 '본성 · 본능 · 마음'의 관계에 대한 이해 문제였다. 退溪와 高峰의 논변에서 '理 · 氣의 渾淪과 分開' 문제가 본격적으로 대두되었거니와, 이는 사실 '본성 · 본능 · 마음'의 관계를 어떻게 설명할 것인가를 두고 대립한 것이었다.

退溪의 理氣互發論은 四端과 七情의 所從來를 理와 氣로 분개한 것인데, 여기서의 '理와 氣'는 '도덕적 본성과 육체적 본능'을 뜻한다. 牛溪 역시 퇴계의 이러한 설명을 수용하고자 했다. 한편 高峰과 栗谷은 "七情도 仁義禮智의 본성에서 발한다"고 주장했는데, 이는 '도덕적 본성'과 구별되는 '육체적 본능'의 위상을 외면한 것이다. 고봉과 율곡은 퇴계의 分開說 자체를 문제 삼았다. 理 · 氣는 혼륜한 관계인바, 理 · 氣를 분개하면 '大本이 둘이 된다'는 비판이었다. 그러면서 이들은 "七情의 근원 역시 理이며, 四端 역시 氣를 타고 발한다"고 주장했는데, 여기서의 理와 氣는 '도덕적 본성과 주체적 마음'을 뜻하는 것이었다.

이렇게 본다면, 퇴계와 우계는 '본성과 본능을 구별(分開)해야 한다'는 점을 강조한 것이요, '본성과 마음의 혼륜한 관계'는 별로 주목하지 않은 것이다. 반면에 고봉과 율곡은 '본성과 마음의 혼륜한 관계'를 강조한 것이요, '우리의 마음속에는 도덕적 본성과 별개로 육체적 본능이 존재한다'는 사실을 간과(부인)한 것이다.[10]

---

10) 율곡은 人心을 "口體를 위해 발한 것"으로서, "배고프면 먹고자 하고, 추우면 입고자 하며, 피곤하면 쉬고자 하고, 정력이 왕성해지면 아내를 생각하는 것 등"이라고 설명했는데(『栗谷全書』 卷14 頁4, 〈人心道心圖說〉), 이것으로 보면 율곡도 '육체적 본능이 존재한다'는 것을 부정하지 않았다. 다만 人心의 근원을 '仁義禮智의 本性'으로 규정함으로써, 도덕적 본성과 구별되는 '육체적 본능의 독자적 위상'을 인정하지 않은 것이다.

한편, 본래 朱子는 인간의 '본성'을 理로 규정하고, '몸'과 '마음'을 모두 氣로 규정했다. 주자는 '몸과 마음'을 '形氣와 心(氣)'로 구분한 경우도 있지만, 구분하지 않고 그저 '氣'로만 표현한 경우도 많다. 그리하여 주자가 말한 '氣'가 '몸'을 지칭하는지 '마음'을 지칭하는지 애매한 경우가 많았다. 또 주자가 말하는 '氣質'은 '마음의 재질'을 뜻하는 경우도 있었고, 形氣와 같은 맥락에서 '욕망의 근원인 육체'를 뜻하는 경우도 있었다. 그리하여 한국 성리학에서도 氣에 대한 논의는 마구 뒤엉켜서 큰 혼란을 겪었던 것이다.

이러한 혼란을 겪는 가운데, 農巖과 三淵 · 圃陰 등이 氣에 대한 논의에서 心氣와 形氣를 구분한 것은 '지각 · 반응의 주체인 마음'과 '욕망의 근원인 몸'을 구분한 것인바, 이는 결국 본성과 본능을 구분한 것이다.[11] 포음은 다음과 같이 말한다.

> 氣에는 能感之氣도 있고 所感之氣도 있다. 能感之氣는 靈覺(虛靈知覺)을 말하고, 所感之氣는 形氣를 말한다. 그러므로 人心은 靈覺의 氣가 形氣의 氣를 말미암아 움직인 것이요, 道心은 靈覺의 氣가 形氣의 氣를 기다리지 않고 움직인 것이다. 그러므로 비록 靈覺의 氣라는 점에서는 人心과 道心이 부득불 같으나, 道心은 人心과 비교하면 形氣의 氣와 관계된 것이 아니므로 특별히 性命의 宗이 되는 것이다. 이것이 人心과 道心에 性命과 形氣의 구별이 있는 까닭이다.[12]

위의 인용문은 '마음(虛靈知覺), 본성(性命), 본능(形氣)'을 구별하면

---

11) 이들은 또한 氣質과 形氣를 구분하여, 氣에 대한 논의를 더욱 명료하게 할 수 있는 길을 열어주었다.

12) 『圃陰集』 卷5 頁12, 〈人心道心辨〉.

서 人心과 道心을 설명한 것이다. 이를 곡진하게 해석하면, 人心은 마음의 지각작용을 통해 육체적 본능이 발한 것이며, 道心은 마음의 지각작용을 통해 도덕적 본성이 발한 것이라는 말이다. 이는 '마음 · 본성 · 본능' 의 관계를 정확하게 설명한 것이라 할 수 있다. 그런데 이러한 내용이 후대에 제대로 계승, 발전되지 못하였다. 湖洛論爭에서 '心과 氣質의 관계' 를 두고 대립한 것, 그리고 조선 말기의 여러 心說論爭에서 '마음과 본성이 하나이냐, 둘이냐' 를 두고 대립한 것이 그 증거이다.

이처럼 '본성 · 본능 · 마음' 의 관계에 대한 해명은 四七論辨, 人心道心論辨, 湖洛論爭, 心說論爭 등을 두루 관통하는 가장 포괄적인 논제였다. '理와 氣는 不相離인 동시에 不相雜' 이라는 성리학의 지론처럼, '마음 · 본성 · 본능' 은 서로 밀접하게 관련된 것이면서도 서로 구분되는 것이다. 退溪는 '본성과 본능' 을 '理와 氣' 로 구분하면서, 이를 무시하면 '진흙과 물을 섞는 것(和泥帶水)' 이 된다고 경계했다. 栗谷은 마음과 본성의 밀접한 상호 의존 관계를 "氣가 아니면 발할 수가 없고, 理가 아니면 발할 것이 없다(非氣則不能發 非理則無所發)"는 말로 표현했다. 巍巖은 마음을 외면하고 본성을 논하는 것을 '허공에 떠서 理를 말하는 것(懸空說理)' 이라고 비판했고, 南塘은 '마음과 본성은 일치한다' 는 주장을 '氣를 大本으로 오인한 것(認氣爲大本)' 이라고 비판했다. 艮齋는 '본성과 마음' 을 '理와 氣' 로 구분하면서, 마음을 理(진리의 표준)로 여긴다면 '미친놈처럼 스스로 방자하게 된다(猖狂自恣)' 고 경계했다. 이러한 주장들은 모두 우리 後學들이 金科玉條로 삼아야 할 내용이라 하겠다.

5) 善 · 惡의 기원과 修養의 방법

퇴계는 '마음속에는 理와 氣가 있다' 고 보았는데,[13] '마음속의 理 ·

氣' 란 '도덕적 본성과 육체적 본능' 을 지칭하는 것이었다. 율곡은 마음속에는 '도덕적 본성' 이 포함되어 있을 뿐이라고 보았다.[14] 퇴·율은 이처럼 마음의 구조를 다르게 이해함으로써, 善·惡의 기원과 修養의 방법에 대해서도 다르게 설명했다.[15]

퇴계는 善·惡을 '理와 氣의 승부' 로 설명했다. 퇴계는 '理와 氣의 승부' 를 '德性과 物欲의 승부' 또는 '天理와 人欲의 승부' 로도 표현했는데, 이는 '道心과 人心의 승부' 요, '본성과 본능의 승부' 였다. 퇴계의 이러한 설명방식에 대해, 율곡은 다음과 같이 비판했다.

> 性은 心에 갖추어져 있는데, 발하여 情이 된다. 性이 이미 본래 善하니, 情도 不善이 없어야 마땅한데, 情에는 간혹 不善이 있는 것은 무슨 까닭인가? 理는 본래 純善하나, 氣에는 淸·濁이 있다. 氣는 理를 담는 그릇이다. (…) 善한 情은 淸明한 氣를 타고 天理를 따라 곧게 발하여 그 中庸을 잃지 않은 것이니, 그것이 仁義禮智의 단서가 됨을 볼 수 있다. 그러므로 四端으로 지목한 것이다. 不善한 情은 비록 역시 理에 근본한 것이나, 이미 汚濁한 氣에 가려

13) 『退溪集』 卷29 頁5, 〈答金而精〉 : 理發氣隨 氣發理乘之說 是就心中而分理氣言 擧一心字 而理氣二者兼包在這裏

14) 『栗谷全書』 卷14 頁32, 〈論心性情〉 : 蓋性中有仁義禮智信 情中有喜怒哀樂愛惡欲 如斯而已 五常之外無他性 七情之外無他情

15) 테일러(Charles Taylor)는 플라톤과 아리스토텔레스의 차이를 '일원론과 이원론' 의 관점에서 설명한 바 있다. 플라톤은 '동물적 욕망과 도덕적 善' 을 二元的으로 규정하고 동물적 욕망을 惡의 잠재적 원천으로 보아 금욕주의를 표방했으나, 아리스토텔레스는 이러한 二元論에 반대하고 동물적 욕망에 대해서도 '편안한 빈틈' 을 인정했다는 것이다. 그리고 테일러는 "아리스토텔레스적 관점이 가진 매력은 내적 분열을 극복하고, 우리 존재의 모든 측면들에게 도덕적 삶에서 차지하는 어떤 위치를 부여한다는 점이다. 그러나 플라톤주의가 갖는 힘은 단순한 욕구의 부정을 통해 얻을 수 있는 순수함을 향한 초월적 갈망에서 나온다." 고 부연한 바 있다(테일러, 『자아의 원천들』, 888쪽). 테일러의 이러한 설명은 퇴계의 互發論과 율곡의 一途論에 대해서도 어느 정도 적용될 수 있을 것이다.

서 그 本體를 잃고 橫生하여, 간혹 過 · 不及이 있는 것이다. (…) 오늘날의 學者들은 善 · 惡이 氣의 淸 · 濁에서 말미암는다는 것을 모르고, 그 학설을 탐구하다가 되지 않으니, 그러므로 마침내 '理發은 善이 되고, 氣發은 惡이 된다' 고 하여, 理 · 氣가 서로 분리되게 하는 잘못을 범했다.[16]

율곡은 '理와 氣' 를 '본성과 마음' 으로 이해하고, 마음이 맑아 본성을 그대로 中節하게 발현시킨 것이 善이며, 마음이 흐려 본성을 왜곡하여 지나치거나 모자라게 발현시킨 것이 惡이라고 설명했다. 위의 인용문에서 주목할 것은 善 · 惡을 中節과 不中節로 설명하고, 이를 다시 氣의 淸 · 濁으로 설명한 것이다. 요컨대 善情이든 惡情이든 모두 仁義禮智의 本性이 발한 것인데, 마음(氣)의 淸 · 濁에 따라 中節과 不中節이 갈라지게 된다는 것이다. 율곡의 이러한 설명방식에 대해, 克齋 申益愰은 다시 다음과 같이 비판했다.

朱子의 〈答蔡季通〉에서는 "사람이 태어난 것은 性과 氣가 합쳐진 것일 뿐이다. 그 합쳐진 것에 나아가 분석하여 말하면, 性은 理를 주로 하여 形이 없고, 氣는 形을 주로 하여 質이 있다. 性은 理를 주로 하여 形이 없으므로 공정하여 不善이 없고, 氣는 形을 주로 하여 質이 있으므로 사사롭고 간혹 不善하다. 공정하고 善하기 때문에 그 발한 것은 모두 天理가 행한 것이요, 사사롭고 간혹 不善하기 때문에 그 발한 것은 모두 人欲이 지은 것이다. 이것이 舜이 禹에게 경계할 때 人心과 道心을 구별했던 까닭이다. 이는 근본으로부터 이미 그러한 것이요, 氣가 행한 바에 過 · 不及이 있은 다음에 人欲으로 흐르는 것이 아니다."라고 했다. ○ 내 생각에, 이 편지는 蔡季通을 위한 설명이

16) 『栗谷全書』 卷14 頁5~6, 〈人心道心圖說〉.

아니라 바로 栗谷을 위한 설명이다.[17)]

위의 〈答蔡季通〉에서는 '性(理)과 氣'를 '公과 私', '天理와 人欲', '道心과 人心'으로 설명했는데, 이는 '理와 氣'를 '본성과 본능'으로 이해한 것이다. 위의 〈答蔡季通〉에서는 분명 '性이 발한 것'과 '氣가 발한 것'을 대비시키고 있거니와, 이는 퇴계의 互發論을 뒷받침하는 훌륭한 논거인 셈이다. 克齋는 이를 인용함으로써 "善·惡은 氣의 清·濁에서 말미암는다"는 율곡의 주장을 정면으로 반박하고, 퇴계의 理氣勝負論을 옹호한 것이다.

퇴계처럼 善·惡을 '理·氣의 승부'로 볼 경우, 修養論의 초점은 '天理를 보존하고 人欲을 막아야 한다'는 存養省察論에 있게 된다. 율곡처럼 善·惡을 '氣의 清·濁에서 말미암는 것'으로 볼 경우, 修養論의 초점은 '濁氣를 清氣로 변화시켜야 한다'는 氣質變化論에 있게 된다. 퇴계의 敬사상은 存養省察論과 표리를 이루며, 율곡의 誠사상은 氣質變化論과 표리를 이룬다.

조선시대 성리학자들은 善·惡의 기원과 修養의 방법에 대해 많은 논의를 전개했지만, 그 핵심은 이상의 내용을 벗어나지 않는다. 요컨대 퇴계학파에서는 대개 理氣勝負論과 存養省察論을 전개했고, 율곡학파에서는 대개 氣의 清濁論과 氣質變化論을 전개했다. 다만 農巖 金昌協 등 退·栗을 절충하고자 한 학자들은 理氣勝負論과 氣의 清濁論을 혼융하면서 다양한 變奏를 보여주었다.

17)『克齋集』卷7 頁23~24,〈先儒四端七情說同異總辨〉.

2. 퇴계 互發論과 율곡 一途論의 지양 방향

퇴계-고봉 논변 이후 사칠논변은 율곡-우계 논변으로 이어지고, 마침내 모든 성리학자들의 관심사가 되었다. 그런데 사칠논변은 결코 歸一될 수 없는 논변이다. 그 까닭은 바로 '七情 개념의 이중성' 때문이다. 고봉처럼 『中庸』의 大本達道論의 관점에서 七情을 이해하면 사단과 칠정을 分開할 이유가 없으나, 퇴계처럼 『禮記』의 天理人欲論의 관점에서 七情을 이해하면 사단과 칠정을 分開하지 않을 수 없다. 그런데 유교의 경전에 이 두 맥락의 설명이 함께 존재하기 때문에, 따라서 分開와 渾淪의 문제는 영원히 해결될 수 없을 것이다.[18]

四端의 개념은 명확하나 七情의 개념은 이중적인 것과 달리, 人心과 道心은 모두 개념상의 애매모호함이 없다. 또한 퇴계는 '四端 · 七情'을 '道心 · 人心'과 상응하는 개념으로 인정한 바 있다. 또한 율곡과 우계는 四七論辨의 연장선상에서 '人心道心論辨'을 전개한 바 있다. 이러한 맥락에서 論者는 四端七情論 대신 人心道心論을 중심으로 퇴계설(우계설)과 율곡설(고봉설)의 지양을 모색하는 것이 바람직하다고 생각한다.

1) 退 · 栗 성리설의 핵심 쟁점

퇴 · 율 성리설의 핵심 쟁점은 둘로 요약된다. 첫째는 '마음의 구조' 문제로서, 一性一情論과 二性二情論을 두고 대립한 것이다. 둘째는 '發

18) 퇴계설과 율곡설의 대립은 다른 한편으로는 先秦儒學에서 '太極陰陽論 · 道器論'과 '天理人欲論 · 人心道心論'의 대립의 연장선상에 있는 것이다. 朱子는 이 두 계열의 서로 다른 사고방식을 하나의 理氣論으로 통합했는데, 退 · 栗에 이르러 결국 두 계열의 異質性이 다시 표출된 것이다.

의 주체' 문제로서, '理의 能發 여부' 를 두고 대립한 것이다.

첫째, '마음의 구조' 문제에 대해, 퇴계와 우계는 二性二情論 또는 人心道心二本論을 견지했고, 고봉과 율곡은 一性一情論 또는 人心道心一本論을 견지했다. 다시 말해, 퇴계는 本然之性과 氣質之性을 '별개' 로 구분한 다음, 本然之性이 발한 것이 四端 또는 道心이요, 氣質之性이 발한 것이 七情 또는 人心이라고 주장한 반면, 고봉과 율곡은 本然之性과 氣質之性을 '하나' 로 규정하고 마찬가지로 四端과 七情 또는 人心과 道心 역시 본래 '하나' 라고 주장한 것이다.[19)]

퇴계의 二性二情論과 율곡의 一性一情論에서 대립의 초점은 '人心의 근원이 무엇이냐' 하는 점이다. 퇴계는 '人心의 근원' 은 '形氣의 사사로움' 이라고 보고, 이를 '氣(氣質之性)' 로 규정했는데, 여기서의 '氣(氣質之性)' 는 곧 '食色의 본능' 또는 '食色之性' 을 뜻하는 것이었다. 그러나 율곡은 '人心 역시 仁義禮智의 본성에 근원한다' 고 규정하고, 다만 人心은 仁義禮智의 본성이 발할 때 形氣 또는 氣質이 개입한 것이라 하였다.

쉽게 짐작할 수 있듯이, 퇴계의 理氣互發說은 二性二情論을 표현한 것이며, 율곡의 氣發理乘一途說은 一性一情論을 표현한 것이다. 율곡은 퇴계의 理氣互發論에 대해 다음과 같이 비판한다.

만약 퇴계의 互發說과 같다면, 本然之性은 동쪽에 있고 氣質之性은 서쪽에 있어서, 동쪽에서 나온 것을 道心이라 하고 서쪽에서 나온 것을 人心이라 하는 것이니, 이것이 어찌 이치에 맞겠는가? 만약 '性은 하나' 라고 한다면, 또 장차 性으로부터 나온 것을 道心이라 하고 性이 없이 스스로 나온 것을 人心

19) 여기서 주의할 것은, 퇴계는 氣質之性을 食色之性으로 이해한 반면, 율곡은 氣質之性을 各一其性으로 이해했다는 점이다. 물론 퇴계도 氣質之性을 各一其性으로 이해한 경우도 있다. 그러나 四端七情을 논할 때엔 氣質之性을 食色之性으로 이해했다.

이라 하는 것이니, 이 또한 이치에 맞겠는가?[20]

율곡은 퇴계의 互發說이 '本然之性과 氣質之性을 근원적으로 二元化시키는 것'이거나, 또는 '氣質之性을 性으로 간주하지 않는 것'이라고 비판했다. 율곡은 인간에게는 하나의 性만 있을 뿐이며, 性이 발한 것이 情인 한, 人心 역시 性에서 나온 것이라고 보았다.

그러나 율곡의 人心에 대한 설명 역시 進退兩難에 빠지는 것이다. 율곡의 주장처럼 人心은 '仁義禮智의 性이 口體를 위해 발한 것' 또는 '仁義禮智의 性이 발할 때 形氣가 개입한 것'이라고 하자. 그러면 여기서 人心을 人心이게 하는 본질적 요소는 '性'인가, '形氣'인가? 만약 '形氣'라고 한다면, 이는 본질적으로 '互發論'과 같은 것이 되고 만다. 만약 '性'이라고 한다면, 이 경우에는 '大本을 어지럽힌 것'이라는 혐의를 받게 된다. 실제로 葛庵 李玄逸은 율곡에 대해 다음과 같이 비판한 바 있다.

무릇 율곡이 말하는 '大本'이란 무엇인가? 理·氣가 渾淪하여 分開할 수 없다는 것이다. 무릇 理·氣는 본래 서로 依附하는 것이니, 陰陽을 떠나서는 진실로 理를 말할 수 없다. 그러나 마땅히 그 위에 나아가 그 本體는 원래 不相離이나 또한 일찍이 서로 섞이지 않음도 보아야 한다. 이제 不相離라는 이유로 다시 그 所從來는 각각 根柢가 있음을 변별하지 않고, "人心·道心은 그 근원이 하나이다. 이미 발하여 人欲으로 흐른 다음에야 바야흐로 人心·道心의 구별이 있는 것이다."라고 말한다면, 이것은 "未發의 즈음에는 理·氣

20)『栗谷全書』卷10 頁29~30,〈答成浩原〉: 若如退溪之說 則本然之性在東 氣質之性在西 自東而出者 謂之道心 自西而出者 謂之人心 此豈理耶 若曰性一 則又將以爲自性而出者 謂之道心 無性而自出者 謂之人心 此亦理耶

가 하나로 섞여 있다가, 이미 발한 다음에야 바야흐로 天理와 人欲이 구별된다."는 뜻이 된다. 그렇다면 그 이른바 '大本'이란 장차 '맑은 물과 진흙을 함께 섞음(和泥帶水)'을 면치 못하여, 하나의 '잡탕 같은 물건'이 될 것이니, 어찌 큰 오류가 아니겠는가?[21]

율곡처럼 '人心의 근원 역시 理(仁義禮智의 本性)'라고 하면, 위와 같은 비판으로부터 벗어나기 어렵다. 뿐만 아니라, 율곡의 주장에 대해서는 '食色의 本能'과 '仁義禮智의 本性'이 도대체 무슨 관련이 있는 것인지 납득하기 어렵다는 문제를 제기할 수도 있다. '仁義禮智의 본성'은 남을 배려함으로써 인륜적 삶을 실현하려는 것이요, '食色의 본능'은 자신의 육체적 생존을 지속시키려는 것인바, 어떻게 '仁義禮智의 본성'이 발해서 '食色의 본능적 욕망'이 된다는 것인가?[22] 그리하여 論者는 율곡의 一性一情論을 반대하고, 퇴계의 二性二情論을 지지하는 바이다.[23]

둘째, '發의 주체' 문제는 요컨대 '理의 能發 여부'를 두고 대립한 것

---

21) 『葛庵集』 卷18 頁12~13, 〈栗谷李氏論四端七情書辨〉.

22) 율곡은 人心과 道心이 모두 '氣發理乘'이라고 설명하면서, 人心은 性이 濁駁한 氣로 인해 '지나치거나, 모자라게' 발한 것이라고 설명했다(『栗谷全書』 卷10 頁28, 〈答成浩原〉). 그러나 이는 앞에서 소개한 朱子의 〈答蔡季通〉과는 어긋난다. 주자는 '人心과 道心'은 '본래 근본으로부터 구별되는 것'이요, '中節과 不中節'로 인해 구별되는 것이 아니라고 했다.

23) 퇴계의 互發說에 대한 율곡의 '本然之性과 氣質之性을 근원적으로 二元化시킨다'거나 '氣質之性을 性으로 간주하지 않는다'라는 비판은 사실 중요한 비판이라 할 수 없다. 이러한 비판은 '본연지성과 기질지성'을 '理一과 分殊(各一其性)'로 규정할 때에만 성립할 수 있다. 그런데 퇴계는 '본연지성과 기질지성'을 '仁義之性과 食色之性'으로 이해한 것인바, 얼마든지 '仁義之性과 食色之性은 별개'라 할 수 있고, 또 얼마든지 '食色之性은 性이라 할 수 없는 것'이다(『孟子』 盡心下 24 : 孟子曰 口之於味也 目之於色也 耳之於聲也 鼻之於臭也 四肢之於安佚也 性也 有命焉 君子不謂性也).

이다. 율곡은 "氣가 아니면 발할 수가 없고, 理가 아니면 발할 바가 없다"고 하여, '理와 氣'를 '所發과 能發'의 관계로 설명했다. 율곡은 四端과 七情이 모두 '氣發理乘'이라고 설명했는데, 이는 '氣(마음)의 지각작용을 통해 인의예지의 본성이 실현된다'는 뜻이었다. 율곡에 의하면 '四端과 七情' 또는 '人心과 道心'이 모두 '能發은 氣, 所發은 理'라는 것이다.

율곡은 이처럼 '能發은 氣, 所發은 理'라는 입장을 견지하면서, 퇴계의 四端理發說에 대해서 '理가 어떻게 能發者일 수 있는가?'라고 비판했다. 그러나 퇴계가 처음부터 理를 能發者로 규정한 것은 아니다. 고봉과의 논변 당시 퇴계는 '사단과 칠정'을 '理發과 氣發'로 분개하는 것에만 관심이 있었고, '能發과 所發' 문제에는 관심이 없었다. 또한 당시의 문건들을 종합적으로 살펴보면, 퇴계 역시 마음(氣)을 能發者로 전제하고 있었다. 요컨대 四端은 마음의 지각작용을 통해 理(본성)가 발현된 것이며, 七情은 마음의 지각작용을 통해 氣(形氣)가 발현된 것이라고 생각했던 것이다.

퇴계가 '理의 能發說'을 분명히 주창한 것은 最晩年의 일이다. 그런데 퇴계의 理能發說은 후대에 수많은 논쟁을 야기했다. 주지하듯이, 율곡학파는 대체로 理能發說을 語不成說로 규정하여 비판했다. 반면에 퇴계학파에서는 일부는 理能發說을 적극 옹호했고, 일부는 理能發說을 내세우지 않고 理를 所發者로 설명했다. 그렇다면 오늘날 우리는 어떤 입장을 취해야 하는가?

論者는 다음의 세 이유에서 理能發說을 기각시키고, '마음(氣)만이 지각과 반응의 주체'라고 설명하는 것이 타당하다고 본다. 첫째, 지각과 반응의 주체는 마음이요, 마음은 氣(氣之精爽)라는 것이 性理學의 기본 입장이었고, 이는 퇴계도 인정한 바 있는 내용이었다.[24] 둘째, 理도 지각과 반응의 주체라고 한다면, '理는 형이상자, 氣는 형이하자' 라는 구분이 무의하게 된다. 셋째, 理를 能發者로 규정하면, 다시 말해 理를 '자기 스스로를 실현하는 능동적 주체' 로 규정하면, 현실에 존재하는 惡을 설명할 수 없게 된다. 理가 순선하고 능동적인 주체로서 氣를 명령하는 주재자라면, 현실의 惡을 모조리 제거하면 좋을 것인데, 왜 惡을 그대로 방치하는가?

이처럼 理能發說은 이론적으로 여러 難題를 야기한다. 그러므로 論者는 理能發說을 기각시키고, 氣(마음)만을 能發者로 규정하는 것이다. 能發者를 마음이라 한다면, 所發者는 理뿐인가? 율곡은 所發者를 理뿐으로 설명하여, '人心의 근원' 을 제대로 설명하지 못했다. 주자는 분명 知覺의 근원으로 '性命之正' 과 함께 '形氣之私' 를 언급했고, 퇴계는 理發과 함께 氣發을 언급한 바 있거니와, 그렇다면 形氣 또한 所發者에 속하는 것이라고 보아야 옳을 것이다.

요컨대 能發者는 '마음' 이며, '性命과 形氣' 는 所發者이다. 그런데 마음의 재질(氣質)에는 淸濁粹駁이 함께 존재하기 때문에, 도덕적 본성(性命, 理)과 육체적 본능(食色, 形氣)을 제대로 발현시키기도 하고, 제대로 발현시키지 못하기도 하는 것이다.

2) 退·栗 성리설의 지양 방향

이상에서 논한 것처럼, 論者는 '마음의 구조' 에 대해서는 '二性二情論' 이 타당하며, '能發者' 에 대해서는 지각과 반응의 주체는 '마음(氣之精爽, 心氣)' 일 뿐이라고 본다. 이제 이에 입각하여 人心·道心에 관한

24) 『退溪集』 卷29 頁7, 〈答金而精〉: 心者理氣之合 此非滉說 先儒已言之 所謂氣之精爽 先生就兼包中而指出知覺運用之妙言 故獨以爲氣之精爽耳

나머지 사항들을 정리해 보기로 하자.

① 인간의 마음에는 本性과 함께 本能도 담겨있다. 仁義禮智信의 本性은 '남과의 조화로운 공존'을 추구하는 것이요, 食色의 本能은 '자신의 생존과 쾌락'을 추구하는 것으로서, 本性과 本能은 본질이 전혀 다르다. 人心은 '本能에서 나온 것' 또는 '本能을 추구하는 것'이며, 道心은 '本性에서 나온 것' 또는 '本性을 추구하는 것'이다.[25)]

② 인간의 감정에는 本性에서 발한 것도 있고, 本能에서 발한 것도 있다. 그러나 감정을 발현시키는 주체는 마음(氣之精爽, 心氣)일 뿐이다. 즉 마음은 대상의 사물을 知覺하면서, 때로는 仁義禮智의 本性을 발현시키기도 하고, 때로는 形氣의 本能을 발현시키기도 하는 것이다. 이런 맥락에서, '發의 주체(能發者)'는 氣(마음, 心氣)일 뿐이나, '發하는 내용(所發者)'에는 性命之正(理)과 形氣之私(形氣)가 모두 있다.

③ '道心과 人心'은 所發의 맥락에서 '理發과 氣發' 또는 '主理와 主氣'로 구분할 수 있다. 人心은 形氣에서 나온 것 또는 形氣의 욕망을 추구하는 것이므로 '氣發·主氣'라 할 수 있고, 道心은 性命에서 나온 것 또는 性命의 올바름을 추구하는 것이므로 '理發·主理'

25) '人心과 道心'은 '동일한 마음의 지각·반응(感應) 작용'이라는 점에서는 '하나'인 것이요, 그 '根源이나 志向性이 다르다'는 점에서는 '둘'인 것이다. 주자가 '或生於形氣之私와 或原於性命之正'으로 설명한 것은 '人心과 道心의 根源이 다르다'는 점을 표현한 것이요, 율곡이 '爲口體而發과 爲道義而發'로 설명한 것은 '人心과 道心의 志向性이 다르다'는 점을 표현한 것이다.

라 할 수 있다.

④ 마음이 감정(人心과 道心)을 발현시키는 데 있어서, 그 中節과 不中節은 마음의 재질(氣質)에 달려 있다. 氣質이 淸粹한 사람은 存養省察에 충실하여 감정을 알맞게 발현시킬 수 있으나, 氣質이 濁駁한 사람은 存養省察에 소홀하여 감정을 지나치거나 모자라게 발현시키게 된다.

위의 내용은 論者가 퇴계설과 율곡설을 절충한 것으로서, 다음과 같은 점에서 退・栗의 기존 입장과 구별된다.

첫째, 論者는 퇴계의 '理發과 氣發'을 수용하되, 그것을 '能發'의 차원이 아닌 '所發'의 차원에서만 수용한다. 퇴계는 最晩年에 '理의 능동성'을 적극 옹호했거니와, 이는 여러 가지 難題를 야기한다. 그리하여 논자는 마음(心氣)만을 能發者로 인정하고, 퇴계의 '理發과 氣發'을 '所發'의 차원에서만 수용하는 것이다. 논자는 요컨대 道心(四端)을 '마음의 지각작용을 통해 理(仁義禮智의 本性)가 발현된 것'으로, 人心을 '마음의 지각작용을 통해 氣(形氣의 本能)가 발현된 것'으로 규정하는 것이다.[26]

둘째, 論者는 율곡의 '性發爲情論'을 수용하되, 그것을 '인간의 감정 전체'를 포괄하는 명제로는 인정하지 않는다.[27] 요컨대 인간의 감정에

26) '四端과 七情을 理와 氣로 분개하는 것'은 퇴계의 평생 宗旨였지만, '理能發說'은 평생 宗旨가 아니었다. 이러한 맥락에서, 論者는 퇴계의 '理發과 氣發'을 '所發'의 차원에서만 수용한다고 하더라도, 퇴계의 宗旨는 충분히 반영된 것이라고 본다.

27) 사실 '性發爲情論의 수용 여부'는 '육체적 본능 또는 食色之性을 性에 포함시킬 것인가'의 여부와 관계된 문제이다. '食色의 본능'을 '食色之性'이라 부르면서 '인간의 본성'에 포함시킨다면, 人心이든 道心이든 모두 '본성이 발한 것'이라 할 수

는 仁義禮智의 도덕적 本性이 발현된 것도 있고, 食色의 육체적 本能이 발현된 것도 있다는 것이다. 이는 道心(四端)은 本性이 발현된 것이요, 人心은 本能이 발현된 것이라는 말이다. 즉 '人心은 仁義禮智의 本性과는 무관하다' 는 것이 논자의 견해로서, 이 점에 있어서 논자는 율곡과 입장을 달리하는 것이다.[28]

이상에서 論者가 제시한 새로운 개념 체계의 핵심은 다음과 같다. 첫째, 도덕적 本性과 육체적 本能을 전혀 본질이 다른 것으로 구분하자. 둘째, 감정에는 도덕적 本性에서 발한 것도 있고 육체적 本能에서 발한 것도 있다. 셋째, '지각과 반응의 주체로서의 마음' 은 하나일 뿐이며, '四端과 七情' 또는 '人心과 道心' 이 모두 '한 마음의 지각 · 반응 작용' 을 통해 드러난다. 넷째, 人心은 '形氣에서 나온 것' 또는 '口體를 위해 발한 것' 이므로 氣發(形氣發) · 主氣라 할 수 있고, 道心은 '性命에서 나온 것' 또는 '道義를 위해 발한 것' 이므로 理發 · 主理라 할 수 있다.

論者는 이러한 새로운 이론 체계를 '氣發互乘兩途論' [29]이라 명명하고

있다(엄밀하게 말하면, 道心은 仁義之性이 발한 것이요, 人心은 食色之性이 발한 것으로서, 퇴계의 二性二情論이 여기에 해당한다). 그러나 본성과 본능을 엄밀히 구분하면서 '食色의 본능은 결코 본성에 포함되지 않는다' 고 본다면, 人心은 '본능이 발한 것' 일 뿐 본성이 발한 것이 아니게 된다. 論者는 개인적으로는 '본성과 본능을 엄밀히 구분하는 논법' 을 지지한다. 그런데 『孟子』에 "食色 性也"라는 말이 실린 이래 '食色之性' 이라는 말이 엄연히 쓰였던 기존의 언어 관습을 고려할 때, '食色의 본능을 본성에 포함시키는 논법' 을 거부하기도 어렵다. 따라서 논자는 '食色之性을 性에 포함시킬 것인가' 의 문제에 대해서는 각자의 선택에 맡기고자 한다. 이와 별개로, 논자가 율곡의 性發爲情論을 비판하는 까닭은, 율곡이 性發爲情論을 내세우면서 '人心도 仁義禮智의 본성에 근원한다' 고 주장하기 때문이다.

28) 大山 李象靖이나 立齋 鄭宗魯는 퇴계의 '理發 · 氣發' 을 '所發' 의 맥락에서 '主理 · 主氣' 의 뜻으로 해석하면서도, 人心(七情)을 本性과 관련시켰다(『大山集』 卷39 頁25~26, 〈四端七情說〉; 『立齋集』 卷25 頁15~16, 〈理氣心性說〉 참조). 論者는 이들과도 입장을 달리하는 것이다.

자 한다. 이 氣發互乘兩途論은 기존의 朱子·退溪·栗谷說을 취사선택하면서 정합적인 체계를 모색한 것으로서, 기존에 없던 내용을 논자가 새롭게 제창한 것은 아니니다. 논자는 이러한 새로운 이론 체계가 心性情論에 있어서 本性과 本能의 문제를 정확히 반영함은 물론, 퇴계의 互發說과 율곡의 一途說을 지양시킬 수 있는 것이라고 생각한다.[30]

3. 性理學의 기본 노선과 理氣相互主宰論

예나 이제나 많은 사람들은 성리학을 '主理論' 또는 '理의 주재'의 체계라고만 이해한다. 그러나 이러한 이해는 성리학의 반쪽만을 본 것이다. 성리학에서는 이 세계를 '理와 氣의 결합'으로 설명하는 만큼, 성

---

29) '氣發互乘兩途論'이라는 명칭을 설명하면, '氣發'은 四端·七情과 人心·道心 등 모든 감정을 발현시키는 주체는 '마음의 지각작용'이라는 점을 뜻하고, '互乘'은 '도덕적 본성(性命)'과 '육체적 본능(形氣)'이 모두 마음의 지각작용을 통해 발현된다는 점을 뜻하며, '兩途'는 人心과 道心은 서로 '근원도 다르고, 지향도 다르다'는 점을 뜻한다. 氣發互乘論은 '能發者는 하나, 所發者는 둘'이라는 의미에서 '一能二所說'이라고 부를 수도 있다.

30) 星湖 李瀷은 '四端과 七情'을 모두 '理發氣隨 一路'로 규정하면서도, 四端과 七情을 다시 理發(主理)과 氣發(主氣)로 구분한 바 있다. 즉 星湖는 四端이나 七情이 모두 '性이 발한 것'이라는 관점에서 '理發氣隨 一路'로 규정하고, 이를 전제로 다시 '四端은 理發, 七情은 氣發'이라고 설명한 것이다(『四七新編』〈讀李栗谷書記疑〉 및 『星湖全集』 卷17 頁23, 〈答李汝謙〉 참조). 요컨대 星湖 역시 栗谷처럼 朱子의 性發爲情論을 고수한 것이다. 이에 반해, 論者의 구상은 性發爲情論을 고수하지 않겠다는 것이다. 人心은 道心과는 본질이 다르므로, 人心까지 本性이 발한 것이라고 볼 수는 없다는 것이다. 論者의 구상은 人心·道心이나 四端·七情이 모두 '마음의 지각작용을 통해 발현된다'는 점에서 오히려 '氣發一路'를 대전제로 삼고, 그다음에 '人心과 道心'을 '主氣와 主理'로 구분하자는 것이다. 한편, 성호 역시 氣를 '몸의 氣'와 '마음의 氣'로 구분하여, 前者를 '大氣', 後者를 '小氣'라 한 바 있다(『星湖全集』 卷15 頁4~5, 〈答洪亮卿(庚午)〉 참조).

리학에서는 理와 氣 모두에 충분한 의의를 부여하는 것이다. 주자는 기본적으로 理를 '순수지선한 표준(本)' 으로, 氣를 '그 표준을 구체화하는 도구 · 질료(具)' 로 규정하고, 理와 氣는 서로를 주재하는 관계라고 보았다.[31]

주자가 말하는 '理의 主宰' 란, 흔히 생각하듯이 명령이나 부림(使之) 등의 의미가 아니라, '理가 氣의 운동의 표준이 됨' 을 의미한다.[32] 반면에 '氣의 주재' 란, 역시 명령이나 부림 등의 의미가 아니라, '氣가 理를 맡아서 운용함' 을 의미한다. 즉 주자는 이 세계의 이념적 주재성은 理에 있어도, 현실적 주도권은 氣에 있다고 보았다. 다시 말해, '理의 주재' 란 '純善한 理가 善 · 惡이 섞인 氣의 운동의 표준이 됨' 을 뜻하고, '氣의 주재' 란 '有爲한 氣가 無爲한 理를 맡아서 운용함' 을 뜻한다. 따라서 '理의 주재' 는 이념적 차원에 한정되고, '氣의 주재' 는 사실적 차원에 한정되는 것이다.[33]

주자는 理와 氣 어느 하나만으로 이 세계의 본질을 규정하려 하지 않았다. 만약 '理의 주재' 만을 강조한다면 理想主義로서 공허하게 되고, 현실의 惡을 설명할 수 없게 된다.[34] 반면에 '氣의 주재' 만을 강조하면

---

31) 理主氣資論은 理氣相互主宰論의 다른 표현으로서, 兩者는 궤를 같이하는 것이다.

32) 주지하듯이 주자는 古經의 '上帝' 와 '天' 을 모두 '理' 로 해석했다. 이 세계는 '上帝 · 天의 命令' 으로 운행되는 것이 아니요, 다만 '일정한 理法' 이 있을 뿐이라는 것이다. 미조구찌 유조(溝口雄三)는 程朱學이 '主宰天 · 運命天' 의 관념으로부터 '法則天 · 理法天' 의 관념으로 전환한 것에 대해 '理性의 시대' 를 열었다는 점에서 사상사적 '사건' 이었다고 평가한 바 있다(미조구찌 유조, 〈중국 근세의 사상세계〉, 『중국의 예치 시스템』, 25~33쪽). 성리학의 '理의 主宰' 에 대한 해석도 이와 맥락을 같이해야 할 것이다.

33) 『艮齋集』 前編 卷5 頁26, 〈答金致容〉 : 主宰二字 字同而用異 謂心爲性之主宰者 從流行處 指其能運用此理而言也 謂性爲心之主宰者 就源頭處 指其爲氣之所本而言也 ('源頭處와 流行處' 는 '이념적 차원과 사실적(현실적) 차원' 을 뜻하며, '所本' 은 '본받을 바' 즉 '표준' 이라는 뜻이다.)

俗物主義로 타락하게 되고, 현실의 惡을 설명할 수는 있으나 그에 대한 비판의 준거를 확보할 수 없게 된다.[35] 이러한 맥락에서, 理와 氣를 相互主宰의 관계로 규정한 것은 다음과 같은 의의를 지닌다. '理의 주재'를 강조한 것은 무질서한 현실에 대한 비판의 준거를 확보한다는 의미가 있으며, 동시에 '氣의 주재'를 강조한 것은 진리에 대한 인간의 능동적 주체성과 책임을 강조한다는 의미가 있다. 理氣相互主宰論은 '이상적인 목표도 현실적인 조건의 제약을 받는다'는 것이며, '현실적 조건은 이상적 목표를 지향하는 방향으로 개선되어야 한다'는 것이다. 이상적 목표에 대한 탐구와 현실적 조건의 개선은 항상 병행되어야 할 과제이다. 요컨대 理氣相互主宰論은 현실의 善·惡을 정합적으로 설명함과 동시에, 현실에 대한 비판의 준거를 확보하고, 인간의 주체적 책임을 강조한 것이다.

理氣相互主宰論은 성리학의 기본 논리로서, 퇴계와 율곡도 모두 이러한 입장을 견지하고 있었다. 다음의 두 인용문이 그 증거이다.

> 天下에는 理 없는 氣도 없고, 氣 없는 理도 없다. 四端은 理가 발함에 氣가 따르는 것이며, 七情은 氣가 발함에 理가 타는 것이다. 理로서 氣隨가 없으면 發出할 수 없고, 氣로서 理乘이 없으면 利欲에 빠져 禽獸가 될 것이다. 이것은 바뀔 수 없는 定理이다.[36]

---

34) 理는 스스로의 작위력이 없어서 氣를 매개로 하지 않고서는 실현될 수 없기 때문에 理 자체만으로는 공허하고, 理는 순선한 것으로 전제되었기에 理 자체만으로는 현실의 惡을 설명할 수 없다.

35) 氣는 작위력은 있으나 善·惡이 뒤섞인 것이므로, 理를 표준으로 삼지 않는다면 운동의 올바른 방향을 잃게 되며, 현실에 대한 비판적 준거를 확보할 수 없게 된다.

36) 『退溪集』 卷36 頁2, 〈答李宏仲問目〉: 天下無無理之氣 無無氣之理 四端理發而氣隨之 七情氣發而理乘之 理而無氣之隨 則做出來不成 氣而無理之乘 則陷利欲而爲禽獸 此不易之定理

무릇 발하는 것은 氣요, 발하는 까닭은 理이다. 氣가 아니면 발할 수 없고, 理가 아니면 발할 것이 없다. (이러한 내용은 聖人이 다시 태어나셔도 이 말을 바꾸지 않으실 것이다) (理와 氣는) 先·後도 없고, 분리와 결합도 없으니, '서로 발한다(互發)' 고 말할 수 없다.[37]

위의 첫째 인용문에서 퇴계는 互發論을 주장하면서 "理로서 氣隨가 없으면 發出할 수 없고, 氣로서 理乘이 없으면 利欲에 빠져 禽獸가 될 것"이라 했는데, 이는 위에서 설명한 이기상호주재론과 궤를 같이하는 내용이다. 둘째 인용문에서 율곡은 一途論을 주장하면서 '理와 氣' 를 '所發과 能發' 의 관계로 설명했는데, 이 또한 위에서 설명한 이기상호주재론과 궤를 같이하는 내용이다. 그리고 퇴계와 율곡 모두 자신들의 설명을 '바뀔 수 없는 定理' 라고 확언했다.

문제는 율곡학파는 비교적 일관되게 이기상호주재론을 견지한 반면, 퇴계학파는 종종 이기상호주재론의 취지를 외면하고 '理의 주재' 만의 체계 또는 '主理論' 의 체계를 추구했다는 점이다. 그런데 퇴계학파의 이러한 이탈은 사실 퇴계로부터 비롯된 것이다. 퇴계는 한편으로는 위의 인용문에서처럼 이기상호주재론을 견지하면서 '理·氣의 相須' 를 역설했지만, 다른 한편으로는 理를 能發·能生·能到의 능동적 존재로 승격시키면서 氣의 존재 의의를 외면했던 것이다.

퇴계의 理氣互發論은 이면에 理善氣惡論을 함축하고 있었는데, 理를 능동적 존재로 승격시키면서 '資具로서의 氣'[38]의 존재가 불필요하게

37) 『栗谷全書』 卷10 頁5, 〈答成浩原〉: 大抵發之者 氣也 所以發者 理也 (發之以下二十三字 聖人復起 不易斯言) 非氣則不能發 非理則無所發 無先後 無離合 不可謂互發也

38) 퇴계는 위에서 소개한 〈答李宏仲問目〉에서 "理가 발하면 四端이 되는데, 그 발하는 資具가 되는 것은 氣이다(蓋理發爲四端 所資以發者氣耳)" 라고도 말했다.

되자, 마침내 寒洲 李震相에 이르러서는 '선한 理만을 남겨두고 악한 氣는 소멸시켜야 한다'는 滅氣論으로 발전하게 된 것이다. 寒洲學派의 滅氣論에 대해 晩醒 朴致馥은 다음과 같이 비판한 바 있다.

> 무릇 太極이 動靜함에 陰陽이 서로 근원이 되어, 가득 차고 흘러넘치며 밝게 드러나는 것은 理의 妙이며, 시끄럽게 오르내리며 作用하고 變化하는 것은 氣의 作爲이다. 理는 항상 氣 위에 타고 있어서 氣에 가려진다. 그러므로 정밀하게 살피면 理가 主가 되고 거칠게 살피면 氣가 主가 되며, 정밀한 학설은 主理가 많고 거친 학설은 主氣가 많은바, 이것이 聖·凡과 賢·愚가 나뉘는 까닭이요, 邪·正과 是·非가 갈라지는 까닭이다. 그러나 理·氣의 相須는 君·臣과 夫·婦에게 비록 尊·卑가 있어도 서로 없을 수 없는 것과 같으니, 만약 冒占하여 그 경계를 침범하고 貶抑하여 그 實情을 손상시킨다면, 이는 또한 大中至正한 논설이 아니요, 저 氣를 위해 펀드는 사람들이 그 허점을 이용하여 비판을 가할 수 있게 하는 것이다. 그대 주장의 전후의 중요한 요점이 모두 여기서 나왔으니, 心을 말하면 '그 未發은 다만 性일 뿐'이라 하고, 明德을 말하면 '心에 나아가 理를 單指한 것'이라 하며, 氣를 말하면 '陰陽이 바로 善惡'이라 하고, 심지어 '氣의 精爽과 心의 虛靈은 모두 순전히 理의 所爲로서, 氣는 관여하지 않는다'고 한다. 그렇다면 氣는 누린내 나고 썩어빠진 쓸모없는 군더더기에 불과한 것이다. (…) 만약 '理로 主를 삼을 뿐, 氣의 有無存亡은 내게 아무런 관계도 없다'고 한다면, 몸에 가득 찬 것(浩然之氣)이 이미 시들고 굶주리게 될 것이니, 이른바 理는 장차 어디에 依着할 것이며, 우주에 가득 찬 氣像은 어디에서 볼 것인가?[39]

39) 『晩醒集』 卷5 頁20~22, 〈答許退而(愈)〉.

위의 인용문은 한주학파의 성리설이 主理論에 치우쳐 氣의 존재 의의를 무시한 것에 대한 비판이다. 만성은 "만약 冒占하여 그 경계를 침범하고 貶抑하여 그 實情을 손상시킨다면, 이는 또한 大中至正한 논설이 아니요, 저 氣를 위해 편드는 사람들이 그 허점을 이용하여 비판을 가할 수 있게 하는 것"이라 했는데, '冒占하여 그 경계를 침범하고 貶抑하여 그 實情을 손상시킨다'는 것은 '氣의 긍정적 요소를 모두 발라내어 理의 영역으로 옮겨놓고, 氣에는 부정적 요소만 남겨두는 것'을 말하며, '저 氣를 위해 편드는 사람들이 그 허점을 이용하여 비판을 가할 수 있게 한다'는 것은 기호학파가 한주학파의 이런 극단적 이론을 구실로 삼아 영남학파 전체를 공격하게 된다는 뜻이다.

만약, 主理論者들의 주장처럼 '理의 주재'란 '理가 氣를 명령하고 부리는 것'을 뜻한다면, '어찌하여 순선한 理가 주재하는 현실에 惡이 횡행하는가?'라는 난제가 제기된다. 華西와 蘆沙 등이 '理의 주재'를 '理가 氣를 명령함(부림)'으로 해석한 것에 대해, 艮齋 田愚는 다음과 같이 비판한 바 있다.

聖門의 道學은 반드시 '실질을 이룸(成實)'을 요구하니, 후세의 文學家들이 다만 편하게 말하는 것과는 다르다. 어떻게 하는 것이 실질을 이루는 것인가? 다만 스스로 체험하는 것이다. 만약 다만 '허공에 매달려 말할(懸空說) 뿐'이라면, 어찌 다시 실질을 이룸이 있겠는가? 무릇 하늘의 道와 사람의 性은 理가 體가 된다는 점에서 같고, 하늘의 造化와 사람의 功用은 氣가 用이 된다는 점에서 같다. 옛 先賢은 "하늘을 잘 말하는 사람은 반드시 사람에게 증험한다."고 했거니와, 사람의 性에 과연 操縱適莫이 있어 (華西가 良能을 形而上의 道라 하고, 柳省齋가 良知를 理라 하고, 理는 능히 사물에 대응할 수 있으며 太極에도 知覺이 있다고 말하는 것이 모두 같은 말들이다) 능히 心氣와 身形을 관섭하고 굴복시켜 순식간에 동쪽으로 넘어지고 서쪽으로 달려가는 잘못이 없게 할 수 있어서, 온 세상 사람들이 모두 天地와 德을 합하고 聖賢과 함께 돌아가게 된다면, 奇蘆沙의 〈猥筆〉은 참으로 萬古의 卓見이요 千聖이 머리를 끄덕일 논설이라 할 것이다. (…) 지금 우리가 몸소 행하여 실질을 이루는 것을 추구하지 않고, 다만 하나의 보기 좋은 話頭를 세운 다음 다시는 그것이 '참으로 그런지, 그렇지 못한지' 이미 드러난 자취를 문제 삼지 않으니, (오직 사람 마음의 功用만 그런 것이 아니다. 天地의 造化도 반드시 千年동안 항상 다스려지고 萬歲동안 饑饉이 없는 다음에야 〈猥筆〉의 '主人(理)이 향하는 곳을 從僕(氣)이 반드시 따른다' 는 학설이 성립할 수 있을 것이다.) 그들이 말하는 '有名無實' 은 아마도 여기에 있고, 다른 데 있지 않다. 이는 오직 蘆沙 門下만을 위해 변론하는 것이 아니다. 무릇 세상에 '理에 知能이 있어서 능히 氣를 통제할 수 있다' 고 말하는 사람들은 모두 心機一轉할 수 있는 말씀을 해 보시라.[40]

위의 인용문은 '理가 능동적으로 氣를 부린다' 는 주장을 '현실과 들어맞지 않는다' 고 비평한 것이다. 간재는 "다만 하나의 보기 좋은 話頭를 세운 다음 다시는 그것이 '참으로 그런지, 그렇지 못한지' 이미 드러난 자취를 문제 삼지 않는 것" 을 '허공에 매달려 말하는 것(懸空說)' 이라고 혹평하고, 아무렇게나 편하게 말하는 文學家들과는 달리, 聖門의 道學은 반드시 '실질을 이룸(成實)' 을 요구한다고 설파했다. 간재는 또한 '理가 氣를 자신의 의지대로 명령함' 은 모든 사람들이 크게 기뻐할 '소망사항' 일 수는 있겠지만, 그것이 인간과 세계의 현실을 적확하게 설명하는 '사실적 설명' 일 수는 없다고 비판하기도 했다.[41]

---

40) 『艮齋集』 前編 卷15 頁18~19, 〈薪叟求教〉.

이상에서 살핀 것처럼, 성리학의 기본 노선은 理氣相互主宰論이었다. 그런데 일부 학자들은 성리학을 '理의 주재' 만의 체계 또는 '主理論' 의 체계로 편협하게 이해했으며, 마침내 理를 능동적 존재로 승격시키고 滅氣論을 표방함에 이르러서는 主理論은 우리의 현실과 동떨어진 '허구적 이론(懸空說理)' 으로 전락하고 말았다.[42] 위에서 소개한 만성과 간재의 논설은 '극단적 主理論의 오류' 를 지적하고, 성리학의 본래 노선인 理氣相互主宰論을 상기시킨 것이다.

4. 종합적 평가와 전망

이제 마지막으로 한국의 性理學史를 종합적으로 평가하고, 미래를 전망해 보기로 하자.

四端·七情과 人心·道心에 관한 논변에서, 退溪學派가 '본성적인 것과 본능적인 것' 을 '理發과 氣發' 로 구분한 것은 옳았다. 그러나 일부 학자들이 '氣(마음)의 현실적 주도권' 을 인정하는 것을 禁忌로 여기고 '理의 능동적 주재' 와 '理의 能發' 을 역설한 것은 朱子學의 기본 입장에

---

41) 『艮齋集』 前編 卷12 頁84~85, 〈体言〉: 假如太極有操縱有適莫 而能使氣機 不敢之東之西 如主之命僕 僕之事主 一如蘆沙之言 豈不是天地閒一大歡喜事耶 然必使千古萬古 有治而無亂 千人萬人 皆善而不惡 然後其說方有著落 柰何一千年事亂時多 曠千百年 無一人如顏子者乎 今無實事 而但立空言 人誰信諸

42) 일부 성리학자들이 '理의 주재' 만을 인정하고 이를 '理가 氣를 명령함' 으로 해석한 것은 결국 '福善禍淫' 에 대한 신념을 관철시키려는 것이었다. 칸트는 '德과 행복이 일치하는 것' 을 '最高善' 이라 하였다. 문제는 '德과 행복의 일치' 또는 '福善禍淫' 이 현실에서 제대로 이루어지지 않는다는 점이다. 그리하여 칸트는 '德과 행복의 일치' 를 보증하기 위해 '神의 존재' 를 '요청' 했던 것이다(칸트, 『실천이성비판』, 106쪽, 204쪽 참조). 그런데 華西와 寒洲 등은 '理' 를 神格化하는 길을 택하였거니와, 이는 그들의 念願일 뿐 현실에 대한 적확한 해명은 못되는 것이다.

도 어긋나고 형이상학의 기본 전제에도 어긋나는 것으로서, 수긍하기 어려운 것이었다.[43] 栗谷學派가 '氣(마음)의 현실적 주도권'을 주목한 것은 옳았다. 그러나 '본성적인 것과 본능적인 것의 구별'을 소홀히 하여 飮食男女의 욕망마저 仁義禮智의 본성에서 나온다고 주장한 것은 수긍하기 어려운 것이었다. 한편, 退栗折衷論者들은 제대로 된 折衷論을 정립하지는 못했으나, 그 과정에서 氣에 대한 분석적 논의가 정착된 것, 즉 心氣(지각·반응의 주체인 마음)와 形氣(본능적 욕구의 근원인 몸)를 구분하게 된 것은 큰 성과라 하겠다.

湖洛論爭에서, 南塘 韓元震은 사물의 본성에 대한 三分法을 제시했는데, 이를 통해 비로소 만물의 보편성(理一), 種마다의 고유성(分殊), 개체들 사이의 차이(分殊之分殊) 등을 종합적으로 완전하게 해명할 수 있었다. 한편 巍巖 李柬은 기존에 막연히 '寂然不動과 感而遂通'으로 '未發과 已發'을 구분하던 관행, 즉 未發의 의미를 '寂然不動'으로만 설명하던 관행에서 벗어나 참된 의미의 未發은 '寂然不動과 湛然虛明을 겸하는 것'이라고 설명했는데, 이로써 '天下의 大本'으로서의 未發은 '寂然不動(思慮未萌)과 湛然虛明(知覺不昧)을 겸해야 한다'는 인식이 확립될 수 있었다. 이렇게 본다면, 호락논쟁을 통해 南塘이 사물의 본성에 대한 三分法을 제시한 것과 巍巖이 未發의 本旨를 심화시킨 것은 중요한 성과라 할 수 있다. 그러나 이들은 心과 氣質의 관계를 올바르게 해명하지 못하고 말았거니와, 이들의 이론적 대립을 醒菴 李喆榮이 性三樣說 또는 '心과 氣質의 同位異時論'으로 지양시킨 것 역시 중요한 성과라 할 수 있다.

明德論爭과 坪浦論爭 등 조선 말기 다양한 心說論爭의 공통 쟁점은 '理의 주재'에 대한 해석 문제와 '心의 본질'에 관한 규정 문제였다. 華

---

43) 한형조, 『조선 유학의 거장들』, 319~322쪽 참조.

西 李恒老와 寒洲 李震相 등 당시의 主理論者들은 理의 주재를 '氣를 명령함' 으로 해석하고, 따라서 현실을 주도하는 것은 理라고 보았으며, 心의 본질을 理로 규정했다. 그러나 이들이 氣의 精爽을 理로 해석하면서까지 心의 본질을 理로 규정한 것은 이론적으로 무리였으며, '理가 능동적으로 현실을 주도한다' 고 하는 것은 이론적으로나 사실적으로나 여러 곤란한 문제들을 야기하는 것이어서, 수긍하기 어려운 주장이었다. 艮齋 田愚는 이들의 盲點을 정확하게 비판하고, 성리학의 기본 노선은 理氣相互主宰論 또는 理主氣資論이었음을 다시 확인했다.

이상에서 한국 성리학사의 주요 논쟁들을 다시 요약해 보았거니와, 이렇게 본다면 한국 성리학의 의의는 다음 세 가지로 정리할 수 있겠다.

첫째, 四端·七情과 人心·道心에 관한 논변, 人物性同異論 및 未發에 관한 논변에서는 宋代 性理學 또는 朱子의 學說에서 이론적으로 미진했던 부분을 문제 삼아 보다 완전한 이론으로 발전시켰다.

둘째, 이 과정에서 인간의 心·性·情을 보다 정확히 해명할 수 있었고, 이를 바탕으로 '인간의 가능성과 취약성' 을 동시에 해명하고, 그에 적합한 수양의 방법을 제시했다. 또한 인간과 동물의 공통점과 차이점을 다각도로 해명함으로써 '우주에서의 인간의 위상' 과 '인간다운 삶의 의미' 등을 각성시켰다.

셋째, 조선 말기 心說論爭의 경우, 현실의 혼란에 대한 처방을 모색하는 과정에서, 한편에서는 '극단적 主理論' 이라는 이론적 모험을 감행하기도 했으나, 다른 한편에서는 이를 계기로 '理氣相互主宰論' 을 성리학의 기본 노선으로 재확인하게 되었다.

그렇다면 이러한 성리학이 오늘의 우리에게 어떠한 의미가 있는 것인가? 주지하듯이 아리스토텔레스의 철학은 궁극적으로 '知的 觀照' 를 추구한 것이었다.[44] 이와 달리 성리학은 '순수한 知的 探求' 로 그치는 것이 아니라, 이를 반드시 '현실에서의 실천' 으로 연결시키자는 것이었다. 요컨대 성리학은 세계와 인간에 대한 이해를 바탕으로 올바른 가치관을 정립하고, 이를 생활 속에서 실천하자는 것이었다.

많은 사람들은 성리학의 세계관, 인간관, 가치관은 '前近代的' 이어서 오늘날 우리에게는 적합하지 못하다고 주장한다.[45] 그렇다면 근대적 세계관, 인간관, 가치관은 우리 인류에게 행복의 낙원을 선사하였는가? 근대의 세계관, 인간관, 가치관은 간단히 말해 '기계론적 세계관, 본능 중심적 인간관, 권리 중심적 가치관' 으로 요약된다. 그 결과 근대인들은 개인적 자유와 물질적 풍요를 만끽할 수 있었다. 그러나 과연 인간의 존엄성이 고양되고 우리의 참된 행복이 증진되었다고 말할 수 있는가? 과연 인간다운 삶을 누리고 있다고 장담할 수 있는가? 이러한 질문에 답하려면, 우리는 먼저 '사람다움이란 무엇인가?' 또는 '인간은 왜 존엄한가?' 에 대해 답해야 한다.

'스승다운 스승' 을 논하려면 먼저 '스승의 본분' 을 규명해야 하고, '군인다운 군인' 을 논하려면 먼저 '군인의 본분' 을 규명해야 하듯이, '사람다운 사람' 을 논하려면 먼저 '인간의 본성' 을 규명해야 한다. 스승의 본분을 다하는 사람이 스승다운 스승이듯이, 인간의 본성을 다 발휘하는 사람이 사람다운 사람이다. 그렇다면 인간의 본성이란 무엇인가? 유감스럽게도 오늘날 일반인은 물론이요, 이른바 '인문학자' 들조

---

44) 아리스토텔레스, 『니코마코스 윤리학』, 1178b. 가라타니 고진(柄谷行人)에 의하면, 그리스 철학에서 觀照를 숭상하는 것은 피타고라스로부터 유래하는데, 피타고라스는 아시아의 여러 나라 특히 인도를 방랑하면서 이러한 사상을 수용했다고 한다(가라타니 고진, 『철학의 기원』, 129~130쪽 참조).

45) '성리학적 세계관, 인간관, 가치관' 과 '근대적 세계관, 인간관, 가치관' 에 대한 비교 논의는 拙著, 『인권과 인륜』 제2장 〈人倫論과 人權論의 인간학적 기초〉, 제3장 〈人倫論과 人權論의 文明觀〉 참조.

차도 대부분 인간의 본성 문제를 제대로 규명하지 않는다.[46] 그리하여 인간의 본성을 그저 '인간이 본래 타고난 성향'으로 이해하는 것이 오늘날의 대세이다.

문제는 '인간이 본래 타고난 성향'에는 '도덕적 본성과 육체적 본능'이 모두 포함된다는 점이다. 육체적 본능은 '동물적 본능'이라 하듯이 인간과 동물이 공유하는 것이나, 도덕적 본성은 인간에게만 고유한 것이다. 그런데 오늘날에는 대부분 양자를 엄밀히 구분하지 않는다.[47] 그 결과 '인간은 누구나 본능적 욕구를 자유롭게 충족시킬 수 있는 권리가 있다'는 근대적 인권사상이 성립하고, 食色의 본능적 욕구를 자유롭게 충족시키는 것을 행복이라고 설명하는 근대적 행복관이 정립된 것이다.[48] 그러나 일찍이 맹자는 다음과 같이 설파한 바 있다.

> 사람에게는 道가 있거니와, 배불리 먹고 따뜻하게 입으며 편안히 살되 가르침이 없다면 곧 禽獸에 가깝게 된다. 聖人이 이를 근심하시어, 契(설)을 司徒로 삼아 人倫을 가르치게 하셨다.[49]

---

46) 이에 대한 자세한 논의는 拙著, 『본성과 본능 : 쌍개념들의 탐구』, 469~484쪽 참조.

47) 플라톤 · 아리스토텔레스 · 칸트 등에 따르면, '本性'이란 어떤 種의 '보편적 성향'인 동시에 그 種을 다른 種과 구별시켜주는 그 種만의 '고유한 성향'을 말한다. 孟子 역시 이러한 관점에서 '仁義禮智'를 인간의 본성으로 규정한 것이다.

48) 이에 대한 자세한 논의는 拙著, 『본성과 본능 : 서양 人性論史의 재조명』, 13~35쪽 참조. 서양의 경우, 플라톤처럼 도덕적 본성을 인간의 본성으로 간주하는 사람들은 '인간과 짐승의 구별'을 강조하고, '짐승을 면하기 위한 도덕'을 제창했다. 반면에 홉스처럼 육체적 본능을 인간의 본성으로 간주하는 사람들은 다만 본능적 욕구의 충족 과정에서 야기되는 혼란(전쟁)을 주목하고, '전쟁을 면하기 위한 도덕'을 제창했다. 그런데 평화롭게 자유와 풍요를 누리는 '홉스적 인간'은 플라톤의 눈에는 '배부른 돼지'로 보일 수도 있는 것이다.

49) 『孟子』 滕文公上 4.

맹자에 의하면, '자유와 풍요' 에 안주하는 삶은 짐승의 삶과 별로 다를 것이 없다. 우리는 과연 '자유와 풍요' 만으로 '사람다운 삶' 을 설명하고 '인간의 존엄성' 을 설명할 수 있는가? 혹시 사랑이나 정의 또는 仁義禮智와 人倫이라는 또 하나의 지평이 있는 것은 아닌가?

'자유와 풍요' 만으로 '사람다운 삶' 을 설명하고 '인간의 존엄성' 을 설명할 수 있다고 보는 사람은 수단과 방법을 가리지 않고 致富하여 떵떵거리며 사는 사람을 '사람다운 사람' 이요 '존엄한 사람' 이라고 선망하고 존경하면 된다. 그러나 그럴 수는 없다는 생각이 든다면, 『中庸』의 첫머리에 보이는 다음 내용을 음미해보는 것이 좋을 것이다.

> 하늘이 부여한 것을 性이라 하고, 性을 따르는 것을 道라 하고, 道로써 닦음을 教라 한다. 道는 잠시도 떠날 수 없는 것이니, 떠날 수 있다면 道가 아니다. 그러므로 君子는 그 보지 않는 바에도 경계하고 삼가며(戒愼), 그 듣지 않는 바에도 두려워하는 것이다(恐懼). 숨겨진 곳보다 잘 드러나는 것이 없으며 은미한 것보다 잘 나타나는 것이 없으니, 그러므로 君子는 그 홀로 있을 때에 삼가는 것이다(愼獨). 喜怒哀樂이 아직 발하지 않은 것을 中이라 하고, 발하여 모두 節度에 맞는 것을 和라 한다. 中은 천하의 大本이며, 和는 천하의 達道이다. 中和를 이루면 하늘과 땅이 제 자리를 잡고 만물이 자라난다.[50)]

위의 인용문에서는 '인간의 본성' 을 거론한 다음, 그에 입각하여 '사람의 도리(人道)' 와 '교육의 본질' 을 설파했다. 요컨대 자신의 본성을

---

50) 『中庸章句』 제1장 : 天命之謂性 率性之謂道 修道之謂教 道也者 不可須臾離 可離非道也 是故 君子戒愼乎其所不睹 恐懼乎其所不聞 莫見乎隱 莫顯乎微 故君子愼其獨也 喜怒哀樂之未發 謂之中 發而皆中節 謂之和 中也者 天下之大本也 和也者 天下之達道也 致中和 天地位焉 萬物育焉

발휘하는 것이 사람다운 삶의 길인바, 이를 위해서는 戒愼恐懼와 愼獨의 노력이 필요하며, 그 결과 中和를 이루게 된다면 우주만물과의 조화 속에서 자신의 삶을 아름답게 가꿀 수 있다는 것이다.

性理學이란 결국 위의 인용문을 올바로 이해하고 실천하자는 것이었다. 한국 성리학의 수많은 논쟁도 결국 이를 위한 것이었다. 위의 인용문에서 사람다운 삶의 길을 발견하고, 우주적 존재로서의 자신의 의미(존엄성)를 발견하게 되었다면, 성리학적 탐구는 앞으로도 계속되어야 할 것이다.[51] 판단은 讀者 여러분들의 몫으로 남기면서, 이 책의 논의를 마치고자 한다.

---

51) 한형조는 '미래 유교의 지평'을 '爲己之學'에서 찾고(한형조, 『왜 동양철학인가』, 239~242쪽), 이러한 맥락에서 퇴계의 『聖學十圖』를 '자기 구원의 가이드맵'이라고, 율곡의 『聖學輯要』를 '자기 구원의 가이드북'이라고 읽었다(한형조, 『성학십도, 자기 구원의 가이드맵』, 6쪽). 論者는 이에 기본적으로 동의하면서, 讀者들에게는 하나를 상기시키고자 한다. '유학은 修己 · 治人의 학문'이라 하듯이, 유교에서의 修己는 '자기 구원'으로 그치는 것이 아니라 '治人'을 지향한다. 또한 『中庸』에서 '盡己之性, 盡人之性, 盡物之性'을 말했듯이, 자신의 본성을 완전히 발휘하고, 남들도 자신의 본성을 완전히 발휘할 수 있도록 돕고, 더 나아가 만물이 모두 각자의 본성을 발휘할 수 있도록 돕자는 것이다. 이는 삶의 지평을 자신의 울타리에 가두지 않고 他人과 萬物에게로 확장시켜 나가자는 것이요, 그 도정에서 삶의 참다운 의미와 기쁨을 찾을 수 있다는 것이다.

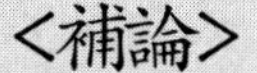
<補論>

제1장

이른바 '六大家'에 대하여

일찍이 현상윤은 花潭 徐敬德, 退溪 李滉, 栗谷 李珥, 鹿門 任聖周, 蘆沙 奇正鎭, 寒洲 李震相을 '한국 성리학의 六大家'라고 꼽은 바 있다.[1] 그러나 論者는 현상윤의 이러한 평가에 대해 재고할 필요가 있다고 본다. 퇴계·율곡은 '한국 성리학의 雙璧'인 만큼, 그들의 위상에 대해서는 아무도 異意를 제기하지 않을 것이다. 그러나 화담·녹문·노사·한주에 대해서는 현상윤의 평가를 수긍하기 힘든 것이다.

花潭 徐敬德의 경우, 화담설의 골격은 邵康節 流의 先天後天論, 張橫渠 流의 太虛說과 聚散論, 그리고 程·朱 流의 理氣不相離論 등으로 요약된다. 그런데 論者는 이 가운데 무엇을 근거로 화담을 '大家'로 평가할 수 있는지 의문이다. 화담은 一氣遍滿長存論 또는 元氣不生不滅論을 주장하면서 '이제까지 千聖이 전해주지 않은 경지를 스스로 깨달은 것'이라고 자부했으나, 이는 張橫渠의 聚散不滅論을 되풀이한 것일 뿐이다. 程·朱

---

1) 현상윤, 『朝鮮儒學史』, 368쪽.

는 張橫渠의 聚散不滅論에 대해 '불교의 輪迴說과 같은 것' 이라고 변척한 바 있거니와, 이는 화담의 一氣長存論에도 그대로 적용될 수 있을 것이다.

화담은 퇴계 · 율곡으로부터도 결코 높이 평가받지 못했다. 특히 율곡은 화담의 一氣遍滿長存說에 대해 理通氣局論으로 비판한 바 있다. '理는 形而上者, 氣는 形而下者' 라고 전제하는 한, 화담의 一氣遍滿長存說은 수긍하기 어려운 것이다. 화담에 대한 평가는 당대의 晦齋 李彦迪에 대한 평가와도 균형을 이루어야 할 것이다. 논자는 '無極太極論辨' 을 통해 忘齋 · 忘機堂의 오류를 논파하고 성리학적 本體論과 修養論을 다시 확인한 회재야말로 성리학사에서 더욱 중요하게 조명을 받아야 한다고 생각한다.

鹿門 任聖周와 蘆沙 奇正鎭의 경우, 오늘날 많은 학자들은 녹문설과 노사설을 각각 '主氣論의 절정으로서의 唯氣論' 과 '主理論의 절정으로서의 唯理論' 으로 규정하고, 극찬한다. 예컨대 배종호는 다음과 같이 말한다.

> (외암과 남당) 두 분이 왜 상대방을 이해하여 포섭 지양하지 못하고 있는가? 그것은 그들이 다 理一分殊를 力唱하면서도 그 내실에 있어서는 理一과 分殊를 암암리에 隔斷하고 있기 때문이라 생각된다. (…) 그들이 이해하는 一原異體는 理一分殊가 아니라 도리어 理一氣殊였다. 만약 남당이 氣一의 개념을 확립했더라면 그의 이른바 超形器의 사상은 사라졌을 것이요, 동시에 太極의 無加無對의 관념도 사라졌을 것이며, 따라서 性三層說도 사라졌을 것이다. 그리고 만약 외암이 또한 氣一을 이해했더라면 氣一分殊를 알았을 것이요 동시에 理涵萬殊까지도 투시할 수 있었을 것이다. 요는 주자의 이른바 理同氣異와 율곡의 이른바 理通氣局이 그들을 붙들어 매어 놓은 것이다. (…)

그러나 다행히도 主氣論의 끝에 任鹿門이 나왔고, 主理論의 마지막에 奇蘆沙가 나왔으니, 조선왕조의 성리학은 이제 奇 · 任 兩賢에 이르러 비로소 結實한 것이라 보겠다.[2)]

위의 인용문은 노사의 理涵萬殊論과 녹문의 氣一分殊論의 입장에서 외암의 人物性同論과 남당의 人物性異論을 평가하고, 녹문설과 노사설을 극찬한 것이다. 그러나 배종호의 이러한 평가는 성리학의 제반 이론을 두루 고려한 원만한 평가라 할 수 없다.

노사는 "一理의 시초에 萬有가 이미 충분히 갖추어져 있다"고 보아 理를 '萬有의 種子'로 규정하면서 理涵萬殊論을 주장한 것이다.[3)] 더군다나 노사는 '理가 필연적으로 氣를 주재한다'고 보아 "氣의 고르지 못함도 또한 理가 그렇게 시킨 것"이라고 주장했다.[4)] 그렇다면 理는 '온갖 惡行의 種子'이며, 이 세상의 온갖 惡은 모두 '理가 그렇게 시킨 것'인가? 아마 노사도 '그렇다'고 답할 수는 없을 것이다. 이렇게 본다면, 노사의 성리설은 현실의 惡을 제대로 설명할 수 없는 空疏한 念願인 것이다.

녹문설의 골자는 '理一과 氣一이 짝하고, 理分殊와 氣分殊가 짝한다'는 理氣同實論이다. 율곡은 '理는 形而上者이기 때문에 두루 통하고, 氣는 形而下者이기 때문에 한 곳에 국한된다'고 주장한 것인데, 녹문은 율곡의 理通氣局論을 반대하면서 '理와 氣는 통하면 함께 통하고, 국한되면 함께 국한된다'고 주장하는 것이다. 그렇다면 어떻게 형이하자인 氣가 형이상자인 理처럼 두루 통할 수 있다는 것인가? 녹문의 주장이 옳다

---

2) 배종호, 『韓國儒學의 哲學的 展開』 下, 61~62쪽.

3) 『蘆沙集』 卷16 頁3~4, 〈答人問第二〉: 若從源頭論 一理之初 萬有已足 如種著土 不得不生 故萬有之氣 由此而生 (…) 天下未有無種而生者 理乎理乎 其萬有之種子歟

4) 『蘆沙集』 卷15 頁21, 〈答景道〉: 要知理氣一體 氣之不齊 亦理之使然 天下寧有理外之氣也

면, '理와 氣'를 '形而上者와 形而下者'로 구분하는 것은 무의미하게 된다. 이렇게 본다면, 녹문의 성리설 역시 수긍하기 어려운 것이다.

이상에서 노사설과 녹문설의 문제점을 간단히 지적했거니와, 이것만으로도 그들의 치명적 오류를 확인할 수 있을 것이다. 그래도 과연 그들의 성리설을 높이 평가할 수 있겠는가?

寒洲 李震相의 경우, 그의 心卽理說은 기존 성리학의 通論을 모두 뒤엎는 것이었다. 그런데 금장태는 다음과 같이 말한다.

> 寒洲는 '性卽理, 心是氣'의 견해가 '心統性情'과 모순되는 점에 의문을 가졌을 뿐만 아니라, 心이 理·氣를 겸한다는 것이 퇴계의 定論이라는 주장을 처음에는 믿었다. 그러다가 『朱子語類』에서 "'心統性情'이라 말하는 것은 '心이 性·情의 統名이다'(心者性情之統名)라고 말하는 것만 못하다"라 하고, "性은 心의 體요, 情은 心의 用이다"(性者心之體, 情者心之用)라고 한 구절을 보고서는 퇴계의 입장을 재해석하는 자신의 입장을 정립하여, "心은 理를 위주로 하면서 氣를 겸하는 것이요, 性을 體로 하고 情을 用으로 한다"고 제시하였다 한다. 여기서 그는 心에 대한 다양한 언급들을 主宰說로써 會通시켜 규정하고 있다.[5]

위의 인용문에 대해 우선 몇 가지 확인해 둘 것이 있다. 금장태는 한주와 마찬가지로 "'性卽理, 心是氣'의 견해가 '心統性情'과 모순되는 점"이 있다고 보았는데, '性卽理, 心是氣'와 '心統性情' 사이에는 아무런 모순도 없다. 주자의 持論에 의하면, '心統性情'이란 心(氣之精爽)은 性을 담고 있는 그릇이요, 지각과 반응의 주체로서, 본성을 담고 있으면

5) 금장태, 『聖學十圖와 퇴계철학의 구조』, 141쪽.

서 지각작용을 통해 감정으로 발현시킨다는 뜻이었다. 그런데 한주는 '心統性情'의 '統'을 '命令'으로 잘못 해석했기 때문에, 心을 氣로 규정하면 '心統性情'은 '氣가 理를 명령한다'는 뜻이 되므로 語不成說이라고 생각했던 것이다.[6] 또한 "'心統性情'이라 말하는 것은 '心이 性·情의 統名이다'(心者性情之統名)라고 말하는 것만 못하다"는 것은 朱子의 말이 아니라 蔡季通의 말이었다.[7] 따라서 한주설이 이를 金科玉條로 삼은 것이라면, 그만큼 주자설과는 거리가 멀어지는 것이다. 그럼에도 불구하고, 금장태는 한주설을 '心에 대한 다양한 언급들을 會通시킨 것'이라고 평가하면서, 마침내 "그의 학문적 깊이는 성리학의 다양한 쟁점들을 망라하여 분석하고 체계화함으로써 조선시대 성리학사를 결산하여 집대성하고 독자적으로 재구성하는 작업을 수행하였던 것"[8]이라고 극찬했다.

그러나 論者는 전혀 그렇게 생각하지 않는다. 한주가 主理論을 관철시키기 위해 理의 능동성을 옹호하고 滅氣論을 편 것은 차치하자. 한주는 心卽理說을 관철시키기 위해 心卽氣의 논거로 줄곧 인용되던 '虛靈'과 '氣之精爽'을 모두 '理'라고 규정했는데, 이는 言語道斷의 詭辯이라 하지 않을 수 없다. 뿐만 아니라, '心'을 '理'로 규정하고 '統'을 '命令'으로 해석하면, 우선 主理論을 강화할 수는 있겠으나, 결국엔 현실의 惡을 설명할 수 없게 된다. 앞에서 한주학파를 비판하는 晩醒 朴致馥의 논설을 소개했거니와, 그의 말대로 한주의 성리설은 空疏한 念願일 뿐이다.

이상에서 녹문·노사·한주의 성리설에 대한 논자의 견해를 피력했

6) 『寒洲集』 卷32 頁4, 〈心卽理說〉: 夫謂心卽氣者之所以爲不善 何也 心爲一身之主宰 而以主宰屬之氣 則天理聽命於形氣 而許多麤惡 盤據於靈臺矣

7) 『朱子語類』 卷98(2515쪽): 季通云 心統性情 不若云心者性情之統名

8) 금장태, 『退溪學派와 理철학의 전개』, 189쪽.

거니와, 이들처럼 과격하게 예전에 없던 신기한 주장을 편다고 훌륭한 성리학자가 되는 것은 아니다. 논자는 艮齋 田愚의 性師心弟說, 醒菴 李喆榮의 性三樣說 등이야말로 당대의 여러 성리학 논쟁을 온건 타당하게 수렴한 '韓末 性理學의 金字塔' 이라고 평가한다.

제2장

性理學의 재구성인가, 해체인가?

– 이승환의 『횡설과 수설』에 대한 비판적 논의*

1. 서론

최근 고려대학교 철학과의 이승환 교수(이하 존칭 생략)는 『횡설과 수설』(휴머니스트, 2012년 10월)이라는 책을 출간하였다. 이 책은 제목부터 예사롭지 않아 여러 사람들의 눈길을 끌었는데, 論者가 이 책을 읽어보니, 책의 내용은 제목보다도 더욱 놀라웠다. 이승환은 자신이 직접 '400년이 넘도록 풀리지 않은 채 전해져온 조선유학의 수수께끼 두 개'를 풀었다고 기염을 토하면서, 그 수수께끼의 해법과 풀이 과정을 정리하여 이 책으로 출간한 것이었다. '두 개의 수수께끼'란, 첫째는 '퇴계학파와 율곡학파 간의 성리 논쟁이 왜 합의에 이르지 못하고 끝났는가?' 하는 문제요, 둘째는 '남명의 유일한 저작 『學記類編』에 실린 성리

* 이 논문은 본래 『退溪學報』 제133집(퇴계학연구원, 2013년 6월 간행)에 게재되었던 것을 이곳에 다시 수록하는 것이다.

학 도표들이 과연 남명의 것인가?' 하는 문제였다. 이승환은 이 책의 머리말에서 '첫 번째 수수께끼'와 관련해서 다음과 같이 말한바 있다.

> 이 책에서는 조선 유학사를 점철했던 수많은 성리논쟁을 명쾌하게 해결할 수 있는 보편적인 이론 틀을 '橫說(horizontal arrangement of signs)'과 '竪說(vertical arrangement of signs)'이라는 기호학적 프레임으로 제시했다. 본문에서는 이 두 프레임을 사용하여 퇴계-고봉, 우계-율곡, 외암-남당 등 굵직굵직한 사상가에 의해 전개되었던 다양한 성리 논쟁을 하나씩 쾌도난마식으로 정리해 보임으로써, 400여 년간 풀리지 않은 채 전해져온 철학적 수수께끼에 공식적으로 종언을 고하고자 한다.(『횡설과 수설』, 5~6쪽)[1)]

한편, '두 번째 수수께끼'와 관련해서, 이승환은 『學記類編』에 실린 도표들이 대부분 元代의 유학자 程復心의 『四書章圖』를 베껴 놓은 것임을 밝혀내고, "이로써 400여 년간 풀리지 않은 채 전해져오던 두 번째 수수께끼도 공식적으로 종언을 고하게 되었다."고 선언하였다(6쪽). '두 번째 수수께끼'는 사실의 입증에 관한 것인바, 그것은 원본 자료를 발굴해낸 것으로 일단락된 것이다. 따라서 본고에서는 '첫 번째 수수께끼'에 초점을 맞추어 논의를 진행하고자 한다.

이승환은 주자학에는 본래 서로 다른 프레임이 섞여 있었다는 것, 퇴계와 율곡은 각각 서로 다른 프레임에 근거하여 자신의 학설을 정립했다는 것을 수수께끼를 푸는 단서로 삼고, 그 프레임을 각각 '횡설'과 '수설'로 명명한 것이다. 더 나아가 이승환은 횡설 프레임과 수설 프레임을 지양시킬 수 있는 제3의 프레임을 구상하여 제시하기도 했다.

---

1) 이하 『횡설과 수설』에서 인용되는 내용들은 모두 '쪽수'만 표기하기로 한다.

'첫 번째 수수께끼'와 관련된 주제들에 대해, 論者 역시 그동안 지속적으로 논구해온 바 있다. 그리하여 본고에서는 朱子學과 退栗性理學에 관한 이승환의 관점과 논자의 관점을 비교 논의하고, 또 이승환의 주장에 대해 논자의 관점에서 몇 가지 비판적 의견을 제시해 보고자 한다.[2)]

2. 『횡설과 수설』의 핵심 논지

우선 논자의 관점에서 『횡설과 수설』의 핵심 논지를 정리해 보기로 하겠다.

첫째, 朱子의 理氣心性論에는 '橫說·竪說·發說'의 세 가지 프레임이 혼재한다. '횡설'은 理와 氣를 左右로 배치하여 서로 갈등하며 승부를 다투는 가치론적 대비 관계로 파악하는 기호 배치 방식이고, '수설'은 이 두 기호를 上下로 배치하여 理가 氣에 타고 있는 존재론적 관계로 파악하는 기호 배치 방식이다. '발설'은 잠재태로 있던 한 속성이 특정한 상황에서 현실태로 전환되는 존재론적 이행과정을 표현하는 기호 배치 방식으로서, 여기에는 時間 개념이 포함되어 있다. '횡설'과 '수설'은 각기 '발설'과 결합하여 서로 다른 사건 존재론으로 전개된다(33~35쪽).

둘째, 理·氣·心·性·發 등의 글자는 각각의 프레임에 따라 서로 다른 의미를 지니게 된다. 예컨대 '理와 氣'의 경우, 횡설에서는 '도덕

2) 이승환은 횡설과 수설이라는 개념을 퇴계·율곡 등의 성리설의 대립을 해명하는 데뿐만 아니라 동아시아의 근대화 과정에 등장했던 다양한 '문명 담론'을 해명하는 데도 적용시켰다. 그러나 본고에서는 그러한 논의들은 일단 제외하고, '주자·퇴계·율곡'의 성리설과 관련된 범위에서만 논의를 진행하고자 한다.

성향과 욕구성향' 을 뜻하나 수설에서는 '형이상의 원리와 형이하의 재료' 를 뜻한다. '發' 이라는 글자도 횡설에서는 '발현' 이라는 수동적 의미로 쓰이나, 수설에서는 '발동' 이라는 능동적 의미로 쓰인다. 따라서 성리학적인 대화나 논의에 있어서 먼저 프레임의 차이를 확인해 두지 않으면 소통은 불가능해지고 오해와 비판이 난무하게 된다(316~319쪽).

셋째, 주자의 사상은 상이한 시대에 탄생한 다양한 지적 전통과 텍스트들을 집대성한 것이어서, 가끔씩 논지가 삐거덕거리는 경우가 있다. 그의 전체 체계 안에서 횡설과 수설이 원만하게 조화를 이루고 있는지도 의문이며, 횡설과 수설을 하나의 체계 안으로 통합하려는 시도도 엿보이지 않는다. 조선의 성리학자들이 횡설과 수설 가운데 한 가지씩만을 채택하여 서로 자기의 이해 방식이 맞는다고 주장했던 것도 이 두 기호 배치 방식이 하나의 체계 안으로 원만하게 통합되지 못했기 때문이다(58쪽).

넷째, 퇴계와 고봉, 율곡과 우계, 퇴계학파와 율곡학파 사이의 여러 성리학 논쟁이 결국 별다른 결실을 맺지 못한 것은 근본적으로 피차간에 프레임의 차이를 인식하지 못했기 때문이다. 퇴계와 율곡이 사용하는 '理' 字와 '氣' 字의 의미 층위가 서로 다르다는 사실을 처음으로 명료하게 간파해낸 사람은 茶山 丁若鏞이다. 다산의 지적에도 불구하고, 오늘날의 연구자들은 퇴계·율곡 사이의 프레임의 차이나 의미의 차이를 간과한 채 구태의연하게 소득 없는 논의를 지속하고 있다(208~209쪽).

다섯째, 퇴계의 理氣互發論은 '도덕심리학적 성향 이원론' 으로서 횡설에 속하고, 율곡의 氣發理乘一途論은 '존재론적 乘伴論' 으로서 수설에 속하는바, 양자는 제3의 관점에서 충분히 통합될 수 있다. 그 과정을 추론 형식으로 정리하면 다음과 같다.

(전제 1) 성향 D는 理와 氣로 나눌 수 있다(理는 도덕 성향의 집합이고, 氣는 욕구 성향의 집합이다).

(전제 2) 성향 D는 특정 조건 C에서, 승반기초인 '氣*'에 실려서 상관되는 사건 E로 실현된다(승반기초인 '氣*'는 욕구성향을 의미하는 氣와 단어는 같지만 의미가 다르므로, 욕구 성향을 의미하는 '氣'와 구별하여, 승반기초는 '氣*'로 부르기로 한다).

(결론) 따라서 사건 E는 理(도덕 성향)에서 연유하는 사단 · 도심과 氣(욕구 성향)에서 연유하는 칠정 · 인심으로 나눌 수 있다.

위의 추론은 퇴계의 도덕심리학적 성향이원론과 율곡의 존재론적 승반론을 고루 충족시켰기 때문에, 이에 대해 퇴계와 율곡도 대단히 만족할 것이다(389쪽).

이상의 내용이 『횡설과 수설』의 핵심 논지일 것인바, 논자는 이승환의 위와 같은 주장에 기본적으로 동의한다. 논자는 『횡설과 수설』의 여러 지엽적 논지들에 대해 異見이 없는 것은 아니지만, 적어도 위의 내용에 대해서만큼은 기본적으로 동의하는 것이다. 따라서 본고에서는 논자와 이승환 사이에 이견이 있는 몇 가지의 지엽적 논지에 대해서만 논의를 진행하고자 한다.

그에 앞서서 먼저 밝혀두고 싶은 것은, 위와 같은 『횡설과 수설』의 핵심 논지는 논자가 그동안 일련의 성리학 관계 論著에서 밝힌 내용과 놀라울 정도로 일치한다는 점이다. 논자는 1995년 가을 「朱子 理氣論의 二重構造」[3]를 발표한 이래, 지속적으로 한국 성리학자들 사이의 프레임의

3) 『哲學』 제44집, 한국철학회.

차이를 규명해 왔고, 그 결과를 『畿湖性理學硏究』(한울, 1998), 『畿湖性理學論考』(심산, 2005), 『嶺南性理學硏究』(심산, 2011) 등으로 출간한 바 있다. 이렇게 기호성리학과 영남성리학의 프레임의 차이를 규명한 다음, 논자는 2011년 8월 「朱子 氣質之性論의 양면성과 退·栗 性理學」[4]에서 서로 다른 프레임이 성립하게 된 원인을 규명하고 두 프레임을 지양시킨 제3의 프레임을 제시한 바 있다. 먼저 주자학과 퇴율성리학에 관한 논자의 기본 관점을 밝히면 다음과 같다.

주자의 理氣論에는 두 프레임이 혼재한다. 첫째는 '理와 氣'를 '本과 具' 또는 '道와 器'로 규정하는 것이다. '本'이나 '道'는 형이상의 표준 또는 법칙(자연의 理法)을 의미하며, '具'나 '器'는 형이하의 재료 또는 도구를 의미한다. 本具論은 인간과 만물에 두루 적용되는 개념체계로서, 인간의 心·性을 설명할 때엔, 性은 理로, 心은 氣로 규정되고, 心과 性의 관계는 心統性情으로 설명된다. 本具論의 관점에서는 '理는 氣의 운동의 표준이나, 理의 올바른 실현 여부는 氣에 달려있다'는 점이 강조된다. 둘째는 '理와 氣'를 '天理와 人欲'으로 규정하는 것이다. 天理人欲論은 도덕적 관점에서 인간의 갈등적 심리현상을 설명할 때 적용되는 개념체계로서, 天理는 '자연의 理法' 또는 자연의 이법과 부합되는 인간의 '도덕적 본성'을 뜻하고, 人欲은 인간의 몸(形氣)에서 유래하는 '본능적 욕망'을 뜻한다. 천리인욕론의 관점에서는 '理가 氣를 통제하고, 氣는 理의 통제에 따라야 한다'는 점이 강조된다.[5]

본구론의 체계에서는 理와 氣가 상호 의존 관계로 설정되나, 천리인욕론의 체계에서는 理와 氣가 상호 갈등 관계로 설정된다. 따라서 본구

4) 『東洋哲學硏究』 第67집, 동양철학연구회.

5) 이승환은 天理人欲論을 '도덕심리학적 성향 이원론'이라 설명한 것이요, 本具論을 '존재론적 乘伴論'이라 설명한 것이다.

론과 천리인욕론은 전혀 맥락이 다른 것이다. 또 인간의 心·性을 설명할 때, 本과 天理는 상호 연관된 개념이나,[6] 具와 人欲은 서로 전혀 다른 대상을 지칭하는 개념이다. 心·性을 논할 때 '具'는 '주체적 마음(心氣)'을 뜻하나, '人欲'은 '몸(形氣)에서 유래하는 본능적 욕망'을 뜻하기 때문이다.

퇴계와 율곡의 상이한 견해는 氣가 지니는 이중성에서 기인한다. 氣는 본능적 욕구의 원천이기도 하고(形氣, 몸), 본성을 실현하는 주체이기도 하다(心氣, 마음). 퇴계는 전자의 관점에서 本性과 本能을 대립적 관계로 파악하고 '本能을 本性의 지배하에 두라'고 했고, 율곡은 후자의 관점에서 마음을 本性을 실현시키는 주체로 규정하고 '마음의 재질(氣質)을 변화시킴으로써 本性을 제대로 발현시키라'고 했다.

요컨대 퇴계의 理氣互發論은 '理와 氣'를 '天理와 人欲'으로 이해함으로써 얻어진 결론이요, 율곡의 氣發理乘一途論은 '理와 氣'를 '本과 具'로 이해함으로써 얻어진 결론이다. 따라서 양자를 두고 시비와 우열을 다투기보다는 양자를 종합 지양하여 보다 포괄적인 이론체계를 정립하는 것이 중요하다. 논자는 「朱子 氣質之性論의 양면성과 退·栗 性理學」에서 그 대강을 다음과 같이 제시한 바 있다.

⑤ 인간의 마음에는 本性과 함께 本能도 담겨있다. 仁義禮智信의 本性은 '남과의 조화로운 공존'을 추구하는 것이요, 食色의 本能은 '자신의 육체적 생존'을 추구하는 것으로서, 本性과 本能은 차원이 전혀 다르다. 그러나 마음은 하나일 뿐이다. 人心은 '本能에서 나온 것' 또는 '本能을 추구하는 것'이며, 道心은 '本性에서 나온 것' 또는 '本性을 추구하는 것'이다.

---

6) 주자학에서는 '性卽理'라 하거니와, '天理'는 '자연의 理法'을 뜻하는 동시에 자연의 理法을 존중하는 인간의 '도덕적 본성'을 뜻하기 때문이다.

⑥ 인간의 감정에는 本性에서 발한 것도 있고, 本能에서 발한 것도 있다. 그러나 감정을 발현시키는 주체는 마음(氣)일 뿐이다. 즉 마음은 대상의 사물을 知覺하면서, 때로는 仁義禮智의 本性을 발현시키기도 하고, 때로는 形氣의 本能을 발현시키기도 하는 것이다. 이런 맥락에서, '發의 주체(能發者)'는 氣(마음)일 뿐이나, '發하는 내용(所發者)'에는 性命之正(理)과 形氣之私(氣)가 모두 있다.

⑦ 人心과 道心은 主氣와 主理로 구분할 수 있다. 人心은 形氣에서 나온 것이므로 '主氣'라 할 수 있고, 道心은 性命에서 나온 것이므로 '主理'라 할 수 있다. 다만 四端과 七情은 主理와 主氣로 구분하기 어렵다. 四端은 仁義禮智의 本性이 발한 것으로서 道心과 등치시킬 수 있지만, 七情은 人心과 등치시킬 수 없다는 것이다. 그 까닭은 『中庸』에서 喜怒哀樂의 未發을 '天下의 大本'으로 설정했듯이, 七情의 근원을 단순히 氣(形氣)로 규정할 수 없다는 점이다.[7)]

위와 같은 論者의 제안은 退·栗의 성리설을 지양시킨 것으로서, 다음과 같은 점에서 退·栗의 기존 입장과 구별된다.

첫째, 논자는 퇴계의 '理發과 氣發'을 수용하되, 그것을 '能發'의 차원이 아닌 '所發'의 차원에서만 수용하는 것이다. '能發'이란 '발하는 작용'을 뜻하고, '所發'이란 '발현된 내용'을 뜻한다. 퇴계는 晩年에 '理의 능동성'을 적극 옹호했거니와, 이는 '形而上者가 어떻게 스스로 作爲할 수 있는가?'라는 근본적 의문을 야기한다. 논자는 이러한 맥락에서 氣(마음)만을 '能發者(발하는 작용의 주체)'로 인정하고, 퇴계의 '理發과 氣發'을 다만 '所發'의 차원에서만 수용하는 것이다. 논자는 요

---

7) 七情에는 '本性에서 발한 公正한 것'도 있으며, '形氣에서 발한 사사로운 것'도 있다는 말이다.

컨대 道心(四端)을 '마음의 지각작용을 통해 理(仁義禮智信의 本性)가 발현된 것' 으로, 人心을 '마음의 지각작용을 통해 氣(形氣의 本能)가 발현된 것' 으로 규정하는 것이다.

둘째, 논자는 율곡의 '性發爲情論' 을 수용하되, 그것을 '인간의 感情 전체' 를 포괄하는 명제로는 인정하지 않는 것이다. 요컨대 인간의 감정에는 本性이 발현된 것도 있고, 本能이 발현된 것도 있다는 것이 論者의 견해이다. 이는 道心(四端)은 本性이 발현된 것이요, 人心은 本能이 발현된 것이라는 말이다. 즉 '人心은 인간의 本性과는 무관하다' 는 것이 論者의 견해로서, 이 점에 있어서 論者는 栗谷과 입장을 달리하는 것이다.[8)]

이상에서 논자의 기본 관점을 소개했거니와, 이는 앞에서 소개한 이승환의 핵심 논지와 전혀 차이가 없을 것이다. 그렇기 때문에 논자는 이승환의 핵심 논지에 대해 '기본적으로 동의한다' 고 밝혔던 것이다. 다만 한 가지 아쉬운 것은, 이승환이 『횡설과 수설』을 집필하면서 이와 관계된 논자의 수많은 연구성과를 전혀 도외시했다는 점이다.[9)] 이승환은 『횡설과 수설』에서 다음과 같이 말한 바 있다.

> 다산은 퇴계와 율곡이 채택한 기호 배치 방식이 각기 '횡설' 과 '수설' 에 해당한다는 사실은 인지하지 못했지만, 두 사람이 사용하는 '理' 字와 '氣'

---

8) 이상익, 「朱子 氣質之性論의 양면성과 退·栗 性理學」, 106~109쪽 참조.

9) 논자는 주자학과 한국 성리학 관계 논문을 수십 편 발표한 바 있고, 그 결과를 세 권의 책으로 묶어서 출간한 바도 있다. 특히 『기호성리학연구』와 『영남성리학연구』는 모두 '朱子 理氣論의 二重性' 을 논하는 것으로부터 논의를 시작한 것이었다. 그런데 『횡설과 수설』의 〈참고문헌〉 목록을 보니, 논자의 수많은 論著가 하나도 소개된 것이 없었다.

> 字의 의미가 판이하게 다르다는 사실은 분명하게 지적해냈다. (…) 다산의 지적에도 불구하고, 현대의 연구자들 가운데 理·氣 등의 낱글자에 담긴 중의성에 주목하는 학자는 눈에 띄지 않는다. 2005년부터 2007년까지 무려 3년에 걸쳐서 『오늘의 동양사상』 지면을 통해 전개된 현대판 이기 논쟁이 아무런 소득도 없이 끝난 것도 이 때문이다. 다산이 세상을 떠난 지 벌써 170여 년이 넘었건만, 다산의 언어 분석 방법론을 뛰어넘기는커녕 이에 관심조차 기울이지 않는 학계의 현실이 안타깝다.(209쪽)

주지하듯이, 위에서 말하는 '현대판 이기 논쟁'의 두 주역은 논자와 정원재 교수(서울대학교 철학과)였다. 이렇게 보면, 이승환은 논자에 대해서까지 '理·氣 개념의 중의성'을 간과하고 있었다고 규정한 셈이다. 그러나 이는 사실과 다르며, 오히려 이승환이 논자의 연구성과들을 간과한 것이다.[10)]

그동안 논자는 지속적으로 주자 성리학의 이중성, 퇴계학과 율곡학의 체계의 차이 등을 역설해왔는데, 그에 대한 우리 학계의 반향은 거의 없었다. 그러므로 논자 또한 이러한 우리 학계의 현실을 안타깝게 생각해 왔다. 그러던 차에 혜성처럼 이승환의 『횡설과 수설』이 출간되었으니, 논자로서는 반갑기 그지없다. 더욱 반가운 것은, 그동안의 사정으로 볼 때 이승환이 논자의 연구성과를 도외시하고 있었음에도 불구하고, 논자와 이승환의 핵심 논지가 놀라울 정도로 일치한다는 점이다. 이제 논자와 이승환이 견해를 달리하는 몇 가지 지엽적 논점들을 논의해보

10) 사실 논자는 정원재 교수와의 논쟁 과정에서는 '理·氣 개념의 중의성'을 문제 삼지 않았는데, 이는 논쟁의 초점이 '율곡 성리학의 해석'에 관한 것이었기 때문이다. 퇴계와 율곡이 함께 문제 되는 논쟁이었다면 당연히 '理·氣 개념의 중의성'과 '프레임의 차이'부터 논의되었을 것이다.

기로 하겠다.

3. 비판적 논의

1) '性' 을 '성향' 으로 해석하는 문제

이승환은 전통 성리학의 '性' 을 '성향(disposition)' 으로 해석했다.[11)] '性' 이란 '유사한 상황' 에서라면 '유사한 감정' 으로 실현되는 안정적이고 지속적인 성향적 특질 또는 성격적 경향을 말한다는 것이다(63쪽). 이에 대해, 논자는 우선 성리학에서 말하는 '본성' 을 '성향' 으로 해석함이 타당한 것인지, 의문을 제기하고자 한다.

'본성' 이라는 개념은 실로 시대에 따라, 학파에 따라, 또 학자들마다 다양하게 규정되어서 일률적으로 논의할 수 없음은 물론이다. 이에 논자는 본성에 대한 비교적 일반적인 규정을 정리하고, 성리학적 인성론의 전제를 상기해본 다음, 성리학의 본성을 성향으로 해석할 수 있는지 따져보기로 하겠다.

논자가 알기로, '본성' 이란 일차적으로는 어떤 사물이 '선천적으로 타고난 성질' 을 말한다. 『맹자』에 보이는 '타고난 것을 性이라 한다(生之謂性)' 는 말이 그것이다. 본성이란 이처럼 '타고난 것' 임을 전제로 하여, 이차적으로는 '어떤 사물로 하여금 바로 그 사물이게끔 해 주는 성질' 을 말한다. 예컨대 '사람의 본성' 이란 '사람이 타고난 성질로서, 사람으로 하여금 사람답게 해주는 요소' 를 지칭하는 것이다.[12)] 맹자는

---

11) 이승환은 '성향' 대신에 '경향성' (28쪽)이나 '속성' (33쪽)이라는 용어도 사용했다.

'이목구비의 욕망' 에 대해 '性' 이라고 인정하면서도 '君子는 性으로 여기지 않는다' 고 하였다. 이목구비의 욕망은 사람이 타고난 것이되, 또한 사람과 짐승이 공유하는 것이다. 따라서 이목구비의 욕망은 일차적인 의미에서는 사람의 본성이라 할 수 있겠지만 이차적인 의미에서는 사람의 본성이라고 할 수 없다. 맹자는 인의예지를 사람의 본성으로 규정하고 四端이 없으면 사람이 아니라고 했는데, 인의예지는 '사람이 타고난 것' 임과 동시에 '사람으로 하여금 사람답게 해주는 요소' 인 것이다.

다음, 성리학적 인성론의 전제를 상기해 보자. 주지하듯이 '性理學' 은 곧 '性卽理學' 인바, 성리학의 대전제는 '인간의 본성은 곧 天理' 라는 것이다. 여기서의 '天理' 란 '자연의 理法' 을 뜻하거니와, 인간은 자연의 이법을 자신의 본성으로 타고난다는 것이다. 주자는 『中庸』의 '天命之謂性' 을 이러한 뜻으로 풀이하였다.[13] 주자는 자연의 이법을 元亨利貞으로 설명하고, 元亨利貞이 인간에게 부여되어 仁義禮智의 본성이 된다고 설명했다.[14]

이제 성리학의 '본성' 을 '성향' 으로 해석할 수 있는가 하는 점을 따

---

12) 유원기는 '본성' 을 다음과 같이 규정한 바 있다. ① x라는 개체가 x이기 위해 반드시 소유해야 하는 성질이다. 즉 본성은 x가 x인 한에 있어서, 반드시 가져야 하며, 그 본성을 잃게 되면 x는 더 이상 x일 수 없다. ② x라는 개체가 탄생하면서 내재적으로 갖는 성질이다. 즉 본성은 외부로부터 주어지는 것이 아니라 x라는 개체가 본래적으로, 그리고 내재적으로 갖는 성질이다. ③ X라는 種(species)에 속하는 x들의 본성은 과거나 현재 그리고 미래에도 동일하다. 인간을 예로 들자면, 인간이란 種의 본성은 과거로부터 현재를 거쳐 미래에 이르기까지 더해지거나 감해지지 않고 동일하다는 것이다(유원기, 「아리스토텔레스의 인간본성론」, 『신학과 철학』 제6집, 서강대학교 신학연구소, 2004, 272~273쪽).

13) 『中庸章句』 제1장, 朱子註 : 命 猶令也 性 卽理也 天以陰陽五行 化生萬物 氣以成形而理亦賦焉 猶命令也 於是 人物之生 因各得其所賦之理 以爲健順五常之德 所謂性也

14) 『小學』〈題辭〉: 元亨利貞 天道之常 仁義禮智 人性之綱(集說 : 此一節 言天道流行 賦於人而爲性也)

져보자. 우리는 '타고난 본성' 이라는 말도 하고 '타고난 성향' 이라는 말도 하는데, 이러한 맥락에서는 '본성' 을 '성향' 으로 풀이할 수도 있다. 그러나 여기에서의 본성은 앞에서 말한 일차적 의미의 본성인 것이다. '타고난 성향' 이 이차적 의미의 본성도 될 수 있는가의 여부는 그 성향이 지칭하는 대상에 달려있을 것이다. 예컨대 '사람은 배가 고프면 밥을 먹고자 하는 성향이 있다' 고 할 때, '밥을 먹고자 함' 은 이차적 의미에서는 사람의 본성이라 할 수 없다. 그러나 '사람은 어려운 처지에 있는 사람을 돕고자 하는 성향이 있다' 고 할 때, '남을 돕고자 함' 은 이차적인 의미에서도 사람의 본성이라 할 수 있다. 그런데 설령 어떤 타고난 성향이 이차적 의미의 본성도 될 수 있다고 하더라도, '타고난 성향' 자체가 성리학적 의미의 본성은 아닌 것이다. 성리학적 의미의 본성은 '자연의 理法' 이라는 전제를 바탕으로 삼기 때문이다.

'性卽理' 를 대전제로 삼는다면, 性이란 '성향' 에 해당하는 것이기 전에 '理法' 에 해당하는 것이다. 맹자가 '性善' 을 주장하면서 인용한 『詩經』의 내용을 다시 살펴보자.

> 『詩經』에서는 "하늘이 수많은 백성을 낳으심에, 사물이 있으면 法則이 있도다. 백성들이 지니고 있는 떳떳함이라, 이 아름다운 德을 좋아한다(天生蒸民 有物有則 民之秉彝 好是懿德)" 고 했는데, 孔子는 "이 詩를 지은 사람은 道를 아는 사람일 것이다. 그러므로 사물이 있으면 반드시 法則이 있으니, 백성들이 지니고 있는 떳떳함이라, 그러므로 이 아름다운 德을 좋아한다." 고 하셨다.[15]

15) 『孟子』 告子上 6 : 詩曰 天生蒸民 有物有則 民之秉彝 好是懿德 孔子曰 爲此詩者 其知道乎 故有物必有則 民之秉彝也 故好是懿德

孔子가 "사물이 있으면 반드시 法則이 있으니, 백성들이 지니고 있는 떳떳함이라, 그러므로 이 아름다운 德을 좋아한다."고 풀이한 데서 알 수 있듯이, '天生蒸民 有物有則 民之秉彝 好是懿德' 이라는 구절에서는 '天生蒸民 有物有則' 이 '民之秉彝 好是懿德' 의 전제가 되는 것이다. 따라서 본성의 의미는 먼저 '天生蒸民 有物有則' 에서 찾아야 할 것이다. 그런데 '天生蒸民 有物有則' 에서 본성으로 풀이될 수 있는 글자는 '則(법칙)' 일 것이다. 또한 다음 구절 '民之秉彝 好是懿德' 에서, '則' 과 같은 맥락의 글자는 '彝(떳떳함)' 와 '懿德(아름다운 德)' 일 것이요, 결코 '秉(지니고 있음, 잡고 있음)' 과 '好(좋아함)' 는 아닐 것이다. 그렇다면 본성의 의미는 우선 '則, 彝, 懿德' 에서 찾아야 마땅한 것이다.

또한 '법칙(則), 떳떳함(彝), 德' 등은 모두 '규범적 표준' 이라는 맥락에서 이해할 수 있는 글자들이거니와, 따라서 위의 인용문은 '性' 을 '理' 로 해석할 수 있는 典據가 되기도 한다. 性은 理요, 理는 '자연의 理法(원리)' 으로서 '규범적 표준' 이 되는 것이라면, '본성' 과 '성향' 의 차이가 분명해진다. '본성(理)' 은 사실성과 규범성을 모두 지니나, '성향' 은 사실성만 지니기 때문이다.[16)]

요컨대 성리학에서 말하는 '本性' 이란 무엇보다도 사물에 내재하는 '法則' 을 뜻한다.[17)] 사람은 본래 마음속에 '법칙(표준)' 을 본성으로 지

16) 이승환은 '性' 이란 "'유사한 상황' 에서라면 '유사한 감정' 으로 실현되는 안정적이고 지속적인 성향적 특질 또는 성격적 경향" 을 말한다고 했는데(63쪽), 이 설명은 사실성만 담고 있을 뿐 당위성을 담고 있지 않다. 실제로, 일상적 맥락에서 '사람에게 어떤 성향이 있다' 는 말은 '그 성향이 반드시 실현되어야 마땅하다' 는 의미를 동반하지 않는다. 반면에 성리학적 맥락에서 '사람에게 어떤 본성이 있다' 는 말은 '그 본성은 반드시 실현되어야 마땅하다' 는 의미를 동반한다.

17) 이승환은 전통 성리학자들은 '仁 · 義 · 禮 · 智' 를 '형이상의 실체' 로 간주했다고 설명한 바 있는데(300쪽), 같은 맥락에서 전통 성리학자들은 性을 '형이상의 실체' 로 간주했던 것이다. 이승환은 전통 성리학의 性을 '성향' 으로 풀이하는데, 그렇

니고 있기 때문에, '떳떳한 것' 을 잡고, '아름다운 德' 을 좋아하는 것이다. 따라서 본성의 의미는 우선 '則, 彝, 懿德' 에서 찾아야 한다. 다만 사람은 마음속에 '則, 彝, 懿德' 을 지니기 때문에 그것들을 '좋아하기도' 하므로, 보다 넓게는 '잡음(秉)' 과 '좋아함(好)' 까지도 포함시킬 수 있는 것이다. 그러나 그렇다고 하여 '잡음(秉)' 이나 '좋아함(好)' 에 초점을 맞추어 '본성' 을 '성향' 으로 풀이한다면, 이러한 해석은 本末이 전도된 것이다.[18]

2) '욕구 성향' 을 인간의 '본성' 에 포함시키는 문제

이승환은 '본성' 을 '성향' 으로 풀이한 다음, 성향을 다시 '도덕 성향' 과 '욕구 성향' 으로 구분하였다. 이승환의 지론은 '인간에게는 두 종류의 본성이 있다' 는 것으로서, 이승환은 각각을 '理' 와 '氣' 라 하였다. 이승환은 이러한 맥락에서 '성향이원론' 을 견지하면서, 다음과 같이 율곡의 '성향일원론' 을 비판한다.

율곡은 퇴계를 향하여 "性은 하나다." 라고 되풀이해서 강조한다. 이때

다면 '성향' 과 '형이상의 실체' 를 동일시할 수 있겠는가?

18) 주자는 『中庸』의 '天命之謂性' 을 해석하면서 "하늘이 陰陽五行으로 萬物을 化生할 때, 氣로써 형체를 만들고 理 또한 부여했다(氣以成形 而理亦賦焉)" 고 했다. 자연의 理法이 만물에 부여된 것이 '만물의 本性' 이라는 말이다. 그런데 주자의 理는 무엇보다도 '만물이 본받아야 할 표준' 이라는 뜻을 지니고 있거니와(이에 대한 자세한 논의는 拙著, 『朱子學의 길』, 63~67쪽 참조), 이러한 맥락에서 성리학적 性의 핵심 의미도 역시 '규범성' 에 있는 것이다. 그러나 이승환은 성리학의 性을 단순히 '성향' 으로 해석하고, 그 결과 '욕구성향(氣)' 을 性에 포함시킴으로써, 결국 '性卽理' 라는 명제를 부정하게 된 것이다. 그런데 '性卽理' 라는 명제를 부정하면 더 이상 '性理學' 이라 말할 수 없을 것이다.

'하나' 라는 말은 물론 '한 개' 라는 말이 아니라 '한 집합(set)' 이라는 말일 것이다. 율곡은 "性에는 인 · 의 · 예 · 지 · 신의 五常밖에 없다." 고 말한다. 그가 말하는 '性' 은 '도덕 성향의 집합' 인 것이다. '性' 을 두 종류라고 하면 무슨 불경죄에라도 짓는 것일까? 인간이 가진 다양한 성향들을 도덕 성향과 도덕 외적 성향으로 구분하면 무슨 신성모독죄라도 범한다는 말인가? 本然之性만 '性' 이고 形氣之性(또는 氣稟之性)은 '性' 이 아니란 말인가? 맹자와 장횡거, 그리고 정복심과 주자는 이 둘을 모두 性이라는 이름으로 부르지 않았던가? 사람에게는 도덕 성향도 있지만 자기 몸을 보존하려는 욕구 성향도 가지고 있지 않은가? 율곡 자신도 배고프면 먹으려 하고 목마르면 마시려 하는 욕구 성향을 '자연적 경향성(天性)' 이라고 부르지 않았던가? 왜 율곡은 形氣之性에 '性' 이라는 이름을 붙이기를 그토록 꺼려했을까? 율곡은 왜 "性은 하나다." 라는 마법의 주문에서 헤어나지 못했던 것일까? 이는 규범 문장과 기술 문장을 구별하지 못했기 때문이다.(375~376쪽)

이승환은 '도덕 성향' 과 '욕구 성향' 을 모두 인간의 '性(성향)' 에 포함시키면서, 율곡이 '욕구 성향(形氣之性)' 을 性에 포함시키지 않은 것을 비판한 것이다. 이승환은 율곡이 '性은 하나' 라는 입장을 고수한 것은 "규범 문장과 기술 문장을 구별하지 못했기 때문" 이라고 진단했다.[19)]

맹자는 '이목구비의 性' 과 '인의예지의 性' 을 함께 언급한 다음 '이목구비의 性' 에 대해 "君子는 性으로 여기지 않는다" 고 했다. 맹자는 사실적 관점에서는 양자를 모두 性으로 인정하면서도, 당위적 관점에서는 '이목구비의 性' 을 배제하고 '인의예지의 性' 만을 性으로 인정한 것

19) 이승환은 "그(율곡)가 채택한 수설 프레임은 일원론적 승반론인 관계로 성향 이원론을 수용하기에 적합하지 않은 이유도 있었을 것" (379쪽)이라고도 진단했다.

이다. 그런데 율곡은 '당위' 에 관한 규범 문장을 '사실' 에 관한 기술 문장으로 혼동했기 때문에, "性은 하나다."라는 마법의 주문에서 헤어나지 못했다는 것이다(379쪽). 요컨대 이승환의 지론은 당위적 관점에서는 '욕구 성향' 을 배제하고 '도덕 성향' 을 옹호할 필요가 있다 하더라도, 사실적 관점에서는 '욕구 성향' 과 '도덕 성향' 을 모두 인간의 본성으로 간주해야 한다는 것이다. 이승환의 이러한 주장에 대해, 논자는 다음과 같은 세 가지의 異見을 제시하고자 한다.

첫째, 율곡의 입장은 '당위와 사실을 혼동한 것' 이 아니라, 다만 '당위의 관점을 관철시키려 했던 것' 으로 해석할 수도 있다는 점이다. 먼저 그레이엄의 다음과 같은 말을 보자.

> 중국어의 '性' 과 영어의 'nature' 는 분명 중요한 유사성을 갖고 있으며, 중국어 쪽에서 '性' 은 하늘이 품수하는 것이라 가정함에 따라 이것은 더욱 강화된다. 즉 양자는 敍述的 개념과 規定的 개념의 기능을 모두 갖는 것으로 보인다. (…) 서양에 있어 'nature' 의 개념에도 중국과 명백히 동일한 事實的 의미와 規範的 의미의 결합이 존재하는데, 이것도 전통적 도덕성에 대항하는 공동의 무기이다.[20]

그레이엄에 의하면, '本性(nature)' 이라는 개념은 事實性과 當爲性을 동시에 포함하는 것이다. 그렇다면 사실성만 지니고 당위성은 결여된 '이목구비의 性' 은 본성으로 간주되기 어려운 것이다. 맹자는 이러한 맥락에서 '이목구비의 性' 을 '君子는 性으로 여기지 않는다' 고 배제했을 것이요, 율곡 역시 같은 맥락에서 형기지성을 본성으로 간주하지 않

20) 그레이엄, 『道의 논쟁자들』, 230쪽.

았을 것이다. 그런데 이승환은 '性' 이라는 개념에 담긴 '규범성' 을 간과하고, 인간은 '도덕 성향' 과 '욕구 성향' 을 모두 지니고 태어난다는 '사실성' 만 주목하여 '성향이원론' 을 주장하는 것이다.

둘째, 이승환의 '성향이원론' 은 유교 경전의 여러 구절들 및 성리학의 지론과 여러모로 어긋난다는 점이다. 이승환의 성향이원론은 '욕구 성향' 을 인간의 본성에 포함시키는 것이요, 또 동시에 '욕구 성향' 을 氣로 규정하는 것이다. 이처럼 氣로 간주되는 '욕구 성향' 을 인간의 본성에 포함시키면 성리학의 대전제인 '性卽理' 에 어긋나고, 또 '性善說' 을 견지하기도 어렵게 된다. 또한 『周易』에서는 "理를 궁구하고 性을 다 발휘하여 命에 이른다(窮理盡性 以至於命)" 고 했고, 『中庸』에서는 盡己之性을 통해 盡人之性과 盡物之性에 이르고 마침내 天地의 化育을 參贊한다고 했는데, 여기에서의 본성도 분명 '욕구 성향' 과는 아무런 관계가 없을 것이다. 맹자의 '性善說' 은 『詩經』의 '有物有則, 民之秉彝' 와 궤를 같이하고, 성리학의 '性卽理' 는 『中庸』의 '天命之謂性' 및 맹자의 '性善說' 과 궤를 같이한다. 그렇다면 이러한 명제들을 도외시하고도 儒學 또는 性理學이라 할 수 있겠는가?

셋째, '성향 이원론' 은 주자의 持論이 아니라는 점이다. 이승환은 다음과 같이 말한 바 있다.

> 주자의 성향 이원론에 관한 언급을 확인하려면 『朱子語類』와 『朱子大全』, 그리고 『四書集註』 등의 방대한 문헌에 대한 치밀한 독해가 요구된다. 성향 이원론에 관한 주자의 언급은 방대한 문헌의 구석진 곳에 복병처럼 숨어 있기 때문이다.(132쪽)

만약 어떤 주장의 논거가 방대한 문헌의 구석진 곳에 복병처럼 숨어 있다면, 그리하여 그 주장을 간파하는 데 치밀한 독해가 요구된다면, 그 논거는 雅言일 수 없고, 따라서 그 주장도 결코 持論일 수 없는 것이다.

이승환은 주자의 방대한 문헌에 복병처럼 숨어있는 성향 이원론의 대표적 예로서 『朱子大全』 卷55 〈答李守約〉에 보이는 '形氣之性' 과 '道義之性' 이라는 용어를 들었다(69쪽). 形氣之性과 道義之性은 각각 '욕구성향' 과 '도덕 성향' 으로 풀이될 수 있으니, 이것이야말로 성향이원론의 훌륭한 논거라 하겠다. 그런데 논자가 『朱子大全』과 『朱子語類』를 검색해 본 결과, '形氣之性' 이라는 용어는 오직 〈答李守約〉에서 한 번 보일 뿐이었으며, 그것도 주자의 말이 아니라 李守約의 말로서, 주자는 李守約이 피력한 성향이원론에 대해 '(經典의 취지를) 잘 이해했다' 고 긍정한 것일 뿐이었다. 따라서 이것을 전거로 삼아 주자학을 '성향이원론' 으로 규정하기란 매우 미안한 것이다.

이승환은 '성향이원론' 에 관한 수많은 전거를 찾아냈다고 하면서, 性을 天命之性과 氣質之性으로 나눈 것, 理發을 道心이라 하고 氣發(形氣發)을 人心이라 한 것 등을 그 예로 들었다(109쪽). 그러나 이에 대해서도 반론이 가능하다. 性을 天命之性과 氣質之性으로 구분하면서도 '성향일원론' 을 견지할 수 있거니와, 이는 잠시 뒤에 논의하기로 하자. 또 '形氣의 욕망' 을 본성에 포함시키지 않기로 한다면, '理發과 氣發(形氣發)' 을 두고 '성향이원론' 이라고 단정할 수도 없기 때문이다.

3) '氣質之性' 에 대한 해석 문제

이승환은 주자학을 성향이원론으로 규정하고, 이를 다음과 같이 도표로 분류하여 소개한 바 있다(72쪽).

理(도덕 성향)	氣(욕구 성향)
	形氣之性
道義之性	血氣
義理之性	人身
本然之性	形氣之私
性命之性	氣質之性
天地之性	氣質
天命之性	氣稟
	氣習

⇓ ⇓

도심 · 사단 　　　　인심 · 칠정

위의 도표에서 논자가 주목하는 것은 '氣(욕구 성향)' 영역이다. 위의 도표를 보면, 이승환이 '氣質之性'과 '形氣之性'을 같은 범주로 파악한다는 점 및 '氣質之性'을 '욕구 성향'으로 해석한다는 점이 분명히 드러난다. 이에 대한 논자의 입장을 먼저 밝히자면, 기질지성을 욕구 성향으로 해석하는 것은 곤란하며, 따라서 기질지성과 형기지성을 구분해야 한다는 것이다. 다시 말해, 형기지성을 욕구 성향으로 해석하는 것은 얼마든지 동의하지만, 기질지성을 욕구 성향으로 해석하는 것은 재고해야 한다는 것이다.

주자는 맹자가 말한 '이목구비의 性'을 氣質之性으로 규정한 예가 있거니와, 따라서 주자의 氣質之性은 욕구 성향(形氣之性)을 뜻한다고 해석할 수 있는 소지가 없지 않다. 그러나 주자가 인간의 본성을 '本然之性'과 '氣質之性'으로 나누어 논의한 근본 취지는 '도덕 성향'과 '욕구 성향'을 분류하는 데 있지 않았고, '理一'과 '分殊'를 설명하는 데 있었다. 주자에 의하면 인간(만물)의 본성은 理로서, 理는 만물이 같은 것이므로, 모든 사람의 본성이 같은 것이다(理一). 그런데 본성이 의착하고 있는 기질이 사람마다 달라서, 현실적으로는 사람들의 본성이 서로 다르게 나타난다(分殊). 주자는 사람마다 제각각 다양한 양상으로 드러나는 본성을 '各一其性' 이라 했는데, 주자가 말한 氣質之性은 대부분 各一其性을 지칭하는 것이었다. 요컨대 理로서의 本性 자체를 지칭할 때엔 本然之性이라 하고, 氣의 영향을 고려하여 말할 때엔 氣質之性이라 하는 것이요, 따라서 本然之性과 氣質之性은 별개의 실체가 아니라는 것이다.[21)]

앞에서 소개했듯이, 이승환은 "本然之性만 '性' 이고 形氣之性(또는 氣稟之性)은 '性' 이 아니란 말인가? 맹자와 장횡거, 그리고 정복심과 주자는 이 둘을 모두 性이라는 이름으로 부르지 않았던가? 사람에게는 도덕 성향도 있지만 자기 몸을 보존하려는 욕구 성향도 가지고 있지 않은가?" 라고 반문한 바 있다. 이제 논자는 이승환의 이러한 물음에 다음과 같이 답변하고자 한다.

우선 논자는 사람에게는 '도덕 성향' 도 있지만 자기 몸을 보존하려는 '욕구 성향' 도 있다는 점을 분명히 인정한다. 또 논자는 '도덕 성향' 은 理에 속하고 '욕구 성향' 은 氣에 속한다는 점도 인정한다. 그런데 논자는 '도덕 성향' 만을 '본성(理)' 으로 규정하자는 것이요, '욕구 성향' 은 '본능(氣)' 으로 규정하자는 것이다. 본성이나 본능이나 모두 선천적으로 타고나는 것인바, 따라서 단순히 '타고난 것' 을 '본성' 으로 규정하기로 한다면, 본능 역시 본성에 포함시킬 수 있을 것이다. 그런데 본

21) 이에 대한 자세한 논의는 拙稿, 「朱子 氣質之性論의 양면성과 退 · 栗 性理學」 참조. 주자의 氣質之性論에는 이처럼 양면성이 있거니와, 퇴계는 '욕구 성향' 의 관점을 취하고, 율곡은 '各一其性' 의 관점을 취한 것이다. 기질지성을 各一其性으로 이해하면, 性을 本然之性과 氣質之性으로 구분하더라도 '성향일원론' 을 견지할 수 있다. 한편, 이승환도 기질지성을 '各一其性(分殊)' 의 관점에서 설명한 바 있다(48쪽, 73쪽 등). 그런데 이승환은 기질지성을 또 한편으로는 '욕구 성향' 으로 이해했기 때문에, 본연지성 · 기질지성을 두고 주자학을 '성향이원론' 으로 규정했을 것이다.

성은 사실적 개념일 뿐만 아니라 당위적 개념이기도 하다는 점, 그리고 주자는 사실 '욕구 성향' 계열에 속하는 것들에 대해서는 '性' 이란 말을 거의 붙이지 않았다는 점, 그리고 '도덕 성향' 과 '욕구 성향' 은 전혀 성격이 다르다는 점을 유의한다면, '타고난 것' 을 다시 本性과 本能으로 구별할 필요가 있다. 또 이렇게 본성과 본능을 구별하면, 性善說과 性卽理 등 성리학의 기본 전제를 존중하면서도 이승환이 말하는 '성향 이원론' 의 취지 역시 모두 살릴 수 있다.

논자는 「朱子 氣質之性論의 양면성과 退・栗 性理學」에서 이러한 입장을 다음과 같이 정리하여 제시한 바 있다.

① 氣質之性은 주자와 율곡처럼 '各一其性' 으로 해석하자는 것이다. 氣質之性을 各一其性으로 해석하면, '本然之性과 氣質之性은 본래 하나' 라는 一性論을 관철시킬 수 있다. 氣質之性을 各一其性으로 해석한다는 것은 '食色의 本能은, 本然之性과 氣質之性을 막론하고, 인간의 本性과는 별개이다' 라는 주장이기도 하다. 이처럼 本性과 本能을 구별하면, 性善說을 견지하는 데도 편리하게 된다.

② 人心道心說에서의 人心은 '食色의 본능적 욕망' 을 뜻하는 것이었던바, 이처럼 '食色의 욕망' 은 '本性' 의 차원이 아니라 '本能' 의 차원에서 논의하자는 것이다. 이렇게 한다면 '食色之性' 이라는 말은 더 이상 성립할 수 없는 것이요, 오히려 '食色之心' 또는 '食色之能' 이라고 말해야 할 것이다.

③ 주자가 '人心과 道心' 을 '或生於形氣之私, 或原於性命之正' 으로 설명했듯이, 人心과 道心은 근원이 다른 것으로 해석하자는 것이다. 율곡처럼 人心의 근원 역시 '仁義禮智信의 本性' 이라고 규정하는 것은 여러모로 납득하기 어렵다. 요컨대 '仁義禮智信의 本性' 에서 발한 것이 道心인 것이요, '形氣의 本能' 에서 발한 것이 人心인 것이다.

④ '人心과 道心을 근원이 다른 것으로 구분하자' 는 주장은 '性發爲情論을 고수할 수는 없다' 는 뜻이기도 하다. 요컨대 인간의 감정에는 本性에서 발한 것도 있고, 本能에서 발한 것도 있다는 것이다.[22]

위의 네 주장은 서로 일치하지 않는 주자 · 퇴계 · 율곡의 학설을 논자의 입장에서 지양시킨 것이다. 위의 ④에서 논자는 '性發爲情論을 고수할 수 없다' 고 했거니와, 이에 대해서 뒤에서 다시 논의하기로 하자.

4) '氣의 이중성' 을 표현하기 위한 용어 문제

이승환은 횡설에서 말하는 氣와 수설에서 말하는 氣는 글자만 같을 뿐 그 의미는 서로 판이하다는 점을 역설했다. 요컨대 횡설에서 말하는 氣는 '욕구 성향' 을 뜻하고, 수설에서 말하는 氣는 '승반기초' 를 뜻한다는 것이다(391쪽). 이승환의 이러한 설명은 퇴계설(횡설)과 율곡설(수설)의 본질적 차이를 매우 정확하게 해명한 것이다.

이처럼 '氣의 이중성' 을 간파했다면, 혼란을 막기 위해 각각 서로 다른 용어로 표기할 필요가 있겠다. 그리하여 이승환은 '욕구 성향' 을 의미할 때는 종전대로 '氣' 로 표기하고, '승반기초' 를 의미할 때는 '機' 로 표기하는 것이 좋겠다고 제안했다. '機' 는 흔히 '기틀' 로 번역되는 바, 주자는 어떤 속성들을 싣고 있는 승반기초를 종종 '틀(機)' 이라 불렀다는 것이다(393쪽).

한편, 이승환은 遂庵 權尙夏나 南塘 韓元震이 氣를 '形氣' 와 '心氣' 로 구분한 선례가 있음을 소개한 바 있다. 수암은 "율곡의 氣發理乘 명제에

22) 拙稿, 「朱子 氣質之性論의 양면성과 退 · 栗 性理學」, 106쪽.

나오는 '氣' 字는 승반기초인 心氣를 가리키는 것으로, 이목구비의 욕구를 가리키는 形氣와 혼동해서는 안 된다"고 보았고, 남당 역시 스승과 마찬가지로 形氣와 心氣를 나누어 보았다는 것이다(211쪽).

주자 · 퇴계 · 율곡을 막론하고 모든 성리학자들의 글에서 氣는 때로는 '욕구 성향'을 뜻하고 때로는 '승반기초'를 뜻했다. 그런데 유심히 보면, 이들도 맥락에 따라 양자를 구별하고자 노력했던 흔적이 보인다. 즉 이들은 때때로 '욕구성향'을 말할 때엔 '形氣'라는 용어를 썼고, '승반기초'를 말할 때엔 '心(또는 心氣)'이란 용어를 썼으며, '마음의 재질'을 말할 때엔 '氣質'이란 용어를 썼던 것이다. 앞에서 논자는 形氣와 氣質을 구별할 것을 강조했는데, 그 이유는 전통적인 用例를 보면 '形氣'는 대부분 '몸' 또는 '몸으로 인한 욕구'를 뜻하는 반면 '氣質'은 대부분 淸濁粹駁 등 '마음의 재질'을 뜻하기 때문이었다.

논자는 '氣의 이중성'을 서로 다른 글자로 구별해서 표기하자는 이승환의 제안을 적극 환영한다. 다만 그것을 '氣와 機'로 구별하자는 것에 대해서는 유보적인 입장을 취하는바, 그 이유는 다음과 같다. 첫째, '氣'와 '機'는 발음이 같아서 口語上으로는 변별이 어렵다. 더군다나 요즈음의 한글 전용 추세로 보면 文語上으로도 변별이 어렵다.[23] 둘째, '욕구 성향'은 '몸'과 관련된 것이요, '승반기초'는 '마음'을 지칭하는 것이므로,[24] 몸과 마음을 분명히 구분해주는 것이 매우 긴요한데, '氣'와 '機'로는 몸과 마음의 구별을 제대로 반영하지 못한다.

논자는 氣의 이중성을 표기하는 용어로 '氣와 機' 대신에 '形氣와 心

23) 이승환은 '욕구 성향'과 '승반기초'를 한글로는 각각 '기'와 '기*'로 표기했는데(390쪽), 이는 窮餘之策일 것이다.

24) 우주자연의 영역에서는 승반자는 '자연의 理法(理)'이요, 승반기초는 '陰陽五行 등의 물질(氣)'일 것이다. 그런데 인간의 心性論의 영역에 국한시켜 말하자면 승반자는 '도덕적 본성(理)'과 '육체적 본능(氣)'일 것이요, 승반기초는 '마음'일 것이다.

氣' 를 제안하는 바이다. 形氣와 心氣는 글자도 다르고, 발음도 다르고, 또 용어만으로도 몸과 마음이라는 서로 다른 대상을 지시하고 있기에, 여러모로 변별력이 충분하다. 더군다나 先儒들도 形氣와 心氣로 氣의 이중성을 변별했던 선례가 있지 않은가? 그리하여 논자는 '욕구 성향으로서의 氣' 는 '形氣' 로 표기하고, '승반기초로서의 氣' 는 '心(心氣)' 으로 표기하여, 氣의 이중성을 구분하는 것이 더 좋다고 본다. 또 이와 아울러 우리 학계에서 앞으로는 더욱 일관되게 '形氣 · 心(心氣) · 氣質' 을 구분하여 사용한다면 좋을 것이다.

5) '理弱氣强' 의 해석 문제

이승환은 주자의 '理弱氣强' 을 횡설의 맥락으로 이해하여, 다음과 같이 풀이한 바 있다.

> 횡설의 기호 배치 방식에서 '氣' 는 물리적 속성(또는 '재료')을 가리키는 것이 아니라 성격적 속성을 가리킨다는 점에 유의하기로 하자. 예를 들어 "기가 세다."라는 말은 한 사람의 신체가 튼튼하다는 말이 아니라, 남에게 꿀리기 싫어하는 성격적 특성을 가지고 있다는 말이다. 또 "혈기가 넘친다."라는 말은 심장박동이 강하여 혈액의 순환이 빠르다는 뜻이 아니라, 자기의 주장을 관철시키려는 성격적 특성이 강하다는 뜻이다. 주자는 사람이 도덕원칙에서 어긋나게 되는 이유를 "理가 약하고 '氣' 가 강하기 때문(理弱氣强)" 이라고 설명한다. "기가 강하다."라는 말은 몸무게가 많이 나가거나 힘이 세다는 말이 아니라, 자기 몸을 위하려는 욕구 성향이 강하다는 뜻이다. 즉 도리에 부합하려는 도덕 성향('理')은 약한 데 비해 욕구 성향('氣')이 더 강하기 때문에 도덕에 어긋나는 일을 저지르게 된다는 뜻이다.(42쪽)

논자는 위의 인용문에 대하여 두 가지의 이견을 제시하고자 한다.

첫째, 횡설의 맥락에서 말하는 氣는 '물리적 속성'을 지칭하는 것은 물론 아니지만, 그렇다고 '성격적 속성'을 지칭하는 것도 아니라는 점이다. 이승환은 '성격적 속성'의 예로 '남에게 꿀리기 싫어함'과 '자기의 주장을 관철시키려 함' 등을 들었다. 그런데 논자가 생각하기에 이러한 예들은 바로 '氣質'에 속하는 문제요, 氣質은 수설의 체계에서 다루어지는 사안인 것이다. 따라서 논자가 생각하기에, 횡설의 체계에서 말하는 氣는 단도직입적으로 '욕구 성향'이라고 말하는 것이 좋을 것 같다.

둘째, 주자가 말하는 '理弱氣强'이란 '도덕 성향은 약하고, 욕구 성향은 강하다.'는 맥락이 아니라는 점이다. 논자가 보기에, 주자의 理弱氣强은 횡설이 아니라 수설의 맥락에서 입언한 것이다. 『朱子語類』의 해당 부분을 다시 보기로 하자.

> 理는 진실로 不善이 없다. 다만 氣質에 부여되면 문득 淸濁 偏正 剛柔 緩急의 不同이 생기게 된다. 氣는 강하고 理는 약하다. 理는 氣를 管攝할 수 없다.[25)]

> 理가 氣에 부착된 다음에는, 日用間의 運用은 모두 氣로부터 말미암으니, 理는 약하고 氣는 강하다.[26)]

---

25) 『朱子語類』 卷4(중화서국본 71쪽) : 理固無不善 纔賦於氣質 便有淸濁偏正剛柔緩急之不同 蓋氣强而理弱 理管攝他不得

26) 『朱子語類』 卷4(중화서국본 71쪽) : 如這理寓於氣了 日用間運用都由這箇氣 只是理弱氣强

우선 위의 첫째 인용문을 보자. '다만 氣質에 부여되면' 이란 바로 '乘伴' 을 뜻하는 말이요, '문득 淸濁 偏正 剛柔 緩急의 不同이 생기게 된다' 는 것은 바로 '共變' 을 뜻하는 말이다.[27] 또한, 첫째 인용문에서는 "氣는 강하고 理는 약하다" 고 말한 다음 "理는 氣를 管攝할 수 없다" 고 했고, 둘째 인용문에서는 "理가 氣에 부착된 다음에는, 日用間의 運用은 모두 氣로부터 말미암는다" 고 말한 다음 "理는 약하고 氣는 강하다" 고 했다. 위의 두 인용문에 의하면, 理는 순선하나 형이상자로서 현실적인 作爲力이 없기 때문에, 현실의 세계를 주도하는 것은 理가 아닌 氣라는 것이다.

이승환은 理 · 氣의 乘伴과 共變은 수설에 속하는 것임을 해명한 바 있다(46쪽, 73쪽 등). 이승환은 특히 '共變' 은 '상향 인과(upward causation)' 를 가리키는 것이라 했는데(46쪽), 이는 다른 말로 하면 '氣의 현실적 주도권' 을 뜻하는 것이다. 이렇게 본다면 '理弱氣强' 이란 본래 수설의 맥락에서 성립하는 명제로서, '理弱' 은 승반자인 '理의 피동성' 을 뜻하고, '氣强' 은 승반기초인 '氣의 능동성(현실적 주도권)' 을 뜻함이 분명할 것이다.[28]

---

27) 이승환이 말한 '남에게 꿀리기 싫어함' 이나 '자기의 주장을 관철시키려 함' 등의 '성격적 속성' 은 '淸濁 偏正 剛柔 緩急' 등의 '기질의 속성' 에 해당될 것이다.

28) 퇴계는 '理弱氣强' 문제를 설명하면서 도리어 "理는 極尊無對하여, 사물을 명령하기는 하나 사물로부터 명령을 받지는 않는다(命物而不命於物)" 고 했거니와(『退溪集』 卷13 頁17, 〈答李達李天機〉), '理弱氣强' 은 횡설의 체계에서 가장 기피하는 말 가운데 하나일 것이다. 퇴계의 후학 立齋 鄭宗魯는 '理弱氣强' 을 정면으로 반박하는 〈理强氣弱說〉(『立齋集』 卷24)을 남기기도 했다.

6) '性理學'의 재구성인가, 해체인가?

이제까지 논자는 이승환의 『횡설과 수설』에 대해 ① '性'을 '성향'으로 해석하는 문제, ② '욕구 성향'을 인간의 '본성'에 포함시키는 문제, ③ '氣質之性'에 대한 해석 문제, ④ '氣의 이중성'을 표현하기 위한 용어 문제, ⑤ '理弱氣强'의 해석문제 등 다섯 가지의 문제를 제기해 보았다. 논자는 이미 『횡설과 수설』의 핵심 논지에 대해서 거듭 동의한 바 있거니와, 위의 다섯 논점은 핵심 논지와 비교한다면 매우 사소한 것들이므로, 이에 대한 논자와 이승환 사이의 異見은 방치해도 무방할 수 있다.

다만 위의 ①과 ②는 사소한 문제이면서도 간과하기 어려운 문제이다. 先儒들은 '출발점에서의 사소한 차이가 나중에는 서로 千里나 어긋나게 만든다(毫釐之差 千里之謬)'고 했는데, 논자는 ①과 ②가 바로 여기에 해당한다고 본다. ①과 ②는 그 자체로는 사소한 문제라 할 수 있지만, 이는 결국엔 '성리학의 해체'로 이어질 수 있는 사안이다. 앞에서 논의한 바 있듯이, '性'을 단순히 '성향'으로 해석하면 성리학의 대전제인 '性卽理'를 견지하기 어렵게 되고, '욕구 성향'을 인간의 '본성'에 포함시키면 유학의 대전제인 '性善說'을 견지하기 어렵기 때문이다. 이러한 맥락에서, 이제 마지막으로 이에 대해서 조금 더 논의해볼까 한다.

이승환은 '본성'을 '성향'으로 해석하고, 이를 다시 '경향성, 속성'과 등치시켰다. 그런데 성향이나 경향성·속성 등은 다음의 두 가지 점에서 전통 성리학의 性과 다른 것이다. 첫째, 성리학의 '性'은 형이상학적 실체에 속하는 것이나, '성향'은 결코 형이상학적 실체가 아니다. 둘째, 성리학의 '性'은 사실성과 규범성을 동시에 담보하는 것이나, '성향'은 오로지 사실성만을 담보한다. 그런데 이승환은 '性'을 '성향'으로 풀이하고, '性卽理'에 대해서는 다음과 같이 풀이한다.

이 문장은 "사람의 성품은 '理'와 동일하다."라고 번역될 수도 있고 "사람에게는 '理'에 합치하려는 성향이 있다."라고 번역될 수도 있다. 두 번역 가운데 후자가 더 유력하다. 性과 理는 유사성 덕분에 같은 서랍에 저장된 것이지, 동일하기 때문에 함께 저장된 것은 아니기 때문이다.(40쪽)

이승환은 性과 理는 유사하기는 하나 동일한 것은 아니라고 보았다. '理'와 '성향'은 전혀 차원이 다른바, 따라서 '性'을 '성향'으로 풀이하는 한, 性과 理를 동일한 것으로 규정하기는 어려울 것이다. 그러므로 이승환은 性과 理는 유사성이 있을 뿐이라고 본 것이다. 그러나 이는 전통 성리학의 입장과는 거리가 멀다. 『中庸』의 '天命之謂性'에 대한 주자의 해석에 잘 나타나 있듯이,[29] 전통 성리학에서는 性과 理를 '동일한 실체'로 간주하기 때문이다. 그런데 이승환은 茶山의 '仁·義·禮·智'에 대한 해석을 소개한 다음, 다음과 같이 부연한 바 있다.

다산에 따르면, 仁·義·禮·智라는 명칭은 이에 걸맞은 行事 이후에 붙여지는 이름이다. 여기서 '行事'란 실제 행위(action)와 사무(actual work)를 가리키는 것으로서, 아리스토텔레스의 '실천(praxis)'과 비슷한 개념이다. '德'은 인간이 태어날 때 번쩍이는 구슬처럼 선천적으로 주어진 실체가 아니라, 인간의 노력과 실천을 통해 '획득되는 것'이다. 다산의 이러한 관점은 『孟子』의 '성품 기르기(養性)'와 『大學』의 '尊德性'이라는 논지와 정확히 부합하며, 나아가서는 아리스토텔레스의 헥시스(hēxis) 개념과도 일맥상통하는 것이다.(299~300쪽)

29) 『中庸章句』 제1장, 朱子註 : 命 猶令也 性 卽理也 天以陰陽五行 化生萬物 氣以成形而理亦賦焉 猶命令也 於是 人物之生 因各得其所賦之理 以爲健順五常之德 所謂性也

주지하듯이, 다산의 仁義禮智에 대한 해석은 그의 性嗜好說과 표리를 이룬다.[30] 다산은 '性'을 형이상의 '實體'가 아닌 '嗜好'로 해석하고, 仁義禮智에 대해서도 '선천적 본성'이 아닌 '실천을 통해 이루어지는 德'으로 설명했던 것이다. 그런데 이승환은 다산의 이러한 해석이 『孟子』의 '養性'이나 『大學』의 '尊德性'과 정확히 부합하는 것이라고 평했다.

다산의 性嗜好說의 궁극 목적은 성리학의 해체였다. 다산은 性을 '기호'로 해석하는 데서부터 성리학 해체의 초석을 마련한 것이다. 그런데 이승환은 性을 '성향'으로 해석하고, 性卽理를 실질적으로 부정했다. 또한 다산은 '靈知(道心)의 기호'뿐만 아니라 '形軀(人心)의 기호'도 인간의 본성에 포함시킴으로써 性善說을 반쪽의 명제로 격하시켰는데, 이승환 역시 '도덕 성향'뿐만 아니라 '욕구 성향'도 인간의 본성에 포함시킴으로써(성향이원론) 性善說을 반쪽 명제로 격하시켰다. 이러한 맥락에서, 논자는 이승환의 노선은 다산이 걸었던 '성리학 해체'의 길과 여러모로 궤를 같이한다고 보는 것이다.

전통 성리학을 해체하든 재구성하든 그것은 각자의 자유일 것이다. 문제는 이승환의 진정한 의도가 무엇이냐 하는 점이다. 이승환의 의도가 성리학의 해체였다면, '제3의 관점'에서 '退·栗을 지양시키는 프레임'을 구상할 이유가 없었을 것이다. 이승환이 제3의 프레임을 구상한 것으로 보면, 그의 진정한 의도는 성리학의 해체가 아니라 재구성이었을 것이다. 그런데 이승환이 구상한 체계는 '해체의 불씨'를 담고 있다. 그렇다면 우리는 이승환의 방식이 아닌 다른 방식을 구상할 필요가 있다. 논자는 이러한 맥락에서 '도덕적 本性'과 '육체적 本能'을 분리하여 '性卽理'라는 명제를 고수하고, '性卽理' 대신 '性發爲情論'을 수정

---

30) 다산의 性嗜好說은 '好' 字에 초점을 맞추어 '好是懿德'을 해석한 것이다(이에 대한 자세한 논의는 拙稿, 「丁茶山의 性嗜好說에 대한 朱子學的 反論」 참조).

하고자 했던 것이다.

앞에서 논자는 '性發爲情論을 고수할 수 없다' 고 했거니와, 이제 이 문제를 다시 살펴보자. 논자가 보기에, 이승환은 性發爲情論을 부정할 수 없는 명제로 전제했기 때문에 결국 성향이원론을 피력하게 된 것 같다. 情에는 분명 육체적 욕망을 추구하는 '人心' 과 도덕적 의리를 추구하는 '道心' 도 있는바, 따라서 性에도 '욕구 성향' 과 '도덕 성향' 이 함께 존재한다고 보지 않을 수 없다는 것이다. 이를 『횡설과 수설』에서 이승환이 즐겨 쓴 논증형식으로 정리하면 다음과 같다.

(대전제) 모든 감정은 본성이 발한 것이다(性發爲情).
(소전제 1) 감정에는 四端 · 道心도 있고, 七情 · 人心도 있다.
(소전제 2) 四端 · 道心은 理에 속하고, 七情 · 人心은 氣에 속한다.

(결론) 따라서 본성에는 理도 있고, 氣도 있다.

그러나 위와 같은 논증의 결과는 '性卽理' 에 어긋나고, 性卽理의 부정은 성리학의 해체로 비화될 수 있다.

논자가 보기에, 논자와 이승환은 心 · 性 · 情이나 理發 · 氣發 등에 관한 새로운 체계의 실질적 내용을 공유하는 것이다. 다만 이러한 개념들을 논자의 방식대로 체계화하면 '性發爲情' 이라는 명제에 어긋나고, 이승환의 방식대로 체계화하면 '性卽理' 라는 명제에 어긋난다. 다시 말해 退 · 栗의 성리설을 종합하는 제3의 체계를 정립하자면, '性發爲情' 과 '性卽理' 가운데 어느 하나를 수정해야만 한다. 이승환은 '性卽理' 라는 명제를 수정하여 '性에는 理도 있고, 氣도 있다' 고 주장하고, 논자는 '性發爲情' 이라는 명제를 수정하여 '감정에는 本性(理)이 발현된 것도 있고, 本能(氣)이 발현된 것도 있다' 고 주장한 것이다.

논리로만 본다면 논자의 체계와 이승환의 체계 가운데 어느 것을 택해도 무방할 것이다. 그러나 성리학의 해체가 아니라 재구성을 추구하는 것이라면, 성리학에서 '性卽理' 가 '性發爲情' 보다 훨씬 근원적이고 중요한 명제라는 점을 고려하여, 논자처럼 '性卽理' 를 고수하고 '性發爲情' 을 수정하는 것이 더 타당할 것이다.

4. 결론

서론에서 밝혔듯이, 『횡설과 수설』은 이승환 자신이 '두 개의 수수께끼' 를 푼 데 대한 보고서이다. '두 번째의 수수께끼' 를 푸는 과정, 즉 여러 나라의 도서관을 누비면서 程復心의 『四書章圖』를 찾아낸 과정은 그야말로 한 편의 武勇談 같았다. 이에 대해서는 그 노고를 치하할 뿐, 전혀 이견이 없다. 그러나 '첫 번째 수수께끼' 의 해법에 대해서는 그 핵심 논지에 동의하면서도 몇 가지 이견이 없지 않았다.

주자의 성리설에는 본래 서로 다른 프레임이 혼재한다는 것, 理와 氣 등은 프레임에 따라 서로 다른 의미를 지닌다는 것, 퇴계와 율곡은 각각 서로 다른 프레임에 근거하여 자신의 학설을 정립했다는 것, 그런데 그동안 대부분의 학자들이 이 점을 도외시하고 논의를 진행하였기 때문에, '退·栗의 지양' 이라는 측면에서는 별다른 생산적 결과를 얻지 못했다는 것, 朱子說을 정합적으로 해석하기 위해 또는 退溪說과 栗谷說을 지양시키기 위해서는 전통 성리학의 몇몇 명제들을 수정해야 한다는 것 등이 '첫 번째 수수께끼' 에 관한 이승환의 핵심 논지였다. 논자는 이러한 핵심 논지에 대해 기본적으로 동의한다. 특히 이승환이 퇴계설과 율곡설의 지양을 위해 구상한 '제3의 프레임'은 같은 맥락에서 논자가 이미 제시한 바 있는 프레임과 놀라울 정도로 일치하는 것임을 확인할 수 있었다.

본고에서는 논자와 이승환 사이의 이러한 인식의 공유를 바탕으로, 몇 가지 지엽적인 논점들에 대해 異見을 제시해 보았다. 본고에서 검토한 여러 지엽적인 논점들은 매우 사소한 논점들일 수 있다. 그러나 그 가운데 '본성'을 '성향'으로 해석하는 문제와 '욕구 성향'을 '본성'에 포함시키는 문제는 좀 더 신중하게 판단해야 할 것이다. 단순히 '生之謂性'이라는 입장을 취한다면 본성을 성향과 등치시킬 수 있겠지만, '性理學'이라는 이론체계를 전제로 한다면 본성을 성향으로 풀이할 수 없다는 것이 논자의 생각이다. 본성을 성향으로 해석하면 '性卽理'를 고수하기 어려운데, 性卽理를 부정하면 性理學이라 말하기 어려울 것이다. 더군다나 욕구성향을 본성에 포함시키면 '性善說'을 견지하기 어려운데, 性善說을 부정하면 儒學이라 말하기 어려울 것이다. 이러한 맥락에서, 이런 지엽적 논점들이 결국엔 성리학의 '재구성이냐, 해체냐'라는 갈림길을 이루는 것이다.

사실, 인간의 감정에는 육체적 본능(食色)을 추구하는 人心과 도덕적 본성(仁義禮智)을 추구하는 道心이 모두 있음을 부정할 수 없는 한, 기존의 '性發爲情'과 '性卽理'라는 두 명제 가운데 하나는 수정되어야 한다. 이에 대해, 이승환은 '性發爲情'을 고수하고, 대신 '性卽理'를 불완전한 반쪽 명제로 규정하여, 본성에는 理도 있고 氣도 있다는 '성향이원론'을 주장했다. 그러나 茶山의 性嗜好說이 그러했듯이, 이승환의 성향이원론은 자칫 성리학의 해체로 비화될 수 있다. 그리하여 논자는 '性卽理'를 고수하고, 대신 '性發爲情'을 불완전한 반쪽 명제로 규정하였다. 요컨대 논자는 본성과 본능을 구별하여, 감정에는 본성이 발한 것도 있고, 본능이 발한 것도 있다는 관점을 취한 것이다. 논자가 이러한 관점을 취하는 까닭은 '성리학의 해체'가 아니라 '성리학의 재구성'을 원하기 때문이다.[31)]

이승환의 지적처럼 退·栗 시대 이후로 지금까지 우리 학계에서는 주자학 내부에 있어서의 프레임의 다양성, 그리고 퇴·율 사이의 프레임의 차이 문제에 대해 거의 관심을 기울이지 않았던 것이요, 그러므로 여러 성리 논쟁이 그렇게 오래도록 지속되었어도 별다른 생산적인 결론 없이 소모적인 논쟁으로 그치고 말았던 것이다. 참으로 우리나라 성리학계의 과거와 현재가 이처럼 구태의연했었다. 이제 우리 학계는 이승환의 『횡설과 수설』을 그동안의 舊殼을 탈피할 수 있는 계기로 삼아야 할 것이다.

31) 이승환의 '성향이원론'은 욕구 성향과 도덕 성향에 '대등한 위상'을 부여하는 것인바, 그렇다면 우리는 '욕구 성향을 억제하고 도덕 성향을 발휘해야 한다'는 당위성을 어떻게 확보할 것인가? 논자는 성향이원론이 이러한 難點을 초래한다고 보기 때문에, '도덕 성향'과 '욕구 성향'이라는 용어 대신 '도덕적 본성'과 '육체적 본능'이라는 용어를 사용하자고 제안한 것이다. 이는 양자를 전혀 차원이 다른 것으로 구별하는 것인바, 이처럼 '도덕적 본성'에 대해서만 '本性'의 지위를 부여하면 性卽理와 性善說을 그대로 견지할 수 있고, '육체적 본능을 절제해야 한다'는 당위성도 쉽게 확보할 수 있다.

제3장

현대 과학에 비추어 본 性理學

性理學은 중국 고대의 세계관과 인간관을 집대성한 形而上學으로서, 오늘날 눈부시게 발달한 과학적 세계관·인간관과는 양립할 수 없을 것처럼 생각하기 쉽다. 그러나 양자를 차근차근 들여다보면, 일반적 예상과는 달리 양자는 놀라울 정도로 軌를 같이하는 점들이 많다. 이에 본고에서는 성리학적 세계관과 인간관을 현대 과학에 비추어봄으로써, 한편으로는 성리학적 세계관과 인간관의 타당성을 가늠해 보고, 또 한편으로는 현대 과학이 성리학적 논의에 시사하는 바를 도출해 보고자 한다.

우선 염두에 두어야 할 것은 성리학적 세계관은 결코 전근대적인 '신학적 세계관(우주관)'이 아니라는 점이다. 전근대의 신학적 세계관에서는 "초월적 존재(神, 上帝)가 이 세계(우주)를 주재한다"고 보고, 우주의 존재와 자연의 다양한 현상을 '神의 攝理' 또는 '神의 意志'의 표출로 이해한다. 전통 유교도 처음에는 이러한 세계관을 지니고 있었으며, 漢代의 유학자 董仲舒는 이러한 세계관을 집대성하여 天人感應說을 제창한 바 있었다. 그러나 宋代의 性理學에서는 이러한 신학적 세계관을 배격하고, 오로지 '理'에 입각하여 우주와 인간을 해명하고자 했다.[1] 이처럼 우주와 인간을 '원리적으로' 해명하고자 함으로써, 성리학은 현대 과학과 공존할 수 있는, 또는 일정 부분 궤를 같이하는 성과를 거두게 된 것이다.

1. 현대 물리학과 性理學

현대 물리학에 의하면 현재의 우주는 약 137억 년 전에 빅뱅(Big Bang)에 의해 탄생했다. 빅뱅 직후 양성자 · 중성자 · 전자 등의 소립자들이 다양한 방식으로 결합하여 여러 원자를 이루었고, 여러 원자들이 다양한 방식으로 결합하여 여러 종류의 물질을 이루었으며, 약 2억 년이 지난 다음에는 그 물질들이 덩어리를 이루어 최초의 恒星이 탄생했다. 약 10억 년이 지난 다음에는 行星과 원시은하가 탄생했고, 이후로 우주에서는 수많은 별과 은하들이 명멸하면서 하늘을 수놓은 것이다.[2] 태양계는 약 46억 년 전에 형성되었으며, 이때 우리가 살고 있는 지구도 함께 만들어졌을 것으로 추정된다.

그렇다면 전통 성리학에서는 우주의 탄생을 어떻게 설명하는가? 고대 중국에서는 "맑고 가벼운 것은 올라가 하늘이 되고, 흐리고 무거운 것은 내려와 땅이 되었다."[3]고 설명했었는데, 성리학의 우주관도 이러

---

1) 김상준, 「주희 理氣論 · 우주론의 현대성」, 51~53쪽 참조, 論者나 김상준의 견해와 달리, 김형효는 주자와 퇴계의 세계관을 '(자연)신학적 세계관'으로 해석한 바 있다(김형효, 『철학적 사유와 진리에 대하여』 1, 107~134쪽 참조).

2) 호킹, 『시간의 역사』, 148~149쪽 ; 박문호, 『뇌, 생각의 출현』, 31~33쪽 참조.

3) 『列子』 〈天瑞〉 : 淸輕者上爲天 濁重者下爲地

한 생각을 바탕으로 한다. 먼저 張橫渠의 우주론을 살펴보자.

장횡거는 무형의 우주공간을 '太虛'라고 규정했다. 太虛에는 氣가 가득 차있다. 太虛에 가득 찬 氣는 격렬하게 움직이고 오르내리며 잠시도 정지하지 않는다. 떠오르는 것은 맑은 陽氣이고, 가라앉는 것은 흐린 陰氣이다. 氣가 모이고 흩어짐에 따라 우주와 만물이 생겨나고 소멸한다. 장횡거는 다음과 같이 말한다.

> 땅은 순수한 陰氣가 안에서 엉겨 모인 것이요, 하늘은 떠 있는 陽氣가 밖에서 도는 것이니, 이것이 하늘과 땅의 일정한 형체이다. 恒星은 서로 위치를 바꾸지 않고 하늘에 매여서 떠오른 陽氣와 함께 끊임없이 운행하고 선회한다. 해와 달 그리고 五星은 하늘에 逆行하고 땅을 다 같이 둘러싼다. 땅은 氣 속에서 하늘을 따라 왼쪽으로 돈다. 땅에 매여진 해와 달 그리고 五星은 땅을 따라 왼쪽으로 돌지만, 약간 느리기 때문에 오히려 오른쪽으로 가는 것처럼 보이는 것이다. 해와 달 그리고 五星의 속도에 느리고 빠름이 있는 것은 각각의 성질이 서로 다르기 때문이다.[4)]

장횡거는 땅을 순수한 陰氣가 중심에 응집한 것으로, 하늘에 떠오른 陽氣가 땅의 바깥쪽을 운행하고 선회하는 것으로 보았다. 하늘은 氣의 끊임없는 회전일 뿐이며, 따라서 하늘은 고정된 물체가 아니다. 이러한 하늘과 땅 사이에서 氣의 聚散 운동에 따라 만물이 생성하고 소멸한다는 것이다.

朱子는 氣의 運動說과 日月左旋說 등 여러모로 장횡거의 우주론을 계

---

4) 『正蒙』〈參兩〉: 地純陰凝聚於中 天浮陽運旋於外 此天地之常體也 恒星不動 純繫乎天與浮陽運旋而不窮者也 日月五星 逆天而行 並包乎地者也 地在氣中 雖順天左旋 其所繫辰象隨之 稍遲則反移徙而右爾 間有緩速不齊者 七政之性殊也

승했다. 그러나 장횡거의 '氣의 聚散說' 은 반대하고, 대신 程伊川의 '氣의 生生不息論' 을 수용했다. 朱子는 다음과 같이 말한다.

하늘과 땅은 처음에는 단순한 陰陽의 氣에 지나지 않았다. 이 하나의 氣가 운행하고 회전을 반복했다. 회전이 빨라지게 되자 많은 찌꺼기를 내놓게 되었는데, 안쪽으로는 나올 수가 없어서 굳어져서 중앙에 땅이 생겨났다. 맑은 氣가 하늘이 되고, 해와 달이 되고, 또 별이 되어 오로지 바깥쪽을 언제까지나 빙빙 도는 운동을 하고 있다. 땅은 그대로 중앙에 있으면서 움직이지 않는다. 아래에 있는 것이 아니다.[5)]

하늘의 운행은 쉼 없이 밤낮으로 계속 회전하니, 그러므로 땅은 중앙에 위치하게 된다. 만약 하늘이 잠시라도 멈춘다면 땅은 반드시 떨어지게 될 것이다. 하늘의 회전이 매우 빠르기 때문에 많은 찌꺼기가 중앙에 모여 굳어지게 된다. 땅은 氣의 찌꺼기이다. 그러므로 "맑고 가벼운 것은 하늘이 되고, 무겁고 흐린 것은 땅이 된다" 고 하는 것이다.[6)]

(떠도는 氣가 어지럽게 움직이면서 결합하여 온갖 사물을 낳는 것은) 내가 늘 말하듯이 마치 밀가루를 가는 맷돌과 같다. 밀가루는 그 주위에 계속해서 나오게 된다. 마치 하늘과 땅의 氣가 쉬지 않고 회전하여 계속해서 사람과 사물을 만들어내는 것과 같다. 그 속에는 거친 것도 있고 고운 것도 있다. 그래서 사람이나 사물에는 편벽된 것도 있고 바른 것도 있으며, 또 거친

5) 『朱子語類』 卷1(6쪽) : 天地初間只是陰陽之氣 這一箇氣運行 磨來磨去 磨得急了 便拶許多渣滓 裏面無處出 便結成箇地在中央 氣之清者便爲天 爲日月 爲星辰 只在外 常周環運轉 地便只在中央不動 不是在下

6) 『朱子語類』 卷1(6쪽) : 天運不息 晝夜輾轉 故地推在中間 使天有一息之停 則地須陷下 惟天運轉之急 故凝結得許多渣滓在中間 地者 氣之渣滓也 所以道輕清者爲天 重濁者爲地

것도 있고 고운 것도 있는 것이다.[7]

위의 세 인용문으로 보면, 주자는 우주가 출현하게 되는 최초의 사건으로 '빅뱅'을 말하지 않았을 뿐, 이후의 과정에 대해서는 현대 우주론과 기본적으로 맥락을 같이하는 설명체계를 정립한 것이다.[8]

현대 물리학과 성리학적 세계관의 유사성으로 가장 주목할 만한 것은 '陰靜陽動'의 사상, 즉 이 세계의 구조를 '陰·陽의 대칭'으로 설명하고, '陰·陽은 끊임없이 動·靜을 반복한다'고 설명하는 내용이다. 현대 물리학의 중요한 성과 가운데 하나는 "우주가 운영되는 법칙의 저변에는 대칭성이 깔려있다"는 점을 발견한 것이라 한다.[9] 우주는 구조적으로 대칭을 이루고 있을 뿐만 아니라, 운동의 측면에서 보아도 "대칭이 깨져서 물질과 에너지의 흐름이 생겨 分化로 나아가는 양상"과 "일어남이 없는 본래의 대칭으로 돌아가는 양상" 즉 "우주의 대칭이 깨어지고 시간의 흐름에 따라 네 가지 힘이 분화되고 원자가 형성되면서 생명이 출현하는 방향"과 "정반대로 우주가 분화되기 이전의 상태, 즉 빅뱅의 초기로 돌아가서 대칭이 회복되는 본원적 흐름"이 함께 존재한다는 것이다.[10] 그런데 이는 곧 전통 성리학의 陰靜陽動論과 궤를 같이

---

7) 『朱子語類』 卷98(2507쪽) : 某常言 正如麪磨相似 其四邊只管層層撒出 正如天地之氣 運轉無已 只管層層生出人物 其中有粗有細 故人物有偏有正 有精有粗

8) 야마다 케이지(山田慶兒)는 "氣의 입장에서 처음으로 우주의 生成과 構造에 관한 구체적인 모습을 내놓은 사람은 張橫渠였지만, 그에게 있어서는 어째서 땅이 氣 속에 존재할 수 있는가 하는 문제의식은 존재하지 않았다. 그것을 해석하는 일은 朱子에게 넘겨졌다. 朱子는 땅을 생성시킨 氣의 회전 그 자체에서 땅이 氣 속에 존재할 수 있는 근거를 찾는다. 그렇게 함으로써 生成論과 構造論은 처음으로 빈틈없이 연결되어 통일적인 像으로 나타날 수 있었던 것이다."라고 설명한 바 있다(야마다 케이지, 『朱子의 自然學』, 174쪽).

9) 박문호, 『뇌, 생각의 출현』, 427쪽.

10) 박문호, 『뇌, 생각의 출현』, 47~48쪽. '우주는 구조적으로 대칭을 이룬다'는 것을

한다. 周濂溪의 〈太極圖說〉을 보자.

無極이면서 太極이다. 太極이 動하여 陽을 낳는데 動이 극에 이르면 靜하고, 靜하여 陰을 낳는데 靜이 극에 이르면 다시 動한다. 한 번 動하고 한 번 靜하는 것이 서로 그 뿌리가 되어 陰과 陽으로 나누어져서 兩儀가 성립된다. 陽이 변하고 陰이 합하여 水·火·木·金·土를 낳아서, 五氣가 순차적으로 베풀어져 네 계절이 운행된다. 五行이란 바로 하나의 陰陽이요, 陰陽이란 바로 하나의 太極이며, 太極은 본래 無極이다. 五行이 생겨남에 각각 그 性을 하나씩 지닌다. 無極의 眞과 陰陽五行의 精氣가 미묘하게 응결하여, 乾道는 男을 이루고 坤道는 女를 이룬다. 二氣가 교감하여 萬物을 化生하니, 萬物이 나고 또 나서 변화가 무궁하다.

이처럼 陰靜陽動으로 우주와 만물의 생성과 변화를 설명하는 것은 현대 물리학의 설명 체계와 놀라울 정도로 부합하는 것이다. 한편, 우리에게 잘 알려진 '신과학 운동'의 旗手 카프라(Fritjof Capra)에 의하면, 현대 물리학은 '기계론적 세계관의 한계'를 분명히 밝혀주고, 우리를 다시 '유기체적 세계관'으로 유도한다. 東·西를 막론하고 전근대의 세계관은 일반적으로 有機體論에 입각한 것이었다. 그런데 여러 부류의 유기체적 세계관 가운데, 카프라가 특히 주목한 것은 유교의 陰陽思想이다. 음양사상이야말로 현대 과학이 제시하는 세계관과 가장 훌륭하게 부합한다는 것이 그 까닭이다.[11] 카프라는 다음과 같이 말한다.

易學에서는 陰陽對待論 또는 '交易'이라 하고, '우주의 운동에는 대칭이 깨지는 방향과 본래의 대칭으로 돌아가는 방향이 함께 존재한다'는 것을 易學에서는 陰陽循環論 또는 '變易'이라 하는 것이다. 다시 말하거니와, 性理學에서 말하는 '理'는 '對待와 循環의 원리'를 지칭하는 것이었다.

> 陰陽이란 용어는 넓은 생태적 견해를 가지고 문화의 불균형을 분석하는 데에는 특히 유용한 용어이다. 생태적 견해는 일반 시스템 이론의 뜻에서 시스템관의 견해라고 부를 수도 있다. 시스템 이론(systems theory)이란 세계를 모든 현상의 상호 연관성과 상호 의존성에 의해 파악하는 것이며, 이 기본 구조에서는 그 특성이 그것을 형성하고 있는 부분으로 환원될 수 없는 통합된 전체를 시스템이라고 부른다. 살아있는 조직체, 사회 및 생태계는 모두 시스템이다. 고대 중국의 음양사상이 서구 과학이 최근에야 연구하게 된 자연 시스템의 본질적 성질과 관련이 있다는 것을 알게 되는 것은 매혹적인 일이다.[12)]

위에서 알 수 있듯이, 카프라가 현대 문명의 성격을 진단하고 미래 문명의 방향을 모색하고자 하면서 음양사상을 주목하는 까닭은 우리의 문명이나 문화 속에 내재하는 가치관이나 태도 등에 있어서의 온갖 대립적 요소들을 상보적 관계로 파악하기 위함이었다. 그렇다면 전통 성리학의 세계관은 현대 물리학의 성과와 훌륭하게 부합할 뿐만 아니라 또한 미래 문명의 방향과도 부합하는 것으로 볼 수 있겠다.

---

11) 카프라는 "新儒學派들은 현대물리학에서 量子場의 개념에 가장 놀랄만한 유사성을 갖고 있는 氣의 개념을 발전시켰다."고 보았거니와(『現代物理學과 東洋思想』, 252쪽), 宋代 新儒學의 '氣' 개념이란 달리 말하면 '陰陽思想' 이었다. 카프라는 또한 朱子學의 '理'를 '有機體의 원리' 로서 '自體 調和가 모든 自然法則의 본질' 이라는 뜻이라고 해석하고, 이는 현대물리학의 기본입장에 대한 '완벽한 설명' 으로 받아들일 수 있다고 보았다(『現代物理學과 東洋思想』, 341쪽).

12) 카프라, 『새로운 과학과 문명의 전환』, 42쪽.

2. 진화론과 性理學

다윈(Charles R. Darwin, 1809~1882)의 進化論은 서양의 전통적 인간관을 뒤집는 것이어서, 사상사적으로 형언하기 어려울 만큼 충격을 준 것이었다. 서구의 전통에서 '인간의 존엄성'은 '인간은 이성적 존재'라는 '합리성 테제(rationality thesis)'와 '인간은 神의 형상을 지니고 태어났다'는 '神의 형상 테제(image of God thesis)'로 설명되어 왔다.

'神의 형상 테제'는 기독교에서 유래하는 관념으로서, 인간은 특별히 '神의 형상'에 따라 창조되었으므로, 다른 피조물들과는 달리 특별히 존엄하다는 주장을 말한다. 기독교의 가르침에 의하면, 인간은 하나님의 형상대로 창조된 존재로서, 하나님은 인간에게 특별히 福을 주셨고, 하나님의 뜻을 대행하여 만물을 다스리게 했다.[13] '神의 형상 테제'에 따르면, 인간은 특별하며, 다른 피조물들과는 달리 인간은 神의 사랑과 관심의 대상이다. 神의 형상을 따라 만들어지지 않은 다른 피조물들은 인간이 사용하기 위해 제공되었다. 이러한 주장을 통해 인간은 神을 제외하고는 전 우주적 드라마의 주인공이 된다. 요컨대 '神의 형상 테제'는 인간을 神에 준하는 목적적 존재로 격상시키고, 그 밖의 모든 피조물들을 인간의 삶을 위한 수단적 존재로 격하시킨 것이다. 그 결과 인간들 사이에는 상호존중의 의무가 부여된 반면, 인간과 다른 피조물들 사이에는 '인간은 다른 피조물들을 마음껏 활용할 권리가 있다'고 인식하게 되었다.[14]

'합리성 테제'는 그리스적 전통에서 유래하는 관념으로서, 인간은 특별히 理性을 지니고 있으므로, 다른 동물들과는 달리 특별히 존엄하

13) 『聖經』〈創世記〉 제1장 제26절~제28절 참조.

14) 레이첼즈, 『동물에서 유래된 인간』, 169쪽.

다는 주장을 말한다. '합리성 테제' 는 인간의 영혼을 '理性, 氣槪(격정), 欲求' 의 세 부분으로 설명하는 플라톤의 '영혼삼분설' 에서 기원한다. 플라톤에 의하면, 이성은 '사람 속의 사람' 에 해당하고, 기개는 '사람 속의 獅子' 에 해당하며, 욕구는 '사람 속의 짐승' 에 해당한다.[15] 이처럼 '사람' 이라는 탈(형체) 속에는 '사람' 의 요소도 있고, '사자' 의 요소도 있으며, '짐승' 의 요소도 있다는 것이다. 이러한 비유는 사람을 사람답게 만드는 요소는 이성이며, 짐승에게는 이성이 없다는 뜻을 함축한다. '합리성 테제' 역시 인간만을 목적적 존재로 규정하고 다른 동물들을 수단적 존재로 격하시키는 역할을 해 왔다. 요컨대 '합리성 테제' 는 인간을 이성적 동물로 규정하고, '이성을 지닌 인간' 을 존엄한 존재로 부각시키면서, '이성이 결여된 동물들' 에 대해서는 수단적 지위로 격하시키는 것이다.[16]

그런데 다윈에 의해 進化論이 정립되면서, 위와 같은 주장들은 더 이상 받아들여지기 어렵게 되었다. 다윈의 진화론은 바로 '神의 형상 테제' 와 '합리성 테제' 를 무너뜨리는 것이었다. 진화론에 의하면, 인간을 포함하여 모든 생명체는 공동의 조상으로부터 진화된 것이다. 그렇다면 인간과 다른 동물은 유사한 점이 많을 것인바, 따라서 '인간만이 神의 형상을 지닌다' 거나 '인간만이 理性을 지닌다' 고 고집하기 어려운 것이다.

다윈에 의하면 침팬지나 고릴라 원숭이 등 여러 영장류들은 인간과 '전체적인 생김새' 뿐만 아니라 '신체 각 부분의 구조와 기능' 까지도 매우 유사하다. 따라서 '인간만이 神의 형상을 지닌다' 는 주장은 수긍하기 어려운 것이다. 또한 다윈에 의하면 인간만이 합리성을 갖춘 것이

15) 플라톤, 『국가』, 588c~d.
16) 레이첼즈, 『동물에서 유래된 인간』, 171쪽.

아니요, 지렁이처럼 저급한 동물마저도 낮은 수준이나마 합리적 능력을 갖추고 있다. 뿐만 아니라 다른 동물들도 서로 의사를 소통할 수 있는 신호 체계를 갖추고 있으며, 더군다나 타자를 배려하는 도덕적 능력까지 지니고 있다.[17] 동물들의 '정신 능력' 또는 '합리적 능력' 은 種에 따라 다양한 편차를 지니지만, 대부분의 동물들이 이러한 능력들을 지니고 있음만은 분명하다. 또한 하등 동물과 인간의 '합리성 능력' 의 격차는 형언할 수 없이 크지만, 고등 동물과 인간의 격차는 그렇게 크지 않다. 요컨대 인간은 다른 동물들과 함께 진화한 것인바, 그렇다면 인간과 다른 동물 사이의 '본질적 차별성' 을 설정하기 어려운 것이다.[18]

전통 유교에서도 '인간은 만물의 靈長' 이라는 생각을 바탕으로 '인간의 존엄성' 을 설파하였다. 그런데 유교에서는 인간을 '만물의 영장' 으로 규정하면서도, 인간의 지위를 만물과는 본질을 달리하는 '獨尊的인 것' 으로 규정하지 않았다. 이처럼 만물과의 연장선상에서 인간의 위상을 논하는 태도는 宋代의 性理學에서 더욱 분명하게 드러난다. 성리학에서는 '인간과 만물의 同·異' 를 설명하는 데 많은 관심을 기울였다.

첫째, '인간과 동물의 공통점' 을 설명하는 방식이다. 인간과 동물은 '理와 氣의 결합' 이라는 동일한 원리에 따라 태어났다. '理와 氣의 결합' 으로 '인간과 동물의 化生' 을 설명하는 것은 성리학의 기본 논리이다. 둘째, '인간과 동물의 차이점' 을 설명하는 방식이다. 인간과 동물의 차이는 氣(陰陽五行)의 배합 비율의 차이(偏·正)와 그 氣의 질적 차이(通·塞)에서 비롯되거니와, 인간은 음양오행의 빼어난 것을 골고루 얻

17) 다윈, 『인간의 유래와 성선택』, 64~85쪽 참조.

18) 오늘날의 靈長類 학자 드 발(Frans De Waal) 역시 哺乳類와 靈長類가 인간처럼 사고능력과 도덕능력을 지니고 있다는 점을 역설한 바 있다(드 발, 『착한 인류』, 217~219쪽, 328~331쪽 참조).

어 '바르고 통한 존재'가 되었고 다른 동물들은 음양오행의 빼어난 것을 골고루 얻지 못해 '치우치고 막힌 존재'가 되었다. 그러므로 동물은 五常(仁義禮智信)의 일부만 발휘할 수 있음에 반하여, 사람은 五常의 전부를 골고루 발휘할 수 있다는 것이다.

이상의 내용을 정리해 보자. 전통 유학, 특히 성리학에서는 '인간과 동물의 공통점'과 '인간의 존엄성'을 동시에 주목했다. 인간과 동물은 모두 '理와 氣의 결합'으로 탄생했다는 점에서 본질적으로 차이가 없으나, 인간은 바르고 통한 氣를 얻은 반면 다른 동물들은 치우치고 막힌 氣를 받아서 인간과 동물의 격차가 발생했다는 것이다. 그 결과 인간은 五倫 또는 五常을 전부 발휘할 수 있는 '존엄한 존재'가 되었고, 다른 동물들은 五倫 또는 五常의 일부만 발휘할 수 있는 '비천한 존재'가 되었다. 요컨대 성리학에서는 '인간의 존엄성'을 강조하면서도, 인간의 존엄성을 排他的(獨尊的)으로 설명하지 않는다. 다른 동물들도 인간과 마찬가지로 '본능적 욕망'과 '본능적 지각능력'을 지니며, 더 나아가 '도덕성' 또는 '도덕 능력'까지 지닌다는 것이다. 다만 다른 동물들은 지각능력이나 도덕능력을 부분적으로 불완전하게 발휘하나, 인간은 전체적으로 비교적 완전하게 발휘한다는 것이다. 이는 기본적으로 인간과 동물의 '본질적 연속성'을 전제로 인간과 동물의 '정도의 차이'를 해명하는 것이다. 性理學은 형이상학에 속하고, 進化論은 과학에 속한다. 그런데 놀랍게도 인간과 동물의 同·異에 대한 성리학의 설명은 진화론의 소견과 별로 어긋나지 않는다. 이처럼 性理學과 進化論은 서로 접근법이 달랐어도 '인간과 동물은 연속선상에 위치한다'는 인식을 공유했기 때문에, '인간과 만물을 일체로 여기고, 모든 동물의 생명을 애호하라'는 결론을 공유했던 것이다.

3. 뇌과학과 性理學

성리학에서는 우리의 지각과 반응을 주관하는 器官을 '마음'으로 설명했다. 그러나 오늘날 뇌과학에서는 우리의 지각과 반응을 모두 '두뇌'의 작용으로 설명한다. 그리고 또 뇌과학에서는 사고와 운동을 같은 맥락에서 이해한다. "思考가 바로 運動"이라는 것이다. 이를 구체적으로 살펴보자.

어느 정도 이상으로 진화한 동물의 세포는 감각만을 전담하는 '감각세포', 감각세포에서 자극을 전달받아 전문적으로 움직임을 만드는 '운동세포', 그리고 감각세포와 운동세포 사이를 연결해주는 '신경세포'로 분화된다. 그리고 감각세포와 운동세포 사이의 세포들, 즉 신경세포들이 하나로 모이는 과정에서 척추동물이 출현하게 된다. 척추(脊椎)는 등뼈이고, 척추 안에 있는 척수(脊髓)는 신경세포이다. 척수의 끝에는 이른바 고등동물의 대뇌(大腦)가 있다. 요컨대 감각세포와 운동세포를 연결해주는 신경세포들의 조절 작용이 통합되어서 척수신경이 발달하고, 그것이 위로 모여 올라간 것이 '대뇌', 즉 '중추신경 시스템'이다.[19]

신경시스템이 하는 일은 시각, 청각, 체감각의 다양한 입력을 받아들여 외부 환경 입력에 맞는 운동출력을 내보내는 것이다. 요컨대 신경이나 뇌가 하는 역할을 한마디로 요약하면 '움직임을 만드는 것'이다. 움직임이야말로 동물에만 존재하는 기능인 '생각'을 만든 것이다. 사고 즉 생각은 신경세포와 신경세포 사이의 만남에서 일어나는데, 그 만나는 지점을 '시냅스(synapse)'라고 한다. 이 시냅스 작용의 총화가 우리

---

19) 박문호, 『뇌, 생각의 출현』, 60~62쪽.

뇌의 작용이다. 즉 시냅스 연접 부위에서 신경전달물질이 분출되고 그 것이 흡수되는 과정, 그 과정들이 모여서 만들어내는 것이 우리의 의식, 우리의 기억, 우리의 사고 작용이다.[20)]

요컨대 척수를 통해 감각자극이 뇌로 들어가면, 감각이 처리되면서, 운동을 계획하게 된다. 그래서 감각 입력에 대한 반응으로 운동 출력이 나오는 것이다. 결국 대뇌피질은 척수를 통해 유입되는 감각-운동 신호를 처리하는 연합신경세포들의 거대한 연결망이다. 여기서 핵심은 감각-운동 이미지이다. 예를 들어, 등이 간지럽다고 하자. 그것 하나하나는 확실한 감각-운동 이미지이다. 등의 어느 한 부위에 자극이 왔을 때 우리는 끊임없이 움직인다. 가려운 부분을 긁는, 피할 수 없는 '감각-운동 이미지'가 결국 '마음'이고, 순간적인 '의식'의 출현이라는 것이다.[21)] 의식의 일반적 속성을 정리하면 다음과 같다.

① 의식의 상태는 일원적이고 통합적이며 뇌에 의해 구성된다.
② 의식의 상태는 다양한 감각 양식의 결합을 반영한다.
③ 의식의 상태는 광범위한 내용의 지향성을 보여준다.[22)]

이상에서 오늘날 뇌과학에서 밝혀진 주요 내용을 일부 정리해 보았다. 이제 이상의 내용을 전통 성리학의 논의와 접맥시켜 보자. 먼저 확

20) 박문호, 『뇌, 생각의 출현』, 65~67쪽. 보다 구체적으로 말하면, 자극을 받으면 신경세포가 전압 펄스를 만들고, 그 전압 펄스는 연접하고 있는 신경세포를 자극해서 전압을 플러스 쪽으로 올린다. 임계치를 넘어가면 이 신경세포가 흥분하게 된다. 그러면 이 신경세포가 다시 전압 펄스를 만들고 또 다른 신경세포를 흥분시킨다. 우리가 말하는 사고, 기억, 생각 등은 이러한 신경세포와 신경세포가 만나는 '시냅스의 3차원 연결 형태'라는 것이다(『뇌, 생각의 출현』, 95~96쪽).

21) 박문호, 『뇌, 생각의 출현』, 336~337쪽.

22) 박문호, 『뇌, 생각의 출현』, 346쪽.

인해 둘 것은, 오늘날 뇌과학에서 '두뇌'의 기능을 "시각, 청각, 체감각의 다양한 입력을 받아들여 외부 환경 입력에 맞는 운동출력을 내보내는 것" 즉 '감각-운동'으로 설명하는 것은 전통 성리학에서 '마음'의 기능을 '지각과 반응'으로 설명한 것과 상응한다는 점이다. 또한 오늘날 뇌과학에 의하면 '마음이 각성된 상태가 의식'이라고도 하고, '의식은 마음에 생명을 부여한다'고도 하거니와,[23] 그렇다면 두뇌·마음·의식은 사실 궤를 같이하는 것이다. 이 점을 염두에 두고 '의식의 일반적 속성'을 다시 음미해 보자.

첫째, "의식의 상태는 일원적이고 통합적이며 뇌에 의해 구성된다"는 것은 전통 성리학의 용어로 말하면 '지각과 반응의 주체인 마음은 일원적이고 통합적이다', 즉 '能發者는 하나일 뿐'이라는 것이다. 게다가 그 의식은 "신경전달물질이 분출되고 그것이 흡수되는 과정, 그 과정들이 모여서 만들어내는 것"이라 한다면, 能發者는 理가 아니라 氣인 것이다.

둘째, "의식의 상태는 다양한 감각 양식의 결합을 반영한다"는 것은 요컨대 의식에는 두 가지 신경 시스템이 모두 반영된다는 것이다. 하나는 뇌간(腦幹)-변연계(邊緣系)로서 배고픔, 성적인 것, 갈증 등에 관한 가치-범주 기억을 만들며, 다른 하나는 시상(視床)-피질계(皮質系)로서 시각, 청각, 주로 체감각 등을 통해 외부의 신속하게 변화하는 세계상을 지각하고 반응하는데, 인간의 의식에는 이 두 가지가 모두 반영된다는 것이다.[24] 이는 朱子의 용어로 말하면 마음이 지각한 내용에는 "形氣의 사사로움에서 생긴 人心도 있고, 性命의 공정함에서 생긴 道心도 있다"는 것과 궤를 같이한다. 退溪는 이러한 내용을 '理發과 氣發'로

23) 박문호, 『뇌, 생각의 출현』, 343쪽.

24) 박문호, 『뇌, 생각의 출현』, 353~354쪽 참조.

설명했다.

셋째, "의식의 상태는 광범위한 내용의 지향성을 보여준다."는 것은 '우리의 의식은 다양한 지향성을 지닌다'는 말이다. 栗谷의 "口體를 위해 발한 것은 人心이며, 道義를 위해 발한 것은 道心이다"라는 말은 이와 궤를 같이한다.

이상의 내용을 성리학적 용어로 요약하면, '能發者는 心氣(마음) 하나일 뿐이나, 所發者는 形氣와 性命 둘이다'라는 내용이 된다. 論者는 이러한 맥락에서 퇴계설과 율곡설을 절충한 이론으로서 氣發互乘兩途論 또는 一能二所說을 제안한 것이다.

오늘날의 뇌과학에서 또 하나 흥미로운 점은 뇌의 각 부위마다 서로 담당하는 기능이 다르다고 본다는 점이다. 세이건(Carl Edward Sagan)은 이를 진화론의 맥락에서 다음과 같이 설명한 바 있다.

> 현재 뇌의 구조에서 우리는 진화의 단계들을 미루어 알아볼 수 있다. 뇌는 내부에서 외부로 진화했다. 가장 깊숙한 곳에 뇌의 가장 오래된 부위인 뇌간(腦幹)이 자리한다. 뇌간은 반사 작용, 심장 박동, 내장 활동, 호흡 등 생명의 가장 기본적인 기능을 조절한다. 폴 맥린(Paul MacLean)이 지극히 도발적인 학설을 하나 제시한 적이 있다. 그는 뇌의 고차원적인 기능들이 크게 세 단계에 걸쳐 진화했다고 주장했다. 그것은 R-영역, 변연계, 대뇌피질의 세 단계이다.
>
> 뇌간의 상단부를 모자처럼 뒤엎고 있는 부위를 R-영역이라 부르는데, 이 R-영역이 인간의 공격적 행위, 정형화된 의식행위, 자기 세력권의 방어, 계층적 위계질서의 유지 등을 담당한다. 뇌의 이 부위는 수억 년 전 인간이 아직 파충류였던 시기에 발달했다. 우리 각자의 두개골 내부 깊숙한 곳에는 말하자면 악어의 두뇌가 아직 남아 있는 셈이다.

R-영역은 변연계(邊緣系)가 둘러싸고 있는데 바로 이 부위가 포유류 시기에 생긴 뇌이다. 이 변연계는 수천만 년 전 인간이 포유류이고 아직 영장류로 되기 이전 시기에 발달한 부위이다. 뇌의 이 부위가 인간의 기분, 감정, 걱정 등의 정서적 반응과 행동 그리고 자녀 보호의 본능을 지시하고 제어한다.

끝으로 뇌의 가장 바깥 부분인 대뇌피질을 살펴보자. 대뇌피질은 지금으로부터 수백만 년 전 인간이 영장류였던 시기에 생긴 부위로서, 자기 밑에 아직도 버티고 있는 원시 두뇌와 늘 편치 않은 휴전의 관계를 유지하며 지낸다. 대뇌피질에서 물질이 의식을 창출하므로 대뇌피질이야말로 인류가 꿈꾸는 모든 우주여행의 시발점이라고 할 수 있다. 두뇌 전체 질량의 3분의 2 이상을 차지하는 대뇌피질이 직관과 비판적 분석의 중추이다. 아이디어의 창출과 영감의 발현이 바로 여기 대뇌피질에서 이루어진다. 인간으로 하여금 의식적 삶을 가능케 하는 부위가 다름 아닌 대뇌피질인 것이다. 인류와 다른 種의 차별화가 대뇌 피질에서 비롯되며, 인간의 인간다움은 바로 이 대뇌피질 때문에 가능하다. 한마디로 문명은 대뇌 피질의 산물이다.[25)]

위의 인용문은 세이건이 맥린의 '뇌의 삼위일체설'에 입각해 뇌의 구조와 기능을 설명한 것인데, 이것도 전통 성리학과 관련하여 많은 점들을 시사한다.

첫째, 'R-영역, 변연계, 대뇌피질은 각각 서로 다른 기능을 담당한다'는 것은 육체적 본능의 영역과 도덕적 본성의 영역을 근원적으로 구분한 것인데, 이는 전통 성리학에서 '人心과 道心은 서로 所從來가 다르다'고 보았던 것과 맥락을 같이한다.

둘째, "인간이 영장류였던 시기에 생긴 대뇌피질은 자기 밑에 아직도

25) 세이건, 『코스모스』, 549~550쪽.

버티고 있는 원시 두뇌와 늘 편치 않은 휴전의 관계를 유지하며 지낸다"는 것은 전통 성리학의 용어로 말하면 '人心과 道心의 갈등'으로서, 퇴계는 이를 '理와 氣의 승부'로 표현한 것이다.

셋째, "대뇌피질이 직관과 비판적 분석의 중추인바, 인류와 다른 種의 차별화가 대뇌피질에서 비롯되며, 인간의 인간다움은 바로 이 대뇌피질 때문에 가능하다. 한마디로 문명은 대뇌피질의 산물이다."라는 것도 주목할 내용이다. 요컨대 인간의 도덕과 문명은 '직관과 비판적 분석'을 통해 성립하는데, 이는 대뇌피질이 관장하는 영역이라는 것이다.[26] 이는 전통 성리학의 용어로 말하면 '道心이 人心을 주재해야만 聖賢이나 君子가 될 수 있다'는 것이다.

이상의 내용을 성리학적 용어로 요약하면, 人心과 道心은 서로 所從來가 다르며, 서로 갈등하는 관계인데, 道心이 人心을 주재해야만 사람다운 사람이 될 수 있다는 것이다. 전통 성리학에서는 이를 위해 한편으로는 '存養省察'과 '敬'을 강조하고, 한편으로는 '氣質變化'와 '誠'을 역설한 것이다.

26) 예컨대 우물에 빠지는 어린아이를 보고 즉각 怵惕惻隱之心을 느끼는 것은 '직관'에 해당한다. 한편 도덕의 핵심을 아담 스미스는 '易地思之'로, 칸트는 '보편타당성'의 추구로, 『大學』에서는 '絜矩之道'로 설명했는데, 이는 '비판적 사유'의 결과라 하겠다. 그런데 이러한 작용들은 모두 대뇌 피질에서 이루어진다는 것이다.

〈附錄〉

韓國性理學史論 年表

* 1237년(고려 高宗 24년) : 南宋 출신의 학자 鄭臣保가 忠淸道 瑞山 看月島에 정착하여, 程明道 · 程伊川의 著述을 가지고 講學하다. 그러나 高麗는 이보다 한 세기 前 仁宗(在位 1122~1146) 시대에 이미 北宋의 性理學을 접했던 것으로 추정된다.

* 1290년(고려 忠烈王 16년) : 安珦이 燕京에서 朱子書를 도입하다. 이를 계기로 高麗 말기에 새로운 學風이 일게 되었다.

* 1390년 : 陽村 權近이 『入學圖說』을 저술하여, 儒學 특히 性理學의 개념들을 체계적으로 정리하여 소개하다. 『入學圖說』에서는 心을 '理와 氣의 妙合'으로 규정하고, '四端과 七情'을 '理와 氣'로 구분했는데, 이는 理氣互發論의 효시라 할 수 있다.

* 1398년(조선 太祖 7년) : 三峯 鄭道傳이 〈佛氏雜辨〉을 지어 불교를 포괄적으로 비판하고, 또한 〈心氣理篇〉을 지어 老 · 佛을 철학적으로 비판하다.

* 1511년 : 眞一齋 柳崇祖의 『性理淵源撮要』를 간행하다. 이 책에서도 心을 '理와 氣의 妙合'으로 규정하고, 元代의 유학자 林隱 程復心의 "理發은 四端이 되고, 氣發은 七情이 된다"는 주장을 소개했다.

* 1517년 : 晦齋 李彦迪이 〈書忘齋忘機堂無極太極說後〉를 지었는데, 이것이 忘機堂 曺漢輔와의 無極太極論辨으로 연결되다. 忘齋는 陸象山의 학설에, 忘機堂은 禪學과 道家에 심취했던 것으로 보이는데, 회재는 忘機堂과의 논변을 통해 성리학적 본체론과 수양론의 精髓를 밝힌 것이다.

* 1544년 : 花潭 徐敬德이 〈原理氣〉·〈理氣說〉·〈太虛說〉·〈鬼神死生論〉 등의 논설을 통해 一氣遍滿長存論과 機自爾說을 전개하다. 훗날 율곡은 機自爾說은 수용했으나, 一氣遍滿長存論은 비판했다.

* 1553년 : 退溪 李滉이 秋巒 鄭之雲의 〈天命圖〉를 改訂하다. 퇴계는 추만이 본래 "四端은 理에서 발하고(發於理), 七情은 氣에서 발한다(發於氣)"고 표기했던 것을 "四端은 理가 발한 것(理之發), 七情은 氣가 발한 것(氣之發)"이라고 수정했는데, 이것이 훗날 高峰 奇大升과의 논변의 도화선이 되었다.
퇴계는 또한 〈非理氣爲一物辯證〉을 지어(著述年代 未詳) '理·氣는 一物이 아니다'라고 규정하고, 羅整庵과 徐花潭의 性理說을 理氣一物論으로 규정하여 비판하였다.

* 1554년 : 退溪 李滉이 〈延平答問跋〉을 지어, 李延平이 '禪學의 風潮를 배격하고 平實한 儒學의 전통을 되살린 功'을 칭송하다. 이 무렵 퇴계는 또한 〈傳習錄論辯〉과 〈白沙詩教傳習錄抄傳因書其後〉를 지어(정확한 著述年代는 未詳), 陸象山·王陽明의 心卽理學을 禪學으로 규정하고 통렬하게 비판했다.

* 1559년 : 穌齋 盧守愼이 〈人心道心辨〉을 짓다. 소재는 明나라 유학자 整菴 羅欽順의 주장을 수용하여 人心道心體用論을 전개했으나, 많은 비판을 받았다.

* 1559년 : 退溪 李滉과 高峰 奇大升의 四端七情論辨이 시작되어, 1566년까지 약 7년간 계속되다. 이 논변에서, 퇴계는 心合理氣說에 입각하여 理氣互發論을 전개하고, 고봉은 理主氣資論에 입각하여 互發說에 반대하였다. 고봉이 결국에는 '四端과 七情'을 '理發과 氣發'로 구분하는 퇴계의 논법을 일정 부분 수용했지만, 이는 '四端과 七情은 서로 名義가 다르다'는 뜻이었을 뿐 결코 '四端

과 七情은 서로 所從來가 다르다' 는 뜻은 아니었다. 그러나 퇴계는 "(고봉이) 지난날의 잘못된 견해를 조그만 것까지도 모두 고치고 새로운 뜻을 따랐으니, 매우 훌륭하다." 고 칭찬하면서 논변을 매듭지었다.

* 1568년 : 退溪 李滉이 『聖學十圖』를 製進하다. 『聖學十圖』의 〈第六心統性情圖〉는 上圖 · 中圖 · 下圖 세 그림으로 되어있는데, 각각의 내용이 조금씩 달라서 훗날 다양한 논변의 근원이 되었다.

* 1570년 : 退溪 李滉이 〈答奇明彦別紙〉에서 "情意와 造作이 없음은 '理의 本然之體' 이고, 깃들인 곳에 따라 발현하여 이르지 않음이 없음은 '理의 至神之用' 이다. 이제까지 本體의 無爲만을 알고 妙用이 능히 顯行함을 알지 못하여, 거의 理를 死物로 誤認했으니, 그것은 또한 道에서 크게 어긋난 것이 아니겠는가?" 라고 하고, 〈答李公浩〉에서 "대개 情意가 없는 것은 本然의 體요, 能發 · 能生하는 것은 至妙의 用이다. (…) 理에는 저절로 用이 있으니, 그러므로 자연스럽게 陰陽을 낳는다." 고 하여, 理의 體用論을 전개하면서 理를 '能發, 能生, 能到' 의 '活物(활동적 존재)' 로 설명하다.

퇴계는 이 두 편지를 작성한 해 12월에 별세했다. 요컨대 퇴계가 '理의 能動性' 을 확언한 것은 最晩年의 일이며, 그 이전에는 "거의 理를 死物로 誤認하고 있었던 것" 이다. 훗날 퇴계의 後學들은 '理의 能發 與否' 를 두고 무엇을 퇴계의 定論으로 삼을 것인가에 대해 많은 논란을 벌이게 되었다. 葛庵 李玄逸은 '理가 스스로 動靜한다' 는 입장을 취했고, 大山 李象靖은 '理는 動靜의 所以然일 뿐, 理가 스스로 動靜하는 것은 아니다' 라는 입장을 취했다.

* 1572년 : 栗谷 李珥와 牛溪 成渾이 다섯 차례의 왕복서한을 통해 人心道心論辨을 전개하다. 우계는 退溪의 互發論이 朱子의 人心道心說(或生或原論)과 궤를 같이한다고 보고 율곡에게 의견을 물었는데, 율곡은 理主氣資論과 心是氣說에 입각하여 理氣互發論을 비판하고 氣發理乘一途說을 주장했다.

* 1575년 : 栗谷 李珥가 『聖學輯要』를 제진하다. 율곡은 『聖學輯要』 修己篇 窮理章에서 "理와 氣는 渾然無間하여 원래 서로 떨어지지 않으니, 二物이라고 말할

수 없다. 그러므로 程子는 '器가 또한 道이고, 道가 또한 器이다' 라고 말한 것이다. 비록 서로 떨어지지 않더라도, 渾然한 가운데 사실은 서로 협잡하지 않으니, 一物이라고도 말할 수 없다. 그러므로 朱子는 '理는 스스로 理이고, 氣는 스스로 氣여서, 서로 협잡하지 않는다' 고 말한 것이다. 이 두 설명을 종합하여 음미하면 '理氣之妙' 를 거의 알 수 있다. 그 대강을 논하면, 理는 형체가 없으나 氣는 형체가 있으니, 그러므로 理는 만물에 두루 통하나 氣는 각각의 사물에 국한된다(理通氣局). 理는 작위가 없으나 氣는 작위가 있으니, 그러므로 氣가 발함에 理가 탄다(氣發理乘). 형체도 없고 작위도 없으면서 형체가 있고 작위가 있는 것의 주재자가 되는 것은 理요, 형체도 있고 작위도 있으면서 형체도 없고 작위도 없는 것의 그릇(器)이 되는 것은 氣이다. 이것이 理 · 氣를 탐구하는 큰 단서이다." 라고 설명했다. 율곡은 理通氣局論에 입각하여 花潭의 一氣遍滿長存論을 비판하고, 氣發理乘論에 입각하여 退溪의 理氣互發論을 비판했다.

* 1634년 : 旅軒 張顯光이 『旅軒性理說』을 지어 理氣經緯說을 제창하다. 여헌은 68세(1621)에 이 책의 저술을 시작하여 81세(1634)에 완성했다. 『旅軒性理說』 全8卷 가운데 성리학사적으로 특히 주목되는 것은 卷4 · 5에 실린 「經緯說」이다. 여헌은 '理와 氣' 를 비롯해 '性과 情' , '人心과 道心' , '四端과 七情' 등을 모두 '經(날줄)과 緯(씨줄)' 의 관계로 규정하여 설명했다. 여헌이 '理와 氣' 의 관계를 '하나의 道의 두 양상' 으로서 규정하여 '理와 氣는 본래 하나' 라고 강조하고, '道心과 人心' 도 '體와 用' 의 관계라고 규정하는 것으로 볼 때, 여헌의 經緯說은 羅整庵의 영향을 크게 받은 것으로 보인다. 여헌의 理氣經緯說은 퇴계의 理氣互發論과 율곡의 氣發理乘一途論을 종합하여 지양시키려고 의도한 색채가 농후하다. 그런데 理氣經緯說은 기존 성리학의 일반론과 어긋나는 내용 또한 많아, 後學들에게 적극적으로 계승되지는 못하였다. 그러나 大山 李象靖 등이 理主氣資論의 관점에서 퇴계의 互發說을 해석하게 된 데에는 여헌 성리설의 영향이 컸던 것으로 평가된다.

〈영남학파〉

* 1650년 : 朝廷에서 栗谷과 牛溪의 文廟從祀 문제를 논의하자, 嶺南儒生들이 百拙庵 柳㮨을 疏頭로 하여 〈嶺南儒生論牛溪栗谷不合從祀疏〉를 올려 반대하다. 이 疏를 작성한 인물은 活齋 李榘였다. 활재는 이 疏에서 율곡에 대해 "오로지 氣만을 주장하여, 氣를 理로 알았다"고 규정하고, '異端'으로 지목했다. 또 활재는 〈辨論理氣書〉 등의 논설을 지어 栗谷說을 비판하는 데 심혈을 기울였거니와, 그 과격성으로 인해 이후 畿湖學派와 嶺南學派 사이의 性理論爭은 黨爭의 양상을 띠게 되었다.

〈기호학파〉

* 1651년 : 尤庵 宋時烈이 〈擬兩賢辨誣疏〉를 지어, 영남유생들이 올린 〈嶺南儒生論牛溪栗谷不合從祀疏〉를 반박하다. 우암은 율곡의 心是氣論을 옹호하면서 '心은 氣, 性은 理'라고 주장했는데, 이는 이후 畿湖學派의 기본 논리가 되었다. 우암은 理主氣資論의 입장에서 四端과 七情을 모두 氣發理乘으로 설명하고, "四端七情이 모두 性에서 나온 것으로서 모두 中節과 不中節이 있거니와, 그 中節한 것은 모두 '道心의 공정한 것'이요, 그 不中節한 것은 모두 '人心의 위태로운 것'이다. 四端의 中節한 것을 확충시키면 四海를 보존할 수 있고, 七情의 中節한 것을 미루어나가면 萬物을 자라게 할 수 있다. 子思와 孟子가 일찍이 주고받은 가르침은 같은 내용이다."라고 주장했다.

* 1674년 : 滄溪 林泳이 〈日錄〉에서 "淸氣가 善이 되는 所以와 濁氣가 惡이 되는 所以를 모두 理라 한다면, 이는 옛 聖賢이 서로 傳授하신 純粹至善한 理가 아니다."라고 하면서, '理'를 단순히 '萬物의 所以然의 總名'으로 이해하는 것에 대해 비판하다. 창계는 '所以然'이라는 관점에서 理를 이해

하지 않고, '本(표준)' 즉 '本然한 至善者' 또는 '純善의 形相' 이라는 관점에서 理를 이해했다. 이는 '所以然' 과 '本然' 의 차이를 분명히 주목하고, 性理學에서의 理의 우선적 의미는 '本然' 에 있음을 천명한 것이다.

* 1688년 : 葛庵 李玄逸이 栗谷의 氣發理乘一途說에 대해 전면적이고 체계적으로 비판하는 논설 〈栗谷李氏論四端七情書辨〉을 짓다. 갈암은 理를 '스스로 動靜하는 능동적 존재' 로 규정하고, '理의 주재' 를 '氣로 하여금 이러저러하게 운동하도록 시킴(使之)' 으로 설명하면서, 이러한 맥락에서 '퇴계의 理發' 을 '主理' 의 뜻과 '理가 스스로 발한다' 는 뜻을 겸하는 것으로 해석하고, 옹호했다. 갈암의 이러한 주장은 密庵 李栽, 淸臺 權相一 등에게 계승됐으나, 그 뒤로는 뚜렷하게 계승되지 못한 것으로 보인다.

* 1689년경 : 圃陰 金昌緝이 〈人心道心辨〉을 지어 能感之氣와 所感之氣를 구분하다. 포음은 "能感之氣는 靈覺(虛靈知覺)을 말하고, 所感之氣는 形氣를 말한다. 그러므로 人心은 靈覺의 氣가 形氣의 氣를 말미암아 움직인 것이요, 道心은 靈覺의 氣가 形氣의 氣를 기다리지 않고 움직인 것이다."라고 설명했다. 포음의 이러한 설명은 퇴계설과 율곡설을 본래의 취지대로 정확하게 이해하고 절충할 수 있는 출발점이 되는 것이다.

* 1693년 : 雙湖 金載海가 〈人心道心圖竝說〉을 지어 氣를 在心之氣(心氣)와 在形之氣(形氣)로 구분하다. 쌍호에 의하면, 율곡의 '氣發理乘' 에서의 氣는 마음을 지칭하는 心氣이며, 주자의 '或生於形氣' 에서의 氣는 몸을 지칭하는 形氣라는 것이다. 요컨대 쌍호는 '허령한 지각의 주체' 를 心氣라

하고, '사사로운 욕망의 근원'을 形氣라 한 것이다. 쌍호의 이러한 분석은 비슷한 시기에 있었던 圃陰의 분석과 궤를 같이하는 것이다. 그런데 明齋 尹拯은 쌍호의 이러한 구분에 동의하지 않고, '心氣와 形氣는 동일한 氣일 뿐'이라고 주장했다.

* 1696년 : 愚潭 丁時翰이 〈四七辨證〉을 지어, 율곡의 氣發理乘一途說을 비판하다. 우담은 이 글에서 "退溪는 朱子를 祖述하여, 大本을 洞見하고 理를 主로 삼았다. 그러므로 言行에 드러난 것이 모두 溫良退讓의 意思였으며, 평생의 실천이 안팎으로 瑩徹하여, 마침내 東國의 儒宗이 되었다. 栗谷은 羅整菴을 祖述하여, 大本에 어두웠고 氣를 숭상했다. 그러므로 言論에 드러난 것이 대부분 경솔하고 방자하게 남을 능멸하는 規模였으니, 그 流弊가 미친 바는 吾道의 큰 害가 되었다."고 했는데, 이로써 〈四七辨證〉의 論調를 짐작할 수 있다. 〈四七辨證〉은 栗谷이 牛溪에게 답한 편지 가운데 40여 조목을 뽑아 변척한 것으로, 갈암의 〈栗谷李氏論四端七情書辨〉보다도 훨씬 방대한 내용이다.

* 1697년 : 農巖 金昌協이 〈閔以升에게 답하는 편지(答閔彥暉)〉에서 "性은 心이 갖추고 있는 理요, 心은 性이 의착하고 있는 그릇(器)이다. 仁義禮智는 性으로서, 그 體는 지극히 정밀하여 볼 수가 없다. 虛靈知覺은 心으로서, 그 用은 지극히 미묘하여 헤아릴 수가 없다. 性이 아니면 心은 準則으로 삼을 바가 없고, 心이 아니면 性은 運用될 수가 없다."라고 설명하다. 이 설명은 理主氣資論에 입각한 것으로서, 畿湖學派의 기본 입장을 가장 정확하게 표현한 것이다. 한편, 훗날 艮齋 田愚는 '性이 아니면 心은 準則으로 삼을 바가 없다'는 것을 '理의 主宰'로, '心이 아니면 性은 運用될 수가 없다'는 것을 '氣의 주재'로 설명한 다음, 이를 性師心弟說로 집약하였다.

* 1701년 : 農巖 金昌協이 〈四端七情說〉을 지어 退栗折衷論을 표방하다. 농암은 "性이 아니면 心은 準則으로 삼

을 바가 없고, 心이 아니면 性은 運用될 수가 없다"는 입장에서 기본적으로 栗谷說을 긍정하면서도, 본래 四端을 논한 취지는 '四端을 擴充하라'는 것에 있고, 七情을 논한 취지는 '七情을 警戒하라'는 것에 있었으므로 '四端은 主理, 七情은 主氣'라고 보는 것이 더욱 정밀하다고 하여 退溪說에 대해서도 십분 긍정하였다.

* 1708년 : 南塘 韓元震이 〈遂庵先生께 올리는 편지(上師門)〉에서 性에 대한 분석적 논의(性三層說)를 전개하다. 이 무렵 남당은 〈崔徵厚에게 답하는 편지(答崔成仲)〉에서도 유사한 주장을 펼쳤는데, 이 편지를 巍巖 李柬이 얻어보게 되었다.

* 1709년 : 巍巖 李柬이 〈崔徵厚에게 보내는 편지(與崔成仲)〉에서 南塘의 人物性論을 비판함으로써, 외암과 남당을 주축으로 하는 湖洛論爭이 시작되다.

* 1712년 : 巍巖 李柬이 〈遂庵先生께 올리는 편지(上遂菴先生)〉에서 未發에 대한 분석적 논의를 전개하다. 외암은 未發을 '寂然不動과 湛然虛明을 동시에 뜻하는 大本底未發'과 '寂然不動만을 뜻하는 不中底未發'로 구분

하고, 大本底未發만이 참된 의미의 未發이요, 남당이 '未發時에도 氣質의 고르지 못함이 존재한다' 고 주장하는 未發은 不中底未發로서 참된 未發이 못된다고 비판했다. 외암은 南塘說을 비판함에 있어 '理氣同實 心性一致' 를 자신의 기본입장으로 천명하였다.

* 1719년 : 三淵 金昌翕이 〈日錄〉을 지어, 氣에 대한 분석적 논의를 전개하다. 삼연은 '氣質' 과 '氣機' 와 '形氣' 를 구분하였다. 氣質은 偏正通塞과 淸濁粹駁이 혼재하는 '마음의 재질' 을 지칭하고, 氣機는 知覺과 思慮를 주관하는 '器官으로서의 마음' 을 지칭하며, 形氣는 耳目口鼻와 四肢百體 등 본능적 욕구의 근원이 되는 '몸' 을 지칭한다는 것이다. 삼연의 이러한 주장은 포음의 주장과 궤를 같이 하는 것이다.

* 1734년경 : 星湖 李瀷이 『四七新編』을 저술하여 理發氣隨一路說을 전개하다(정확한 저술연대는 未詳). 성호는 '理 · 氣의 相須' 라는 관점에서 四端과 七情을 모두 '理發氣隨' 로 설명하면서도, '四端과 七情은 苗脈이 다르다' 는 관점에서 四端과 七情을 다시 理發과 氣發로 구분하였다. 성호는

相須와 互發을 양립시키고자 독특한 논리를 고안해낸 것이다. 성호의 성리설은 여러 가지 점에서 독특하다. '理의 주재'와 '氣의 주재'를 동시에 인정하는 것이나 心을 단순히 '氣'로 규정 하는 것, 그리고 四端을 善으로 규정하면서도 '四端에도 不中節이 있다'고 주장하는 것 등은 퇴계학파의 성리설로서는 매우 독특한 내용이다.

* 1744년 : 大山 李象靖이 〈理氣動靜說〉·〈理氣先後說〉 등을 짓다. 대산은 '理·氣의 動·靜'에 대해서는 '動靜하는 것 자체는 氣이고, 動靜을 주재하는 것은 理이다'라고 설명하고, '理·氣의 先·後'에 대해서는 "그 근원을 미루어 본다면 마땅히 '理가 먼저 존재한다'고 말해야 한다. 그러나 理는 공중에 매달려 홀로 존재하는 사물이 아니라 반드시 氣를 터전과 도구로 삼아 그 안에 포함되고 실리니, 또 애초에 先·後를 말할 수 없다."고 설명했다. 대산은 理主氣資論의 입장에서 '理가 스스로 운동하고, 理가 실제로 氣를 낳는다'는 주장에 반대한 것이다. 대산은 이러한 입장에서 '퇴계의 理發'을 '理가 스스로 발한다'는 뜻으로 이해하지 않고, 다만 '理를 主로 삼는다(主理)'는 뜻으로 이해했다.

* 1744년경 : 河濱 愼後聃이 『四七同異辨』을 저술하다(정확한 저술연대는 未詳). 하빈은 "四端이 발할 때 타는 氣는 知覺之氣요, '七情은 氣發' 에서의 氣는 形氣之氣로서, 두 '氣' 字는 본래 의미가 다른 것"이라고 설명했다. 하빈의 이러한 설명은 당시 畿湖學派에서 氣를 지각의 주체인 '心氣' 와 욕망의 근원인 '形氣' 로 구분해서 논하던 흐름과 궤를 같이하는 것이다. 하빈은 또 '공정한 七情은 理가 발한 것' 이라고 설명하고, 이러한 맥락에서 "奇高峯과 李栗谷이 '四端은 七情에 포함된다' 고 말한 것도 스스로 하나의 학설이 될 수 있다"고 인정했다. 하빈 성리설의 또 하나 중요한 특징은 『中庸』에서 말하는 喜·怒·哀·樂과 『禮記』 〈禮運〉에서 말하는 七情은 그 성격이 다르다는 것을 명확히 지적했다는 점이다.

* 1759년 : 鹿門 任聖周가 〈鹿廬雜識〉를 지어, 기존의 理一分殊說에 짝하는 氣一分殊說을 주장하다. 녹문의 氣一分殊說은 巍巖의 理氣同實論을 극단화시킨 것인바, 녹문은 氣一分殊說에 입각하여 南塘과 巍巖의 人物性論을 모두 비판함은 물론, 栗谷의 理通氣局論도 오류라고 비판했다. 그러나 녹문의 理氣同實論은 형이상자와 형

이하자의 차이를 간과하는 오류를 범한 것이다.

* 1801년 : 茶山 丁若鏞이 〈理發氣發辨〉 2편을 짓다. 〈理發氣發辨一〉에서는 율곡의 理氣論은 '本과 具' 또는 '道와 器'의 구도에 입각한 것이나, 퇴계의 理氣論은 '天理와 人慾' 또는 '道心과 人心'의 구도에 입각한 것으로서, 서로 맥락이 다르다고 설명했다. 〈理發氣發辨二〉에서는 '天理와 人欲' 또는 '人心과 道心'을 엄격히 구분하기 위해서는 '理發과 氣發'의 논법이 긴요하다고 보아 退溪 互發說의 취지를 십분 옹호했다.

다산은 이처럼 退·溪의 성리설에 대해 깊이 이해했으나, 결국에는 性理學을 '空理空談'으로 규정하여 혹독하게 비판했다. 다산은 性理學에서 '天(上帝)'을 '理'로 해석한 것을 비판하고, '天(上帝)'을 '權能이 있는 주재자'로 복원시킴으로써 유학을 '修己治人에 기여하는 실천적 학문'으로 되살리고자 했다. 이는 기존의 성리학적 사고방식을 전면적으로 해체시키고, 유학을 '上帝에 대한 신앙의 체계'(昭事上帝學)로 되돌리려는 작업이었다.

* 1803년 : 老洲 吳熙常이 〈閔致福에게 답하는 편지(答閔元履)〉에서 鹿門 任聖周의 性理說을 비판하면서 理氣相互主宰論을 전개하다. 노주는 이 편지에서 "動靜屈伸과 闔闢升降은 모두 氣의 作爲인데, 스스로 '주재하지 않는 주재자'(不宰之宰)가 있으니, 비록 (氣와) 더불어 간격이 없지만, 만약 전혀 분별이 없다면, 애초에 어찌 '離'와 '雜'을 말할 수 있겠는가? '理를 좇아 氣를 보면'(從理觀氣) 理가 主가 되고, '氣를 좇아 理를 보면'(從氣觀理) 氣가 主가 된다. 그러므로 程·朱의 말씀은 그 가리키는 바에 따라 立言이 다르고, 때때로 서로 모순되는 것 같다. 그러나 진실로 능히 그 地頭를 분별하여 主·客을 인식하고, 말에 집착하여 本旨를 오해하지 않는다면, 모두 曲暢會通할 수 있어서 의심스러운 것이 없다."고 하였다. 노주는 '理가 氣의 운동의 표준이 됨'을 '理의 주재'라 하고, '氣가 理를 발현시키는 주체가 됨'을 '氣의 주재'라 하면서, 理氣相互主宰論이야말로 程·朱의 持論이었다고 주장한

＊ 1807년경 : 立齋 鄭宗魯가 〈理强氣弱說〉을 지어 "범범하게 보면, 有形有爲한 氣는 항상 강하고 無形無爲한 理는 항상 약하다. 그러므로 세상의 論者들은 항상 '理는 弱하고 氣는 强하다. 氣는 理를 이길 수 있으나 理는 氣를 이길 수 없다.' 고 말한다. 그러나 나는 '理보다 강한 것은 없고 氣보다 약한 것은 없다' 고 본다. 氣가 理를 이김은 暫時일 뿐이요, 理가 氣를 이김은 萬世에 걸쳐 必然之勢인 것이다. 一闔一開와 一終一始가 몇천만 번이나 변하는지 알 수 없으나, 끝내 하늘은 하늘이 되고 땅은 땅이 되어, 일찍이 땅이 하늘이 되고 하늘이 땅이 되는 때가 없었으니, 理의 莫强함을 여기에서 볼 수 있다." 고 주장하다. 입재는 '理의 주재' 를 '理가 氣를 부림(使之)' 으로 해석하고, 氣의 운동변화는 理가 그렇게 시키는 것이므로 '氣보다 理가 더 강하다' 고 주장한 것이다.

것이다. 노주는 理 · 氣는 서로 분리될 수 없다는 측면에서는 '하나' 이나, 각각 그 성질이 다르다는 측면에서는 '둘' 이라고 보면서, "理 · 氣는 하나라고 말하면 '主氣' 에 치우치기 쉽고, 둘이라고 말하면 '근본을 둘로 여김' 에 빠지기 쉽다." 고 경계했다.

＊ 1848년 : 華西 李恒老가 〈形氣神理說〉을 짓다. 화서는 당시까지 心是氣論을 견지하다가, 이 무렵 心是氣論의

'未安한 점' 을 발견하게 되었다. 요컨대 性은 理인데, 또 心을 氣라 하면, '心統性' 이란 '氣統理' 가 되는바 '氣가 理를 통솔(명령)하면 名分에 어긋나고 혼란에 빠진다' 는 것이었다. 그리하여 화서는 기존의 心說을 두루 검토하여 "心은 진실로 氣로 말한 경우도 있고, 理로 말한 경우도 있는데, 理로 말한 것이 바로 心의 本體이다" 라는 결론을 얻고(以理斷心), '尊理貶氣의 성리설' 을 제창하게 된 것이다.

* 1849년 : 梅山 洪直弼이 〈崔鴻錫에게 답하는 편지(答崔用九)〉에서 華西學派의 明德主理論을 비판함으로써, 梅山學派와 華西學派 사이의 明德主理主氣論爭이 시작되다.

* 1853년 : 寒洲 李震相이 〈心字攷證後說〉을 지어 "사람의 한 마음은 갖추고 있는 것이 매우 많으니, 本體도 있고 形體도 있으며, 妙用도 있고 客用도 있다. 仁義禮智의 純粹하고 至善한 것은 心의 本體요, 밖은 둥글고 안은 뚫려있어 虛明하고 正通한 것은 心의 形體며, 四端七情이 번갈아 사물에 感應하는 것은 心의 妙用이요, 閑雜한 생각이 人欲을 따라 뜨겁게 끓어오르는 것은 心의 客用이다." 라고 하여, 心卽理說의 골격을 정립하다. 한주는 이 해에 또한 〈定齋先生께 올리는 편지(上柳定齋先生)〉에서 '明德과 心이 理인가, 氣인가' 의 문제, 人性과 物性

의 同 · 異 문제, 四端과 七情에 관한 문제 등에 대해 질문하면서, 자신의 의견을 개진했다. 그런데 定齋 柳致明이 한주의 주장에 동의하지 않고 비판적인 입장을 취함으로써, 定齋學派와 寒洲學派 사이에 坪浦論爭이 시작되었다.

* 1861년 : 寒洲 李震相이 〈心卽理說〉을 짓다. 한주는 이 글에서 "무릇 '心卽氣' 를 주장하는 사람들의 잘못은 무엇인가? 心은 一身의 主宰者인데, 主宰者를 氣에 소속시키면, 天理가 形氣의 명령에 따르게 되어, 허다한 麤惡이 靈臺에 기반을 잡게 된다. 心은 體가 없어 性으로 體를 삼는데, 이제 心을 氣라 하면, 性을 氣로 여기는 告子의 견해로서, 인간이 금수와 다를 바 없게 된다. 心은 性 · 情을 통합한 명칭인데, 心을 氣라 하면, 大本과 達道가 모두 氣로 귀결되고, 理는 死物이 되어 空寂에 빠진다. 옛날부터 聖賢들은 모두 義理를 주로 삼아 心을 말씀하셨다. 그런데 心을 氣로 여기는 학설이 유행하면 聖賢의 心法이 모두 空虛해져서, 學問은 頭腦가 없게 되고, 世敎는 나날이 더욱 昏亂해 질 것이다."라고 설파했다. 한주는 心의 본체를 理로 규정함으로써, '心의 주재' 란 본질적으로 '理의 주재'

를 뜻한다고 해석했다. 한주는 '形氣가 天理를 명령하고, 인간이 금수로 전락하는 사태' 를 막기 위해 心卽氣說을 배격하고, '主宰者로서의 心의 본체는 理' 라고 주장한 것이다.

한주는 〈心卽理說〉에서 '퇴계는 〈傳習錄論辯〉에서 陽明學을 여러모로 비판하면서도 心卽理說을 배척하지는 않았다' 고 설명하고, 그러므로 "心卽理說이 陽明에게 나왔다고 하여 판가름하여 버리는 것은 옳지 않다" 고 주장했다. 그러나 퇴계는 〈白沙詩敎傳習錄抄傳因書其後〉에서 陽明의 心卽理學을 통렬하게 비판한 바 있었다.

* 1876년 : 晩求 李種杞가 〈寒洲에게 보내는 편지(與李寒洲)〉에서 "(그대의 주장은) 理에 대해서는 힘 있는 설명이라 하겠으나 '作用이 있다' 는 귀결을 면할 수 없고, 氣에 대해서는 반쪽을 베어내서 '義와 짝하는 功이 있음' 을 볼 수 없다. 그리하여 天下의 理 · 氣가 모두 한쪽은 자투리가 많이 남고 한쪽은 모자라서 뾰족하고 기울게 되어, 다시는 渾合하여 流行하는 본체가 없으니, 이는 아마도 周夫子의 '主理' 라는 말을 지나치게 미루어나간 것 같다." 고 비판하다. 寒洲는 사실 理善氣惡論의 입장에서 理를 自足的 존재로 승격시키고 氣를 소멸시

* 1878년 : 蘆沙 奇正鎭이 〈猥筆〉을 지어, 栗谷의 氣發理乘論과 機自爾說을 비판하다. 노사에 의하면, 前聖은 이 세상의 온갖 造化가 모두 '이 道가 하는 일' 임을 분명하게 깨닫고 苦心血誠으로 道를 밝혔는데, 지금 사람들은 온갖 造化를 한결같이 氣에 소속시키는바, 그리하여 "氣가 理의 자리를 빼앗아 萬事의 本領이 됨" 으로써 "거꾸로 뒤집히고 창피한 온갖 일이 다 벌어지고 있다" 는 것이다. 노사는 氣가 理의 자리를 빼앗게 된 배후에는 율곡의 氣發理乘論이 있다고 보고

켜야 한다는 주장을 전개했는데, 이에 대해 晩求는 理主氣資論의 입장에서 이와 같이 비판한 것이다.

* 1892년 : 巖棲 曺兢燮이 〈讀寒洲李氏心卽理說〉을 지어 寒洲의 心卽理說을 逐條 批判하다. 이 논설에서 암서는 한주의 心卽理說에 대해 "뾰족하고 기울고 곁길로 빠지고 험준한 병통(尖斜側峻之病)이 있다"고 혹평한 반면, 기호학파의 心卽氣說에 대해서는 "저 心卽氣를 주장하는 사람들도 어찌 '心에 性이 있으며, 性은 理이다'라는 것을 모르겠는가? 다만 作用하는 곳에 나아가 돌려서 말한 것으로서, 또한 병통이 없는 듯하다"고 평했다. 그리고 영남학파의 心合理氣說을 가장 원만하고 타당한 이론으로 내세우면서 "心은 理와 氣가 합한 것

'외람되게도 붓을 들어(猥筆)' 栗谷說을 비판한 것이다. 그런데 노사의 성리설은 기호학파의 通論과 궤를 달리하는 것이다. 기호학파에서는 기본적으로 '理와 氣'를 '本과 具'라는 관점에서 설명해 왔는데, 이와 달리 노사는 '理와 氣'를 '所以然과 所然'으로 규정했다. 本具論의 맥락에서는 氣의 현실적 주도권이 강조되거니와, 이를 용납할 수 없었던 노사는 '所以然으로서의 理의 必然的 主宰'를 부각시키려고 했던 것이다.

* 1886년 : 省齋 柳重敎가 〈重菴 先生께 올리는 편지(上重菴先生)〉에서 '스승 華西의 心說에 대한 調補의 필요성'을 제기함으로써, 華西學派 내부의 心說論爭이 시작되다. 화서는 〈形氣神理說〉에서 지각의 주체인 心을 形而上者로 규정했는데, 성재는 "'心과 性'은 '物과 則'으로 구분하는 것이 본분상 마땅하다."고 보았던 것이다. 그런데 重菴 金平默은 華西의 心說에 아무런 문제가 없다고 주장하면서 省齋의 調補論에 반대한 것이다. 이 논쟁은 1888년 10월 〈華西心說正案〉을 도출함으로써 일단락되었다.

인바, 그 善하지 않은 것은 氣의 어긋난 것이다. 마땅히 理를 주로 해서 이긴다면, 바른 氣로 되돌려서 本然의 理를 얻을 수 있다" 고 주장하였다.

* 1914년 : 艮齋 田愚가 〈性師心弟獨契語〉를 짓고 性師心弟說을 제창하다. 간재는 중년 이래로 理氣相互主宰論을 견지하여, '理가 氣의 운동의 표준이 됨' 을 '理의 주재' 라 하고, '氣가 理를 운용하는 주체임' 을 '氣의 주재' 라 했는데, 性師心弟說은 이러한 持論을 비유적으로 표현한 것이다. 華西 李恒老, 寒洲 李震相, 蘆沙 奇正鎭 등의 성리설에 대한 간재의 비판은 모두 理氣相互主宰論 또는 性師心弟說과 결부된 것이다.

* 1918년 : 醒菴 李喆榮이 〈泗上講說〉을 지어 性三樣說을 주장하다. 성암은 '本然之性과 氣質之性' 또는 '本然之心과 氣質之心' 의 관계를 '同位異時' 로 규정하여, 巍巖의 異位異時論과 南塘의 同位同時論을 비판적으로 극복했다. 성암의 性三樣說을 栗谷說을 표준으로 삼아 巍巖의 '中底未發과 不中底未發' 이론과 南塘의 性三層說을 종합・지양함으로써, 湖洛論爭에 대한 이론적 해결책을 제시한 것이다.

〈참고문헌〉

『四書集註大全』, 『五經大全』, 『性理大全』
『二程全書』, 『朱子大全』, 『朱子語類』
『大學或問』, 『中庸或問』, 『北溪字義』
『小學』, 『近思錄』, 『心經』
『陸象山全集』, 『王陽明全集』, 『困知記』
『宋元學案』

郭鍾錫, 『俛宇集』, 한국고전번역원 韓國文集叢刊, 2004.
權　近, 『陽村集』, 한국고전번역원 韓國文集叢刊, 1990.
______, 『入學圖說』, 배종호 편 『韓國儒學資料集成』 所收, 1980.
權相一, 『淸臺集』, 한국고전번역원 韓國文集叢刊, 2008.
權尙夏, 『寒水齋集』, 한국고전번역원 韓國文集叢刊, 1995.
奇大升, 『高峯集』, 한국고전번역원 韓國文集叢刊, 1989.
奇大升・李滉, 『兩先生四七理氣往復書』, 高峰學院, 1991.
奇正鎭, 『蘆沙集』, 한국고전번역원 韓國文集叢刊, 2003.
金邁淳, 『臺山集』, 한국고전번역원 韓國文集叢刊, 2002.
金元行, 『渼湖集』, 한국고전번역원 韓國文集叢刊, 1998.
金麟厚, 『河西全集』, 한국고전번역원 韓國文集叢刊, 1989.
金長生, 『沙溪遺稿』, 한국고전번역원 韓國文集叢刊, 1990.
金載海, 『雙湖草稿』, 서울대학교 奎章閣所藏 筆寫本.
金昌緝, 『圃陰集』, 한국고전번역원 韓國文集叢刊, 1996.
金昌協, 『農巖集』, 한국고전번역원 韓國文集叢刊, 1996.
金昌翕, 『三淵集』, 한국고전번역원 韓國文集叢刊 1996.
金平默, 『重菴集』, 한국고전번역원 韓國文集叢刊, 2003.
南漢朝, 『損齋集』, 한국고전번역원 韓國文集叢刊, 2010.
盧守愼, 『穌齋集』, 한국고전번역원 韓國文集叢刊, 1989.
朴世采, 『南溪集』, 한국고전번역원 韓國文集叢刊, 1994.
朴胤源, 『近齋集』, 한국고전번역원 韓國文集叢刊, 2000.
徐敬德, 『花潭集』, 한국고전번역원 韓國文集叢刊, 1988.
成　渾, 『牛溪集』, 한국고전번역원 韓國文集叢刊, 1989.
宋秉璿, 『淵齋集』, 한국고전번역원 韓國文集叢刊, 2004.
宋時烈, 『宋子大全』, 한국고전번역원 韓國文集叢刊, 1993.

宋翼弼,『龜峯集』, 한국고전번역원 韓國文集叢刊, 1989.
申益愰,『克齋集』, 한국고전번역원 韓國文集叢刊, 1997.
愼後聃,『河濱先生全集』, 아세아문화사, 2006.
梁得中,『德村集』, 한국고전번역원 韓國文集叢刊, 1996.
吳熙常,『老洲集』, 한국고전번역원 韓國文集叢刊, 2001.
兪 棨,『市南集』, 한국고전번역원 韓國文集叢刊, 1993.
柳崇祖,『眞一齋遺集』, 배종호 편,『韓國儒學資料集成』所收, 1980.
______,『性理淵源撮要』, 배종호 편,『韓國儒學資料集成』所收, 1980.
柳麟錫,『毅菴集』, 한국고전번역원 韓國文集叢刊, 2004.
柳重教,『省齋集』, 한국고전번역원 韓國文集叢刊, 2004.
柳致明,『定齋集』, 한국고전번역원 韓國文集叢刊, 2002.
尹鳳九,『屛溪集』, 한국고전번역원 韓國文集叢刊. 1998.
尹 拯,『明齋遺稿』, 한국고전번역원 韓國文集叢刊, 1994.
李 柬,『巍巖遺稿』, 한국고전번역원 韓國文集叢刊, 1997.
李 榘,『活齋集』, 한국고전번역원 韓國文集叢刊, 2007.
李敏輔,『豊墅集』, 한국고전번역원 韓國文集叢刊, 1999.
李象靖,『大山集』, 한국고전번역원 韓國文集叢刊, 1999.
李時明,『石溪集』, 한국고전번역원 韓國文集叢刊, 2006.
李彦迪,『晦齋集』, 한국고전번역원 韓國文集叢刊, 1988.
李惟泰,『草廬集』, 한국고전번역원 韓國文集叢刊, 1993.
李 珥,『栗谷全書』, 한국고전번역원 韓國文集叢刊, 1989.
李 瀷,『星湖全集』, 한국고전번역원 韓國文集叢刊, 1997.
李 縡,『陶菴集』, 한국고전번역원 韓國文集叢刊, 1997.
李種杞,『晩求集』, 한국고전번역원 韓國文集叢刊, 2004.
李震相,『寒洲集』, 한국고전번역원 韓國文集叢刊, 2003.
______,『理學綜要』, 아세아문화사 刊『寒洲全書』所收, 1980.
李喆榮,『醒菴集』, 학민문화사, 1995.
李 恒,『一齋集』, 한국고전번역원 韓國文集叢刊, 1988.
李恒老,『華西集』, 한국고전번역원 韓國文集叢刊, 2003.
李玄逸,『葛庵集』, 한국고전번역원 韓國文集叢刊, 1994.
李 滉,『退溪集』, 한국고전번역원 韓國文集叢刊, 1989.
任聖周,『鹿門集』, 한국고전번역원 韓國文集叢刊, 1999.
林 泳,『滄溪集』, 한국고전번역원 韓國文集叢刊, 1995.
任憲晦,『鼓山集』, 한국고전번역원 韓國文集叢刊, 2003.
張錫英,『晦堂集』, 한국고전번역원 韓國文集叢刊, 2012.
張顯光,『旅軒集』, 한국고전번역원 韓國文集叢刊, 1990.

______,『旅軒性理說』, 仁同張氏南山派宗親會刊『旅軒先生全書』所收, 1983.
田　愚,『艮齋集』, 한국고전번역원 韓國文集叢刊, 2004.
鄭經世,『愚伏集』, 한국고전번역원 韓國文集叢刊, 1991.
鄭道傳,『三峯集』, 한국고전번역원 韓國文集叢刊, 1990.
鄭夢周,『圃隱集』, 한국고전번역원 韓國文集叢刊, 1990.
丁時翰,『愚潭集』, 한국고전번역원 韓國文集叢刊, 1994.
丁若鏞,『與猶堂全書』, 한국고전번역원 韓國文集叢刊, 2002.
鄭載圭,『老柏軒集』, 한국고전번역원 韓國文集叢刊, 2012.
鄭宗魯,『立齋集』, 한국고전번역원 韓國文集叢刊, 2000.
曺兢燮,『巖棲集』, 한국고전번역원 韓國文集叢刊, 2005.
趙聖期,『拙修齋集』, 한국고전번역원 韓國文集叢刊, 1995.
蔡之洪,『鳳巖集』, 한국고전번역원 韓國文集叢刊, 1998.
崔益鉉,『勉菴集』, 한국고전번역원 韓國文集叢刊, 2004.
韓元震,『南塘集』, 한국고전번역원 韓國文集叢刊, 1998.
______,『朱子言論同異攷』, 雅盛文化社刊『南塘集』所收, 1976.
許　愈,『后山集』, 한국고전번역원 韓國文集叢刊, 2004.
許　薰,『舫山集』, 한국고전번역원 韓國文集叢刊, 2004.
玄尙璧,『冠峯遺稿』, 한국고전번역원 韓國文集叢刊, 1997.
洪大容,『湛軒書』, 한국고전번역원 韓國文集叢刊, 2000.
洪直弼,『梅山集』, 한국고전번역원 韓國文集叢刊, 2002.

강희복,「退溪의 '心與理一'에 관한 硏究」, 연세대 대학원 박사학위논문, 2002.
권오영,『조선후기 유림의 사상과 활동』, 돌베개, 2003.
琴章泰,『退溪學派와 理철학의 전개』, 서울대출판부, 2000.
______,『聖學十圖와 퇴계철학의 구조』, 서울대출판부, 2002.
______, 한국유학의 心說』, 서울대출판부, 2002.
김경호,「栗谷 李珥의 心性論에 관한 硏究」, 고려대 대학원 박사학위논문, 2001.
김근호,「金平默과 柳重教의 心說論爭에 대한 小考」,『韓國思想史學』제27집, 한국사상사학회, 2006.
______,「柳重教와 田愚의 心說論爭에 대한 硏究」,『韓國思想史學』제28집, 한국사상사학회, 2007.
______,「화서학파 심설논쟁의 전개과정과 철학적 문제의식」,『율곡사상연구』제27집, 율곡연구원, 2013.
______,「화서 이항로 성리설의 심학적 특징에 관한 시론」,『율곡사상연구』제26집, 율곡연구원, 2013.
김기현(全北大),「퇴계의 사단칠정론」, 民族과思想硏究會 편,『四端七情論』, 서광사,

1992.
김기현(全南大), 「선심의 선과 중절의 선 : 사단칠정 해석 분기의 제1원인」, 『栗谷學研究』 제37집, 율곡연구원, 2018.
김낙진, 「조선 전기의 주요 논변과 쟁점」, 『韓國儒學思想大系』 II, 한국국학진흥원, 2005.
______, 「愚潭 丁時翰의 理 주재의 철학」, 『한국철학논집』 제22집, 한국철학사연구회, 2007.
______, 「奇正鎭과 田愚의 성리학적 쟁점과 鄭載圭의 성리설」, 『南冥學研究』 제29집, 경상대학교 남명학연구소, 2010.
김상준, 『맹자의 땀 성왕의 피』, 아카넷, 2013.
______, 『유교의 정치적 무의식』, 글항아리, 2014.
______, 「주희 理氣論 · 우주론의 현대성」, 『한국학논집』 제55집, 계명대학교 한국학연구원, 2014.
김승영, 『한국성리학의 인식과 실천』, 빈들, 2019.
金永壽, 「고려말과 조선조 건국기의 정치적 위기와 극복과정에 관한 연구」, 서울대 대학원 박사학위논문, 1997.
김영호, 「老洲 吳熙常의 철학사상 고찰(1)」, 『東洋哲學研究』 제18집, 동양철학연구회, 1998.
______, 「老洲 吳熙常의 철학사상 고찰(2)」, 『東洋哲學研究』 제22집, 동양철학연구회, 2000.
김용헌, 「活齋 李榘의 栗谷 비판」, 『栗谷思想研究』 제6집, 율곡학회, 2003.
김우형, 「朱熹의 知覺論 研究」, 연세대 대학원 박사학위논문, 2003.
______, 「김창협의 지각론과 퇴율절충론의 관계에 대한 일고찰」, 『한국철학논집』 제40집, 한국철학사연구회, 2014.
金忠烈, 『高麗儒學史』, 고려대학교 출판부, 1987.
김태년, 「南塘 韓元震의 '正學' 형성에 대한 연구」, 고려대 대학원 박사학위논문, 2006.
______, 「學案에서 哲學史로 : 조선유학사 서술의 관점과 방식에 대한 검토」, 『한국학연구』 제23집, 인하대학교 한국학연구소, 2010.
______, 「'正典' 만들기의 한 사례, 『栗谷別集』의 편찬과 그에 대한 비판들」, 『民族文化』 제43집, 한국고전번역원, 2014.
김형효, 『원효에서 다산까지』, 청계, 2000.
______, 『철학적 사유와 진리에 대하여』 1 · 2, 청계, 2004.
김홍경, 『조선초기 관학파의 유학사상』, 한길사, 1996.
남지만, 「율곡 인심도심설의 특징」, 『栗谷思想研究』 제7집, 栗谷學會, 2003.
______, 『高峰 奇大升의 性理說 研究』, 이화, 2012.
柳承國, 『한국의 유교』, 세종대왕기념사업회, 1976.

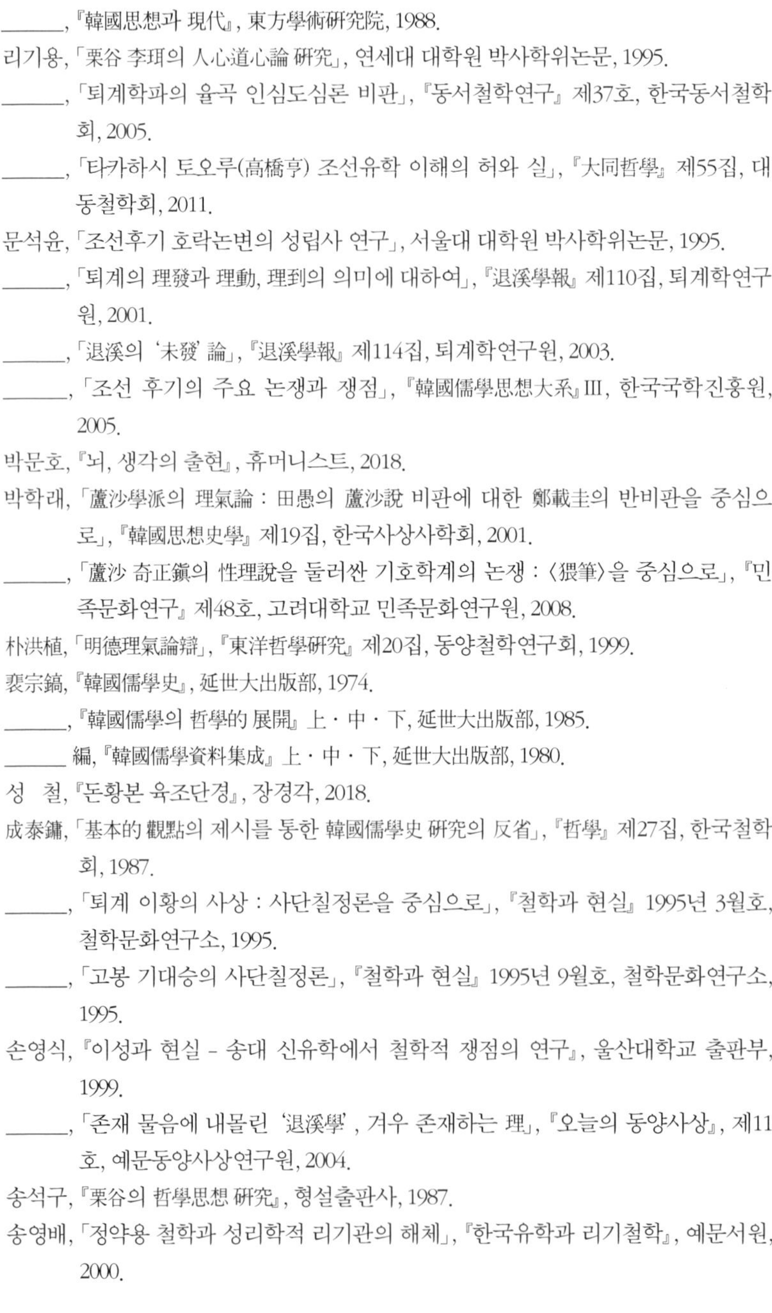

______, 『東洋哲學硏究』, 槿域書齋, 1983.
______, 『韓國思想과 現代』, 東方學術硏究院, 1988.
리기용, 「栗谷 李珥의 人心道心論 硏究」, 연세대 대학원 박사학위논문, 1995.
______, 「퇴계학파의 율곡 인심도심론 비판」, 『동서철학연구』 제37호, 한국동서철학회, 2005.
______, 「타카하시 토오루(高橋亨) 조선유학 이해의 허와 실」, 『大同哲學』 제55집, 대동철학회, 2011.
문석윤, 「조선후기 호락논변의 성립사 연구」, 서울대 대학원 박사학위논문, 1995.
______, 「퇴계의 理發과 理動, 理到의 의미에 대하여」, 『退溪學報』 제110집, 퇴계학연구원, 2001.
______, 「退溪의 '未發' 論」, 『退溪學報』 제114집, 퇴계학연구원, 2003.
______, 「조선 후기의 주요 논쟁과 쟁점」, 『韓國儒學思想大系』 III, 한국국학진흥원, 2005.
박문호, 『뇌, 생각의 출현』, 휴머니스트, 2018.
박학래, 「蘆沙學派의 理氣論 : 田愚의 蘆沙說 비판에 대한 鄭載圭의 반비판을 중심으로」, 『韓國思想史學』 제19집, 한국사상사학회, 2001.
______, 「蘆沙 奇正鎭의 性理說을 둘러싼 기호학계의 논쟁 : 〈猥筆〉을 중심으로」, 『민족문화연구』 제48호, 고려대학교 민족문화연구원, 2008.
朴洪植, 「明德理氣論辯」, 『東洋哲學硏究』 제20집, 동양철학연구회, 1999.
裵宗鎬, 『韓國儒學史』, 延世大出版部, 1974.
______, 『韓國儒學의 哲學的 展開』 上 · 中 · 下, 延世大出版部, 1985.
______ 編, 『韓國儒學資料集成』 上 · 中 · 下, 延世大出版部, 1980.
성 철, 『돈황본 육조단경』, 장경각, 2018.
成泰鏞, 「基本的 觀點의 제시를 통한 韓國儒學史 硏究의 反省」, 『哲學』 제27집, 한국철학회, 1987.
______, 「퇴계 이황의 사상 : 사단칠정론을 중심으로」, 『철학과 현실』 1995년 3월호, 철학문화연구소, 1995.
______, 「고봉 기대승의 사단칠정론」, 『철학과 현실』 1995년 9월호, 철학문화연구소, 1995.
손영식, 『이성과 현실 - 송대 신유학에서 철학적 쟁점의 연구』, 울산대학교 출판부, 1999.
______, 「존재 물음에 내몰린 '退溪學', 겨우 존재하는 理」, 『오늘의 동양사상』, 제11호, 예문동양사상연구원, 2004.
송석구, 『栗谷의 哲學思想 硏究』, 형설출판사, 1987.
송영배, 「정약용 철학과 성리학적 리기관의 해체」, 『한국유학과 리기철학』, 예문서원, 2000.

宋在雲,「成泰鏞 教授의 論文에 대한 論評」,『哲學』 제27집, 한국철학회, 1987.
안영상,「星湖 李瀷의 性理說 研究」, 고려대 대학원 박사학위논문, 1998.
______,「퇴계학파의 相須說과 互發說의 흐름」,『退溪學報』 제93집, 퇴계학연구원, 1997.
______,「퇴계학파 내 호발설의 이해에 대한 일고찰」,『退溪學報』 제115집, 퇴계학연구원, 2004.
______,「대산 이상정의 渾淪·理發說의 착근에 있어서 여헌설의 영향과 그 의미」,『儒敎思想研究』 제27집, 한국유교학회, 2006.
______,「사단칠정론 이해를 위한 주희 심통성정론의 검토」,『정신문화연구』 제32집 4호, 한국학중앙연구원, 2009.
안재호,「朱熹의 心 개념과 '心統性情' 淺析」,『中國學報』 제50집, 한국중국학회, 2004.
양승태,『앎과 잘남 : 희랍지성사와 교육과 정치의 변증법』, 책세상, 2006.
오석원,「十九世紀 韓國 道學派의 義理思想에 관한 연구」, 성균관대 대학원 박사학위논문, 1992.
劉明鍾,『朝鮮後期 性理學』, 以文出版社, 1985.
______,『韓國思想史』, 以文出版社, 1981.
______,『韓國哲學史』, 日新社, 1975.
______,「退溪學의 基本論理」,『東西哲學研究』 제6호, 한국동서철학회, 1989.
유원기,『조선 성리학 논쟁의 분석적 탐구 : 사단칠정론과 인심도심론』, 역락, 2018.
______,「아리스토텔레스의 인간본성론」,『신학과 철학』 제6집, 서강대학교 신학연구소, 2004.
柳仁熙,「退·栗 이전 朝鮮性理學의 問題發展」,『東方學志』 제42집, 연세대 국학연구원,1984.
유지웅,「艮齋의 心論과 明德說 研究」, 전북대 대학원 박사학위논문, 2016.
尹絲淳,『한국유학사』, 상·하, 지식산업사, 2012.
______,「寒洲 李震相의 性理學的 '心卽理說'」,『공자학』 제20호, 한국공자학회, 2011.
______,「退溪의 理氣哲學에 대한 現代的 解釋」,『退溪學報』 제110집, 퇴계학연구원, 2001.
______,「韓國儒學에 대한 哲學的 理解의 問題 : 그 회고와 전망」,『哲學』 제39집, 한국철학회, 1993.
______,「高橋亨의 韓國儒學觀 검토」,『韓國學』 제12집, 중앙대학교 한국학연구소, 1976.
윤원현,「朱子에 있어서 心統性情說에 關한 研究」,『철학탐구』 제6집, 중앙대학교 중앙철학연구소, 1986.
이광호,『퇴계와 율곡, 생각을 다투다』, 홍익출판사, 2013.
李基東, 鄭容先 역,『東洋三國의 朱子學』, 성균관대출판부, 1995.

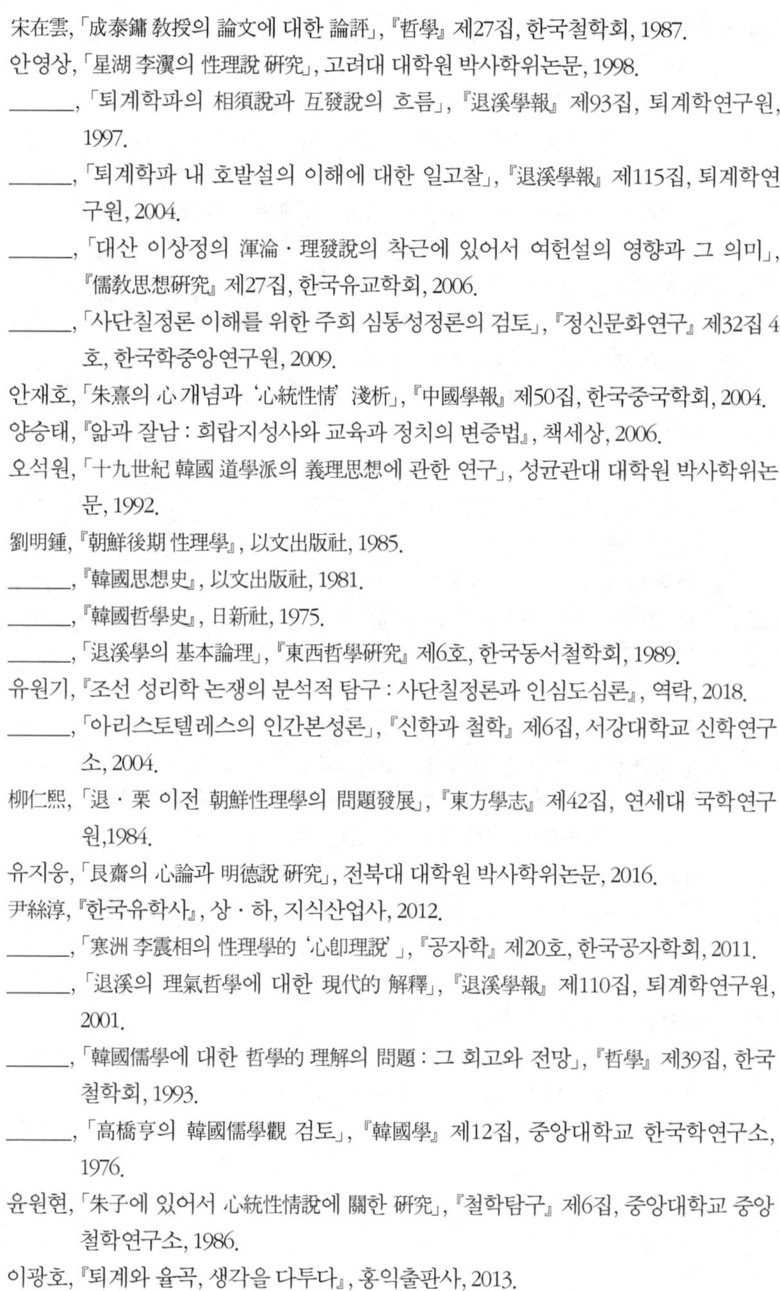

李東俊, 『유교의 인도주의와 한국사상』, 한울, 1997.
______, 『16세기 韓國 性理學派의 哲學思想과 歷史意識』, 심산, 2007.
______, 『한국사상의 방향 : 성찰과 전망』, 성균관대 유교문화연구소, 2012.
李東熙, 『조선조 주자학의 철학적 사유와 쟁점(속편)』, 성균관대 유교문화연구소, 2010.
______, 「朝鮮朝 朱子學史에 있어서의 主理·主氣 用語使用의 問題點에 대하여」, 『東洋哲學研究』 제12집, 東洋哲學研究會, 1991.
李丙燾, 『韓國儒學史』, 亞細亞文化社, 1987.
이봉규, 「性理學에서 未發의 철학적 문제와 17세기 畿湖學派의 견해」, 『韓國思想史學』 제13집, 한국사상사학회, 1999.
이상돈, 「주희의 수양론 : 未發涵養工夫를 중심으로」, 서울대 대학원 박사학위논문, 2010.
이상은, 「四七論辨과 對說·因說의 意義」, 『李相殷先生全集』 제2권, 예문서원, 1998.
李相益, 『歷史哲學과 易學思想』, 성균관대출판부, 1996.
______, 『畿湖性理學研究』, 한울, 1998.
______, 『畿湖性理學論考』, 심산, 2005.
______, 『嶺南性理學研究』, 심산, 2011.
______, 『朱子學의 길』, 심산, 2007.
______, 『인권과 인륜』, 심산, 2015.
______, 『본성과 본능 : 서양 人性論史의 재조명』, 서강대학교출판부, 2016.
______, 『본성과 본능 : 쌍개념들의 탐구』, 심산, 2017.
______, 「華西 李恒老의 主理論과 退溪學」, 『退溪學報』 제117집, 퇴계학연구원, 2005.
______, 「丁茶山의 性嗜好說에 대한 朱子學的 反論」, 『한국철학논집』, 제29집, 한국철학사연구회, 2010.
______, 「農巖 金昌協 學脈의 退栗折衷論과 그 의의」, 『栗谷思想研究』 제23집, 율곡학회, 2011.
______, 「朱子 氣質之性論의 양면성과 退·栗 性理學」, 『東洋哲學研究』 제67집, 동양철학연구회, 2011.
______, 「性理學의 재구성인가, 해체인가? — 이승환의 『횡설과 수설』에 대한 비판적 논의」, 『退溪學報』 제133집, 퇴계학연구원, 2013.
______, 「栗谷學派의 '以心使心'에 대한 해석」, 『栗谷思想연구』 제28집, 율곡연구원, 2014.
______, 「율곡의 人心道心說에 대한 재검토」, 『韓國思想과 文化』 제90집, 韓國思想文化學會, 2017.
______, 「朱子 心統性情論의 양면성과 退·栗 性理學」, 『嶺南學』 제62호, 경북대학교 영남문화연구원, 2017.

______, 「認氣爲大本은 오류인가」, 『栗谷學硏究』 제37집, 율곡연구원, 2018.

이상호, 「주자학적 심설 논의에 대한 수정주의와 정통주의의 대립」, 『논쟁으로 보는 한국철학』, 예문서원, 1995.

이석희, 「조선 유교입헌주의의 성립과 붕괴 : 道統論과 문묘배향논쟁을 중심으로」, 서강대 대학원 석사학위논문, 2018.

이선열, 『17세기 조선, 마음의 철학』, 글항아리, 2015.

______, 「17세기 율곡학파의 인심도심 논변」, 『東洋哲學硏究』 제57집, 동양철학연구회, 2009.

______, 「宋時烈과 우암학단의 心論 연구」, 서울대 대학원 박사학위논문, 2010.

이승환, 『횡설과 수설』, 휴머니스트, 2012.

______, 「退溪 未發說 釐淸」, 『退溪學報』 제116집, 퇴계학연구원, 2004.

______, 「朱子 수양론에서 未發의 의미 : 심리철학적 과정과 도덕심리학적 의미」, 『退溪學報』 제119집, 퇴계학연구원, 2006.

______, 「朱子는 왜 未發體認에 실패하였는가 : 도남학적 수양론의 특징과 전승과정을 중심으로」, 『철학연구』 제37집, 고려대학교 철학연구소, 2008.

______, 「察識에서 涵養으로 : 湖湘學의 已發察識 수행법에 대한 朱子의 비판」, 『철학연구』 제37집, 고려대학교 철학연구소, 2009.

______, 「程門의 '未發' 說과 求中 공부 : 蘇季明과 呂與叔에 대한 伊川의 비판을 중심으로」, 『철학연구』 제38집, 고려대학교 철학연구소, 2009.

______, 「艮齋 未發論과 그 現代的 意義」, 『艮齋學論叢』 제19집, 간재학회, 2015.

______, 「退溪 理發說에 대한 몇 가지 오해」, 『儒學硏究』 제34집, 충남대학교 유학연구소, 2016.

이영자, 「기호학파에 있어서 농암의 퇴율절충론」, 『동양철학』 제29집, 한국동양철학회, 2008.

이종우, 『19세기 퇴계학의 좌우파 논쟁』, 역사공간, 2013.

이천승, 「農巖 金昌協의 心性論에 대한 연구」, 성균관대 대학원 박사학위논문, 2003.

이형성, 『寒洲 李震相의 哲學思想』, 심산, 2006.

______, 「타카하시 토오루의 조선유학사 서술의 문제점」, 『大同哲學』 제55집, 대동철학회, 2011.

임헌규, 「朱熹 '心統性情論' 의 三重構造」, 『정신문화연구』 제22집 4호, 한국학중앙연구원, 1999.

장숙필, 「栗谷 李珥의 聖學 硏究」, 고려대 대학원 박사학위논문, 1991.

장승구, 『조선을 움직인 철학자들』, 심산, 2019.

장윤수, 『경북 북부지역의 성리학』, 심산, 2013.

張志淵, 柳正東 譯, 『朝鮮儒教淵源』 上 · 中 · 下, 삼성문화문고, 1979.

전병욱, 「退溪와 栗谷의 心統性情說」, 『栗谷思想硏究』 제29집, 율곡학회, 2014.

全仁植, 「李柬과 韓元震의 未發 · 五常 論辨 硏究」, 한국정신문화연구원 한국학대학원 박사학위논문, 1999.

전현희, 「퇴계와 율곡의 인심도심설」, 『한국철학논집』 제41집, 한국철학사연구회, 2014.

정상봉, 「주희철학과 한국사칠논변」, 『동서철학연구』 제29호, 한국동서철학회, 2003.

鄭素伊, 「河濱 愼後聃의 四端七情論」, 『儒敎思想文化硏究』 제58집, 한국유교학회, 2014.

정연수, 「血氣와 心氣에 관한 栗谷學派 氣質變化論 硏究」, 『유교사상문화연구』 제58집, 한국유교학회, 2014.

정옥자, 『조선후기 역사의 이해』, 일지사, 1993.

정재현, 「사단칠정론과 모종삼」, 『철학논집』 제29집, 서강대학교 철학연구소, 2012.

조긍호, 『선진유학사상의 심리학적 함의』, 서강대학교출판부, 2008.

______, 『유학심리학의 체계』 I, 서강대학교출판부, 2017.

조남호, 「조선에서 主氣哲學은 가능한가」, 『논쟁으로 본 한국철학』, 예문서원, 1995.

蔡茂松, 『退溪 · 栗谷哲學의 비교연구』, 성대출판부, 1985.

崔英成, 『한국유학통사』 상 · 중 · 하, 심산, 2006.

______, 『되짚어 본 한국사상사』, 예문서원, 2015.

______, 「고려 중기 北宋性理學의 受容과 그 양상 : 북송 성리학의 전래 시기와 관련하여」, 『大東文化硏究』 제31집, 성균관대 대동문화연구원, 1996.

______, 「鄭臣保論 : 남송 성리학의 고려 전래와 관련하여」, 『한국철학논집』 제36집, 한국철학사연구회, 2013.

______, 「다카하시 도오루의 한국 유학관 비판」, 『오늘의 동양사상』 제13호, 예문동양사상연구원, 2005.

최천식, 「김재해의 지각론과 미발론」, 『奎章閣』 제53집, 서울대 규장각 한국학연구원, 2018.

河謙鎭, 박상리 外 譯, 『(증보) 東儒學案』, 나남, 2008.

한자경, 「주리(主理) · 주기(主氣)의 함의 고찰 – '타카하시 토오루의 主理 · 主氣' 에 관한 비판과 대안의 검토」, 『大同哲學』 제55집, 대동철학회, 2011.

한형조, 『조선 유학의 거장들』, 문학동네, 2008.

______, 『왜 조선유학인가』, 문학동네. 2008.

______, 『왜 동양철학인가』, 문학동네, 2002.

______, 『성학십도, 자기구원의 가이드맵』, 한국학중앙연구원출판부, 2018.

______, 『무문관, 혹은 "너는 누구냐"』, 여시아문, 1999.

______, 「朱熹에서 정약용에로의 철학적 사유의 전환」, 한국학중앙연구원 박사학위논문, 1992.

玄相允, 『朝鮮儒學史』, 玄音社, 1982.

玄相允, 이형성 교주, 『조선유학사』, 심산, 2010.

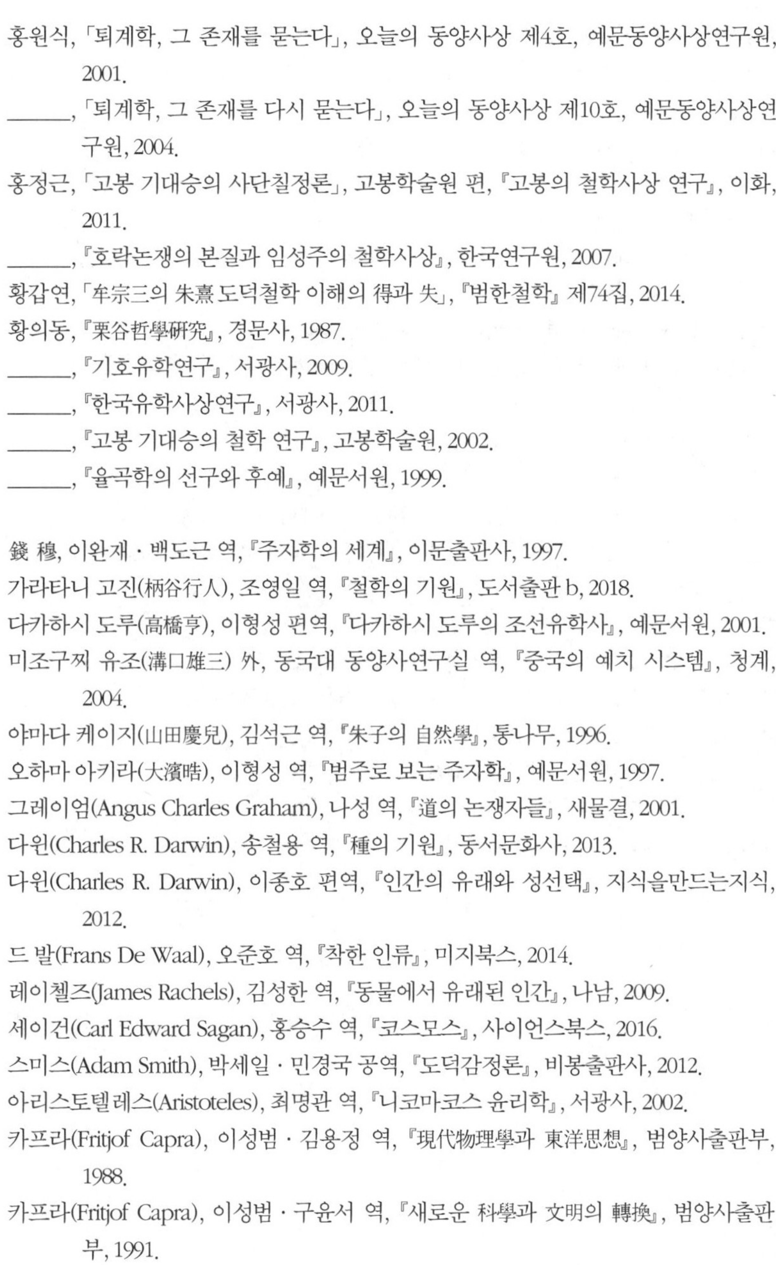

홍원식, 「퇴계학, 그 존재를 묻는다」, 오늘의 동양사상 제4호, 예문동양사상연구원, 2001.

______, 「퇴계학, 그 존재를 다시 묻는다」, 오늘의 동양사상 제10호, 예문동양사상연구원, 2004.

홍정근, 「고봉 기대승의 사단칠정론」, 고봉학술원 편, 『고봉의 철학사상 연구』, 이화, 2011.

______, 『호락논쟁의 본질과 임성주의 철학사상』, 한국연구원, 2007.

황갑연, 「牟宗三의 朱熹 도덕철학 이해의 得과 失」, 『범한철학』 제74집, 2014.

황의동, 『栗谷哲學研究』, 경문사, 1987.

______, 『기호유학연구』, 서광사, 2009.

______, 『한국유학사상연구』, 서광사, 2011.

______, 『고봉 기대승의 철학 연구』, 고봉학술원, 2002.

______, 『율곡학의 선구와 후예』, 예문서원, 1999.

錢 穆, 이완재 · 백도근 역, 『주자학의 세계』, 이문출판사, 1997.

가라타니 고진(柄谷行人), 조영일 역, 『철학의 기원』, 도서출판 b, 2018.

다카하시 도루(高橋亨), 이형성 편역, 『다카하시 도루의 조선유학사』, 예문서원, 2001.

미조구찌 유조(溝口雄三) 外, 동국대 동양사연구실 역, 『중국의 예치 시스템』, 청계, 2004.

야마다 케이지(山田慶兒), 김석근 역, 『朱子의 自然學』, 통나무, 1996.

오하마 아키라(大濱晧), 이형성 역, 『범주로 보는 주자학』, 예문서원, 1997.

그레이엄(Angus Charles Graham), 나성 역, 『道의 논쟁자들』, 새물결, 2001.

다윈(Charles R. Darwin), 송철용 역, 『種의 기원』, 동서문화사, 2013.

다윈(Charles R. Darwin), 이종호 편역, 『인간의 유래와 성선택』, 지식을만드는지식, 2012.

드 발(Frans De Waal), 오준호 역, 『착한 인류』, 미지북스, 2014.

레이첼즈(James Rachels), 김성한 역, 『동물에서 유래된 인간』, 나남, 2009.

세이건(Carl Edward Sagan), 홍승수 역, 『코스모스』, 사이언스북스, 2016.

스미스(Adam Smith), 박세일 · 민경국 공역, 『도덕감정론』, 비봉출판사, 2012.

아리스토텔레스(Aristoteles), 최명관 역, 『니코마코스 윤리학』, 서광사, 2002.

카프라(Fritjof Capra), 이성범 · 김용정 역, 『現代物理學과 東洋思想』, 범양사출판부, 1988.

카프라(Fritjof Capra), 이성범 · 구윤서 역, 『새로운 科學과 文明의 轉換』, 범양사출판부, 1991.

칸트(Immanuel Kant), 백종현 역, 『윤리형이상학 정초』, 아카넷, 2020.

칸트(Immanuel Kant), 백종현 역, 『윤리형이상학』, 아카넷, 2018.

칸트(Immanuel Kant), 백종현 역, 『실천이성비판』, 아카넷, 2019.
크로포트킨(Pyotr Alekseyevich Kropotkin), 김영범 역, 『만물은 서로 돕는다』, 르네상스, 2014.
테일러(Charles Taylor), 권기돈 · 하주영 역, 『자아의 원천들』, 새물결, 2019.
프로이트(Sigmund Freud), 박찬부 역, 『자아와 이드』(『프로이트 전집』 제14권), 열린책들, 1997.
프로이트(Sigmund Freud), 박찬부 역, 『쾌락원칙을 넘어서』(『프로이트 전집』 제14권), 열린책들, 1997.
플라톤(Platon), 박종현 역, 『국가(政體)』, 서광사, 1997.
호킹(Stephen Hawking), 김동광 역, 『시간의 역사』, 까치, 1998.

金香花, 『理心和會 : 李退溪的道德世界』, 中國人民大學出版社, 2018.
牟宗三, 『心體與性體』 第3册, 臺灣 正中書局, 中華民國 73年.
楊祖漢, 『從當代儒學觀點看韓國儒學的重要論爭』, 華東師範大學出版社, 2008.
______, 『從當代儒學觀點看韓國儒學的重要論爭續編』, 臺灣大學人文社會高等研究院 東亞儒學研究中心, 2017.
吳 康, 『宋明理學』, 華國出版社, 中華民國 51年
王治心, 『中國宗教思想史大綱』, 臺灣 中華書局, 中華民國 49年.
劉述先, 『朱子哲學思想的發展與完成』, 臺灣學生書局, 中華民國 84年.
陳 來, 『宋明理學』, 遼寧教育出版社, 1992.
______, 『朱子哲學研究』, 三聯書店, 2008.
______, 『朱子書新編年考證』, 三聯書店, 2007.
蔡茂松, 「退溪主敬與栗谷主誠的理學特色」, 『歷史學報』 第7號, 臺灣成功大學 歷史學系, 中華民國 69年.

〈찾아보기〉

ㅂ

ㅅ

ㅈ

ㅊ

ㅌ

ㅍ

ㅎ